Littérature française
Histoire et anthologie

Danièle Nony
Alain André

 HATIER-DIDIER USA

Avant-propos

Littérature française, histoire et anthologie, présente en environ cinq cents pages, dix siècles d'une grande littérature européenne, et les textes qui la fondent.
L'ouvrage, abondamment illustré, allie à sa grande souplesse d'utilisation une présentation claire et de qualité.

Clarté de l'exposition

Littérature française, histoire et anthologie est d'abord une histoire littéraire : l'ordre d'exposition, chronologique, permet de situer les œuvres dans la continuité d'une histoire en mouvement.
La première partie de l'ouvrage est consacrée à la littérature médiévale. Les cinq parties suivantes traitent successivement des cinq siècles de la modernité. Chaque siècle est découpé en deux ou trois chapitres, selon les nécessités de l'histoire. Chaque chapitre est consacré à une période, dont les lignes de force sont rappelées en introduction.
A l'intérieur de chaque période, les mouvements et les genres littéraires essentiels sont clairement identifiés. La biographie des auteurs, les œuvres, et les textes eux-mêmes sont ainsi mis en perspective, à la fois sur le plan historique et sur le plan littéraire.
Littérature française, histoire et anthologie est aussi une anthologie : la priorité reste aux extraits des auteurs ; nous avons choisi de les reproduire assez longuement, lorsqu'ils étaient ceux d'écrivains majeurs ou illustraient des courants littéraires essentiels. L'ouvrage permet ainsi de découvrir, ou de relire, les grands textes de notre littérature.
L'appareil critique est discret et fonctionnel : notes et suggestions des axes de lecture visent à éclairer les points obscurs, à donner les clés d'une lecture analytique.

Qualité de présentation

L'iconographie est riche et soignée. Plus de cent illustrations, faisant appel aux grands noms de la peinture et de la photographie, fixent les traits des auteurs, évoquent les scènes, les paysages et les événements qu'il importe de mettre en relation avec les textes.
L'ouvrage de référence, qui s'impose par ses qualités didactiques, est, en outre, un beau livre.

Souplesse d'utilisation

La présentation historique de *Littérature française, histoire et anthologie* est doublée, en fin de volume, d'un index des mouvements, genres et auteurs. Celui-ci autorise des parcours de lectures réglés par l'intérêt pour un genre ou un mouvement particuliers, et facilite la recherche d'informations précises.
Grâce à ses multiples entrées, l'ouvrage peut ainsi répondre aux besoins les plus divers. A l'élève, il présente les extraits de textes fondamentaux, accompagnés des notes et suggestions qui permettent de s'initier à la lecture critique des textes. A l'étudiant, il offre des synthèses sur les genres, mouvements et auteurs. Au professeur, il fournit, en un seul volume, l'ensemble des informations et des textes de base de la littérature française.

Il propose enfin, au grand public, les pages choisies d'auteurs dont le rayonnement est incontesté.

Les Auteurs

DU Xᵉ
AU XVᵉ SIÈCLE
L'âge féodal

LE XVIᵉ SIÈCLE
une renaissance au cœur des guerres

LE XVIIe SIÈCLE
un siècle troublé qui aspire à l'ordre

LE XVIIIᵉ SIÈCLE
richesses, ruptures et modernité

1774-1800 : PROMESSES ET INQUIÉTUDES DE LA FIN DU SIÈCLE

LE XIXe SIÈCLE
le siècle de l'ordre moral et des révolutions

LE XXᵉ SIÈCLE
guerres et ruptures

De gauche à droite et de haut en bas on peut reconnaître :

1. Mme de Sévigné
2. Montaigne
3. Hugo
4. Proust

5. Molière
6. Diderot
7. Voltaire

Couverture de Raymond Moretti.

Né à Nice en 1931, Raymond Moretti donne à vingt-quatre ans sa première exposition. A la fois peintre, sculpteur et architecte, il travaille avec Cocteau dans les années soixante et se fait connaître grâce à Picasso. Son œuvre est importante et variée : illustrations, huiles, gouaches, dessins, fresques picturales.

DU Xe
AU XVe SIÈCLE

L'âge féodal

Xe-XIIIe SIÈCLE : L'APOGÉE FÉODALE

Historiquement, le Moyen Âge couvre une période de dix siècles, de la chute du dernier empereur romain d'Occident en 476 à la prise de Constantinople par les Turcs en 1453. Dans le domaine de la littérature française cependant, son extension est différente : de la fin du IXe siècle au début du XVIe siècle.

La stabilisation du système féodal

Lors de l'effondrement de l'Empire romain, le christianisme avait déjà triomphé : il est le support de toute la pensée médiévale européenne. Hors de cette relative unité religieuse, le haut Moyen Âge (du Ve au Xe siècle) reste comme une période de troubles et de gestations :

— les invasions se succèdent ;

— les transformations qui aboutiront à la féodalité s'ébauchent : les grands propriétaires ruraux, détenteurs de la force militaire, protègent ceux qui vivent sur leurs territoires, et concèdent le bénéfice d'une partie d'entre eux à des vassaux qui s'engagent en échange à les servir ; ces «fiefs», détenus par les vassaux, deviennent héréditaires ;

— enfin, la romanisation poursuit son cours : le latin vulgaire, qui avait triomphé du celte parlé par les anciens Gaulois, survit aux parlers germaniques, devient *lingua romana rustica* et se diversifie en langues et dialectes romans.

Les structures féodales, en place dès la mort de Charlemagne en 814, achèvent de s'imposer au début du XIIe siècle. Une époque de renouveau économique s'ouvre alors. Grand siècle de la Chrétienté, le XIIe siècle est aussi celui du rayonnement français. La nation est nombreuse — elle compte 20 millions d'habitants, contre 14 à l'Allemagne, 9 à l'Italie et 4 à l'Angleterre —, prospère, et en cours d'urbanisation. Les paysans sont presque tous affranchis : l'ancien servage tend à disparaître. L'unité croissante du royaume favorise un rayonnement culturel éclatant dans quatre domaines : l'art gothique, la musique, l'enseignement, et la langue.

Le système cependant n'est pas sans inconvénients : il rend difficile l'établissement d'un pouvoir central. Hugues Capet, fondateur en 987 de la dynastie des capétiens, ne cesse de lutter pour agrandir son unique domaine, l'Île-de-France. Ses successeurs font de même, par mariage, héritage, achat ou luttes armées : en 1328, seules la Flandre, la Bretagne, l'Aquitaine et la Bourgogne restent en dehors du domaine royal.

Les rois de France s'intéressent donc assez peu, à la notable exception de Saint-Louis (1226-1270), aux huit Croisades par lesquelles la papauté et le haut clergé tentent d'unifier la Chrétienté féodale. Visant initialement à recouvrer les lieux saints (Jérusalem), celles-ci se transforment en entreprises de conquête ou de reconquête, en Espagne, en Palestine et en Asie Mineure ; en 1209, une croisade ordonnée contre les Albigeois (une secte chrétienne hérétique, adepte du catharisme) aboutit à leur massacre, et les barons du Nord en profitent pour établir leur domination militaire sur le Sud du pays.

Un parler roman : le francien

Hugues Capet est aussi le premier roi de France à parler non pas un idiome germanique, mais ce «roman» qui deviendra le français. L'extension du «francien», initialement parlé dans la seule Île-de-France, suit celle du royaume; pourtant, au début du XXᵉ siècle, plus de la moitié de la population française aura encore pour langue maternelle une langue, ou un dialecte, autre que le français : c'est que les dialectes romans évoluent en se diversifiant fortement. Si l'on s'en tient au territoire français, la langue d'oc — *oc*, du latin *hoc*, signifie «oui» — est parlée dans tout le Sud. Elle dispose avec le provençal d'une langue littéraire importante et homogène. Au Nord, les parlers d'«oïl» (du latin *hoc ille*), picard, anglonormand, bourguignon, sont plus fortement teintés de germanismes, et le francien ne s'impose que lentement à ses rivaux.

Les traits distinctifs de cet ancien français sont les suivants : un vocalisme riche, une évolution rapide qui l'éloigne de la syntaxe latine, la persistance d'une déclinaison nominale héritée du latin, ainsi qu'une orthographe très imprécise. Au cours du XIIᵉ siècle, écrivains et scribes codifient cet ancien français et réagissent contre les formes dialectales. La langue atteint une perfection suffisante pour être l'instrument d'un véritable classicisme médiéval : de 1150 à 1250 environ, il exprime la maturité d'un univers cohérent, fondé sur l'alliance du christianisme et de la féodalité.

Charlemagne charge Ganelon de l'ambassade auprès des deux rois de Saragosse. Dessin rehaussé du début du XVᵉ siècle pour *Les Grandes Chroniques de France*.

L'ÂGE MÉDIÉVAL CLASSIQUE

Les premières œuvres en langue vulgaire étaient surtout d'inspiration religieuse. Mais, à côté de ces vies de saints – les hagiographies – se développe une importante production littéraire, épique et lyrique.

LES CHANSONS DE GESTE

Les chansons de geste – du latin *gesta,* actions ou exploits – soutiennent les entreprises conquérantes de la foi en exaltant les hauts faits des chevaliers. Elles constituent l'aboutissement littéraire d'une tradition orale : les jongleurs récitaient publiquement, dans les châteaux ou à l'occasion des foires, de longs poèmes narratifs où l'information le disputait à la légende. Ceux dont nous avons la trace écrite furent travaillés par des auteurs anonymes : ainsi de la célèbre *Chanson de Roland.*

Cette abondante production s'organise en trois groupes principaux : la *Geste du roi* dont l'empereur Charlemagne est le personnage principal ; la *Geste de Guillaume* chante les exploits de Guillaume, comte de Toulouse ; quant à la *Geste des barons révoltés,* elle insiste sur le fléau que constituent les guerres féodales.

Les règles du genre ne sont pas très strictes : la longueur d'un poème varie de 2 000 à 20 000 vers. Les vers sont groupés en unités musicales, les laisses, construites sur une même assonance finale. Cette souplesse, et l'inventivité des remanieurs successifs, permet à l'épopée d'inclure les thèmes à la mode, en particulier celui de l'amour courtois.

LA LITTÉRATURE COURTOISE

Une importante production lyrique chante l'amour. Poésie de cour, elle s'épanouit en même temps qu'un nouvel art de vivre, qui fait de la courtoisie, avant tout, un savoir-vivre à la « Court », dans le raffinement des relations mondaines.

Ce lyrisme naît dans le Sud de la France, notamment à Poitiers où Guillaume, duc d'Aquitaine et poète, écrit en provençal, de même que la plupart des « troubadours », comme Jaufré Rudel et Bernard de Ventadour (cf. p. 24). Les « trouvères » du Nord reprendront alors en langue d'oïl les formes d'expression, thèmes et attitudes des troubadours.

Le grand thème de cette poésie faite pour être mise en musique et chantée est l'amour courtois : l'amant s'adresse à une femme mariée, de condition supérieure, qu'il s'efforce de mériter. L'amant, fidèle et soumis, chante son désir et aspire à le satisfaire ; mais surtout, il s'impose une discipline et fait du plaisir charnel une récompense qui doit tarder. L'adepte de la *fin'amor* accède ainsi au *joi* d'amour, mélange d'érotisme savant et d'ascèse sentimentale. L'amour courtois inaugure un culte poétique de la femme.

Le rayonnement de l'art des troubadours s'exerce dans l'Europe entière : en Italie, il nourrit le pétrarquisme, avant que celui-ci ne revienne féconder la Renaissance française du XVIe siècle (cf. p. 46). En France même, les poètes tendront à se rapprocher de la vie quotidienne et de ses problèmes, notamment avec Rutebeuf (cf. p. 30).

L'évolution des mœurs féodales explique l'altération du genre épique, et la naissance d'un nouveau genre, le roman. Le mot « roman », qui désigne d'abord la langue vulgaire, devient synonyme de récit d'aventures. Ces aventures, faites pour être lues, alors que l'épopée était récitée en public, sont d'abord celles des romans antiques, traductions d'œuvres de l'Antiquité gréco-latine, qui connaissent une vive faveur au XIIe siècle. L'inspiration est également celtique : des traductions font connaître en France les légendes du cycle arthurien. Arthur, chef celtique de la résistance bretonne contre l'invasion des Saxons au IVe siècle, y devient un roi raffiné, entouré des vaillants chevaliers de la Table ronde.

  Les romanciers courtois puisent abondamment à ces sources, qu'ils adaptent aux goûts de l'aristocratie. Marie de France (cf. p. 25) crée la nouvelle en vers, en s'inspirant de la « matière de Bretagne ». *L'Histoire de Tristan et Iseut* fournit la trame de romans qui exaltent la fatalité de l'amour. Chrétien de Troyes, le grand romancier de l'âge médiéval (cf. p. 27), dégage les caractéristiques et les lois essentielles du genre, qui lui doit son essor. Quant au *Roman de la Rose,* écrit entre 1230 et 1280, il constituera une somme de la culture et de l'art du XIIIe siècle : mais la civilisation médiévale, qui a atteint un sommet vers 1250, s'y montre déjà en proie au doute.

Les très Riches Heures du Duc de Berry : détail du mois d'avril (Musée Condé, Chantilly).

La Chanson de Roland (anonyme)
Vers 1100

Le sujet de cette chanson de geste se résume en quelques phrases : l'empereur Charlemagne, au terme d'une campagne contre les musulmans d'Espagne, les Sarrazins, prend la ville de Cordoue. Seul résiste encore Marsile, roi de Saragosse. Les chefs francs souhaitent rejoindre leur « doulce France ». L'empereur est tenté d'accepter les offres de paix de Marsile. Il décide de lui faire connaître ses conditions. Lorsqu'il faut choisir l'homme qui servira d'ambassadeur, Roland impose, au cours d'une violente querelle, son beau-père Ganelon.

Le drame est noué : blessé dans sa fierté, convaincu qu'on lui a sciemment confié une mission des plus périlleuses, Ganelon trahit. Lorsque les Français entreprennent de repasser les Pyrénées, c'est lui qui cette fois impose à Roland de commander l'arrière-garde : il sait que Marsile la surprendra dans le défilé de Roncevaux et la massacrera avec son chef. L'armée de Charlemagne, alertée par Roland qui sonne enfin du cor, arrivera trop tard. Elle repoussera cependant les « païens » jusqu'à l'Èbre en Catalogne.

Nous disposons de plusieurs versions. La plus ancienne et la plus belle est la version dite d'Oxford, qui aurait été composée par Turold. C'est une œuvre savante : les passions y commandent le déroulement du drame. Roland incarne les vertus, mais aussi l'orgueil démesuré de la chevalerie, et l'empereur l'idée de la guerre sainte contre les forces du mal, identifiées sans nuance aux hérétiques musulmans.

A Roncevaux, les Français viennent de vaincre cent mille païens. Mais une seconde armée de cent mille hommes se dispose à remplacer la première. Roland se résout enfin à sonner du cor, jusqu'à se rompre la tempe. La bataille reprend. Le compagnon de Roland, Olivier, est frappé dans le dos. Avant de mourir à son tour, Roland pleure Olivier.

> *Oliver sent qu'il est a mort nasfret.*
> *De lui venger ja mais ne li ert sez.*
> *En la grant presse or i fiert cume ber,*
> *Trenchet cez hanstes e cez escuz buclers*
> *E piez e poinz e seles e costez.*

Olivier sent qu'il est blessé à mort. Jamais il ne saurait assez se venger. En pleine mêlée, maintenant, il frappe comme un baron. Il tranche les épieux et les boucliers et les pieds et les poings et les selles et les poitrines. Qui l'aurait vu démembrer les Sarrasins, abattre un mort sur un autre, pourrait se souvenir d'un bon vassal. Il
5 n'oublie pas le cri de guerre de Charles : « Monjoie ! », crie-t-il, à voix haute et claire. Il appelle Roland, son ami et son pair : « Sire compagnon, venez donc près de moi : à grande douleur nous serons aujourd'hui séparés. »

Roland regarde Olivier au visage : il est blême et livide, décoloré et pâle. Le sang tout clair lui coule par le milieu du corps : sur la terre tombent les caillots. « Dieu ! dit
10 le comte, je ne sais plus que faire. Sire compagnon, votre vaillance fut votre malheur ! Jamais il n'y aura homme d'aussi grande valeur.

Ah ! France douce, comme aujourd'hui tu resteras dépouillée de bons vassaux, confondue et déchue ! L'empereur en aura grand dommage. » A ces mots, sur son cheval, il se pâme[1].
15 Voilà Roland, sur son cheval, pâmé, et Olivier qui est blessé à mort. Il a tant saigné que ses yeux sont troublés. Ni loin ni près il ne peut voir assez clair pour recon-

1. Du latin *spasmare*, avoir un spasme : être paralysé sous le coup d'une émotion violente.

22

Beauvais (XVᵉ siècle), extrait du *Miroir historial* : « La mort de Roland. »

naître homme mortel. Il rencontre son compagnon et le frappe sur son heaume[1] gemmé[2] d'or : il le lui tranche jusqu'au nasal[3], mais il n'a pas atteint la tête. A ce coup, Roland l'a regardé et lui demande doucement, amicalement : « Sire com-
20 pagnon, l'avez-vous fait exprès ? C'est moi, Roland, qui vous aime tant ! Vous ne m'aviez pourtant pas défié ! » Olivier dit : « Maintenant je vous entends parler. Je ne vous vois pas : que le Seigneur Dieu vous voie ! Je vous ai frappé, pardonnez-le-moi ! » Roland répond : « Je n'ai pas de mal. Je vous pardonne ici et devant Dieu. » A ces mots ils s'inclinent l'un vers l'autre. C'est en tel amour qu'ils se séparent.

25 Olivier sent que la mort l'étreint. Les deux yeux lui tournent en la tête, il perd l'ouïe et toute la vue ; il descend de cheval, se couche contre terre. Péniblement, à haute voix, il dit sa coulpe[4], les deux mains jointes vers le ciel ; il prie Dieu de lui donner le paradis et de bénir Charles et France la douce, et son compagnon Roland, par-dessus tous les hommes. Le cœur lui manque, son heaume s'incline, tout son corps
30 s'étend à terre. Il est mort, le comte ; il ne s'attarde pas plus longtemps. Roland le baron le pleure et le regrette : jamais, sur terre, vous n'entendrez homme plus acca-blé de douleur.

Roland voit que son ami est mort, gisant la face contre terre. Très doucement, il se prit à dire son regret : « Sire compagnon, c'est pour votre malheur que vous fûtes
35 hardi ! Nous avons été ensemble et des ans et des jours : tu ne me fis jamais de mal, et jamais je ne t'en fis. Quand tu es mort, c'est douleur que je vive. » A ces mots, le marquis se pâme sur son cheval, qu'il nomme Veillantif. Mais il tient ferme sur ses étriers d'or fin : où qu'il aille, il ne peut pas tomber.

La Chanson de Roland, deuxième partie : Roncevaux (traduction en français moderne).

1. Casque enveloppant la tête et le visage.
2. Orné de pierres précieuses.
3. Pièce du heaume protégeant le nez.
4. Confesse ses péchés avant de mourir.

1 Relevez les éléments les plus réalistes de ce tableau des derniers moments d'Olivier : que permettent-ils de mettre en évidence, par opposition ?

2 Les documents antérieurs à la version d'Oxford donnent la priorité à Olivier, non à Roland : mais il s'agit toujours de célébrer le compagnonnage cheva-leresque. De quelle façon l'amitié entre les deux chefs de guerre s'exprime-t-elle ici ?

Bernard de Ventadour

Vers 1150-1200

Le plus célèbre des troubadours nous a laissé, en langue d'oc, une quarantaine de « chansons » et deux ou trois dialogues polémiques (les tensons). La simplicité de l'expression, la sincérité de l'inspiration font de lui un émouvant poète de l'amour.

« Chagrin d'amour » illustre l'un des grands thèmes de la poésie lyrique occitane. Le texte est ici traduit par l'écrivain Georges Ribemond-Dessaignes, qui en a tenté une véritable transposition poétique.

Quand vois l'alouette en transports
Voler dans un rai de soleil
Et se pâmer et retomber,
Le cœur brisé par le plaisir,
5 Hélas, si grande envie me vient
De tous ceux dont je vois la joie,
Et c'est merveille qu'à l'instant
Le cœur de désir ne me fonde.

Hélas, tant je croyais savoir
10 En amour, et si peu en sais !
Car j'aime sans y rien pouvoir
Celle dont jamais rien n'aurai.
Elle m'a tout ravi[1] mon cœur,
Elle-même, et moi, et le monde,
15 Et ces vols ne m'ont rien laissé
Que vain désir, âme dolente[2] [...]

Des dames je me désespère,
Jamais en elles n'aurai foi.
Autant d'elles j'avais estime,
20 Autant je les mépriserai,
Et puisqu'aucune ne m'assiste
Auprès de celle qui me navre[3],
De toutes doute et veux médire,
Car bien sais que se valent toutes. [...]

25 Et puisqu'auprès d'elle ne valent
Pitié, prière ou droit qu'en ai,
Puisque ne lui vient à plaisir
Que je l'aime, enfin me tairai,
Je m'éloigne d'elle et d'amour.
30 Elle veut ma mort, et je meurs
Et m'en vais sans qu'on me retienne,
Dolent, en exil, ne sais où.

Tristan[4], plus rien n'aurez de moi,
Car m'en vais dolent, ne sais où.
35 De chanter cesse et me retire,
Je me dérobe à joie d'amour.

Bernard de Ventadour, « Chagrin d'amour », in *Troubadours*, de R. Nelli et R. Lavaud, trad. G. Ribemont-Dessaignes (1946), Éd. Desclée de Brouwer, 1986.

1. Pris.
2. Douloureuse.
3. Sens fort : qui me blesse, me transperce le cœur.
4. Le personnage de Tristan incarne, dans la légende de Tristan et Iseut, l'amour fatal, dont on ne peut se défaire par la seule volonté.

1 Le mot « vols » (ligne 15) est évidemment à double sens. Relevez d'autres exemples : quelle est la valeur métaphorique du vol de l'alouette ?

2 A partir de ce texte, définissez le *joi d'amour* courtois (cf. p. 20).

3 Quelle image de la femme se dégage-t-elle de cette plainte amoureuse du poète ?

Marie de France

XIIᵉ siècle

Nous savons peu de choses de la plus ancienne femme de Lettres de la littérature française. Son nom vient d'un vers de son *Isopet*, un recueil de fables : « Marie ai non si sui de France », c'est-à-dire : « Je me nomme Marie et je suis de France ». Elle écrivit probablement ses *Lais* entre 1160 et 1170, et vécut près de la cour d'Henri II et d'Aliénor d'Aquitaine.

Les Lais

Le mot, d'origine celtique, désigne une composition musicale, puis un chant, accompagné à la harpe et narrant une aventure merveilleuse. Marie de France en a tiré de brefs poèmes narratifs, inspirés pour la plupart de la « matière de Bretagne », qui sont aux romans courtois ce qu'est la nouvelle aux romans modernes. Ils s'apparentent souvent à la complainte, qui, jusqu'au XIXᵉ siècle, raconte une histoire tragique ou émouvante.

Les douze lais sont de longueur et d'importance variable. Leur thème commun est l'amour et les conflits qu'il fait naître ; ils permettent à Marie de se consacrer à une analyse nuancée des sentiments.

Le Laostic

« Je vous dirai une aventure dont les Bretons ont fait un lai », écrit Marie. « Son nom est Laostic, je crois : c'est ainsi qu'ils l'appellent, en leurs pays. C'est rossignol en français, et nihtegale en bon anglais. » Le lai du Laostic est un lai court et édifiant, à valeur symbolique.

Un jeune baron s'est épris de la femme de son voisin. Comme elle est très surveillée, les deux amants se contemplent et se parlent de fenêtre à fenêtre...

Ils s'aimèrent ainsi, longtemps, d'amour réciproque, jusqu'à un soir d'été, quand les bois et les prés reverdissent et que les vergers sont fleuris. Les oiselets, en grande douceur, chantent leur joie parmi les fleurs. Celui qui aime selon son désir, est-ce étonnant qu'il s'y livre entièrement ? Du chevalier je vous dirai la vérité : il s'y livre
5 de tout son pouvoir ; et la dame aussi, de son côté, toute en parlers et en regards ! La nuit, quand la lune luisait et que son seigneur était couché, souvent elle se levait et

s'enveloppait de son manteau[1]. Elle venait se mettre à la fenêtre, car, elle le savait, son ami était à la sienne : il veillait la plus grande partie de la nuit. Ils avaient du moins le plaisir de se voir puisqu'ils ne pouvaient avoir davantage.

Elle se tint si souvent à la fenêtre, elle se leva si souvent, que son seigneur s'en irrita et maintes fois lui demanda pourquoi elle se levait et où elle allait : « Sire, lui répond la dame, il ne connaît pas le bonheur de ce monde celui qui n'entend pas le laostic chanter : voilà pourquoi je me tiens ici. Je l'entends si doucement, la nuit, que cela me semble un grand plaisir. Il me charme si bien, je désire tant l'entendre, que je ne puis en fermer l'œil ! » Quand le seigneur entend ce langage, de colère et de méchanceté il se met à rire. Il lui vient une idée : il prendra le laostic. Il n'est valet dans sa maison qui ne prépare engin, rets[2] ou lacet : ils les placent dans le verger. Pas un coudrier[3], pas un châtaignier qui ne soit muni de lacets ou de glu : le voilà pris et retenu.

Quand ils ont pris le laostic, ils le remettent, tout vif, à leur seigneur. Il fut plein de joie quand il le tint. Il vint à la chambre de la dame : « Dame, fait-il, où êtes-vous ? Avancez ! parlez-moi ! J'ai pris à la glu le laostic, pour lequel vous avez tant veillé ! Désormais vous pourrez dormir en paix : il ne vous éveillera plus ! » Quand la dame l'a entendu, elle est dolente[4] et affligée : elle le demande à son seigneur. Mais, de colère, il le tua. Il lui brisa le cou de ses deux mains : ce fut grande vilenie[5]. Il jeta sur la dame le corps de l'oiseau, et lui tacha sa robe, un peu, devant, sur la poitrine. Puis, il sort de la chambre.

La dame recueille le petit corps. Elle pleure amèrement, elle maudit ceux qui ont pris le laostic avec leurs engins et leurs lacets, car ils l'ont privée d'un grand bonheur : « Hélas ! fait-elle, quel malheur ! Je ne pourrai plus me lever la nuit, ni me tenir à la fenêtre où j'ai coutume de voir mon ami. Je sais une chose, à coup sûr : il croira que je me dérobe. Il faut donc que j'avise : je lui enverrai le laostic et lui ferai savoir cette aventure ! » En une pièce de satin brodé de lettres d'or, elle enveloppe l'oiselet. Elle appelle un valet, le charge de son message et l'adresse à son ami. Il arrive auprès du chevalier, le salue de la part de sa dame, lui transmet son message et lui offre le laostic.

Quand il eut tout dit, tout montré, le chevalier qui l'avait bien écouté fut désolé de l'aventure, mais ne se montra ni vilain[6] ni lent : il fait forger un coffret, non pas de fer ni d'acier, mais tout d'or fin, orné de belles pierres infiniment précieuses, d'une immense valeur ; le couvercle en était fort bien ajusté. Il y plaça le laostic, puis il a fait sceller la châsse[7] : toujours il la fait porter avec lui.

Cette aventure se répandit : on ne put longtemps la celer[8]. Les Bretons en firent un lai qu'on appelle « Le Laostic ».

Marie de France, Le Laostic.

1. Ce détail, parmi d'autres que vous pourrez relever, rappelle que le lai du Laostic passe pour avoir été d'abord un conte licencieux.
2. Filet pour la chasse aux oiseaux.
3. Autre nom du noisetier.
4. Accablée de douleur.
5. Mauvaise action.
6. Animé de sentiments vulgaires.
7. Coffre qui contient généralement les reliques d'un saint.
8. Cacher.

1 Ce lai est entièrement symbolique : pouvez-vous expliquer de ce point de vue le symbolisme de l'oiseau, de son chant, de la tache de sang, et de la châsse scellée ?

2 En quoi cette aventure relève-t-elle de la thématique courtoise ?

Chrétien de Troyes

Vers 1135-1190

Le fondateur du genre romanesque

Chrétien de Troyes est un clerc, écrivant à la cour de Marie de Champagne, fille d'Aliénor d'Aquitaine. Il recueille l'héritage gréco-latin et commence par adapter des récits à la manière d'Ovide, qui ne nous sont pas parvenus, non plus que son conte de *Marc et Iseut la blonde.* Deux chansons d'amour en font le plus ancien trouvère connu.

Il trouve une matière nouvelle dans les contes d'aventures bretons, qu'il organise en vastes ensembles, ou « conjointures », en leur donnant un sens conforme aux préoccupations du temps et à ses propres soucis esthétiques et moraux : il faut voir en lui, avant toutes choses, un psychologue et un moraliste.

Cinq grandes œuvres font de Chrétien de Troyes un des plus grands romanciers du Moyen Âge : *Érec et Énéide* (vers 1170) ; *Cligès* (vers 1176) ; *Le Chevalier à la charrette* (vers 1177-81) ; *Yvain ou le chevalier au lion* (vers 1177-81) ; *Perceval ou le Conte du Graal.*

L'art du roman

L'inspiration de Chrétien puise à plusieurs sources : antique, bretonne, provençale et mystique. Il organise sa matière d'une façon très libre, sans être véritablement contraint par une doctrine précise : séduit par l'idéal courtois, il privilégie l'accomplissement social de ses héros ; attiré par le merveilleux breton, il se veut ouvert aux réalités de son siècle ; moraliste exigeant, il refuse toute éthique rigide.

Cette liberté est servie par une remarquable habileté de romancier. Chrétien dégage les lois du genre, organise ses récits autour d'une crise, pique la curiosité du lecteur, évite les digressions inutiles. La vivacité des dialogues et la variété des descriptions restent perceptibles dans les traductions modernes.

De son temps déjà, sa renommée fut considérable, en France, en Allemagne et en Angleterre, où il suscita de nombreux émules. Ses successeurs, notamment ceux qui écrivirent le *Lancelot-Graal,* compléteront son œuvre de fondateur du roman en utilisant dorénavant la prose.

Le Chevalier à la charrette

Vers 1177-81

Le mythe de Tristan et Iseut mettait en scène le thème de l'amour fatal : l'orphelin Tristan, après de merveilleuses prouesses, conquiert la blonde princesse irlandaise Iseut, pour que son oncle, le roi Marc de Cornouailles, l'épouse. Mais Tristan et Iseut boivent par erreur un philtre d'amour : ce « vin herbé » les unit malgré eux, leur vie durant, pour des amours coupables autant qu'aventureuses.

Dans *Le Chevalier à la charrette,* la situation est analogue : Lancelot part en quête de Guenièvre, sa Dame, épouse du roi Arthur, emmenée par Méléagant au royaume de Gorre d'où nul ne revient. Il lui faut pour cela surmonter de nombreuses épreuves, et notamment monter sur la charrette d'infamie où l'on promenait les assassins et les voleurs, ce qui lui vaut ce nom de « chevalier à la charrette ».

Le comportement de Lancelot et de Guenièvre obéit aux plus subtiles exigences de la courtoisie, contrairement à celui de Tristan et Iseut. Lancelot n'est pas l'esclave de la fatalité ni du désir charnel. Guenièvre ne cesse jamais d'être reine et Dame. Les valeurs que leur amour incarne sont celles du sentiment, et du dépassement de soi.

Pour atteindre le pays de Gorre, les voies sont périlleuses. Tandis que son compagnon Gauvain emprunte celle du Pont-sous-l'eau, Lancelot choisit celle du Pont de l'épée...

A l'entrée de ce pont terrible, ils mettent pied à terre. Ils voient l'onde félonesse[1], rapide et bruyante, noire et épaisse, aussi laide et épouvantable que si ce fût fleuve du diable. Et si périlleuse et profonde qu'il n'est nulle créature au monde, si elle y
5 tombait, qui ne soit perdue comme en la mer salée. Le pont qui la traverse n'est pareil à nul autre qui fut ni qui jamais sera. Non, jamais on ne trouvera si mauvais pont, si male[2] planche. D'une épée fourbie[3] et blanche était fait le pont sur l'eau froide. L'épée était forte et roide[4] et avait deux lances de long. Sur chaque rive était un tronc où l'épée était clofichée[5]. Nulle crainte qu'elle se brise ou ploie. Et pourtant,
10 il ne semble pas qu'elle puisse grand faix[6] porter. Ce qui déconfortait[7] les deux compagnons, c'est qu'ils croyaient voir deux lions ou deux léopards à chaque tête de ce pont, enchaînés à une grosse pierre.
L'eau et le pont et les lions mettent les deux compagnons en une telle frayeur qu'ils tremblent de peur et disent au chevalier :
– Sire, croyez le conseil que vous donnent vos yeux ! Il vous faut le recevoir ! Ce
15 pont est mal fait, mal joint et mal charpenté. Si vous ne vous en retournez maintenant, vous vous en repentirez trop tard. Avant d'agir, il convient de délibérer. Imaginons que vous ayez passé ce pont – ce qui ne peut advenir, pas plus que de retenir les vents, de leur défendre de venter, d'empêcher les oiseaux de chanter ou de faire rentrer un homme dedans le ventre de sa mère et de faire qu'il en renaisse. Ce
20 serait faire l'impossible comme de vider la mer. Comment pouvez-vous penser que ces deux lions forcenés enchaînés à ces pierres ne vont vous tuer puis sucer le sang de vos veines, manger votre chair, ronger vos os ? Nous nous sentons trop hardis rien que d'oser les regarder. Si vous ne vous en gardez point, ils vous occiront[8], sachez-le. Et les membres de votre corps ils vous rompront et arracheront. Jamais
25 n'auront pitié de vous !
– Ayez donc pitié de vous-même et demeurez avec vos compagnons ! Vous auriez tort si, par votre faute et le sachant, vous vous mettiez en péril de mort !
Le chevalier leur répond en riant :

1. Traîtresse.
2. Mauvaise.
3. Astiquée, polie.
4. Rigide.
5. Enfoncée.
6. Fardeau.
7. Décourageait.
8. Tueront.

28

Lancelot dans la Charrette infamante. (Miniature du XIIe siècle.)

– Seigneurs, je vous ai gré très vif[1] de vous émouvoir ainsi pour moi. C'est preuve
30 de cœurs amis et généreux. Je sais bien qu'en nulle guise[2], vous ne voudriez qu'il
m'arrive malheur. J'ai telle foi, telle confiance en Dieu qu'il me protégera en tous
lieux. Le pont ni cette eau je ne crains, non plus que cette terre dure. Je veux me
mettre à l'aventure, me préparer à passer outre. Plutôt mourir que reculer !
Lors, ils ne savent plus que dire, mais de pitié pleurent et soupirent. Et lui de
35 passer le gouffre. Le mieux qu'il peut, il se prépare et – très étrange merveille ! – il
désarme ses pieds, ses mains. Il se tenait bien sur l'épée qui était plus tranchante
qu'une faux, les mains nues et les pieds déchaux[3], car il n'avait laissé aux pieds souliers, ni chausses[4], ni avanpiés[5]. Mais il aimait mieux se meurtrir que choir[6] du pont
et se noyer dans l'eau dont il ne pourrait sortir. A grand douleur, comme il con-
40 vient, il passe outre, et en grand détresse, mains, genoux et pieds il se blesse. Mais
l'apaise et le guérit Amour qui le conduit et mène. Tout ce qu'il souffre lui est doux.
Des mains, des pieds et des genoux, il fait tant qu'il parvient de l'autre côté. Alors
il se souvient des deux lions qu'il croyait avoir vus quand il était sur l'autre rive. Il
regarde tout autour de lui. N'y avait pas même un lézard qui pût donner à craindre.
45 Il met sa main devant sa face, regarde son anneau[7] et ne trouve aucun des deux
lions qu'il croyait pourtant avoir vus. Il pense être déçu[8] par un enchantement, car
il n'y a rien là qui vive.

Chrétien de Troyes, *Le Chevalier à la Charrette*, traduction en français moderne par J.-P. Foucher, Éd. Gallimard, coll. Folio, 1970.

1. Je vous remercie vivement.
2. En aucune façon.
3. Déchaussés.
4. Sortes de pantalons.
5. Guêtres.

6. Tomber.
7. Anneau magique donné à Lancelot par la fée qui l'a élevé, la Dame du Lac : il a la propriété de faire disparaître les enchantements.
8. Trompé.

1 Que représente l'épée, pour les chevaliers de l'époque ? Quel peut bien être, alors, l'enjeu symbolique de cette traversée ?

2 Quelles forces soutiennent Lancelot ?

3 L'épisode, dès la description de « l'onde félonesse », entre pour les lecteurs du XIIe siècle en résonance avec le récit biblique de la traversée de la mer Rouge par les Hébreux. Relevez les similitudes de toute nature entre les deux récits : quel est le sens de cette référence, en ce qui concerne l'idéal chevaleresque ?

Rutebeuf

mort en 1280

Le premier « poète personnel »

Rutebeuf vécut à Paris sous le règne de Louis IX (Saint-Louis). Poète de profession, il fut l'un des grands « jongleurs » de la société bourgeoise du XIIIe siècle, et l'auteur d'une œuvre vigoureuse et variée : fabliaux, poèmes intimes ou prenant parti dans les querelles du moment, pièces de théâtre (Le Miracle de Théophile), roman d'animaux (Renart le Bétourné)... Il est surtout apprécié aujourd'hui en tant qu'inventeur d'une poésie personnelle qui exprime, directement et avec art, une vie précaire : homme passionné et déconcertant, il s'accuse, ou gémit sur ses déboires : un mauvais mariage, la pauvreté, aggravée par le goût du jeu. Ses poèmes présentent une particularité : ils n'étaient pas destinés à être chantés. A ce titre, ils constituent une étape vers la constitution d'un lyrisme moderne, où le souci du rythme tend à compenser l'absence de musique.

La Complainte Rutebeuf

L'auteur, après avoir rappelé la triste aventure de son mariage, décrit l'aggravation de ses maux : il a engagé tous ses biens pour payer ses créanciers, perdu son œil droit ; un enfant est né, le cheval s'est brisé la jambe, la nourrice réclame ses gages, il n'y a plus de bois pour chauffer, on réclame le loyer... Jusqu'à ses amis qui l'ont quitté.

Que sont devenus mes amis,
Avec qui j'étais si intime
    Et que j'avais tant aimés ?
Je crois qu'ils sont trop clairsemés :
5 Ils ne furent pas bien fumés,
    Alors ils m'ont fait défaut.
Ces amis-là m'ont mal traité,
Car jamais, tant que Dieu m'affligea
    En mainte manière,
10 Je n'en vis un seul en ma demeure.
Je crois que le vent me les a enlevés.
    L'amitié est morte :
Ce sont amis que vent emporte,
Et il ventait devant ma porte :
15   Aussi (le vent) les emporta.

Que sont mi ami devenu
Que j'avoie si pres tenu[1]
    Et tant amé ?
Je cuit qu'il sont trop cler semé ;
Il ne furent pas bien femé[2],
    Si sont failli.
Itel ami m'ont mal bailli,
C'onques, tant com Diex m'assailli
    En maint costé,
N'en vi un seul en mon osté[3].
Je cuit[4] li vens les a osté,
    L'amor est morte :
Ce sont ami que vens emporte,
Et il ventoit devant ma porte
    Ses[5] enporta (...)

Rutebeuf, « La Complainte Rutebeuf », v. 110-124.

1. Que j'avais tenus si près de mon cœur.
2. Fumés. L'image est la même qu'à la ligne 4 : après avoir semé un sol, il faut le fumer, c'est-à-dire lui fournir de l'engrais (ici, de l'argent).
3. Hôtel : domicile.
4. Je crois.
5. Contraction de : si les.

Relevez les images utilisées par Rutebeuf à propos de ses amis : que nous disent-elles de la philosophie de l'auteur ?

Le Dit des Ribauds de Grève

La place de Grève est aujourd'hui la place de l'Hôtel de Ville. On y déchargeait les marchandises venues par la Seine. Les débardeurs, ou ribauds, y menaient une vie de labeur et de ripailles, ou attendaient un emploi.

(...)
Ribauds, vous voilà maintenant bien lotis :
Les arbres dépouillent leurs branches
Et vous n'avez point de vêtements;
Ainsi vous aurez froid à vos hanches.
5 Comme ils vous seraient précieux maintenant les pourpoints
Et les surcots à manches fourrees !
Vous êtes en été si vifs
Et en hiver si mal en point !
Vos souliers n'ont nul besoin de graisse :
10 Vos talons vous servent de semelle.
Les mouches noires vous ont piqués,
Maintenant vont vous repiquer les blanches.

Ribaut, or estes vos a point[1] :
Li aubre despoillent lor branches
Et vos n'aveiz de robe point,
Si en avreiz froit a voz hanches.
Queil vos fussent or li porpoint
Et li seurquot[2] forrei a manches !
Vos aleiz en estei si joint
Et en yver aleiz si cranche !
Votre soleir n'ont mestier d'oint :
Vos faites de vos talons planches.
Les noires mouches vos ont point,
Or vos repoinderont les blanches[3].

Rutebeuf, « Le Dit des Ribauds de Grève », v. 1-12.

1. Ironique : défavorisés par le sort.
2. Gilets à manches longues, plus serrés que le pourpoint.
3. Les flocons de neige.

De quelle façon Rutebeuf s'adresse-t-il aux ribauds ? Quel vous semble être le ressort de la sympathie qu'il manifeste à leur égard ?

Lettre ornée d'un manuscrit du XIIIᵉ siècle pour *Le Roman de Renart*. (Manuscrit français, 1581.)

Le roman de Renart (anonyme)
1175-1260 ___Fable, satire___

Une opposition forte entre roman et poésie courtoise d'une part, fabliaux et contes d'animaux d'autre part, se manifeste dans la littérature des XIIᵉ et XIIIᵉ siècles. Ces registres différents s'adressent aux mêmes publics : le goût médiéval pour un comique qui ne va pas sans grossièreté ni obscénité est aussi franc que celui qu'il affirme en faveur de l'idéal courtois.

Les fabliaux sont de brefs récits en vers, dérivés de la fable ésopique (du nom du fabuliste grec Ésope). Certains moralisent ; beaucoup donnent dans un comique grossier, volontiers obscène ou scatologique. Des poètes de talent, comme Jean Bodel ou Rutebeuf, ont toutefois cultivé le genre avec une réelle réussite. Les dialogues sont alertes, les personnages qui composent la société médiévale y sont évoqués sans indulgence, en une satire qui veut rester plaisante : amants, dames et maris, mais aussi prêtres et « vilains » (c'est-à-dire paysans). Seuls échappent à la moquerie les chevaliers et les clercs, porteurs des valeurs chevaleresques et religieuses.

Le *Roman de Renart* est un ensemble de contes d'animaux, écrits entre 1175 et 1260, en octo-syllabes à rimes plates. Il porte la marque du poète Pierre de Saint-Cloud, qui entreprit le premier de conter les aventures du loup Ysengrin et du « goupil » Renart. Les « jongleurs » en récitèrent les épisodes, en les transformant à leur gré, et en en inventant de nouveaux.

De nombreux auteurs, dont Rutebeuf (cf. p. 30), contribuèrent à son élaboration. Au XIIIᵉ siècle, on rassemble ces histoires diverses et parfois contradictoires ; ainsi naquit *Le Roman de Renart*, dont le nom allait peu à peu, sous la forme renar*d,* se substituer au nom commun du goupil. Les animaux du *Roman de Renart* parlent et agissent en humains, même s'ils ont conservé leurs caractéristiques animales. Toute la société féodale est évoquée, de façon drôle et réaliste à la fois. Les aventures des barons Renart et Ysengrin, ou du roi le lion Noble, invitent à rire de l'autorité, des institutions, des abus de ceux qui possèdent le pouvoir ou la force. Renart, petit châtelain de peu d'importance en regard des puissants, venge, grâce à sa ruse, tous ceux qui sont victimes d'injustice ou réduits à la misère.

Seigneurs, c'était à la saison où le doux temps d'été décline, où l'hiver à son tour revient. Renart était en sa maison, mais, ses provisions épuisées, il avait beaucoup de souci. La disette le pousse à se mettre en campagne. Tout doucement, afin que nul ne l'aperçoive, il s'avance parmi les joncs, entre le bois et la rivière. Si long-
5 temps il chemine, qu'il atteint un chemin battu ; il s'accroupit et tend le cou de tous côtés. Il ne sait où chercher pitance et la faim lui mène âpre guerre. Ne sachant que faire il s'afflige, et se couche près d'une haie afin d'y attendre aventure.

Voici venir à grande allure des marchands de poisson arrivant de la mer, transportant force hareng frais, car toute la semaine avait soufflé la bise. Ils avaient
10 d'autres bons poissons, grands et petits, à pleins paniers, et leur charrette était remplie de lamproies et d'anguilles achetées en passant par les villages.

Renart, qui trompe tout le monde, était encore éloigné d'eux d'une portée de flèche, quand il aperçut la charrette pleine d'anguilles et de lamproies ; à la dérobée[1] il file et prend les devants, pour berner[2] les marchands sans qu'ils s'en aperçoivent.
15 Au beau milieu du chemin, il s'allonge.

Écoutez comme il les trompa ! Après qu'il se fut bien vautré dans le gazon, il fait le mort. Renart, qui dupe tout le monde, ferme les yeux, retrousse les babines, et retient son haleine : vous conta-t-on jamais pareille trahison ? Sur place il demeurait, gisant de tout son long. Et voici les marchands, ne se doutant de rien. Le pre-
20 mier qui le vit regarde, puis appelle son compagnon :
– Voici un goupil ou un gaignon[3] !

1. En se cachant.   2. Tromper.   3. Chien de garde.

32

– C'est un goupil ! répondit l'autre. Va vite l'attraper, fais attention qu'il ne t'échappe ! Il sera bien malin, Renart, s'il n'y laisse sa peau.

Le marchand se dépêche, son compagnon le suit ; ils arrivent près de Renart, trouvent le goupil allongé. De tous côtés ils le retournent, tâtent son échine et sa gorge, sans se soucier qu'il ne les morde.

– Il vaut quatre sous, dit l'un d'eux.

L'autre répond :

– Dieu me sauve, il en vaut bien cinq, et à ce prix ce n'est pas cher. Nous ne sommes pas trop chargés : jetons-le dans notre charrette. Vois donc comme la gorge est blanche et nette !

Et à ces mots ils le lancèrent sur la charrette et repartirent. Ils mènent grande joie entre eux et ils se disent :

– Pour le moment ce sera tout : mais dès ce soir, chez nous, nous lui retrousserons la robe[1] !

Ce conte leur plaisait beaucoup, mais Renart ne fait qu'en sourire : de dire à faire, la route est longue ! Couché sur les paniers, il en ouvrit un de ses dents et en tira, sachez-le bien, plus de trente harengs. Le panier fut presque vidé, car il mangea de très bon cœur, sans réclamer ni sel ni sauge[2].

Mais avant de partir, une seconde fois il jettera son hameçon : il s'attaque à l'autre panier, y fourre le museau, et ne manque pas d'en tirer trois beaux colliers d'anguilles. Renart, qui connaît tant de tours, met la tête et le cou dedans, et sur son dos le tout arrange. Maintenant l'ouvrage[3] est fini, mais il faut trouver un moyen de redescendre à terre : pas de marchepied ni de planche ! A genoux Renart étudie comment il pourra bien sauter, puis il avance un petit peu et des deux pattes de devant se lance hors de la charrette, au milieu du chemin, la proie autour du cou.

Après avoir sauté, il s'adresse aux marchands :

– Dieu vous assiste ! A nous cette charge d'anguilles, et que le reste soit pour vous !

Lorsque les marchands l'entendirent, ils en furent tout ébahis, et s'écrièrent :

– Le goupil !

Ils sautèrent sur la charrette, espérant y prendre Renart, mais celui-ci ne les avait pas attendus. L'un des marchands regarde et dit à l'autre :

– Dieu m'assiste ! Nous avons fait mauvaise garde, il me semble.

Et tout deux se frappent les mains.

– Hélas, dit l'un, notre imprudence nous a causé un bien grand tort, et nous avons été bien bêtes tous deux de nous fier à Renart. Les paniers sont bien soulagés, car il prend trois colliers d'anguilles. Puisse le mauvais mal te tordre ! Ha, Renart, fils de male race, qu'elles te fassent donc crever !

– Seigneurs, je n'aime pas le scandale : vous direz ce qu'il vous plaira, je suis Renart qui se taira.

Le Roman de Renart, d'après l'édition de Michel Cadot (Classiques Hatier).

1. Nous le dépouillerons pour vendre sa peau.   2. Herbe aromatique.   3. Sa tâche est terminée.

1 *Le Roman de Renart* appartient, à l'origine, à la littérature orale. Comment cette caractéristique se manifeste-t-elle dans le texte ? Relevez les expressions qui en témoignent.

2 Pourquoi, à votre avis, les charretiers se laissent-ils aussi facilement tromper ? Quelle morale pourrait-on tirer de leur mésaventure ?

3 Quels sont les passages ou les expressions drôles de ce texte ? Comment qualifieriez-vous ce comique ?

XIVᵉ et XVᵉ SIÈCLES : UN MONDE EN DÉCLIN

Schisme et désastres militaires

Le rêve d'une chrétienté unie s'évanouit dès 1295, lorsque Philippe le Bel, soucieux de son indépendance politique, s'oppose au pape Boniface VIII qui prétend régenter les rois. Le pape suivant, sous la pression de Philippe le Bel, s'installe à Avignon : c'est le début du grand schisme d'Occident qui consacre l'affaiblissement de la papauté.

L'action royale se heurte également aux prérogatives des grands féodaux. En 1328, l'avènement du premier des Valois, Philippe VI, suscite les protestations d'Edouard III d'Angleterre, héritier légitime du roi de France : la Guerre de Cent ans (1337-1453) commence. Elle s'annonce d'emblée désastreuse pour la France : la noblesse accumule les défaites ; les campagnes connaissent de violentes révoltes paysannes, les jacqueries ; les famines pèsent sur la démographie ; les Grandes Compagnies militaires dévastent le territoire ; la peste enfin décime la population.

Les entreprises courageuses du Connétable. Du Guesclin, dans les années 1370-1380, enrayent le désastre militaire ; mais il faudra attendre la réaction nationale du XVᵉ siècle, à laquelle est associée la figure de Jeanne d'Arc, pour que le royaume de France se relève.

La France sort paradoxalement raffermie de cette série d'épreuves : le sentiment national s'est cristallisé dans la volonté de «bouter l'Anglais hors de France» ; Dauphiné, États des ducs de Bourgogne, Provence et Bretagne sont rattachés à la France. Les rois de France cependant compromettent dès 1494 leur puissance retrouvée en se lançant dans les chimériques guerres d'Italie (cf. p. 48).

Une pensée et une langue en crise

Dans ces conditions, la pensée semble hésitante. Les intellectuels évoluent souvent vers le mysticisme. Le public aristocratique cherche dans la lecture le moyen de faire face aux épreuves de la réalité : la prose devient le mode d'expression privilégié des moralistes et surtout des historiens.

La langue connaît quant à elle une évolution accélérée, caractéristique des périodes de désordres. La langue de Villon (cf. p. 37) est plus proche de celle de Rabelais (cf. p. 54) que de celle qu'utilisait Rutebeuf (cf. p. 30). Ce «Moyen français», utilisé du XIVᵉ au début du XVIIᵉ siècle, n'utilise plus de déclinaison nominale : l'ordre des mots dans la phrase prend une valeur fonctionnelle et l'usage de l'article se systématise. Sur le plan phonétique, les diphtongues disparaissent pour la plupart au profit des voyelles simples : mais les sons qui disparaissent continuent à s'écrire, et l'orthographe acquiert une complexité inextricable. Les conjugaisons modernes se fixent, tandis que la syntaxe se latinise (on élabore ainsi un système de conjonctions de subordination inconnu de l'ancien français). La création lexicale enfin est intense (près de la moitié des vingt mille mots souches actuellement vivants).

LES PROGRÈS DE L'ART LYRIQUE ET DE L'ART DRAMATIQUE

L'activité littéraire est conditionnée par les événements funestes qui marquent l'époque. Le mouvement humaniste du XIIIe siècle est arrêté, alors qu'en Italie Dante, Pétrarque, Boccace écrivent l'une des pages les plus brillantes de la littérature italienne. Les genres désormais traditionnels, comme le roman et l'épopée, subsistent, mais sans se renouveler ; seuls la poésie et le théâtre voient naître des œuvres importantes.

LA POÉSIE LYRIQUE

Elle connaît un grand succès en cultivant de façon raffinée les traditions courtoises.

Cet épanouissement est lié aux conditions de vie de l'aristocratie, rassemblée dans les nombreuses cours du royaume. Elle reste attachée à un idéal courtois que les réalités de la guerre tendent pourtant à rendre dérisoire. La poésie de cour constitue un divertissement fourni au Prince et à sa suite par des professionnels qui la distinguent de plus en plus souvent d'une expression plus personnelle. Les thèmes officiels restent ceux de la *fin'amor ;* les formes seules se renouvellent. Des poèmes à formes fixes, rondeaux, ballades, chants royaux, lais et virelais, apparaissent. Guillaume de Machaut (cf. p. 36) est le plus inventif des poètes de cette nouvelle rhétorique.

François Villon (cf. p. 37), le plus grand poète du Moyen Âge, n'invente guère en revanche sur le plan formel. Il reprend les genres à forme fixe, et en fait l'instrument d'un lyrisme personnel aux accents très modernes.

L'ART DRAMATIQUE

Dès le IXe siècle, de courts commentaires chantés s'étaient ajoutés aux textes des offices religieux. Ils constituaient le germe de véritables scènes dramatiques évoquant en latin des épisodes de la vie du Christ ou de la vierge Marie. Puis, au cours du XIIe siècle, le français avait remplacé le latin, et la scène s'était déplacée vers la place publique. Le *Jeu d'Adam et Ève* (XIIe siècle), le plus ancien texte dramatique qui nous soit parvenu, disait ainsi la misère de l'homme après le péché originel ; Jean Bodel, avec *Le Jeu de Saint-Nicolas* et Rutebeuf avec *Le Miracle de Saint-Théophile* (vers 1266) avaient également laissé des drames d'une réelle densité littéraire. Parallèlement, un théâtre profane s'était peu à peu affirmé comme théâtre comique, dont les pièces d'Adam le Bossu attestent à la fin du XIIIe la vitalité.

Aux XIVe et XVe siècles, cette littérature dramatique populaire se développe dans deux directions : d'une part, le théâtre religieux donne naissance aux Miracles et aux mystères. Le miracle puise sa popularité dans la ferveur du culte de Marie, lié au besoin d'espérance des hommes du XVe siècle. Le mystère, d'inspiration moins familière, retrace l'histoire divine telle que la propose la Bible. Le succès des mystères fut prodigieux : il fallait souvent plusieurs journées pour les jouer, en recourant au service de centaines de figurants ou d'acteurs, et de décors ou machines de plus en plus complexes. Le chef-d'œuvre de ces colossales productions est *Le Mystère de la Passion* d'Arnoul Gréban (vers 1450).

Le théâtre profane, d'autre part, est particulièrement riche. Il offre une grande variété de genres aux définitions très souples : les sotties, dont les acteurs portent le costume des fous, font passer dans leur désordre bouffon une satire hardie de l'époque. Les monologues proposent des satires construites autour d'un seul personnage, tandis que les moralités illustrent plaisamment des vérités morales. Seule la farce a survécu, notamment dans le théâtre de Molière (cf. p. 108). Visant à faire rire le plus vaste public, elle produit en 1464 un authentique chef-d'œuvre, *La Farce de Maître Pathelin.*

Guillaume de Machaut

Vers 1300-1377

Le grand poète du XIVe siècle fut le protégé du roi de Bohême, Jean de Luxembourg, puis de Charles le Mauvais, roi de Navarre, et de plusieurs princes français. Musicien de talent, il composa diverses pièces polyphoniques, dont certaines nous sont parvenues, et illustra magistralement cet *Ars Nova* qui désigne la Renaissance de l'art musical au XIVe siècle. Il serait également l'inventeur de la Messe à plusieurs voix.

Son œuvre littéraire est constituée d'un nombre important de poèmes à formes fixes, mais aussi de dits (récits mêlés de pièces lyriques) dont le plus célèbre est le *Voir dit*, c'est-à-dire le récit véridique.

Ballade

Espérance chante une ballade au poète, pour le réconforter...

> En amer a douce vie
>   Et jolie
> Qui bien la scet maintenir,
> Car tant plaist la maladie
>   Quant norrie

> Est en amoureus desir
>   Que l'amant fait esbaudir
>   Et querir
> Comment elle monteplie.

Quand on aime, on a douce vie
    Et joyeuse
Si l'on sait bien l'entretenir
Car la souffrance est si plaisante
5   Quand elle est
Nourrie d'amoureux désir
Qu'elle fait exulter l'amant
    Et lui fait chercher
Le moyen qu'elle se multiplie.
10 C'est un mal doux à supporter
    Qui fait se réjouir
Un cœur d'ami, un cœur d'amie

Qu'Amour par sa tyrannie
    Accable
15 Le cœur amoureux de souffrance,
Et par sa noble maîtrise
    Le maîtrise
Si bien qu'il ne peut rien sentir
Que, tout au goût de jouir,

20   Il ne subisse
    Avec plaisir, je n'en doute mie.
Ainsi il rend satisfaits de mériter,
    Sans les récompenser,
Un cœur d'ami, un cœur d'amie.
25 Aussi doit-il être bien chéri
    Et servi,
Puisqu'il peut satisfaire
Tous ceux qui le prient et lui demandent
    Son aide,
30 Sans amoindrir son trésor.
Il peut garantir de la mort
    Et guérir
Le cœur qui mendie la santé ;
Il fait s'enrichir de ressources .
35   Et s'affranchir
Un cœur d'ami, un cœur d'amie.

Guillaume de Machaut, *Œuvres*, Publ. Hœpffner, S. A. T., t. II.

---

1 Décrivez précisément la forme de cette ballade : nombre de strophes, nombre de vers par strophe, mètres utilisés, rimes et combinaisons de rimes.

2 Relevez les termes qui se situent sur le registre de la souffrance, et ceux qui se situent sur celui du plaisir : comment s'agencent-ils ?

François Villon

Vers 1431-1463

Le « mauvais garçon »

La biographie de Villon est lacunaire. Né à
Paris, François de Moncorbier, ou des Loges
– nous ne sommes pas sûrs de son nom –,
est d'origine modeste. Orphelin de père de
bonne heure, il est élevé par un prêtre dont il
prend le nom – Guillaume Villon – et devient
maître ès arts de l'Université de Paris en
1452. Ensuite, il fréquente surtout tavernes
et truands. L'assassinat d'un prêtre, suivi d'un
vol avec effraction, l'obligent à quitter Paris
précipitamment en 1456. Il erre sur les routes de France : à Blois, Charles d'Orléans le
protège quelque temps, puis il est incarcéré en
1461 à Meung-sur-Loire. Grâcié par Louis XI,
mais malade, pauvre, et seul, Villon rentre à
Paris et rédige son célèbre *Testament*. Un nouveau vol le mène derechef en prison : libéré
contre promesse de remboursement, il est de
nouveau arrêté au cours d'une rixe et condamné à être pendu pour avoir blessé un
notaire d'un coup de dague. Le 5 janvier 1463,
la peine est commuée en bannissement de dix
ans. On perd alors totalement sa trace, même

si Rabelais (cf. p. 54) conte ses aventures, sur
le mode légendaire, dans le *Quart Livre*.

Le grand lyrique

L'œuvre, difficile, nous est de surcroît parvenue dans des versions légèrement différentes.
Elle comprend le *Lais* (1456), le *Testament* et
des *Poésies diverses*.

La force poétique de Villon, dernier grand
poète du Moyen Âge et premier poète
« moderne », est d'avoir traité les thèmes
obligés de la poésie de son siècle comme
d'authentiques préoccupations personnelles. Il
échappe aux conventions en nous livrant un
univers qui est celui de son expérience intime.
Les subtilités techniques, auxquelles il sait
recourir, comptent pour lui moins que le cri
du cœur ; ses poèmes, réalistes, d'une langue
drue, volontiers populaire, sont remarquables
par leur puissance d'évocation. La réalité tragique de la condition humaine s'y donne à lire,
dans son universalité.

Testament
1461

Le *Lais* était une sorte de congé pris par le
poète avant une assez longue absence ; il y
passait en revue, sans ménagement mais non
sans gaieté, une série de personnages, clercs,
prêtres, hommes d'affaires. Le *Testament*
reprend un schéma comparable, mais
l'absence envisagée est désormais la mort :

Villon, qui vient de subir l'atroce supplice de
l'eau, s'attend à être « pendu et étranglé ». Le
poème est à la fois une anthologie poétique
personnelle – Villon y insère ses poèmes antérieurs –, une méditation sur la mort et un testament burlesque, voire cynique.

*Villon s'en prend d'abord à l'évêque qui l'a fait emprisonner, et remercie Louis XI
de l'avoir grâcié. Reconnaissant ses torts, il évoque ensuite le temps de sa folle jeunesse, et les destinées diverses de ses amis. La fuite inexorable du temps lui inspire
plusieurs ballades, dont la première est la « Ballade des dames du temps jadis ».*

Ballade des dames du temps jadis

Dites-moi : où, n'[1]en quel pays
Est Flora[2] la belle Romaine,
Alcibiade[3], ne Thaïs[4],
Qui fut sa cousine germaine ;
5 Echo, parlant quand bruit on mène
Dessus rivière ou sur étang,
Qui beauté eut trop plus qu'humaine ?
Mais où sont les neiges d'antan[5] ?

Où est la très sage Héloïs[6],
10 Pour qui fut châtré et puis moine
Pierre Abélard à Saint-Denis ?
Pour son amour eut cette essoyne[7].
Semblablement, où est la royne
Qui commanda que Buridan[8]
15 Fût jeté en un sac en Seine ?
Mais où sont les neiges d'antan ?

La Reine blanche[9] comme lys
Qui chantait à voix de sirène,
Berthe au grand pied[10], Biétris[11], Alis[12],
20 Haremburgis[13] qui tint le Maine,
Et Jeanne la bonne Lorraine[14],
Qu'Anglais brûlèrent à Rouen ?
Où sont-ils[15], Vierge souveraine ?
Mais où sont les neiges d'antan ?

25 Prince, n'enquérez de semaine[16]
Où elles sont, ni de cet an,
Qu'à ce refrain ne vous remaine :
Mais où sont les neiges d'antan ?

Villon, *Testament* (orthographe modernisée).

1. Et.
2. Courtisane romaine.
3. Le Grec Alcibiade, qu'on prenait au Moyen Âge pour une femme.
4. Courtisane grecque.
5. D'autrefois.
6. Héloïse, amante d'Abélard, philosophe mort en 1142.
7. Peine. La nécessité de la rime nous a fait conserver « royne » pour reine au vers suivant.
8. Recteur de l'Université de Paris, vers 1360. La reine Marguerite de Bourgogne le fit jeter dans la Seine, d'où il aurait été tiré *in extremis* par ses amis.
9. Peut-être Blanche de Castille, mère de Saint-Louis.
10. La mère de Charlemagne.
11 et 12. Mal identifiées.
13. La comtesse Arembour, morte en 1226.
14. Jeanne d'Arc (cf. p. 34).
15. Elles.
16. Ne demandez ni cette semaine (ni jamais) où elles sont, de peur qu'à ce refrain je vous ramène.

1 Quelles sont les différentes images de la femme évoquées par Villon : comment leur énumération est-elle organisée ?

2 Analysez cette ballade : nombre de strophes, de vers, mètre utilisé, nombre et agencement des rimes. Étudiez plus précisément la façon dont Villon a privilégié le retour de certaines sonorités.

3 En quoi le thème de la ballade est-il proche, en définitive, de celui de « La Ballade des pendus » : quelle représentation de la mort se trouve à l'œuvre dans l'un et l'autre poème ?

Poésies diverses

1457-1463

Elles comprennent une quinzaine de pièces. Plusieurs sont des ballades, soit antérieures au *Testament*, soit postérieures, comme «l'Épitaphe Villon», rebaptisée «La Ballade des pendus» par le poète Marot.

Villon, condamné à mort, s'attend à être pendu. Du fond de son angoisse, parle non plus l'homme, mais le mort qu'il sera, une fois pendu au gibet...

La ballade des pendus

Frères humains qui après nous vivez,
N'ayez les cœurs contre nous endurcis,
Car, si pitié de nos pauvres avez,
Dieu en aura plutôt de vous merci.
5 Vous nous voyez ci attachés cinq, six :
Quant à la chair, que trop avons nourrie,
Elle est pieça[1] dévorée et pourrie,
Et nous, les os, devenons cendre et poudre.
De notre mal, personne ne s'en rie :
10 Mais priez Dieu que tous nous veuille absoudre !

Si frères vous clamons, pas n'en devez
Avoir dédain, quoique fûmes occis
Par justice. Toutefois, vous savez
Que tous hommes n'ont pas le sens rassis[2];
15 Excusez-nous, puisque sommes transsis[3],
Envers le fils de la Vierge Marie,
Que sa grâce ne soit pour nous tarie,
Nous préservant de l'infernale foudre.
Nous sommes morts, âme ne nous harie[4];
20 Mais priez Dieu que tous nous veuille absoudre !

La pluie nous a débués[5] et lavés,
Et le soleil desséchés et noircis :
Pies, corbeaux nous ont les yeux cavés[6]
Et arraché la barbe et les sourcils.
25 Jamais nul temps nous ne sommes assis;
Puis çà, puis là, comme le temps varie,
À son plaisir sans cesse nous charrie,
Plus becquetés d'oiseaux que dés à coudre.
Ne soyez donc de notre confrérie;
30 Mais priez Dieu que tous nous veuille absoudre !

Prince Jésus, qui sur tous a maistrie[7],
Garde qu'Enfer n'ait de nous seigneurie :
À lui n'ayons que faire ni que souldre[8].
Hommes, ici n'a point de moquerie;
35 Mais priez Dieu que tous nous veuille absoudre !

Bois gravé : illustration de l'œuvre de Villon (B. N.).

1. Il y a une pièce de temps, c'est-à-dire depuis longtemps déjà.
2. Durci, desséché.
3. Trépassés.
4. Tourmente.
5. Trempés.
6. Crevés.
7. Maîtrise.
8. Payer, acquitter.

1 Relevez les subjonctifs de souhait et les expressions réalistes : qu'en déduisez-vous en ce qui concerne les deux mouvements complémentaires du poème ? Quels sentiments expriment-ils ?

2 Quels sont les éléments qui contribuent à faire de ce poème, inspiré à Villon par des circonstances particulièrement cruelles, une vision d'outre-tombe à caractère universel ?

Arnoul Gréban

Vers 1420-1471

Le Mystère de la Passion

Vers 1450 ⸻

Arnoul Gréban (vers 1420-1471) rédigea *Le Mystère de la Passion* aux alentours de 1450. Organiste de Notre-Dame de Paris, musicien et lettré, il sera considéré au XVIᵉ siècle par Du Bellay (cf. p. 63) comme un « divin esprit ».

L'œuvre, la plus célèbre du genre, est gigantesque ; elle conte en trente-cinq mille vers l'Histoire sainte, de la création du premier homme à la passion de Jésus-Christ. Elle se divise en un prologue et quatre journées. Le récit dramatique est parfois interrompu par des intermèdes réalistes ou bouffons, sans que l'unité de l'ensemble en souffre.

La Troisième Journée est consacrée à la Passion du Christ, et notamment à la trahison de l'un des apôtres, Judas. La scène nous montre le désespoir de Judas.

JUDAS

Puis-que désespérer me faut
Et priver de toute espérance
Et que le don d'espoir me faut[1]
Je n'ai plus métier d'assurance[2] ;
5 Abrège-moi, Désespérance ;
Il est temps qu'à ma mort entendes[3]...

DÉSESPÉRANCE

Voici un vieux sureau tordu
Qui a des branches largement
Et te soutiendra puissamment :
10 Monte sus, et je t'aiderai...

JUDAS

Haute tour de désespérance,
Bastillée[4] de cris piteux
Couverte de pleurs dépiteux[5],
Enclose de mur pardurable[6],
15 Forgé et fait de main de diable,
Fossoyée de puits profond,
D'abîmes sans rive ni fond,
Dont les salles pour tout soulas[7]
Sont peintes tout de las[8] ! hélas !
20 Attends-moi, terrible manoir ;
Par dedans toi m'en vais manoir[9] ;
Attends-moi, très horrible gouffre
Car sans fin en l'éternel soufre
Vais mourir de mort douloureuse :
25 Attends-moi, chartre[10] rigoureuse,
Fourneau rouge de feu ardent,
Fosse de serpents abondant,

1. Manque.
2. Besoin de réconfort.
3. Tu t'appliques.
4. Fortifiée.
5. Dignes d'être méprisés.
6. Perdurable, c'est-à-dire éternel.
7. Consolation.
8. Lamentations.
9. Demeurer.
10. Prison.

Rivière de puant bourbier;
À mon grief dueil et destourbier[1]
30 Par dedans toi plonger m'en vois,[2]
Mais au partir[3] à haute voix,
Diables, dont j'ai fait les commandz[4]
Et corps et âme vous commandz.[5]
Ici se pend Judas

    BERICH *(un diable)*
35 Désespérance, chère sœur,
Est-il mort?

        DÉSESPÉRANCE
J'attends que le cœur
Soit crevé et par mi parti,[6]
Et puis tantôt sera sorti,
40 Il s'en viendra; *tira via*[7]

        BERICH
Je ne sais que diable il y a,
Je ne l'os pousser ni toussir[8]
Et toutefois n'en peut issir[9]
Son âme; mais qui la retient?

      DÉSESPÉRANCE
45 Haro! Je sais bien à quoi tient.
Quand le lourdaud sa foi brisa
Il vint et son maître baisa,
Et par cette bouche maligne
Qui toucha à chose tant digne
50 L'âme ne peut ni doit passer.

        BERICH
S'il lui faut la panse casser,
Tendre, et tous les boyaux tirer
Afin qu'il puist[10] mieux expirer :
Le veux-tu, ma sœur?

      DÉSESPÉRANCE
          Je l'octroie[11]
55 Courons-nous en, j'ai notre proie;
N'y a que de tirer pays.[12]

    Arnoul Gréban, *Le Mystère de la Passion,* Troisième Journée, vers 1450.

1. Souffrance et désarroi.
2. Vais.
3. En partant.
4. Dont j'ai exécuté les ordres.
5. Recommande.
6. Fendu par le milieu.
7. Italien : va-t'en.
8. Je ne l'entends ni râler ni tousser.
9. Sortir.
10. Puisse.
11. J'y consens.
12. Il n'y a qu'à prendre le large.

1 Qu'est-ce que cette scène nous permet de comprendre des croyances et des angoisses de l'homme médiéval?

2 Quel est le rôle et l'intérêt de cette allégorie de la désespérance?

La farce de Maître Pathelin (anonyme)
Vers 1460-1465

L'auteur de cette farce nous est inconnu, ainsi que la date exacte de sa composition. Le héros, Pathelin, est un avocat sans cause ni argent, qui persuade le drapier Guillaume de lui vendre à crédit. Lorsqu'il faut payer, il joue le moribond. Mais lorsque le drapier traîne en justice son berger Thibaut, qu'il accuse de lui avoir tué des brebis, il reconnaît l'avocat de Thibaut : maître Pathelin, bien vivant. Libéré, Thibaut, que nous croyions stupide, trompe à son tour Pathelin : la morale est sauve.

Le succès comique de la pièce, comme dans toute farce, est fondé sur le comique de répétition – Thibaut par exemple bêle sans cesse pour faire le simple d'esprit –, et sur le comique de mots – Pathelin moribond, débite en limousin, picard, normand et latin. Le texte est émaillé de proverbes et de jurons. Mais la pièce est aussi une comédie de mœurs et une comédie de situations, qui fait vivre dans leur quotidien des personnages bien caractérisés. Pathelin est un type, au point que son nom est passé dans la langue française, où l'adjectif « patelin » qualifie désormais quelqu'un qui cherche à tromper autrui en se dissimulant derrière des manières douces et affables.

Lors du procès, le drapier reconnaît Maître Pathelin, qui s'est mis d'accord avec Thibaut pour le gruger une seconde fois. Il s'embrouille dans ces deux histoires où on le berne...

LE DRAPIER
apercevant Pathelin
Puissé-je Dieu désavouer[1]
Si ce n'est pas vous, vous sans faute.
Pathelin se cache le visage de la main.

LE JUGE
Comme vous tenez la main haute !
5 Souffrez-vous des dents, maître Pierre ?

PATHELIN
C'est qu'elles me font telle guerre
Qu'*oncques*[2] ne sentis telle rage.
Je n'ose lever le visage.
Pour Dieu, faites-les procéder[3].

LE JUGE *au drapier*
10 Allons ! Achevez de plaider.
Sus, concluez donc clairement.

LE DRAPIER
C'est lui, très véritablement,
Par la croix où Dieu fut pendu.
C'est à vous que j'avais vendu
15 Six aunes de drap, maître Pierre.

LE JUGE
Qu'est-ce qu'il dit de drap ?

PATHELIN
Il erre[4].
Il croit à son propos[5] venir,

20 Et ne sait plus y parvenir
Parce qu'il ne l'a pas appris[6].

LE DRAPIER
Qu'on me pende, s'il ne l'a pris,
Mon drap, par la sanglante gorge[7] !

PATHELIN
Comme le méchant homme forge[1]
De loin, pour fournir son libelle[2] !
25 Il veut dire – est-il bien rebelle !
Que son berger avait vendu
La laine – je l'ai entendu[3],
Dont fut fait le drap de ma robe ;
Comme s'il disait qu'il dérobe
30 Et qu'il lui a volé la laine
De ses brebis.

LE DRAPIER
Male[4] semaine
M'envoie Dieu si ne l'avez !

LE JUGE
De par le diable ! vous *bavez*[5] !
35 Eh ! ne savez-vous revenir
Au sujet, sans entretenir
La cour de telle *baverie* ?...
Sus, revenons à ces moutons[6] !
Qu'en fut-il ?

---

1. Que je renie Dieu...
2. Jamais.
3. Terme juridique : continuer.
4. Il se trompe.
5. Sujet.
6. Il n'a pas préparé son discours.
7. Juron.

1. Invente.
2. Accusation.
3. Compris.
4. Mauvaise.
5. Vous dites des sottises.
6. La phrase est devenue proverbiale.

LE DRAPIER, *s'embrouillant*
                    Il en prit six aunes[7],
Pour neuf francs.

LE JUGE
                Sommes-nous béjaunes[8]
Ou cornards[8] ? Où croyez-vous être ?

PATHELIN
Palesambleu[10], il vous fait paître[11] !
Qu'il est brave homme par sa mine !
Je suggère qu'on examine
Un peu bien sa partie adverse[12].

LE JUGE
Vous dites bien : il ne converse[13] ;
Il se peut qu'il soit plein d'émoi.
Au berger.
Viens çà, dis.

LE BERGER
            Bée

LE JUGE
            Malheur de moi !
Quel bée est-ce là ? Suis-je chèvre ?
Parle donc.

LE BERGER
            Bée.

LE JUGE
                Sanglante fièvre
Te donne Dieu[14] ! Te moques-tu ?

PATHELIN
Croyez qu'il est fol ou têtu,
Ou bien pense être entre ses bêtes.

LE DRAPIER, *à Pathelin*
Je renierai Dieu si vous n'êtes
Celui – nul autre – qui avez
Eu mon drap.
Au juge.
Ah ! vous ne savez,
Monseigneur, par quelle malice...

LE JUGE
Eh ! taisez-vous. Êtes-vous *nice*[15] ?
Laissez en paix cet accessoire
Et venons au principal.

LE DRAPIER
                    Voire...[16]
....   Or çà je disais
A mon propos, comment j'avais
S'embrouillant, puis se reprenant.
Baillé[17] six aunes... Je veux dire
Mes brebis... Je vous en *pri*, sire,
Pardonnez-moi. Ce gentil maître,
Mon berger, quand il devait être
Aux champs, il me dit que j'aurais
Six écus d'or quand je viendrais...
Je veux dire, voilà trois ans

7. Une aune représente 118 centimètres de tissu.
8. Niais.
9. Stupides, comme celui qui « porte les cornes » :
dont la femme est infidèle, et qui ne voit rien.
10. Juron : par le sang de Dieu !
11. Il se moque de vous.
12. Langue juridique : son adversaire.
13. Il ne dit pas un mot.
14. Subjonctif de souhait : que Dieu te donne...
15. Stupide.
16. Oui.
17. Donné.

Mon berger prit l'engagement
80 De loyalement me garder
Mes brebis, et sans leur causer
Ni dommage, ni vilenie
Et puis maintenant il me nie
Drap et argent entièrement
85 Maître Pierre, sincèrement...
Ce ribaud-ci[1] volait les laines
De mes bêtes, et toutes saines
Les faisait périr et crever
Par les assommer et frapper
90 D'un gros bâton sur la cervelle.
Quand mon drap fut sous son aisselle,
Il se mit en chemin *grand erre*[2]
Et me dit que j'allasse *querre*[3]
Six écus d'or en sa maison.

LE JUGE

95 Il n'est ni rime ni raison
Dans tout ce que vous *rafardez*[4].
Qu'est ceci? Vous entrelardez
Puis d'un puis d'autre[5]. Somme toute,
Parlesambieu, je n'y vois goutte.
100 Il brouille de[6] drap, puis babille
De ses brebis, au coup la quille[7].
Chose qu'il dit ne s'entretient...[8]
Pathelin offre d'assurer la défense du berger.

PATHELIN, *au berger*

Viens, mon ami. Si l'on pouvait
105 Trouver... Écoute.

LE BERGER

Bée.

PATHELIN

Quel bée?

Par le sang que Dieu a versé,
Es-tu fou? Dis-moi ton affaire.

LE BERGER

110 Bée.

PATHELIN

Quel bée? *ois*-tu brebis braire[9]?
C'est pour ton profit. Attention.

LE BERGER

Bée.

PATHELIN

Eh! dis oui ou bien dis non!
115 *A voix basse.*
Bravo!
Tout haut.
Ne parleras-tu pas?

LE BERGER

Bée...

1. Vagabond.
2. En toute hâte.
3. Chercher.
4. Racontez.
5. Tantôt une chose, tantôt une autre.
6. S'embrouille à parler de.
7. Au hasard.
8. Il tient des discours sans suite.
9. Crois-tu entendre braire tes brebis?
La Farce de Maître Pathelin.

1 Précisez les différents éléments du comique de cette scène : verbal, de situation, de répétition, de mœurs.

2 La satire de la justice : à quoi est-elle particulièrement visible?

LE GENRE HISTORIQUE

LES ORIGINES DE LA LITTÉRATURE HISTORIQUE MÉDIÉVALE

Les chroniques du haut Moyen Âge visaient à faire apparaître dans la trame des événements les traces de la Providence divine. Ce cadre se prêtait mieux à la relation de la vie des saints – les hagiographies – qu'à celle des faits contemporains. Lorsqu'elle ne s'écrit plus en latin, mais en langue vulgaire, l'histoire est ensuite soumise à l'influence des genres littéraires en vogue : c'est ainsi que les Croisades inspirent des narrations épiques qui cèdent souvent aux plaisirs de la légende.

Le XIIIe siècle cependant, avec l'avènement de la prose, voit la naissance d'une véritable histoire. Villehardouin (1152-1212) entreprend d'abord, au terme de la quatrième croisade (1202-1204), de relater les événements auxquels il a pris une part importante. Son *Histoire de la conquête de Constantinople* est une entreprise qui n'échappe pas à la mauvaise foi, mais renonce du moins à tous les prestiges d'une littérature d'embellissement. Joinville ensuite (1225-1317), compagnon de Saint-Louis pendant la septième croisade (1248-1254), compose, à la demande de la reine Jeanne de Navarre, épouse de Philippe le Bel, *Le Livre des saintes paroles et des bons faits de notre saint roi Louis.* C'est la meilleure des nombreuses biographies de ce roi. Elle propose une succession de tableaux vivants, d'une minutieuse précision.

L'HISTOIRE AUX XIVe ET XVe SIÈCLES

Les historiens du XIVe et du XVe siècles comprennent très vite que le monde en crise dans lequel ils vivent, et la soif de connaissances de leurs contemporains, ne leur permettent pas de s'en tenir au témoignage personnel. Multipliant leurs sources et les confrontant, ils s'acheminent vers une conception plus documentaire de la recherche historique. C'est ainsi que Froissart (1337- ?) recueille patiemment les témoignages qui alimentent sa gigantesque *Chronique ;* elle reste cependant le reflet des idées de la haute société féodale et courtoise de son temps.

Les huit livres des *Mémoires* de Commynes (1450-1511) constituent le chef-d'œuvre du genre. Ce conseiller de Charles le Téméraire, duc de Bourgogne et principal rival de la Maison de France, trahit son maître en 1472 et entre au service de Louis XI, qui lui confiera d'importantes missions. Commynes complète et recoupe ses sources, en laissant de côté l'anecdotique : il s'intéresse aux causes secrètes des événements, dont la connaissance peut lui permettre d'élaborer une sagesse politique, enracinée dans les leçons de l'expérience historique. L'idéal et le mythe le cèdent aux exigences de l'action et aux réalités de l'Histoire. Cette ambition pédagogique annonce l'humanisme du XVIe siècle.

La bataille de Crécy (extrait des *Chroniques* de Froissart), miniature anonyme du XIVe siècle (Bibliothèque de l'Arsenal, Paris).

45

LE XVIᵉ SIÈCLE

une renaissance au cœur des guerres

1494-1547 : LE RÈGNE DE FRANÇOIS Ier ET LES GUERRES D'ITALIE

Les guerres d'Italie

La France, au XVIe siècle, ne cesse pratiquement pas d'être en guerre. La richesse des villes italiennes, la fascination exercée par la Renaissance commencée, de l'autre côté des Alpes, dès le XIIIe siècle, l'existence d'une noblesse inemployée depuis la fin des guerres contre l'Angleterre, alimentent les prétentions françaises sur les territoires italiens. Ces guerres, longues — de 1483 à 1559 — et coûteuses, ne rapportent rien : en soixante ans, les rois de France conquièrent et perdent tour à tour les villes italiennes.

Au cours du règne de François Ier, le conflit prend une dimension européenne : le roi de France s'oppose en effet, pour un demi-siècle, à Charles Quint, dont l'empire s'étend de l'Espagne aux territoires actuels de l'Allemagne, de l'Autriche, aux Pays-Bas et à la France du Nord-Est.

Portrait de François Ier par le peintre Jean Clouet (1485-1541).

Vaines sur le plan militaire, les guerres, néanmoins, ont contribué à élargir l'horizon de la noblesse française. Les œuvres de la Renaissance italienne pénètrent largement en France. L'«esprit nouveau» commence à souffler sur le sol français.

La Renaissance

Les manifestations de l'esprit nouveau sont des phénomènes européens. Outre les guerres, plusieurs découvertes rendent caduques les croyances du monde médiéval. Les navigateurs découvrent le Nouveau Monde : la certitude que la terre était plate, que l'Europe était le centre de l'univers, que les coutumes de nos pays répondaient à une nécessité divine, s'en trouve brutalement ébranlée. Dans le même temps, les recherches du savant Copernic l'amènent à remettre en cause la conception traditionnelle de l'univers : la terre n'a pas été placée au centre par Dieu ; c'est elle au contraire qui tourne autour du soleil.

Les systèmes économiques se transforment : l'accent est mis désormais sur les échanges d'argent plutôt que sur la possession de territoires. Le XVIᵉ siècle voit ainsi se développer une riche bourgeoisie marchande, alors que parallèlement la noblesse connaît un relatif appauvrissement.

L'imprimerie enfin, découverte à la fin du XVᵉ siècle, permet de rendre le livre plus accessible aux lettrés : un véritable engouement se manifeste pour le texte — religieux, poétique — tandis que s'ancre la méfiance à l'égard des commentateurs des livres sacrés. En effet, les lettrés et les savants adoptent une nouvelle attitude à l'égard des textes ou de l'objet de leurs recherches : c'est ce qu'on appelle l'humanisme. Dans le domaine religieux, ces mêmes phénomènes auront une grande importance.

L'humanisme

L'humanisme désigne d'abord une volonté de connaissance étendue hors des frontières. On lit le grec — la prise de Constantinople par les Turcs en 1453 a en effet provoqué l'exode des lettrés grecs qui ont apporté en Occident des manuscrits et leur connaissance de l'Antiquité. On lit l'hébreu, l'arabe. On s'efforce de parler un latin plus pur. On s'attache à l'étude des faits linguistiques, de l'évolution des langues. Érasme (1469-1536), le «prince des humanistes», maître à penser de toute une génération, témoigne par son activité de l'idéal des intellectuels de cette époque : érudit, philologue, philosophe, consulté par les rois et les Papes, sensible aux idées de la réforme religieuse avant de s'en déclarer l'adversaire, il est l'ami de Guillaume Budé (1468-1540), l'helléniste français, de Thomas Morus (1480-1535), le savant et philosophe anglais, et entretient une correspondance suivie avec les plus grands lettrés d'Europe. La curiosité passionnée des érudits les pousse à rechercher des textes authentiques : ce mouvement profond de «retour aux sources», s'il est tout d'abord limité aux textes profanes, affecte très vite, malgré l'opposition virulente de la Sorbonne, les textes sacrés.

La Réforme

La Réforme présente un double aspect, politique et intellectuel : sur le plan politique d'abord, la puissance temporelle de l'Église a entretenu une constante inquiétude chez les chefs d'État. Cette méfiance d'ailleurs inspire la politique de François Iᵉʳ qui, grâce au Concordat de 1516 peut, en fait sinon en droit, désigner les évêques et distribuer les bénéfices ecclésiastiques.

La Réforme a été, surtout, l'occasion d'un profond bouleversement spirituel. L'entreprise qui pousse les savants à vérifier l'authenticité des textes prend, chez des esprits religieux comme Luther (1483-1546) en Allemagne, et Calvin (1509-1564) en France, des formes radicales : on refuse de s'en remettre à l'autorité de l'Église pour interpréter les textes. Les divergences entre les deux courants éclatent avec violence. Pour les réformés, Dieu désigne, dans sa miséricorde, ses élus parmi des hommes également souillés par le péché originel. Au contraire, les catholiques estiment que l'homme peut œuvrer à son salut. Ainsi les protestants placent-ils leur seul espoir — puisque tout effort de rachat est vain — dans la confiance, la foi en Dieu. La toute-puissance de Dieu constitue le point central de la prédication de Calvin, qui, installé à Genève, en fait le bastion de son église, et gouverne d'une main de fer : le savant espagnol Michel Servet y est torturé après avoir été condamné pour athéisme en 1553. La recherche d'un nouvel accord avec la Lettre de l'Évangile par les Réformés, tout comme la défense par les catholiques de la liberté de l'homme face au salut aboutit, souvent, bien avant même les terribles guerres de religion, à des atrocités perpétrées par l'un et l'autre camp.

Gravure anonyme du XVIIe siècle représentant Calvin.

Les contradictions

Cette contradiction n'appartient pas aux seuls gens d'Église. Le siècle entier en est habité. Les efforts de l'humanisme pour promouvoir un homme nouveau n'arrêtent pas les progrès des superstitions : la chasse aux sorcières s'ouvre au XVIe siècle, des bûchers s'allument à travers toute l'Europe et Nostradamus (1502-1566), exerce les fonctions de devin de la reine Catherine de Médicis au moment où Copernic (1473-1543), avec son *De revolutionibus orbium caelestrum* (De la révolution des astres) remet en cause une conception de l'univers héritée de l'Antiquité.

La politique du roi de France à l'égard des idées nouvelles révèle, elle aussi, bien des contradictions. Certes, en 1530, les humanistes remportent une victoire éclatante sur les traditionalistes de l'Université, lorsque François Ier autorise la création du Collège royal (le futur Collège de France) où seront enseignés le grec et l'hébreu. Mais dès 1534, lorsque les « placards » — des affiches contre la messe — sont apposées jusqu'à sa porte, le roi fait arrêter et condamner tous les suspects d'hérésie à travers le Royaume : une mesure qui atteint aussi bien les réformés que les humanistes, puisque Calvin et Marot (cf. p. 51) prennent la fuite, que l'Imprimerie royale est fermée et qu'il est même question de faire brûler tous les livres.

Marot

1496-1544

Fils du « Grand rhétoriqueur » Jean Marot, Clément reçut une éducation peu soignée. Cependant, dès 1515, il publie ses premiers vers, dans la veine des rhétoriqueurs dont il ne reniera jamais l'héritage. Il attire l'attention de François Ier avec sa « Petite épître » où il fait preuve de beaucoup d'humour et de virtuosité.

Marot, poète de cour

En 1519, Marot obtient la charge, alors honorifique, de valet de chambre de Marguerite d'Angoulême, sœur du roi. Il compose des pièces de circonstance : rondeaux, chansons, remarquables par leur grâce, leur fantaisie, leur subtilité, comme le « Dizain de neige ». Il compose aussi des épîtres, pour demander des faveurs auprès des grands personnages.

Marot, poète satirique

La vie de Marot est loin de s'écouler paisiblement à la Cour. Il connaît par deux fois la prison, en 1526 pour avoir mangé le lard en carême, contrairement à l'une des prescriptions de la religion catholique, en 1527 pour avoir prêté main forte à un voleur emmené par la police. Ces deux affaires nous valent la plus violente satire de Marot, *L'Enfer* (cf. p. 53). Par deux fois, Marot est contraint à l'exil. La première fois, en 1534, il est accusé de complicité dans « l'affaire des placards » : des affiches contre la messe ont été apposées jusqu'à la porte du roi. Marot doit s'enfuir à l'étranger. À la fin de sa vie, en 1542, il est de nouveau contraint à l'exil, peut-être à cause de la publication de *L'Enfer*. Il meurt à Turin en 1544.

Clément Marot par Dumonstier.

Marot l'inventeur

S'il a puisé au répertoire de la rhétorique médiévale en matière de formes fixes, Marot ne l'a jamais fait sans renouveler les genres : ainsi en est-il des épîtres, auxquelles il a donné un ton nouveau, familier et lyrique. De même, il redonne au genre oublié du blason (consacré à louer un objet, une personne, un détail du corps) une popularité et un relief nouveau ; il invente le coq-à-l'âne, genre fantaisiste où la plus grande disparité des sujets abordés s'allie à la plus extrême rigueur formelle ; il donne à l'élégie – l'épître amoureuse – ses lettres de noblesse, et compose le premier épithalame, pièce de vers consacrée à la célébration d'un mariage.

L'Adolescence clémentine
1532

Marot réunit dans ce recueil des pièces très diverses composées à la cour. Il y célèbre de menus faits, les mariages, les morts, les amours des autres et les siennes. Il y loue les dames et les grands.

L'épigramme suivante, intitulée « Le dizain de neige », est adressée à sa « grande amye » Anne d'Alençon.

Le dizain de neige

Anne, par jeu, me jeta de la neige,
Que je cuidais[1] froide certainement ;
Mais c'était feu ; l'expérience en ai-je,
Car embrasé je fus soudainement.
5 Puisque le feu loge secrètement
Dedans la neige, où trouverai-je place
Pour n'ardre[2] point ? Anne, ta seule grâce
Éteindre peut le feu que je sens bien,
Non point par eau, par neige, ni par glace,
10 Mais par sentir[3] un feu pareil au mien.

1. Croyais.
2. Brûler.
3. En sentant.

1 Quels sont les termes qui sont mis en parallèle dès le premier vers ?

2 Quels sont les sens du mot « feu » ? Comment Marot en joue-t-il au début puis à la fin du poème ?

3 Comment se transforme le parallélisme mis en place dans les premiers vers ? Quel est le sens de cette transformation ?

L'Enfer
1539

Imprimé d'abord à l'étranger, *L'Enfer* avait déjà beaucoup circulé en manuscrit. L'humaniste Étienne Dolet l'édite de nouveau à Lyon en 1542. L'œuvre ne cesse de valoir à son auteur, jusqu'à la fin de sa vie, l'hostilité de la puissante Sorbone (cf. p. 51). La torture y est dénoncée pour la première fois dans la littérature. À la manière des Rhétoriqueurs, Marot y représente la prison du Châtelet sous une forme allégorique, celle de l'Hadès, l'enfer de l'Antiquité. Le sinistre juge Rhadamantes y règne, aidé de ses officiers de justice : l'arbitraire, la corruption, la cruauté, sont les seules lois qui régissent ces lieux.

Dès qu'il[1] la[2] voit, il mitige et pallie[3]
Son parler aigre, et en feinte douceur
Lui dit ainsi : « Viens çà, fais moi
           [tout seur[4]
Je te supplie, d'un tel crime et forfait.
5 Je croirais bien que tu ne l'as point fait,
Car ton maintien n'est que des plus
           [gaillards ;
Mais je veux bien connaître ces
           [paillards
Qui avec toi firent si chaude esmorche[5]
Dis hardiment : as tu peur qu'on
           [t'écorche ?
10 Quand tu diras qui a fait le péché,
Plus tôt seras de nos mains dépêché.
De quoi te sert la bouche tant fermée,
Fors[6] de tenir ta personne enfermée ?
Si tu dis vrai, je te jure et promets,
15 Par le haut Ciel, où je n'irai jamais,
Que des Enfers sortiras les brisées[7]
Pour t'en aller aux beaux champs
           [Élysées[8],
Où liberté fait vivre les esprits
Qui de compter[9] vérité ont appris. (...) »
20 Ce nonobstant[10], si tôt qu'il vient
           [à voir

Que par douceur il ne la peut avoir,
Aucunes fois encontre elle il s'irrite,
Et de ce pas, selon le démérite
Qu'il sent en elle, il vous la fait plonger
25 Au fond d'Enfer, où lui fait allonger
Veines et nerf, et par tourments
           [s'efforce
À éprouver si elle dira par force
Ce que douceur n'a su d'elle tirer.
    Ô chers Amis, j'en ai vu martyrer[11]
30 Tant, que pitié m'en mettait en émoi.
Par quoi vous prie de plaindre
           [avecques moi
Les innocents qui en tels lieux
           [damnables
Tiennent souvent la place des
           [coupables.

Marot, *L'Enfer.*

1. Rhadamantes.
2. La malheureuse âme que le juge fait paraître devant lui.
3. Il nuance et adoucit.
4. Avoue tout devant moi.
5. Bagarre, rixe.
6. Sinon à tenir...
7. Tu sortiras des limites des Enfers.
8. Le séjour des âmes pures.
9. Dire.
10. Cependant.
11. Torturer.

1 L'allégorie utilisée ici nuit-elle au réalisme de la description ? Pourquoi ?

2 Quels sont les moyens utilisés par Rhadamantes pour faire parler l'âme ? Son but est-il de rechercher la vérité ? Quels termes précis le prouvent ?

3 Comment Marot décrit-il indirectement Rhadamantes ? Quels mots vous semblent les plus évocateurs ?

Portrait de Rabelais par le graveur Boudan (XVIIe siècle).

François Rabelais

1494-1553

Le « moinage »

Fils d'un gros propriétaire terrien, François Rabelais, après avoir reçu une éducation traditionnelle, devient moine franciscain et étudie l'hébreu et le grec. La confiscation de ses ouvrages le conduit à quitter les Franciscains de Fontenay-le-Comte, en Vendée, pour les Bénédictins du couvent proche de Maillezais. Son évêque, Geoffroy d'Estissac, le prend sous sa protection et l'emmène dans ses déplacements en Poitou : Rabelais fait l'apprentissage des mœurs et de la langue populaires, et étudie le droit à l'Université de Poitiers.

En 1530, il a défroqué, c'est-à-dire qu'il n'est plus moine, mais prêtre vivant dans le siècle. Il mène depuis 1524 une vie errante, studieuse et joyeuse à la fois, qui ne cessera qu'à sa mort. Ses études de médecine à Montpellier en font très vite un médecin, et un chargé de cours qui commente Hippocrate et Galien dans le texte grec : il se lie avec la société intellectuelle de la ville, correspond avec Érasme. Dès lors, et jusqu'en 1551, il exercera la médecine tout en se consacrant à ses activités d'écrivain humaniste.

En 1532, un ouvrage populaire et anonyme lui donne envie d'en écrire la suite : *Pantagruel* est publié quelques mois plus tard. L'auteur en est officiellement Alcofribas Nasier – anagramme de François Rabelais, qui attendra quatorze ans avant de signer ses ouvrages de son nom.

Gargantua paraît en 1534 : y sont contées, comme dans le livre précédent, l'enfance, l'éducation et les prouesses burlesques du héros, mais aussi la fondation de l'abbaye de Thélème, qui affirme une règle peu monastique : « Fais ce que voudras ». En 1546, *Le Tiers Livre* enchaîne sur la fin du *Pantagruel,* en rompant avec l'épopée burlesque des géants, de même que *Le Quart Livre* (1552) : Pantagruel, Panurge et leurs compagnons partent en bateau consulter l'oracle de la Dive Bouteille. À travers l'histoire de leurs escales, Rabelais représente le monde et ses abus : ceux du pape, des juges ecclésiastiques, des théologiens de la Sorbonne, des catholiques comme des réformés. La prêtresse de la Dive Bouteille commentera l'oracle en des termes qui plaident en faveur d'un Rabelais, sinon athée, du moins d'une solide indépendance d'esprit pour la conduite de sa vie : « Soyez vous-même interprète de votre entreprise ».

Entre temps, ses livres ont été condamnés par les autorités religieuses. François Ier, qui avait accordé un privilège pour l'impression du *Tiers Livre,* est mort. Rabelais doit se faire oublier. Il voyage, exerce la médecine en Italie, grâce à la protection des frères Du Bellay, l'un évêque de Paris, l'autre cardinal et gouverneur du Piémont.

Le Cinquième Livre, dont l'authenticité est parfois contestée, ne paraîtra qu'en 1564, après la mort de Rabelais survenue en 1553. Il complète l'une des grandes œuvres romanesques de la littérature mondiale.

Pantagruel
1532

Pantagruel, géant comme son père, est, comme lui, doué d'un appétit et d'une force extraordinaires. Aux effets comiques de son prédécesseur anonyme, auteur des *Grandes et inestimables chroniques du grand et énorme géant Gargantua*, Rabelais joint ceux que lui inspirent la vie étudiante, ses vastes lectures et l'observation de la réalité. La critique des routines juridiques laisse également apparaître l'idéal humaniste de Rabelais, fortement marqué par la doctrine évangéliste : elle prend l'Écriture comme fondement unique du christianisme, au détriment des institutions religieuses créées par les hommes.

Après avoir exposé la généalogie de Pantagruel depuis les commencements du monde, en parodiant la Bible, Rabelais nous raconte sa naissance. C'est un jour de grande sécheresse, et le mot Pantagruel signifie selon Rabelais « tout altéré ». Mais l'enfant est d'une taille si considérable que la mère meurt en couches. Gargantua, le père, partagé entre la douleur et la joie, ne sait que faire.

Quand Pantagruel fut né, qui fut bien ébahi et perplexe ? ce fut Gargantua son père. Car, voyant d'un côté sa femme Badebec[1] morte, et de l'autre son fils Pantagruel né, tant beau et tant grand, ne savait que dire ni que faire, et le doute qui troublait son entendement[2] était à savoir s'il devait pleurer pour le deuil de sa femme, ou rire pour la joie de son fils. D'un côté et d'autre, il avait arguments sophistiques[3] qui le suffoquaient, car il les faisait très bien *in modo et figura*[4], mais il ne les pouvait souldre[5] et par ce moyen, demeurait empêtré comme la souris empeigée[6], ou un milan[7] pris au lacet.

1. Qui bée du bec : qui garde la bouche ouverte.
2. Intelligence.
3. Modèles de raisonnement logique utilisé par une école de philosophes grecs anciens, les sophistes.
4. Liés aux méthodes de raisonnement – modes et figures – des logiciens.
5. Résoudre.
6. Prise dans la poix.
7. Oiseau de proie.

« Pleurerai-je ? disait-il. Oui, car pourquoi ? Ma tant bonne femme est morte, qui
10 était la plus ceci, la plus cela qui fût au monde. Jamais je ne la verrai, jamais je
n'en recouvrerai une telle ; ce m'est une perte inestimable. Ô mon Dieu ! que t'avais-
je fait pour ainsi me punir ? Que n'envoyas-tu la mort à moi premier qu'à elle ? car
vivre sans elle ne m'est que languir. Ha ! Badebec, ma mignonne, m'amie, ma ten-
drette, ma savate, ma pantoufle, jamais je ne te verrai. Ha ! pauvre Pantagruel, tu
15 as perdu ta bonne mère, ta douce nourrice, ta dame très aimée. Ha ! fausse[1] mort,
tant tu m'es malivole[2], tant tu m'es outrageuse, de me tollir[3] celle à laquelle immortalité appartenait de droit ».

Et, ce disant, pleurait comme une vache, mais tout soudain riait comme un veau,
quand Pantagruel lui venait en mémoire. « Ho ! mon petit fils, disait-il, mon peton[4],
20 que tu es joli ! et tant je suis tenu[5] à Dieu de ce qu'il m'a donné un si beau fils, tant
joyeux, tant riant, tant joli. Ho, ho, ho, ho ! que je suis aise ! buvons. Ho ! laissons
toute mélancolie ; apporte du meilleur, rince les verres, boute[6] la nappe, chasse
ces chiens, souffle ce feu, allume la chandelle, ferme cette porte, taille ces soupes[7],
envoie ces pauvres, baille-leur[8] ce qu'ils demandent, tiens ma robe[9] que je me mette
25 en pourpoint pour mieux festoyer les commères ».

Ce disant, ouït la litanie et les mémentos[10] des prêtres qui portaient sa femme en
terre, dont[11] laissa son bon propos et tout soudain fut ravi[12] ailleurs disant : Seigneur
Dieu, faut-il que je me constriste[13] encore ? Cela me fâche, je ne suis plus jeune, je
deviens vieux, le temps est dangereux, je pourrai prendre quelque fièvre : me voilà
30 affolé. Foi de gentilhomme, il vaut mieux pleurer moins et boire davantage. Ma
femme est morte, eh bien, par Dieu (*da jurandi*[14]), je ne la ressusciterai pas par mes
pleurs. Elle est bien ; elle est en paradis pour le moins, si mieux n'est. Elle prie Dieu
pour nous ; elle est bien heureuse ; elle ne se soucie plus de nos misères et calami-
tés. Autant nous en pend à l'œil[15]. Dieu garde le demeurant[16]. Il me faut penser
35 d'en trouver une autre. « Mais voici que vous ferez, dit-il aux sages-femmes (où sont-
elles ? Bonnes gens, je ne vous peux voir) : allez à l'enterrement d'elle, et ce pendant
je bercerai mon fils, car je me sens bien fort altéré, et serais en danger de tomber
malade ; mais buvez quelque bon trait devant[17] : car vous vous en trouverez bien, et
m'en croyez sus mon honneur ».
40 À quoi obtempérant, allèrent à l'enterrement et funérailles, et le pauvre Gargantua demeura à l'hôtel[18].

Rabelais, *Pantagruel*, ch. 3.

1. Trompeuse.
2. Malveillante.
3. Enlever.
4. Petit pied.
5. Reconnaissant.
6. Installe.
7. Coupe le pain en tranches pour la soupe.
8. Donne-leur.
9. Vêtement de dessus.

10. Prières pour les vivants et pour les morts.
11. Par suite de quoi.
12. Emporté en pensée.
13. Attriste.
14. Permets-moi de jurer.
15. Nous attend.
16. Celui qui reste vivant.
17. Avant.
18. Domicile.

1 Par quels procédés comiques Rabelais accentue-t-il le contraste entre la douleur et la joie de Gargantua ?

2 Rabelais penchait pour la résolution naturelle des problèmes de la vie quotidienne : comment cette nature se manifeste-t-elle ici ?

Gargantua
1534

Le titre complet précise : *La vie très horri-fique du grand Gargantua, père de Pantagruel.* L'ouvrage devient donc le premier de cette geste des géants, entamée avec le *Pantagruel.* La maîtrise dont témoigne Rabelais en fait le plus réputé de ses livres. L'organisation est plus nette, et l'auteur privilégie désormais l'étude réaliste des mœurs au détriment du merveilleux gigantesque. Il peut ainsi s'expri-mer abondamment sur les questions qui lui tiennent à cœur : l'éducation, la guerre, les superstitions religieuses, la théologie ensei-gnée à la Sorbonne ou la faiblesse et la paresse des moines.

Le sérieux des thèmes traités ne l'empêche pas de mêler au réalisme les jeux d'une fantai-sie prodigieuse : il se plaît aux invraisemblan-ces, au paradoxe, à la bouffonnerie. Tous les degrés du comique sont présents, de la plus grossière gauloiserie à l'étude de mœurs la plus subtile. L'inventivité verbale semble sans limites : elle donne la mesure de l'érudition de Rabelais qui emprunte à tous les langages techniques du temps comme aux langues mor-tes et vivantes, recourt aux mots inventés, aux énumérations, aux accumulations les plus étourdissantes. Le récit, débridé et symboli-que à la fois, en tire une grande force qui est aussi puissance de séduction poétique.

Gargantua enfant, d'après Gustave Doré (1832-1883).

L'avertissement en vers du *Gargantua* proclame une intention franchement comique. Le prologue qui le suit nuance le propos sans l'inverser : si le passage suivant peut sembler explicite, il n'en est pas moins suivi d'un tissu de plaisanteries, si bien que le lecteur ne peut savoir s'il a affaire à un ouvrage drôlatique ou philosophique. A moins, bien entendu, de lire le livre entier et c'est à susci-ter ce désir que s'emploie l'auteur.

Buveurs très illustres, et vous, Vérolés très précieux (car à vous, non à autres, sont dédiés mes écrits), Alcibiade, au dialogue de Platon intitulé *le Banquet,* louant son précepteur Socrate, sans controverse prince des philosophes, entre autres paroles le dit être semblable ès[1] Silènes. Silènes étaient jadis petites boîtes, telles que voyons
5 de présent ès boutiques des apothicaires[2] peintes au-dessus de figures joyeuses et frivoles, comme de harpies, satyres, oisons bridés, lièvres cornus, canes bâtées, boucs volants, cerfs limoniers[3] et autres telles peintures contrefaites à plaisir pour exciter le monde à rire (quel[4] fut Silène, maître du bon Bacchus[5]) ; mais au dedans l'on réservait[6] les fines drogues, comme baume, ambre gris, amomon[7], musc, civette,
10 pierreries et autres choses précieuses. Tel disait être Socrate, parce que, le voyant

1. Aux.
2. Pharmaciens.
3. Attachés aux limons, c'est-à-dire aux bras d'une charrette.
4. Tel.

5. Dieu du vin.
6. Conservait.
7. Parfum tiré d'une plante exotique.

au dehors et l'estimant par l'extérieure apparence, n'en eussiez donné un coupeau[1] d'oignon tant laid il était de corps et ridicule en son maintien, le nez pointu, le regard d'un taureau, le visage d'un fol, simple en mœurs, rustique en vêtements, pauvre de fortune, infortuné en femmes, inepte[2] à tous offices de la république, toujours riant,
15 toujours buvant d'autant à un chacun, toujours se guabelant[3], toujours dissimulant son divin savoir ; mais, ouvrant cette boîte, eussiez au dedans trouvé une céleste et impréciable[4] drogue : entendement[5] plus qu'humain, vertu merveilleuse, courage invincible, sobresse non pareille, contentement certain, assurance parfaite, déprisement[6] incroyable de tout ce pourquoi les humains tant veillent, courent, travaillent,
20 naviguent et bataillent.

À quel propos, en votre avis, tend ce prélude et coup d'essai ? Pour autant que vous, mes bons disciples et quelques autres fols de séjour, lisant les joyeux titres d'aucuns[7] livres de notre invention, comme *Gargantua, Pantagruel, Fessepinte, La Dignité des Braguettes, Des pois au lard cum commento*[8], etc., jugez trop facile-
25 ment n'être au dedans traité que moqueries, folâtreries et menteries joyeuses : vu que l'enseigne extérieure (c'est le titre), sans plus avant enquérir[9], est communément reçue à dérision et gaudisserie[10]. Mais par telle légèreté ne convient estimer les œuvres des humains : car vous-mêmes dites que l'habit ne fait point le moine, et tel est vêtu d'habit monacal, qui au-dedans n'est rien moins que moine, et tel est vêtu
30 de cape espagnole, qui en son courage nullement affiert[11] à l'Espagne. C'est pourquoi faut ouvrir le livre et soigneusement peser ce qui y est déduit. Lors connaîtrez que la drogue dedans contenue est bien d'autre valeur que ne promettait la boîte. C'est-à-dire que les matières ici traitées ne sont tant folâtres comme le titre au-dessus prétendait.

35 Et, posé le cas qu'au sens littéral vous trouviez matières assez joyeuses et bien correspondantes au nom, toutefois pas demeurer là ne faut, comme au chant des sirènes[12] ; ains[13] à plus haut sens interpréter ce que par aventure cuidiez[14] dit en gaieté de cœur. Crochetâtes-vous onques bouteilles ? Réduisez à mémoire[15] la contenance que aviez. Mais vîtes-vous onques chien rencontrant quelque os médullaire[16] ? C'est,
40 comme dit Platon, lib. II *de Rep.* la bête du monde plus philosophe. Si vu l'avez, vous avez pu noter de quelle dévotion il le guette, de quel soin il le garde, de quel ferveur il le tient, de quelle prudence il l'entomme[17], de quelle affection il le brise, et de quelle diligence il le suce. Qui le induit à ce faire ? Quel est l'espoir de son étude ? Quel bien prétend-il ? Rien plus qu'un peu de moelle. Vrai que ce peu plus est
45 délicieux que le beaucoup de toutes autres, pour ce que la moelle est aliment élabouré[18] à perfection de nature comme dit Galen. III *Facu. natural.* et XI *De usu parti.*

À l'exemple d'icelui[19] vous convient être sages, pour fleurer[20], sentir et estimer ces beaux livres de haute graisse, légers au pourchas[21] et hardis à la rencontre. Puis, par curieuse leçon[22] et méditation fréquente, rompre l'os et sucer la substantifique[23]
50 moelle, c'est-à-dire ce que j'entends par ces symboles pythagoriques[24], avec espoir certain d'être faits escors[25] et preux à la dite lecture, car en icelle bien autre goût trouverez, et doctrine plus absconse[26], laquelle vous révèlera de très hauts sacrements[27] et mystères horrifiques, tant en ce qui concerne notre religion que aussi l'état politique et vie économique. (...)

Rabelais, *Gargantua*, Prologue de l'auteur.

1. Morceau.
2. Inapte.
3. Se moquant.
4. Inestimable.
5. Intelligence.
6. Mépris.
7. Quelques.
8. Avec commentaire.
9. Se renseigner.
10. Plaisanterie.
11. Convient.
12. Dans l'*Odyssée* d'Homère, le chant des sirènes attire les navigateurs vers les récifs.
13. Mais.

14. Croyiez.
15. Rappelez-vous.
16. À moelle.
17. Entamé.
18. Élaboré.
19. De celui-ci.
20. Flairer.
21. Se rapporte à « vous » : légers dans la poursuite.
22. Soigneuse lecture.
23. Nourrissante.
24. À la manière de Pythagore.
25. Avisés.
26. Secrète.
27. Connaissances sacrées.

1 Quels sont les procédés par lesquels Rabelais insiste sur l'écart susceptible d'exister entre l'apparence et la réalité? Quels en sont les effets sur le lecteur?

2 Relevez les différentes métaphores du livre et de sa lecture : de quelle façon reprennent-elles en la nuançant l'image de la boîte précieuse?

3 De quelle façon Rabelais s'y prend-il pour rendre difficile l'imposition d'un sens précis et définitif, qu'il ne veut surtout pas délivrer dès son prologue?

Dans les chapitres consacrés à la guerre «picrocholine», Rabelais ridiculise la folie conquérante de Picrochole. Le bon prince selon lui doit être pacifique et faire observer la loi de l'Évangile, à l'exemple de Grandgousier, père de Gargantua. Les idées sérieuses, comme toujours chez Rabelais, sont soutenues par un art de conteur extraordinaire. Dans le passage suivant, l'abbaye de Seuillé est attaquée par les soldats. Les moines ne savent à quel saint se vouer. Mais l'un d'entre eux se montre particulièrement énergique...

En l'abbaye était pour lors un moine claustrier[1] nommé frère Jean des Entommeures, jeune, galant, frisque[2], de hait[3], bien à dextre[4], hardi, aventureux, délibéré, haut, maigre, bien fendu de gueule, bien avantagé en nez, beau dépêcheur d'heures, beau débrideur de messes, beau décrotteur de vigiles[5], pour tout dire sommai-
5 rement vrai moine si onques en fut depuis que le monde moinant moina de moinerie, au reste clerc jusques ès dents[6] en matière de bréviaire.

Icelui, entendant le bruit que faisaient les ennemis par le clos de leur vigne, sortit hors pour voir ce qu'ils faisaient, et avisant qu'ils vendangeaient leur clos auquel était leur boire de tout l'an fondé, retourne au chœur de l'église où étaient les autres
10 moines, tous étonnés comme fondeurs de cloches, lesquels voyant chanter *ini, nim, pe, ne, ne, ne, ne, ne, ne, tum, ne, num, num, ini, i, mi, i, mi, co, o, ne, no, o, o, ne, no, ne, no, no, no, rum, ne, num, num* : «C'est, dit-il, bien chien chanté. Vertus Dieu! que ne chantez-vous : Adieu paniers, vendanges sont faites? Je me donne au diable s'ils ne sont en notre clos, et tant bien coupent et ceps et raisins qu'il n'y aura,
15 par le corps Dieu! de quatre années que halleboter[7] dedans. Ventre saint Jacques! que boirons-nous cependant, nous autres pauvres diables? Seigneur Dieu, *da mihi potum*[8]!»

Lors dit le prieur claustral[19] : «Que fera cet ivrogne ici? Qu'on me le mène en prison. Troubler ainsi le service divin!»
20 «– Mais, dit le moine, le service du vin, faisons tant qu'il ne soit troublé, car vous-même, monsieur le prieur, aimez boire du meilleur : si[10] fait tout homme de bien. Jamais homme noble ne hait le bon vin : c'est un apophtegme[11] monacal. Mais ces répons que chantez ici ne sont, par Dieu! point de saison. Écoutez, messieurs, vous autres qui aimez le vin : le corps Dieu, si[12] me suivez! Car hardiment que saint
25 Antoine m'arde[13] si ceux tâtent du piot[14] qui n'auront secouru la vigne! Ventre Dieu, les biens de l'Église!»

1. Cloîtré.
2. Pimpant.
3. Décidé.
4. Bien adroit.
5. Expressions évoquant la rapidité avec laquelle Frère Jean expédie les rituels qui rythment la vie quotidienne des moines.
6. Inattaquable.
7. Grapiller.

8. Donne-moi à boire!
9. Du cloître.
10. Ainsi.
11. Précepte.
12. Suivez-moi donc!
13. Me brûle.
14. Vin.

Ce disant, mit bas son grand habit et se saisit du bâton de la croix qui était de cœur de cormier[1], long comme une lance, rond à plein poing, et quelque peu semé de fleurs de lys, toutes presque effacées. Ainsi sortit en beau sayon, mit son froc en
30 écharpe, et de son bâton de la croix donna si brusquement sur les ennemis qui, sans ordre ni enseigne, ni trompette, ni tambourin, parmi le clos vendangeaient, – car les porte-guidons et porte-enseignes avaient mis leurs guidons et enseignes l'orée[2] des murs, les tambourineurs avaient défoncé leurs tambourins d'un côté pour les emplir de raisins, les trompettes étaient chargés de moussines[3], chacun était dérayé[4] –, il
35 choqua donc si roidement sur eux, sans dire gare, qu'il les renversait comme porcs, frappant à tort et à travers, à la vieille escrime.

Ès uns écrabouillait la cervelle, ès autres rompait bras et jambes, ès autres délochait les spondyles[5] du col, ès autres démoulait[6] les reins, avalait[7] le nez, pochait les yeux, fendait les mandibules, enfonçait les dents en la gueule, décroulait les omo-
40 plates, sphacelait les grèves[8], dégondait les ischies[9], débezillait les faucilles[10].

Si quelqu'un se voulait cacher entre les ceps plus épais, à icelui froissait toute l'arête du dos et l'éreinait[11] comme un chien.

Si aucun sauver se voulait en fuyant, à icelui faisait voler la tête en pièces par la commissure lambdoïde[12]. Si quelqu'un gravait[13] en une arbre, pensant y être en
45 sûreté, icelui de son bâton empalait par le fondement.

Si quelqu'un de sa vieille connaissance lui criait : « Ha ! frère Jean, mon ami, frère Jean, je me rends ! »

« – Il t'est, disait-il, bien force ; mais ensemble tu rendras l'âme à tous les diables ». Et soudain lui donnait dronos[14]. Et si personne tant fût épris de témérité qu'il lui vou-
50 lût résister en face, là montrait-il la force de ses muscles. Car il leur transperçait la poitrine par le médiastin[15] et par le cœur ; à d'autres donnant sur la faute des côtes, leur subvertissait l'estomac, et mouraient soudainement ; ès autres tant fière-ment frappait au nombril qu'il leur faisait sortir les tripes. Croyez que c'était le plus horrible spectacle qu'on vit onques.
55 Les uns criaient : « Sainte Barbe ! », les autres « saint Georges ! », les autres « sainte Nitouche[16] ! », les autres « Notre-Dame de Cunault, de Lorette, de Bonnes Nouvel-les… ». Les uns se vouaient à saint Jacques ; les autres au saint suaire de Cham-béry… Les uns mouraient sans parler, les autres parlaient sans mourir, les uns mou-raient en parlant, les autres parlaient en mourant. Les autres criaient à haute voix :
60 « Confession ! confession ! *Confiteor, miserere, in manus*[17] ».

Rabelais, Gargantua, ch. XXVII.

1. Bois dur.
2. Le long.
3. Grappes et feuilles.
4. Sorti du rang.
5. Démettait les vertèbres.
6. Disloquait.
7. Enfonçait.
8. Meurtrissait les jambes.
9. Déboîtait les hanches.

10. Rompait les bras.
11. Lui brisait les reins.
12. Suture crânienne en forme de lambda grec (« λ »).
13. Grimpait.
14. Des coups, en occitan.
15. Cloison divisant en deux la poitrine.
16. Sainte imaginaire : celle qui ne veut pas qu'on y touche.
17. « Je me confesse », « ayez pitié », « en vos mains (je me confie) ».

1 Quels sont les moyens de l'évocation réaliste ? Ceux du récit comique ?

2 La suite du récit tourne à la satire explicite des moines : les moinetons, appelés à la rescousse par Frère Jean, égorgent les mourants au lieu de leur porter secours. Dans ce passage, quel élément selon vous domine : la critique, ou l'éclat de rire ?

L'ÂGE D'OR DE L'HUMANISME :
1547-1562

Entre la création de la Pléiade en 1549 et le début des guerres de religion, on assiste à la naissance d'une nouvelle esthétique, à un éveil artistique favorisé par quelques années de paix. Le traité de Cateau-Cambrésis, en 1559, met fin à un demi-siècle de guerres avec l'Italie, et si la tension croît entre catholiques et réformés, le relatif équilibre des forces évite pour quelques années encore le conflit ouvert.

Dans ce précaire répit au sein d'un siècle troublé, les recherches entreprises par les lettrés vont permettre l'éclosion d'un art raffiné.

UNE LANGUE RENOUVELÉE

Si le premier humanisme était latin, le second centre ses efforts sur la conquête par le français des territoires jusque-là réservés au latin. Certes les auteurs, dans leur immense majorité, sont bilingues, formés d'abord à lire le latin. Néanmoins, l'attention portée, d'une façon générale, aux langues, permet aux lettrés de prendre conscience des possibilités du français. Les savants eux-mêmes parlent en français de sciences, de philosophie, de politique, de religion.

L'ordonnance de Villers-Cotterets en 1539 sanctionne ce progrès : désormais la langue administrative, judiciaire et diplomatique sera française et non plus latine.

DES POÈTES SAVANTS

Parallèlement aux recherches en philologie, une exploration complète des formes poétiques anciennes et contemporaines permet à la poésie française de s'enrichir : on cherche à transposer en français la poésie quantitative (fondée sur la durée des voyelles) des Anciens. On découvre les possibilités de l'alexandrin, vers de douze syllabes ; on fixe l'alternance des rimes, on imite les poètes latins. Les poètes du XVIe siècle sont des savants qui pratiquent les littératures grecque et latine, mais aussi celle de leurs contemporains italiens.

LE PÉTRARQUISME

Au siècle précédent, François Pétrarque (1304-1374) avait connu un succès européen, pour son œuvre d'humaniste et de penseur. C'est comme poète, auteur du *Canzoniere,* recueil de poèmes amoureux inspirés par sa Dame, Laure, qu'il exerça sur les poètes du milieu du XVIe une influence considérable. La « manière » de Pétrarque peut sembler aujourd'hui bien précieuse : mais il transmet une forme, le sonnet, qui régénère la poésie française, et ouvre la voie d'une utilisation renouvelée des figures de la rhétorique. En même temps, Pétrarque met à la mode le thème des amours dont les poètes de la Pléiade feront un heureux et abondant usage.

La Pléiade

Le nom de la Pléiade, qui évoque une constellation d'étoiles, fut donné tardivement – vers 1556 – à un groupe, d'ailleurs variable, de sept auteurs rassemblés autour de Ronsard. Il désigne communément les plus connus de l'armée des poètes qui ont travaillé, dans ces années 1550-1560, à renouveler la poésie française.

Les rencontres

Vers 1545, Ronsard et Du Bellay rencontrent un lettré, Jacques Pelletier, qui les confirme dans leur enthousiasme pour la langue nationale et encourage leurs premiers essais poétiques. À partir de 1547, les jeunes poètes font la rencontre déterminante de Jean Dorat (1508-1588), savant helléniste qui, dans son Collège de Coqueret sur la Montagne Sainte-Geneviève, enseigne les grands textes anciens. Du Bellay, Ronsard et Baïf fondent alors la Brigade, que viennent bientôt renforcer Jodelle, Belleau, Grévin, puis La Péruse : ils se donnent pour mission d'exploiter littérairement les richesses que leur avait enseignées leur maître, et, ainsi, de « créer » la poésie française. Dès 1549, la Brigade fait une entrée remarquable en publiant la *Défense et Illustration de la langue française,* et *L'Olive,* premier recueil pétrarquiste du groupe, qu'accompagne une importante préface : les principes qui allaient animer la future Pléiade étaient déjà posés, et les grandes lignes de son esthétique définies.

La doctrine de la Pléiade

Le principe fondateur du mouvement est que la langue française peut devenir aussi riche, fine et maniable que les langues anciennes à condition d'être « illustrée », c'est-à-dire enrichie.

Du Bellay suggérait que la langue française empruntât au latin, au grec, au vieux français, à la langue des métiers, aux dialectes provinciaux. Il propose la création de mots nouveaux et un enrichissement du lexique par la multiplication des métaphores, des allégories et des comparaisons.

De même que la langue, la poésie doit être « illustrée », rénovée. La condamnation de la poésie médiévale est sans appel. En revanche, il s'agit de piller – selon le mot de Du Bellay – les Grecs, les Latins et les Italiens. Le remède préconisé est donc l'imitation – moins la traduction que l'adaptation – des grandes œuvres étrangères. On abandonne donc les genres traditionnels (rondeau, ballade, farce...) au profit des genres cultivés par les Anciens : l'ode, l'élégie, l'épigramme, la tragédie, la comédie, et de cette invention miraculeuse connue grâce à Pétrarque : le sonnet.

Enfin, les poètes de la Pléiade contribuent largement à transformer l'image que le poète lui-même se fait de son art : « inspiré », c'est-à-dire porté à la création par une sorte de folie sacrée, le poète, par l'excellence de son art et la profondeur de ses études, travaille à gagner l'immortalité.

Les idées de la Pléiade triomphent à la Cour – au point que les poètes du groupe ont dû plier leur art aux exigences de la flatterie – et en Europe. Le mouvement marque un tournant poétique important : c'est à la Pléiade qu'on doit la prééminence accordée aux Anciens par le courant classique et – on ne peut que le déplorer – l'injustice dont furent victimes les poètes médiévaux. Cependant, par leur fougue, leur enthousiasme, leur art, ils fondent une tradition poétique française et une conception de l'art qui imprègne les poètes des siècles à venir.

Du Bellay

1522-1560

sickly man becomes deaf at early age.

Né d'une illustre famille angevine, mais orphelin de bonne heure, Du Bellay connaît une enfance triste. Vers 1545, il se trouve à Poitiers où il étudie le droit et se lie avec les lettrés de la ville, dont La Péruse. La légende veut que, dans une auberge poitevine, il rencontre aussi Ronsard.

Les études à Coqueret

En 1547, il se rend à Paris pour suivre, avec Ronsard, les cours de l'humaniste Dorat au Collège de Coqueret (cf. p. 62). Dès 1549, il entre avec brio en littérature en publiant sous son nom la *Défense et Illustration de la langue française,* bien que les idées exprimées soient celles du groupe tout entier. La même année voit la première édition de l'*Olive,* recueil de sonnets imprégnés de pétrarquisme (cf. p. 61), qui sera réédité et augmenté en 1580. Avec ces deux œuvres, il trace la voie de la nouvelle école poétique, la future Pléiade.

« Le plus chétif du monde... »

En 1553, il accompagne à Rome son parent, le Cardinal Jean du Bellay. Il est déjà atteint de cette maladie grave qui le rend presque sourd. La besogne d'intendant, qui lui est confiée, lui pèse. Il exprime à un ami son amertume en des vers mélancoliques :

« J'ai le corps maladif, et me faut voyager,
Je suis né pour la Muse, on me fait ménager[1]
Ne suis-je pas né, Morel, le plus chétif
[du monde ? »

Il revient de Rome quatre ans plus tard avec *Les Regrets,* les *Jeux rustiques* et *Les Antiquités de Rome,* publiés au début de 1558. Dans ces sonnets où il pratique avec bonheur l'imitation préconisée dans la *Défense...,* Du Bellay chante son enthousiasme pour la culture

1. M'occuper d'intendance.

Du Bellay, gravure du XVIe siècle.

latine et son accablement devant les ruines de l'ancienne Rome, sa nostalgie du pays natal et son indignation contre les scandales et les intrigues dont fourmille la Cour.

Les deux années qu'il lui reste à vivre sont, malgré les tracas dont il est assailli, studieuses. Empruntant la technique du poète burlesque Berni qui feint de louer pour mieux condamner, il écrit l'*Hymne à la surdité* où il parodie les *Hymnes* de Ronsard, et une satire, *Le Poète courtisan* (1559), où il dénonce la poésie mise au service de la flatterie ou transformée en amusement de Cour. Ses dernières œuvres sont graves ; dans l'*Ample discours au roi sur le fait de ses quatre états,* qui paraît après sa mort, en 1567, Du Bellay témoigne de son inquiétude face au climat politique et religieux.

Les Antiquités de Rome
1558

Ce recueil, rapporté des quatre années de séjour à Rome, est consacré tout entier à la grandeur passée de la ville, à la méditation du poète devant les ruines : ce dernier thème, qui connaîtra un si vif succès au XIXe siècle auprès des poètes romantiques, s'y trouve donc inauguré.

Les Antiquités de Rome *sont suivies d'une « Vision », composée de quinze sonnets où Du Bellay relate le songe qu'il a fait, au bord du Tibre, de la grandeur et de la chute de Rome.*

Une louve[1] je vis sous l'antre d'un rocher
Allaitant deux bessons[2] : je vis à sa mamelle
Mignardement jouer cette couple[3] jumelle,
Et d'un col[4] allongé la louve les lécher.

Je la vis hors de là sa pâture chercher,
Et, courant par les champs, d'une fureur nouvelle
Ensanglanter la dent et la patte[4] cruelle
Sur les menus troupeaux pour sa soif étancher.

Je vis mille veneurs[5] descendre des montagnes
10 Qui bordent d'un côté les lombardes campagnes,
Et vis de cent épieux lui donner dans le flanc.

Je la vis de son long sur la plaine étendue,
Poussant mille sanglots, se vautrer en son sang,
Et dessus un vieux tronc la dépouille pendue.

Du Bellay, *Les Antiquités de Rome*, « Vision », VI.

1. La louve allaitant les deux jumeaux, Romulus et Rémus, représente la naissance de Rome.
2. Jumeaux.
3. Genre féminin, conformément à l'étymologie.
4. Sa dent et sa patte.
5. Chasseurs.

1 Pourquoi les mots « Je vis », « Je la vis » sont-ils répétés, parfois plusieurs fois, dans chaque strophe ?

2 Comment l'expansion de Rome, puis sa chute, sont-elles symbolisées ? Que représentent les « veneurs » ?

3 Observez comment, dans ce sonnet, les mouvements sont rendus.

Les Regrets
1558

La plus grande partie des sonnets de ce recueil ont été écrits en Italie. Celui-ci est d'une tout autre tonalité que *Les Antiquités de Rome.* Élégiaque, il chante le désenchantement du poète, sa nostalgie du pays natal ; satirique, il s'en prend aux mœurs corrompues des Romains, des courtisans, des cardinaux, et aussi des courtisans français. Le sonnet, jusque-là consacré à l'amour, découvre dans cette alliance originale de nouvelles possibilités.

Le sonnet qui suit, mis en musique et chanté à plusieurs reprises, occupe dans la littérature une place particulière : il est par excellence le poème de l'exil et de la nostalgie du pays natal.

Heureux qui[1], comme Ulysse, a fait un beau voyage,
Ou comme cestui-là qui conquit la toison[2],
Et puis est retourné, plein d'usage[3] et raison,
Vivre entre ses parents le reste de son âge[4] !

5 Quand reverrai-je, hélas ! de mon petit village
Fumer la cheminée, et en quelle saison
Reverrai-je le clos de ma pauvre maison,
Qui m'est une province, et beaucoup davantage ?

Plus me plaît le séjour qu'ont bâti mes aïeux
10 Que des palais romains le front audacieux[5] ;
Plus que le marbre dur me plaît l'ardoise[6] fine,

Plus mon Loire[7] gaulois que le Tibre latin,
Plus mon petit Liré[8] que le mont Palatin[9],
Et plus que l'air marin la douceur angevine.

Du Bellay, *Les Regrets*, XXXI.

1. Traduction littérale du « *Felix qui...* » latin.
2. Jason, chef des Argonautes, conquit selon la mythologie grecque la Toison d'Or dans le Caucase avant de s'en retourner en Grèce.
3. Expérience.
4. Vie.
5. Prononcer audaci-eux : c'est une diérèse, qui consiste à dissocier la syllabe pour en obtenir deux à la lecture.
6. Les toits des maisons d'Anjou sont couverts d'ardoises.
7. Genre masculin, conforme à l'étymologie latine.
8. Village natal de Du Bellay.
9. Colline de Rome sur laquelle, à partir de l'empereur Auguste, fut construit le Palais des Césars.

1 Qu'ont en commun les héros cités dans le premier quatrain ? Quel rapport peut-il exister entre leur situation et celle de Du Bellay ?

2 Relevez les mots qui, dans le deuxième quatrain, expriment l'humilité et la grandeur du village natal.

3 Que veut montrer le poète en comparant sa province à Rome ? En quoi cette dernière lui semble-t-elle supérieure ?

Ronsard

1524-1585

Né à la veille du désastre de Pavie (1525), le gentilhomme Pierre de Ronsard appartient à la génération des fils de combattants des guerres d'Italie. Destiné d'abord au métier des armes, mais atteint d'une maladie qui le rend inapte à une telle carrière, il devient clerc. À vingt ans, il suit, avec Jean Antoine de Baïf, les leçons de grec de Jean Dorat. Marot, la plus éminente figure de cette poésie qu'il allait renier, meurt cette année-là ; Maurice Scève (cf. p. 70) publie sa *Délie.* Un nouveau monde poétique s'ouvre.

Ronsard, poète de cour

En 1547, au collège de Coqueret où il étudie désormais avec Du Bellay, il écrit sa première Ode, dont les publications successives et augmentées s'étaleront jusqu'en 1552, date de la parution du premier volume des *Amours.* Très vite, le succès couronne son œuvre, et sa gloire ne cesse de grandir. Il est à quarante ans le poète officiel de la Cour. Il le reste jusqu'à la mort de Charles IX. Il se retire alors dans ses terres, et meurt au prieuré de Saint Cosme.

Une recherche jamais satisfaite

Dans le genre fortement codifié par Pétrarque des sonnets amoureux, Ronsard ne cesse d'innover. Les poèmes à Cassandre sont de ton badin, parfois leste, parfois au contraire

chantant un amour idéalisé. Le thème des amours est ultérieurement doublé dans les nouvelles publications de 1556 et de 1578, par celui de la mort : l'amour pour Hélène est celui d'un homme vieux, parfois amer, hanté par l'idée de sa fin.

La recherche est importante également dans les *Hymnes* (1555-1556) : outre le sonnet, on trouve des chansons, des méditations morales dont Ronsard inaugure le genre.

La mort et la gloire

L'amour ne peut pas aider le poète à transcender la mort, telle est la leçon des *Amours.* Ronsard cependant ne cesse pas, des *Odes* en 1550 aux derniers vers sur son lit de mort, de clamer son droit à l'immortalité : car il est poète et, en tant que tel, habité par la fureur de l'inspiration qui le place en marge des hommes et lui donne une dimension cosmique. À sa mort, le poète prendra donc, « naturellement », sa place, immortelle, au sein du cosmos.

Cependant, cette gloire revendiquée n'apaise pas la hantise du poète. Il en tire une sorte de morale, qui rappelle la maxime antique *Carpe diem* (« Cueille le jour »), du poète latin Horace : puisque la mort est inévitable, il faut profiter du moment présent. On comprend alors l'importance de la rose, d'une beauté parfaite et éphémère, dans l'œuvre de Ronsard.

Odes
1550-1552

Les *Odes* sont fortement imprégnées par la culture antique et fidèles à la doctrine de l'imitation (cf. p. 62). Ronsard s'inspire ainsi tour à tour des poètes grecs Pindare (521-441 av. J.-C.), et Anacréon (seconde moitié du VIe siècle av. J.-C.). Il avait, avant même d'entrer à Coqueret, commencé d'imiter Horace : le goût de la nature, la joie de vivre, le sentiment de la fuite du temps, thèmes majeurs du poète latin, se retrouvent largement chez Ronsard.

Dans l'Ode suivante, publiée à la fin de sa vie, Ronsard témoigne de la douleur qu'il éprouve à voir abattue la forêt de son enfance.

Écoute, bûcheron, arrête un peu le bras !
Ce ne sont pas des bois que tu jettes à bas ;
Ne vois-tu pas le sang, lequel dégoutte à force[1],
Des nymphes qui vivaient dessous la dure écorce ?
5 Sacrilège meurtrier[2], si on pend un voleur
Pour piller un butin de bien peu de valeur,
Combien de feux, de fers, de morts, et de détresses,
Mérites-tu, méchant, pour tuer nos déesses ?

Forêt, haute maison des oiseaux bocagers,
10 Plus le cerf solitaire et les chevreuils légers
Ne paîtront sous ton ombre, et ta verte crinière
Plus du soleil d'été ne rompra la lumière.
Plus l'amoureux pasteur, sur un tronc adossé,
Enflant[3] son flageolet[4] à quatre trous percé,
15 Son mâtin[5] à ses pieds, à son flanc la houlette[6],
Ne dira plus l'ardeur de sa belle Jeannette.
Tout deviendra muet, Écho[7] sera sans voix,
Tu deviendras campagne[8], et, en lieu de tes bois
Dont l'ombrage incertain lentement se remue,
20 Tu sentiras le soc, le coutre[9] et la charrue ;
Tu perdras ton silence, et, haletants d'effroi,
Ni Satyres[10] ni Pans[10] ne viendront plus chez toi.

Adieu, vieille forêt, le jouet de Zéphyre[11],
Où premier[12] j'accordai les langues[13] de ma lyre,
25 Où premier j'entendis les flèches résonner
D'Apollon[14], qui me vint tout le cœur étonner[15] ;
Où premier, admirant la belle Calliope[16],
Je devins amoureux de sa neuvaine trope[17],
Quand sa main sur le front cent roses me jeta,
30 Et de son propre lait Euterpe[18] m'allaita.
Adieu, vieille forêt, adieu, têtes sacrées,
De tableaux[19] et de fleurs autrefois honorées,
Maintenant le dédain des passants altérés,
Qui, brûlés en l'été des rayons éthérés[20],
35 Sans plus trouver le frais de tes douces verdures,
Accusent tes meurtriers[21] et leurs disent injures.

Ronsard, *Odes*, XXIV, v. 19-54.

1. Abondamment.
2. Synérèse : on prononce meur-trier en deux syllabes, et non en trois (meur-tri-er).
3. Soufflant dans.
4. Flûte.
5. Chien.
6. Bâton de berger.
7. La nymphe Écho.
8. Vaste étendue de pays découvert, par opposition à bois.
9. Le « couteau » de la charrue.
10. Divinités des forêts.
11. Vent doux.
12. Pour la première fois.
13. Cordes (métaphore courante dans l'Antiquité).
14. Dieu de la poésie.
15. Sens premier : frapper de surprise et d'émotion.
16. Muse de la poésie épique.
17. La troupe des neuf muses.
18. Muse de la poésie lyrique.
19. Ex-voto suspendus aux arbres par les Anciens.
20. Venus du ciel.
21. Synérèse.

1 A qui s'adresse successivement le poète ? Pourquoi le destinataire de ces vers change-t-il ? Comment décririez-vous le mouvement amorcé dans ces trois premières strophes ?

2 Quel usage le poète fait-il ici de la mythologie ? Le mot « meurtrier », employé par deux fois, vous semble-t-il, dans ce contexte, outré ?

3 Étudiez comment se succèdent les différents tableaux représentant la forêt, dans le passé et le futur.

Les Amours
1552-1584

Les quatre volumes des *Amours,* dont la publication s'étend sur plus de vingt ans, sont consacrés, selon la légende littéraire, à trois femmes : *Les Amours de Pierre de Ronsard, vendômois* (1552) à Cassandre, fille du banquier Salviati ; la *Continuation des Amours* (1555) et la *Nouvelle continuation des Amours* (1556) sont inspirées par une jeune paysanne, Marie. Il les complète en 1578 par les sonnets « sur la mort de Marie ». La même année Ronsard, vieillissant, célèbre, dans les *Sonnets pour Hélène,* la jeune Hélène de Surgères, fille d'honneur de la Reine. Ces recueils seront remaniés plusieurs fois du vivant du poète, et de nombreuses pièces entièrement recomposées.

Cependant, si l'attention de Ronsard à la perfection formelle de ces vers ne faiblit pas, elle est moins perceptible dans les sonnets destinés à Marie, où il évolue vers un lyrisme plus familier que dans ceux dédiés à Cassandre qu'il destinait à être chantés.

Mignonne, allons voir si la rose,
Qui, ce matin, avait déclose[1]
Sa robe de pourpre au soleil,
A point perdu, cette vêprée[2],
5 Les plis de sa robe pourprée,
Et son teint au vôtre pareil.

Las ! Voyez comme en peu d'espace,
Mignonne, elle a, dessus la place,
Las ! las ! ses beautés laissé choir !
10 Ô vraiment marâtre[3] Nature,
Puisqu'une telle fleur ne dure
Que du matin jusques au soir !

Donc, si vous me croyez, mignonne,
Tandis que votre âge fleuronne[4]
15 En sa plus verte nouveauté,
Cueillez, cueillez votre jeunesse :
Comme à cette fleur, la vieillesse
Fera ternir votre beauté.

Ronsard, *Odes à Cassandre.*

1. Ouverte.
2. Ce soir.
3. Mauvaise.
4. Se couvre de fleurs.

1 Cette ode, dans sa brièveté, est discrètement dramatique. Quels en sont les composantes ?

2 Comparez le rythme de la première et celui de la seconde strophe. Que se passe-t-il ? Pourquoi ?

3 Comment la « philosophie » que le poète tire de ce drame est-elle introduite ? En quoi réside sa force ?

Comme on voit sur la branche, au mois de mai, la rose,
En sa belle jeunesse, en sa première fleur,
Rendre le ciel jaloux de sa vive couleur,
Quand l'aube, de ses pleurs, au point du jour l'arrose ;

5 La Grâce dans sa feuille, et l'Amour se repose,
Embaumant les jardins et les arbres d'odeur ;
Mais, battue ou de pluie ou d'excessive ardeur,
Languissante, elle meurt, feuille à feuille déclose[1] ;

Ainsi, en ta première et jeune nouveauté,
10 Quand la terre et le ciel honoraient ta beauté,
La Parque t'a tuée et cendre tu reposes.

Pour obsèques[2] reçois mes larmes et mes pleurs,
Ce vase plein de lait, ce panier plein de fleurs,
Afin que, vif et mort, ton corps ne soit que roses.

Ronsard, *Amours de Marie*, II, 4.

1. Ouverte.   2. Offrandes pour accompagner le mort.

---

1 Comment la jeune fille et la fleur sont-elles identifiées ? Quels sont les mots que le poète utilise indifféremment pour l'une ou l'autre ?

2 Quels sont les termes par lesquels Ronsard donne à sentir la violence du temps et de la mort ?

3 Comment le poète réussit-il à décrire la beauté fugitive, la fragilité ? Relevez les comparaisons, les images les plus frappantes.

Quand vous serez bien vieille, au soir, à la chandelle[1],
Assise auprès du feu, dévidant[2] et filant,
Direz, chantant mes vers, en vous émerveillant :
« Ronsard me célébrait du temps que j'étais belle ! »

5 Lors, vous n'aurez servante oyant telle nouvelle,
Déjà sous le labeur à demi sommeillant,
Qui au bruit de Ronsard ne s'aille réveillant,
Bénissant votre nom de louange immortelle.

Je serai sous la terre, et, fantôme sans os,
10 Par les ombres myrteux[3] je prendrai mon repos :
Vous serez au foyer une vieille accroupie,

Regrettant mon amour et votre fier dédain.
Vivez, si m'en croyez, n'attendez à demain :
Cueillez dès aujourd'hui les roses de la vie.

Ronsard, *Sonnets pour Hélène*, II, 43.

1. Éclairage dans les familles riches.
2. Mettre la laine en écheveau, à l'aide du dévidoir.

3. Le myrte, arbrisseau méditerranéen, était consacré à Vénus, déesse de l'amour.

---

1 Comparez ce poème à ceux adressés à Cassandre et à Marie. La tonalité est-elle la même ? Comment expliquez-vous la transformation qui a eu lieu ?

2 Caractérisez l'image qui est donnée ici d'Hélène.

3 Précisez la manière dont s'opposent, dans ce texte, les destinées d'Hélène et de Ronsard.

Louise Labé, par Pierre Woeriot de Bouzay.

Louise Labé
(1524-1566)
et la poésie lyonnaise

La ville de Lyon est au XVIe siècle une capitale marchande, bancaire et intellectuelle. L'humanisme, dans cette ville frontière (car la Savoie était alors terre étrangère) se caractérise par son éclectisme. Ainsi, Maurice Scève, consacré comme le chef de la poésie lyonnaise, admire les Anciens et Pétrarque, sans renier pour autant l'héritage des poètes médiévaux.

Imitant Pétrarque et son *Canzoniere,* il publie en français – il est le premier poète à le faire – un recueil intitulé *Délie.* Le poète y chante sa maîtresse en une suite de quatre cent quarante-neuf dizains en décasyllabes d'une grande rigueur formelle. Autour de Maurice Scève, plusieurs grands poètes se sont rassemblés, dont Louise Labé (1524-1566). Cette dernière se distingue par son indépendance à l'égard de Scève, et par une postérité toujours vivace. Ses œuvres sont lues aujourd'hui encore avec bonheur. Louise Labé était parfaitement consciente de la force de scandale de ses poèmes : une femme chante son amour pour un homme, et il ne s'agit pas d'un amour éthéré, mais au contraire d'un lien violent, passionné, sensuel. En ce sens, Louise Labé invente la littérature personnelle, à rebours d'un siècle très préoccupé par la forme.

Le sonnet VIII, publié dans les Œuvres en 1554-1556, donne une idée de cette poésie charnelle et savante à la fois.

Je vis, je meurs : je me brûle et me noie.
J'ai chaud extrême en endurant froidure :
La vie m'est et trop molle et trop dure.
J'ai grands ennuis entremêlés de joie :
5 Tout à coup je ris et je larmoie,
Et en plaisir maint[1] grief[2] tourment j'endure :
Mon bien s'en va, et à jamais il dure :
Tout en un coup je sèche et je verdoie[3].

Ainsi Amour inconstamment me mène :
10 Et quand je pense avoir plus de douleur,
Sans y penser je me trouve hors de peine.

Puis quand je crois ma joie être certaine,
Et être au haut de mon désiré heur[4],
Il me remet en mon premier malheur.

Louise Labé, Œuvres, Sonnet VIII.

1. Nombreux.
2. Pénible, douloureux.
3. Reverdit.
4. Bonheur.

1 Comment Louise Labé rend-t-elle sensible sa souffrance ?

2 Quelles comparaisons utilise-t-elle pour décrire son tourment ? Sur quoi reposent ces comparaisons : identités formelles ? spirituelles ? affectives ? sensibles ?

3 En comparant ce sonnet à ceux de Du Bellay (cf. p. 63) ou de Ronsard (cf. p. 66), comment définiriez-vous l'originalité de Louise Labé ?

1559-1598 : L'ÉPREUVE DES GUERRES DE RELIGION

Henri II n'avait pas cessé d'aggraver la répression calviniste au moment même où les idées de la Réforme progressaient nettement (en 1559 a eu lieu à Paris le premier synode des Églises réformées de France). La tension entre les deux camps est telle que la crise ne peut manquer d'éclater. Henri II meurt accidentellement. Son fils, Charles IX, disparaît en 1574. Henri III, le dernier des Valois, est impopulaire. Pendant cette période politiquement troublée, où les ambitions des grands et des puissances étrangères intéressées, comme l'Espagne et l'Angleterre, à un conflit, rendent le jeu plus confus, le Régente, Catherine de Médicis, s'affirme peu à peu comme une personnalité politique puissante. Néanmoins, ses efforts pour apaiser les esprits et pacifier les forces en présence sont vains : le conflit éclate, avec violence, déchaînant fanatisme et cruauté de part et d'autre.

Près de quarante années de guerre

Entre 1560 et 1598, huit guerres, précédées et entrecoupées de massacres et de conjurations, ensanglantent la France. Les atrocités commises, comme le massacre de la Saint-Barthélemy en 1572, qui fit 3 000 victimes chez les protestants, marquent profondément les consciences. Les catholiques, rassemblés dans la Sainte Ligue créée en 1576, se

Un épisode sanglant des guerres de religion : l'exécution des condamnés dans l'enceinte même du château d'Amboise le 15 mars 1560 après la conjuration manquée. La plupart des protestants impliqués dans le complot y périrent.

donnent pour mission de chasser l'hérésie. Henri III assassiné en 1589, la Ligue s'oppose à l'accession au trône du prétendant légitime, Henri de Navarre, parce qu'il est protestant. Un troisième clan, celui des modérés, se forme pour défendre la cause de l'héritier ainsi écarté. Le futur Henri IV va mener une guerre de cinq ans, au terme de laquelle il lui faudra abjurer, en 1593, pour conquérir son propre royaume.

Par l'Édit de Nantes en 1598, Henri IV reconnaît aux protestants la liberté de culte et pacifie le pays : un pays dévasté, ruiné économiquement, profondément choqué d'avoir vécu ainsi pendant des décennies au contact quotidien de la barbarie.

La littérature dans la tourmente

Personne n'échappe à la violence des temps, surtout pas les écrivains sommés, sous peine d'être poursuivis par l'un ou l'autre camp, de choisir. Certains le feront par conviction : Montluc (1502-1577) du côté catholique, Agrippa d'Aubigné (cf. p. 74) du côté protestant. D'autres écrivains sont rangés, soit de force, soit par insouciance de leur part, dans tel ou tel camp. Ainsi, on a voulu faire de Ronsard un poète catholique. Certes, il défend, dans son *Discours des misères de ce temps* (1562), le point de vue catholique de son maître Charles IX. Cependant, sa conception de la vie, de la nature, de la mort, est fort peu orthodoxe. De même, on a voulu annexer Montaigne au camp catholique alors qu'il s'est, toute sa vie, tenu dans une prudente réserve, et seule la crainte du bûcher l'a amené à des concessions — de pure forme — aux thèses catholiques.

La littérature engagée dans l'un ou l'autre camp est donc, bon gré mal gré, abondante, et d'un intérêt littéraire souvent contestable. Seule la poésie de d'Aubigné, par sa fougue, par la puissance visionnaire de ses images, atteint, dans ce genre difficile, une incontestable grandeur.

La naissance d'une poésie baroque

L'épreuve des guerres de religion a modifié profondément la sensibilité. Une nouvelle conception du monde s'affirme, que l'on désigne aujourd'hui du nom de baroque. Elle domine la fin du siècle et durera jusqu'au milieu du XVIIe siècle (cf. p. 86).

L'humanisme réclamait l'unification des sciences et du savoir ; l'homme baroque a perdu toutes ses certitudes : le monde s'est augmenté de l'Amérique, terres et peuples insoupçonnables, parfaitement étrangers à la conscience européenne. La Bible affirmait que l'homme avait été placé au centre de l'univers. Copernic a apporté la preuve du contraire. On croyait avoir atteint, avec l'humanisme, un haut degré de raffinement et de civilisation. Quarante années de guerres ont fait la démonstration de la sauvagerie humaine. Le monde apparaît, en cette fin de siècle, inconnaissable, la réalité mouvante, l'homme perpétuellement en proie aux masques, pourchassé par la mort. Aussi le baroque proclame-t-il beauté ce qui fonde son angoisse ; le goût du masque, du déguisement, de l'illusion, des formes mouvantes et des métamorphoses sont des caractéristiques baroques.

Montaigne a été influencé par ces thèmes. D'Aubigné, un des plus grands poètes baroques, les porte à la perfection : ses images sont violentes, mouvementées ; le ton et le rythme sont outrés ; les constructions redoublées et les entassements d'objets miraculeusement équilibrés se multiplient ; ce seul vers : «l'air n'est plus que rayon, tant il est semé d'anges», en donne un magnifique exemple.

D'Aubigné

1552-1630

Un soldat, un poète, un mystique

Né en Saintonge d'un père calviniste, Agrippa d'Aubigné reçoit une éducation humaniste. Après la mort de son père, il complète sa formation théologique auprès du protestant Théodore de Bèze, principal collaborateur de Calvin. Dès 1508, il s'engage dans la guerre contre les catholiques, à laquelle son père l'avait promis alors qu'il n'avait que sept ans, en lui faisant jurer de venger les protestants exécutés après la conjuration d'Amboise (1560).

Il ne cesse alors de combattre pour sa foi. Une trève lui permet de composer la première partie du *Printemps*. Dans ce recueil varié, d'Aubigné se pose en disciple de Ronsard : pourtant, les images fortes qui caractérisent sa poésie sont déjà présentes. La vie de soldat reprend. D'Aubigné échappe de justesse au massacre de la Saint-Barthélemy, dans la nuit du 23 août 1572. Il devient écuyer d'Henri de Navarre. Il accumule duels, galanteries et blessures.

Les Tragiques, son chef-d'œuvre, sont commencés en 1577, au cours d'une période de convalescence. Il reste le compagnon d'Henri de Navarre jusqu'à ce que le futur roi entre dans Paris : mais il ne lui pardonne ni son abjuration, ni l'Édit de Nantes qui tolère seulement la religion réformée : après cette rupture, il devient l'âme du parti protestant. Retiré dans la place forte vendéenne de Maillezais, il poursuit la composition des *Tragiques,* qui paraissent en 1616, écrit son *Histoire universelle* et les *Aventures du baron de Fœneste,* qui s'en prennent à la morale du « paraître » régnant à la cour.

Sous Louis XIII, il reprend le combat contre les armées royales au nom de la cause protestante. Il doit chercher refuge à Genève, où il meurt en 1630.

Les Tragiques

1616

La grande œuvre de d'Aubigné, lyrique et satirique, est une épopée de la foi et des guerres religieuses. Elle comprend sept livres dans lesquels il dénonce les souffrances du peuple, la responsabilité des rois, des Grands et des juges. *Les feux* célèbrent les martyrs de la Réforme et *Les fers* leurs combats. Enfin, *Vengeance* annonce le châtiment des coupables, *Jugements* la récompense des justes.

L'action est celle à laquelle a participé d'Aubigné. Mais il en fait une geste apocalyptique et choisit dans le tableau des guerres les scènes les plus terribles. Les protagonistes s'y meuvent sous le regard de l'Éternel, dans des couleurs éclatantes qui sont celles, rouge et noire, du combat du bien et du mal. Le merveilleux chrétien permet à l'auteur de changer les événements historiques en mythes universels : s'inspirant de la Bible, il privilégie les images liées à la vengeance divine, à l'apocalypse ou aux visions prophétiques. La langue, volontiers contournée, accentue les contrastes. *Les Tragiques,* qui rivalisent parfois, dans leur ampleur, avec *La Divine Comédie* de Dante sont avant tout la grande œuvre baroque du siècle.

Pourtant, d'Aubigné ne connut aucun succès lors de leur parution. En 1616 triomphaient déjà Malherbe et le préclassicisme : la violence macabre des *Tragiques* pouvait alors sembler dépassée. Mais elle sera appréciée par les romantiques, sensibles à sa puissance dramatique.

Misères

D'Aubigné annonce d'emblée son intention de combattre pour l'Église réformée. Il invoque une Muse qui déplore le sort de la France : ce n'est plus la muse souriante de la mythologie ; elle est « échevelée, affreuse ».

Reprenant le thème biblique des frères ennemis, Esaü et Jacob, il peint les deux partis catholique et protestant s'entre-déchirant sur le sein de leur mère la France.

Je veux peindre la France une mère affligée,
Qui est, entre ses bras, de deux enfants chargée.
Le plus fort, orgueilleux, empoigne les deux bouts
Des tétins nourriciers ; puis, à force de coups
5 D'ongles, de poings, de pieds, il brise le partage[1]
Dont nature donnaît à son besson[2] l'usage ;
Ce voleur acharné, cet Esaü[3] malheureux[4],
Fait dégât du doux lait qui doit nourrir les deux,
Si que[5], pour arracher à son frère la vie,
10 Il méprise la sienne et n'en a plus d'envie.
Mais son Jacob, pressé d'avoir jeûné meshui[6],
Ayant dompté longtemps en son cœur son ennui[7],
À la fin se défend, et sa juste colère
Rend à l'autre un combat dont le champ est la mère.
15 Ni les soupirs ardents, les pitoyables cris,
Ni les pleurs réchauffés[8] ne calment leurs esprits ;
Mais leur rage les guide et leur poison les trouble,
Si bien que leur courroux par leurs coups se redouble.

Leur conflit se rallume et fait[9] si furieux
20 Que d'un gauche[10] malheur ils se crèvent les yeux.
Cette femme éplorée, en sa douleur plus forte[11],
Succombe à la douleur, mi-vivante, mi-morte ;
Elle voit les mutins, tout déchirés, sanglants,
Qui, ainsi que du cœur, des mains se vont cherchant.

D'Aubigné, *Les Tragiques*, Livre I, « Misères », v. 97-130.

1. La part.
2. Jumeau.
3. Esaü représente ici la force brutale, le parti catholique, et Jacob la ruse, le parti protestant.
4. Maudit.
5. Si bien que.
6. Aujourd'hui.
7. Souffrance.
8. Redoublés.
9. Devient.
10. Sinistre.
11. Au comble de la douleur.

1 Analysez comment se produit, à partir de l'image des deux premiers vers, l'élargissement épique.

2 Pourquoi cette image frappe-t-elle particulièrement l'esprit ? Relevez les termes qui vous semblent les plus forts, les expressions les plus concrètes et brutales.

3 Analysez le rythme, les enjambements, les coupes : quels effets produisent-ils ?

Jugement

Inspiré par l'Apocalypse biblique, ce texte n'en est pas moins unique dans notre littérature : la résurrection est peinte dans son mouvement, dans sa réalité charnelle, avec une précision hallucinante.

Mais quoi! c'est trop chanté, il faut tourner les yeux,
Éblouis de rayons, dans le chemin des cieux.
C'est fait : Dieu vient régner, de toute prophétie
Se voit la période[1] à ce point accomplie.
5 La terre ouvre son sein ; du ventre des tombeaux
Naissent des enterrés les visages nouveaux :
Du pré, du bois, du champ, presque de toutes places
Sortent les corps nouveaux et les nouvelles faces.
Ici, les fondements des châteaux rehaussés[2]
10 Par les ressuscitants[3] promptement sont percés ;
Ici, un arbre sent des bras de sa racine
Grouiller un chef[4] vivant, sortir une poitrine ;
Là, l'eau trouble bouillonne, et puis, s'éparpillant,
Sent en soi des cheveux et un chef s'éveillant.
15 Comme un nageur venant du profond de son plonge[5],
Tous sortent de la mort comme l'on sort d'un songe.
Les corps par les tyrans autrefois déchirés
Se sont en un moment en leurs corps asserrés[6],
Bien qu'un bras ait vogué par la mer écumeuse
20 De l'Afrique brûlée en Thulé[7] froiduleuse[8].
Les cendres des brûlés volent de toutes parts ;
Les brins[9], plus tôt unis qu'ils ne furent épars,
Viennent à leur poteau[10], en cette heureuse place,
Riant au ciel riant, d'une agréable audace[11].

D'Aubigné, *Les Tragiques*, Livre VII, « Jugement », v. 661-684.

1. Le moment est venu, où se réalise la prophétie.
2. Reconstruits.
3. Ceux qui sont en train de ressusciter.
4. Tête.
5. Plongée.
6. Réunis à leurs corps.
7. Île légendaire au nord de l'Écosse.
8. Adjectif formé sur froidure.
9. Particules.
10. Poteau de supplices.
11. Avec (une agréable audace).

1 Par quels moyens d'Aubigné fait-il de la résurrection – spéculation intellectuelle – une renaissance concrète et charnelle ? Relevez les termes qui vont en ce sens.

2 Analysez le mouvement d'amplification qui anime le poème.

3 Relevez les éléments qui vous semblent caractéristiques de l'esthétique baroque (cf. p. 73).

76

Montaigne vers la fin de sa vie, vu par le peintre et architecte jésuite Étienne Martellange (1569-1641).

Montaigne

1533-1592

La « librairie » et la mairie

Né au château de Montaigne dans la région de Bordeaux, Michel Eyquem appartient à une famille de négociants récemment anoblis. Son père l'éduque de façon originale : sa langue maternelle est le latin, il est confié à l'âge de deux ans à un précepteur allemand avant de rejoindre le Collège de Guyenne à Bordeaux. Après des études de droit, il devient magistrat,

et noue une amitié indéfectible avec Étienne de la Boétie. En 1568, alors qu'il est marié et s'est déjà rendu plusieurs fois à la Cour, il hérite, à la suite de la mort de son père, du nom, du château et de la terre de Montaigne. Sa traduction d'un théologien catalan, Raymond de Sebond, paraît l'année suivante.

En 1571, Montaigne abandonne sa charge et se retire dans la « librairie », c'est-à-dire dans la bibliothèque de son château : il entreprend la rédaction des *Essais,* dont la première édition paraîtra en 1580. Son repos est relatif : atteint par la maladie de la pierre, ou gravelle, il voyage, de ville d'eau en ville d'art, en France, en Allemagne, en Suisse et surtout en Italie. Élu maire de Bordeaux, il rejoint sa ville avec un *Journal de voyage* qu'il ne destine pas à la publication : les petits faits de la vie quotidienne dans la péninsule y occupent une place déterminante, au détriment des splendeurs de la Renaissance italienne.

Réélu maire en 1583, Montaigne parvient à protéger Bordeaux des excès des guerres civiles. Distinguant obstinément sa vie publique et sa personne, il continue de travailler aux *Essais,* sans cesse augmentés, retravaillés, recommentés, par strates successives. Henri IV, après son avènement en 1589, tente sans succès de l'attirer à la Cour : Montaigne ne s'intéresse que de loin aux grandes affaires du royaume, et continue de lire et de travailler à ses *Essais* jusqu'à sa mort en 1592.

Essais
1580, puis 1588

Ils constituent l'essentiel de l'œuvre de Montaigne. L'ouvrage est inclassable, « ondoyant et divers », comme son auteur, gentilhomme fortuné qui se retire autant qu'il le peut dans sa librairie, à l'abri des dangers et de la guerre proches. Constitué au départ de « gloses », c'est-à-dire de notes et de commentaires des faits divers de l'histoire du monde, étayés par des citations d'auteurs, il évolue en même temps que le projet : il s'agit peu à peu de se rendre immortel – en ces temps où la vie humaine est de peu de prix – en se donnant à connaître intimement à ses parents et amis.

Les *Essais* sont donc un long monologue, sans systématisme, qui traite à bâtons rompus des sujets les plus divers. L'auteur essaye, c'est-à-dire expérimente par l'écriture et met à l'épreuve de son jugement, ses idées sur le monde et sur lui-même. Les chapitres reflètent l'inspiration du moment ; le raisonnement, s'il est rigoureux, ne se plie à aucun plan d'ensemble. Le texte n'est jamais définitif : il constitue l'état provisoire d'une pensée, susceptible de perpétuels retouches et remaniements.

Quelques directions cependant s'affirment avec constance : d'abord, la quête d'une philosophie qui permette de « savoir-vivre » en un siècle cruel. La pensée de la mort obsède Montaigne : son ami La Boétie est mort en 1563, son père en 1571. Pour s'aguerrir, il recourt d'abord à la doctrine des philosophes stoïciens de l'Antiquité, comme Sénèque et Plutarque : leur morale vise avant tout à endurcir l'homme contre la douleur. De nouvelles lectures le font ensuite incliner dans le sens du scepticisme. L'*Apologie de Raymond de Sebond* (*Essais,* II, VII), écrite vers 1576, fait le procès de la raison humaine et de ses prétentions. « Que sais-je ? » devient sa devise.

Ensuite, la réflexion religieuse. Montaigne paraît se plier docilement aux règles de la religion catholique. Le mysticisme comme le fanatisme lui sont étrangers. Faute de pouvoir tout expliquer, il conclut à notre ignorance : « Nous sommes chrétiens, écrit-il, à même titre que nous sommes périgourdins ou allemands ». Ce relativisme le conduit à se ranger en politique – domaine alors inséparable de la religion –, du côté des modérés, hostiles à la Ligue comme aux protestants : ceux-ci, par leur existence même, lui semblent du reste responsables des ravages de la guerre civile. Le parti qu'il souhaite choisir est celui de la raison et de la vérité, si bien qu'en plein XVIᵉ siècle, il dénonce la cruauté de la torture, l'absurdité des procès de sorcellerie, ou la sauvagerie des conquêtes coloniales.

Enfin, la réflexion sur l'éducation : il convient de fortifier la nature de l'enfant, de le rendre meilleur et plus sage. Montaigne recommande une éducation proche de celle qu'il a reçue lui-même : un précepteur plutôt qu'une éducation collective, le commerce des hommes sous toutes ses formes (conversation, voyages, lectures). Il ne s'agit plus de créer des « abîmes de science », mais de former le corps et le jugement, en bannissant la contrainte comme l'encyclopédisme.

De la présomption

Dans l'avant-propos des Essais, *Montaigne exposait son dessein, modestement mais non sans ambition : il s'agissait de faire son portrait de façon véridique, mais aussi de nous renseigner sur nous-mêmes, lecteurs, et sur la nature humaine en général. Dans le passage suivant, tiré du Deuxième Livre, il se peint en sa « forme naïve ».*

J'ai au demeurant la taille forte et ramassée ; le visage non pas gras, mais plein ; la complexion[1] entre le jovial et le mélancolique, moyennement sanguine et chaude,

Unde rigent setis mihi crura et pectora villis[2].

la santé forte et allègre, jusque bien avant en mon âge rarement troublée par les
5 maladies. J'étais tel ; car je ne me considère pas à cette heure que je suis engagé dans les avenues de la vieillesse, ayant piéça[3] franchi les quarante ans :

Minutatim vires et robur adultum
Frangit, et in partem pejorem liquitur aetas[4].

Ce que je serai dorénavant, ce ne sera plus qu'un demi-être, ce ne sera plus moi ;
10 je m'échappe tous les jours et me dérobe à moi :

Singula de nobis anni praedantur euntes[5].

D'adresse et de disposition[6], je n'en ai point eu ; et si[7] suis fils d'un père très dispos, et d'une allégresse qui lui dura jusques à son extrême vieillesse. Il ne trouva guère homme de sa condition qui s'égalât à lui en tout exercice de corps : comme je
15 n'en ai trouvé guère aucun qui ne me surmontât, sauf au courir (en quoi j'étais des médiocres). De la musique, ni pour la voix, que j'y ai très inepte[8], ni pour les instruments, on ne m'y a jamais su[9] rien apprendre. À la danse, à la paume, à la lutte, je n'y ai pu acquérir qu'une bien fort légère et vulgaire suffisance ; à nager, à escrimer, à voltiger[10] et à sauter, nulle du tout. Les mains, je les ai si gourdes que je ne sais
20 pas écrire seulement pour moi : de façon que, ce que j'ai barbouillé, j'aime mieux le refaire que de me donner la peine de le démêler. Et ne lis guère mieux : je me sens peser aux écoutants ; autrement bon clerc[11]. Je ne sais pas clore à droit[12] une lettre, ni ne sus jamais tailler plume, ni trancher à table, qui vaille, ni équiper un cheval de son harnais, ni porter à point[13] un oiseau et le lâcher, ni parler aux chiens, aux
25 oiseaux, aux chevaux.

Mes conditions corporelles sont, en somme, très bien accordantes à celles de l'âme. Il n'y a rien d'allègre : il y a seulement une vigueur pleine et ferme. Je dure[14] bien à la peine ; mais j'y dure si je m'y porte moi-même, et autant que mon désir m'y conduit,

1. On distinguait à l'époque quatre complexions, selon « l'humeur » dominante : la nerveuse, la sanguine, la lymphatique et la biliaire.
2. « D'où le poil qui revêt mes jambes et ma poitrine » (Martial, II, XXXVI, 5).
3. Depuis longtemps.
4. « Peu à peu diminue la vigueur de l'âge mûr, on vieillit et le déclin survient » (Lucrèce, II, 1131).
5. « Les ans viennent, pillant un à un tous nos dons » (Horace, *Épîtres*, II, II, 55).

6. Agilité.
7. Pourtant.
8. Inapte.
9. Pu.
10. Aux acrobaties équestres.
11. Homme cultivé.
12. Comme il faut.
13. Comme il convient.
14. Résiste.

30   *Molliter austerum studio fallente laborem*[1].

Autrement, si je n'y suis alléché par quelque plaisir, et si j'ai autre guide que ma pure et libre volonté, je n'y vaux rien. Car j'en suis là que, sauf la santé et la vie, il n'est chose pour quoi je veuille ronger mes ongles et que je veuille acheter au prix du tourment d'esprit et de la contrainte,

35   *Tanti mihi non sit opaci*
       Omnis arena Tagi, quodque in mare volvitur aurum[2] :

extrêmement oisif, extrêmement libre, et par nature et par art. Je prêterais aussi volontiers mon sang que mon soin[3].

J'ai une âme toute sienne, accoutumée à se conduire à sa mode. N'ayant eu jus-
40 ques à cette heure ni commandant ni maître forcé, j'ai marché aussi avant et le pas qu'il m'a plu : cela m'a amolli et rendu inutile au service d'autrui, et ne m'a fait bon qu'à moi. Et pour moi, il n'a été besoin de forcer ce naturel pesant, paresseux et fainéant ; car, m'étant trouvé en tel degré de fortune, dès ma naissance, que j'ai eu occasion de m'y arrêter, et en tel degré de sens que j'ai senti en avoir occasion,
45 je n'ai rien cherché et n'ai aussi rien pris :

      Non agimur tumidis velis Aquilone secundo;
      Non tamen adversis aetatem ducimus Austris :
      Viribus, ingenio, specie, virtute, loco, re,
      Extremi primorum, extremis usque priores[4].

50 Je n'ai eu besoin que de la suffisance de me contenter, qui est pourtant un règle-
ment d'âme, à le bien prendre, également difficile en toute sorte de condition, et que par usage nous voyons se trouver plus facilement encore en la nécessité qu'en l'abondance ; d'autant à l'aventure que, selon le cours de nos autres passions, la faim des richesses est plus aiguisée par leur usage que par leur disette[5], et la vertu
55 de la modération plus rare que celle de la patience. Et n'ai eu besoin que de jouir doucement des biens que Dieu par sa libéralité m'avait mis entre mains. Je n'ai goûté aucune sorte de travail ennuyeux. Je n'ai eu guère en maniement que mes affaires ; ou, si j'en ai eu, ç'a été en condition de les manier à mon heure et à ma façon, commis par gens qui s'en fiaient à moi et qui ne me pressaient pas et me
60 connaissaient. Car encore tirent les experts quelque service d'un cheval rétif[6] et poussif[7].

Mon enfance même a été conduite d'une façon molle et libre, et exempte de sujé-
tion rigoureuse. Tout cela m'a formé une complexion délicate et incapable de solli-
citude.

                                           Montaigne, *Essais*, II, XVII, « De la présomption ».

1. « Trompant doucement par mon ardeur un austère labeur » (Horace, *Satires*, II, II, 12).
2. « Prix que ne paierait pas tout le sable du Tage ombragé, ni tout l'or qu'il roule vers la mer » (Juvénal, III, 54).
3. Souci.
4. « Je ne suis pas poussé, voiles gonflées, par un Aquilon favorable ; ma vie ne se heurte pas non plus à un Auster contraire :
en forces, esprit, beauté, vertu, naissance et bien, je suis au dernier rang des grands, et premier chez les petits » (Horace, *Épîtres*, II, II, 201).
5. Famine, et, par extension, manque absolu.
6. Qui résiste à son cavalier.
7. Qui manque de souffle.

1 Comment ce texte permet-il de se représenter Montaigne, au physique comme au moral ? Comment, en particulier, percevez-vous le regard qu'il porte sur lui-même ?

2 La modestie du portrait vous semble-t-elle sagesse, ou coquetterie ?

3 Qu'apporte, selon vous, les citations latines ?

4 Quels sont dans le texte les éléments qui relèvent de l'esprit nouveau de la Renaissance ?

De trois commerces

Au cours de ce chapitre, Montaigne évoque son «commerce», c'est-à-dire sa fréquentation, des livres, qui sont ses amis. Il s'y adonne dans sa «librairie», qui constitue pour lui un lieu d'étude, et un poste duquel il observe le monde.

Chez moi, je me détourne un peu plus souvent[1] à ma librairie, d'où, tout d'une main[2], je commande à mon ménage[3]. Je suis sur l'entrée, et vois sous moi mon jardin, ma basse-cour, ma cour, et dans la plupart des membres[4] de ma maison. Là je feuillette à cette heure un livre, à cette heure un autre, sans ordre et sans dessein, à pièces
5 décousues. Tantôt je rêve ; tantôt j'enregistre et dicte, en me promenant, mes songes que voici.
Elle est au troisième étage d'une tour. Le premier, c'est ma chapelle ; le second, une chambre et sa suite, où je me couche souvent, pour être seul. Au-dessus, elle a une grande garde-robe. C'était, au temps passé, le lieu plus inutile de ma maison.
10 Je passe là et la plupart des jours de ma vie, et la plupart des heures du jour, je n'y suis jamais la nuit. À sa suite est un cabinet assez poli[5], capable à recevoir du feu pour l'hiver, très plaisamment percé[6], et, si je ne craignais non plus le soin[7] que la dépense (le soin qui me chasse de toute besogne), je pourrais facilement coudre, à chaque côté, une galerie de cent pas de long et douze de large, à plain pied, ayant
15 trouvé tous les murs montés, pour autre usage, à la hauteur qu'il me faut. Tout lieu retiré requiert un promenoir. Mes pensées dorment si je les assis. Mon esprit ne va, si les jambes ne l'agitent : ceux qui étudient sans livre en sont tous là. La figure[8] en est ronde et n'a de plat que ce qu'il faut à ma table et à mon siège ; et vient m'offrant, en se courbant, d'une vue, tous mes livres, rangés à cinq degrés tout à l'environ. Elle a
20 trois vues de riche et libre prospect[9], et seize pas de vide en diamètre. En hiver, j'y suis moins continuellement : car ma maison est juchée sur un tertre, comme dit son nom[10], et n'a point de pièce plus éventée que cette-ci, qui me plaît d'être un peu pénible[11] et à l'écart, tant pour le fruit de l'exercice que pour reculer de moi la presse[12]. C'est là mon siège. J'essaye à m'en rendre la domination pure, et à sous-
25 traire ce seul coin à la communauté et conjugale, et filiale, et civile ; partout ailleurs je n'ai qu'une autorité verbale ; en essence, confuse[13]. Misérable à mon gré, qui n'a chez soi où être à soi, où se faire particulièrement la cour, où se cacher ! L'ambition paye bien ses gens, de les tenir toujours en montre, comme la statue d'un marché : *magna servitus est magna fortuna*[14] ; ils n'ont pas seulement leur retrait[15] pour
30 retraite. Je n'ai rien jugé de si rude en l'austérité de vie que nos religieux affectent[16], que ce que je vois, en quelqu'une de leurs compagnies, avoir pour règle une perpétuelle société de lieu et assistance nombreuse entre eux, en quelque action que ce soit. Et trouve aucunement[17] plus supportable d'être toujours seul, que ne le pouvoir jamais être.

Montaigne, *Essais*, III, III, « De trois commerces ».

1. Montaigne vient d'écrire qu'il ne voyage jamais sans livres, mais qu'alors il les ouvre rarement.
2. En même temps.
3. À toutes les activités de la maison.
4. Corps de bâtiment.
5. Bien aménagé.
6. Percé de fenêtres.
7. Souci.
8. La forme de la « librairie ».
9. Perspective.
10. Montaigne, c'est-à-dire Montagne.
11. Elle est au troisième étage.
12. La foule.
13. Mal assurée.
14. « C'est un grand esclavage qu'une grande fortune » (Sénèque).
15. Garde-robe.
16. Aiment.
17. Sensiblement.

Apologie de Raymond de Sebond

Raymond de Sebond avait écrit une théologie naturelle, qui tentait de démontrer rationnellement les vérités de la foi. Entreprenant de la défendre, Montaigne en vient à en miner les fondements, au profit d'un scepticisme qui formule, à l'encontre des prétentions rationnelles de l'homme, les plus expresses réserves. Pascal (cf. p. 94) se souviendra de la leçon, et notamment du passage suivant, au cours duquel Montaigne met en évidence l'infirmité de notre nature.

Qu'on loge un philosophe dans une cage de menus filets de fer clairsemés, qui soit suspendue au haut des tours Notre-Dame de Paris : il verra par raison évidente qu'il est impossible qu'il en tombe ; et si[1] ne se saurait garder (s'il n'a accoutumé le métier des recouvreurs) que la vue de cette hauteur extrême ne l'épouvante et ne
5 le transisse. Car nous avons assez affaire de nous assurer aux galeries qui sont en nos clochers, si elles sont façonnées à jour, encore qu'elles soient de pierre. Il y en a qui n'en peuvent pas seulement porter[2] la pensée. Qu'on jette une poutre entre ces deux tours, d'une grosseur telle qu'il nous la faut à nous promener dessus, il n'y a sagesse philosophique de si grande fermeté qui puisse nous donner courage d'y
10 marcher comme nous ferions, si elle était à terre. J'ai souvent essayé cela, en nos

1. Pourtant.
2. Supporter.

montagnes de deçà[1] (et si suis de ceux qui ne s'effraient que médiocrement de telles choses), que je ne pouvais souffrir la vue de cette profondeur infinie sans horreur et tremblement de jarrets et de cuisses, encore qu'il s'en fallût bien ma longueur que je ne fusse du tout[2] au bord, et n'eusse su choir si je ne me fusse porté à escient[3] au
15 danger. J'y remarquai aussi, quelque hauteur qu'il y eût, pourvu qu'en cette pente il s'y présentât un arbre ou bosse de rocher pour soutenir un peu la vue et la diviser, que cela nous allège[4] et donne assurance, comme si c'était chose de quoi, à la chute, nous pussions recevoir secours ; mais que les précipices coupés[5] et unis, nous ne les pouvons pas seulement regarder sans tournoiement de tête : *ut despici sine*
20 *vertigine simul oculorum animique non possit*[6] ; qui est une évidente imposture de la vue. Ce beau philosophe[7] se creva les yeux pour décharger l'âme de la débauche qu'elle en recevait, et pouvoir philosopher plus en liberté.

Mais, à ce compte, il se devait[8] aussi faire étouper[9] les oreilles, que Théophraste dit être le plus dangereux instrument que nous ayons pour recevoir des impressions
25 violentes à nous troubler et changer, et se devait priver enfin de tous les autres sens, c'est-à-dire de son être et de sa vie. Car ils ont tous cette puissance de commander notre discours et notre âme. *Fit etiam saepe specie quadam, saepe vocum gravitate et cantibus, ut pellantur animi vehementius ; saepe etiam cura et timore*[10]. Les médecins tiennent qu'il y a certaines complexions qui s'agitent par aucuns[11]
30 sons et instruments jusques à la fureur. J'en ai vu qui ne pouvaient ouïr ronger un os sous leur table sans perdre patience ; et n'est guère homme qui ne se trouble à ce bruit aigre et poignant que font les limes en raclant le fer ; comme, à ouïr mâcher près de nous, ou ouïr parler quelqu'un qui ait le passage du gosier ou du nez empêché, plusieurs s'en émeuvent jusques à la colère et la haine...

Montaigne, *Essais*, II, XII,' « Apologie de Raymond de Sebond ».

1. Par opposition aux montagnes d'au-delà, que constituent le versant espagnol des Pyrénées.
2. Tout à fait.
3. Délibérément.
4. Soulage.
5. Abrupts.
6. « De sorte qu'il est impossible de regarder en bas sans vertige des yeux et de l'esprit à la fois » (Tite-Live, XLIV, 6).
7. Démocrite, philosophe grec.
8. Il aurait dû.
9. Boucher à l'aide d'étoupe (tissu non travaillé).
10. « Il arrive souvent aussi que notre âme soit violemment ébranlée par quelque vue, ou par une gravité et une mélodie de la voix ; souvent encore, c'est par le souci et la frayeur » (Cicéron, *De la divination*, I, 37).
11. Certains.

1 Quelle est la fonction de la démonstration de Montaigne ?

2 De quelle façon se distingue-t-il de l'attitude des philosophes qu'il critique ici ?

LE XVIIe SIÈCLE

un siècle troublé
qui aspire à l'ordre

1610-1661 :
BAROQUE
ET PRÉ-CLASSICISME

Du point de vue politique : établissement d'une monarchie centralisée

1610-1624 : régence de Marie de Médicis et reprise des troubles

Henri IV, assassiné en 1610, laisse une France presque pacifiée ; mais la jeunesse du roi Louis XIII, et l'incapacité de la Régente favorisent les troubles :
— politiques : à l'intérieur du pays, les nobles, désireux d'accaparer le pouvoir, prennent les armes. A l'extérieur, c'est le début de la longue et terrible guerre de Trente Ans qui, sur un fond de querelle religieuse, opposera sur le sol allemand les armées françaises et suédoises à l'Autriche et à l'Espagne.
— religieux : les protestants font des préparatifs militaires, consolident des places-fortes (comme La Rochelle).

1624-1643 : pouvoir du cardinal de Richelieu et volonté de réorganiser le royaume

Richelieu, qui a su gagner la confiance du roi Louis XIII, mène une action qui vise à anéantir toute opposition au pouvoir royal : les nobles qui conspiraient sont exécutés ; les protestants sont écrasés militairement après le siège de La Rochelle. Le cardinal contribue ainsi, jusqu'à sa mort en 1642, à établir en France une monarchie fortement centralisée.

1643-1661 : débuts du règne de Louis XIV et révoltes des grands seigneurs

A la mort de Louis XIII, le nouveau roi, Louis XIV, a cinq ans : la période qui s'ouvre est celle de la Régence de sa mère, Anne d'Autriche. La conjonction des difficultés économiques et financières, l'impopularité de la Régente et de son ministre Mazarin, la guerre de Trente Ans qui dure, créent un climat de nouveau propice à la révolte des grands féodaux.

La seconde de ces révoltes, dite la Fronde des Princes et animée par le Grand Condé, principal chef de guerre des armées de Louis XIII, met en péril l'unité du royaume. Elle s'apaisera vers 1652, Mazarin ayant habilement joué des divergences entre les princes. Le pouvoir royal en sort renforcé (la noblesse a senti son impuissance), mais le pays est ruiné par la guerre : on connaît la misère, comme aux pires temps du Moyen Age.

Du point de vue artistique : de la profusion à la règle

De même que l'histoire manifeste un double aspect (désordres extrêmement violents, établissement d'une monarchie centralisée), de même l'art voit coexister deux courants de pensée. Côte à côte, parfois dans l'œuvre d'un même auteur (cf. Corneille p. 98, ou La Fontaine, p. 132), ils vont occuper la scène littéraire jusqu'au milieu du siècle.

— Le courant baroque : sous ce nom de « baroque », emprunté à l'architecture pour désigner un goût pour les formes courbes, les surcharges ornementales, on a rassemblé des auteurs qui ont en commun une conception du monde plutôt qu'une conception de l'art. Leurs thèmes favoris sont la revendication de la liberté, l'attirance pour l'excès, la fascination de la mort, de la dissolution des corps et des matières, le goût des décors touffus et des masques. Ce mouvement dure jusqu'au milieu du siècle, persistant même en plein classicisme, en particulier dans les fêtes de Cour.

— Le courant dit « pré-classique » à la recherche de règles : parallèlement au baroque, parfois en s'opposant à lui, des auteurs entreprennent, dès le début du siècle, un travail de mise en ordre. Leur recherche a une portée philosophique, avec Descartes qui tente de définir les règles d'une méthode universelle ; une portée morale, chez Pascal en quête d'une vérité de l'âme ; et enfin une portée linguistique. C'est alors que sont définies les règles grammaticales et de prononciation qui caractérisent aujourd'hui encore la langue française : Richelieu fonde en 1635 L'Académie française, qui rassemble poètes et érudits, et élabore son Dictionnaire ; le grammairien Vaugelas publie ses Remarques sur la langue française (1647), fondées sur le « bon usage », celui de la haute société ; le poète Malherbe propose une conception de la langue et de la littérature à l'opposé des tendances baroques (il faut créer une « langue pure », bannir les provincialismes, les vieux mots, les termes techniques, et développer une poésie fondée sur des contraintes précises) : sa volonté de soumettre l'expression à la pensée annonce la grande règle classique, formulée plus tard par le poète satirique Boileau dans un vers célèbre :

> « Ce qui se conçoit bien, s'énonce clairement ».

Les lettrés qui se réunissaient chez l'écrivain Valentin Conrart (1603-1675) furent à l'origine de l'Académie Française, dont lui-même devint premier secrétaire.

DEUX COURANTS ÉCLIPSÉS PAR LE CLASSICISME

Le baroque

La notion de littérature baroque englobe de nombreuses œuvres des XVIᵉ et XVIIᵉ siècles, caractérisées par un trait commun : le goût pour la complication, le style maniéré
et la bizarrerie.

Le baroque constitue une réalité mouvante, dont les éléments peuvent souvent être
mis en relation avec les inquiétudes de l'époque :
– fascination de l'horrible, liée aux guerres de religion ;
– incertitudes face à un monde incompréhensible et instable : la découverte de l'Amérique, celle de la rotation terrestre autour du soleil, sont des événements qui troublent
les consciences ;
– goût pour le décor, le déguisement, l'illusion et la désorganisation des formes.

Les tendances littéraires qui en découlent sont contradictoires : certains auteurs se
réfugient dans les genres idylliques, comme la pastorale qui met en scène des bergers dans une nature idéale, ou recherchent au contraire l'horrible, à l'exemple des
tragédies de Shakespeare ; d'autres développent un art de l'illusion : ballets de cour,
pièces à machines aux décors somptueux et changeants, opéras.

Le baroque témoigne d'une vision tourbillonnante du monde, opposée à l'aspiration
classique à l'ordre. On s'y joue à la surface des choses, en développant une joyeuse
poésie des éléments naturels. Mais parfois cette instabilité paraît menaçante : on
célèbre alors l'inconsistance du monde et le tragique de l'existence. Cette seconde
attitude nourrit tout au long du XVIIᵉ siècle l'inspiration catholique : aux épuisantes
agitations du monde s'oppose la stabilité divine à laquelle aspirent les croyants.

La philosophie libertine

Poésie et morale des plaisirs

A travers ce siècle très chrétien, des écrivains, appelés les libertins, assurent la transition entre la Renaissance humaniste du XVIᵉ siècle, fondée sur l'esprit de libre examen (cf. la présentation du *Discours de la Méthode* de Descartes, p. 90) et le retour à l'Antiquité gréco-latine, et la « philosophie des Lumières » du XVIIIᵉ siècle. Ils tendent à se libérer de la religion, à donner à l'existence un sens uniquement « terrestre ».

Au début du siècle, ce sont surtout des poètes. Leurs contemporains les accusent d'athéisme, ce qui à l'époque peut mener tout droit au bûcher. Estimant que l'univers n'est pas régi par Dieu mais par une force aveugle, ils défendent une morale des plaisirs : l'homme doit vivre « suivant le libre train que Nature prescrit ». Ces conceptions sont dérivées d'une philosophie grecque antique, l'épicurisme.

Une philosophie matérialiste de la Nature

Le libertinage s'affirme par la suite plus nettement philosophique. Il rejette le dogme religieux, s'élève contre le rationalisme de Descartes qui implique l'existence d'une raison universelle, identique et à l'image de Dieu. Le plus illustre représentant du libertinage philosophique, Gassendi, fut presqu'aussi célèbre que Descartes : sa philosophie matérialiste, qui rattache aux perceptions des sens l'origine de l'intelligence, est à la base de l'esprit philosophique du XVIIIᵉ siècle.

Le libertinage mondain

L'influence de ces idées s'étend progressivement dans les milieux mondains et aristocratiques. Elle explique la véritable royauté spirituelle qu'y exerce à partir de 1680 Saint-Evremond : exilé en Angleterre pour des raisons politiques, cet auteur à l'ironie mordante critique la pensée austère de Pascal (cf. p. 94). Comme les autres libertins, il entend substituer une morale choisie librement par chacun, selon la « nature » et la réalité de sa vie terrestre, aux commandements de la religion.

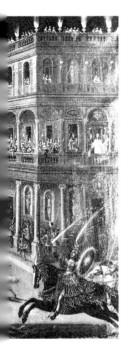

◀ Deruet (1588-1662), *Le Feu* (Musée des Beaux Arts, Orléans).

Costume de Louis XIV en Apollon dans le ballet « La nuit » dansé ▶ par le roi le 23 février 1653. Dessin de Stefano della Bella.

Descartes par le peintre hollandais Frans Hals (1581-1666). (Musée du Louvre, Paris.)

Descartes

1596-1650

L'aventure philosophique

La jeunesse de René Descartes est studieuse : études classiques chez les Jésuites, licence en droit. Mais il rompt avec sa formation de juriste, et devient officier dans l'armée hollandaise. Menant une vie aventureuse, il parcourt l'Europe, se bat en duel, est mêlé à la terrible guerre de Trente Ans. C'est en 1619 qu'il aurait découvert, dans un « poêle », c'est-à-dire dans une pièce chauffée par un poêle, l'idée d'une méthode universelle pour la recherche de la vérité.

Il se décide alors à suivre sa vocation de philosophe, et se retire en Hollande, où il vivra encore vingt ans. Il meurt en 1650 des suites d'une pneumonie contractée au cours d'un voyage à Stockholm.

Le Discours de la Méthode pour bien conduire sa raison et chercher la vérité dans les sciences (1637) est la première grande œuvre philosophique en langue française. Descartes y expose sa méthode universelle : considérant la présence en chaque homme de la même raison, il estime que les erreurs viennent d'une mauvaise application de cette faculté. Il propose donc des *règles* à son activité : faire table rase de tout ce que nous avons appris avant d'examiner le problème posé ; pratiquer le doute méthodique à l'encontre des préjugés et des idées préconçues ; ne recevoir que les idées « évidentes ».

La construction philosophique de Descartes repose sur la triple affirmation de l'existence du « moi » pensant, de Dieu, et du monde extérieur. L'âme, pensante, y est nettement distinguée de la matière, régie par des lois purement mécaniques (les animaux sont considérés par exemple comme de simples machines : ils n'ont pas d'âme). Ayant posé ce cadre à sa réflexion, Descartes décrit ensuite l'arbre de la science dans les ouvrages suivants :

– les *Méditations* (publiées en latin en 1641, traduites en 1647) en explicitent les racines métaphysiques : Dieu seul révèle et crée les vérités ;

– les *Principes de la philosophie* (1644 en latin, traduits en 1647) contiennent le tronc du système, la physique ;

– le *Traité des Passions* (1649) esquisse enfin à grands traits les diverses branches de la science, notamment la morale ; l'auteur y examine les rapports de l'âme et du corps, et analyse les six passions « primitives » de l'homme : l'étonnement, l'amour, la haine, le désir, la joie et la tristesse.

Le système cartésien ne se trouve pas à l'origine du classicisme littéraire. Exprimant les aspirations d'une époque, il l'a toutefois aidé à prendre conscience de lui-même. Revendiquant les droits de la raison, il a également favorisé l'essor de l'esprit d'expérimentation scientifique, et des philosophies critiques du XVIIIe siècle.

Le discours de la méthode
1637 ───────────────────────────────

La nouveauté de l'ouvrage réside dans l'affirmation des droits de la raison à examiner librement toutes choses, sans se plier d'avance à une quelconque autorité : Descartes légitime ainsi *l'esprit de libre examen* qui, depuis la Renaissance, s'était souvent heurté aux vérités révélées de l'Église.

Le libre examen doit procéder d'une méthode, dont l'auteur expose les règles, ou « préceptes », dans la Seconde Partie du Discours.

Et comme la multitude des lois fournit souvent des excuses aux vices, en sorte qu'un État est bien mieux réglé lorsque, n'en ayant que fort peu, elles y sont fort étroitement observées ; ainsi, au lieu de ce grand nombre de préceptes dont la logique est composée[1], je crus que j'aurais assez des quatre suivants, pourvu que je prisse une
5 ferme et constante résolution de ne manquer pas une seule fois à les observer.

Le premier était de ne recevoir jamais aucune chose pour vraie, que je ne la connusse évidemment[2] être telle : c'est-à-dire, d'éviter soigneusement la précipitation et la prévention ; et de ne comprendre rien de plus en mes jugements, que ce qui se présenterait si clairement et si distinctement[3] à mon esprit, que je n'eusse aucune
10 occasion de le mettre en doute.

Le second, de diviser chacune des difficultés que j'examinerais, en autant de parcelles qu'il se pourrait, et qu'il serait requis pour les mieux résoudre.

Le troisième, de conduire par ordre mes pensées, en commençant par les objets les plus simples et les plus aisés à connaître, pour monter peu à peu, comme par
15 degrés, jusques à la connaissance des plus composés ; et supposant même de l'ordre entre ceux qui ne se précèdent point naturellement les uns les autres[4].

1. Descartes fait allusion aux subtilités de l'enseignement traditionnel qu'il a reçu : la *scolastique*, enseignée par des théologiens et inspirée du philosophe grec Aristote (384-322 avant J.-C.).
2. Sens fort : avec évidence. L'évidence est définie par la clarté et la distinction.
3. L'idée claire est immédiatement présente à l'esprit ; elle est *distincte* quand elle est précise et différente de toutes les autres.
4. Descartes admet ici que tout objet de connaissance est rationnel et comporte un ordre : c'est donc que l'esprit porte en lui l'ordre du monde.

Et le dernier, de faire partout[1] des dénombrements[2] si entiers[3], et des revues si générales, que je fusse assuré de ne rien omettre.

20 Ces longues chaînes de raisons, toutes simples et faciles, dont les géomètres ont coutume de se servir, pour parvenir à leurs plus difficiles démonstrations, m'avaient donné occasion de m'imaginer que toutes les choses, qui peuvent tomber sous la connaissance des hommes, s'entre-suivent en même façon et que, pourvu seulement qu'on s'abstienne d'en recevoir aucune pour vraie qui ne le soit, et qu'on garde tou-25 jours l'ordre qu'il faut pour les déduire les unes des autres, il n'y en peut avoir de si éloignées auxquelles enfin on ne parvienne, ni de si cachées qu'on ne découvre. Et je ne fus pas beaucoup en peine de chercher par lesquelles il était besoin de commencer : car je savais déjà que c'était par les plus simples et les plus aisées à connaître ; et considérant qu'entre tous ceux qui ont ci-devant recherché la vérité dans les sciences, il n'y a eu que les seuls mathématiciens qui ont pu trouver quelques 30 démonstrations, c'est-à-dire quelques raisons certaines et évidentes, je ne doutais point que ce ne fût par les mêmes[4] qu'ils ont examinées...

Descartes, *Discours de la méthode*, seconde partie.

1. Partout, c'est-à-dire dans l'analyse aussi bien que dans la synthèse.
2. Recensements, inventaires.
3. En considérant les éléments un à un.
4. Il s'agit toujours des choses « qui peuvent tomber sous la connaissance des hommes ». Descartes explique ensuite qu'il a en effet commencé par emprunter « tout le meilleur de l'analyse géométrique et de l'algèbre ».

1 Quels sont les deux comportements que permet d'éviter la première règle ? Pouvez-vous donner des exemples de la façon dont ils conduisent à l'erreur ?

2 Les règles énumérées par Descartes sont dites règles de l'évidence, de l'analyse, de la synthèse, et des dénombrements : retrouvez dans le texte, pour chacune d'elle, leur formulation exacte.

3 A quel modèle se réfère principalement la pensée cartésienne, dans sa tentative d'élaborer une « méthode universelle » ?

Méditations métaphysiques
1641

L'ambition de Descartes est de substituer à la science incertaine du Moyen Age une pensée dont la rigueur égale celle des mathématiques ; ensuite, de tirer de cette science les applications qui permettront aux hommes de se rendre « maîtres et possesseurs de la nature » ; enfin, de discerner les domaines respectifs de la science et de la religion.

Pour un esprit en quête de certitude, la première question est celle de son fondement : de quoi suis-je sûr, de quoi ne puis-je douter ?

La méditation que je fis hier m'a rempli l'esprit de tant de doutes, qu'il n'est plus désormais en ma puissance de les oublier. Et cependant je ne vois pas de quelle façon je les pourrai résoudre ; et comme si tout à coup j'étais tombé dans une eau très profonde, je suis tellement surpris que je ne puis ni assurer mes pieds dans le
5 fond, ni nager pour me soutenir au-dessus. Je m'efforcerai néanmoins, et suivrai derechef[1] la même voie où j'étais entré hier, en m'éloignant de tout ce en quoi je pourrai imaginer le moindre doute, tout de même que si je connaissais que cela fût absolument faux ; et je continuerai toujours dans ce chemin jusqu'à ce que j'aie rencontré quelque chose de certain, ou du moins, si je ne puis autre chose, jusqu'à ce
10 que j'aie appris certainement qu'il n'y a rien au monde de certain. Archimède, pour tirer le globe terrestre de sa place et le transporter en un autre lieu, ne demandait rien qu'un point qui fût ferme et immobile : ainsi j'aurai droit de concevoir de hautes espérances si je suis assez heureux pour trouver seulement une chose qui soit certaine et indubitable.

15 Je suppose donc que toutes les choses que je vois sont fausses ; je me persuade que rien n'a jamais été de tout ce que ma mémoire remplie de mensonges me représente ; je pense n'avoir aucun sens ; je crois que le corps, la figure, l'étendue, le mouvement et le lieu ne sont que des fictions de mon esprit. Qu'est-ce donc qui pourra être estimé véritable ? Peut-être rien autre chose, sinon qu'il n'y a rien au
20 monde de certain.

Mais que sais-je s'il n'y a point quelque autre chose différente de celles que je viens de juger incertaines, de laquelle on ne puisse avoir le moindre doute ? N'y a-t-il point quelque Dieu ou quelque autre puissance qui me met en esprit ces pensées ? Cela n'est pas nécessaire, car peut-être que je suis capable de les produire de
25 moi-même. Moi donc à tout le moins ne suis-je point quelque chose ? Mais j'ai déjà nié que j'eusse aucun sens ni aucuns corps ; j'hésite néanmoins, car que s'ensuit-il de là ? Suis-je tellement dépendant du corps et des sens que je ne puisse être sans eux ? Mais je me suis persuadé qu'il n'y avait rien du tout dans le monde, qu'il n'y avait aucun ciel, aucune terre, aucuns esprits ni aucuns corps ; ne me suis-je donc
30 pas aussi persuadé que je n'étais point ? Tant s'en faut ; j'étais sans doute, si je me suis persuadé ou seulement si j'ai pensé quelque chose. Mais il y a un je ne sais quel trompeur très puissant et très rusé qui emploie toute son industrie à me tromper toujours. Il n'y a donc point de doute que je suis, s'il me trompe ; et qu'il me trompe tant qu'il voudra, il ne saura jamais faire que je ne sois rien tant que je penserai
35 être quelque chose. De sorte qu'après y avoir bien pensé et avoir soigneusement examiné toutes choses, enfin il faut conclure, et tenir pour constant que cette proposition : je suis, j'existe, est nécessairement vraie, toutes les fois que je la prononce ou que je la conçois en mon esprit.

Descartes, *Méditations métaphysiques*, IIe méditation.

1. De nouveau.

1 Relevez tous les mots outils (mots qui servent uniquement à exprimer un rapport grammatical, comme la conjonction et la coordination) qui mettent en évidence la progression de la réflexion.

2 Établissez le plan précis de la méditation de Descartes.

3 Quels points communs cette progression présente-t-elle avec celle d'une démonstration mathématique ?

Pascal

1623-1662

Pascal à sa table de travail. Sur son bureau, un instrument de géométrie. (Gravure du XVIIᵉ siècle.)

Une formation éclairée

Blaise Pascal naît en 1623 en Auvergne, dans une famille appartenant à cette grande bourgeoisie où Richelieu recrute les hauts fonctionnaires d'État. Son père, amateur de physique et de mathématiques, enseigne en outre à son fils les langues et les lettres anciennes : Pascal aura d'emblée accès à la pensée des plus grands savants de son temps.

Il adhère à la doctrine et à la forme la plus austère du catholicisme, le jansénisme, propre à satisfaire les esprits en quête de vertu exigeante et de pureté mystique. Ainsi, il écrit, dans le « Mémorial » qui conserve le souvenir d'une soirée d'extase religieuse : « Oubli du monde et de tout, hormis Dieu (...) Renonciation totale et douce. Soumission totale à Jésus-Christ et à mon directeur ».

Pascal ne renonce pas pourtant à la science, qui l'occupera jusqu'à la fin de sa vie, mais il mène désormais une vie militante, et diffuse les idées jansénistes.

Pascal militant janséniste et penseur chrétien

A cette époque, deux courants catholiques s'opposent sur la question des rapports entre l'homme et le monde (le « monde » représentant ici la société, par opposition au couvent) : pour reconquérir les milieux incroyants, les Jésuites présentent une religion à visage aimable, accommodante ; les Jansénistes au contraire prônent la rigueur morale la plus extrême, et le retrait hors du monde : Port-Royal, un couvent de femmes, accueille aussi à cette époque les « solitaires », hommes lettrés, savants, érudits retirés du monde.

94

Après 1654, Pascal met sa plume au service de la cause janséniste. Ainsi paraît, en 1656, la première des lettres, qui rassemblées sous le titre *Les Provinciales,* précisent la pensée des Jansénistes, puis dénoncent la morale relâchée des Jésuites.

Pascal meurt en 1662. Il laisse de nombreux papiers, heureusement rassemblés et conservés par sa famille et ses amis. C'est ainsi que paraissent, au début de 1670, les *Pensées de Monsieur Pascal sur la religion et sur quelques autres sujets, qui ont été trouvées après sa mort parmi ses papiers.*

Les Pensées
1670 _____

Il serait vain de chercher le plan d'un livre que Pascal lui-même n'a pas écrit. Cependant, les intentions directrices subsistent de ce qui devait constituer une « Apologie de la religion chrétienne » :
– Pascal veut lutter contre l'indifférence religieuse : le libertin, le sceptique, le chrétien qui vit selon la morale du monde « doivent être tirés de leur repos » et leur bonne conscience remise en cause. Qu'on le veuille ou non, exister, pour Pascal, c'est « parier » pour ou contre Dieu : toutes les actions, toutes les pensées, découlent de la foi, ou de son absence. Sans prétendre « prouver » l'existence de Dieu, Pascal démontre par la logique que l'homme doit, dans son propre intérêt, parier pour Dieu.
– Le philosophe s'attache à découvrir un Dieu caché, dans la Nature, dans l'Écriture, dans l'Histoire. C'est là un travail de déchiffrage. Partout, Dieu est invisible, puisqu'on ne le voit pas « à l'œil nu » ; pourtant, il est partout visible, à la lumière de la foi.

« L'Apologie de la religion chrétienne » devait commencer par ce constat : l'homme ne peut atteindre la vérité par ses propres moyens, car il est « sans proportion » avec la nature qu'il prétend connaître, comme exilé entre l'infiniment grand et l'infiniment petit.

Que l'homme contemple donc la nature entière dans sa haute et pleine majesté, qu'il éloigne sa vue des objets bas qui l'environnent. Qu'il regarde cette éclatante lumière, mise comme une lampe éternelle pour éclairer l'univers, que la terre lui paraisse comme un point au prix[1] du vaste tour que cet astre décrit, et qu'il s'étonne
5 de ce que ce vaste tour lui-même n'est qu'une pointe très délicate à l'égard de celui que les astres, qui roulent dans le firmament, embrassent. Mais si notre vue s'arrête là, que l'imagination passe outre ; elle se lassera plutôt de concevoir que la nature de fournir. Tout ce monde visible n'est qu'un trait imperceptible dans l'ample sein de la nature. Nulle idée n'en approche. Nous avons beau enfler nos conceptions
10 au-delà des espaces imaginables, nous n'enfantons que des atomes, au prix de la réalité des choses. C'est une sphère infinie dont le centre est partout, la circonférence nulle part. Enfin, c'est le plus grand caractère sensible de la toute-puissance de Dieu, que notre imagination se perde dans cette pensée.

1. Comparé au.

Que l'homme, étant revenu à soi, considère ce qu'il est au prix de ce qui est; qu'il
15 se regarde comme égaré dans ce canton[1] détourné de la nature; et que de ce petit
cachot où il se trouve logé, j'entends l'univers, il apprenne à estimer la terre, les
royaumes, les villes, les maisons et soi-même son juste prix.

Qu'est-ce qu'un homme, dans l'infini?

Mais pour lui présenter un autre prodige aussi étonnant, qu'il recherche dans ce
20 qu'il connaît les choses les plus délicates. Qu'un ciron[2] lui offre dans la petitesse de
son corps des parties incomparablement plus petites, des jambes avec des jointures,
des veines dans ses jambes, du sang dans ses veines, des humeurs dans ce sang,
des gouttes dans ces humeurs, des vapeurs dans ces gouttes; que, divisant encore
ces dernières choses, il épuise ses forces en ces conceptions, et que le dernier objet
25 où il peut arriver soit maintenant celui de notre discours. Il pensera peut-être que
c'est là l'extrême petitesse de la nature. Je veux lui faire voir là dedans un abîme
nouveau. Je lui veux peindre non seulement l'univers visible, mais l'immensité qu'on
peut concevoir de la nature, dans l'enceinte de ce raccourci d'atome. Qu'il y voie
une infinité d'univers, dont chacun a son firmament, ses planètes, sa terre, en la
30 même proportion que le monde visible, dans cette terre, des animaux, et enfin des
cirons, dans lesquels il retrouvera ce que les premiers ont donné; et trouvant encore
dans les autres la même chose sans fin et sans repos, qu'il se perde dans ces merveilles, aussi étonnantes dans leur petitesse que les autres par leur étendue; car qui
n'admirera que notre corps, qui tantôt n'était pas perceptible dans l'univers, imper-
35 ceptible lui-même dans le sein du tout, soit à présent un colosse, un monde, ou plutôt
un tout, à l'égard du néant où l'on ne peut arriver? Qui se considérera de la sorte
s'effraiera de soi-même, et, se considérant soutenu dans la masse que la nature lui
a donnée, entre ces deux abîmes de l'infini et du néant, il tremblera dans la vue
de ces merveilles; et je crois que, sa curiosité se changeant en admiration, il sera
40 plus disposé à les contempler en silence qu'à les rechercher avec présomption.

Car enfin qu'est-ce que l'homme dans la nature? Un néant à l'égard de l'infini,
un tout à l'égard du néant, un milieu entre rien et tout. Infiniment éloigné de comprendre les extrêmes, la fin des choses et leurs principes sont pour lui invinciblement
cachés dans un secret impénétrable également incapable de voir le néant d'où il
45 est tiré et l'infini où il est englouti.

Blaise Pascal, *Les pensées* (section II, Pensée 72).

1. Lieu restreint.
2. Insecte que l'on tenait alors pour le plus petit animal visible à l'œil nu. Les premiers microscopes datent de 1590.

1 Relevez des termes et des formules qui mettent en évidence la façon dont Pascal tente d'imposer au lecteur l'impression que doit susciter en lui le spectacle des deux infinis. Quelles sont à votre avis les qualités de style recherchées
par l'auteur?

2 La notion des deux infinis est-elle confirmée par les découvertes de la science
moderne? Pouvez-vous préciser l'état des connaissances humaines en la
matière? Permet-il aujourd'hui à l'homme de comprendre les « principes » et
les « fins » qui régissent l'univers?

3 Quels sont les arguments de Pascal? Pouvez-vous en résumer la logique en
quelques phrases?

LA DOCTRINE CLASSIQUE

LA RECHERCHE D'UN ORDRE ARTISTIQUE

Les œuvres classiques sont produites par une génération d'écrivains liée au triomphe de la monarchie absolue ; ses succès imposent en littérature les notions d'ordre, de règle, de clarté du langage et de séparation des genres.

L'art classique se veut fondé avant tout sur la raison : définie comme la faculté de comprendre et d'exposer clairement, elle implique l'existence d'une réalité stable et de critères de beauté éternels. L'art consiste à imiter la nature, et plus particulièrement la nature humaine, dont il doit choisir et mettre en évidence les traits les plus beaux. Le vrai, dans cette perspective, a moins d'importance que le vraisemblable, qui exclut l'extraordinaire, le monstrueux, et ne choque jamais la raison.

DES RÈGLES STRICTES, MAIS DIVERSEMENT RESPECTÉES

Les principes s'assortissent d'un certain nombre de règles. Garanties par l'autorité des auteurs de l'Antiquité gréco-latine – notamment Aristote –, elles précisent les formes de l'œuvre d'art :

– Il faut distinguer entre art profane et art sacré.

– Les genres littéraires de même doivent être séparés : on ne peut mêler dans une même pièce de théâtre le ton tragique au ton comique.

– L'œuvre doit comporter une intention moralisatrice ; elle doit édifier le spectateur.

– Les bienséances doivent être respectées : il ne faut choquer ni les idées ni la sensibilité du public.

– La règle fondamentale au théâtre est celle des trois unités : de temps (l'action ne doit pas excéder une journée), de lieu (elle doit se dérouler en un seul et même lieu), et d'action (elle doit comporter une seule intrigue).

Dans les faits, la cohérence de la doctrine classique est toujours menacée. Le goût du public conduit notamment les auteurs à enfreindre la règle de la séparation des genres. A la Cour même, des spectacles mêlent chant, danse, dialogues, jeux d'eau, feux d'artifice. Les grands poètes classiques, parfois fortement influencés par l'esthétique baroque – Corneille à ces débuts – ou l'esprit précieux – La Fontaine –, ont de surcroît une conception beaucoup plus large des règles que les théoriciens du classicisme. A leur respect scrupuleux, ils sauront opposer une autre règle : celle de *plaire ;* Molière (cf. p. 108) en sera sans doute le plus vigoureux défenseur.

97

Corneille (École française du XVIIᵉ siècle). (Musée de Versailles.)

Corneille

1606-1684

Une existence vouée au théâtre

Pierre Corneille est élevé à Rouen par des Jésuites. Cet ordre religieux catholique, fondé pour lutter contre la Réforme protestante, se consacrait également à l'enseignement et utilisait le théâtre à des fins pédagogiques. Le jeune Corneille abandonne très vite sa carrière d'avocat pour se consacrer exclusivement à la scène. Il est le principal représentant de la génération pré-classique de 1630, mais sa longue carrière, qui s'étend jusqu'en 1674, lui permet de bénéficier des apports successifs qui enrichissent alors le théâtre. Son œuvre représente la seule tentative du théâtre français pour se constituer en théâtre historique et politique.

Il écrit d'abord des comédies d'inspiration baroque. Son premier grand succès toutefois est une tragi-comédie : *Le Cid* (1636). C'est un triomphe, en dépit de ceux qui lui reprochent de ne se conformer ni aux règles ni aux bienséances, et de plagier un modèle espagnol. Corneille règnera désormais sur la scène française jusqu'en 1651, et composera surtout des tragédies.

Le tragique cornélien

La réputation de Corneille s'est affirmée grâce à ses pièces à sujet romain, construites autour de cas de conscience, les « conflits cornéliens », qui déchirent le héros : celui-ci fait passer *les impératifs du devoir* avant les exigences de la passion, et tente ainsi de surmonter le conflit entre ces deux valeurs. Tous les personnages participent de cet *univers héroïque*, où la grandeur consiste à veiller à sa gloire, c'est-à-dire à son honneur : les cas de conscience ne peuvent donc être résolus que par la soumission volontaire de l'individu à des valeurs qui dépassent sa propre existence (l'honneur de la famille, la grandeur de l'État, etc.). Les plus célèbres de ces pièces sont *Horace* (1640), *Cinna* (1641) et *Polyeucte* (1642).

Dans leur composition, les dix-sept tragédies écrites par Corneille respectent pour l'essentiel les règles classiques. Du baroque, elles gardent souvent le goût d'étonner le public par des actions extraordinaires et des intrigues compliquées. Les dernières, notamment *Suréna* (1674), évoluent avec le goût du public, et tendent à devenir de pures tragédies d'amour à la manière de Racine.

Le Cid
1636

Rodrigue, fils de Don Diègue, et Chimène, fille de Don Gormas, s'aiment. Offensé par Don Gormas, Don Diègue, auquel son grand âge interdit de se venger lui-même, en charge son fils. Rodrigue doit donc, s'il accepte, sacrifier son amour à son honneur, en provoquant en duel et en tuant celui qui aurait pu devenir son beau-père.

Les Stances, poème composé d'un certain nombre de strophes, reproduisent le mouvement intérieur de cette impitoyable prise de conscience de Rodrigue. Le héros s'adresse à son épée, symbole du devoir qui est le sien.

DON RODRIGUE

Percé jusques au fond du cœur
D'une atteinte imprévue aussi bien que mortelle,
Misérable vengeur d'une juste querelle,
Et malheureux objet d'une injuste rigueur,
5 Je demeure immobile, et mon âme abattue
    Cède au coup qui me tue.
Si près de voir mon feu[1] récompensé,
    O Dieu, l'étrange peine !
En cet affront mon père est l'offensé,
10 Et l'offenseur le père de Chimène !

1. Mon amour.

99

HeatherGarrison

Que je sens de rudes combats ! *rude battle going on (inside him)*
Contre mon propre honneur mon amour s'intéresse : *my love pushes me against my honor*
Il faut venger un père, et perdre une maîtresse. *I must avenge my father lose my love*
L'un m'anime le cœur, l'autre retient mon bras. *pulls me both arm*
15 Réduit au triste choix ou de trahir ma flamme, *that's one choice*
        Ou de vivre en infâme, *or living in infamy*
    Des deux côtés mon mal est infini.
        O Dieu, l'étrange peine !
    Faut-il laisser un affront impuni ?
20   Faut-il punir le père de Chimène ?

    Père, maîtresse, honneur, amour, *his love for*
Noble et dure contrainte, aimable tyrannie, *chimene* *either my pleasures gone honor*
Tous mes plaisirs sont morts, ou ma gloire ternie.
L'un me rend malheureux, l'autre indigne du jour.
25 Cher et cruel espoir d'une âme généreuse,
        Mais ensemble amoureuse,
    Digne ennemi de mon plus grand bonheur, *dignified enemie of my happiness*
his sword Fer[1], qui causes ma peine, *who causes my pain*
        M'es-tu donné pour venger mon honneur ?
30   M'es-tu donné pour perdre ma Chimène ? *are you there to lose Chimene for me*

    Il vaut mieux courir au trépas. *If he doesn't fight she couldn't*
Je dois à ma maîtresse aussi bien qu'à mon père ; *marry a noble man w/o*
J'attire en me vengeant sa haine et sa colère ; *honor*
J'attire ses mépris en ne me vengeant pas. *he would lose her anyway*
35 A mon plus doux espoir l'un me rend infidèle,
    Et l'autre indigne d'elle.
        Mon mal augmente à le vouloir guérir ;
        Tout redouble ma peine.

    Allons, mon âme ; et puisqu'il faut mourir,
40   Mourons du moins sans offenser Chimène.

    Mourir sans tirer ma raison[2] ! *but he can't do that either*
Rechercher un trépas si mortel à ma gloire, *if he dies he also looses honor*
Endurer que l'Espagne impute à ma mémoire
D'avoir mal soutenu l'honneur de ma maison !
45 Respecter un amour dont mon âme égarée
        Voit la perte assurée !
    N'écoutons plus ce penser suborneur[3],
        Qui ne sert qu'à ma peine.
    Allons, mon bras, sauvons du moins l'honneur, *I'll at least have my honor*
50   Puisqu'après tout il faut perdre Chimène. *cuz I will lose her in the end anyway*

    Oui, mon esprit s'était déçu[4].
Je dois tout à mon père avant qu'à ma maîtresse : *The answer is clear*
Que je meure au combat, ou meure de tristesse, *I must do it*
Je rendrai mon sang pur comme je l'ai reçu. *anyway*
55 Je m'accuse déjà de trop de négligence ;

1. Épée.
2. Demander à quelqu'un raison d'une offense : le provoquer.
3. Pensée qui incite à mal agir.
4. Trompé lui-même.

100

Courons à la vengeance ;
Et, tout honteux d'avoir tant balancé,
    Ne soyons plus en peine,
Puisqu'aujourd'hui mon père est l'offensé,
60 Si l'offenseur est père de Chimène.

Corneille, *Le Cid*, Acte I, scène 6.

1 Précisez les termes du conflit intérieur de Rodrigue : quelles sont les valeurs qui s'opposent ?

2 A lire ce texte, qu'est-ce que « l'honneur » cornélien ? Avant de répondre, classez les arguments présentés par Rodrigue selon les trois rubriques suivantes :
- l'honneur personnel ;
- l'honneur aristocratique ;
- l'honneur dans l'amour.

3 Quels sont les mouvements qui animent successivement l'âme de Rodrigue ? Comment résumeriez-vous le changement qui s'est opéré dans les dispositions du héros ?

4 Ce monologue est en fait un dialogue de Rodrigue avec Chimène et son père absents : quelles difficultés peuvent en découler pour l'acteur ? Comment imaginez-vous la mise en scène de ce monologue ?

Horace
1640

C'est l'une des grandes tragédies à sujet romain de Corneille. Elle respecte les règles du théâtre classique, et présente un conflit cornélien exemplaire, traité de façon rigoureuse : le devoir y triomphe absolument de la passion, comme des sentiments fraternels.

Albe et Rome sont en guerre. Un duel doit décider de l'issue du conflit. Dans les deux camps, les champions choisis sont trois frères : les Horace pour Rome, les Curiace pour Albe, alors que l'un des Curiace est fiancé à Camille, sœur d'Horace. Les deux amants ne partagent pas le sens du devoir exprimé par Horace. Et à l'issue du combat, alors que les trois Curiace sont morts, et que seul a survécu le dernier Horace, Camille, face à son frère vainqueur, laisse éclater sa colère.

CAMILLE

Donne-moi donc, barbare, un cœur comme le tien;
Et si tu veux enfin que je t'ouvre mon âme,
Rends-moi mon Curiace, ou laisse agir ma flamme[1];
Ma joie et mes douleurs dépendaient de son sort;
5 Je l'adorais vivant, et je le pleure mort.
Ne cherche plus ta sœur où tu l'avais laissée;
Tu ne revois en moi qu'une amante offensée,
Qui, comme une furie[2] attachée à tes pas,
Te veut incessamment reprocher son trépas.
10 Tigre altéré de sang, qui me défends les larmes,
Qui veux que dans sa mort je trouve encor des charmes,
Et que jusques au ciel élevant tes exploits,
Moi-même je le tue une seconde fois!
Puissent tant de malheurs accompagner ta vie,
15 Que tu tombes au point de me porter envie!
Et toi, bientôt souiller par quelque lâcheté
Cette gloire si chère à ta brutalité!

HORACE

O ciel! qui vit jamais une pareille rage!
Crois-tu donc que je sois insensible à l'outrage,
20 Que je souffre en mon sang ce mortel déshonneur?
Aime, aime cette mort qui fait notre bonheur,
Et préfère du moins au souvenir d'un homme
Ce que doit ta naissance aux intérêts de Rome.

CAMILLE

Rome, l'unique objet de mon ressentiment!
25 Rome, à qui vient ton bras d'immoler mon amant!
Rome qui t'a vu naître, et que ton cœur adore!
Rome enfin que je hais parce qu'elle t'honore!
Puissent tous ses voisins ensemble conjurés
Saper ses fondements encor mal assurés!
30 Et si ce n'est assez de toute l'Italie,
Que l'Orient contre elle à l'Occident s'allie;
Que cent peuples unis des bouts de l'univers
Passent pour la détruire et les monts et les mers!
Qu'elle-même sur soi renverse ses murailles,
35 Et de ses propres mains déchire ses entrailles!
Que le courroux du ciel allumé par mes vœux
Fasse pleuvoir sur elle un déluge de feux!
Puissé-je de mes yeux y voir tomber la foudre,
Voir ses maisons en cendre, et tes lauriers en poudre,
40 Voir le dernier Romain à son dernier soupir,
Moi seule en être cause, et mourir de plaisir!

1. Mon amour.
2. Dans la mythologie gréco-latine, les Furies étaient des divinités infernales qui exerçaient les vengeances divines et symbolisaient le remords.

HORACE, *mettant l'épée à la main,*
et poursuivant sa sœur qui s'enfuit.

C'est trop, ma patience à la raison fait place;
Va dedans les enfers plaindre ton Curiace!

CAMILLE, *blessée derrière le théâtre.*

Ah! traître!

HORACE, *revenant sur le théâtre.*

45 Ainsi reçoive un châtiment soudain
Quiconque ose pleurer un ennemi romain!

Corneille, *Horace,* Acte IV, scène 5.

Horace. Dessin par Edmond Aimé Florentin Geffroy
(1804-1895) pour le *Théâtre Complet* de Corneille.

1 Pour les Romains, étaient barbares les peuples étrangers, dont la civilisation était jugée inférieure et grossière, et la langue incompréhensible. Quels éléments, dans ce texte, viennent préciser le sens que prend le terme dans la bouche de Camille?

2 Quels risques courent Horace et Camille à s'identifier absolument, l'un à sa patrie, l'autre à sa douleur d'amante? Quelles en sont les conséquences pour leur dialogue?

3 Comment s'exprime la colère de Camille? Quel mouvement suit-elle?

1661-1715 :
DOMINATION ET CRISE DU CLASSICISME

1661-1680 : le Roi-Soleil

Louis XIV radicalise l'œuvre de ses prédécesseurs. Il rassemble dans ses mains l'essentiel du pouvoir : la monarchie devient centralisée à l'extrême. Les ministres ne sont plus que des agents d'exécution. Les décisions sont prises exclusivement dans les conseils où siège le roi. La noblesse est tenue à la Cour — retenue pourrait-on dire — autour du roi, surnommé le Roi-Soleil. Ainsi rassemblée, régentée par un code de comportements — l'Étiquette — les révoltes lui sont impossibles. Mais c'est aussi pour la Cour, lieu de fastes, que vont créer les grands artistes du temps ; c'est à la Cour que vont s'élaborer et s'affiner les règles du « bon usage » de la langue et du « bon goût » en matière artistique. Le triomphe officiel du classicisme impose une littérature attachée à l'ordre (cf. p. 97).

page de gauche
Louis XIV peint par son portraitiste attitré Hyacinthe Rigaud (1659-1753). (Musée Condé, Chantilly.)

page de droite
Vue du château de Versailles par J.-B. Martin. (Musée de Versailles.)

1680-1715 : la fin du règne de Louis XIV

Du point de vue politique, cette seconde partie du règne de Louis XIV est marquée par le déclin :
— la guerre contre la Ligue d'Augsbourg (1689-1697) et plus encore la guerre de Succession d'Espagne indiquent les limites de la prépondérance française en Europe ;
— l'économie encadrée par une administration passéiste se sclérose ;
— les problèmes religieux reparaissent. Pour s'allier l'Église catholique et soumettre la communauté protestante, le roi révoque l'Édit de Nantes (1685), qui accordait la liberté de culte aux protestants. Beaucoup d'entre eux s'exilent, affaiblissant encore par leur départ une économie malade.

Du point de vue littéraire, le classicisme demeure la valeur officielle et produit encore des œuvres majeures, comme *Les Caractères* de La Bruyère. Cependant, encadrée par des règles intouchables, la littérature se répète. Des tendances nouvelles se font jour toutefois : avec Charles Perrault, qui choisit la voie des *Contes,* ou avec Marivaux, qui, dès ses débuts au théâtre, démystifie les règles classiques.

La *Querelle des Anciens et des Modernes* (voir p. 143) est le signe de cette émergence d'un nouvel esprit : l'autorité morale des Anciens est de moins en moins considérée comme une preuve absolue de vérité. On s'attache au contraire à la vérification expérimentale. Cette idée nouvelle est diffusée par des scientifiques comme Descartes et Pascal, et trouve à l'occasion de la « Querelle » son expression littéraire.

ASPECTS DU THÉÂTRE
À L'ÉPOQUE CLASSIQUE

LE PUBLIC

Le théâtre classique bénéficie de conditions très favorables à son développement. Il s'adresse à un public restreint : l'élite intellectuelle et sociale, composée de nobles et de grands bourgeois rassemblés à la Cour du Roi de France. Ses auteurs sont comblés par les faveurs royales, ce qui atténue l'expression des courants contraires, libertins ou jansénistes. Il leur reste à plaire à un public conformiste, mais exigeant.

1661-1680 : LES TROUPES RÉGULIÈRES S'IMPOSENT

Il existait sous le règne de Louis XIII des bateleurs célèbres, qui jouaient dans les rues, à l'occasion des foires, de petites pièces comiques appelées farces, des pastorales (cf. p. 131), des tragi-comédies. Il existait également des troupes régulières, qui s'imposent peu à peu : la Troupe des Comédiens du Roi, le Théâtre du Marais, les Comédiens italiens au théâtre de l'Hôtel de Bourgogne. Leurs spectacles se composent généralement d'une farce, d'une comédie et d'une tragédie. Les fauteuils placés de part et d'autre de la scène sont réservés aux spectateurs privilégiés. Le parterre, au même niveau que la scène, accueille le public populaire debout ; les loges reçoivent les spectateurs fortunés, nobles et grands bourgeois.
   Le jeu des acteurs est outré : farcesque lorsqu'il s'agit de comédie, grandiloquent lorsqu'il s'agit de tragédie. Chaque comédien est spécialisé dans un type de rôle. Dans sa troupe, Molière se chargeait des personnages bouffons, privilégiant, par ses grimaces et ses pitreries, un comique proche de celui de la farce.

École française du XVIIe siècle : Les Farceurs français et italiens.
▼

Troisième journée des fêtes à Versailles : représentation du *Malade imaginaire* quelques ► jours avant la mort de Molière.

L'épanouissement théâtral se heurte à la réprobation de l'Église, qui s'exerce avec plus ou moins de force selon les périodes. D'une manière générale, elle fait peser l'anathème sur le métier de comédien : celui-ci est rejeté hors de l'Église et maudit. Entre 1625 et 1630, l'Église cherche surtout à réprimer les petites troupes spontanées, qu'on appelait aussi les « sociétés joyeuses », faites de quelques amis amateurs de théâtre. Puis le théâtre religieux lui-même, qui représentait la vie des saints, est frappé. La Contre-Réforme, réaction catholique contre le protestantisme, sert un mouvement général de mise au pas sociale, politique et culturelle. La doctrine de la séparation absolue entre le profane et le sacré s'établit, consacrée par Boileau dans son *Art poétique* de 1674 :

> « De la foi d'un chrétien les mystères terribles
> D'ornements égayés ne sont pas susceptibles ».

Les pressions de l'Église s'exercent également sur le contenu : ainsi *Le Tartuffe*, pièce dans laquelle Molière dénonce les hypocrites et les faux dévots, sera interdite en 1664 pour cinq ans. Molière devra faire une profession publique de sa foi religieuse pour que la pièce soit jouée. De même, son *Dom Juan* sera retiré de l'affiche, et la pièce ne sera pas imprimée du vivant de Molière.

Le point de vue d'un janséniste contemporain de Molière sur le Dom Juan :

Qui peut supporter la hardiesse d'un farceur qui fait plaisanterie de la religion, qui tient école du libertinage, et qui rend la majesté de Dieu le jouet d'un maître et d'un valet de théâtre, d'un athée qui s'en rit, et d'un valet, plus impie que son maître, qui en fait rire les autres ?

Cette pièce a fait tant de bruit dans Paris, elle a causé un scandale si public, et tous les gens de bien en ont ressenti une si juste douleur, que c'est trahir visiblement la cause de Dieu de se taire dans une occasion où sa gloire est ouvertement attaquée, où la foi est exposée aux insultes d'un bouffon qui fait commerce de ses mystères et qui en prostitue la sainteté, où un athée, foudroyé en apparence, foudroie en effet et renverse tous les fondements de la religion (...).

Mgr de Richemont, *Observations...*

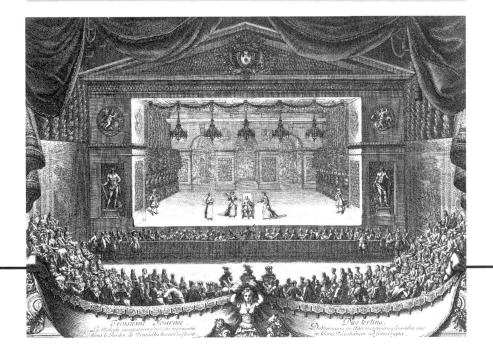

Troisième Journée.
Le Malade imaginaire Comedie representée
dans le Jardin de Versailles devant la Grotte.

Dies tertius.

Molière lisant *Le Tartuffe* dans le salon de Ninon de Lenclos (1616-1706).

Molière

1622-1673

Les années d'apprentissage et « l'Illustre Théâtre »

Il est impossible de séparer la vie de Molière – de son vrai nom Jean-Baptiste Poquelin – de celle de sa troupe : dès l'âge de 21 ans, il abandonne ses études de droit, sa famille bourgeoise, et s'engage dans la fondation de l'Illustre Théâtre. Devenue itinérante à partir de 1652, la troupe sillonne le Sud-Est de la France. De 1653 à 1658, elle porte le titre de « Comédiens du Prince de Conti ». Dès cette époque mouvementée, Molière écrit pour sa troupe farces et comédies en vers.

Paris ou la confirmation du théâtre régulier

De 1659 à 1666, la troupe, revenue à Paris, joue dans un théâtre régulier. Le succès survient en 1659 avec *Les Précieuses Ridicules,* une comédie de mœurs qui trouble la société parisienne. Dès ce moment et jusqu'à la fin de sa vie, on peut distinguer trois directions dans l'œuvre de Molière : la farce et la comédie de caractères ; le spectacle de Cour ; la comédie grave. Parmi les comédies de caractères les plus célèbres restent, outre *Les Précieuses Ridicules*, *L'École des Femmes* (1662), *L'Avare* (1668), *Les Fourberies de Scapin* (1671), *Le Malade Imaginaire* (1673). Les comédies-ballets sont aujourd'hui peu connues ; tout au contraire, les comédies graves, comme *Le Tartuffe* (1664), *Dom Juan* (1665) et *Le Misanthrope* (1666) sont considérées comme ses œuvres majeures.

Le Tartuffe
1664 ——————————————————————

La pièce, jouée pour la première fois devant le roi en 1664, sera immédiatement condamnée par les dévots (cf. « Aspects du théâtre à l'époque classique », p. 106).

Tartuffe, par les signes extérieurs de sa foi religieuse, a conquis l'amitié d'Orgon au point que celui-ci l'héberge et l'entretient chez lui. La maison d'Orgon est bientôt divisée en deux camps qui s'affrontent : ceux qui croient en la sincérité de Tartuffe (Orgon et sa mère, Madame Pernelle), ceux qui n'y croient pas (la femme d'Orgon, Elmire, et une servante, Dorine).
Il s'avère que Tartuffe prend un soin jaloux du bien du maître de maison, Orgon, mais bien plus encore de sa femme, Elmire, qu'il poursuit de ses assiduités. Elmire décide d'ouvrir les yeux de son mari : elle lui demande de se cacher sous une table et d'écouter attentivement les paroles de Tartuffe, dont les avances se font de plus en plus précises... La situation est typiquement celle d'une farce : le mari, caché sous la table, écoute un homme hypocrite qui tente de séduire sa femme.

ELMIRE, *après avoir toussé pour avertir son mari.*

Quoi ! vous voulez aller avec cette vitesse,
Et d'un cœur tout d'abord épuiser la tendresse ?
On se tue à vous faire un aveu des plus doux ;
Cependant ce n'est pas encore assez pour vous ?
5 Et l'on ne peut aller jusqu'à vous satisfaire,
Qu'aux dernières faveurs on ne pousse l'affaire ?

TARTUFFE

Moins on mérite un bien, moins on l'ose espérer.
Nos vœux sur des discours ont peine à s'assurer.
On soupçonne aisément un sort tout plein de gloire,
10 Et l'on veut en jouir avant que de le croire.
Pour moi, qui crois si peu mériter vos bontés,
Je doute du bonheur de mes témérités ;
Et je ne croirai rien, que vous n'ayez, madame,
Par des réalités, su convaincre ma flamme.

ELMIRE

15 Mon Dieu! que votre amour en vrai tyran agit!
Et qu'en un trouble étrange il me jette l'esprit!
Que sur les cœurs il prend un furieux empire!
Et qu'avec violence il veut ce qu'il désire!
Quoi! de votre poursuite on ne peut se parer,
20 Et vous ne donnez pas le temps de respirer?
Sied-il bien de tenir une rigueur si grande,
De vouloir sans quartier les choses qu'on demande,
Et d'abuser ainsi, par vos efforts pressants,
Du faible que pour vous vous voyez qu'ont les gens?

TARTUFFE

25 Mais si d'un œil bénin vous voyez mes hommages,
Pourquoi m'en refuser d'assurés témoignages?

ELMIRE

Mais comment consentir à ce que vous voulez,
Sans offenser le ciel dont toujours vous parlez?

TARTUFFE

Si ce n'est que le ciel qu'à mes vœux on oppose,
30 Lever un tel obstacle est à moi peu de chose;
Et cela ne doit pas retenir votre cœur.

ELMIRE

Mais des arrêts du ciel on nous fait tant de peur!

TARTUFFE

Je puis vous dissiper ces craintes ridicules,
Madame, et je sais l'art de lever les scrupules.
35 Le ciel défend, de vrai, certains contentements,
Mais on trouve avec lui des accommodements.
Selon divers besoins, il est une science
D'étendre les liens de notre conscience,
Et de rectifier le mal de l'action
40 Avec la pureté de notre intention.
De ces secrets, madame, on saura vous instruire;
Vous n'avez seulement qu'à vous laisser conduire.
Contentez mon désir, et n'ayez point d'effroi;
Je vous réponds de tout, et prends le mal sur moi.

Elmire tousse plus fort.

45 Vous toussez fort, madame.

ELMIRE

            Oui, je suis au supplice.

TARTUFFE

Vous plaît-il un morceau de ce jus de réglisse?

ELMIRE

C'est un rhume obstiné, sans doute; et je vois bien
Que tous les jus du monde ici ne feront rien.

TARTUFFE

50 Cela, certes, est fâcheux.

ELMIRE

            Oui, plus qu'on ne peut dire.

TARTUFFE

Enfin votre scrupule est facile à détruire.
Vous êtes assurée ici d'un plein secret,
Et le mal n'est jamais que dans l'éclat qu'on fait.
55 Le scandale du monde est ce qui fait l'offense,
Et ce n'est pas pécher que pécher en silence.

ELMIRE, *après avoir encore toussé et frappé sur la table.*

Enfin je vois qu'il faut se résoudre à céder ;
Qu'il faut que je consente à vous tout accorder ;
Et qu'à moins de cela je ne dois point prétendre
60 Qu'on puisse être content, et qu'on veuille se rendre.
Sans doute il est fâcheux d'en venir jusque-là,
Et c'est bien malgré moi que je franchis cela ;
Mais, puisque l'on s'obstine à m'y vouloir réduire,
Puisqu'on ne veut point croire à tout ce qu'on peut dire,
65 Et qu'on veut des témoins qui soient plus convaincants,
Il faut bien s'y résoudre et contenter les gens.
Si ce consentement porte en soi quelque offense,
Tant pis pour qui me force à cette violence :
La faute assurément n'en doit point être à moi.

TARTUFFE

70 Oui, madame, on s'en charge ; et la chose de soi...

ELMIRE

Ouvrez un peu la porte, et voyez, je vous prie,
Si mon mari n'est point dans cette galerie. *Look my husband is there*

TARTUFFE

Qu'est-il besoin pour lui du soin que vous prenez ?
C'est un homme, entre nous, à mener par le nez. *you can lead him by the nose*
75 De tous nos entretiens il est pour faire gloire, *he won't believe even if he sees it*
Et je l'ai mis au point de voir tout sans rien croire.

ELMIRE

Il n'importe. Sortez, je vous prie, un moment ;
Et partout là dehors voyez exactement.

Molière, Le Tartuffe, Acte IV, scène 5.

farcical situation
subject-serious

---

1 Le spectateur sait, à la différence de Tartuffe, qu'Orgon est sous la table. Quelles sont, à cause de cette situation précise, les paroles d'Elmire dont le sens ne peut être compris que du seul spectateur ?

2 Relevez, dans les paroles de Tartuffe, le mot « ciel ». Dans quel contexte apparaît-il ? Quelles conclusions en tirez-vous quant au personnage de Tartuffe ?

Les Fourberies de Scapin
1671 _____

Il s'agit d'une comédie d'intrigue : l'action doit pour l'essentiel son unité à la présence d'un personnage tiré de la comédie italienne, la *Comedia dell'arte* : le valet, farcesque, drôle, et peu fidèle à son maître, qu'il sert surtout par amour de l'aventure.

L'action se déroule à Naples, Léandre, fils de Géronte, s'est épris de Zerbinette, qui appartient à une troupe « d'Égyptiens » ainsi qu'on nommait les Gitans à l'époque. Il veut la racheter. Le jeune homme, au début du second acte, supplie son valet Scapin de lui procurer la somme nécessaire. Scapin tente de tromper Géronte pour lui arracher cinq cents écus.

SCAPIN   Ô ciel ! ô disgrâce imprévue ! ô misérable père ! Pauvre Géronte, que feras-tu ?

GÉRONTE   Que dit-il là de moi, avec ce visage affligé ?

SCAPIN   N'y a-t-il personne qui puisse me dire où est le seigneur Géronte ?

5 GÉRONTE   Qu'y a-t-il, Scapin ?

SCAPIN   Où pourrai-je le rencontrer, pour lui dire cette infortune ?

GÉRONTE   Qu'est-ce que c'est donc ?

SCAPIN   En vain je cours de tous côtés pour le pouvoir trouver.

GÉRONTE   Me voici.

10 SCAPIN   Il faut qu'il soit caché en quelque endroit qu'on ne puisse point deviner.

GÉRONTE   Holà ! es-tu aveugle, que tu ne me vois pas ?

SCAPIN   Ah ! Monsieur, il n'y a pas moyen de vous rencontrer[1].

GÉRONTE   Il y a une heure que je suis devant toi. Qu'est-ce que c'est donc qu'il y a ?

SCAPIN   Monsieur...

15 GÉRONTE   Quoi ?

SCAPIN   Monsieur, votre fils...

GÉRONTE   Hé bien ! mon fils...

SCAPIN   Est tombé dans une disgrâce la plus étrange du monde[2].

GÉRONTE   Et quelle ?

20 SCAPIN   Je l'ai trouvé tantôt tout triste, de je ne sais quoi que vous lui avez dit, où vous m'avez mêlé assez mal à propos ; et, cherchant à divertir cette tristesse, nous nous sommes allés promener sur le port. Là, entre autres plusieurs choses, nous avons arrêté nos yeux sur une galère turque assez bien équipée. Un jeune Turc de bonne mine nous a invités d'y entrer, et nous a présenté la main. Nous y avons 25 passé ; il nous a fait mille civilités, nous a donné la collation, où nous avons mangé des fruits les plus excellents qui se puissent voir, et bu du vin que nous avons trouvé le meilleur du monde.

GÉRONTE   Qu'y a-t-il de si affligeant à tout cela ?

---

1. Scapin court sur la scène, en faisant semblant de ne pas voir Géronte. Ce jeu de scène, qui fait rire, vient de la farce.

2. Géronte a reproché sa conduite à son fils Léandre, et s'est déclaré renseigné par Scapin.

SCAPIN   Attendez, Monsieur, nous y voici. Pendant que nous mangions, il a fait
30 mettre la galère en mer, et, se voyant éloigné du port, il m'a fait mettre dans un
esquif, et m'envoie vous dire que, si vous ne lui envoyez par moi tout à l'heure cinq
cents écus, il va vous emmener votre fils en Alger.

GÉRONTE   Comment, diantre! cinq cents écus?

SCAPIN   Oui, Monsieur; et de plus, il ne m'a donné pour cela que deux heures.

35 GÉRONTE   Ah! le pendard de Turc, m'assassiner de la façon!

SCAPIN   C'est à vous, Monsieur, d'aviser promptement aux moyens de sauver des
fers un fils que vous aimez avec tant de tendresse.

GÉRONTE   Que diable allait-il faire dans cette galère?

SCAPIN   Il ne songeait pas à ce qui est arrivé.

40 GÉRONTE   Va-t'en, Scapin, va-t'en vite dire à ce Turc que je vais envoyer la justice après lui.

SCAPIN   La justice en pleine mer! Vous moquez-vous des gens?

GÉRONTE   Que diable allait-il faire dans cette galère?

SCAPIN   Une méchante destinée conduit quelquefois les personnes.

45 GÉRONTE   Il faut, Scapin, il faut que tu fasses ici l'action d'un serviteur fidèle.

SCAPIN   Quoi, Monsieur?

GÉRONTE   Que tu ailles dire à ce Turc qu'il me renvoie mon fils, et que tu te mets à
sa place jusqu'à ce que j'aie amassé la somme qu'il demande.

SCAPIN   Eh! Monsieur, songez-vous à ce que vous dites? et vous figurez-vous que
50 ce Turc ait si peu de sens, que d'aller recevoir un misérable comme moi à la place
de votre fils?

GÉRONTE   Que diable allait-il faire dans cette galère?

SCAPIN   Il ne devinait pas ce malheur. Songez, Monsieur, qu'il ne m'a donné
que deux heures.

55 GÉRONTE   Tu dis qu'il demande...

SCAPIN   Cinq cents écus.

GÉRONTE   Cinq cents écus! N'a-t-il point de conscience?

SCAPIN   Vraiment oui, de la conscience à un Turc.

GÉRONTE   Sait-il bien ce que c'est que cinq cents écus?

60 SCAPIN   Oui, Monsieur, il sait que c'est mille cinq cents livres.

GÉRONTE   Croit-il, le traître, que mille cinq cents livres se trouvent dans le
pas d'un cheval[1]?

SCAPIN   Ce sont des gens qui n'entendent point de raison.

GÉRONTE   Mais que diable allait-il faire à cette galère?

65 SCAPIN   Il est vrai; mais quoi? on ne prévoyait pas les choses. De grâce,
Monsieur, dépêchez.

GÉRONTE   Tiens, voilà la clef de mon armoire.

SCAPIN   Bon.

GÉRONTE   Tu l'ouvriras.

70 SCAPIN   Fort bien.

1. Facilement.

GÉRONTE   Tu trouveras une grosse clef du côté gauche, qui est celle de mon grenier.

SCAPIN   Oui.

GÉRONTE   Tu iras prendre toutes les hardes[1] qui sont dans cette grande manne[2], et tu les vendras aux friiiers, pour aller racheter mon fils.

75 SCAPIN, *en lui rendant la clef*   Eh! Monsieur, rêvez-vous? Je n'aurais pas cent francs de tout ce que vous dites; et de plus, vous savez le peu de temps qu'on m'a donné.

GÉRONTE   Mais que diable allait-il faire à cette galère?

SCAPIN   Oh! que de paroles perdues! Laissez là cette galère, et songez que le temps presse, et que vous courez risque de perdre votre fils. Hélas! mon pauvre maître,
80 peut-être que je ne te verrai de ma vie, et qu'à l'heure que je parle, on t'emmène esclave en Alger. Mais le Ciel me sera témoin que j'ai fait pour toi tout ce que j'ai pu; et que si tu manques à être racheté, il n'en faut accuser que le peu d'amitié d'un père.

GÉRONTE   Attends, Scapin, je m'en vais quérir[3] cette somme.

85 SCAPIN   Dépêchez donc vite, Monsieur, je tremble que l'heure ne sonne.

GÉRONTE   N'est-ce pas quatre cents écus que tu dis?

SCAPIN   Non : cinq cents écus.

GÉRONTE   Cinq cents écus?

SCAPIN   Oui.

90 GÉRONTE   Que diable allait-il faire à cette galère?

SCAPIN   Vous avez raison, mais hâtez-vous.

GÉRONTE   N'y avait-il point d'autre promenade?

SCAPIN   Cela est vrai. Mais faites promptement.

GÉRONTE   Ah! maudite galère!

95 SCAPIN   Cette galère lui tient au cœur.

GÉRONTE   Tiens, Scapin, je ne me souvenais pas que je viens justement de recevoir cette somme en or, et je ne croyais pas qu'elle dût m'être si tôt ravie. *(Il lui présente sa bourse, qu'il ne laisse pourtant pas aller; et, dans ses transports, il fait aller son bras de côté et d'autre, et Scapin le sien pour avoir la bourse.)* Tiens. Va-t'en rache-
100 ter mon fils.

SCAPIN   Oui, Monsieur.

GÉRONTE   Mais dis à ce Turc que c'est un scélérat.

SCAPIN   Oui.

GÉRONTE   Un infâme.

105 SCAPIN   Oui.

GÉRONTE   Un homme sans foi, un voleur.

SCAPIN   Laissez-moi faire.

GÉRONTE   Qu'il me tire cinq cents écus contre toute sorte de droit.

SCAPIN   Oui.

110 GÉRONTE   Que je ne les lui donne ni à la mort, ni à la vie.

SCAPIN   Fort bien.

GÉRONTE   Et que si jamais je l'attrape, je saurai me venger de lui.

1. Vieux vêtements.   2. Grand panier.   3. Chercher.

SCAPIN   Oui.

GÉRONTE, *remet la bourse dans sa poche, et s'en va*
115 Va, va, vite requérir mon fils.

SCAPIN, *allant après lui* Holà! Monsieur.

GÉRONTE   Quoi?

SCAPIN   Où est donc cet argent?

GÉRONTE   Ne te l'ai-je pas donné?

120 SCAPIN   Non vraiment, vous
l'avez remis dans votre poche.

GÉRONTE   Ah! c'est la douleur
qui me trouble l'esprit.

SCAPIN   Je le vois bien.

125 GÉRONTE   Que diable allait-il faire dans cette galère?
Ah! maudite galère! traître de Turc à tous les diables!

Molière, *Les fourberies de Scapin*, Acte II, scène 7.

Gravure du XVIIe siècle : « Le vrai portrait de Molière
en habit de Sganarelle. »

1 Pourquoi le récit initial fourni par Scapin est-il aussi long? Relevez d'autres
traits qui montrent l'habileté du valet.

2 Distinguez les réactions successives de Géronte, scandées par le leitmotiv du
« Que diable... » En quoi contribuent-elles à révéler l'avarice foncière du personnage?

3 Comique de farce et comique de caractère sont ici représentés par deux personnages différents. Relevez les éléments qui les composent : ont-ils tous les
deux le même but?

Madame de Sévigné

1626-1696

Marie Rabutin-Chantal, née à Paris, orpheline de bonne heure, reçoit une éducation soignée : elle apprend le latin, l'espagnol, l'italien, la musique. Mariée en 1644 au Marquis de Sévigné, elle fréquente les salons et rencontre ses écrivains. Veuve sept ans plus tard, puis bientôt séparée de sa fille, Madame de Grignan, qui se marie et va vivre en Provence, elle comble sa solitude par une intense activité épistolière. Elle écrit à sa fille deux lettres par semaine, parfois plus, de Paris, ou de province lorsqu'elle voyage.

L'art épistolaire au XVIIᵉ siècle

Les lettres n'ont pas, au XVIIᵉ siècle, la même fonction qu'aujourd'hui. Elles s'adressent moins à un destinataire précis qu'à un cercle de connaissances auquel elles donnent des nouvelles : il n'y a, en effet, presque pas de journaux à cette époque ; d'autre part les voyages sont longs, coûteux, les échanges difficiles. L'activité épistolière tente donc de compenser cette difficulté générale à communiquer.

Les *Lettres*

Les *Lettres* de Madame de Sévigné n'échappent pas à cette règle. Certes, l'amour débordant de la comtesse pour sa fille, des thèmes personnels comme la hantise de la mort, le goût de la nature, y occupent une large place.

Cependant, la célébrité de ces *Lettres* tient à ce qu'elles constituent la chronique d'une époque : de grands événements historiques tels que le procès de Fouquet, la mort de Turenne, la révolte de la Bretagne y sont racontés avec précision et émotion ; mais on y trouve aussi de menus faits de la vie quotidienne, des potins de cour, des observations sur la société.

Les *Lettres* ne sont pas seulement précieuses en tant que document d'une époque. Le style de Madame de Sévigné, d'une simplicité et d'un naturel qu'obtient seul un travail approfondi d'écriture, vise à mettre en relief le moindre fait, à donner vivacité et gaieté au quotidien. Proust a célébré cet art en le rapprochant de celui des impressionnistes : « Il arrive que Madame de Sévigné [...] au lieu de nous présenter les choses dans l'ordre logique, c'est-à-dire en commençant par la cause, nous montre d'abord l'effet, l'illusion qui nous frappe. »

La lettre du 15 décembre 1670 est exemplaire de la virtuosité de Madame de Sévigné à mettre en scène, de manière frappante, les faits les plus insignifiants.

L'événement rapporté est mineur, même s'il fait, à l'époque, scandale. Mademoiselle, dite encore le Grande Mademoiselle, fille de Gaston d'Orléans et par conséquent cousine germaine du roi Louis XIV, annonce son mariage prochain avec Monsieur de Lauzun auquel il manque cependant, pour prétendre à cet honneur, des titres et des biens. Le Roi, persuadé par la Reine que ce mariage ferait tort à sa réputation, l'interdit trois jours plus tard. L'art de Madame de Sévigné transforme, avec humour, cette péripétie de cour en une grande affaire.

À Coulanges[1]

À Paris, ce lundi 15ᵉ décembre [1670].

Je m'en vais vous mander[2] la chose la plus étonnante, la plus surprenante, la plus merveilleuse, la plus miraculeuse, la plus triomphante, la plus étourdissante, la plus inouïe, la plus singulière, la plus extraordinaire, la plus incroyable, la plus imprévue, la plus grande, la plus petite, la plus rare, la plus commune, la plus éclatante,
5 la plus secrète jusqu'aujourd'hui, la plus brillante, la plus digne d'envie : enfin une chose dont on ne trouve qu'un exemple dans les siècles passés, encore cet exemple n'est-il pas juste ; une chose que l'on ne peut pas croire à Paris (comment la pourrait-on croire à Lyon[3] ?) ; une chose qui fait crier miséricorde à tout le monde ; une chose qui comble de joie Mᵐᵉ de Rohan et Mᵐᵉ d'Hauterive[4] ; une chose enfin qui se
10 fera dimanche, où ceux qui la verront croiront avoir la berlue[5], une chose qui se fera dimanche, et qui ne sera peut-être pas faite lundi. Je ne puis me résoudre à la dire ; devinez-la : je vous la donne en trois. Jetez-vous votre langue aux chiens ? Eh bien ! il faut donc vous la dire : M. de Lauzun épouse dimanche au Louvre, devinez qui ? Je vous le donne en quatre, je vous le donne en dix ; je vous le donne en cent.
15 Mᵐᵉ de Coulanges dit : Voilà qui est bien difficile à deviner ; c'est Mᵐᵉ de la Vallière[6]. – Point du tout, Madame. – C'est donc Mˡˡᵉ de Retz ? – Point du tout, vous êtes bien provinciale. – Vraiment nous sommes bien bêtes, dites-vous, c'est Mˡˡᵉ Colbert[6] ? – Encore moins. – C'est assurément Mˡˡᵉ de Créquy[6] ? – Vous n'y êtes pas. Il faut donc à la fin vous le dire : il épouse, dimanche, au Louvre, avec la permission du
20 Roi, Mademoiselle, Mademoiselle de... Mademoiselle... devinez le nom : il épouse Mademoiselle, ma foi ! par ma foi ! ma foi jurée ! Mademoiselle, la grande Mademoiselle ; Mademoiselle, fille de feu Monsieur[7], Mademoiselle, petite-fille de Henri IV ; mademoiselle d'Eu, mademoiselle de Dombes, mademoiselle de Montpensier, mademoiselle d'Orléans[8] ; Mademoiselle, cousine germaine du Roi ; Mademoiselle, desti-
25 née au trône ; Mademoiselle, le seul parti de France qui fût digne de Monsieur[9]. Voilà un beau sujet de discourir. Si vous criez, si vous êtes hors de vous-même, si vous dites que nous avons menti, que cela est faux, qu'on se moque de vous, que voilà une belle raillerie, que cela est bien fade à imaginer[10], si enfin vous nous dites des injures : nous trouverons que vous avez raison ; nous en avons fait autant que vous.
30 Adieu ; les lettres qui seront portées par cet ordinaire[11] vous feront voir si nous disons vrai ou non.

---

1. Cousin de Madame de Sévigné.
2. Raconter.
3. Où habite Coulanges.
4. Deux femmes qui avaient épousé par amour de simples gentilshommes.
5. Maladie des yeux. Au sens figuré : avoir une vision déformée d'une situation.

6. Jeunes femmes très en vue à la cour.
7. Gaston d'Orléans, frère de Louis XIII.
8. Titres donnés à Mademoiselle.
9. Philippe d'Orléans, frère de Louis XIV.
10. Une plaisanterie de mauvais goût.
11. Ce courrier.

---

1 Relevez les adjectifs par lesquels Madame de Sévigné qualifie la nouvelle à venir. Ont-ils tous un sens proche ? Quel effet veut produire l'auteur grâce à cette accumulation ?

2 Pourquoi Madame de Sévigné fait-elle intervenir, dans sa lettre, Madame de Coulanges ? Quel est le rôle de ce dialogue fictif ?

3 Comment Madame de Sévigné joue-t-elle sur le mot « Mademoiselle » ?

Cette lettre à sa fille témoigne de la douleur causée à Madame de Sévigné par une séparation que la difficulté des voyages, à cette époque, rend plus cruelle encore.

À Madame de Grignan

À Paris, lundi 9ᵉ février [1671].

Je reçois vos lettres, ma bonne, comme vous avez reçu ma bague ; je fonds en larmes en les lisant ; il semble que mon cœur veuille se fendre par la moitié ; il semble que vous m'écriviez des injures ou que vous soyez malade ou qu'il vous soit arrivé quelque accident, et c'est tout le contraire : vous m'aimez, ma chère enfant, et vous
5 me le dites d'une manière que je ne puis soutenir sans des pleurs en abondance. Vous continuez votre voyage sans aucune aventure fâcheuse ; et lorsque j'apprends tout cela, qui est justement tout ce qui me peut être le plus agréable, voilà l'état où je suis. Vous vous avisez donc de penser à moi, vous en parlez, et vous aimez mieux m'écrire vos sentiments que vous n'aimez à me les dire. De quelque façon qu'ils me
10 viennent, ils sont reçus avec une tendresse et une sensibilité qui n'est comprise que de ceux qui savent aimer comme je fais. Vous me faites sentir pour vous tout ce qu'il est possible de sentir de tendresse ; mais si vous songez à moi, ma pauvre bonne, soyez assurée aussi que je pense continuellement à vous : c'est ce que les dévots[1] appellent une pensée habituelle ; c'est ce qu'il faudrait avoir pour Dieu, si l'on faisait
15 son devoir. Rien ne me donne de distraction ; je suis toujours avec vous ; je vois ce carrosse qui avance toujours et qui n'approchera jamais de moi : je suis toujours dans les grands chemins ; il me semble même que j'ai quelquefois peur qu'il ne verse ; les pluies qu'il fait depuis trois jours me mettent au désespoir ; le Rhône me fait une peur étrange. J'ai une carte devant les yeux ; je sais tous les lieux où vous
20 couchez : vous êtes ce soir à Nevers, et vous serez dimanche à Lyon, où vous recevrez cette lettre. Je n'ai pu vous écrire qu'à Moulins par Mme de Guénégaud. Je n'ai reçu que deux de vos lettres ; peut-être que la troisième viendra ; c'est la seule consolation que je souhaite ; pour d'autres, je n'en cherche pas. Je suis entièrement incapable de voir beaucoup de monde ensemble ; cela viendra peut-être, mais il
25 n'est pas venu. Les duchesses de Verneuil et d'Arpajon me veulent réjouir ; je les prie de m'excuser : je n'ai jamais vu de si belles âmes qu'il y en a en ce pays-ci. Je fus samedi tout le jour chez Mme de Villars à parler de vous, et à pleurer ; elle entre bien dans mes sentiments. Hier je fus au sermon de M. d'Agen et au salut ; chez Mme de Puisieux, chez M. d'Uzès, et chez Mme du Puy-du-Fou, qui vous fait
30 mille amitiés. Si vous aviez un petit manteau fourré, elle aurait l'esprit en repos. Aujourd'hui je m'en vais souper au faubourg, tête à tête[2]. Voilà les fêtes de mon carnaval. Je fais tous les jours dire une messe pour vous : c'est une dévotion qui n'est pas chimérique.

1. Religieux.
2. Au Faubourg-Saint-Germain, tête à tête avec Madame de La Fayette.

1 Quel aspect de la personnalité de Madame de Sévigné cette lettre révèle-t-elle ?

2 Comment l'imagination inquiète d'une mère est-elle ici représentée ? Comment, dans ce contexte, comprenez-vous la phrase : « il semble que vous m'écrivez des injures, ou que vous soyez malade... » ?

3 Quel rôle joue l'écriture dans la relation entre les deux femmes ? Quelles expressions vous semblent, à cet égard, révélatrices ?

Madame de Sévigné, par son goût, appartient à la génération culturelle qui précède celle de Racine. Elle voue à Corneille une admiration sans bornes, elle cite Voiture, un auteur majeur du courant précieux, elle aime les romans. Elle manifeste néanmoins le plus grand intérêt pour ses contemporains. Sa culture, sa sensibilité, font de ses jugements sur l'art d'irremplaçables témoignages.

À Madame de Grignan

À Paris, vendredi au soir, 15ᵉ janvier [1672].

Je vous ai écrit ce matin, ma bonne, par le courrier qui vous porte toutes les douceurs et tous les agréments du monde pour vos affaires de Provence ; mais je veux encore écrire ce soir, afin qu'il ne soit pas dit qu'une poste arrive sans vous apporter de mes lettres. Tout de bon, ma belle, je crois que vous les aimez ; vous me le
5 dites : pourquoi voudriez-vous me tromper en vous trompant vous-même ? Car si par hasard cela n'était pas vous seriez à plaindre de l'accablement où je vous mettrais par l'abondance des miennes : les vôtres font ma félicité. (...)
  La comédie de Racine m'a paru belle, nous y avons été. Ma belle-fille[1] m'a paru la plus merveilleuse comédienne que j'aie jamais vue : elle surpasse la Desœillets
10 de cent lieues loin ; et moi, qu'on croit assez bonne pour le théâtre, je ne suis pas digne d'allumer les chandelles quand elle paraît. Elle est laide de près, et je ne m'étonne pas que mon fils ait été suffoqué par sa présence ; mais quand elle dit des vers, elle est adorable. *Bajazet*[2] est beau ; j'y trouve quelque embarras sur la fin ; il y a bien de la passion, et de la passion moins folle que celle de *Bérénice :* je
15 trouve cependant, selon mon goût, qu'elle ne surpasse pas *Andromaque*[3], et pour ce qui est des belles comédies de Corneille, elles sont autant au-dessus, que celles de Racine sont au-dessus de toutes les autres. Croyez que jamais rien n'approchera (je ne dis pas surpassera) des divins endroits de Corneille. Il nous lut l'autre jour une comédie chez M. de la Rochefoucauld, qui fait souvenir de la Reine mère[4]. Cepen-
20 dant je voudrais, ma bonne, que vous fussiez venue avec moi après dîner, vous ne vous seriez point ennuyée ; vous auriez peut-être pleuré une petite larme, puisque j'en ai pleuré plus de vingt[5].

1. La Champmeslé, extraordinaire comédienne, que Madame de Sévigné nomme par ironie sa belle-fille parce que son fils la courtise. (Une comédienne, à cette époque, fût-elle d'un immense talent comme la Champmeslé, n'en restait pas moins une personne peu fréquentable. Cf. p. 107.)
2. La pièce raconte une révolte dans le palais d'un Sultan, révolte qui se termine par une «grande tuerie».
3. Madame de Sévigné, bien qu'elle affirme ne pas être conquise par Racine, avoue dans une autre lettre avoir pleuré pour *Andromaque.*
4. *Pulchérie*, une des dernières pièces de Corneille. On a voulu voir, dans la peinture qui y est faite de vieillards amoureux, l'écho d'une souffrance personnelle du vieux Corneille, en particulier dans ces vers :
  Quelquefois de soi-même on cherchait à me plaire
  Je pouvais aspirer au cœur le mieux placé :
  Mais hélas ! J'étais jeune, et ce temps est passé.
5. Madame de Sévigné reproche fréquemment à sa fille sa froideur.

1 Quelle image des relations entre la mère et la fille donnent les quelques lignes consacrées à leurs lettres ? D'après cette lettre, pouvez-vous dire si les caractères des deux femmes s'accordent parfaitement ?

2 Que goûte tout particulièrement Madame de Sévigné au théâtre ? Quelles émotions recherche-t-elle ? En quoi *Bajazet* pouvait-il heurter son goût ?

Boileau

1636-1711

Quinzième enfant d'un greffier au Parlement de Paris, Nicolas Boileau se retrouve, en 1657, à la tête d'une fortune assez considérable ; aussi peut-il se consacrer dès lors à sa passion : la littérature.

La jeunesse libertine

Boileau fréquente d'abord un groupe d'écrivains et de philosophes libertins, auquel appartenait Molière. Dans ses *Satires* (il en publie douze entre 1666 et 1705), il raille des personnages officiels, se moque des travers de son époque dans « Le repas ridicule » ou « Les embarras de Paris ». Surtout, plusieurs d'entre elles abordent des sujets littéraires.

Les œuvres de la maturité

L'intérêt de Boileau pour la théorie de l'art et la critique littéraire trouve son expression achevée dans *L'Art poétique,* qui reste son œuvre la plus connue. En même temps, Boileau travaille à remettre au goût du jour des formes poétiques anciennes. Il publie en 1683 une épopée bouffonne, *Le Lutrin* dont les quatre chants relatent en termes pompeux et humoristiques, une querelle de chanoines à la Sainte Chapelle.

Grand admirateur d'Horace, poète latin du Ier siècle avant J.-C. et qui passe, depuis la Renaissance, pour le modèle parfait des vertus classiques, Boileau tente de rivaliser avec lui dans ses *Épîtres*. Ces « lettres en vers » abordent des sujets moraux ou littéraires.

Élu à l'Académie en 1684, Boileau y défend, dans la Querelle des Anciens et des Modernes (cf. p. 143), le point de vue des Anciens contre le Moderne Charles Perrault.

Le rôle réel de Boileau dans la littérature a été très contesté. Il semble avoir eu, surtout, un rôle pédagogique : ses écrits ont vulgarisé et imposé les règles classiques.

L'Art poétique

1674

Dans les quatre chants de *L'Art poétique,* Boileau rassemble des idées, parfois vieilles de plusieurs dizaines d'années, qui constituent l'idéal classique. Il répand ainsi dans le grand public les théories des écrivains et lettrés ses amis.

Le premier et le dernier chant donnent un ensemble de préceptes généraux sur l'art d'écrire ; le second analyse les « petits genres » (l'idylle, l'élégie, l'ode, le sonnet, etc.) ; le troisième, plus connu, est consacré aux grands genres, la tragédie, l'épopée et la comédie.

Le texte qui suit, tiré de la troisième partie, présente de manière limpide l'idéal classique en matière de tragédie. L'abondance des formules frappantes, par lesquelles Boileau donne des conseils aux poètes qui veulent s'essayer à la tragédie, a fait la célébrité de ce texte.

Que dans tous vos discours la passion émue
Aille chercher le cœur, l'échauffe et le remue.
Si d'un beau mouvement l'agréable fureur
Souvent ne nous remplit d'une douce terreur[1],
5 Ou n'excite en notre âme une pitié[2] charmante,

1 et 2. La terreur et la pitié sont, selon Aristote, les ressorts principaux de la tragédie.

En vain vous étalez une scène savante :
Vos froids raisonnements ne feront qu'attiédir
Un spectateur toujours paresseux d'applaudir,
Et qui, des vains efforts de votre rhétorique
10 Justement fatigué, s'endort ou vous critique.
Le secret est d'abord de plaire et de toucher :
Inventez des ressorts[1] qui puissent m'attacher.
   Que dès les premiers vers l'action préparée
Sans peine du sujet aplanisse l'entrée.
15 Je me ris d'un acteur qui, lent à s'exprimer,
De ce qu'il veut d'abord ne sait pas m'informer,
Et qui, débrouillant mal une pénible intrigue,
D'un divertissement me fait une fatigue.
J'aimerais mieux encor qu'il déclinât son nom
20 Et dît : «Je suis Oreste, ou bien Agamemnon»,
Que d'aller, par un tas de confuses merveilles,
Sans rien dire à l'esprit, étourdir les oreilles :
Le sujet n'est jamais assez tôt expliqué.
   Que le lieu de la scène y soit fixe et marqué.
25 Un rimeur, sans péril, delà les Pyrénées[2],
Sur la scène en un jour renferme des années :
Là souvent le héros d'un spectacle grossier,
Enfant au premier acte, est barbon[3] au dernier.
Mais nous, que la raison à ses règles engage,
30 Nous voulons qu'avec art l'action se ménage ;
Qu'en un lieu, qu'en un jour, un seul fait accompli
Tienne jusqu'à la fin le théâtre rempli[4].
   Jamais au spectateur n'offrez rien d'incroyable :
Le vrai peut quelquefois n'être pas vraisemblable.
35 Une merveille absurde est pour moi sans appas :
L'esprit n'est point ému de ce qu'il ne croit pas.
Ce qu'on ne doit point voir, qu'un récit nous l'expose :
Les yeux en le voyant saisiraient mieux la chose ;
Mais il est des objets que l'art judicieux
40 Doit offrir à l'oreille et reculer[5] des yeux.
   Que le trouble[6], toujours croissant de scène en scène,
À son comble arrivé se débrouille sans peine.
L'esprit ne se sent point plus vivement frappé
Que lorsqu'en un sujet d'intrigue enveloppé
45 D'un secret tout à coup la vérité connue
Change tout, donne à tout une face imprévue.

Boileau, *L'Art poétique*, chant III, v. 1-60.

1. Éléments de l'action.
2. Allusion méprisante au théâtre espagnol.
3. Vieil homme.
4. Célèbre formule par laquelle se résume la règle des trois unités au théâtre.
5. Écarter certaines scènes trop violentes ou indécentes des yeux.
6. Complexité de l'intrigue.

1 Résumez les règles formulées par Boileau. Cherchez, dans les extraits de théâtre classique qui vous sont donnés pp. 99-103 et 123-130, des exemples illustrant ces préceptes.

2 Quels sont les sens des mots « terreur » et « pitié » ? Retrouvez des situations tirées de tragédies classiques, provoquant ces sentiments.

3 Donnez deux définitions contrastées du vrai et du vraisemblable. L'opposition des deux termes vous semble-t-elle, en littérature, pertinente ? Pourquoi ?

Portrait de Jean Racine, anonyme du XVIIe siècle. (Château de Versailles.)

Racine

1639-1699

Un univers marqué par la fatalité

Né d'une famille de petits fonctionnaires, orphelin dès l'enfance, Racine est instruit par les Jansénistes de Port-Royal. Sa conception du monde restera fortement marquée par le jansénisme : aucun pouvoir sur la terre, aucun individu, aucune valeur humaine, aucun désir, ne peut résister à l'absolue puissance de Dieu. L'homme, déterminé, n'a pas de prise sur l'événement. De la même manière, les personnages raciniens sont soumis au destin.

Contraint de rompre avec les Jansénistes en 1665, à la suite de leurs attaques contre le théâtre, Racine se réconcilie avec eux en 1677, et cesse alors d'écrire pour la scène.

Une humanité déchirée

Les personnages de Racine sont des personnages tragiques : ils sont écartelés entre la fatalité, qui s'impose à eux à la manière de l'instinct, comme un désir irrépressible, et leur sens moral, ou la fonction qu'ils exercent. Ainsi Phèdre est-elle déchirée entre sa passion pour son beau-fils et son respect pour son époux ; Néron, dans *Britannicus,* ou Pyrrhus, dans *Andromaque*, veulent se servir du pouvoir pour obtenir l'amour qui leur échappe. Ce jeu constant, d'une extrême cruauté parfois, entre la passion et la raison, fait les personna- ges de Racine changeants, miroitants, toujours prêts à commettre l'acte irréparable. Le devoir cornélien devient, chez Racine, aspiration morale impuissante ; l'amour passion funeste.

Andromaque
1667

La pièce est conforme à la définition concise que Racine, opposant son art à celui de Corneille, donne de son idéal dramatique : « Une action simple, chargée de peu de matière, telle que doit être une action qui se passe en un seul jour, et qui, s'avançant par degrés vers sa fin, n'est soutenue que par les intérêts, les sentiments et les passions des personnages ». Les relations entre les personnages structurent la pièce en une spirale dont le terme ne peut être que la mort et la folie.

Oreste aime Hermione, qui aime Pyrrhus, qui aime Andromaque ; celle-ci, veuve d'Hector tué par le père de Pyrrhus, Achille, est la prisonnière de Pyrrhus. Andromaque acceptera-t-elle d'épouser Pyrrhus ?

PYRRHUS, ANDROMAQUE, PHŒNIX, CÉPHISE

PYRRHUS
Me cherchiez-vous, madame ?
Un espoir si charmant me serait-il permis ?

ANDROMAQUE
Je passais jusqu'aux lieux où l'on garde mon fils.
Puisqu'une fois le jour vous souffrez que je voie
5 Le seul bien qui me reste et d'Hector et de Troie,
J'allais, seigneur, pleurer un moment avec lui :
Je ne l'ai point encore embrassé d'aujourd'hui !

PYRRHUS
Ah ! madame ! les Grecs, si j'en crois leurs alarmes,
Vous donneront bientôt d'autres sujets de larmes.

ANDROMAQUE
10 Et quelle est cette peur dont leur cœur est frappé,
Seigneur ? Quelque Troyen vous est-il échappé ?

PYRRHUS
Leur haine pour Hector n'est pas encore éteinte :
Ils redoutent son fils.

ANDROMAQUE
                    Digne objet de leur crainte !
15 Un enfant malheureux qui ne sait point encor
Que Pyrrhus est son maître, et qu'il est fils d'Hector !

PYRRHUS
Tel qu'il est, tous les Grecs demandent qu'il périsse.
Le fils d'Agamemnon vient hâter son supplice.

123

ANDROMAQUE

Et vous prononcerez un arrêt si cruel?
Est-ce mon intérêt qui le rend criminel?
Hélas! on ne craint point qu'il venge un jour son père;
On craint qu'il n'essuyât les larmes de sa mère.
Il m'aurait tenu lieu d'un père et d'un époux;
Mais il me faut tout perdre, et toujours par vos coups.

PYRRHUS

Madame, mes refus ont prévenu vos larmes.
Tous les Grecs m'ont déjà menacé de leurs armes;
Mais, dussent-ils encore, en repassant les eaux,
Demander votre fils avec mille vaisseaux,
Coutât-il tout le sang qu'Hélène a fait répandre,
Dussé-je après dix ans voir mon palais en cendre,
Je ne balance point, je vole à son secours,
Je défendrai sa vie aux dépens de mes jours.
Mais, parmi ces périls où je cours pour vous plaire,
Me refuserez-vous un regard moins sévère?
Haï de tous les Grecs, pressé de tous côtés,
Me faudra-t-il combattre encor vos cruautés?
Je vous offre mon bras. Puis-je espérer encore
Que vous accepterez un cœur qui vous adore?
En combattant pour vous, me sera-t-il permis
De ne vous point compter parmi mes ennemis?

ANDROMAQUE

Seigneur, que faites-vous, et que dira la Grèce?
Faut-il qu'un si grand cœur montre tant de faiblesse?
Voulez-vous qu'un dessein si beau, si généreux,
Passe pour le transport d'un esprit amoureux?
Captive, toujours triste, importune à moi-même,
Pouvez-vous souhaiter qu'Andromaque vous aime?
Quels charmes ont pour vous des yeux infortunés[1]
Qu'à des pleurs éternels vous avez condamnés?
Non, non : d'un ennemi respecter la misère,
Sauver des malheureux, rendre un fils à sa mère,
De cent peuples pour lui combattre la rigueur
Sans me faire payer son salut de mon cœur
Malgré moi, s'il le faut, lui donner un asile;
Seigneur, voilà des soins dignes du fils d'Achille.

(...)

(Pyrrhus demande à Andromaque de lui accorder son pardon et de lui permettre d'être, pour son fils, un père. Andromaque refuse avec hauteur.)

PYRRHUS

Eh bien! madame, eh bien! il faut vous obéir :
Il faut vous oublier, ou plutôt vous haïr.
Oui, mes vœux ont trop loin poussé leur violence
Pour ne plus s'arrêter que dans l'indifférence;
Songez-y bien : il faut désormais que mon cœur,
S'il n'aime avec transport, haïsse avec fureur.
Je n'épargnerai rien dans ma juste colère :
Le fils me répondra des mépris de la mère;
La Grèce le demande; et je ne prétends pas
Mettre toujours ma gloire à sauver des ingrats.

1. Les yeux de quelqu'un qui a subi des revers de fortune.

Illustration d'*Andromaque* de Racine (Gravure du XVIIe siècle).

ANDROMAQUE ·

65 Hélas ! il mourra donc ! Il n'a pour sa défense
Que les pleurs de sa mère, et que son innocence...
Et peut-être après tout, en l'état où je suis,
Sa mort avancera la fin de mes ennuis.
Je prolongeais pour lui ma vie et ma misère ;
70 Mais enfin sur ses pas j'irai revoir son père.
Ainsi, tous trois, seigneur, par vos soins réunis,
Nous vous...

PYRRHUS

Allez, madame, allez voir votre fils.
Peut-être, en le voyant, votre amour plus timide
Ne prendra pas toujours sa colère pour guide.
75 Pour savoir nos destins j'irai vous retrouver :
Madame, en l'embrassant, songez à le sauver.

Andromaque, Acte I, scène 4.

1 Analysez les différents moments du chantage qu'exerce Pyrrhus sur Andromaque. Comment Andromaque y répond-elle ?

2 Les rapports entre Andromaque et Pyrrhus évoluent-ils tout au long de la scène ?

3 Quelles relations chaque personnage entretient-il avec cette troisième force absente : les Grecs ? Quel rôle particulier tient ici le peuple ?

Hermione, pour se venger d'être délaissée, pousse Oreste à tuer Pyrrhus ; puis, après avoir reproché à Oreste le crime, elle se tue. Oreste devient fou, et accomplit ainsi la malédiction qui pèse sur sa famille, les Atrides.

ORESTE, PYLADE, *soldats d'Oreste.*

PYLADE

Il faut partir, seigneur. Sortons de ce palais,
Ou bien résolvons-nous de n'en sortir jamais.
Nos Grecs pour un moment en défendent la porte :
Tout le peuple assemblé nous poursuit à main-forte.
5 Aux ordres d'Andromaque ici tout est soumis :
Ils la traitent en reine, et nous comme ennemis.
Andromaque elle-même, à Pyrrhus si rebelle,
Lui rend tous les devoirs d'une veuve fidèle,
Commande qu'on le venge ; et peut-être sur nous
10 Veut venger Troie encore et son premier époux.
Allons, n'attendons pas que l'on nous environne ;
Nos Grecs nous rejoindront ; et tandis qu'Hermione
Tient encore le peuple autour d'elle arrêté,
Voilà notre chemin, sortons en sûreté.

ORESTE

15 Non, non, c'est Hermione, amis, que je veux suivre :
A son dernier arrêt je ne puis plus survivre.
Partez : j'ai fait le crime, et je vais l'expier.

PYLADE

Hermione, seigneur ? Il la faut oublier.
Quoi ! toujours l'instrument et l'objet de sa rage,
20 Cherchez-vous chez les morts quelque nouvel outrage ?
Et parce qu'elle meurt faut-il que vous mouriez ?

ORESTE

Elle meurt ! Dieux ! qu'entends-je ?

PYLADE

                              Eh quoi ! vous l'ignoriez !
En rentrant dans ces lieux nous l'avons rencontrée
25 Qui courait vers le temple, inquiète, égarée.
Elle a trouvé Pyrrhus porté par des soldats
Que son sang excitait à venger son trépas.
Sans doute à cet objet sa rage s'est émue.
Mais du haut de la porte enfin nous l'avons vue
30 Un poignard à la main sur Pyrrhus se courber,
Lever les yeux au ciel, se frapper et tomber.

ORESTE

Grâce aux dieux, mon malheur passe mon espérance !
Oui, je te loue, ô ciel, de ta persévérance !
Appliqué sans relâche au soin de me punir,
35 Au comble des douleurs tu m'as fait parvenir,
Ta haine a pris plaisir à former ma misère ;
J'étais né pour servir d'exemple à ta colère,
Pour être du malheur un modèle accompli.
Eh bien ! je meurs content, et mon sort est rempli.
40 Où sont ces deux amants ? Pour couronner ma joie,

Dans leur sang, dans le mien, il faut que je me noie ;
L'un et l'autre en mourant je les veux regarder :
Réunissons trois cœurs qui n'ont pu s'accorder...
Mais quelle épaisse nuit tout à coup m'environne ?
45 De quel côté sortir ? D'où vient que je frissonne ?
Quelle horreur me saisit ! Grâce au ciel j'entrevoi...
Dieux ! quels ruisseaux de sang coulent autour de moi !

PYLADE

Ah ! seigneur !

ORESTE

   Quoi ! Pyrrhus, je te rencontre encore :
50 Trouverai-je partout un rival que j'abhorre ?
Percé de tant de coups, comment t'es-tu sauvé ?
Tiens, tiens, voilà le coup que je t'ai réservé.
Mais que vois-je ? A mes yeux Hermione l'embrasse !
Elle vient l'arracher au coup qui le menace !
55 Dieux ! quels affreux regards elle jette sur moi !
Quels démons, quels serpents traîne-t-elle après soi ?
Eh bien ! filles d'enfer, vos mains sont-elles prêtes ?
Pour qui sont ces serpents qui sifflent sur vos têtes ?
A qui destinez-vous l'appareil qui vous suit ?
60 Venez-vous m'enlever dans l'éternelle nuit ?
Venez, à vos fureurs Oreste s'abandonne.
Mais non, retirez-vous, laissez faire Hermione :
L'ingrate mieux que vous saura me déchirer ;
Et je lui porte enfin mon cœur à dévorer.

PYLADE

65 Il perd le sentiment. Amis, le temps nous presse ;
Ménageons les moments que ce transport nous laisse.
Sauvons-le. Nos efforts deviendraient impuissants
S'il reprenait ici sa rage avec ses sens.

Racine, *Andromaque*, Acte V, scène 5.

1 Quelles impressions doivent produire sur le spectateur les évocations sanglantes d'Oreste ?

2 Racine traduit de *La Poétique* d'Aristote cette définition de la tragédie, qui régit l'idéal classique :
« La tragédie [...] ne se fait point par un récit, mais par une représentation vive qui, excitant la pitié et la terreur, purge et tempère de ces sortes de passions. » (*Poétique*, VI).
Cette dernière scène d'Andromaque vous semble-t-elle convenir à la définition ci-dessus ? Analysez précisément le sens, chez Aristote, des mots « terreur » et « pitié ». En quoi cette scène provoque-t-elle terreur et pitié ? Relevez des termes et des images précises.

Phèdre

1677

L'amour-passion est un ressort essentiel du tragique racinien. Il est irrésistible, si bien que la lutte que mène contre lui le héros, ou l'héroïne, est vouée d'emblée à l'échec. L'histoire se confond avec celle de leur défaite.

La peinture de la passion qu'éprouve Phèdre pour Hippolyte fait aujourd'hui encore de la pièce l'un des chefs-d'œuvre de Racine parmi les plus joués. Tous les caractères pâlissent en effet devant celui de l'héroïne, et toute l'action, soutenue et haletante, est suspendue à son évolution et à ses décisions.

Le sujet est tiré du cycle crétois de la mythologie grecque : Thésée, fils d'Égée, part dans l'île de Crète pour tuer le Minotaure, monstre mi-homme mi-taureau enfermé dans le célèbre labyrinthe. Après avoir tué le Minotaure, il en trouve l'issue grâce au fil magique que lui a donné Ariane, sœur de Phèdre. Thésée enlève les deux sœurs, mais abandonne Ariane, qui l'aime, sur une île entre la Grèce et la Crète.

Au début de la pièce, nous apprenons que Phèdre est mariée à Thésée, qui a un fils d'un premier lit, Hippolyte. Thésée est absent, peut-être mort. Phèdre brûle d'une passion secrète pour le bel Hippolyte. Malgré sa honte, elle glisse peu à peu vers l'aveu, qu'elle déguise d'abord en déclaration d'amour à l'adresse de son mari.

HIPPOLYTE

Je vois de votre amour l'effet prodigieux :
Tout mort qu'il est, Thésée[1] est présent à vos yeux ;
Toujours de son amour votre âme est embrasée.

PHÈDRE

Oui, prince, je languis, je brûle pour Thésée :
5 Je l'aime, non point tel que l'ont vu les enfers,
Volage adorateur de mille objets divers[2],
Qui va du dieu des morts déshonorer la couche[3] ;
Mais fidèle, mais fier, et même un peu farouche,
Charmant, jeune, traînant tous les cœurs après soi,
10 Tel qu'on dépeint nos dieux, ou tel que je vous voi.
Il avait votre port, vos yeux, votre langage ;
Cette noble pudeur colorait son visage,
Lorsque de notre Crète il traversa les flots,
Digne sujet des vœux des filles de Minos[4].

---

1. Dont on a annoncé la mort au cours d'une expédition lointaine.
2. Femmes aimées par Thésée.
3. Thésée allait enlever la déesse Proserpine.
4. Ariane et Phèdre.

₁₅Que faisiez-vous alors ? Pourquoi, sans Hippolyte,
Des héros de la Grèce assembla-t-il l'élite ?
Pourquoi, trop jeune encor, ne pûtes-vous alors
Entrer dans le vaisseau qui le mit sur nos bords ?
Par vous aurait péri le monstre de la Crète,
₂₀Malgré tous les détours de sa vaste retraite :
Pour en développer l'embarras incertain,
Ma sœur du fil fatal eût armé votre main.
Mais non : dans ce dessein je l'aurais devancée ;
L'amour m'en eût d'abord inspiré la pensée ;
₂₅C'est moi, prince, c'est moi, dont l'utile secours
Vous eût du labyrinthe enseigné les détours :
Que de soins[1] m'eût coûtés cette tête charmante !
Un fil n'eût point assez rassuré votre amante :
Compagne du péril qu'il vous fallait chercher,
₃₀Moi-même devant vous j'aurais voulu marcher ;
Et Phèdre au labyrinthe avec vous descendue
Se serait avec vous retrouvée ou perdue.

HIPPOLYTE

Dieux ! qu'est-ce que j'entends ? Madame, oubliez-vous
Que Thésée est mon père, et qu'il est votre époux ?

PHÈDRE

₃₅Et sur quoi jugez-vous que j'en perds la mémoire,
Prince ? Aurais-je perdu tout le soin de ma gloire ?

HIPPOLYTE

Madame, pardonnez ; j'avoue, en rougissant,
Que j'accusais à tort un discours innocent.
Ma honte ne peut plus soutenir votre vue ;
₄₀Et je vais...

PHÈDRE

          Ah ! cruel ! tu m'as trop entendue[2] !
Je t'en ai dit assez pour te tirer d'erreur.
Eh bien ! connais donc Phèdre et toute sa fureur :
J'aime. Ne pense pas qu'au moment que je t'aime
₄₅Innocente à mes yeux, je m'approuve moi-même,
Ni que du fol amour qui trouble ma raison,
Ma lâche complaisance ait nourri le poison ;
Objet infortuné des vengeances célestes,
Je m'abhorre encor plus que tu ne me détestes.
₅₀Les dieux m'en sont témoins, ces dieux qui dans mon flanc
Ont allumé le feu[3] fatal à tout mon sang ;
Ces dieux qui se sont fait une gloire cruelle
De séduire[4] le cœur d'une faible mortelle.
Toi-même en ton esprit rappelle le passé :

1. Inquiétudes.
2. Comprise.
3. L'amour.
4. Tromper, égarer.

55 C'est peu de t'avoir fui, cruel, je t'ai chassé ; *It means little to run away from you*
J'ai voulu te paraître odieuse, inhumaine ; *I chased you away*
Pour mieux te résister, j'ai recherché ta haine. *I wanted to appear inhumane to you*
De quoi m'ont profité mes inutiles soins ? *to you To resiste you better I*
Tu me haïssais plus, je ne t'aimais pas moins ; *provoked your hatred*
60 Tes malheurs te prêtaient encor de nouveaux charmes.
J'ai langui, j'ai séché dans les feux, dans les larmes :
Il suffit de tes yeux pour t'en persuader,
Si tes yeux un moment pouvaient me regarder.
Que dis-je ? Cet aveu que je te viens de faire,
65 Cet aveu si honteux, le crois-tu volontaire ?
Tremblante pour un fils que je n'osais trahir, *I didn't dare to betray*
Je te venais prier de ne le point haïr : *To not hate him anymore*
Faibles projets d'un cœur trop plein de ce qu'il aime ! *weak projects*
Hélas ! je ne t'ai pu parler que de toi-même ! *I could only talk to you about yourself*
70 Venge-toi, punis-moi d'un odieux amour : *take vengence / punish me*
Digne fils du héros qui t'a donné le jour,
Délivre l'univers d'un monstre qui t'irrite.
La veuve de Thésée ose aimer Hippolyte ! *How dare she*
Crois-moi, ce monstre affreux ne doit point t'échapper ; *This monster must not escape*
75 Voilà mon cœur : c'est là que ta main doit frapper.
Impatient déjà d'expier son offense,
Au-devant de ton bras je le sens qui s'avance. *I feel you doing it already*
Frappe : ou si tu le crois indigne de tes coups,
Si ta haine m'envie un supplice si doux,
80 Ou si d'un sang trop vil ta main serait trempée, *If I'm not worthy for you*
Au défaut de ton bras prête-moi ton épée ; *to kill, let me doit myself*
Donne.

Racine, *Phèdre*, Acte II, scène 5.

She founds out that Thésée is not dead
He suspects something
She says that Hippolyte threw himself on her
Thésée sends wrath of Gods
She confeses her sins - too late - Fate
un tragedie

1 Relevez tous les pronoms personnels utilisés par Phèdre pour désigner l'objet de sa passion. Quel mouvement traduisent ces changements ?

2 Quelles sont les deux façons de comprendre le mot « perdue » ? Trouvez d'autres exemples d'équivoques ou de formules à double sens.

3 Analysez, dans la seconde tirade de Phèdre, ce qui provoque en elle un conflit. Quels sentiments suscite-t-elle chez les spectateurs ?

L'ESPRIT PRÉCIEUX

UN PHÉNOMÈNE DU XVIIe SIÈCLE

Le terme « précieux » apparaît vers 1654 : des femmes veulent lutter contre les mariages obligés qui sont de règle à l'époque ; elles se dérobent devant le mariage et l'amour, et imposent à ceux qui veulent les conquérir des épreuves de patience et de dévouement. Elles renouent ainsi avec la tradition médiévale de l'amour courtois : l'amour, hors du mariage, élève la « dame » au-dessus de l'homme qui devient son « servant ». Les précieuses reçoivent dans les salons, où elles exigent de leurs hôtes des mœurs polies, des manières et un langage distingué, fort différents des façons grossières de la Cour du Roi de France.

UNE CERTAINE IDÉE DU LANGAGE

La préciosité désigne aussi l'affectation du propos. Des influences littéraires étrangères, anglaises, espagnoles, italiennes, y contribuent. Molière a moqué le goût des précieuses pour les périphrases (on n'appelle plus les choses par leur nom : les fauteuils deviennent « les commodités de la conversation », se marier se dit « donner dans l'amour permis »).

UNE LITTÉRATURE GALANTE

La littérature précieuse a connu de réels succès. Certains écrivains, à l'exemple de Voiture, se sont illustrés dans les genres légers, exigeants de l'esprit : la poésie galante, et les épîtres, sortes de poèmes se présentant sous la forme d'une lettre familière. D'autres ont produit d'immenses fictions romanesques, très appréciées, dont la plus importante est *L'Astrée* d'Honoré d'Urfé : des amants, déguisés en bergers et en bergères, y délibèrent sur l'amour dans un décor idyllique, selon les conventions du genre : la pastorale.

Illustration de l'un des cinq sens : *L'odorat,* d'après Abraham Bosse (1602-1676). (Musée de Tours.)

La Fontaine

1621-1695

Un talent divers

Jean de La Fontaine est un provincial issu de la moyenne bourgeoisie. D'abord tenté par la vocation religieuse, il fait des études de droit, épouse une jeune précieuse, et multiplie les aventures galantes. A trente-sept ans, il est inconnu en littérature.

Mais en 1658, il est présenté à l'un des grands personnages du royaume, le surintendant Fouquet, et en devient le poète attitré.

Ses premiers succès lui ouvrent les salons, où il fréquente avec profit les autres grands classiques.

Les poèmes et élégies de ses débuts se rattachent au baroque par le luxe des images et le goût du décor. Le premier recueil des *Contes* publié en 1665, bien accueilli par le public, lui fait une réputation légèrement scandaleuse. Il est déjà célèbre lorsqu'il publie en 1668 le premier recueil de ces *Fables* qui l'immortaliseront.

Le grand poète classique du XVIIe siècle

Le premier recueil des *Fables* était destiné au fils du roi, le Dauphin ; il visait à lui donner un enseignement moral illustré de façon vivante. Les autres sont d'une substance plus riche : la vie de la Cour, la politique extérieure, les débats philosophiques y sont évoqués.

Classique, La Fontaine s'inspire d'abord des fabulistes de l'antiquité, traite de la nature humaine, tente d'instruire et de plaire à la fois :

« Une morale nue apporte de l'ennui ;
Le Conte fait passer le précepte avec lui ».

Son art s'est épuré ; s'il semble naturel, il est tout de rigueur, et de vigoureuse densité : le contraire de la facilité.

Fables

1678

Une fable est un bref récit en vers ou en prose, destiné à illustrer une vérité psychologique ou morale. Dans la littérature française, La Fontaine est le fabuliste par excellence. Le genre lui a permis de maintenir une tradition poétique menacée par les excès des poètes précieux, en la pliant à la rigueur des règles classiques.

Voisines en cela du mythe, les fables apportent des solutions imaginaires à des situations apparemment sans issue. Leur art est celui du passage, d'une situation à une autre, et d'une morale à une autre.

Pour y parvenir, La Fontaine les construit comme de micro-épopées, ou de mini-drames. Elles sont fortement structurées, ne laissent rien au hasard. Il ne s'agit pas simplement de bien dire, mais encore de ne pas tout dire : de ne laisser que l'essentiel. « Les longs ouvrages me font peur », écrit La Fontaine. « Loin d'épuiser la matière, on n'en doit prendre que la fleur ».

La morale des fables n'est pas toujours aussi simple qu'il y paraît. On l'a trouvée parfois « dure, froide, égoïste ». Mais la Fontaine s'est souvent contenté de reprendre la morale sommaire, voire cruelle, que lui suggéraient maintes fables antérieures. L'univers de la fable est une jungle où chacun lutte pour survivre, où la parole vise à affirmer, construire ou contester un rapport de force. Le loup parle la raison de la force contre l'agneau, le roseau la raison de la faiblesse contre le chêne.

La pensée de La Fontaine est plus complexe. Il ne prêche pas les grands sentiments, mais tente simplement d'instruire et de donner quelques conseils. Derrière le discours du lion, il faut entendre parler le roi, et La Fontaine faisant parler ses animaux dénonce les injustices et les abus de son temps. Mais il nous prévient : dans ce monde, « la raison du plus fort est toujours la meilleure ».

La Fontaine nuance ce sombre tableau grâce à l'ironie poétique. Dans un même sourire se mêlent celui de l'intelligence et celui de la tendresse :

« Deux pigeons s'aimaient d'amour tendre.
L'un d'eux, s'ennuyant au logis... »

(« Les deux pigeons », *Fables*, IX, 2).

Il faut sans doute y voir un écho du bonheur de vivre de l'auteur, qui aimant « le jeu, l'amour, les livres, la musique »... De fait, le bonheur d'écrire de La Fontaine est partout sensible. La versification n'est pas figée, le vers libre triomphe ; les portraits incisifs abondent ; l'évocation de la nature conduit à un lyrisme mesuré :

« Solitude, où je trouve une douceur secrète,
Lieux que j'aimai toujours, ne pourrai-je jamais
Loin du monde et du bruit, goûter l'ombre et le frais ? »

(« Le Songe d'un habitant du Mogol », *Fables*, XI, 9).

Le loup et le chien

Un Loup n'avait que les os et la peau ;
    Tant les Chiens faisaient bonne garde.
Ce loup rencontre un Dogue aussi puissant que beau,
Gras, poli, qui s'était fourvoyé[1] par mégarde.
5   L'attaquer, le mettre en quartiers,
    Sire[2] Loup l'eût fait volontiers ;
    Mais il fallait livrer bataille,
    Et le Mâtin[3] était de taille
    A se défendre hardiment.
10   Le Loup donc l'aborde humblement,
    Entre en propos, et lui fait compliment
    Sur son embonpoint, qu'il admire.
    – Il ne tiendra qu'à vous, beau Sire,
D'être aussi gras que moi, lui repartit le Chien.
15   Quittez les bois, vous ferez bien :
    Vos pareils y sont misérables,
    Cancres[4], haires, et pauvres diables,
Dont la condition est de mourir de faim.
Car quoi ? Rien d'assuré : point de franche lippée[5] :
20   Tout à la pointe de l'épée.
Suivez-moi : vous aurez un bien meilleur destin.
    Le Loup reprit : Que me faudra-t-il faire ?
– Presque rien, dit le chien : donner la chasse aux gens
    Portant bâtons et mendiants ;
25 Flatter ceux du logis, à son Maître complaire :
    Moyennant quoi votre salaire
Sera force reliefs[6] de toutes les façons :
    Os de poulets, os de pigeons :
    Sans parler de mainte caresse.

1. Égaré de son chemin.
2. Ce titre accordé au loup est évidemment ironique.
3. Gros chien de garde.
4. Le mot, au sens propre, désigne un crabe ; au sens figuré, il désigne un coquin, un misérable.
5. De repas gratuit.
6. Restes.

Gravure de Grandville (1803-1847) pour *Le Loup et le Chien* (1868).

30 Le Loup déjà se forge une félicité *Wolf already builds himself a great happiness*
Qui le fait pleurer de tendresse. *that makes him cry with tenderness*
While walking the road Chemin faisant, il vit le cou du Chien pelé. *He sees something on the neck of the dog*
setting / baring – Qu'est-ce là? lui dit-il. – Rien. – Quoi? rien? – Peu de chose.
– Mais encor? – Le collier dont je suis attaché *The collar of which I'm attached*
35 De ce que vous voyez est peut-être la cause. *Whatever you see might be the cause of*
Attached / tied up *my collar (cut or something)*
– Attaché? dit le Loup : vous ne courez donc pas *you can't run where you want to*
Où vous voulez? – Pas toujours, mais qu'importe? *Not always - that's not imp.*
– Il importe si bien, que de tous vos repas *I don't want your life at that*
Je ne veux en aucune sorte, *cost for any treasure.*
40 Et ne voudrais pas même à ce prix un trésor.
Cela dit, maître Loup s'enfuit, et court encor.
The wolf fled & is still running

La Fontaine, *Fables*, Livre I, 5.

---

1 Étudiez les personnages du loup et du chien. Quel est leur caractère? Quelles leçons donnent-ils? Qui pourraient-ils représenter?

2 Quels sont les sentiments qui animent les personnages au cours du dialogue des vers 33 à 40? Comment la syntaxe rend-elle sensible cette agitation?

3 Les fables tenaient une grande place dans l'enseignement de l'époque, où elles servaient une pédagogie très moralisatrice. Leur imitation jouait le rôle de la rédaction ou de la dissertation modernes : à partir du canevas d'une fable, il fallait la développer de façon personnelle. Qu'écririez-vous par exemple à partir de celui de la fable «Le Lion et le Moucheron» : un moucheron agace un lion jusqu'à l'épuiser; allant partout raconter sa victoire, il se prend dans une toile d'araignée?

Les deux pigeons

La fin de cette fable ne contient pas seulement la généralité morale à laquelle s'attend en conclusion le lecteur. La Fontaine y a glissé une évocation à caractère plus personnel, où l'autobiographie tend à remplacer la maxime (l'énoncé d'une règle de conduite).

Amants, heureux amants, voulez-vous voyager ?
   Que ce soit aux rives prochaines ;
Soyez-vous l'un à l'autre un monde toujours beau,
   Toujours divers, toujours nouveau ;
5 Tenez-vous lieu de tout, comptez pour rien le reste ;
J'ai quelquefois[1] aimé ! je n'aurais pas alors
   Contre le Louvre et ses trésors[2],
Contre le firmament et sa voûte céleste,
   Changé les bois, changé les lieux
10 Honorés par les pas, éclairés par les yeux
   De l'aimable et jeune Bergère
   Pour qui, sous le fils de Cythère[3],
Je servis, engagé par mes premiers serments.
Hélas ! quand reviendront de semblables moments ?
15 Faut-il que tant d'objets si doux et si charmants
Me laissent vivre au gré de mon âme inquiète ?
Ah ! si mon cœur osait encor se renflammer !
Ne sentirai-je plus de charme qui m'arrête ?
   Ai-je passé le temps d'aimer ?

La Fontaine, *Fables*, Livre IX, 2, v. 65-83.

1. Sens archaïque de une fois entre autres.
2. Résidence royale à Paris. Le musée du Louvre abrite aujourd'hui l'une des plus riches collections publiques du monde.
3. L'Amour, fils de Vénus, déesse de Cythère.

1 Que marque l'opposition des temps entre les six premiers vers et les suivants ? Quelle est la valeur du futur des deux derniers vers ?

2 Quelle est, dans cette morale, la place laissée au bonheur ? A quel type de voyage invite-t-il ?

L'Huître et les Plaideurs

oyster *litigants* (handwritten annotations)

Un jour deux Pèlerins[1] sur le sable rencontrent
Une Huître[2] que le flot y venait d'apporter :
Ils l'avalent des yeux, du doigt ils se la montrent ;
À l'égard de la dent il fallut contester[3].
5 L'un se baissait déjà pour amasser la proie ;
L'autre le pousse, et dit : Il est bon de savoir
    Qui de nous en aura la joie.
Celui qui le premier a pu l'apercevoir
En sera le gobeur[4], l'autre le verra faire.
10   – Si par là on juge l'affaire,
Reprit son compagnon, j'ai l'œil bon, Dieu merci.
    – Je ne l'ai pas mauvais aussi,
Dit l'autre, et je l'ai vue avant vous, sur ma vie.
– Et bien ! vous l'avez vue, et moi je l'ai sentie.
15   Pendant tout ce bel incident,
Perrin Dandin[5] arrive : ils le prennent pour juge.
Perrin fort gravement ouvre l'Huître, et la gruge[6],
    Nos deux Messieurs le regardant.
Ce repas fait, il dit d'un ton de Président[7] :
20 Tenez, la cour vous donne à chacun une écaille
Sans dépens[8], et qu'en paix chacun chez soi s'en aille.
Mettez ce qu'il en coûte à plaider aujourd'hui ;
Comptez ce qu'il en reste à beaucoup de familles ;
Vous verrez que Perrin tire l'argent à lui,
25 Et ne laisse aux plaideurs[9] que le sac et les quilles.

La Fontaine, *Fables*, livre IX, 9.

1. Personne qui accomplit un pèlerinage ou, plus généralement, voyageur.
2. Coquillage qui se mange cru.
3. Discuter.
4. Gober signifie avaler d'un coup sans mâcher. Le gobeur est celui qui gobe.
5. Personnage populaire qui sait profiter des situations.
6. L'avale.
7. Magistrat qui préside un tribunal ou une cour de justice.
8. Sans frais judiciaires.
9. Personnes qui défendent une cause en justice.

1 Résumez brièvement chaque étape de la mésaventure survenue aux pèlerins. Comment caractériseriez-vous le déroulement de ce récit ?

2 Comment La Fontaine met-il en scène ses personnages ? Si vous comparez cette manière à un art particulier du dessin, auquel pensez-vous ?

3 Comment La Fontaine utilise-t-il le vocabulaire judiciaire ? Quel effet produisent ces mots sur le lecteur ? Pourquoi ?

Madame de Lafayette

1634-1693

Littérature et mondanités

Marie-Madeleine Pioche de la Vergne reçoit, chose rare à son époque pour une femme, une solide éducation, avant d'épouser en 1655 le comte de Lafayette. Elle ouvre un salon qui devient un centre de la vie culturelle, mène une vie brillante. Trop grande dame pour publier en son nom, elle publie une nouvelle et un roman précieux sous le nom de Ségrais.

Naissance du roman d'analyse

La Princesse de Clèves, chef-d'œuvre de Mᵐᵉ de Lafayette, publié anonymement en 1678, consacre l'importance de l'illusion romanesque : la peinture de la cour à la fin du règne de Henri II (1558 environ) est là, d'abord, pour donner à la fiction une allure véridique. Précieux par le langage, l'intrigue et la psychologie, le roman concilie la subtilité romanesque et la vérité sobre et éternelle chère aux classiques. La morale en est austère, et proche du pessimisme intégral : le désir suscite douleur et aliénation, mais le triomphe de la raison mène à une vie monotone et sans passion.

L'accueil du public sera chaleureux. L'ouvrage soulève discussions et controverses, à travers lesquelles se définit la tradition française du roman d'analyse.

La Princesse de Clèves

1678

« Il parut alors une beauté à la Cour qui attira les yeux de tout le monde » : c'est ainsi qu'est présentée l'héroïne qui donne son nom au roman. La princesse estime son mari le prince de Clèves, très largement son aîné, mais elle aime le beau duc de Nemours. Par passion du devoir, ou fierté, ou cruauté, elle ne cèdera jamais à celui qu'elle aime, et qui est fou d'elle ; pour les mêmes raisons, elle avoue cet amour à son mari dans la célèbre « scène de l'aveu ». Pendant ce temps, Nemours, caché, écoute la conversation.

– Ne me contraignez point, lui dit-elle, à vous avouer une chose que je n'ai pas la force de vous avouer, quoique j'en aie eu plusieurs fois le dessein[1]. Songez seulement que la prudence ne veut pas qu'une femme de mon âge, et maîtresse de sa conduite, demeure exposée au milieu de la cour.

1. L'intention.

137

5   – Que me faites-vous envisager, madame, s'écria M. de Clèves. Je n'oserais vous le dire de peur de vous offenser.

    Mᵐᵉ de Clèves ne répondit point ; et son silence achevant de confirmer son mari dans ce qu'il avait pensé :

    – Vous ne me dites rien, reprit-il, et c'est me dire que je ne me trompe pas.

10   – Eh bien, monsieur, lui répondit-elle en se jetant à ses genoux, je vais vous faire un aveu que l'on n'a jamais fait à son mari ; mais l'innocence de ma conduite et de mes intentions m'en donne la force. Il est vrai que j'ai des raisons de m'éloigner de la cour et que je veux éviter les périls où se trouvent quelquefois les personnes de mon âge. Je n'ai jamais donné nulle marque de faiblesse et je ne craindrais pas d'en
15 laisser paraître si vous me laissiez la liberté de me retirer de la cour ou si j'avais encore Mᵐᵉ de Chartres pour aider à me conduire. Quelque dangereux que soit le parti que je prends, je le prends avec joie pour me conserver digne d'être à vous. Je vous demande mille pardons, si j'ai des sentiments qui vous déplaisent, du moins je ne vous déplairai jamais par mes actions. Songez que pour faire ce que je fais, il
20 faut avoir plus d'amitié et plus d'estime pour un mari que l'on en a jamais eu ; conduisez-moi, ayez pitié de moi, et aimez-moi encore, si vous pouvez.

    M. de Clèves était demeuré, pendant tout ce discours, la tête appuyée sur ses mains, hors de lui-même, et il n'avait pas songé à faire relever sa femme. Quand elle eut cessé de parler, qu'il jeta les yeux sur elle, qu'il la vit à ses genoux le
25 visage couvert de larmes et d'une beauté si admirable, il pensa mourir de douleur, et l'embrassant en la relevant :

    – Ayez pitié de moi vous-même, madame, lui dit-il, j'en suis digne ; et pardonnez si, dans les premiers moments d'une affliction¹ aussi violente qu'est la mienne, je ne réponds pas, comme je dois, à un procédé comme le vôtre. Vous me paraissez plus
30 digne d'estime et d'admiration que tout ce qu'il y a jamais eu de femmes au monde ; mais aussi je me trouve le plus malheureux homme qui ait jamais été. Vous m'avez donné de la passion dès le premier moment que je vous ai vue ; vos rigueurs et votre possession n'ont pu l'éteindre ; elle dure encore ; je n'ai jamais pu vous donner de l'amour², et je vois que vous craignez d'en avoir pour un autre. Et qui est-
35 il, madame, cet homme heureux qui vous donne cette crainte ? Depuis quand vous plaît-il ? Qu'a-t-il fait pour vous plaire ? Quel chemin a-t-il trouvé pour aller à votre cœur ? Je m'étais consolé en quelque sorte de ne l'avoir pas touché par la pensée qu'il était incapable de l'être. Cependant un autre fait ce que je n'ai pu faire. J'ai tout ensemble la jalousie d'un mari et celle d'un amant ; mais il est impossible d'avoir
40 celle d'un mari après un procédé comme le vôtre. Il est trop noble pour ne me pas donner une sûreté entière ; il me console même comme votre amant. La confiance et la sincérité que vous avez pour moi sont d'un prix infini : vous m'estimez assez pour croire que je n'abuserai pas de cet aveu. Vous avez raison, madame, je n'en abuserai pas et je ne vous en aimerai pas moins. Vous me rendez malheureux par la
45 plus grande marque de fidélité que jamais une femme ait donnée à son mari. Mais, madame, achevez et apprenez-moi qui est celui que vous voulez éviter.

    – Je vous supplie de ne me le point demander, répondit-elle ; je suis résolue de ne vous le pas dire et je crois que la prudence ne veut pas que je vous le nomme.

    – Ne craignez point, madame, reprit M. de Clèves, je connais trop le monde pour
50 ignorer que la considération d'un mari n'empêche pas que l'on ne soit amoureux de sa femme. On doit haïr ceux qui le sont et non pas s'en plaindre ; et encore une fois, madame, je vous conjure de m'apprendre ce que j'ai envie de savoir.

---

1. Abattement, peine profonde que cause un malheur.
2. Susciter en vous de l'amour pour moi.

[annotation: I made this confession out of strength, don't pressure me into telling you]

– Vous m'en presseriez inutilement, réplique-t-elle ; j'ai de la force pour taire ce que je crois ne pas devoir dire. L'aveu que je vous ai fait n'a pas été par fai- *[weakness]*
55 blesse, et il faut plus de courage pour avouer cette vérité que pour entreprendre *[to undertake even though]*
de la cacher. *[nemours now knows the answers - that she really loves him even though she had been so straight before]*

M. de Nemours ne perdait pas une parole de cette conversation ; et ce que venait de dire Mme de Clèves ne lui donnait guère moins de jalousie qu'à son mari. Il était si éperdument amoureux *[madly in love]* d'elle qu'il croyait que tout le monde avait les mêmes
60 sentiments. Il était véritable aussi qu'il avait plusieurs rivaux ; mais il s'en imaginait encore davantage et son esprit s'égarait à chercher celui dont Mme de Clèves voulait parler. Il avait cru bien des fois qu'il ne lui était pas désagréable et il avait fait ce jugement sur des choses qui lui parurent si légères dans ce moment qu'il ne put s'imaginer qu'il eût donné une passion qui devait être bien violente pour avoir
65 recours à un remède si extraordinaire. Il était si transporté[1] qu'il ne savait quasi ce qu'il voyait, et il ne pouvait pardonner à M. de Clèves de ne pas assez presser sa femme de lui dire ce nom qu'elle lui cachait.

Madame de Lafayette, *La Princesse de Clèves.*

1. Animé d'un sentiment violent.

1 Cette scène de l'aveu choqua, fit l'objet de bien des commentaires. Un journal demanda à ses lecteurs leur avis. Un siècle plus tard, on discutait encore du *bien-fondé* de cet aveu : qu'en pensez-vous ?

2 Qu'ajoute le fait que Nemours, caché, écoute ?

3 Comment Madame de Lafayette exprime-t-elle le pathétique de cette scène et la souffrance de la Princesse et du Prince de Clèves ?

La Bruyère

1645-1696

Un observateur discret de la haute société

Né d'un milieu bourgeois, La Bruyère devient avocat au Parlement de Paris, puis achète une charge de trésorier à Caen. En 1684, Bossuet le fait nommer précepteur du Duc de Bourbon, petit-fils du Grand Condé (Chef de la Fronde des Princes). Dans l'entourage du Grand Condé, La Bruyère va observer le monde de la cour et des grands, enrichissant ainsi une réflexion qui fut d'abord celle d'un moraliste.

L'œuvre de La Bruyère fait partie de la littérature d'idées qui se développe à la fin du siècle, alimentant la vie intellectuelle des salons parisiens, où des femmes comme Madame de Rambouillet et Madame de Scudéry reçoivent écrivains, savants, poètes en vue. Dans cet ensemble très contrasté, qui annonce la littérature du XVIIIe siècle et mêle des genres divers (lettres, mémoires, traités, entretiens), La Bruyère apparaît comme un moraliste et un homme de tradition dans un monde en mouvement :
– dans la querelle des Anciens et des Modernes (cf. « La crise de la conscience française »,

p. 143), il fait partie du clan des Anciens;
– la portée politique des *Caractères* est mince : la protestation contre l'injustice, l'oppression, la dureté des grands seigneurs est sincère, mais ne remet jamais en cause la monarchie absolue.

Les Caractères
1688-1696 _____

Si l'œuvre de La Bruyère doit beaucoup à celle des moralistes comme La Rochefoucault ou La Fontaine (cf. p. 132), elle s'en distingue par une attention toute particulière aux mœurs de son temps, et même à ses contemporains : dès la parution des *Caractères*, chacun cherche, à la Cour, quels grands ou petits personnages se cachent sous les portraits.
   La première édition, en 1688, connaît un succès immédiat. Chaque édition augmente la précédente, tendant à modifier peu à peu, sinon l'architecture, du moins l'organisation du livre, qui devait insensiblement conduire le lecteur de l'étude de l'homme esclave des puissances trompeuses à la reconnaissance des vérités de la religion : cette inspiration pascalienne disparaît, le livre se réorganise autour du chapitre intitulé « Du Souverain ». A la huitième et dernière édition, *Les Caractères* comprennent 16 chapitres regroupant fragments, maximes et portraits :

I.	Des ouvrages de l'esprit.	IX.	Des grands.
II.	Du mérite personnel.	X.	Du Souverain ou de la République.
III.	Des femmes.	XI.	De l'homme.
IV.	Du cœur.	XII.	Des jugements.
V.	De la société et de la conversation.	XIII.	De la mode.
VI.	Des biens de fortune.	XIV.	De quelques usages.
VII.	De la ville.	XV.	De la chaire.
VIII.	De la Cour.	XVI.	Des esprits forts.

Avec le portrait d'Onuphre, La Bruyère poursuit les mêmes objectifs que Molière avec son Tartuffe *(cf. p. 109) : peindre ses contemporains, les aider par là, si possible, à se corriger de leurs défauts; mais il tente de surpasser Molière, trouvant l'hypocrisie de Tartuffe trop lourdement accusée.*

Onuphre n'a pour tout lit qu'une housse de serge grise, mais il couche sur le coton et sur le duvet; de même il est habillé simplement, mais commodément, je veux dire d'une étoffe fort légère, en été, et d'une autre fort moelleuse pendant l'hiver; il porte des chemises très déliées[1], qu'il a un très grand soin de bien cacher. Il ne dit
5 point : *Ma haire et ma discipline*[2], au contraire; il passerait pour ce qu'il est, pour un hypocrite, et il veut passer pour ce qu'il n'est pas, pour un homme dévot : il est

_____

1. D'un tissu très fin.
2. Citation du *Tartuffe* : les premiers mots de Tartuffe sont : « Laurent, serrez ma haire avec ma discipline ». La haire est une chemise de crin rude et piquant, que les dévots mettaient sur leur chair par refus des plaisirs. La discipline est un fouet avec lequel ils se punissaient, en se flagellant, de leurs péchés.

vrai qu'il fait en sorte que l'on croit, sans qu'il le dise, qu'il porte une haire et qu'il se donne la discipline. Il y a quelques livres répandus dans sa chambre indifférem-ment[1], ouvrez-les : c'est *le Combat spirituel, le Chrétien intérieur*, et *l'Année sainte*;

10 d'autres livres sont sous la clef. S'il marche par la ville, et qu'il découvre de loin un homme devant qui il est nécessaire qu'il soit dévot, les yeux baissés, la démarche lente et modeste, l'air recueilli lui sont familiers : il joue son rôle. S'il entre dans une église, il observe d'abord de qui il peut être vu; et selon la découverte qu'il vient de faire, il se met à genoux et prie, ou il ne songe ni à se mettre à genoux ni à prier.

15 Arrive-t-il vers lui un homme de bien et d'autorité qui le verra et qui peut l'entendre, non seulement il prie, mais il médite, il pousse des élans et des soupirs; si l'homme de bien se retire, celui-ci, qui le voit partir, s'apaise et ne souffle pas. Il entre une autre fois dans un lieu saint, perce la foule, choisit un endroit pour se recueillir, et où tout le monde voit qu'il s'humilie : s'il entend des courtisans qui parlent, qui rient,

20 et qui sont à la chapelle avec moins de silence que dans l'antichambre[2], il fait plus de bruit qu'eux pour les faire taire; il reprend sa méditation, qui est toujours la com-paraison qu'il fait de ces personnes avec lui-même, et où il trouve son compte...

La Bruyère, *Les Caractères*, XIV, 24.

1. Négligemment.
2. Celle du Roi.

1 Comparez la scène du *Tartuffe* de Molière (cf. p. 109) et le portrait de La Bruyère : quel personnage vous représentez-vous le mieux, et pourquoi?

2 Quelles sont les différences les plus manifestes, entre le portrait et la scène théâtrale?

3 Faites, à la manière de l'un ou de l'autre auteur, le portrait d'un personnage ridi-cule.

LA CRISE DE LA CONSCIENCE FRANÇAISE : 1680-1715

LA QUERELLE DES ANCIENS ET DES MODERNES

En France, la monarchie absolue de droit divin résiste mal à l'épreuve du temps. Le système est gagné par la sclérose ; le roi lui-même, vieillissant, s'enferme dans les pratiques d'une dévotion minutieuse.

Parallèlement, le mouvement littéraire lié à cette monarchie vieillit : le classicisme domine encore, mais par la lettre plus que par l'esprit. C'est dans ce contexte qu'intervient la Querelle des Anciens et des Modernes. Les questions posées sont les suivantes : l'imitation des auteurs de l'antiquité grecque et latine est-elle bien nécessaire ? Ces modèles gréco-latins sont-ils les modèles définitifs du Beau ? La querelle est envenimée par les épigrammes que s'envoient les protagonistes : ce sont de courts poèmes, organisés autour du mot d'esprit qui le termine, la pointe ; l'Académie française reçoit successivement les partisans de l'un ou l'autre parti, élisant le « moderne » Fontenelle en 1691, « l'ancien » La Bruyère en 1693.

En définitive, les Modernes ne pouvaient que l'emporter. Ils percevaient le caractère daté des littératures anciennes, et souhaitaient adapter la nouvelle littérature à une époque qui se tournait vers l'avenir.

L'ÉVOLUTION DES MENTALITÉS EN EUROPE

A la fin du XVIIᵉ siècle, les croyances traditionnelles sont partout assaillies : voyages et explorations révèlent leur caractère relatif ; la raison devient l'instrument ordinaire de leur destruction : on moque par exemple les miracles, les devins et les sorciers ; l'athéisme et le déisme grandissent.

A la suite du philosophe anglais Locke, les penseurs se détournent de la métaphysique, étude rationnelle de Dieu et de l'âme, et réfléchissent aux données de l'expérience humaine immédiate : les sensations par exemple, d'où procèdent les idées. Le désir et l'idée même d'un bonheur immédiat, à obtenir dès cette terre, se répandent, ainsi que les méthodes des sciences expérimentales : on rêve d'un progrès scientifique capable d'apporter à l'homme le bonheur. La conséquence est décisive : les hommes sont à la recherche d'une morale séparée des dogmes religieux, le droit naturel se substitue au droit divin.

LES RÉACTIONS DE LA FOI ET DE LA SENSIBILITÉ

Cette évolution générale vers le rationalisme ne satisfait pas tout le monde. L'engagement religieux de Fénelon, le maître de l'éloquence chrétienne, témoigne d'une importante réaction mystique. Le roman et le théâtre post-classiques manifestent un goût de plus en plus vif pour l'imagination et la sensibilité, qu'illustre le succès des *Contes* de Perrault.

Les grands changements du XVIIIᵉ siècle, en Europe et particulièrement en France, s'annoncent ainsi, en définitive, dès la seconde partie du règne de Louis XIV. En quelques décennies, le mouvement succède à l'idéal de stabilité et d'ordre qui caractérisait l'esprit classique.

LE XVIIIe SIÈCLE

richesses, ruptures et modernité

1715-1723 :
UNE RELATIVE DÉTENTE

La vie politique et les mœurs connaissent une orientation nouvelle à la mort du roi Louis XIV : Paris et les salons retrouvent le prestige que Versailles leur avait ravi.

Politiquement : à l'absolutisme rigoureux que faisait régner Louis XIV, succède une période de relative liberté et d'épanouissement des «corps intermédiaires» : parlements et cours souveraines chargées d'assurer la relation et d'exercer le pouvoir entre le haut gouvernement et le peuple.

Pourtant, au-delà de cette agitation de surface, le changement est peu perceptible dans les profondeurs du pays : les 19 millions de Français qui ont survécu aux guerres ruineuses et meurtrières menées par Louis XIV connaissent toujours la misère, la famine, les épidémies.

On discerne cependant des faits nouveaux qui annoncent une période plus florissante : peu après 1713, des négociants audacieux inventent de nouvelles façons de pratiquer le commerce avec les «isles» et la côte africaine, dans les mers du Sud, aux Indes et en Chine, avec l'Europe du Nord et le Levant.

Idéologiquement : un équilibre, celui de la monarchie absolue, maintenu tant bien que mal jusqu'à la mort de Louis XIV, se rompt en 1715. Mais cette «libération» découvre une incertitude profonde, tant politique que littéraire : ainsi, la stérilisation intellectuelle à laquelle avait mené le respect obligatoire des classiques pourrait prendre fin; mais qu'inventer d'autre? Le mot «désabusé» sur lequel s'ouvrent *Les Caractères* de La Bruyère vaut également pour la plupart des écrivains de ce temps. Avec la Régence, période où le pouvoir est confié au Duc d'Orléans parce que le roi Louis XV est trop jeune pour régner, fleurissent les écrits satiriques et non-conformistes, comme les *Lettres Persanes*. Des pamphlets violents, des traités philosophiques sont publiés à l'étranger, en Hollande tout particulièrement, sans lieu ni date, et circulent abondamment sous le manteau.

Les salons et les cafés servent de relais à ce mouvement intellectuel, dès l'instant où la Cour a cessé d'être la référence ultime de l'opinion. Animés par des femmes cultivées (la duchesse du Maine, Madame de Lambert, Madame de Tencin, Mademoiselle de Lespinasse), les salons accueillent des écrivains, des savants, des philosophes. Tous les sujets qui occupent les esprits y sont discutés ; on y juge aussi les écrits du temps ; on y procure parfois une aide matérielle aux artistes. Chaque salon se «spécialise» peu à peu, en fonction de la personnalité de sa fondatrice et de ceux qui s'y rassemblent : Mademoiselle de Lespinasse et Madame Geoffrin reçoivent les philosophes et les encyclopédistes. La duchesse du Maine, à la «Cour de Sceaux», tient un salon plus mondain. Celui de Madame de Lambert tente de recréer l'atmosphère puritaine du siècle passé.

Les cafés apparus dans la seconde moitié du XVIIe siècle, servent eux aussi de lieux de rassemblement des intellectuels, d'échanges et de discussions passionnées. Diderot a rendu célèbre le Café de la Régence en y faisant advenir la rencontre entre «Moi» et «le Neveu de Rameau» dans son roman *Le Neveu de Rameau*. Fontenelle, Voltaire, Diderot, Marmontel, fréquentent aussi le Procope, qu'on peut toujours voir, pieusement conservé, rue de l'Ancienne-Comédie à Paris. Les clubs, importés d'Angleterre, se développent au cours du siècle et jouent sous la Révolution un rôle déterminant.

Gravure anonyme représentant le Café Procope où se réunissaient les philosophes (Musée Carnavalet). ▶

L'ESSOR ET L'ÉVOLUTION
DU ROMAN

L'ENGOUEMENT ROMANESQUE AU XVIIᵉ SIÈCLE

Dès la fin du XVIIᵉ siècle, le roman entreprend l'ascension qui en fera progressivement le grand genre littéraire. Les tendances sont diverses : roman sentimental avec l'*Astrée* d'Honoré d'Urfé, héroïque avec Mademoiselle de Scudéry, comique avec Scarron et Sorel ; elles manifestent toutes cependant un goût baroque pour la profusion, la mobilité des caractères, les intrigues compliquées.

En 1678, le roman précieux produit son chef-d'œuvre : *La Princesse de Clèves* écrit par Madame de Lafayette. Le roman comique et héroïque décline alors au profit de récits plus brefs, au baroque mieux maîtrisé, que les contemporains appellent histoires, ou nouvelles. La fin du siècle manifeste toutefois un regain d'intérêt extraordinaire pour le romanesque et surtout pour le merveilleux avec, par exemple *Les contes de fées* écrits par Perrault.

LE ROMAN À LA RECHERCHE DE SON DOMAINE

Le développement du roman dans la première partie du XVIIIᵉ siècle, avec notamment Lesage (cf. p. 150) et l'abbé Prévost (cf. p. 152), est lié à l'ascension d'une bourgeoisie dont il est le divertissement et le miroir. Il est travaillé et nourri par les influences étrangères ; la plus éclatante est celle de l'Anglais Richardson, dont l'œuvre passionne la France.

Les romanciers se consacrent alors à l'expression de la vie intérieure, aux relations du rêve et de la réalité, aux conflits de l'individu et de la société.

A cette époque, le roman ne se sépare pas en genres distincts (roman héroïque, ou comique, ou sentimental). Il refuse les récits coupés de la réalité, cherche à atteindre le vrai. On écrit, de préférence des romans avoués, des mémoires, des lettres. La recherche d'une apparence de vérité l'emportant sur la fiction, le héros est souvent un aventurier qui nous fait pénétrer, comme le Gil Blas de Lesage, dans des milieux divers où il quête les voies de son ascension morale et sociale.

Privé de modèles convaincants, le roman devient aussi roman expérimental. Chaque œuvre suscite et conteste ses propres règles ; les techniques de création de « l'illusion romanesque » (faire vrai) requièrent l'attention de l'auteur, qui met souvent en crise lui-même, dans un second temps, cette transparence illusoire du récit. Le roman devient jeu, labyrinthe, et ce faisant, l'auteur tend à exprimer une vision du monde. C'est sans doute la raison de son utilisation par les philosophes : pour exprimer leurs contradictions, plutôt que leurs certitudes.

Le roman évolue dans le droit fil des positions défendues dès 1680 par les Modernes lors de la célèbre Querelle (cf. p. 143). Il se voit assigné pour rôle d'exprimer la modernité, et se donne pour objet la totalité de la vie intérieure et du sentiment. C'est donc, provisoirement, l'analyse du cœur humain qui l'emporte sur celle de la société.

L'INFLUENCE DE RICHARDSON EN FRANCE

Peintres, poètes, gens de goût de bien, lisez Richardson; lisez-le sans cesse.
Sachez que c'est à cette multitude de petites choses que tient l'illusion : il y a bien de la difficulté à les imaginer; il y en a bien encore à les rendre. Le geste est quelquefois aussi sublime que le mot; et puis ce sont toutes ces véri-
5 tés de détail qui préparent l'âme aux impressions fortes des grands événements. Lorsque votre impatience aura été suspendue par ces délais momentanés qui lui servaient de digues, avec quelle impétuosité ne se répandra-t-elle pas au moment où il plaira au poète de les rompre! C'est alors qu'affaissé de douleur ou transporté de joie, vous n'aurez plus la force de retenir vos lar-
10 mes prêtes à couler, et de vous dire à vous-même : *Mais peut-être que cela n'est pas vrai.* Cette pensée a été éloignée de vous peu à peu; et elle est si loin qu'elle ne se présentera pas.
Une idée qui m'est venue quelquefois en rêvant aux ouvrages de Richardson, c'est que j'avais acheté un vieux château; qu'en visitant un jour ses
15 appartements, j'avais aperçu dans un angle une armoire qu'on n'avait pas ouverte depuis longtemps, et que, l'ayant enfoncée, j'y avais trouvé pêle-mêle les lettres de Clarisse et de Paméla. Après en avoir lu quelques-unes, avec quel empressement ne les aurais-je pas rangées par ordre de dates! Quel chagrin n'aurais-je pas ressenti, s'il y avait eu quelque lacune entre elles!
20 Croit-on que j'eusse souffert qu'une main téméraire (j'ai presque dit sacrilège) en eût supprimé une ligne?
Vous qui n'avez lu les ouvrages de Richardson que dans votre élégante traduction française[1], et qui croyez les connaître, vous vous trompez. [...]
O Richardson! j'oserai dire que l'histoire la plus vraie est pleine de menson-
25 ges, et que ton roman est plein de vérités. L'histoire peint quelques individus; tu peins l'espèce humaine : l'histoire attribue à quelques individus ce qu'ils n'ont ni dit, ni fait; tout ce que tu attribues à l'homme, il l'a dit et fait : l'histoire n'embrasse qu'une portion de la durée, qu'un point de la surface du globe; tu as embrassé tous les lieux et tous les temps. Le cœur humain, qui a été, est
30 et sera toujours le même, est le modèle d'après lequel tu copies. Si l'on appliquait au meilleur historien une critique sévère, y en a-t-il aucun qui la soutînt comme toi? Sous ce point de vue, j'oserai dire que souvent l'histoire est un mauvais roman; et que le roman, comme tu l'as fait, est une bonne histoire. O peintre de la nature! c'est toi qui ne mens jamais.

1. De l'Abbé Prévost.   Diderot, *Éloge de Richardson.*

Lesage

1668-1747

Une œuvre abondante

Alain-René Lesage, produit, par nécessité alimentaire, une œuvre abondante : une centaine de pièces, dont *Turcaret* (1709) qui assure sa célébrité, et plusieurs longs romans, notamment *Le diable boiteux* (1707), *Gil Blas de Santillane* (publié de 1715 à 1735) et l'*Histoire de Guzman d'Alfarache* (1732).

Héritier de la tradition bourgeoise des Sorel et Scarron, Lesage doit aux Espagnols, dont il a traduit de nombreuses pièces, le genre même du roman picaresque, qui narre les aventures d'un vaurien sympathique, le picaro, à travers lesquelles s'ébauche le portrait d'une société.

Gil Blas de Santillane
1715-1735

C'est d'abord un roman d'aventures. Mais Lesage donne à entendre qu'il ne prend pas cet aspect du roman très au sérieux en le parodiant, en le caricaturant de toute évidence, comme dans le passage suivant.

Gil Blas est tombé entre les mains de brigands qui l'ont enfermé dans un souterrain où il doit leur servir de valet; il rêve de s'évader et d'entraîner dans sa fuite une jeune et noble dame. Il suffit pour cela de faire preuve de ruse...

Je feignis d'avoir la colique; je poussai d'abord des plaintes et des gémissements; ensuite, élevant la voix, je jetai de grands cris. Les voleurs se réveillent et sont bientôt auprès de moi. Ils me demandent ce qui m'oblige à crier ainsi. Je répondis que j'avais une colique horrible, et, pour mieux le leur persuader, je me mis à grincer
5 les dents, à faire des grimaces et des contorsions effroyables, et à m'agiter d'une étrange façon. [...] L'un m'apporte une bouteille d'eau-de-vie et m'en fait avaler la moitié; l'autre me donne malgré moi un lavement d'huile d'amandes douces; un autre va chauffer une serviette, et vient me l'appliquer toute brûlante sur le ventre. J'avais beau crier miséricorde, ils imputaient mes cris à ma colique et continuaient à
10 me faire souffrir des maux véritables, en voulant m'en ôter un que je n'avais point. Enfin, ne pouvant plus y résister, je fus obligé de leur dire que je ne sentais plus de tranchées et que je les conjurais de me donner quartier[1]. (...)

(Les brigands partent. Gil Blas décide d'agir.)

Je me levai. Je pris mon épée et mes pistolets, et j'allai d'abord à la cuisine; mais
15 avant que d'y entrer, comme j'entendis parler Léonarde, je m'arrêtai pour l'écouter. Elle parlait à la dame inconnue, qui avait repris ses esprits, et qui, considérant toute

1. Me faire grâce.

son infortune, pleurait alors et se désespérait. « Pleurez, ma fille, lui disait la vieille, fondez en larmes. N'épargnez point les soupirs, cela vous soulagera. Votre saisisse-ment était dangereux; mais il n'y a plus rien à craindre, puisque vous versez des
20 pleurs. Votre douleur s'apaisera peu à peu, et vous vous accoutumerez à vivre ici avec nos messieurs, qui sont d'honnêtes gens. Vous serez mieux traitée qu'une prin-cesse. Ils auront pour vous mille complaisances et vous témoigneront tous les jours de l'affection. Il y a bien des femmes qui voudraient être à votre place. »

Je ne donnai pas le temps à Léonarde d'en dire davantage. J'entrai, et, lui met-
25 tant un pistolet sur la gorge, je la pressai d'un air menaçant de me remettre la clef de la grille. Elle fut troublée de mon action, et, quoique très avancée dans sa car-rière, elle se sentit encore assez attachée à la vie pour n'oser me refuser ce que je lui demandais. Lorsque j'eus la clef entre les mains, j'adressai la parole à la dame affligée. « Madame, lui dis-je, le ciel vous envoie un libérateur. Levez-vous pour me
30 suivre. Je vais vous mener où il vous plaira que je vous conduise. » La dame ne fut pas sourde à ma voix, et mes paroles firent tant d'impression sur son esprit, que, rappelant tout ce qui lui restait de force, elle se leva et vint se jeter à mes pieds, en me conjurant de conserver son honneur. Je la relevai, et l'assurai qu'elle pouvait compter sur moi. Ensuite je pris des cordes que j'aperçus dans la cuisine, et, à l'aide
35 de la dame, je liai Léonarde aux pieds d'une grosse table, en lui protestant[1] que je la tuerais, si elle poussait le moindre cri. La bonne Léonarde, persuadée que je n'y manquerais pas si elle osait me contredire, prit le parti de me laisser faire tout ce que je voulus. J'allumai de la bougie, et j'allai avec l'inconnue à la chambre où étaient les espèces[2] d'or et d'argent. Je mis dans mes poches autant de pistoles et de
40 doubles pistoles qu'il y en put tenir; et, pour obliger la dame à s'en charger aussi, je lui représentai qu'elle ne faisait que reprendre son bien : ce qu'elle fit sans scru-pule. Quand nous en eûmes une bonne provision, nous marchâmes vers l'écurie, où j'entrai seul avec mes pistolets en état. Je comptais bien que le vieux nègre, malgré sa goutte et son rhumatisme, ne me laisserait pas tranquillement seller et brider
45 mon cheval, et j'étais dans la résolution de le guérir radicalement de ses maux, s'il s'avisait de vouloir faire le méchant; mais, par bonheur, il était alors si accablé des douleurs qu'il avait souffertes et de celles qu'il souffrait encore, que je tirai mon cheval de l'écurie sans même qu'il parût s'en apercevoir. La dame m'attendait à la porte. Nous enfilâmes promptement l'allée par où l'on sortait du souterrain. Nous
50 arrivons à la grille, nous l'ouvrons et nous parvenons enfin à la trappe. Nous eûmes beaucoup de peine à la lever, ou plutôt, pour en venir à bout, nous eûmes besoin de la force nouvelle que nous prêta l'envie de nous sauver.

Le jour commençait à paraître lorsque nous nous vîmes hors de cet abîme. Nous songeâmes aussitôt à nous en éloigner. Je me jetai en selle : la dame monta derrière
55 moi, et, suivant au galop le premier sentier qui se présenta, nous sortîmes bientôt de la forêt.

Lesage, Gil Blas de Santillane.

1. En lui assurant.
2. Pièces.

---

1 Quels sont les différents éléments comiques de ce texte? Quels sont les res-sorts de ce comique? Quels obstacles rencontre Gil Blas dans sa tentative? Pourquoi, à votre avis, les événements se déroulent-ils de cette manière?

2 L'aventure vous semble-t-elle vraisemblable? L'auteur désire-t-il, selon vous, que le lecteur croie aux différents rebondissements de l'histoire? Justifiez votre point de vue en prenant des exemples précis dans le texte.

L'abbé Prévost

1697-1763

[handwritten: un drame personel des confessions]

Une vie mouvementée

Destiné très tôt à la prêtrise, Antoine-François Prévost, plus épris de gloire militaire et d'aventures amoureuses que de religion, s'y refuse à deux reprises. Il semble finir par se soumettre et est ordonné prêtre; mais en 1728 il abandonne l'état ecclésiastique et s'échappe en Angleterre puis aux Pays-Bas, où il se lie avec Lenki Eckhardt, qui fut peut-être le modèle de Manon.

Ce sont en tout cas des années d'écriture intense : écrivain intarissable, il produit les *Mémoires d'un Homme de Qualité,* dont le Tome VII, intitulé « Histoire du Chevalier Des Grieux et de Manon Lescaut » (1731), immortalise son auteur. L'œuvre cependant est condamnée à être brûlée.

Rentré en France en 1743, Prévost mène une existence plus calme. Il obtient des protections, traduit les romans de l'Anglais Richardson (notamment *Pamela, Clarisse Harlowe, Grandison...*). Ses dernières années se passent dans une pieuse retraite.

Manon Lescaut

1731

Ce récit, relativement bref et dépouillé, est considéré comme l'un des chefs-d'œuvre du roman français.

Le héros, en choisissant l'amour et la liberté, rompt avec sa famille, se perd, erre et lutte en vain pour trouver le bonheur; le choix de l'amour fou se retourne fatalement contre lui : il découvre les réalités (le pouvoir de l'argent, la jalousie, l'aveuglement de la passion), joue et finit par perdre.

C'est sous le signe de ce destin, marqué par le désordre des passions, l'imperfection de la vie et la toute-puissance de la société, que le jeune chevalier Des Grieux rencontre Manon, au moment où celle-ci doit devenir religieuse, bien malgré elle. Dès lors, l'action se précipite : fuite des deux amants à Paris, difficultés d'argent qui conduisent Manon à tromper Des Grieux avec un vieux fermier général (les fermiers généraux, chargés de percevoir certains impôts, constituaient le corps social le plus riche de France). Celui-ci, pour s'en débarrasser, dénonce le jeune homme à son père qui le fait entrer au séminaire. Mais au bout d'un an, Manon vient le retrouver (cf. la scène ci-dessous, dite du parloir).

[handwritten: Des Grieux is writing in his diary]

Il était six heures du soir. On vint m'avertir, un moment après mon retour, qu'une dame demandait à me voir. J'allai au parloir sur-le-champ. Dieux! quelle apparition surprenante! j'y trouvai Manon. C'était elle, mais plus aimable et plus brillante que je ne l'avais jamais vue. Elle était dans sa dix-huitième année. Ses charmes
5 surpassaient tout ce qu'on peut décrire. C'était un air si fin, si doux, si engageant, l'air de l'Amour même. Toute sa figure me parut un enchantement.

he's so in love w/ her he would have done anything for her

7 Je demeurai interdit[1] à sa vue, et ne pouvant conjecturer[2] quel était le dessein de
   cette visite, j'attendais, les yeux baissés et avec tremblement, qu'elle s'expliquât. Son
   embarras fut, pendant quelque temps, égal au mien, mais, voyant que mon silence
10 continuait, elle mit la main devant ses yeux, pour cacher quelques larmes. Elle me
   dit, d'un ton timide, qu'elle confessait que son infidélité méritait ma haine ; mais que,
   s'il était vrai que j'eusse jamais eu quelque tendresse pour elle, il y avait eu, aussi,
   bien de la dureté à laisser passer deux ans sans prendre soin de s'informer de son
   sort, et qu'il y en avait beaucoup encore à la voir dans l'état où elle était en ma pré-
15 sence, sans lui dire une parole. Le désordre de mon âme, en l'écoutant, ne saurait être exprimé.

   Elle s'assit. Je demeurai debout, le corps à demi tourné, n'osant l'envisager directement. Je commençai plusieurs fois une réponse, que je n'eus pas la force d'achever.
   Enfin, je fis un effort pour m'écrier douloureusement : Perfide[3] Manon ! Ah ! perfide !
20 perfide ! Elle me répéta, en pleurant à chaudes larmes, qu'elle ne prétendait point
   justifier sa perfidie. Que prétendez-vous donc ? m'écriai-je encore. Je prétends mourir, répondit-elle, si vous ne me rendez votre cœur, sans lequel il est impossible que
   je vive. Demande donc ma vie, infidèle ! repris-je en versant moi-même des pleurs,
   que je m'efforçai en vain de retenir. Demande ma vie, qui est l'unique chose qui
25 me reste à te sacrifier ; car mon cœur n'a jamais cessé d'être à toi. À peine eus-je
   achevé ces derniers mots, qu'elle se leva avec transport pour venir m'embrasser.
   Elle m'accabla de mille caresses passionnées. Elle m'appela par tous les noms que
   l'amour invente pour exprimer ses plus vives tendresses. Je n'y répondais encore
   qu'avec langueur. Quel passage, en effet, de la situation tranquille où j'avais été,
30 aux mouvements tumultueux que je sentais renaître ! J'en étais épouvanté. Je frémis-
   sais, comme il arrive lorsqu'on se trouve la nuit dans une campagne écartée : on
   se croit transporté dans un nouvel ordre de choses ; on y est saisi d'une horreur[4]
   secrète, dont on ne se remet qu'après avoir considéré longtemps tous les environs.

   Nous nous assîmes l'un près de l'autre. Je pris ses mains dans les miennes. Ah !
35 Manon, lui dis-je en la regardant d'un œil triste, je ne m'étais pas attendu à la
   noire trahison dont vous avez payé mon amour. Il vous était bien facile de tromper
   un cœur dont vous étiez la souveraine absolue, et qui mettait toute sa félicité à vous
   plaire et à vous obéir. Dites-moi maintenant si vous en avez trouvé d'aussi tendres et
   d'aussi soumis. Non, non, la Nature n'en fait guère de la même trempe que le mien.
40 Dites-moi, du moins, si vous l'avez quelquefois regretté. Quel fond dois-je faire sur ce
   retour de bonté qui vous ramène aujourd'hui pour le consoler ? Je ne vois que trop
   que vous êtes plus charmante que jamais ; mais au nom de toutes les peines que
   j'ai souffertes pour vous, belle Manon, dites-moi si vous serez plus fidèle.

   Elle me répondit des choses si touchantes sur son repentir, et elle s'engagea à la
45 fidélité par tant de protestations et de serments, qu'elle m'attendrit à un degré inexprimable. Chère Manon ! lui dis-je, avec un mélange profane d'expressions amoureuses et théologiques, tu es trop adorable pour une créature. Je me sens le cœur
   emporté par une délectation[5] victorieuse. Tout ce qu'on dit de la liberté à Saint-Sul-
   pice est une chimère. Je vais perdre ma fortune et ma réputation pour toi, je le pré-
50 vois bien ; je lis ma destinée dans tes beaux yeux ; mais de quelles pertes ne serai-
   je pas consolé par ton amour ! Les faveurs de la fortune ne me touchent point ; la
   gloire me paraît une fumée ; tous mes projets de vie ecclésiastique étaient de folles
   imaginations ; enfin tous les biens différents de ceux que j'espère avec toi sont des
   biens méprisables, puisqu'ils ne sauraient tenir un moment, dans mon cœur, contre
55 un seul de tes regards.

L'abbé Prévost, *Manon Lescaut*.

1. Frappé de stupeur.
2. Prévoir, expliquer en formulant des hypothèses.
3. Des Grieux est resté marqué par l'infidélité de Manon et par sa complicité avec B., le fermier général.
4. L'horreur est ici une impression physique, une sorte de frisson. Mais c'est que la Providence divine, qui semblait l'avoir emporté dans le cœur
   d'un Des Grieux repenti, est sur le point d'être battue en brèche par Manon, incarnation de la fatalité.
5. Plaisir, goût qu'on prend à faire quelque chose (therme de théologie).

L'amour, le jeu, les escroqueries, les difficultés reprennent. Manon finit par être déportée à la Nouvelle Orléans avec un convoi de filles prostituées. Par amour, Des Grieux la suit. Les deux amants s'enfuient dans le désert américain, où Manon meurt d'épuisement. Désespéré, le chevalier reviendra à sa famille pour y apprendre une dernière nouvelle, reçue comme une juste punition de sa débauche : la mort de son père.

Je passai la nuit entière à veiller près d'elle, et à prier le Ciel de lui accorder un sommeil doux et paisible. O Dieu ! que mes vœux étaient vifs et sincères ! et par quel rigoureux jugement aviez-vous résolu de ne les pas exaucer !

Pardonnez, si j'achève en peu de mots un récit qui me tue. Je vous raconte un
5 malheur qui n'eut jamais d'exemple. Toute ma vie est destinée à le pleurer. Mais, quoique je le porte sans cesse dans ma mémoire, mon âme semble reculer d'horreur, chaque fois que j'entreprends de l'exprimer.

Nous avions passé tranquillement une partie de la nuit. Je croyais ma chère maîtresse endormie et je n'osais pousser le moindre souffle, dans la crainte de trou-
10 bler son sommeil. Je m'aperçus dès le point du jour, en touchant ses mains, qu'elles les avait froides et tremblantes. Je les approchai de mon sein, pour les échauffer. Elle sentit ce mouvement, et, faisant un effort pour saisir les miennes, elle me dit, d'une voix faible, qu'elle se croyait à sa dernière heure. Je ne pris d'abord ce discours[1] que pour un langage ordinaire dans l'infortune, et je n'y répondis que par
15 les tendres consolations de l'amour. Mais, ses soupirs fréquents, son silence à mes interrogations, le serrement de ses mains, dans lesquelles elle continuait de tenir les miennes, me firent connaître que la fin de ses malheurs approchait. N'exigez point de moi que je vous décrive mes sentiments, ni que je vous rapporte ses dernières expressions. Je la perdis ; je reçus d'elle des marques d'amour, au moment même
20 qu'elle expirait. C'est tout ce que j'ai la force de vous apprendre de ce fatal et déplorable événement.

Mon âme ne suivit pas la sienne. Le Ciel ne me trouva point, sans doute, assez rigoureusement puni. Il a voulu que j'aie traîné, depuis, une vie languissante et misérable. Je renonce volontairement à la mener jamais plus heureuse.

25 Je demeurai plus de vingt-quatre heures la bouche attachée sur le visage et sur les mains de ma chère Manon. Mon dessein était d'y mourir ; mais je fis réflexion, au commencement du second jour, que son corps serait exposé, après mon trépas, à devenir la pâture des bêtes sauvages. Je formai la résolution de l'enterrer et d'attendre la mort sur sa fosse. J'étais déjà si proche de ma fin, par l'affai-
30 blissement que le jeûne et la douleur m'avaient causé, que j'eus besoin de quantité d'efforts pour me tenir debout. Je fus obligé de recourir aux liqueurs que j'avais apportées. Elles me rendirent autant de force qu'il en fallait pour le triste office que j'allais exécuter. Il ne m'était pas difficile d'ouvrir la terre, dans le lieu où je me trou-

1. Ces paroles.

154

La mort de Manon, gravure de Tasquier.

[annotation manuscrite : He's still alive telling this tragic story over moral – control your actions]

vais. C'était une campagne couverte de sable. Je rompis mon épée, pour m'en ser-
35 vir à creuser, mais j'en tirai moins de secours que de mes mains. J'ouvris une large
fosse. J'y plaçai l'idole de mon cœur, après avoir pris soin de l'envelopper de tous
mes habits, pour empêcher le sable de la toucher. Je ne la mis dans cet état qu'après
l'avoir embrassée mille fois, avec toute l'ardeur du plus parfait amour. Je m'assis
encore près d'elle. Je la considérai longtemps. Je ne pouvais me résoudre à fermer
40 la fosse. Enfin, mes forces recommençant à s'affaiblir, et craignant d'en manquer
tout à fait avant la fin de mon entreprise, j'ensevelis pour toujours dans le sein de la
terre ce qu'elle avait porté de plus parfait et de plus aimable. Je me couchai ensuite
sur la fosse, le visage tourné vers le sable, et fermant les yeux avec le dessein de
ne les ouvrir jamais, j'invoquai le secours du Ciel et j'attendis la mort avec impa-
45 tience. Ce qui vous paraîtra difficile à croire, c'est que, pendant tout l'exercice de ce
lugubre ministère[1], il ne sortit point une larme de mes yeux ni un soupir de ma bouche. La consternation profonde où j'étais et le dessein déterminé de mourir avaient
coupé le cours à toutes les expressions du désespoir et de la douleur. Aussi, ne
demeurai-je pas longtemps dans la posture où j'étais sur la fosse, sans perdre le
50 peu de connaissance et de sentiment qui me restait.

[annotation manuscrite : has had tremendous impact on the novel.]

1. Sens large de devoir accompli.   Prévost, *Histoire du Chevalier des Grieux et de Manon Lescaut*, deuxième partie.

1 Quels éléments ont été retenus par l'auteur pour décrire la mort de Manon?
Comment qualifieriez-vous cette description?

2 Comparez les gestes et les mimiques des deux personnages dans la scène qui
a lieu au parloir et dans celle-ci. Que constatez-vous?

3 Par quels moyens l'auteur a-t-il donné à ce texte un caractère de funèbre
majesté?

155

LE THÉÂTRE AU XVIIIᵉ SIÈCLE : DE LA COMÉDIE AU DRAME

Le siècle tout entier fut passionné de théâtre. Voltaire en fut l'auteur tragique, Rousseau fit jouer un opéra, Diderot fut l'initiateur d'un genre nouveau, le drame. Mais on ne connaît plus guère, aujourd'hui, que les comédies de Marivaux (cf. p. 157) et de Beaumarchais (cf. p. 220).

LES SUCCÈS DE LA COMÉDIE

Avec Marivaux, Lesage (cf. p. 150) domine la comédie dans la première moitié du siècle. Les auteurs s'inspirent abondamment de la production de Molière en se partageant cet immense héritage : certains se consacrent à la comédie d'intrigue et recherchent le franc comique de la farce, au détriment de toute profondeur psychologique ; Lesage, lui, propose des comédies de mœurs, et nous fait pénétrer avec *Turcaret* dans le monde des financiers véreux ; Marivaux, plus original, explore les ressources d'un comique parfois grinçant, né du jeu sur les mots. Les pièces du XVIIIᵉ siècle sont brillantes, spirituelles, portées à la satire personnelle, à l'attendrissement moralisateur, au mot d'esprit, à l'ironie mordante : mais ce comique, très intellectuel, réussit moins bien au théâtre, que celui, plus varié et volontiers farcesque, des comédies de Molière.

LE TRIOMPHE MOMENTANÉ DU DRAME

Le drame s'apparente à la comédie par la peinture réaliste du milieu, à la tragédie par le sérieux et la gravité des malheurs qui menacent le héros. Il tente d'émouvoir et d'édifier le spectateur : c'est un théâtre moral, créé par Diderot avec *Le Fils Naturel* (1757) et *Le Père de Famille* (1758).

Cette révolution théâtrale est due au déclin de la tragédie, et surtout à l'atmosphère morale et sociale de l'époque : on fonde la morale sur l'émotion vertueuse, on confond aisément sensibilité et sens moral. Voltaire lui-même estimait que la scène et les comédiens pouvaient remplacer avantageusement la chaire et les hommes d'Église.

Diderot expose quant à lui les idées suivantes, qui seront pour la plupart reprises par Beaumarchais :
– le drame est une «tragédie domestique et bourgeoise», par opposition à celle du XVIIᵉ siècle, aristocratique et héroïque. Il traite d'événements ordinaires ;
– la peinture des conditions sociales et des relations familiales y est centrale : elle remplace la classique analyse des caractères ;
– le drame met en valeur les vertus bourgeoises, opposées aux préjugés et mauvaises mœurs de l'aristocratie ;
– les tableaux pathétiques, sur fond de décor réaliste, sont très appréciés ; le jeu des acteurs met en évidence un dialogue en prose, et de grands moments d'émotion, traduits par des mimiques expressives.

En dépit de quelques succès, le drame ne semble guère avoir produit d'œuvre impérissable. Mais la brèche qu'il ouvre dans le domaine de l'esthétique théâtrale est fondamentale ; elle porte en germe l'évolution future du théâtre.

École Française du XVIIIe siècle : portrait de Marivaux (Musée de Versailles).

Marivaux

1688-1763

Marivaux, inventeur d'un théâtre moderne

Pierre Carlet de Chamblain de Marivaux naît à Paris en 1688. Fils d'un fonctionnaire des finances de Riom, il fait des études de droit, qu'il abandonne à l'âge de vingt-cinq ans et écrit des comédies. Il mène une vie discrète entre ses activités littéraires, quelques amis, Madame de Lambert et Madame de Tencin,

Fontenelle, Crébillon père, et l'Académie où il est élu en 1742. Pourtant, rien ne lui est étranger des débats religieux, philosophiques et politiques de l'époque : il s'élève contre la misère du peuple et celle où sont maintenus les protestants ; il montre l'indifférence des princes, la souffrance des enfants, des femmes, des vieilles gens ; il dénonce un monde exclusivement gouverné par l'argent. A mesure que s'avance sa vie, son travail littéraire s'oriente dans trois directions :

Marivaux journaliste

De 1722 à 1784 il lance trois journaux. Plus tard, de 1751 à 1755, il collabore au très important périodique littéraire *Le Mercure de France.*

Marivaux homme de théâtre

Marivaux travaille surtout pour le théâtre italien (un théâtre fondé au siècle précédent et tenu par des comédiens italiens qui y pratiquent, entre autres, la *Comedia dell'arte*).

Il s'éloigne des règles classiques : au lieu de s'enchaîner à la tradition, comme le font la plupart de ses contemporains, Marivaux repense son théâtre en analysant ce qui, sur cette scène particulière des Italiens, le fonde : à savoir le déguisement, le jeu des masques. Ses acteurs échangent volontiers leurs costumes, ses personnages leur rôle social, leur identité, leur langage.

Il crée un art nouveau du langage : si ses détracteurs nomment « marivaudage » tout raffinement excessif de l'expression, jamais, chez Marivaux lui-même, le jeu des masques et du langage ne relève de la coquetterie. Au détour d'une réplique, d'une métaphore prise à la lettre, d'un mot repris, retourné, décortiqué, c'est la vérité du cœur qui se fait jour. Tout le théâtre de Marivaux est occupé à ce guet : l'éphémère, la souffrance contenue, la cruauté de la vie.

Marivaux romancier

Parallèlement à ses activités d'homme de théâtre, il mène une carrière de romancier. Dans une production relativement abondante, deux romans surtout sont considérés de nos jours, après un long oubli, comme des œuvres romanesques majeures : *Le Paysan parvenu* (1735) et *La Vie de Marianne* (1738). Ces deux romans ont en commun le récit de la confrontation d'une âme jeune, une orpheline, un paysan (c'est-à-dire un être appartenant à un ordre pour lequel il n'existe aucun titre), avec la réalité sociale.

Cette peinture est d'autant plus vive qu'elle vient d'une âme « qui ne sait rien, qui n'a jamais rien vu, qui est toujours neuve ». En ce sens, les deux romans de Marivaux, comme d'ailleurs celui de Prévost *Manon Lescaut,* ouvrent la voie, si féconde pour le roman français, du réalisme.

Marivaux a connu peu de succès de son vivant : c'est presque oublié qu'il meurt en 1763.

La Fausse suivante ou Le Fourbe puni
1724 ⸻

Cette comédie en trois actes et en prose fut jouée pour la première fois par les comédiens italiens, le 8 juillet 1724. Moins connue que *Le Jeu de l'Amour et du Hasard,* mais remise au premier rang des pièces de Marivaux par de récentes mises en scènes, c'est une comédie très caractéristique du genre. Lélio, jeune noble sans scrupules, cherche à se défaire de la Comtesse auprès de laquelle il s'est engagé, afin d'épouser une autre jeune femme dont la dot est supérieure. A cette fin, il a invité un jeune et beau chevalier rencontré au cours d'un bal : il lui propose de séduire la Comtesse. Or, ce chevalier mystérieux n'est autre que la jeune femme qu'il veut épouser. Celle-ci, lorsqu'elle a rencontré au bal Lélio, auquel elle se sait promise, a décidé sur-le-champ de profiter de son déguisement de jeune homme et de faire la connaissance, sous ce masque, de celui auquel on la destine.

Dans la scène suivante Lélio, bien qu'il ait demandé au chevalier de séduire la Comtesse, continue de jouer auprès d'elle la comédie de l'amour. En effet, il ne veut pas que, se sentant abandonné par lui, et donc piquée dans sa vanité, la Comtesse se mette en tête de le reconquérir.

Ils entrent tous deux comme continuant de se parler.

LA COMTESSE   Non, Monsieur, je ne vous comprends point. Vous liez amitié avec le Chevalier, vous me l'amenez; et vous voulez ensuite que je lui fasse mauvaise mine! Qu'est-ce que c'est que cette idée-là? Vous m'avez dit vous-même que c'était un homme aimable, amusant et effectivement j'ai jugé que vous aviez raison.

5   LÉLIO *répétant un mot*   Effectivement! Cela est donc bien effectif? Eh bien! je ne sais que vous dire; mais voilà un *effectivement* qui ne devrait pas se trouver là, par exemple.

LA COMTESSE   Par malheur, il s'y trouve.

LÉLIO   Vous me raillez[1], Madame.

10   LA COMTESSE   Voulez-vous que je respecte votre antipathie[2] pour *effectivement?* Est-ce qu'il n'est pas bon français? L'a-t-on proscrit[3] de la langue?

LÉLIO   Non, Madame; mais il marque que vous êtes un peu trop persuadée du mérite du Chevalier.

LA COMTESSE   Il marque cela? Oh! il a tort, et le procès que vous lui faites est 15 raisonnable, mais vous m'avouerez qu'il n'y a pas de mal à sentir suffisamment le mérite d'un homme, quand le mérite est réel; et c'est comme j'en use avec le Chevalier.

LÉLIO   Tenez, *sentir* est encore une expression qui ne vaut pas mieux; *sentir* est trop, c'est *connaître* qu'il faudrait dire.

20   LA COMTESSE   Je suis d'avis de ne dire plus mot, et d'attendre que vous m'ayez donné la liste des termes sans reproche que je dois employer, je crois que c'est le plus court; il n'y a que ce moyen-là qui puisse me mettre en état de m'entretenir avec vous.

LÉLIO   Eh! Madame, faites grâce à mon amour.

25   LA COMTESSE   Supportez donc mon ignorance; je ne savais pas la différence qu'il y avait entre *connaître* et *sentir.*

LÉLIO   *Sentir*, Madame, c'est le style du cœur, et ce n'est pas dans ce style-là que vous devez parler du Chevalier.

LA COMTESSE   Écoutez; le vôtre ne m'amuse point; il est froid, il me glace; et, si 30 vous voulez même, il me rebute.

LÉLIO *à part*   Bon! je retirerai mon billet.

LA COMTESSE   Quittons-nous, croyez-moi; je parle mal, vous ne me répondez pas mieux; cela ne fait pas une conversation amusante.

LÉLIO   Allez-vous rejoindre le Chevalier?

35   LA COMTESSE   Lélio, pour prix des leçons que vous venez de me donner, je vous avertis, moi, qu'il y a des moments où vous feriez bien de ne pas vous montrer; entendez-vous?

LÉLIO   Vous me trouvez donc bien insupportable?

1. Moquez.   2. Aversion.   3. Exclu.

LA COMTESSE   Épargnez-vous ma réponse; vous auriez à vous plaindre de la
40 valeur de mes termes, je le sens bien.

LÉLIO   Et moi, je sens que vous vous retenez; vous me diriez de bon cœur que vous me haïssez.

LA COMTESSE   Non; mais je vous le dirai bientôt, si cela continue, et cela continuera sans doute.

45 LÉLIO   Il semble que vous le souhaitez.

LA COMTESSE   Hum! vous ne feriez pas languir mes souhaits.

LÉLIO *d'un air fâché et vif*   Vous me désolez, Madame.

LA COMTESSE   Je me retiens, Monsieur; je me retiens.

Elle veut s'en aller.

50 LÉLIO   Arrêtez, Comtesse; vous m'avez fait l'honneur d'accorder quelque retour à ma tendresse.

LA COMTESSE   Ah! le beau détail où vous entrez là!

LÉLIO   Le dédit[1] même qui est entre nous...

LA COMTESSE, *fâchée*   Eh bien! ce dédit vous chagrine? il n'y a qu'à le rompre.
55 Que ne me disiez-vous cela sur-le-champ? Il y a une heure que vous biaisez pour arriver là.

LÉLIO   Le rompre! J'aimerais mieux mourir; ne m'assure-t-il pas votre main?

LA COMTESSE   Et qu'est-ce que c'est que ma main sans mon cœur?

LÉLIO   J'espère avoir l'un et l'autre.

60 LA COMTESSE   Pourquoi me déplaisez-vous donc?

LÉLIO   En quoi ai-je pu vous déplaire? Vous auriez de la peine à le dire vous-même.

LA COMTESSE   Vous êtes jaloux, premièrement.

LÉLIO   Eh! morbleu! Madame, quand on aime...

65 LA COMTESSE   Ah! quel emportement!

LÉLIO   Peut-on s'empêcher d'être jaloux? Autrefois vous me reprochiez que je ne l'étais pas assez; vous me trouviez trop tranquille; me voici inquiet, et je vous déplais.

LA COMTESSE   Achevez, Monsieur, concluez que je suis une capricieuse; voilà ce
70 que vous voulez dire, je vous entends bien. Le compliment que vous me faites est digne de l'entretien dont vous me régalez depuis une heure; et après cela vous me demanderez en quoi vous me déplaisez! Ah! l'étrange caractère!

LÉLIO   Mais je ne vous appelle pas capricieuse, Madame; je dis seulement que vous vouliez que je fusse jaloux; aujourd'hui je le suis; pourquoi le trouvez-
75 vous mauvais?

LA COMTESSE   Eh bien! vous direz encore que vous ne m'appelez pas fantasque!

LÉLIO   De grâce, répondez.

LA COMTESSE   Non, Monsieur, on n'a jamais dit à une femme ce que vous me dites là; et je n'ai vu que vous dans la vie qui m'ayez trouvée si ridicule.

---

1. Lélio a contracté une dette de 10 000 francs envers la Comtesse qui en a son billet, c'est-à-dire l'assurance écrite qu'il la remboursera. En outre et antérieurement, la Comtesse et Lélio ont passé un dédit de 10 000 francs : si Lélio rompt avec la Comtesse, il lui devra le dédit ; si c'est elle qui rompt, elle le devra à Lélio. Lélio a donc fait le calcul suivant : s'il rompt avec la Comtesse, il lui devra le billet plus le dédit, à savoir 20 000 francs. Si c'est elle qui rompt, ils seront quitte.

⁸⁰ LÉLIO *regardant autour de lui* Je chercherais volontiers à qui vous parlez, Madame ; car ce discours-là ne peut pas s'adresser à moi.

LA COMTESSE Fort bien ! me voilà devenue visionnaire à présent ; continuez, Monsieur, continuez ; vous ne voulez pas rompre le dédit : cependant c'est moi qui ne veux plus ; n'est-il pas vrai ?

⁸⁵ LÉLIO Que d'industrie[1] pour vous sauver d'une question fort simple, à laquelle vous ne pouvez répondre !

LA COMTESSE Oh ! je n'y saurais tenir ; capricieuse, ridicule, visionnaire et de mauvaise foi ! le portrait est flatteur ! Je ne vous connaissais pas, Monsieur Lélio, je ne vous connaissais pas ; vous m'avez trompée. Je vous passerais de la jalousie ; ⁹⁰ je ne parle pas de la vôtre, elle n'est pas supportable ; c'est une jalousie terrible, odieuse, qui vient du fond du tempérament, du vice de votre esprit. Ce n'est pas délicatesse chez vous ; c'est mauvaise humeur naturelle, c'est précisément caractère. Oh ! ce n'est pas là la jalousie que je vous demandais : je voulais une inquiétude douce, qui a sa source dans un cœur timide et bien touché, et qui n'est qu'une ⁹⁵ louable méfiance de soi-même ; avec cette jalousie-là, Monsieur, on ne dit point d'invectives aux personnes que l'on aime ; on ne les trouve ni ridicules, ni fourbes, ni fantasques ; on craint seulement de n'être pas toujours aimé, parce qu'on ne croit pas être digne de l'être. Mais cela vous passe ; ces sentiments-là ne sont pas du ressort d'une âme comme la vôtre. Chez vous, c'est des emportements, des fureurs, ou ¹⁰⁰ pur artifice : vous soupçonnez injurieusement ; vous manquez d'estime, de respect, de soumission ; vous vous appuyez sur un dédit ; vous fondez vos droits sur des raisons de contrainte. Un dédit, Monsieur Lélio ! Des soupçons ! Et vous appelez cela de l'amour ! C'est un amour à faire peur. Adieu.

LÉLIO Encore un mot. Vous êtes en colère, mais vous reviendrez, car vous m'esti-¹⁰⁵mez dans le fond.

LA COMTESSE Soit ; j'en estime tant d'autres ! Je ne regarde pas cela comme un grand mérite d'être estimable ; on n'est que ce qu'on doit être.

LÉLIO Pour nous accommoder, accordez-moi une grâce. Vous m'êtes chère : le Chevalier vous aime ; ayez pour lui un peu plus de froideur ; insinuez-lui qu'il nous ¹¹⁰laisse, qu'il s'en retourne à Paris.

LA COMTESSE Lui insinuer qu'il nous laisse, c'est-à-dire lui glisser tout doucement une impertinence qui me fera tout doucement passer dans son esprit pour une femme qui ne sait pas vivre ! Non, Monsieur ; vous m'en dispenserez, s'il vous plaît. Toute la subtilité possible n'empêchera pas un compliment d'être ridicule, quand il ¹¹⁵l'est, vous me le prouvez par le vôtre ; c'est un avis que je vous insinue tout doucement, pour vous donner un petit essai de ce vous appelez manière insinuante.

Elle se retire.

1. Activité.

La Fausse suivante, Acte I, scène 2.

1 Relevez la progression des attaques de Lélio. A votre avis, que cherche-t-il à provoquer ?

2 Cherchez le sens exact des mots que Lélio relève dans le discours de la Comtesse. Trouvez-vous ses reproches fondés ? Pensez-vous qu'un homme qui n'aurait pas été amoureux de la Comtesse les aurait relevés ?

3 Lélio vous semble-t-il, tout au long de la scène, jouer d'un cœur froid le rôle du jaloux ? A quel moment voyez-vous son comportement se modifier ?

La Vie de Marianne

1738

Ce long roman raconte à la première personne la vie et les aventures de Marianne, enfant trouvée. Dégagé donc de toute entrave sociale ou familiale, le personnage se construit « au jour le jour », dans sa confrontation à la société de la Régence. Marianne oppose une fin de non-recevoir à toutes les sollicitations du destin, afin de conserver intacte sa liberté : ainsi, elle refuse le poste de domestique qu'on lui offre, elle refuse les propositions suspectes de son protecteur, elle refuse le mariage, etc. Ces refus sont autant d'étapes sur le chemin mystérieux qu'elle suit.

Peu après son arrivée à Paris, Marianne se blesse à la cheville en voulant éviter un carrosse. Mais, par un hasard très étrange, celui-ci appartient à Valville, un jeune homme qu'elle a rencontré peu de temps auparavant.

Enfin on me porta chez Valville, c'était le nom du jeune homme en question, qui fit ouvrir une salle où l'on me mit sur un lit de repos.

J'avais besoin de secours, je sentais beaucoup de douleur à mon pied, et Valville envoya sur-le-champ chercher un chirurgien, qui ne tarda pas à venir. Je passe
5 quelques petites excuses que je lui fis dans l'intervalle sur l'embarras que je lui causais ; excuses communes que tout le monde sait faire, et auxquelles il répondit à la manière ordinaire.

Ce qu'il y eut pourtant de particulier entre nous deux, c'est que je lui parlai de l'air d'une personne qui sent qu'il y a bien autre chose sur le tapis que des excuses,
10 et qu'il me répondit d'un ton qui me préparait à voir entamer la matière.

Nos regards même l'entamaient déjà ; il n'en jetait pas un sur moi qui ne signifiât : *Je vous aime*, et moi je ne savais que faire des miens, parce qu'ils lui en auraient dit autant.

Nous en étions, lui et moi, à ce muet entretien de nos cœurs, quand nous vîmes
15 entrer le chirurgien, qui sur le récit que lui fit Valville de mon accident, débuta par dire qu'il fallait voir mon pied.

A cette proposition, je rougis d'abord par un sentiment de pudeur ; et puis, en rougissant pourtant, je songeai que j'avais le plus joli petit pied du monde ; que Valville allait le voir ; que ce ne serait point ma faute, puisque la nécessité voulait que je le
20 montrasse devant lui. Ce qui était une bonne fortune pour moi, bonne fortune honnête et faite à souhait, car on croyait qu'elle me faisait de la peine : on tâchait de m'y résoudre, et j'allais en avoir le profit immodeste, en conservant tout le mérite de la modestie, puisqu'il me venait d'une aventure dont j'étais innocente. C'était ma chute qui avait tort.

25 Combien dans le monde y a-t-il d'honnêtes gens qui me ressemblent, et qui, pour pouvoir garder une chose qu'ils aiment, ne fondent pas mieux leur droit d'en jouir que je faisais le mien dans cette occasion-là !

On croit souvent avoir la conscience délicate, non pas à cause des sacrifices qu'on lui fait, mais à cause de la peine qu'on prend avec elle pour s'exempter de
30 lui en faire.

Ce que je dis là peint surtout beaucoup de dévots, qui voudraient bien gagner le ciel sans rien perdre à la terre, et qui croient avoir de la piété, moyennant les cérémonies pieuses qu'ils font toujours avec eux-mêmes, et dont ils bercent leur conscience. Mais n'admirez-vous pas, au reste, cette morale que mon pied amène ?

35 Je fis quelque difficulté de le montrer, et je ne voulais ôter que le soulier; mais ce n'était pas assez. Il faut absolument que je voie le mal, disait le chirurgien, qui y allait tout uniment; je ne saurais rien dire sans cela; et là-dessus une femme de charge, que Valville avait chez lui, fut sur-le-champ appelée pour me déchausser; ce qu'elle fit pendant que Valville et le chirurgien se retirèrent un peu à quartier.

40 Quand mon pied fut en état, voilà le chirurgien qui l'examine et qui le tâte. Le bon homme, pour mieux juger du mal, se baissait beaucoup, parce qu'il était vieux, et Valville en conformité de geste, prenait insensiblement la même attitude, et se baissait beaucoup aussi, parce qu'il était jeune; car il ne connaissait rien à mon mal, mais il se connaissait à mon pied, et m'en paraissait aussi content que je 45 l'avais espéré.

Pour moi, je ne disais mot, et ne donnais aucun signe des observations clandestines que je faisais sur lui; il n'aurait pas été modeste de paraître soupçonner l'attrait qui l'attirait, et d'ailleurs j'aurais tout gâté si je lui avais laissé apercevoir que je comprenais ses petites façons : cela m'aurait obligé moi-même d'en faire davantage, 50 et peut-être aurait-il rougi des siennes; car le cœur est bizarre, il y a des moments où il est confus et choqué d'être pris sur le fait quand il se cache; cela l'humilie. Et ce que je dis là, je le sentais par instinct.

J'agissais donc en conséquence; de sorte qu'on pouvait bien croire que la présence de Valville m'embarrassait un peu, mais simplement à cause qu'il me voyait, 55 et non pas à cause qu'il aimait à me voir.

La Vie de Marianne, seconde partie.

1 A quel moment dans ce texte se nouent des relations plus profondes entre Valville et Marianne? Pourriez-vous en décrire les étapes?

2 Donnez le sens des expressions « sur le tapis » (l. 9), « entamer la matière » (l. 10). Comment qualifieriez-vous ces expressions, du point de vue du style? En relevez-vous d'autres du même type dans le texte? A votre avis, comment s'explique la prédilection de Marivaux pour elles?

3 Comment se révèle le caractère de Marianne lorsqu'il s'agit de « montrer son pied »?

L'ESPRIT DU SIÈCLE : LES LUMIÈRES

Un relatif mieux-être

Économiquement, la France connaît dans cette période un essor d'autant plus sensible que la fin du règne de Louis XIV avait vu se succéder guerres, disettes et émeutes.

Quelques chiffres :
— La population comptait à peine 19 millions d'habitants en 1715. Elle en comporte plus de 26 millions en 1789.
— La production manufacturière ou artisanale double par rapport à la fin du siècle de Louis XIV.
— La production agricole augmente de 60 %.
— Les échanges extérieurs sont multipliés par cinq.

En bref, on vit moins mal en France sous Louis XV que sous Louis XIV, ce «on» recouvrant bien des disparités. Pour la majorité de la population, le pain quotidien reste un problème, et il suffit de quelques mauvaises récoltes pour faire resurgir non plus la famine mais la misère. Cependant, ce mieux-être que connaît le milieu du siècle suffit à généraliser dans l'opinion l'idée qu'une relative aisance peut être mise à la portée de tous.

Le triomphe de l'esprit critique

Le bouillonnement critique de la Régence prend forme au milieu du siècle et s'ordonne en deux œuvres décisives : *L'Essai sur l'origine des connaissances humaines* de Condillac (1746) et, deux ans plus tard, *L'Esprit des lois* de Montesquieu, dont le retentissement est immense. En 1749, *L'Histoire naturelle* de Buffon, qui décrit l'évolution de la terre depuis ses origines et place l'homme, non plus au centre de l'univers, mais dans l'univers, à côté des espèces animales, ouvre définitivement le siècle à une véritable révolution philosophique.

Une foi absolue dans le progrès continu de l'homme structure l'ensemble du mouvement intellectuel qu'on a appelé l'esprit des Lumières. Les philosophes rejettent et les règles (l'esprit classique), et l'esprit religieux qui n'apporte aux problèmes que se pose l'homme dans le monde que des solutions qui ne tiennent pas compte des particularités individuelles. Les philosophes repensent complètement, au cours du XVIIIe siècle, les notions de destin, de civilisation, de croyance, de système philosophique.

Une expérience sur l'électricité
(gravure anonyme
du XVIIIe siècle).

Un enthousiasme général pour la science se développe. Les intellectuels sont curieux de tout : science, beaux-arts, astronomie, littérature, rien n'échappe à leur intérêt. L'attitude à l'égard des phénomènes naturels change : on n'en cherche plus le pourquoi, mais le comment ; on oppose à la tradition et aux croyances religieuses l'expérience.

Un nouvel humanisme apparaît. Le goût pour un savoir englobant toutes les connaissances humaines, la foi dans le progrès et la raison, fondent un humanisme de type nouveau qui trouve sa plus haute expression dans l'œuvre majeure du XVIIIe siècle : *l'Encyclopédie, Dictionnaire raisonné des sciences, des arts et des métiers,* conçu comme une œuvre de progrès, une machine de guerre contre les préjugés et une somme de toutes les connaissances de l'époque. Cette œuvre, menée à bien grâce au courage et à l'énergie de Diderot, va catalyser la haine des opposants aux philosophes : Diderot est emprisonné à Vincennes, l'*Encyclopédie* retirée de la vente ; les menaces et les pressions du pouvoir ne cessent pas, pendant les vingt années de son élaboration.

Le cosmopolitisme est l'un des résultats de la foi dans la raison : elle abolit les frontières. Toutes les cours d'Europe accueillent les philosophes et les écrivains français, qui se disent citoyens du monde, et répandent un idéal de paix et de civilisation. C'est que l'échange, la connaissance des pays étrangers, de leur civilisation, de leurs coutumes, permettent aux philosophes de relativiser les mœurs nationales, et de lutter en particulier contre les préjugés qu'entretiennent l'Église et la tradition.

Voltaire chez Frédéric le Grand (1712-1786) au château de Sans-Souci près de Berlin, imitation du château de Versailles, (Gravure d'après A. Menzel, 1778).

LES PROGRÈS DE L'ESPRIT D'EXAMEN

L'ESPRIT CRITIQUE

Le courant de pensée critique et de philosophie naturaliste cherchant à expliquer les phénomènes naturels sans recourir aux causes divines, et qui aboutira à l'Encyclopédie (cf. p. 196), remonte au XVIe siècle, à la Renaissance des arts et des lettres, notamment gréco-latines. Après l'arrêt provisoire que lui impose l'interdiction de publier, le mouvement reprend : on passe toutes les croyances traditionnelles, toutes les opinions politiques, sociales et économiques au crible de la raison. Le libertinage vise à affirmer l'autonomie de l'individu par rapport à l'autorité religieuse. On soumet toutes les explications de la réalité à l'esprit critique, sous une forme volontiers exérimentale.

Les historiens protestants, et parfois catholiques, du XVIIIe siècle cherchent à établir le degré d'authenticité des textes sacrés indépendamment de tout préjugé, de quelque ordre qu'il puisse être. Ce travail est condamné par l'Église catholique. Quant aux protestants, ils revendiquent le droit pour chacun d'examiner sa propre croyance et de s'en tenir aux décisions de sa conscience. Ce droit au libre examen produit au XVIIIe siècle un foisonnement de sectes.

DU RATIONALISME À L'ATHÉISME

Les disciples de Descartes dominent la pensée européenne de la fin du XVIIIe siècle. Comme lui, ils font de la raison un instrument de connaissance certaine, mais ils étendent leur champ d'investigation à des domaines qu'il avait prudemment écartés : la théologie, la politique, la morale.

Dès 1670, Spinoza attaque les croyances traditionnelles au nom de la raison, et conclut que le christianisme n'est qu'un phénomène historique, relatif et transitoire, que Dieu n'est pas une personne, mais la Nature, clef de l'univers, et que la démocratie est un système plus conforme à l'état de nature que la royauté.

Malebranche fait également confiance à l'homme, et subordonne Dieu à la toute-puissance de la raison. Bayle et Fontenelle luttent contre la croyance au surnaturel, dissocient morale et religion, et définissent les règles de l'esprit scientifique qui assurera selon eux les progrès matériels et moraux de l'humanité.

Quant à d'Holbach, athée et matérialiste, son *Système de la Nature* (1770) constitue à la fois un aboutissement et un point de non-retour. C'est un ouvrage tout d'une pièce, qui systématise les efforts entrepris à l'époque pour constituer une philosophie de l'homme.

LES VOYAGES

Les récits de voyages, très en vogue, permettent de tirer des leçons de relativité. On découvre que les usages occidentaux n'ont rien d'universel : ce sont des coutumes particulières, comme celles d'autres peuples qui, pour être différents, ne sont pas inférieurs. Les philosophes remettent ainsi en discussion les idées reçues, sur la propriété, la justice, la liberté, et surtout la religion.

Montesquieu

1689-1755

Un philosophe profond, un romancier allègre

Montesquieu déroute : pour les uns auteur piquant des *Lettres Persanes,* voire « ennemi de la saine morale et de toutes les religions », pour les autres penseur grave de *L'Esprit des lois,* voire affecté d'un « parti pris de type féodal », il apparaît dans tous les cas comme un esprit rebelle à l'étiquette définitive et au classement dans une catégorie préétablie.

Jeunesse et formation

Noble, de la noblesse de robe, Charles-Louis de Secondat, baron de Montesquieu et de La Brède, conseiller du Roy, président de l'académie de Bordeaux puis de l'Académie française, magistrat, se veut riche, exploite ses terres selon les idées modernes et voyage en Europe. Observateur infatigable, il étudie, compare, emmagasine la matière cosmopolite dont toute son œuvre, des *Lettres Persanes* à *L'Esprit des lois,* porte la trace.

Lettres persanes
1721

Au début du XVIIIe siècle, les voyages, et un réel effort d'érudition, modifient l'éclairage sous lequel est perçu le monde musulman. Les travaux d'historiens, la traduction du *Coran* et des *Mille et une Nuits*, connaissent un grand succès.

Ces ouvrages, et la curiosité qu'ils suscitent, décident Montesquieu à faire passer ses railleries à l'encontre des mœurs de la ville et de la Cour pour celles d'un seigneur persan en voyage à Paris : ce regard « étranger » lui permet toutes les audaces.

Les *Lettres persanes* relèvent du genre épistolaire, qui se révélera si fécond au XVIIIe siècle ; il correspond bien au tempérament comme aux principes affirmés par Montesquieu : priorité à l'expérience, refus des dogmes et multiplicité des points de vue.

Rica à Ibben, à Smyrne

Usbek, seigneur persan, quitte Ispahan pour l'Europe, après avoir confié les femmes de son sérail à la garde du Grand Eunuque. Les femmes du sérail, pendant son absence, se révoltent sous la conduite de Roxane qui, démasquée à la fin seulement du roman, s'empoisonne. Dès les premières manifestations de révolte, Usbek donne des ordres au Grand Eunuque. Mais la Perse est loin de l'Europe : il faut cinq mois à une lettre pour parvenir d'un point à l'autre. Aussi Usbek, recevant après cinq mois les nouvelles, donne des ordres qui ne prendront effet que dix mois après l'événement : il est donc réduit à l'impuissance, et c'est là un des moteurs du drame. En Europe, le Persan observe les mœurs étranges des habitants, rit de leur religion et de leur système politique « en toute naïveté ».

Nous sommes à Paris depuis un mois, et nous avons toujours été dans un mouvement continuel. Il faut bien des affaires avant qu'on soit logé, qu'on ait trouvé les gens à qui on est adressé, et qu'on se soit pourvu des choses nécessaires, qui manquent toutes à la fois.

5 Paris est aussi grand qu'Ispahan. Les maisons y sont si hautes qu'on jugerait qu'elles ne sont habitées que par des astrologues. Tu juges bien qu'une ville bâtie en l'air, qui a six ou sept maisons les unes sur les autres, est extrêmement peuplée, et que, quand tout le monde est descendu dans la rue, il s'y fait un bel embarras[1].

Tu ne le croirais pas peut-être : depuis un mois que je suis ici, je n'y ai encore vu 10 marcher personne. Il n'y a point de gens au monde qui tirent mieux parti de leur machine que les Français : ils courent ; ils volent. Les voitures lentes d'Asie, le pas réglé de nos chameaux, les feraient tomber en syncope. Pour moi, qui ne suis point fait à ce train[2] et qui vais souvent à pied sans changer d'allure, j'enrage quelquefois comme un Chrétien : car encore passe qu'on m'éclabousse depuis les pieds jus-15 qu'à la tête, mais je ne puis pardonner les coups de coude que je reçois réguliè-

1. Encombrement de la circulation.
2. Allure, rythme.

rement et périodiquement. Un homme qui vient après moi, et qui me passe, me fait faire un demi-tour, et un autre, qui me croise de l'autre côté, me remet soudain où le premier m'avait pris ; et je n'ai pas fait cent pas, que je suis plus brisé que si j'avais fait dix lieues.

20 Ne crois pas que je puisse, quant à présent, te parler à fond des mœurs et des coutumes européennes : je n'en ai moi-même qu'une légère idée, et je n'ai eu à peine que le temps de m'étonner.

Le Roi de France est le plus puissant prince de l'Europe. Il n'a point de mines d'or comme le roi d'Espagne son voisin ; mais il a plus de richesses que lui, parce qu'il

25 les tire de la vanité de ses sujets, plus inépuisable que les mines. On lui a vu entreprendre ou soutenir de grandes guerres, n'ayant d'autres fonds que des titres d'honneur à vendre[1], et, par un prodige[2] de l'orgueil humain, ses troupes se trouvaient payées, ses places, munies[3], et ses flottes, équipées.

D'ailleurs ce roi est un grand magicien : il exerce son empire sur l'esprit même de

30 ses sujets ; il les fait penser comme il veut. S'il n'a qu'un million d'écus dans son trésor, et qu'il en ait besoin de deux, il n'a qu'à leur persuader qu'un écu en vaut deux, et ils le croient[4]. S'il a une guerre difficile à soutenir, et qu'il n'ait point d'argent, il n'a qu'à leur mettre dans la tête qu'un morceau de papier[5] est de l'argent, et ils en sont aussitôt convaincus. Il va même jusqu'à leur faire croire qu'il les guérit de tou-

35 tes sortes de maux en les touchant[6], tant est grande la force et la puissance qu'il a sur les esprits.

De Paris, le 4 de la lune de Rébiab, 2, 1712.
Montesquieu, *Lettres persanes*, XXIV

1. La vente d'offices nouveaux, d'exemptions et de titres de noblesse fut l'expédient financier le plus souvent utilisé par Louis XIV à partir de 1689.
2. Miracle.
3. Fortifiées.
4. Allusion aux quarante-trois variations du cours de l'écu entre 1689 et 1715.
5. Allusion au premier « papier-monnaie » qui apparaît en 1701.
6. Un des aspects de la monarchie absolue de droit divin est cette croyance que le roi a le pouvoir de guérir certaines maladies par imposition des mains.

1 Montesquieu utilise le regard étranger de Ricca pour railler le pape et le roi. Pouvez-vous relever précisément les mots, les expressions qui participent de ce procédé ? Jouent-ils tous exactement le même rôle ? Pourriez-vous les classer, et qualifier les différents aspects de ce procédé ?

2 Cette lettre est, bien entendu, écrite à la première personne. Quel est, à votre avis, l'avantage de cet emploi sur la troisième personne du récit par exemple ? Que fait-il passer au premier plan ?

Roxane à Usbek à Paris

Les Lettres ont été longtemps étudiées du seul point de vue de la satire, reléguant l'aventure du sérail au rang d'un exotisme à la mode au XVIIIe siècle, mais sans intérêt aujourd'hui. Pourtant, cette très belle lettre de Roxane montre à quel point l'aventure du sérail, bien plus que la critique de mœurs, apporte au roman sa tension dramatique.

Oui, je t'ai trompé ; j'ai séduit tes eunuques, je me suis jouée de ta jalousie, et j'ai su, de ton affreux sérail, faire un lieu de délices et de plaisirs.

Je vais mourir : le poison va couler dans mes veines. Car que ferais-je ici, puisque le seul homme qui me retenait à la vie n'est plus ? Je meurs ; mais mon ombre
5 s'envole bien accompagnée ; je viens d'envoyer devant moi ces gardiens sacrilèges qui ont répandu le plus beau sang du Monde[1].

Comment as-tu pensé que je fusse assez crédule pour m'imaginer que je ne fusse dans le Monde que pour adorer tes caprices ? que, pendant que tu te permets tout, tu eusses le droit d'affliger tous mes désirs ? Non ! J'ai pu vivre dans la servitude, mais
10 j'ai toujours été libre : j'ai réformé tes lois sur celles de la Nature, et mon esprit s'est toujours tenu dans l'indépendance.

Tu devrais me rendre grâces encore du sacrifice que je t'ai fait : de ce que je me suis abaissée jusqu'à te paraître fidèle : de ce que j'ai lâchement gardé dans mon cœur ce que j'aurais dû faire paraître à toute la Terre ; enfin, de ce que j'ai profané
15 la vertu, en souffrant qu'on appelât de ce nom ma soumission à tes fantaisies.

Tu étais étonné[2] de ne point trouver en moi les transports de l'amour. Si tu m'avais bien connue, tu y aurais trouvé toute la violence de la haine.

Mais tu as eu longtemps l'avantage[3] de croire qu'un cœur comme le mien t'était soumis. Nous étions tous deux heureux : tu me croyais trompée, et je te trompais.
20 Ce langage, sans doute, te paraît nouveau. Serait-il possible qu'après t'avoir accablé de douleur, je te forçasse encore d'admirer mon courage ? Mais c'en est fait : le poison me consume ; ma force m'abandonne[4] ; la plume me tombe des mains ; je sens affaiblir jusqu'à ma haine ; je me meurs.

Du sérail d'Ispahan, le 8 de la lune de Rebiab 1, 1720.
Montesquieu, *Lettres Persanes*, CLXI.

1. Celui de son amant, surpris dans le sérail et tué par les eunuques.
2. Sens plus fort qu'aujourd'hui ; étonné signifie très surpris.
3. Le bonheur.
4. Cf. *Phèdre* de Racine, Acte I, scène 3 : « N'allons point plus avant. Demeurons, chère Œnone / Je ne me soutiens plus ; mes forces m'abandonnent »...

1 Cette lettre est la dernière du roman. Comment qualifieriez-vous sa tonalité ?

2 Comment, à la lecture de cette lettre, le personnage de Roxane se dessine-t-il ? Vous rappelle-t-il d'autres personnages de la littérature ?

3 Étudiez la manière dont est mise en scène la lente progression vers la mort, depuis « Je vais mourir » jusqu'à « je me meurs ». Comment est-elle orchestrée ? Quels événements l'utilisation du « je » fait-il passer au premier plan ? Quels faits escamote-t-elle ? Quel effet ce silence produit-il sur le lecteur ?

L'Esprit des lois
1748

Un livre qui ouvre le siècle à la philosophie

De 1728 à 1731, Montesquieu découvre l'Europe et l'Angleterre, où il fréquente les protestants expatriés, s'initie à la maçonnerie[1], étudie le régime parlementaire anglais, puis, retiré à La Brède il commence la rédaction de *l'Esprit des lois* dont la première édition paraît, sans nom d'auteur encore, en 1748, à Genève. Vingt-deux éditions paraissent en deux ans. Jésuites et jansénistes, réconciliés, font chorus contre l'œuvre, et plus encore après que Montesquieu, en 1751, a répliqué aux attaques par une *Défense de l'Esprit des lois*.

Le retentissement de ce livre est immense : il fonde le droit positif, c'est-à-dire l'étude des textes de lois, précis et concrets, d'un État ; il invente le droit comparé en mettant en relation les lois qui régissent des États différents en des siècles différents ; il inaugure magistralement ce siècle de pensée philosophique et politique.

L'Esprit des lois s'attache à montrer comment, pas plus que les faits, les lois ne sont le fruit du hasard. Il analyse les différentes causes qui les déterminent : la période historique, la nature du gouvernement, despotique, monarchique ou républicain, le climat, la nature des sols, l'esprit général d'une nation – ses religions, ses traditions, ses mœurs, ses conditions démographiques.

Chacun de ces types de causes n'influe pas seul, mais d'une façon relative : c'est le dosage des uns et des autres qui colore l'esprit des lois.

Non seulement Montesquieu analyse ce qu'est la loi, mais encore il propose ce qu'elle doit être :
– Il faut que les lois se rapportent à la nature et au principe de gouvernement qui est établi ou qu'on veut établir (Livre I).
– « Le bien politique, comme le bien moral se trouve toujours entre deux limites » (Livre XXIX) : ces deux pôles sont, pour Montesquieu, d'une part la nature des choses, d'autre part les aspirations de l'homme. Il prône la modération, la tolérance religieuse.
– Chacun des trois types de gouvernements définis par Montesquieu – le despotique, le monarchique, le républicain – doivent être fondés sur un principe essentiel qu'exprimeront ses lois : le gouvernement despotique est fondé sur la crainte, le monarchique sur l'honneur et le républicain sur la vertu.

Montesquieu ne cache pas son goût pour une monarchie à l'anglaise dans laquelle il prône une distribution des trois pouvoirs.

Il y a, dans chaque État, trois sortes de pouvoirs : la puissance législative, la puissance exécutrice des choses qui dépendent du droit des gens[2], et la puissance exécutrice de celles qui dépendent du droit civil[3].

Par la première, le prince ou le magistrat fait des lois pour un temps ou pour tou-
5 jours, et corrige ou abroge[4] celles qui sont faites. Par la seconde, il fait la paix ou

---

1. Franc-maçonnerie : association philanthropique et société de pensée qui accueille ses membres à l'issue d'un rituel d'initiation. La franc-maçonnerie connaît un essor immense au XVIIIe siècle, en particulier en Angleterre. Si la maçonnerie n'a pas inspiré directement la révolution de 1789, les réunions des francs-maçons furent cependant un creuset où s'est développée la pensée politique du progrès.
2. Pouvoir exécutif. Le droit des gens signifie le droit des nations.
3. Pouvoir judiciaire.
4. Supprime.

la guerre, envoie ou reçoit des ambassades, établit la sûreté, prévient les invasions. Par la troisième, il punit les crimes ou juge les différends des particuliers. On appellera cette dernière la puissance de juger; et l'autre, simplement la puissance exécutrice de l'État.

10 La liberté politique dans un citoyen est cette tranquillité d'esprit qui provient de l'opinion que chacun a de sa sûreté; et pour qu'on ait cette liberté, il faut que le gouvernement soit tel qu'un citoyen ne puisse pas craindre un autre citoyen.

Lorsque, dans la même personne ou dans le même corps de magistrature, la puissance législative est réunie à la puissance exécutrice, il n'y a point de liberté, 15 parce qu'on peut craindre que le même monarque ou le même sénat ne fasse des lois tyranniques pour les exécuter tyranniquement.

Il n'y a point encore de liberté si la puissance de juger n'est pas séparée de la puissance législative et de l'exécutrice. Si elle était jointe à la puissance législative, le pouvoir sur la vie et la liberté des citoyens serait arbitraire : car le juge serait 20 législateur. Si elle était jointe à la puissance exécutrice, le juge pourrait avoir la force d'un oppresseur.

Tout serait perdu si le même homme, ou le même corps des principaux, ou des nobles, ou du peuple, exerçait ces trois pouvoirs : celui de faire des lois, celui d'exécuter les résolutions publiques, et celui de juger les crimes ou les différends 25 des particuliers.

Dans la plupart des royaumes de l'Europe, le gouvernement est modéré, parce que le prince, qui a les deux premiers pouvoirs, laisse à ses sujets l'exercice du troisième. Chez les Turcs, où les trois pouvoirs sont réunis sur la tête du sultan, il règne un affreux despotisme.

French weren't happy with this.

Montesquieu, *L'Esprit des lois*, Livre XI, 6.

1 Relevez les attributions relatives à chaque pouvoir.

2 Montesquieu ne prône pas une séparation des pouvoirs : la puissance exécutive participe à la législative par la faculté d'empêcher (le droit de véto); réciproquement, il appartient au législatif «d'examiner de quelle manière les lois qu'il a faites ont été exécutées». Pourquoi, à votre avis, Montesquieu récuse-t-il l'idée d'une séparation complète des pouvoirs? Quels en seraient les risques?

C'est abusivement qu'on a écrit que Montesquieu établissait un lien de cause à effet entre le climat et les hommes d'un pays. C'est, en réalité, une des causes seulement qui déterminent le comportement humain, et c'est dans cette perspective qu'il faut lire l'extrait suivant :

L'air froid resserre les extrémités des fibres extérieures de notre corps; cela augmente leur ressort, et favorise le retour du sang des extrémités vers le cœur. Il diminue la longueur de ces mêmes fibres; il augmente donc encore par là leur force. L'air chaud, au contraire, relâche les extrémités des fibres, et les allonge; il diminue
5 donc leur force et leur ressort.

On a donc plus de vigueur dans les climats froids. L'action du cœur et la réaction des extrémités des fibres s'y font mieux, les liqueurs sont mieux en équilibre, le sang est plus déterminé vers le cœur, et réciproquement le cœur a plus de puissance. Cette force plus grande doit produire bien des effets; par exemple, plus de
10 confiance en soi-même, c'est-à-dire plus de courage; plus de connaissance de sa supériorité, c'est-à-dire moins de désir de la vengeance; plus d'opinion de sa sûreté, c'est-à-dire plus de franchise, moins de soupçons, de politique et de ruses. Enfin cela doit faire des caractères bien différents. Mettez un homme dans un lieu chaud et enfermé, il souffrira, par les raisons que je viens de dire, une défaillance de cœur
15 très grande. Si, dans cette circonstance, on va lui proposer une action hardie, je crois qu'on l'y trouvera très peu disposé; sa faiblesse présente mettra un découragement dans son âme; il craindra tout, parce qu'il sentira qu'il ne peut rien. Les peuples des pays chauds sont timides comme les vieillards le sont; ceux des pays froids sont courageux comme le sont les jeunes gens. Si nous faisons attention aux
20 dernières guerres, qui sont celles que nous avons le plus sous nos yeux, et dans lesquelles nous pouvons mieux voir de certains effets légers, imperceptibles de loin, nous sentirons bien que les peuples du nord, transportés dans les pays du midi, n'y ont pas fait d'aussi belles actions que leurs compatriotes qui, combattant dans leur propre climat, y jouissaient de tout leur courage. [...]
25 Dans les pays froids on aura peu de sensibilité pour les plaisirs; elle sera plus grande dans les pays tempérés; dans les pays chauds, elle sera extrême. Comme on distingue les climats par les degrés de latitude, on pourrait les distinguer, pour ainsi dire, par les degrés de sensibilité. J'ai vu les opéras d'Angleterre et d'Italie; ce sont les mêmes pièces et les mêmes acteurs; mais la même musique produit des
30 effets si différents sur les deux nations, l'une est si calme, et l'autre si transportée, que cela paraît inconcevable.

Il en sera de même de la douleur : elle est excitée en nous par le déchirement de quelque fibre de notre corps. L'auteur de la nature a établi que cette douleur serait plus forte à mesure que le dérangement serait plus grand; or il est évident que les
35 grands corps et les fibres grossières des peuples du nord sont moins capables de dérangements que les fibres délicates des peuples des pays chauds; l'âme y est donc moins sensible à la douleur. Il faut écorcher un Moscovite pour lui donner du sentiment.

Montesquieu, *L'Esprit des lois.* Livre XIV, § II.

1 Relevez les arguments de Montesquieu qui viennent à l'appui de la caractérisation des pays froids et des pays chauds. De quel type sont les arguments : historique? scientifique? autres? Qu'en pensez-vous? Pourriez-vous soutenir le contraire par des arguments de même nature?

2 En comparant le style de cette page à celui des *Lettres persanes*, pouvez-vous analyser les différents aspects de l'écriture du traité politique?

LE RAYONNEMENT DE LA FRANCE AU XVIIIᵉ SIÈCLE

RAYONNEMENT LINGUISTIQUE

Le français est la langue commune de l'Europe « éclairée » (les revues et la majeure partie des ouvrages à caractère littéraire, philosophique et économique, y compris ceux imprimés en Suisse, dans les Pays-Bas ou en Allemagne, le sont en français). Cette primauté tient à la fois au rayonnement du Roi-Soleil, et à l'une de ses pires erreurs : la révocation de l'Édit de Nantes (1685) qui chasse à travers l'Europe des milliers d'intellectuels protestants, pasteurs, journalistes, techniciens et savants.

LA CULTURE FRANÇAISE EN EUROPE

Le français et la culture française sont adoptés par les intellectuels et les classes dirigeantes allemandes. Et si le souverain prussien Frédéric II se défie des encyclopédistes, suspects à ses yeux de pacifisme, il donne pourtant une impulsion définitive à l'Europe française des Lumières en faisant de l'Académie royale de Prusse la société philosophique la plus ouverte aux idées nouvelles et aux penseurs non-conformistes. L'Académie accueille, pour faire la leçon au gouvernement français, les directeurs de l'Encyclopédie et les philosophes en difficulté avec le pouvoir. Le mépris affiché par le souverain pour les langues allemandes et la culture germanique favorise au cours de la période la réaction intellectuelle nommée le *Sturm und Drang* (Tempête et assaut) d'où sortira le renouveau littéraire allemand.

La cour de Catherine II, en Russie, accueille aussi les philosophes, en particulier Diderot, longtemps aveugle sur la tyrannie exercée par la tsarine.

UN SIÈCLE D'ÉCHANGES INTELLECTUELS

Non seulement l'idéal des Lumières, de paix, de tolérance et de progrès, mais aussi les modes architecturales (Versailles, le « rococo ») se répandent dans toute l'Europe. En retour, la France accueille la culture étrangère, la musique italienne, la littérature allemande. Dans bien des domaines, l'influence anglaise domine : ses institutions politiques apparaissent, aux yeux de Montesquieu, de Voltaire, de Diderot, comme des modèles ; Newton connaît une popularité immense ; l'influence du philosophe Locke est importante ; des romans, ceux de Swift, de Sterne, sont traduits, imités, parodiés en France, de même que Shakespeare, Pope, et surtout Richardson. Les *Poèmes d'Ossian* écrits par Macpherson et attribués par lui à un barde gaélique du IIIᵉ siècle, connaissent un vif succès et favorisent le courant de sensibilité et d'illuminisme de la fin du siècle. Si l'Europe est affectée de « francomanie », lit, mange et boit français, la France l'est, en revanche, d'anglomanie, crée des clubs, et boit du thé.

French were imitating England
The Nobles sent their kids to French schools

Voltaire gravé par Laute.

Voltaire

1694-1778

Une réputation immense et controversée

On a parlé dès son vivant du siècle de Voltaire. Il semble, aujourd'hui encore, incarner l'esprit même de la France. Pourtant, on ne lit plus guère ce qui assura sa prééminence parmi ses contemporains : son théâtre et sa poésie. La gloire de « l'infatigable lutteur » tient à des écrits que lui-même tenait pour accessoires, mais où s'illustrent à merveille des qualités fort actuelles : la passion de penser, de comprendre et d'expliquer, un souci exceptionnel de clarification, une soif ardente de vérité et de justice.

Une vie tumultueuse

Fils de notaire, François-Marie Arouet dit Voltaire (anagramme probable d'AROVET L(e) l(eune), nom qu'il prend pour pseudonyme après son premier séjour en prison) gardera de ses origines le sens des affaires et l'ambition d'égaler les nobles. Après de solides études chez les Jésuites, il connaît ses premiers succès parmi la société brillante des intellectuels libertins. Cependant, il est exilé deux fois en province, puis incarcéré à la Bastille pour avoir écrit contre le Régent.

En 1726, bastonné puis de nouveau incarcéré à la suite d'une altercation avec un noble, Voltaire doit s'exiler en Angleterre. Il y achève de se former, fréquente et admire l'élite intellectuelle britannique. De retour en France, il donne plusieurs tragédies, dont *Zaïre* (il en écrira cinquante-deux au total, plus que Racine et Corneille réunis), publie une *Histoire de Charles XII* (1731) et surtout les *Lettres Philosophiques* (1734). Inquiété pour ce dernier ouvrage, il se réfugie à Cirey, où il passe dix années studieuses, s'obligeant à la prudence, écrivant surtout poèmes et tragédies.

Comme beaucoup de philosophes de son temps, Voltaire pense que sa mission politique consiste à « éclairer » c'est-à-dire rendre plus justes, grâce aux lumières de la philosophie, les gouvernants européens. C'est ainsi qu'il se rend en Prusse, à l'invitation de Frédéric II : après une période triomphale, au cours de laquelle il publie *Le Siècle de Louis XIV* (1751) et *Micromégas* (1752), il se brouille avec son hôte et rejoint la France. Il finit par se fixer définitivement au château de Ferney, à proximité de la frontière suisse. Enrichi par d'habiles spéculations, il y vit en seigneur « éclairé », asséchant des marais, créant des industries, traçant des routes. On l'appelle « le patriarche de Ferney », le « roi Voltaire ».

Il continue cependant de déployer une activité intense sur le plan littéraire : après l'*Essai sur les Mœurs* en 1756, il publie *Candide* (1759) et *L'Ingénu* (1767) ; sur le plan politique et philosophique, il s'engage dans l'affaire Calas, publie des pamphlets, – le *Traité sur la Tolérance* en 1763, puis le *Dictionnaire Philosophique* en 1764.

En 1778, le philosophe est accueilli triomphalement à Paris : son buste est couronné sur la scène lors de la représentation d'une de ses pièces ; élu à la direction de l'Académie, il meurt le 30 mai.

L'œuvre de Voltaire

Voltaire lutta toute sa vie contre le fanatisme et la superstition. Sa devise était : Écrasons l'infâme !, c'est-à-dire l'intolérance, la superstition. Sa principale objection à l'idée d'un dieu bon est l'existence du mal sur la terre. C'est le thème central d'une de ses œuvres les plus célèbres : *Candide.*

boats sink
war
earthquakes
slavery

Candide was sheltered in a German castle
all of the people & situations in this story actually happened to Voltaire

Candide ou L'optimisme
1759 ─────────────────────────────

Les *Contes philosophiques* de Voltaire se développent autour d'un thème central parfois précisé, comme c'est le cas pour *Candide,* par un sous-titre. Celui-ci constitue une réponse aux philosophes optimistes, disciples de l'Allemand Leibniz qui postulait l'existence dans le monde d'une harmonie préétablie (« tout est pour le mieux dans le meilleur des mondes »).

Parti dans la vie avec les illusions tirées de l'enseignement de son maître Pangloss, le jeune Candide se trouve confronté aux manifestations du mal dans le monde réel : naufrages, tremblement de terre, guerre, fanatisme, esclavage. Voltaire propose une double solution morale pratique : la retraite loin du monde d'une part, afin d'offrir moins de prise aux méchants, et le travail d'autre part, source de progrès et de bonheur.

L'ouvrage fut imprimé à Genève sous un faux nom, diffusé clandestinement avant d'être saisi, condamné et brûlé : quinze éditions n'en parurent pas moins pour la seule année 1759.

Candide, Pangloss et le valet Cacambo rencontrent près de Surinam, ville de Guyane hollandaise, l'esclave d'un négociant hollandais.

En approchant de la ville, ils rencontrèrent un nègre étendu par terre, n'ayant plus que la moitié de son habit, c'est-à-dire d'un caleçon de toile bleue ; il manquait à ce pauvre homme la jambe gauche et la main droite. « Eh, mon Dieu ! dit Candide en hollandais, que fais-tu là, mon ami, dans l'état horrible où je te vois ? – J'attends
5 mon maître, monsieur Vanderdendur, le fameux négociant, répondit le nègre. – Est-ce monsieur Vanderdendur, dit Candide, qui t'a traité ainsi ? – Oui, Monsieur, dit le nègre, c'est l'usage. On nous donne un caleçon de toile pour tout vêtement deux fois l'année. Quand nous travaillons aux sucreries, et que la meule nous attrape le doigt, on nous coupe la main ; quand nous voulons nous enfuir, on nous coupe la jambe :
10 je me suis trouvé dans les deux cas. C'est à ce prix que vous mangez du sucre en Europe. Cependant, lorsque ma mère me vendit dix écus patagons sur la côte de Guinée, elle me disait : « Mon cher enfant, bénis nos fétiches, adore-les toujours, ils te feront vivre heureux, tu as l'honneur d'être esclave de nos seigneurs les blancs, et tu fais par là la fortune de ton père et de ta mère. » Hélas ! je ne sais pas si j'ai
15 fait leur fortune, mais ils n'ont pas fait la mienne. Les chiens, les singes et les perroquets sont mille fois moins malheureux que nous. Les fétiches[1] hollandais qui m'ont converti me disent tous les dimanches que nous sommes tous enfants d'Adam, blancs et noirs. Je ne suis pas généalogiste ; mais si ces prêcheurs disent vrai, nous sommes tous cousins issus de germains. Or vous m'avouerez qu'on ne peut pas en
20 user avec ses parents d'une manière plus horrible.

– O Pangloss ! s'écria Candide, tu n'avais pas deviné cette abomination ; c'en est fait, il faudra qu'à la fin je renonce à ton optimisme. – Qu'est-ce qu'optimisme ? disait Cacambo. – Hélas ! dit Candide, c'est la rage de soutenir que tout est bien quand on est mal. » Et il versait des larmes en regardant son nègre, et en pleurant, il
25 entra dans Surinam.

Voltaire, Candide, ch. XIX.

1. Prêtres et pasteurs.

1 Quelle est, selon Voltaire, l'origine de l'esclavage : la méchanceté des hommes ? les nécessités économiques ? une inégalité « naturelle » ?

2 Quels sont les reproches qu'adresse le nègre de Surinam aux Européens ?

3 Pourquoi Voltaire précise-t-il que Candide s'adresse au nègre en hollandais ? De quoi se moque-t-il ainsi ?

La lutte pour l'abolition de l'esclavage

1774 - La Communauté des Quakers, secte religieuse protestante en Pennsylvanie, exclut de son sein tous ceux qui pratiquent le commerce de l'esclavage, puis ceux qui, détenant des esclaves, refusent de les émanciper. Le mouvement gagne d'autres États des États-Unis.

1780 - Mouvement humanitaire anti-esclavagiste en Angleterre.

1788 - Création en France de la Société des amis des Noirs.

1794 - 4 février (16 Pluviose an II) - *Décret abolissant l'esclavage.*
Ces mesures ne sont pas réellement suivies d'effet sauf à Saint-Domingue que la France doit abandonner.

1802 - 20 mai (30 Floréal an X) - *Bonaparte rétablit l'esclavage.* La traite redevient légale.

1807 - En Angleterre : *abolition de la traite.*

1808 - Entrée en vigueur aux États-Unis d'une *décision de 1794 interdisant l'importation d'esclaves d'Afrique* (mise en œuvre difficile).

1814 - Traité de Paris : la France s'engage, au bout d'un délai de cinq ans, à abolir l'esclavage (même chose sans délai au congrès de Vienne en 1815).

1815 - Pendant les Cent-Jours, Napoléon supprime la traite.

1831 - *Les esclaves du domaine de la Couronne britannique sont affranchis.*

1838 - L'émancipation est réellement acquise.

1848 - Abolition de l'esclavage en France.

Traité sur la tolérance
1763

Voltaire n'est pas athée. Il croit en l'existence d'un Dieu, d'un « éternel géomètre », qui se manifeste par l'équilibre des forces naturelles sur terre et dans le cosmos. Son dieu n'est pas celui qu'honorent les religions, et surtout il n'entretient aucune relation avec les hommes. Ce que Voltaire en revanche dénonce dans les religions, et dans l'Église catholique en particulier, c'est leur propension à engendrer le fanatisme. Aussi s'en prend-il au puissant ordre jésuite, très discrédité, aux yeux de toute une élite intellectuelle, depuis le débat qui l'opposa, au siècle précédent, aux Jansénistes (cf. Pascal, p. 94).

L'affaire Calas est pour Voltaire une nouvelle occasion de dénoncer l'intolérance des Jésuites : le protestant Jean Calas avait été roué vif (c'est-à-dire qu'après lui avoir brisé les membres, on l'avait laissé agoniser sur une roue), sous le prétexte qu'il aurait assassiné son fils qui voulait se convertir au catholicisme : le supplice avait eu lieu avec la complicité des religieux catholiques.

Voltaire mène sa propre enquête. Elle aboutit à la réhabilitation de Calas. Son *Traité sur la tolérance* est un vigoureux plaidoyer contre le fanatisme. Il vise à montrer que, dans tout système d'explication globale du monde, existe en germe le totalitarisme. A la fin de l'ouvrage, il oppose à cette puissance meurtrière, conçue par l'homme contre l'homme, celle de la nature et de la raison.

On m'a écrit du Languedoc cette lettre du 20 février 1763.
«Votre ouvrage sur la tolérance me paraît plein d'humanité et de vérité; mais je crains qu'il ne fasse plus de mal que de bien à la famille des Calas. Il peut ulcérer[1] les huit juges qui ont opiné à la roue[2], ils demanderont au parlement qu'on brûle
5 votre livre, et les fanatiques (car il y en a toujours) répondront par des cris de fureur à la voix de la raison, etc.»

Voici ma réponse :
«Les huit juges de Toulouse peuvent faire brûler mon livre, s'il est bon; il n'y a rien de plus aisé : on a bien brûlé les *Lettres provinciales*[3], qui valaient sans doute
10 beaucoup mieux; chacun peut brûler chez lui les livres et papiers qui lui déplaisent.
«Mon ouvrage ne peut faire ni bien ni mal aux Calas, que je ne connais point. Le conseil du roi, impartial et ferme, juge suivant les lois, suivant l'équité, sur les pièces, sur les procédures, et non sur un écrit qui n'est point juridique, et dont le fond est absolument étranger à l'affaire qu'il juge.

15 «On aurait beau imprimer des in-folio[4] pour ou contre les huit juges de Toulouse, et pour ou contre la tolérance, ni le conseil, ni aucun tribunal ne regardera ces livres comme des pièces du procès.
«Cet écrit sur la tolérance est une requête que l'humanité présente très humblement au pouvoir et à la prudence. Je sème un grain qui pourra un jour produire une
20 moisson. Attendons tout du temps, de la bonté du roi, de la sagesse de ses ministres, et de l'esprit de raison qui commence à répandre partout sa lumière.

«La nature dit à tous les hommes : Je vous ai tous fait naître faibles et ignorants, pour végéter quelques minutes sur la terre et pour l'engraisser de vos cadavres. Puisque vous êtes faibles, secourez-vous; puisque vous êtes ignorants, éclairez-vous
25 et supportez-vous. Quand vous seriez tous du même avis, ce qui certainement n'arrivera jamais, quand il n'y aurait qu'un seul homme d'un avis contraire, vous devriez lui pardonner : car c'est moi qui le fais penser comme il pense. Je vous ai donné des bras pour cultiver la terre, et une petite lueur de raison pour vous conduire; j'ai mis dans vos cœurs un germe de compassion pour vous aider les uns les autres à sup-
30 porter la vie. N'étouffez pas ce germe, ne le corrompez pas, apprenez qu'il est divin, et ne substituez pas les misérables fureurs de l'école à la voix de la nature.

«C'est moi seule qui vous unis encore malgré vous par vos besoins mutuels, au milieu même de vos guerres cruelles si légèrement entreprises, théâtre éternel des fautes, des hasards, et des malheurs. C'est moi seule qui, dans une nation, arrête
35 les suites funestes de la division interminable entre la noblesse et la magistrature, entre ces deux corps et celui du clergé, entre le bourgeois même et le cultivateur. Ils ignorent toutes les bornes de leurs droits; mais ils écoutent tous malgré eux, à la longue, ma voix qui parle à leur cœur. Moi seule je conserve l'équité dans les tribunaux, où tout serait livré sans moi à l'indécision et aux caprices, au milieu d'un

1. Mettre en colère.
2. Approuvé le supplice.
3. *Les Provinciales* de Pascal.
4. Livre.

40 amas confus de lois faites souvent au hasard et pour un besoin passager, différentes entre elles de province en province, de ville en ville, et presque toujours contradictoires entre elles dans le même lieu. Seule je peux inspirer la justice, quand les
lois n'inspirent que la chicane. Celui qui m'écoute juge toujours bien ; et celui qui ne
cherche qu'à concilier des opinions qui se contredisent est celui qui s'égare.

45 « Il y a un édifice immense dont j'ai posé le fondement de mes mains : il était solide
et simple, tous les hommes pouvaient y entrer en sûreté ; ils ont voulu y ajouter les
ornements les plus bizarres, les plus grossiers, et les plus inutiles ; le bâtiment tombe
en ruine de tous les côtés ; les hommes en prennent les pierres, et se les jettent à la
tête ; je leur crie : Arrêtez, écartez ces décombres funestes qui sont votre ouvrage,
50 et demeurez avec moi en paix dans l'édifice inébranlable qui est le mien. »

Voltaire, *Traité sur la tolérance.*

1 Vous étudierez dans son contexte le mot de *Nature* et vous dégagerez le sens qu'il prend chez Voltaire.

2 Relevez les éléments auxquels s'oppose la nature. Pourquoi sont-ils tous au pluriel ? Que veut suggérer ainsi Voltaire ?

3 Étudiez les images utilisées par Voltaire pour soutenir son propos philosophique. Comment les caractériseriez-vous ?

Supplice de Damiens (1715-1757), domestique écartelé pour avoir attenté à la vie de Louis XV.

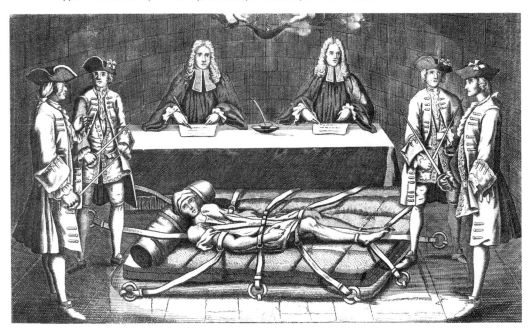

Dictionnaire philosophique portatif ou *La raison par alphabet*

1764

Voltaire préférait cette formule du « portatif » aux gros volumes de l'*Encyclopédie* (cf. p. 196) : il l'estimait mieux adaptée à la lutte philosophique ; elle se prête fort bien en tout cas à son style de pamphlétaire. Les articles traitent d'esthétique, de philosophie, et de critique (littéraire, religieuse, politique et sociale).

« *Torture* »

Les Français, qui passent, je ne sais pourquoi, pour un peuple fort humain, s'étonnent que les Anglais, qui ont eu l'inhumanité de nous prendre tout le Canada, aient renoncé au plaisir de donner la question[1].

5 Lorsque le chevalier de La Barre, petit-fils d'un lieutenant-général des armées, jeune homme de beaucoup d'esprit et d'une grande espérance, mais ayant toute l'étourderie d'une jeunesse effrénée, fut convaincu d'avoir chanté[2] des chansons impies, et même d'avoir passé devant une procession de capucins[3] sans avoir ôté son chapeau, les juges d'Abbeville, gens comparables aux sénateurs romains, ordonnèrent, non seulement qu'on lui arrachât la langue, qu'on lui coupât la main,
10 et qu'on brûlât son corps à petit feu ; mais ils l'appliquèrent encore à la torture pour savoir précisément combien de chansons il avait chantées, et combien de processions il avait vu passer, le chapeau sur la tête.

Ce n'est pas dans le treizième ou quatorzième siècle que cette aventure est arrivée, c'est dans le dix-huitième. Les nations étrangères jugent de la France par les
15 spectacles, par les romans, par les jolis vers, par les filles d'Opéra qui ont les mœurs fort douces, par nos danseurs d'Opéra qui ont de la grâce, par mademoiselle Clairon[4] qui déclame des vers à ravir. Elles ne savent pas qu'il n'y a point au fond de nation plus cruelle que la française.

Les Russes passaient pour des barbares, en 1700 ; nous ne sommes qu'en 1769 ;
20 une impératrice vient de donner à ce vaste État des lois qui auraient fait honneur à Minos, à Numa et à Solon[5], s'ils avaient eu assez d'esprit pour les inventer. La plus remarquable est la tolérance universelle, la seconde est l'abolition de la torture. La justice et l'humanité ont conduit sa plume ; elle a tout réformé. Malheur à une nation qui, étant depuis longtemps civilisée, est encore conduite par d'anciens usages atro-
25 ces ! Pourquoi changerions-nous notre jurisprudence ? dit-elle : l'Europe se sert de nos cuisiniers, de nos tailleurs, de nos perruquiers ; donc nos lois sont bonnes.

Voltaire, *Dictionnaire philosophique.*

1. Torturer pour obtenir une information.
2. Amené à reconnaître qu'il avait chanté.
3. Moines.
4. Actrice de cette époque.
5. Minos, Numa, Solon : législateurs de l'antiquité, célèbres pour leur sagesse.

Questions sur l'Encyclopédie
1770-1772

Homme

L'article « Homme », rajouté ultérieurement avec tous ceux des *Questions sur l'Encyclopédie*, ridiculise les idées de Jean-Jacques Rousseau sur l'état de nature. Rousseau affirme en effet que l'homme est naturellement bon, en s'appuyant sur le mythe, répandu à l'époque et qu'il a grandement contribué à conforter, du « bon sauvage ».

Que serait l'homme dans l'état qu'on nomme de *pure nature* ? Un animal fort au-dessous des premiers Iroquois[1] qu'on trouva dans le nord de l'Amérique. Il serait très inférieur à ces Iroquois, puisque ceux-ci savaient allumer du feu et se faire des flèches. Il fallut des siècles pour parvenir à ces deux arts.
5 L'homme abandonné à la pure nature n'aurait pour tout langage que quelques sons mal articulés ; l'espèce serait réduite à un très petit nombre par la difficulté de la nourriture et par le défaut des secours, du moins dans nos tristes climats. Il n'aurait pas plus de connaissance de Dieu et de l'âme que des mathématiques, ses idées seraient renfermées dans le soin de se nourrir. L'espèce des castors
10 serait très préférable.
C'est alors que l'homme ne serait précisément qu'un enfant robuste ; et on a vu beaucoup d'hommes qui ne sont pas fort au-dessus de cet état.
Les Lapons, les Samoïèdes, les habitants du Kamtchatka, les Cafres, les Hottentots sont à l'égard de l'homme en l'état de pure nature ce qu'étaient autrefois les cours
15 de Cyrus et de Sémiramis en comparaison des habitants des Cévennes. Et cependant ces habitants du Kamtchatka et ces Hottentots de nos jours, si supérieurs à l'homme entièrement sauvage, sont des animaux qui vivent six mois de l'année dans des cavernes, où ils mangent à pleines mains la vermine dont ils sont mangés.
En général l'espèce humaine n'est pas de deux ou trois degrés plus civilisée que
20 les gens du Kamtchatka. La multitude des bêtes brutes appelées *hommes*, comparée avec le petit nombre de ceux qui pensent, est au moins dans la proportion de cent à un chez beaucoup de nations.
Il est plaisant de considérer d'un côté le P. Malebranche qui s'entretient familièrement avec le Verbe[2], et de l'autre ces millions d'animaux semblables à lui qui n'ont
25 jamais entendu parler du Verbe, et qui n'ont pas une idée métaphysique. Entre les hommes à pur instinct et les hommes de génie flotte ce nombre immense occupé uniquement de subsister.

1. Nation indienne d'Amérique du Nord.
2. Terme biblique désignant Dieu.

Cette subsistance coûte des peines si prodigieuses qu'il faut souvent, dans le nord de l'Amérique, qu'une image de Dieu[1] coure cinq ou six lieues pour avoir à dîner, et
30 que chez nous l'image de Dieu arrose la terre de ses sueurs toute l'année pour avoir du pain.

Ajoutez à ce pain ou à l'équivalent une hutte et un méchant habit ; voilà l'homme tel qu'il est en général d'un bout de l'univers à l'autre. Et ce n'est que dans une multitude de siècles qu'il a pu arriver à ce haut degré.

35 Enfin, après d'autres siècles, les choses viennent au point où nous les voyons. Ici on représente une tragédie en musique ; là on se tue sur la mer dans un autre hémisphère avec mille pièces de bronze[2] ; l'opéra et un vaisseau de guerre du premier rang étonnent toujours mon imagination. Je doute qu'on puisse aller plus loin dans aucun des globes dont l'étendue est semée. Cependant plus de la moitié de la
40 terre habitable est encore peuplée d'animaux à deux pieds qui vivent dans cet horrible état qui approche de la pure nature, ayant à peine le vivre et le vêtir, jouissant à peine du don de la parole, s'apercevant à peine qu'ils sont malheureux, vivant et mourant presque sans le savoir.

Voltaire, *Questions sur l'Encyclopédie.*

1. L'homme. C'est une allusion à une phrase de la Bible, dans la Genèse : « Dieu créa l'homme à son image ».
2. Canons.

---

1 Relevez les différents éléments qui mettent en évidence l'imperfection de l'état de nature. Quelle est la logique de l'argumentation de Voltaire ?

2 Comparez l'image que propose Voltaire de l'état de nature à celle qu'en donne Jean-Jacques Rousseau dans son *Discours sur l'origine et les fondements de l'inégalité parmi les hommes* (cf. p. 206) : l'argumentation des deux auteurs se situe-t-elle sur le même terrain ? Quelles visions différentes de la civilisation les séparent ?

3 Le tableau brossé par Voltaire du monde moderne est-il optimiste ? Elitiste ? Lucide ? Franchement pessimiste ? Justifiez votre point de vue en faisant référence de façon précise au texte.

De l'horrible danger de la lecture
1765

The terrible danger of Reading

Les *Lettres Philosophiques,* publiées en 1734, amorçaient le combat de Voltaire pour la tolérance et la liberté de pensée qu'il mènera jusqu'à la fin de sa vie. *De l'horrible danger de la lecture* fait partie de ces innombrables pamphlets et opuscules qu'il publia à cette fin. Il y dénonce plus précisément, sous la forme alors à la mode du conte, la censure. Celle-ci était exercée, depuis une décision du Cardinal Richelieu en 1629, par des personnes diverses, parfois sans aucune qualification. Un corps de 79 censeurs royaux fut créé en 1742. Ses incohérences amenèrent les éditeurs à faire publier à l'étranger, prendre de faux noms, changer les dates, diffuser leurs ouvrages en leur faisant emprunter des circuits parallèles : ce fut presque toujours le cas pour ceux qui participaient au combat des Lumières. Ceux néanmoins, auteurs, éditeurs ou libraires, qui se faisaient prendre, risquaient la prison ou les galères, comme le poète La Martillière en 1757.

Le combat des philosophes pour la liberté d'expression fut constant. Avant que Napoléon ne rétablît la censure, il aboutit au célèbre article de la Déclaration des Droits de l'Homme :

« La libre communication des pensées et des opinions est un des droits les plus précieux de l'homme, tout citoyen peut donc parler, écrire et imprimer librement, sauf à répondre de l'abus de cette liberté dans les cas déterminés par la loi ».

Nous Joussouf-Chéribi, par la grâce de Dieu mouphti[1] du Saint-Empire ottoman, lumière des lumières, élu entre les élus, à tous les fidèles qui ces présentes verront, sottise et bénédiction.

Comme ainsi soit que Saïd Effendi, ci-devant ambassadeur de la Sublime-Porte
5 vers un petit État nommé Frankrom, situé entre l'Espagne et l'Italie, a rapporté parmi nous le pernicieux usage de l'imprimerie, ayant consulté sur cette nouveauté nos vénérables frères les cadis et imans[2] de la ville impériale de Stamboul, et surtout les fakirs connus par leur zèle contre l'esprit, il a semblé bon à Mahomet et à nous de condamner, proscrire, anathématiser ladite infernale invention de l'impri-
10 merie, pour les causes ci-dessous énoncées.

1. Cette facilité de communiquer ses pensées tend évidemment à dissiper l'ignorance, qui est la gardienne et la sauvegarde des États bien policés.

2. Il est à craindre que, parmi les livres apportés d'Occident, il ne s'en trouve quelques-uns sur l'agriculture et sur les moyens de perfectionner les arts mécaniques,
15 lesquels ouvrages pourraient à la longue, ce qu'à Dieu ne plaise, réveiller le génie de nos cultivateurs et de nos manufacturiers, exciter leur industrie, augmenter leurs richesses, et leur inspirer un jour quelque élévation d'âme, quelque amour du bien public, sentiments absolument opposés à la saine doctrine.

3. Il arriverait à la fin que nous aurions des livres d'histoire dégagés du merveil-
20 leux qui entretient la nation dans une heureuse stupidité. On aurait dans ces livres l'imprudence de rendre justice aux bonnes et aux mauvaises actions, et de recommander l'équité et l'amour de la patrie, ce qui est visiblement contraire aux droits de notre place.

4. Il se pourrait, dans la suite des temps, que de misérables philosophes, sous le
25 prétexte spécieux, mais punissable, d'éclairer les hommes et de les rendre meilleurs, viendraient nous enseigner des vertus dangereuses dont le peuple ne doit jamais avoir de connaissance.

5. Ils pourraient, en augmentant le respect qu'ils ont pour Dieu, et en imprimant scandaleusement qu'il remplit tout de sa présence, diminuer le nombre des pèlerins
30 de la Mecque, au grand détriment du salut des âmes.

6. Il arriverait sans doute qu'à force de lire les auteurs occidentaux qui ont traité des maladies contagieuses, et de la manière de les prévenir, nous serions assez malheureux pour nous garantir de la peste, ce qui serait un attentat énorme contre les ordres de la Providence.

35 À ces causes et autres, pour l'édification des fidèles et pour le bien de leurs âmes, nous leur défendons de jamais lire aucun livre, sous peine de damnation éternelle. Et, de peur que la tentation diabolique ne leur prenne de s'instruire, nous défendons aux pères et aux mères d'enseigner à lire à leurs enfants. Et, pour prévenir toute contravention à notre ordonnance, nous leur défendons expressément de penser,
40 sous les mêmes peines ; enjoignons à tous les vrais croyants de dénoncer à notre officialité quiconque aurait prononcé quatre phrases liées ensemble, desquelles on pourrait inférer un sens clair et net. Ordonnons que dans toutes les conversations on ait à se servir de termes qui ne signifient rien, selon l'ancien usage de la Sublime-Porte.

45 Et pour empêcher qu'il n'entre quelque pensée en contrebande dans la sacrée ville impériale, commettons spécialement le premier médecin de Sa Hautesse, né dans un marais de l'Occident septentrional ; lequel médecin, ayant déjà tué quatre

---

1. On trouve parfois mufti : chef de la religion mahométane, dont les fonctions consistent à résoudre en dernier ressort les points de controverse en matière de droit civil et religieux.
2. Un cadi est un juge musulman ; l'imam, ou iman, dirige la prière.

personnes augustes de la famille ottomane, est intéressé plus que personne à prévenir toute introduction de connaissances dans le pays ; lui donnons pouvoir, par ces
50 présentes, de faire saisir toute idée qui se présenterait par écrit ou de bouche aux
portes de la ville, et nous amener ladite idée pieds et poings liés, pour lui être infligé
par nous tel châtiment qu'il nous plaira.

*Donné dans notre palais de la stupidité, le 7 de la lune de Muharem, l'an
1143 de l'hégire.*

Voltaire, De l'horrible danger de la lecture.

1 Pourquoi Voltaire choisit-il une transposition de la réalité française, et précisément celle-ci (France-Turquie) ? Quels en sont les effets ?

2 Quel système Voltaire utilise-t-il pour ridiculiser l'adversaire ?

3 Quelles sont les valeurs des philosophes, telles qu'elles se dégagent par opposition à celles que revendique le mouphti « du Saint-Empire ottoman » (c'est-à-
dire le pape) ?

4 Relevez les procédés utilisés par Voltaire et tentez de les réutiliser, avec
d'autres que vous imaginerez vous-même, pour écrire un texte intitulé *De l'horrible danger de...* (la télévision, la bande dessinée, la danse, etc.).

LA CENSURE

La richesse et la liberté des idées exprimées au XVIIIe siècle ne doit pas faire oublier
la difficile condition des auteurs. En effet, un édit de 1757 prévoit la peine de mort
pour les auteurs et les imprimeurs « contestataires ». Dans les faits, cet édit se tradui-
sait le plus souvent par l'emprisonnement ou la fuite à l'étranger. Ainsi, Voltaire doit
s'exiler quatre fois au cours de sa vie, après diverses altercations avec des gens en
place, Rousseau doit s'exiler en Suisse, Voltaire utilise, outre celui-là, de nombreux
pseudonymes, et malgré sa prudence il est emprisonné deux fois et doit s'exiler
quatre fois. Diderot est enfermé au fort de Vincennes pendant huit mois dans des
conditions extrêmement pénibles. Afin d'éviter ces « désagréments », les auteurs suspects aux yeux du pouvoir pratiquent « l'autocensure préventive » : c'est pourquoi, par
exemple, la plus grande partie de l'œuvre de Diderot ne sera éditée qu'à titre posthume. L'Église mène quant à elle la bataille d'idées, dénonçant les philosophes par
le canal de ses journaux.
    Le combat des philosophes, en particulier des Encyclopédistes, pour la liberté
d'expression est constant (Diderot a écrit un *Mémoire sur la liberté de la Presse*).
Cette revendication pour la liberté d'expression et pour la liberté de la presse sera
reprise dans les Cahiers de Doléances, écrits par le Tiers état à la veille de
la révolution.

Diderot par Van Loo (1705-1765) (Musée du Louvre).

Denis Diderot

1713-1784

Une adolescence agitée

Fils aîné d'une famille d'artisans catholiques aisés, Diderot est d'abord destiné à l'état ecclésiastique. Mais il s'enfuit, rompt avec son milieu familial, ses premiers éducateurs – les jésuites – et se donne, entre vingt et trente ans, une culture immense qui le place aux côtés des philosophes et des savants de son temps, J.-J. Rousseau, Buffon, d'Alembert, d'Helvétius, Grimm, etc. Cependant, il garde toute sa vie des attaches dans son milieu d'origine, une grande admiration pour son père, type du «bon père» que met en scène son œuvre dramatique, une grande familiarité avec les artisans, les paysans et sa vie parisienne ne lui masque jamais la misère et les charges qui pèsent sur le Tiers état.

L'œuvre

L'œuvre collective

Curieux de tout, passionné par son époque, soucieux que sa pensée philosophique soit au service de la justice et de l'égalité entre les hommes, contre la tyrannie, Diderot est, pendant vingt ans, de 1746 à 1772, l'âme de la plus gigantesque réalisation de ce siècle : l'*Encyclopédie* (cf. p. 196). Dans ce même esprit il collabore, à partir de 1765, à la *Revue des deux Indes* dirigée par l'abbé Raynal, véritable «machine de guerre» élaborée par les philosophes pour répandre les idées des Lumières.

L'œuvre personnelle

Diderot n'est pas l'homme d'un système : il cherche avant tout à comprendre, à connaître. Aussi la forme privilégiée de ses écrits est-elle le dialogue où il poursuit, la plume à la main, les discussions engagées de vive voix : c'est le cas dans les écrits philosophiques, mais aussi dans ses écrits sur le théâtre, voire dans ses romans.

Les écrits philosophiques :
Optant donc pour une forme alliant l'acuité de l'analyse et le refus de toute conclusion péremptoire, Diderot écrit des dialogues philosophiques : *Le Neveu de Rameau* (1760-76). *Le Pour et le Contre, correspondance polémique sur le respect de la postérité* (1767). *Le rêve de d'Alembert, Entretien entre d'Alembert et Diderot, Suite de l'entretien* (1769). *L'Apologie de Raynal*, qu'il écrit contre Grimm, son ami intime, laisse percer, sous la confrontation, la douleur de la rupture.

Les idées philosophiques :
Catholique d'éducation, Diderot a évolué d'abord vers le déisme, sensible dès les *Pensées philosophiques* (1747) puis vers l'athéisme avec la *Lettre sur les aveugles à l'usage de ceux qui voient* (1749). Il s'est d'abord opposé à l'Église, dans la lignée de Fontenelle et de Voltaire, par haine de l'intolérance et du fanatisme, puis est entré dans la voie de la polémique antireligieuse. Mais sa pensée, sûre seulement de sa démarche, reste ouverte au dialogue et à la remise en cause.

A partir de 1750, Diderot s'oriente vers le matérialisme. L'homme n'est pas, pour lui, le lieu d'un conflit entre la matière et l'esprit ; il est, au contraire, le résultat d'un lent processus par lequel la matière, douée de mouvement et de sensibilité, s'organise pour donner des espèces de plus en plus adaptées au milieu naturel. L'homme de Diderot est un «homme sensible», lié à l'univers qui le produit et le détermine. Cette conception philosophique fonde sa morale, que nous voyons à l'œuvre dans ses romans.

L'œuvre romanesque :
Elle est originale, et d'une grande modernité. L'activité romanesque est conçue par Diderot comme une pratique qui naît de la réflexion – philosophique, morale, politique – et la prolonge.

Par leurs activités, leurs discours et leurs aventures, les personnages de Diderot contribuent à la réflexion du lecteur, sur un problème philosophique ou sur le métier d'écrivain. Mais ces personnages ne sont pas de simples «machines raisonnantes» : ils cherchent le bonheur, ils veulent vivre en société réconciliés avec eux-mêmes.

Longtemps méconnu, Diderot revient aujourd'hui à sa juste place : celle d'un auteur majeur du siècle, dont l'œuvre frappe par sa modernité, touche par sa diversité et sa sincérité. L'homme tel qu'il fut, et tel qu'il apparaît dans ses *Lettres à Sophie Volland,* son amie de toujours, attache le lecteur par sa sensibilité, son énergie, la puissance de son engagement dans le travail de la pensée.

Le Neveu de Rameau

publié en 1805 _____

L'histoire du manuscrit du *Neveu de Rameau* est assez exemplaire de la condition des écrivains au XVIIIe siècle : la rédaction a commencé dans les années 60, mais l'œuvre ne pourra paraître avant 1805.

Le Neveu de Rameau

Le Neveu de Rameau, satire seconde *(satire a le sens ici de critique et de «pot-pourri», de mélange), met en scène Jean-François Rameau, neveu du musicien du même nom, «Lui» dans le dialogue, personnage déchu qui mène une vie de bohême et prône cyniquement une vie de parasite, et «Moi», le philosophe. Au cours d'une conversation apparemment décousue où tous les sujets, moraux, esthétiques, sociaux, sont abordés, entrecoupés de pantomimes, (jeux de théâtre sans parole au cours desquels le Neveu interprète, par exemple, un morceau de musique sans instrument en mimant l'homme-orchestre), les deux hommes s'affrontent, s'attirent, se rejettent. La scène a lieu au café* La Régence.

LUI   Voilà où vous en êtes, vous autres. Vous croyez que le même bonheur est fait pour tous. Quelle étrange vision ! Le vôtre suppose un certain tour d'esprit romanesque que nous n'avons pas ; une âme singulière, un goût particulier. Vous décorez cette bizarrerie du nom de vertu ; vous l'appelez philosophie. Mais la vertu, la phi-
5 losophie sont-elles faites pour tout le monde ? En a qui peut. En conserve qui peut. Imaginez l'univers sage et philosophe ; convenez qu'il serait diablement triste. Tenez, vive la philosophie ; vive la sagesse de Salomon : boire du bon vin, se gorger de mets délicats ; se rouler sur de jolies femmes ; se reposer dans des lits bien mollets. Excepté cela, le reste n'est que vanité.

10 MOI   Quoi, défendre sa patrie ?

LUI   Vanité. Il n'y a plus de patrie. Je ne vois d'un pôle à l'autre que des tyrans et des esclaves.

MOI   Servir ses amis ?

LUI   Vanité. Est-ce qu'on a des amis ? Quand on en aurait, faudrait-il en faire
15 des ingrats ? Regardez-y bien et vous verrez que c'est presque toujours là ce qu'on recueille des services rendus. La reconnaissance est un fardeau ; et tout fardeau est fait pour être secoué.

MOI   Avoir un état dans la société et en remplir les devoirs ?

LUI   Vanité. Qu'importe qu'on ait un état, ou non ; pourvu qu'on soit riche ; puis-
20 qu'on ne prend un état que pour le devenir. Remplir ses devoirs, à quoi cela mène-t-il ? A la jalousie, au trouble, à la persécution. Est-ce ainsi qu'on s'avance ? Faire sa cour, morbleu ; faire sa cour ; voir les grands ; étudier leurs goûts ; se prêter à leurs fantaisies ; servir leurs vices ; approuver leurs injustices. Voilà le secret.

MOI   Veiller à l'éducation de ses enfants?

25   LUI   Vanité. C'est l'affaire d'un précepteur.

MOI   Mais si ce précepteur, pénétré de vos principes, néglige ses devoirs; qui est-ce qui en sera châtié?

LUI   Ma foi, ce ne sera pas moi, mais peut-être un jour le mari de ma fille ou la femme de mon fils.

30   MOI   Mais si l'un et l'autre se précipitent dans la débauche et les vices?

LUI   Cela est de leur état.

MOI   S'ils se déshonorent?

LUI   Quoi qu'on fasse, on ne peut se déshonorer quand on est riche.

MOI   S'ils se ruinent?

35   LUI   Tant pis pour eux. [...] A votre avis, la société ne serait-elle pas fort amusante, si chacun y était à sa chose?

MOI   Pourquoi pas? la soirée n'est jamais plus belle pour moi que quand je suis content de ma matinée.

LUI   Et pour moi aussi.

40   MOI   Ce qui rend les gens du monde si délicats sur leurs amusements, c'est leur profonde oisiveté.

LUI   Ne croyez pas cela; ils s'agitent beaucoup.

MOI   Comme ils ne se lassent jamais, ils ne se délassent jamais.

LUI   Ne croyez pas cela; ils sont sans cesse excédés.

45   MOI   Le plaisir est toujours une affaire pour eux, et jamais un besoin.

LUI   Tant mieux, le besoin est toujours une peine.

MOI   Ils usent tout. Leur âme s'hébète. L'ennui s'en empare. Celui qui leur ôterait la vie, au milieu de leur abondance accablante, les servirait. C'est qu'ils ne connaissent du bonheur que la partie qui s'émousse le plus vite. Je ne méprise pas les plai-
50   sirs des sens. J'ai un palais aussi, et il est flatté d'un mets délicat, ou d'un vin délicieux. J'ai un cœur et des yeux; et j'aime à voir une jolie femme. J'aime à sentir sous ma main la fermeté et la rondeur de sa gorge; à presser ses lèvres des miennes; à puiser la volupté dans ses regards, et à en expirer entre ses bras. Quelquefois avec mes amis, une partie de débauche, même un peu tumultueuse, ne me déplaît
55   pas. Mais je ne vous le dissimulerai pas, il m'est infiniment plus doux encore d'avoir secouru le malheureux, d'avoir terminé une affaire épineuse, donné un conseil salutaire, fait une lecture agréable; une promenade avec un homme ou une femme chère à mon cœur; passé quelques heures instructives avec mes enfants, écrit une bonne page, rempli les devoirs de mon état; dit à celle que j'aime quelques choses
60   tendres et douces qui amènent ses bras autour de mon col. Je connais telle action, que je voudrais avoir faite pour tout ce que je possède. C'est un sublime ouvrage que *Mahomet*; j'aimerais mieux avoir réhabilité la mémoire des Calas[1] [...]

LUI   Vous êtes des êtres bien singuliers!

MOI   Vous êtes des êtres bien à plaindre, si vous n'imaginez pas qu'on s'est élevé
65   au-dessus du sort, et qu'il est impossible d'être malheureux, à l'abri de deux belles actions, telles que celles-ci[2].

---

1. Diderot trouve Voltaire plus grand dans la défense concrète de la famille Calas que dans la dénonciation générale du fanatisme.
2. La réhabilitation de Calas ainsi qu'une autre « belle action », dont « Moi » vient de faire le récit.

LUI Voilà une espèce de félicité avec laquelle j'aurai de la peine à me familiariser, car on la rencontre rarement. Mais à votre compte, il faudrait donc être d'honnêtes gens ?

70 MOI Pour être heureux ? Assurément.

LUI Cependant, je vois une infinité d'honnêtes gens qui ne sont pas heureux ; et une infinité de gens qui sont heureux sans être honnêtes.

MOI Il vous semble.

Diderot, *Le Neveu de Rameau.*

1 Quels sont les arguments des deux personnages ? Sur quoi s'accordent-ils ? Sur quoi s'opposent-ils ? Le philosophe et le bohême vous semblent-ils, dans cette scène, être en contradiction absolue ?

2 Pourquoi, à votre avis, Diderot recourt-il à la forme du dialogue ? Le philosophe détient-il à lui seul la vérité dans ce dialogue ?

Jacques le Fataliste et son maître
Rédaction vers 1774, publication posthume : 1796

On a longtemps considéré *Jacques le Fataliste* comme un simple roman philosophique, disputant de la liberté et du déterminisme dans les actions de l'homme. C'est en effet l'un des aspects du texte. Mais voici un roman écrit à la fin d'un siècle qui a assisté à la naissance du genre, et qui en vit une des nombreuses crises.

Les romanciers du début du siècle avaient tenté de fixer ses orientations. Au cours des premières décennies on aimait les intrigues compliquées, le merveilleux, les intrigues à rebondissement. Au milieu du siècle la tendance est au contraire au réalisme : historique, psychologique et social, soucieux de raisonnable, de naturel, de vraisemblable. C'est dans ce contexte qu'écrit Diderot, remettant sur le métier cette réflexion : qu'est-ce que le vraisemblable ? et la « Vérité » ? Qu'est-ce qu'un personnage romanesque ? Qu'en est-il de ses rapports avec le narrateur ? Qu'en est-il des rapports entre le narrateur et le lecteur ? Lequel des deux tient les fils de la fiction ? Le romancier ? Ou le lecteur, qui réclame à l'auteur de satisfaire son désir de fiction ? Et le propos philosophique ressurgit ici : qu'est-ce que l'écriture : une liberté ? une contrainte ?

« L'histoire » de Jacques le Fataliste est simple : Jacques, valet voyageant avec son maître, entreprend de lui raconter, pour le désennuyer, l'histoire de ses amours : mais sans cesse l'histoire est interrompue, soit par un incident, soit par une rencontre, par le « hasard », ou bien par un discours philosophique de Jacques. Est-il fatal que le maître ne puisse jamais connaître la fin de l'histoire des amours de Jacques ? C'est tout d'abord sous la forme plaisante de cette question qu'est posé le problème du déterminisme.

Jacques le Fataliste et son maître

Comment s'étaient-ils rencontrés ? Par hasard, comme tout le monde. Comment s'appelaient-ils ? Que vous importe ? D'où venaient-ils ? Du lieu le plus prochain[1]. Où allaient-ils ? Est-ce que l'on sait où l'on va ? Que disaient-ils ? Le maître ne disait rien, et Jacques disait que son Capitaine disait que tout ce qui nous arrive de bien
5 et de mal ici bas était écrit là-haut.

LE MAÎTRE   C'est un grand mot que cela.

JACQUES   Mon Capitaine ajoutait que chaque balle qui partait d'un fusil avait son billet[2].

LE MAÎTRE   Et il avait raison...
10 (Après une courte pause, Jacques s'écria :) Que le Diable emporte le Cabaretier et son cabaret !

LE MAÎTRE   Pourquoi donner au Diable son prochain ? Cela n'est pas chrétien.

JACQUES   C'est que, tandis que je m'enivre de son mauvais vin, j'oublie de mener nos chevaux à l'abreuvoir. Mon père s'en aperçoit, il se fâche. Je hoche de la tête :
15 il prend un bâton et m'en frotte un peu durement les épaules. Un régiment passait pour aller au camp devant Fontenoy[3] ; de dépit je m'enrôle. Nous arrivons ; la bataille se donne...

LE MAÎTRE   Et tu reçois la balle à ton adresse.

JACQUES   Vous l'avez deviné ; un coup de feu au genou ; et Dieu sait les bonnes et
20 mauvaises aventures amenées par ce coup de feu. Elles se tiennent ni plus ni moins que les chaînons d'une gourmette. Sans ce coup de feu, par exemple, je crois que je n'aurais été amoureux de ma vie, ni boiteux.

LE MAÎTRE   Tu as donc été amoureux ?

JACQUES   Si je l'ai été !

25 LE MAÎTRE   Et cela par un coup de feu ?

JACQUES   Par un coup de feu.

LE MAÎTRE   Tu ne m'en as jamais dit un mot.

JACQUES   Je le crois bien.

LE MAÎTRE   Et pourquoi cela ?

30 JACQUES   C'est que cela ne pouvait être dit ni plus tôt ni plus tard.

LE MAÎTRE   Et le moment d'apprendre ces amours est-il venu ?

JACQUES   Qui le sait ?

LE MAÎTRE   A tout hasard, commence toujours...

Diderot, *Jacques le Fataliste et son maître.*

1. Proche, voisin.
2. Jeu de mot sur l'expression « billet de logement », qui est un écrit par lequel on oblige l'habitant à loger un ou plusieurs soldats.
3. Bataille au cours de laquelle les Français, commandés par le maréchal de Saxe, écrasèrent le 11 mai 1745 la coalition anglo-hollando-autrichienne.

1 Comparez ce début à celui d'un roman « réaliste » traditionnel (Balzac, Zola). A quoi correspondent dans le roman traditionnel les questions que pose Diderot dans ce texte ? Pourquoi ces apostrophes au lecteur ? Quel effet doivent-elles produire sur lui ?

2 Faites l'analyse grammaticale de cette réplique de Jacques : « C'est que, tandis que je m'enivre de son mauvais vin... la bataille se donne » (l. 13-17). Quelles remarques pouvez-vous faire sur la construction de cette phrase ? Comment s'exprime, ici grammaticalement, une vision du monde ?

3 Analysez le mot « coup de feu » dans les différents contextes où il apparaît. Que fait l'auteur de ce cliché ? Voyez-vous d'autres exemples de cette pratique dans le texte ? Quelle intention ce jeu sur le langage manifeste-t-il ?

Arrivée du comte de Bougainville avec les frégates « La Boudeuse », « La Flûte » et « L'Étoile », le 6 avril 1768 dans la baie de Hitica à Tahiti. Musée de Papeete (Tahiti).

Supplément au voyage de Bougainville
1772-1779, publié en 1796 ⎯⎯⎯⎯⎯⎯⎯⎯⎯⎯

Bougainville, scientifique et aventurier, fit pour le compte du roi de France un voyage autour du monde de 1766 à 1769. A son retour, il publia un *Voyage autour du Monde* dans lequel il décrivait les pays et les cultures étranges qu'il avait rencontrées. Ce livre séduisit Diderot par deux de ses aspects : la relativité des mœurs occidentales (en particulier les mœurs sexuelles) que prouvait cette confrontation avec l'étranger d'une part, et le problème de la colonisation européenne d'autre part.

C'est un vieillard qui parle. Il était père d'une famille nombreuse. A l'arrivée des Européens, il laissa tomber des regards de dédain sur eux, sans marquer ni étonnement, ni frayeur, ni curiosité. Ils l'abordèrent ; il leur tourna le dos et se retira dans sa cabane. Son silence et son souci ne décelaient que trop sa pensée : il gémissait
5 en lui-même sur les beaux jours de son pays éclipsés. Au départ de Bougainville, lorsque les habitants accouraient en foule sur le rivage, s'attachaient à ses vêtements, serraient ses camarades entre leurs bras, et pleuraient, ce vieillard s'avança d'un air sévère, et dit :
« Pleurez, malheureux Tahitiens ! pleurez ; mais que ce soit de l'arrivée, et non du
10 départ de ces hommes ambitieux et méchants : un jour, vous les connaîtrez mieux. Un jour, ils reviendront, le morceau de bois[1] que vous voyez attaché à la ceinture de celui-ci, dans une main, et le fer qui pend au côté de celui-là, dans l'autre, vous enchaîner, vous égorger, ou vous assujettir à leurs extravagances et à leurs vices ; un jour vous servirez sous eux, aussi corrompus, aussi vils, aussi malheureux qu'eux.
15 Mais je me console ; je touche à la fin de ma carrière ; et la calamité que je vous annonce, je ne la verrai point. O Tahitiens ! ô mes amis ! vous auriez un moyen d'échapper à un funeste avenir ; mais j'aimerais mieux mourir que de vous en donner le conseil. Qu'ils s'éloignent, et qu'ils vivent. »
Puis s'adressant à Bougainville, il ajouta : « Et toi, chef des brigands qui t'obéis-
20 sent, écarte promptement ton vaisseau de notre rive : nous sommes innocents, nous sommes heureux ; et tu ne peux que nuire à notre bonheur. Nous suivons le pur instinct de la nature ; et tu as tenté d'effacer de nos âmes son caractère. Ici tout est à tous ; et tu nous as prêché je ne sais quelle distinction du *tien* et du *mien*. Nos filles et nos femmes nous sont communes ; tu as partagé ce privilège avec nous ; et tu
25 es venu allumer en elles des fureurs inconnues. Elles sont devenues folles dans tes bras ; tu es devenu féroce entre les leurs. Elles ont commencé à se haïr ; vous vous êtes égorgés pour elles ; et elles nous sont revenues teintes de votre sang. Nous sommes libres ; et voilà que tu as enfoui dans notre terre le titre de notre futur esclavage. Tu n'es ni un dieu, ni un démon : qui es-tu donc, pour faire des esclaves ? Orou[2] ! toi
30 qui entends la langue de ces hommes-là, dis-nous à tous, comme tu me l'as dit à moi-même, ce qu'ils ont écrit sur cette lame de métal : *Ce pays est à nous*[3]. Ce pays est à toi ! et pourquoi ? parce que tu y as mis le pied ? Si un Tahitien débarquait un jour sur vos côtes, et qu'il gravât sur une de vos pierres ou sur l'écorce d'un de vos arbres : *Ce pays est aux habitants de Tahiti*, qu'en penserais-tu ? Tu es le plus fort !

1. Crucifix.
2. Interprète de Bougainville, ramené en France et montré dans les salons.
3. Bougainville avait annexé Tahiti au nom de Louis XV.

35 Et qu'est-ce que cela fait ? Lorsqu'on t'a enlevé une des méprisables bagatelles dont
ton bâtiment est rempli, tu t'es récrié, tu t'es vengé ; et dans le même instant tu as
projeté au fond de ton cœur le vol de toute une contrée ! Tu n'es pas esclave : tu
souffrirais plutôt la mort que de l'être, et tu veux nous asservir ! Tu crois donc que
le Tahitien ne sait pas défendre sa liberté et mourir ? Celui dont tu veux t'emparer
40 comme de la brute, le Tahitien est ton frère. Vous êtes deux enfants de la nature ;
quel droit as-tu sur lui qu'il n'ait pas sur toi ? Tu es venu ; nous sommes-nous jetés
sur ta personne ? avons-nous pillé ton vaisseau ? t'avons-nous saisi et exposé aux
flèches de nos ennemis ? t'avons-nous associé dans nos champs au travail de nos
animaux ? Nous avons respecté notre image en toi. Laisse-nous nos mœurs ; elles
45 sont plus sages et plus honnêtes que les tiennes ; nous ne voulons point troquer ce
que tu appelles notre ignorance, contre tes inutiles lumières. [...] »
À peine eut-il achevé, que la foule des habitants disparut : un vaste silence régna
dans toute l'étendue de l'île ; et l'on n'entendit que le sifflement aigu des vents et le
bruit sourd des eaux sur toute la longueur de la côte : on eût dit que l'air et la mer,
50 sensibles à la voix du vieillard, se disposaient à lui obéir.

Diderot, *Supplément au Voyage de Bougainville.*

1 Relevez les arguments du vieillard. Classez-les. Sur quoi le vieillard, et Diderot, fondent-ils leur opposition à la colonisation ?

2 Comment les indigènes apparaissent-ils ? Que pensez-vous de cette peinture ?

Les écrits pour et sur le théâtre

Diderot ne veut rien moins qu'inventer un nouveau théâtre où il puisse représenter la condition des hommes humbles de son siècle. « Ce ne sont plus, écrit-il, les caractères qu'il faut mettre en scène, mais les conditions. » Ce renversement complet des perspectives dramatiques n'est pas compris par le public des pièces de Diderot. En revanche, ses textes théoriques – les *Entretiens sur le Fils naturel* (1757) et le *Discours de la poésie dramatique* (1758) – auront une influence décisive sur le théâtre du XIXe siècle.

Entretiens sur Le Fils naturel
1757

Dorval, principal personnage de la pièce Le Fils naturel *analyse avec « moi »
(l'auteur) les moyens dramatiques et théâtraux qu'utilise le texte de la pièce.*

Nous parlons trop dans nos drames ; et, conséquemment, nos acteurs n'y jouent pas
assez. Nous avons perdu un art, dont les anciens connaissaient bien les ressources.
Le pantomime jouait autrefois toutes les conditions, les rois, les héros, les tyrans, les
riches, les pauvres, les habitants des villes, ceux de la campagne, choisissant dans
5 chaque état ce qui lui est propre ; dans chaque action, ce qu'elle a de frappant.
[...] Il y a des endroits qu'il faudrait presque abandonner à l'acteur. C'est à lui à
disposer de la scène écrite, à répéter certains mots, à revenir sur certaines idées, à
en retrancher quelques-unes, et à en ajouter d'autres. Dans les *cantabile*, le musicien laisse à un grand chanteur un libre exercice de son goût et de son talent : il
10 se contente de lui marquer les intervalles principaux d'un beau chant. Le poète en
devrait faire autant, quand il connaît bien son acteur. Qu'est-ce qui nous affecte
dans le spectacle de l'homme animé de quelque grande passion ? Sont-ce ses discours ? Quelquefois. Mais ce qui émeut toujours, ce sont des cris, des mots inarti-
culés, des voix rompues, quelques monosyllabes qui s'échappent par intervalles, je
15 ne sais quel murmure dans la gorge, entre les dents. La violence du sentiment cou-
pant la respiration et portant le trouble dans l'esprit, les syllabes des mots se séparent, l'homme passe d'une idée à une autre ; il commence une multitude de discours ;
il n'en finit aucun ; et, à l'exception de quelques sentiments qu'il rend dans le premier accès et auxquels il revient sans cesse, le reste n'est qu'une suite de bruits fai-
20 bles et confus, de sons expirants, d'accents étouffés que l'acteur connaît mieux que
le poète. La voix, le ton, le geste, l'action, voilà ce qui appartient à l'acteur ; et c'est
ce qui nous frappe, surtout dans le spectacle des grandes passions. C'est l'acteur
qui donne au discours tout ce qu'il a d'énergie. C'est lui qui porte aux oreilles la
force et la vérité de l'accent.

Diderot, *Entretiens sur Le Fils naturel*, Second entretien.

1 Quelle définition donneriez-vous du mot « pantomime » ? Quel sens pouvons-
nous accorder à cette mise en avant du pantomime dans le texte ? Comment
caractériseriez-vous le théâtre ainsi défini ?

2 Diderot accorde une importance de premier plan aux « cris (aux) mots inarticu-
lés... » dans la scène où l'homme est débordé par le sentiment qui l'habite.
Cette préoccupation vous semble-t-elle susceptible d'ouvrir la voie à un nouveau théâtre ?

3 Relisez la dernière scène d'*Andromaque* (cf. Racine, p. 126) dans laquelle
Oreste « perd le sentiment ». Cette scène vous paraît-elle s'accorder à l'esthétique de Diderot ? Sur quels points précis diverge-t-elle ?

Encyclopédie
1747-1772 _____

Les objectifs de l'œuvre majeure du XVIIIe siècle

« ... le but de l'Encyclopédie est de rassembler les connaissances éparses sur la surface de la terre ; d'en exposer le système général aux hommes avec qui nous vivons, et de le transmettre aux hommes qui viendront après nous, afin que les travaux des siècles passés n'aient pas été des travaux inutiles pour les siècles qui succèderont ; que nos neveux, devenant plus instruits, deviennent en même temps plus vertueux et plus heureux, et que nous ne mourions pas sans avoir bien mérité du genre humain. » C'est ainsi que Diderot, à l'article « Encyclopédie », définit son entreprise, démarche collective, qui naît à l'initiative d'un libraire, Le Breton, dont le projet est de publier en français la *Cyclopédia de Chambers,* encyclopédie anglaise qui faisait alors autorité.

Gravure de l'Encyclopédie : atelier d'un luthier, ouvrages et outils.

Le combat

Confié à d'Alembert et Diderot le 16 octobre 1747, le projet s'élargit, et surtout, il devient le témoignage hardi d'une époque qui pourfend la tradition, les préjugés, les institutions. Plus de cinquante collaborateurs ont déjà proposé leurs services, parmi lesquels Buffon, Rousseau, d'Holbach. Une souscription est lancée ; elle rencontre un large écho dans le public. Mais l'incarcération de Diderot à Vincennes pour sa *Lettre sur les aveugles* (1749) alerte les « ennemis des philosophes » contre l'entreprise. Et pendant que les souscripteurs affluent, l'opposition s'organise : en février 1752, après le tome II, un arrêt du conseil du roi interdit l'ouvrage. Pourtant, les encyclopédistes ne désarment pas. La publication des tomes III à VII se poursuit jusqu'en novembre 1757. Le tome VII contenait l'article « Genève » de d'Alembert dans lequel il signale que cette ville ne possède pas de théâtre, et en profite pour s'élever contre le sort fait aux comédiens au XVIIIe siècle. Rousseau décide de rompre, choqué dans ses convictions (le théâtre est selon lui un art corrupteur). Dans le même temps, l'opposition des conservateurs s'amplifie. Voltaire même manifeste de plus en plus hautement ses réticences. Diderot reste seul. Par deux arrêts, le 5 mars et le 21 juillet 1759, le Conseil d'État interdit la publication de l'Encyclopédie. Un écrit officiel du pape Clément XIII la condamne. Diderot écrit clandestinement le reste des articles. Le libraire Le Breton prend peur à son tour de cette clandestinité : il censure les textes. Diderot ne découvrira le désastre qu'en 1764. Tous les tomes seront distribués, jusqu'au dernier, en 1772.

Le contenu de L'Encyclopédie

Outre un « point » remarquable des connaissances du XVIIIᵉ siècle, effectué par les plus éminents spécialistes de chaque question, l'ouvrage est une machine de guerre en faveur des Lumières, contre le fanatisme et la tyrannie. Pour dérouter les censeurs, les encyclopédistes ont eu recours à trois « ruses » :

D'abord la technique qu'on pourrait appeler de « l'innocence dévastatrice » consistant à faire passer les critiques les plus violentes dans le corps des articles les plus anodins (cf. ci-dessous « Agnus Scythicus »).

Ensuite les renvois : dans le cours d'articles « orthodoxes », une note renvoie à un autre article, qui invalide les fondements du premier. Par exemple, l'article « Carême », où il est de façon neutre fait un historique de l'institution renvoie à « Critique des sciences » où les dogmes sont analysés et leur fonctionnement critiqué.

Enfin les dialogues : certains articles sont rédigés non par un, mais par plusieurs auteurs qui s'opposent : ainsi, le lecteur est invité à réfléchir et à adopter lui-même, en permanence, une attitude critique.

Ainsi, il n'y a pas, à proprement parler, de « doctrine » encyclopédiste, dans aucun domaine. Le point où les auteurs se rencontrent tous est la contestation vigoureuse du système politique, économique et idéologique établi. C'est dans la partie documentaire et littéraire qu'apparaissent les rêves du siècle : là s'invente et se cherche un nouveau monde. De sorte que l'*Encyclopédie* est à l'image de ce siècle, rayonnante de promesses et de luttes à venir.

Agnus Scythicus

Cet article de Diderot est exemplaire de la tactique des Encyclopédistes : des prémices anodins introduisent une critique plus radicale.

M. Hans Sloane dit que l'*Agnus scythicus* est une racine longue de plus d'un pied, qui a des tubérosités, des extrémités desquelles sortent quelques tiges longues d'environ trois à quatre pouces, et assez semblables à celles de la fougère, et qu'une grande partie de la surface est couverte d'un duvet noir jaunâtre, aussi luisant que
5 la soie, long d'un quart de pouce, et qu'on emploie pour le crachement de sang. Il ajoute qu'on trouve à la Jamaïque plusieurs plantes de fougère qui deviennent aussi grosses qu'un arbre, et qui sont couvertes d'une espèce de duvet pareil à celui qu'on remarque sur nos plantes capillaires ; et qu'au reste il semble qu'on ait employé l'art pour leur donner la figure d'un agneau, car les racines ressemblent au corps, et les
10 tiges aux jambes de cet animal.

Voilà donc tout le merveilleux de l'agneau de Scythie réduit à rien, ou du moins à fort peu de choses, à une racine velue à laquelle on donne la figure, ou à peu près, d'un agneau en la contournant.

Cet article nous fournira des réflexions plus utiles contre la superstition et le pré-
15 jugé, que le duvet de l'agneau de Scythie contre le crachement de sang. Kircher, et après Kircher, Jules-César Scaliger, écrivent une fable merveilleuse ; et ils l'écrivent avec ce ton de gravité et de persuasion qui ne manque jamais d'en imposer. Ce sont des gens dont les lumières et la probité ne sont pas suspectes : tout dépose en leur faveur : ils sont crus ; et par qui ? par les premiers génies de leur temps ; et
20 voilà tout d'un coup une nuée de témoignages plus puissants que le leur qui le fortifient, et qui forment pour ceux qui viendront un poids d'autorité auquel ils n'auront ni la force ni le courage de résister, et l'agneau de Scythie passera pour un être réel.

Il faut distinguer les faits en deux classes ; en faits simples et ordinaires, et en faits extraordinaires et prodigieux. Les témoignages de quelques personnes instruites et
25 véridiques suffisent pour les faits simples ; les autres demandent, pour l'homme qui pense, des autorités plus fortes. Il faut en général que les autorités soient en raison inverse de la vraisemblance des faits ; c'est-à-dire d'autant plus nombreuses et plus grandes que la vraisemblance est moindre.

Il faut subdiviser les faits, tant simples qu'extraordinaires, en transitoires et per-
30 manents. Les transitoires, ce sont ceux qui n'ont existé que l'instant de leur durée ; les permanents, ce sont ceux qui existent toujours et dont on peut s'assurer en tout temps. On voit que ces derniers sont moins difficiles à croire que les premiers, et que la facilité que chacun a de s'assurer de la vérité ou de la fausseté des témoignages doit rendre les témoins circonspects et disposer les autres hommes à les croire.

35 Il faut distribuer les faits transitoires en faits qui se sont passés dans un siècle éclairé et en faits qui se sont passés dans des temps de ténèbres et d'ignorance ; et les faits permanents, en faits permanents dans un lieu accessible ou dans un lieu inaccessible.

Il faut considérer les témoignages en eux-mêmes, puis les comparer entre eux : les
40 considérer en eux-mêmes, pour voir s'ils n'impliquent aucune contradiction, et s'ils sont de gens éclairés et instruits ; les comparer entre eux pour découvrir s'ils ne sont point calqués les uns sur les autres, et si toute cette foule d'autorités de Kircher, de Scaliger, de Bacon, de Libarius, de Licetus, d'Eusèbe, etc. ne se réduirait pas par hasard à rien ou à l'autorité d'un seul homme.

45 Il faut considérer si les témoins sont oculaires ou non ; ce qu'ils ont risqué pour se faire croire ; quelle crainte ou quelles espérances ils avaient en annonçant aux autres des faits dont ils se disaient témoins oculaires : s'ils avaient exposé leur vie pour soutenir leur déposition, il faut convenir qu'elle acquérerait une grande force ; que serait-ce donc s'ils l'avaient sacrifiée et perdue ?

50 Il ne faut pas non plus confondre les faits qui se sont passés à la face de tout un peuple avec ceux qui n'ont eu pour spectateurs qu'un petit nombre de personnes. Les faits clandestins, pour peu qu'ils soient merveilleux, ne méritent presque pas d'être crus : les faits publics, contre lesquels on n'a point réclamé dans le temps, ou contre lesquels il n'y a eu de réclamations que de la part de gens peu nombreux et
55 mal intentionnés ou mal instruits, ne peuvent presque pas être contredits.

Voilà une partie des principes d'après lesquels on accordera ou l'on réfutera sa croyance, si l'on ne veut pas donner dans des rêveries et si l'on aime sincère-ment la vérité.

Encyclopédie, « Agnus Scythicus ».

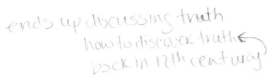

Bonheur

Bonheur se prend ici pour un état, une situation telle qu'on en désirerait la durée sans changement ; et en cela le *bonheur* est différent du plaisir, qui n'est qu'un sentiment agréable, mais court et passager, et qui ne peut jamais être un état. La douleur aurait bien plutôt le privilège d'en pouvoir être un.

5 Tous les hommes se réunissent dans le désir d'être heureux. La nature nous a fait à tous une loi de notre propre *bonheur*. Tout ce qui n'est point *bonheur* nous est étranger : lui seul a un pouvoir marqué sur notre cœur ; nous y sommes tous entraînés par une pente rapide, par un charme puissant, par un attrait vainqueur ; c'est une impression ineffaçable de la nature qui l'a gravé dans nos cœurs, il en
10 est le charme et la perfection.

Les hommes se réunissent encore sur la nature du *bonheur*. Ils conviennent tous qu'il est le même que le plaisir, ou du moins qu'il doit au plaisir ce qu'il a de plus piquant et de plus délicieux. Un *bonheur* que le plaisir n'anime point par intervalles et sur lequel il ne verse pas ses faveurs est moins un vrai *bonheur* qu'un état et
15 une situation tranquilles : c'est un triste *bonheur* que celui-là. Si l'on nous laisse dans une indolence paresseuse, où notre activité n'ait rien à saisir, nous ne pouvons être heureux. Pour remplir nos désirs, il faut nous tirer de cet assoupissement où nous languissons ; il faut faire couler la joie jusqu'au plus intime de notre cœur, l'animer par des sentiments agréables, l'agiter par de douces secousses, lui imprimer
20 des mouvements délicieux, l'enivrer des transports d'une volupté pure, que rien ne puisse altérer. Mais la condition humaine ne comporte point un tel état : tous les moments de notre vie ne peuvent être filés par les plaisirs. L'état le plus délicieux a beaucoup d'intervalles languissants. Après que la première vivacité du sentiment s'est éteinte, le mieux qui puisse lui arriver, c'est de devenir un état tranquille. Notre
25 *bonheur* le plus parfait dans cette vie n'est donc, comme nous l'avons dit au commencement de cet article, qu'un état tranquille, *semé çà et là de quelques plaisirs qui en égaient le fond.*

Ainsi la diversité des sentiments des Philosophes sur le *bonheur* regarde non sa nature, mais sa cause efficiente. Leur opinion se réduit à celle d'Épicure, qui faisait
30 consister essentiellement la félicité dans le plaisir. *Voyez cet article.* La possession des biens est le fondement de notre *bonheur*, mais ce n'est pas le *bonheur* même ; car que serait-ce si les ayant en notre puissance nous n'en avions pas le sentiment ? Ce fou d'Athènes, qui croyait que tous les vaisseaux qui arrivaient au Pirée lui appartenaient, goûtait le *bonheur* des richesses sans les posséder ; et peut-être
35 que ceux à qui ces vaisseaux appartenaient véritablement les possédaient sans en avoir de plaisir. Ainsi, lorsque Aristote fait consister la félicité dans la connaissance et dans l'amour du souverain bien il a apparemment entendu définir le *bonheur* par ses fondements : autrement il se serait grossièrement trompé ; puisque, si vous sépariez le plaisir de cette connaissance et de cet amour, vous verriez qu'il vous
40 faut encore quelque chose pour être heureux. Les Stoïciens, qui ont enseigné que le *bonheur* consistait dans la possession de la sagesse, n'ont pas été si insensés que de s'imaginer qu'il fallût séparer de l'idée du *bonheur* la satisfaction intérieure que cette sagesse leur inspirait. Leur joie venait de l'ivresse de leur âme, qui s'applaudissait d'une fermeté qu'elle n'avait point. Tous les hommes en général conviennent
45 nécessairement de ce principe ; et je ne sais pourquoi il a plu à quelques auteurs de les mettre en opposition les uns avec les autres, tandis qu'il est constant qu'il n'y a jamais eu parmi eux une plus grande uniformité de sentiments que sur cet article. L'avare ne se repaît que de l'espérance de jouir de ses richesses, c'est-à-dire de sentir le plaisir qu'il trouve à les posséder. Il est vrai qu'il n'en use point : mais c'est
50 que son plaisir est de les conserver. Il se réduit au sentiment de leur possession, il se trouve heureux de cette façon ; et puisqu'il l'est, pourquoi lui contester son *bonheur* ? chacun n'a-t-il pas droit d'être heureux, selon que son caprice en décidera ? L'ambitieux ne cherche les dignités que par le plaisir de se voir élevé au-dessus

des autres. Le vindicatif ne se vengerait point s'il n'espérait de trouver sa satisfac-
55 tion dans la vengeance.

Il ne faut point opposer à cette maxime, qui est certaine, la morale et la religion de Jésus-Christ, notre législateur et en même temps notre Dieu, lequel n'est point venu pour anéantir la nature, mais pour la perfectionner. Il ne nous fait point renoncer à l'amour du plaisir et ne condamne point la vertu à être malheureuse ici-bas. Sa loi 60 est pleine de charmes et d'attraits ; elle est toute comprise dans l'amour de Dieu et du prochain. La source des plaisirs légitimes ne coule pas moins pour le chrétien que pour l'homme profane : mais dans l'ordre de la grâce il est infiniment plus heureux parce qu'il espère que parce qu'il possède. Le bonheur qu'il goûte ici-bas devient pour lui le germe d'un *bonheur* éternel. Ses plaisirs sont ceux de la modération, de 65 la bienfaisance, de la tempérance, de la conscience ; plaisirs purs, nobles, spiri-tuels, et fort supérieurs aux plaisirs des sens.

Un homme qui prétendrait tellement subtiliser la vertu qu'il ne lui laissât aucun sentiment de joie et de plaisir ne ferait assurément que rebuter notre cœur. Telle est sa nature qu'il ne s'ouvre qu'au plaisir ; lui seul en sait manier tous les replis et 70 en faire jouer les ressorts les plus secrets. Une vertu que n'accompagnerait pas le plaisir pourrait bien avoir notre estime, mais non notre attachement. J'avoue qu'un même plaisir n'en est pas un pour tous : les uns sont pour le plaisir grossier, et les autres pour le plaisir délicat ; les uns pour le plaisir vif, les autres pour le plaisir durable ; les uns pour le plaisir des sens, et les autres pour le plaisir de l'esprit ; les 75 uns enfin pour le plaisir du sentiment, et les autres pour le plaisir de la réflexion ; mais tous sans exception sont pour le plaisir.

Encyclopédie, « Bonheur ».

1 Résumez la conception du bonheur proposée par l'article.

2 Que pensez-vous du recours à la notion de Nature dans la phrase : « La nature nous a fait à tous une loi de notre propre bonheur » (l. 5-6) ?

3 La revendication du bonheur, au XVIIIe siècle, naît en opposition à la conception de la vie selon laquelle on prépare ici-bas son salut éternel plutôt que de se rendre heureux. Montesquieu préférait à ce salut dans une vie future le « bon-heur de l'existence ». Dans ce contexte, que pensez-vous du cinquième para-graphe de l'article ? S'agit-il encore d'un masque, destiné à ne pas heurter l'opposition religieuse à l'Encyclopédie ? Ou bien, au cours de ce paragraphe, la pensée religieuse est-elle subtilement gauchie ?

1774-1800 :
PROMESSES ET INQUIÉTUDES
DE LA FIN DU SIÈCLE

L'essor économique qu'avait connu la France retombe assez vite après 1760 et l'espoir d'un monde assurant à chacun le bien-être se heurte à un système monarchique incapable d'évolution, politique comme économique. Des émeutes provoquées par la faim renaissent avec violence en 1774, date à laquelle Louis XVI accède au trône. Elles se poursuivent, ici ou là, jusqu'en 1789, où des émeutes paysannes enflamment toute la France. Ces émeutes, jointes au ressentiment d'une classe bourgeoise frustrée du pouvoir, mènent à la révolution qui porte sur le devant de la scène, une fois la monarchie écartée, les bourgeois, négociants et financiers.

Les déceptions des philosophes

Les philosophes avaient cru pouvoir influencer les gouvernements, « éclairer les despotes ». Assez vite, ils reviennent de cette illusion, s'apercevant que l'on peut être à la fois un réel despote et un parfait philosophe. En même temps, l'exigence de liberté qui traverse le siècle annonce des troubles et des bouleversements de société dont chacun pressent l'ampleur.

L'ébranlement de la foi des philosophes en une raison toute-puissante, auquel s'ajoute le pressentiment d'un avenir incertain favorise l'éclosion d'une littérature de la sensibilité (cf. p. 203).

L'irrationalisme

Face à une religion souvent discréditée par les philosophes et à un rationalisme lui-même contesté, naît le mouvement intellectuel qu'on a appelé illuminisme ou irrationalisme, où convergent diverses tendances, de la magie au spiritualisme. Certaines œuvres produites par ce courant connaîtront une influence durable.

Ainsi s'achève le siècle, dans un trouble des sentiments, un élan vers l'inconnu, qui imprime fortement sa marque sur le siècle suivant, et dont l'illuminisme est une des sources les plus fécondes.

SENSIBILITÉ ET PRÉROMANTISME

LE CŒUR RÉHABILITÉ

La seconde partie du XVIIIe siècle réhabilite le cœur et la sensibilité, quelque peu délaissés auparavant sous le règne du libertinage et de la raison. Ce courant sensible a des antécédents illustres, de Racine à l'abbé Prévost. Il s'exprime avec vigueur chez Diderot et Rousseau. Diderot exalte l'émotion, le génie, c'est-à-dire « l'étendue de l'esprit, la force de l'imagination, l'activité de l'âme » ; il glorifie celui dont les idées sont indissolublement liées au sentiment ; il lui semble que l'inspiration poétique est favorisée par les périodes troublées, « où le sang coule à grands flots sur la terre ». Mais c'est surtout Rousseau (cf. pp. 210 et 216), tempérament ardent et impétueux, qui assure le triomphe de la passion : après un roman comme *Julie ou La Nouvelle Héloïse* (1761), qui rencontre un public prêt à accueillir la peinture exaltante des grands sentiments, la mode est aux effusions, aux ravissements, aux extases, à tous les plaisirs des larmes, des attendrissements et des soupirs.

LE CULTE DES ÂMES SENSIBLES

Le sentiment apparaît d'abord comme un instinct plus sûr que la froide raison. Fondé en nature, source d'émotions puissantes, il est considéré comme un guide infaillible dans le domaine de la foi religieuse comme de l'amour. Rousseau en vient à considérer que la passion, puisqu'elle est irrésistible, ne peut nous égarer : elle nous conduit au contraire, « naturellement », à la vertu. Les âmes « sensibles et vertueuses » goûtent des délices qui les élèvent, moralement et esthétiquement. On fait ainsi partie d'une aristocratie du cœur, qui s'affirme dans les mœurs autant que dans la littérature.

La correspondance nous en offre maints témoignages célèbres : si *Julie* est un roman par lettres, et donc une fiction, quelques femmes tenant salon expriment dans leur correspondance une quête ardente de sentiments extrêmes : les souffrances de l'ennui y voisinent avec un goût déjà romantique pour les passions.

LE « PRÉROMANTISME »

Ce goût pour la sensibilité conduit les écrivains à se mettre au centre de leurs œuvres. Maints passages de Rousseau, de Chénier ou de Bernardin de Saint-Pierre, contiennent déjà des thèmes qui seront chers aux romantiques du XIXe siècle : le sentiment de la nature, cadre des émotions humaines, l'ivresse des passions, le mal de l'infini comme aboutissement des élans religieux.

Jean-Jacques Rousseau

1712-1778

Une œuvre immense et diverse

Le grand poète allemand Hölderlin considérait Rousseau comme un véritable prophète, par la profondeur de ses visions, tant morales que politiques et sociales. La fascination qu'il exerçait ne cesse aujourd'hui de grandir : c'est que derrière le penseur qui sut donner aux aspirations démocratiques l'expression littéraire la plus durable, se cache et s'offre à la fois un homme « seul sur la terre », accompagné de « rêveries » et de « chimères » qui séduisirent les générations suivantes, et tout le mouvement romantique.

Les années de formation : un long vagabondage

Né à Genève, dans une famille protestante d'originc française, le jeune Jean-Jacques, orphelin de mère dès sa naissance, est élevé par son père, un fantasque horloger avec lequel, dès l'âge de six ans, il lit des romans. Il est ensuite confié à un oncle, puis à un pasteur, avant d'entrer en apprentissage chez un graveur ; révolté, il s'enfuit de Genève, et erre sur les chemins de Savoie avant d'être recueilli à Annecy par Madame de Warens qui le convertit au catholicisme. C'est chez elle, aux Charmettes, que, de 1732 à 1740, se fait son éducation religieuse, musicale, littéraire et sentimentale.

Pour gagner sa vie, il fera tous les métiers – gardant jusqu'à sa mort le souci de cet enracinement populaire.

Après avoir été précepteur à Lyon, professeur de musique, secrétaire d'ambassade à Venise, Rousseau se rend finalement à Paris, et se lie avec quelques artistes et encyclopédistes, notamment d'Alembert. En 1745, il rencontre Thérèse Levasseur, une servante d'auberge qui lui donnera cinq enfants, tous confiés aux Enfants trouvés (institution qui deviendra plus tard l'Assistance Publique).

La doctrine : l'homme naturel

Son *Discours sur les Sciences et les Arts* (1750) est couronné par l'Académie de Dijon, et le rend célèbre du jour au lendemain. Contre les méfaits de la civilisation, Rousseau prône la vie simple et la pauvreté : il copie de la musique pour gagner sa vie, modestement, mais en homme libre. Poussant plus loin ses thèmes, il publie le *Discours sur l'Origine de l'Inégalité* (1755) et revient au protestantisme, religion qu'il présente comme plus austère et vertueuse que le catholicisme. Certains de ses anciens amis encyclopédistes s'inquiètent et se moquent de son comportement, qu'ils trouvent étrange.

Rousseau passe ensuite deux années à L'Ermitage, près de Montmorency : c'est une période d'activité intense et de vie champêtre ; il travaille simultanément à plusieurs de ses grands ouvrages.

Au cours des années suivantes, à Montmorency, il rédige la fameuse *Lettre à d'Alembert* (1758) : ses attaques contre le théâtre français, qui flatte selon lui les vices de l'aristocratie, le brouillent définitivement avec les Encyclopédistes.

◄ J.-J. Rousseau herborisant à Ermenonville, en Ile-de-France.

Julie ou La Nouvelle Héloïse est publié en 1761, *Émile* et le *Contrat Social* en 1762. Condamné par le Parlement de Paris pour sa « profession de foi du vicaire savoyard », une partie de l'*Émile* où il expose sa religion «naturelle», Rousseau, pour ne pas être arrêté, s'enfuit en Suisse, puis en Angleterre. Les persécutions l'amènent à se juger victime d'un vaste complot. Revenu à Paris, il y vit pauvre et solitaire, et termine la rédaction des *Confessions* (1788), des *Dialogues* et des *Rêveries du Promeneur Solitaire* (1782). Il meurt subitement au château d'Ermenonville où l'avait invité le marquis de Girardin, le 2 juillet 1778.

Discours sur l'origine et les fondements de l'inégalité parmi les hommes
1754

Rousseau écrivit ce texte fondamental en réponse à la question suivante, posée par l'Académie de Dijon : «Quelle est la source de l'inégalité parmi les hommes et si elle est autorisée par la loi naturelle ? »

Rousseau approfondit là des thèses déjà développées dans le *Discours sur les Sciences et les Arts* (1750) : le dévouement naturel de l'homme pour ses semblables est en danger dans un monde que gouvernent le luxe, le paraître, la corruption. La nature humaine s'est voilée, et chaque homme est devenu étranger à ses semblables.

Mais il entend cette fois remonter aux sources du mal : c'est la civilisation, en créant la propriété, qui a détruit la liberté et l'égalité primitives.

A la différence des autres Encyclopédistes, il ne croit pas au progrès, et tout son raisonnement postule un homme primitif et naturel, vivant dans un «état qui n'existe plus, qui n'a peut-être point existé».

En dépouillant cet être ainsi constitué de tous les dons surnaturels qu'il a pu recevoir, et de toutes les facultés artificielles qu'il n'a pu acquérir que par de longs progrès; en le considérant, en un mot, tel qu'il a dû sortir des mains de la nature, je vois

un animal moins fort que les uns, moins agile que les autres, mais, à tout prendre,
5 organisé le plus avantageusement de tous. Je le vois se rassasiant sous un chêne,
se désaltérant au premier ruisseau, trouvant son lit au pied du même arbre qui lui
a fourni son repas ; et voilà ses besoins satisfaits.

La terre, abandonnée à sa fertilité naturelle et couverte de forêts immenses que
la cognée ne mutila jamais, offre à chaque pas des magasins et des retraites aux
10 animaux de toute espèce. Les hommes, dispersés parmi eux, observent, imitent leur
industrie, et s'élèvent ainsi jusqu'à l'instinct des bêtes : avec cet avantage que chaque espèce n'a que le sien propre, et que l'homme, n'en ayant peut-être aucun qui
lui appartienne, se les approprie tous, se nourrit également de la plupart des ali-
ments divers que les autres animaux se partagent, et trouve par conséquent sa sub-
15 sistance plus aisément que ne peut faire aucun d'eux.

Accoutumés dès l'enfance aux intempéries de l'air et à la rigueur des saisons,
exercés à la fatigue, et forcés de défendre, nus et sans armes, leur vie et leur proie
contre les autres bêtes féroces, ou de leur échapper à la course, les hommes se
forment un tempérament robuste et presque inaltérable. Les enfants, apportant au
20 monde l'excellente constitution de leurs pères, et la fortifiant par les mêmes exercices qui l'ont produite, acquièrent ainsi toute la vigueur dont l'espèce humaine est
capable. La nature en use précisément avec eux comme la loi de Sparte avec les
enfants des citoyens ; elle rend forts et robustes ceux qui sont bien constitués, et
fait périr tous les autres ; différente en cela de nos sociétés, où l'État en rendant les
25 enfants onéreux aux pères, les tue indistinctement avant leur naissance.

Le corps de l'homme sauvage étant le seul instrument qu'il connaisse, il l'emploie
à divers usages dont, par le défaut d'exercice, les nôtres sont incapables ; et c'est
notre industrie qui nous ôte la force et l'agilité, que la nécessité l'oblige d'acquérir.
S'il avait eu une hache, son poignet romprait-il de si fortes branches ? S'il avait eu
30 une fronde, lancerait-il de la main une pierre avec tant de raideur ? S'il avait eu
une échelle, grimperait-il si légèrement sur un arbre ? S'il avait eu un cheval, serait-
il si vite à la course ? Laissez à l'homme civilisé le temps de rassembler toutes ces
machines autour de lui ; on ne peut douter qu'il ne surmonte facilement l'homme
sauvage. Mais, si vous voulez voir un combat plus inégal encore, mettez-les nus et
35 désarmés vis-à-vis l'un de l'autre ; et vous reconnaîtrez bientôt quel est l'avantage
d'avoir sans cesse toutes ses forces à sa disposition, d'être toujours prêt à tout événement et de se porter, pour ainsi dire, toujours tout entier avec soi.

J.-J. Rousseau, *Discours sur l'origine et les fondements de l'inégalité parmi les hommes*, Iʳᵉ partie.

1 Lisez le premier paragraphe : Rousseau présente-t-il cet homme naturel comme
une fiction ou comme une réalité ? Quelle est alors la valeur du temps grammatical qu'il utilise tout au long du texte ?

2 Quelles expressions décrivent les qualités de l'homme naturel ? Quel portrait de
l'homme civilisé permettent-elles de dessiner par opposition ?

3 L'argumentation de Rousseau suppose une vision du monde civilisé fort différente de celle d'un Voltaire (cf. p. 175) : quelles sont les principales différences ?

Du Contrat social
1762

Le *Contrat social* est présenté par Rousseau comme la première partie d'un vaste ouvrage qui aurait été consacré aux institutions politiques. Il cherche à définir dans quelles conditions l'homme social (vivant en société, par opposition à l'homme « naturel » que la civilisation n'a pas gâté) peut jouir de ses droits et être garanti contre l'oppression ; ou, en d'autres termes, comment l'homme peut concilier sa liberté avec l'obligation, dans laquelle se trouve la société, d'assurer l'ordre, la sécurité et la justice.

L'idée fondamentale est alors celle du Pacte. En abdiquant, par un pacte tacite, sa liberté originelle en faveur de la société, l'homme ne la perd pas en réalité, puisqu'il y gagne la « souveraineté », le pouvoir de décider de la vie en société qui n'appartient qu'au peuple.

Fondé non pas sur les leçons de l'histoire ou sur le texte réel de lois édictées dans d'autres pays (comme c'est le cas chez Montesquieu), mais sur un pari philosophique (l'homme est naturellement bon), le *Contrat social* représente l'effort le plus vigoureux avant la Révolution française pour élaborer une théorie pleinement démocratique. Il traite des principes et non des faits. Leur rigueur paraît parfois tyrannique, et certaines thèses rousseauistes seront plus tard utilisées contre son idéal démocratique : mais il pose des fondements politiques qui seront ceux de la Déclaration des Droits de l'Homme (Liberté, Égalité, Souveraineté du peuple).

Je suppose les hommes parvenus à ce point où les obstacles qui nuisent à leur conservation dans l'état de nature l'emportent, par leur résistance, sur les forces que chaque individu peut employer pour se maintenir dans cet état. Alors cet état primitif ne peut plus subsister ; et le genre humain périrait s'il ne changeait de
5 manière d'être.

Or, comme les hommes ne peuvent engendrer de nouvelles forces, mais seulement unir et diriger celles qui existent, ils n'ont plus d'autre moyen, pour se conserver, que de former par agrégation une somme de forces qui puisse l'emporter sur la résistance, de les mettre en jeu par un seul mobile et de les faire agir de concert.
10 Cette somme de forces ne peut naître que du concours de plusieurs ; mais la force et la liberté de chaque homme étant les premiers instruments de sa conservation, comment les engagera-t-il sans se nuire et sans négliger les soins qu'il se doit ? Cette difficulté, ramenée à mon sujet, peut s'énoncer en ces termes :

« Trouver une forme d'association qui défende et protège de toute la force com-
15 mune la personne et les biens de chaque associé, et par laquelle chacun, s'unissant à tous, n'obéisse pourtant qu'à lui-même, et reste aussi libre qu'auparavant. » Tel est le problème fondamental dont le *Contrat social* donne la solution.

Les clauses de ce contrat sont tellement déterminées par la nature de l'acte, que la moindre modification les rendrait vaines et de nul effet ; en sorte que, bien qu'elles
20 n'aient peut-être jamais été formellement énoncées, elles sont partout les mêmes, partout tacitement admises et reconnues, jusqu'à ce que, le pacte social étant violé, chacun rentre alors dans ses premiers droits, et reprenne sa liberté naturelle[1] en perdant la liberté conventionnelle pour laquelle il y renonça.

Ces clauses, bien entendues, se réduisent toutes à une seule : savoir, l'aliénation
25 totale de chaque associé avec tous ses droits à toute la communauté[2] : car, premièrement, chacun se donnant tout entier, la condition est égale pour tous ; et la condition étant égale pour tous, nul n'a intérêt de la rendre onéreuse aux autres.

---

1. Cf. la Constitution de l'an I : en cas de violation du contrat, « l'insurrection est le plus sacré des devoirs ».
2. Cf. « Quiconque refusera d'obéir à la volonté générale y sera contraint par tout le corps : ce qui ne signifie pas autre chose sinon qu'on le forcera à être libre » *(Du Contrat Social)*.

De plus, l'aliénation se faisant sans réserve, l'union est aussi parfaite qu'elle peut l'être, et nul associé n'a plus rien à réclamer : car, s'il restait quelques droits aux particuliers, comme il n'y aurait aucun supérieur commun qui pût prononcer entre eux et le public, chacun, étant en quelque point son propre juge, prétendrait bientôt l'être en tous ; l'état de nature subsisterait, et l'association deviendrait nécessairement tyrannique ou vaine.

Enfin, chacun se donnant à tous ne se donne à personne ; et comme il n'y a pas un associé sur lequel on n'acquière le même droit qu'on lui cède sur soi, on gagne l'équivalent de tout ce qu'on perd, et plus de force pour conserver ce qu'on a[1].

Si donc on écarte du pacte social ce qui n'est pas de son essence, on trouvera qu'il se réduit aux termes suivants : « Chacun de nous met en commun sa personne et toute sa puissance sous la suprême direction de la volonté générale ; et nous recevons en corps chaque membre comme partie indivisible du tout. »

A l'instant, au lieu de la personne particulière de chaque contractant, cet acte d'association produit un corps moral et collectif, composé d'autant de membres que l'assemblée a de voix, lequel reçoit de ce même acte son unité, son *moi* commun, sa vie et sa volonté. Cette personne publique, qui se forme ainsi par l'union de toutes les autres, prenait autrefois le nom de *cité*, et prend maintenant celui de *république* ou de *corps politique*, lequel est appelé par ses membres *État* quand il est passif, *souverain* quand il est actif, *puissance* en le comparant à ses semblables. A l'égard des associés, ils prennent collectivement le nom de *peuple*, et s'appellent en particulier *citoyens*, comme participant à l'autorité souveraine, et *sujets*, comme soumis aux lois de l'État. Mais ces termes se confondent souvent et se prennent l'un pour l'autre ; il suffit de les savoir distinguer quand ils sont employés dans toute leur précision.

Rousseau, Du Contrat social, Livre I, ch. 6.

1. Cf. « Les hommes naissent et demeurent libres et égaux en droit » *(Déclaration des droits de l'homme, I).*

1 Expliquez, en analysant le contexte dans lequel ces mots apparaissent : « état primitif » ; « aliénation » ; « communauté » ; « volonté générale ».

2 Quelles sont les clauses du contrat social ? En quoi, précisément, consistent-elles ?

3 En comparant ce texte avec d'autres que vous choisirez, vous tenterez de définir ce qui différencie le texte philosophique du texte proprement littéraire.

Julie ou La Nouvelle Héloïse
1761

C'est le seul roman qu'ait écrit Rousseau : à la fois roman d'amour et « premier modèle des sociétés politiques », il décrit un monde idéal, peuplé d'êtres cherchant à concilier amour et vertu. Ce double aspect, sentimental et de fiction philosophique explique l'immense succès du roman, dès sa parution en 1761.

La passion de Julie et de Saint-Preux, ces « âmes sensibles », frappa les contemporains bien mieux que n'avaient su le faire les personnages de l'abbé Prévost (cf. p. 152) : pour la première fois, le chant lyrique de l'amour ravissait le lecteur. Rousseau y invitait en outre à rompre avec la vie dissipée de la noblesse : Julie donne l'exemple de la vertu triomphant de la passion, et d'un idéal familial s'épanouissant dans un cadre campagnard. L'ouvrage s'inscrivait ainsi dans le puissant mouvement de retour aux choses simples et à la terre, si caractéristique de la seconde moitié du siècle. *Julie ou la Nouvelle Héloïse* a exercé une influence considérable, non seulement sur les romanciers de la fin du siècle (cf. p. 202), mais aussi sur tout le mouvement romantique : le culte de la belle passion aboutit au *Werther* de l'Allemand Goethe comme au *René* de Chateaubriand (cf. p. 234). Il ouvre enfin la voie au roman personnel, au roman-confidence, au renouveau du lyrisme, si important au XIXe siècle.

L'intrigue par elle-même est très simple : le précepteur Saint-Preux s'éprend de son élève Julie d'Étanges, qui partage son amour. Ainsi d'Héloïse et de son maître de philosophie Abélard au Moyen-Age : d'où le titre. Mais Saint-Preux n'est pas noble : il ne peut espérer épouser la belle Julie, du reste promise à un gentilhomme, Monsieur de Wolmar. Après de cruelles séparations, Julie se résigne à épouser Monsieur de Wolmar, qui, dans sa grandeur d'âme, invite Saint-Preux à vivre parmi eux. Il fait même, en s'absentant, subir aux anciens amants une épreuve dont il est certain qu'ils sortiront vainqueurs.

Revenus lentement au port après quelques détours, nous nous séparâmes. Elle voulut rester seule, et je continuai de me promener sans trop savoir où j'allais. A mon retour, le bateau n'étant pas encore prêt, ni l'eau tranquille, nous soupâmes tristement, les yeux baissés, l'air rêveur, mangeant peu et parlant encore moins. Après le
5 souper, nous fûmes nous asseoir sur la grève en attendant le moment du départ. Insensiblement la lune se leva, l'eau devint plus calme, et Julie me proposa de partir. Je lui donnai la main pour entrer dans le bateau ; et, en m'asseyant à côté d'elle, je songeai plus qu'à quitter sa main. Nous gardions un profond silence. Le bruit égal et mesuré[1] des rames m'excitait à rêver. Le chant assez gai des bécassines, me retra-
10 çant les plaisirs d'un autre âge, au lieu de m'égayer m'attristait. Peu à peu je sentis augmenter la mélancolie dont j'étais accablé. Un ciel serein, la fraîcheur de l'air, les doux rayons de la lune, le frémissement argenté dont l'eau brillait autour de nous, le concours des plus agréables sensations, la présence même de cet objet[2] chéri, rien ne put détourner de mon cœur mille réflexions douloureuses.
15 Je commençai par me rappeler une promenade semblable faite autrefois avec elle durant le charme de nos premières amours. Tous les sentiments délicieux qui remplissaient alors mon âme s'y retracèrent pour l'affliger ; tous les événements de notre jeunesse, nos études, nos entretiens, nos lettres, nos rendez-vous, nos plaisirs,

1. Régulier.
2. De cet être aimé.

E tanta fede, e si dolce memorie,
E si lungo costume[1] !

ces foules de petits objets qui m'offraient l'image de mon bonheur passé ; tout revenait, pour augmenter ma misère présente, prendre place en mon souvenir. « C'en est
fait, disais-je en moi-même, ces temps, ces temps heureux ne sont plus ; ils ont disparu pour jamais. Hélas ! ils ne reviendront plus ; et nous vivons, et nous sommes
ensemble, et nos cœurs sont toujours unis ! » Il me semblait que j'aurais porté[2] plus
patiemment sa mort ou son absence, et que j'avais moins souffert tout le temps que
j'avais passé loin d'elle. Quand je gémissais dans l'éloignement, l'espoir de la revoir
soulageait mon cœur ; je me flattais qu'un instant de sa présence effacerait toutes
mes peines ; j'envisageais au moins dans les possibles un état moins cruel que le
mien. Mais se trouver auprès d'elle, mais la voir, la toucher, lui parler, l'aimer, l'adorer, et, presque en la possédant encore, la sentir perdue à jamais pour moi ; voilà
ce qui me jetait dans des accès de fureur et de rage qui m'agitèrent par degrés jusqu'au désespoir. Bientôt je commençai de rouler dans mon esprit des projets funestes, et dans un transport dont je frémis en y pensant, je fus violemment tenté de la
précipiter avec moi dans les flots, et d'y finir dans ses bras ma vie et mes longs
tourments. Cette horrible tentation devint à la fin si forte que je fus obligé de quitter
brusquement sa main pour passer à la pointe du bateau.
    Là, mes vives agitations commencèrent à prendre un autre cours ; un sentiment
plus doux s'insinua peu à peu dans mon âme, l'attendrissement surmonta le désespoir, je me mis à verser des torrents de larmes ; et cet état, comparé à celui dont je
sortais, n'était pas sans quelque plaisir ; je pleurai fortement, longtemps, et fus sou-
lagé. Quand je me trouvai bien remis, je revins auprès de Julie, je repris sa main.
Elle tenait son mouchoir ; je le sentis fort mouillé. « Ah ! lui dis-je tout bas, je vois que
nos cœurs n'ont jamais cessé de s'entendre ! – Il est vrai, dit-elle d'une voix altérée,
mais que ce soit la dernière fois qu'ils auront parlé sur ce ton. »

Rousseau, Julie ou La Nouvelle Héloïse.

---

1. « Et cette foi si pure, et ces doux souvenirs, et cette longue familiarité » : ce sont des vers de Métastase (1698-1782), poète italien que Rousseau cité volontiers.
2. Supporté.

---

1 Quelle est l'évolution des sentiments de Saint-Preux ?

2 Quels sont les signes qui montrent que le cœur de Julie a vibré à l'unisson de celui de Saint-Preux ?

3 Que peut nous faire présager cette scène de la suite du roman ?

Rousseau - very idealistic person
many of his ideas penetrated american education.

Émile ou De l'Éducation
1762

Les principes d'éducation développés dans l'*Émile* répondent au souci rousseauiste de préserver les enfants des méfaits de la civilisation. Un plan éducatif très précis comprend quatre grandes périodes qui correspondent au développement de l'enfant :

not very efficient system only certain people can afford this

– *de un à cinq ans* : pas de nourrice, pas de maillot ; une mère et un épanouissement physique favorisé par la liberté de se mouvoir et de prendre contact avec le monde par les sens ;

– *de cinq à douze ans* : éducation du corps et des sens, par l'exercice physique et l'usage d'une liberté « bien réglée » (en raison de l'inexpérience d'Émile). On évite les sermons comme les châtiments incompréhensibles. Émile apprend à lire, mais il ne lit que ce qu'il a envie de lire.

– *de douze à quinze ans* : éducation intellectuelle et technique. L'observation de la nature sert à l'enseignement de la physique, de la cosmographie, de la géographie. La seule lecture est celle du *Robinson Crusoë* de Daniel de Foë. Émile apprend également les travaux manuels, le maniement des outils. *practical, career education*

– *de quinze à vingt ans* : éducation morale et religieuse. C'est l'âge des passions, qu'il ne s'agit pas de détruire, puisqu'elles sont naturelles, mais d'éduquer. L'Histoire amène à la connaissance des hommes. La raison d'Émile, qui s'est formée par l'expérience des choses, ne le mènera pas au rationalisme intégral, mais à la religion naturelle, que Rousseau définit dans la *Profession de foi du Vicaire savoyard*. *learns by experience of things*

Rousseau est le premier à avoir vu que l'enfant n'est pas un adulte en réduction, mais un être radicalement différent ; il fonde ainsi la psychologie de l'enfant. Sa méthode cependant reste abstraite et paradoxale : l'enfant, par exemple, est tenu à l'écart de la société et de la vie réelle, alors que Rousseau affirme que rien ne peut remplacer l'expérience.

look at child as child, not as little adult. child living away from society must live in society yet never contacted by society. learn by experience

Voici, dans le domaine des sciences, l'esprit dans lequel Émile doit être initié :

Emile is lost cant find home

Supposons que, tandis que j'étudie avec mon élève le cours du soleil et la manière de s'orienter, tout à coup il m'interrompt pour me demander à quoi sert tout cela. Quel beau discours je vais lui faire ! de combien de choses je saisis l'occasion de l'instruire en répondant à sa question, surtout si nous avons des témoins de notre
5 entretien ! Je lui parlerai de l'utilité des voyages, des avantages du commerce, des productions particulières à chaque climat, des mœurs des différents peuples, de l'usage du calendrier, de la supputation du retour des saisons pour l'agriculture, de l'art de la navigation, de la manière de se conduire sur mer et de suivre exactement la route, sans savoir où l'on est. La politique, l'histoire naturelle, l'astronomie,
10 la morale même et le droit des gens entreront dans mon explication, de manière à donner à mon élève une grande idée de toutes ces sciences et un grand désir de les apprendre. Quand j'aurai tout dit, j'aurai fait l'étalage d'un vrai pédant, auquel il n'aura pas compris une seule idée. Il aurait grande envie de me demander comme auparavant à quoi sert de s'orienter ; mais il n'ose, de peur que je ne me fâche. Il
15 trouve mieux son compte à feindre d'entendre ce qu'on l'a forcé d'écouter. Ainsi se pratiquent les belles éducations.

Mais notre Émile, plus rustiquement élevé, et à qui nous donnons avec tant de peine une conception dure, n'écoutera rien de tout cela. Du premier mot qu'il n'entendra pas, il va s'enfuir, il va folâtrer par la chambre, et me laisser pérorer
20 tout seul. Cherchons une solution plus grossière ; mon appareil scientifique ne vaut rien pour lui.

Nous observions la position de la forêt au nord de Montmorency, quand il m'a interrompu par son importune question : *A quoi sert cela ?* Vous avez raison, lui dis-

je, il y faut penser à loisir ; et si nous trouvons que ce travail n'est bon à rien, nous ne
25 le reprendrons plus, car nous ne manquons pas d'amusements utiles. On s'occupe
d'autre chose, et il n'est plus question de géographie du reste de la journée.

Le lendemain matin, je lui propose un tour de promenade avant le déjeuner ; il
ne demande pas mieux ; pour courir, les enfants sont toujours prêts, et celui-ci a de
bonnes jambes. Nous montons dans la forêt, nous parcourons les Champeaux, nous
30 nous égarons, nous ne savons plus où nous sommes ; et, quand il s'agit de revenir,
nous ne pouvons plus retrouver notre chemin. Le temps se passe, la chaleur vient,
nous avons faim ; nous nous pressons, nous errons vainement de côté et d'autre,
nous ne trouvons partout que des bois, des carrières, des plaines, nul renseigne-
ment pour nous reconnaître. Bien échauffés, bien recrus, bien affamés, nous ne fai-
35 sons avec nos courses que nous égarer davantage. Nous nous asseyons enfin pour
nous reposer, pour délibérer. Émile, que je suppose élevé comme un autre enfant,
ne délibère point, il pleure ; il ne sait pas que nous sommes à la porte de Montmorency, et qu'un simple taillis nous le cache ; mais ce taillis est une forêt pour lui, un
homme de sa stature est enterré dans des buissons.

40 Après quelques moments de silence, je lui dis d'un air inquiet : Mon cher Émile,
comment ferons-nous pour sortir d'ici ?

ÉMILE, *en nage, et pleurant à chaudes larmes*   Je n'en sais rien. Je suis las ; j'ai
faim ; j'ai soif je n'en puis plus.   ·

JEAN-JACQUES   Me croyez-vous en meilleur état que vous ? et pensez-vous que
45 je me fisse faute de pleurer, si je pouvais déjeuner de mes larmes ? Il ne s'agit pas
de pleurer, il s'agit de se reconnaître. Voyons votre montre ; quelle heure est-il ?

ÉMILE   Il est midi, et je suis à jeun.

JEAN-JACQUES   Cela est vrai, il est midi, et je suis à jeun.

ÉMILE   Oh ! que vous devez avoir faim !

50 JEAN-JACQUES   Le malheur est que mon dîner ne viendra pas me chercher ici.
Il est midi : c'est justement l'heure où nous observions hier de Montmorency la position de la forêt. Si nous pouvions de même observer de la forêt la position
de Montmorency !...

ÉMILE   Oui ; mais hier nous voyions la forêt, et d'ici nous ne voyons pas la ville.

55 JEAN-JACQUES   Voilà le mal... Si nous pouvions nous passer de la voir pour trouver sa position !...

ÉMILE   O mon bon ami !

JEAN-JACQUES   Ne disions-nous pas que la forêt était...

ÉMILE   Au nord de Montmorency.

60 JEAN-JACQUES   Par conséquent Montmorency doit être...

ÉMILE   Au sud de la forêt.

JEAN-JACQUES   Nous avons un moyen de trouver le Nord à midi ?

ÉMILE   Oui, par la direction de l'ombre.

JEAN-JACQUES   Mais le sud ?

65 ÉMILE   Comment faire ?

JEAN-JACQUES   Le sud est l'opposé du nord.

ÉMILE   Cela est vrai ; il n'y a qu'à chercher l'opposé de l'ombre. Oh ! voilà le
sud ! voilà le sud ! sûrement Montmorency est de ce côté.

JEAN-JACQUES   Vous pouvez avoir raison : prenons ce sentier à travers le bois.

70 ÉMILE, *frappant des mains et poussant un cri de joie* Ah ! je vois Montmorency !
le voilà devant nous, tout à découvert. Allons déjeuner, allons dîner, courons vite :
l'astronomie est bonne à quelque chose.

Prenez garde que, s'il ne dit pas cette dernière phrase, il la pensera ; peu importe,
pourvu que ce ne soit pas moi qui la dise. Or soyez sûr qu'il n'oubliera de sa vie la
75 leçon de cette journée au lieu que, si je n'avais fait que lui supposer tout cela dans
sa chambre, mon discours eût été oublié dès le lendemain. Il faut parler tant qu'on
peut par les actions, et ne dire que ce qu'on ne saurait faire.

Rousseau, *Émile ou De l'Éducation*, Livre troisième, XLVIII.

1 Quel est le problème pédagogique essentiel posé dans cette page par Rousseau ?

2 Relevez les termes que vous pouvez ranger dans les catégories suivantes : parole abstraite, action concrète. Pouvez-vous en tirer une conclusion sur le rôle du précepteur selon Rousseau ?

3 Pourquoi Rousseau propose-t-il un dialogue ? Quel est l'effet produit, du point de vue de l'efficacité, de sa démonstration envers le lecteur ?

4 Que pensez-vous de ce type d'enseignement ? Vous paraît-il applicable ? Pouvez-vous trouver des objections, des contre-exemples ?

Illustration pour l'*Émile* de J.-J. Rousseau : « Courons vite, l'astronomie est bonne à quelque chose ! » (Gravure de 1778 par Moreau le Jeune [1741-1814]).

Les Confessions

1788

Les persécutions déclenchées par la publication de la *Profession de foi du Vicaire savoyard* obligèrent Rousseau à fuir ou à s'exiler pendant toute la période 1762-1770. Elles furent aggravées par la publication d'un pamphlet anonyme de Voltaire, *Le Sentiment des citoyens*, qui l'attaquait dans sa vie privée, en révélant qu'il avait abandonné ses cinq enfants. Rousseau en fut frappé au cœur. Désormais, il est hanté par l'idée du complot : les manuscrits autobiographiques *(Les Confessions, Rousseau juge de Jean-Jacques, Rêveries du promeneur solitaire)* qu'il laisse à sa mort se présentent à la fois comme une confession publique et un journal intime. Ils tentent de le justifier aux yeux du monde.

Dans ses Confessions, *Rousseau raconte comment les événements de son existence l'ont peu à peu arraché au paradis de l'enfance.*
   Le texte suivant, extrait du premier livre, relate un de ces cruels moments. « Là, écrit Rousseau, fut le terme de la sérénité de ma vie enfantine. Dès ce moment je cessai de jouir d'un bonheur pur »...

J'étudiais un jour seul ma leçon dans la chambre contiguë à la cuisine. La servante avait mis à sécher à la plaque les peignes de Mlle Lambercier[1]. Quand elle revint les prendre, il s'en trouva un dont tout un côté de dents était brisé. A qui s'en prendre de ce dégât? Personne autre que moi n'était entré dans la chambre. On m'interroge ;
5 je nie avoir touché le peigne. M. et Mlle Lambercier se réunissent ; m'exhortent, me pressent, me menacent ; je persiste avec opiniâtreté ; mais la conviction était trop forte, elle l'emporta sur toutes les protestations, quoique ce fût la première fois qu'on m'eût trouvé tant d'audace à mentir. La chose fut prise au sérieux ; elle méritait de l'être. La méchanceté, le mensonge, l'obstination parurent également dignes de
10 punition : mais pour le coup ce ne fut pas par Mlle Lambercier qu'elle me fut infligée. On écrivit à mon oncle Bernard ; il vint. Mon pauvre cousin était chargé d'un délit non moins grave : nous fûmes enveloppés dans la même exécution. Elle fut terrible. Quand, cherchant le remède dans le mal même, on eût voulu pour jamais amortir mes sens dépravés, on n'aurait pu mieux s'y prendre. Aussi me laissèrent-
15 ils en repos pour longtemps [...].
   Qu'on se figure un caractère timide et docile dans la vie ordinaire, mais ardent, fier, indomptable dans les passions ; un enfant toujours gouverné par la voix de la raison, toujours traité avec douceur, équité, complaisance ; qui n'avait pas même idée de l'injustice, et qui, pour la première fois, en éprouve une si terrible, de la
20 part précisément des gens qu'il chérit et qu'il respecte le plus. Quel renversement d'idées ! Quel désordre de sentiments ! Quel bouleversement dans son cœur, dans sa cervelle, dans tout son petit être intelligent et moral ! Je dis, qu'on s'imagine tout cela, s'il est possible ; car pour moi, je ne me sens pas capable de démêler, de suivre, la moindre trace de ce qui se passait alors en moi.
25 Je n'avais pas encore assez de raison pour sentir combien les apparences me condamnaient, et pour me mettre à la place des autres. Je me tenais à la mienne, et tout ce que je sentais, c'était la rigueur d'un châtiment effroyable pour un crime que je n'avais pas commis. [...]
   Je sens en écrivant ceci que mon pouls s'élève encore ; ces moments me seront
30 toujours présents quand je vivrais cent mille ans. Ce premier sentiment de la violence et de l'injustice est resté si profondément gravé dans mon âme, que toutes les idées qui s'y rapportent me rendent ma première émotion ; et ce sentiment, relatif à moi dans son origine, a pris une telle consistance en lui-même, et s'est tellement

---

1. Rousseau est élevé pendant quelques mois à Bossey, chez M. et Mlle Lambercier.

détaché de tout intérêt personnel, que mon cœur s'enflamme au spectacle ou au
35 récit de toute action injuste, quel qu'en soit l'objet ou en quelque lieu qu'elle se com-
mette, comme si l'effet en retombait sur moi. Quand je lis les cruautés d'un tyran
féroce, les subtiles noirceurs d'un fourbe de prêtre, je partirais volontiers pour aller
poignarder ces misérables, dussé-je cent fois y périr. Je me suis souvent mis en
nage, à poursuivre à la course ou à coups de pierre un coq, une vache, un chien,
40 un animal que j'en voyais tourmenter un autre, uniquement parce qu'il se sentait le
plus fort. Ce mouvement peut m'être naturel, et je crois qu'il l'est; mais le souvenir
profond de la première injustice que j'ai soufferte y fut trop longtemps et trop fortement lié, pour ne l'avoir pas beaucoup renforcé.

Rousseau, *Les Confessions*, I.

1 L'enchaînement des faits aboutissant à la punition vous semble-t-il clair?
Les motifs du châtiment vous semblent-ils en rapport avec l'acte? Pourquoi?

2 Comment Rousseau décrit-il sa chute hors du paradis?

3 Quels sont les sentiments du romancier à l'égard de l'enfant qu'il fut?

Rêveries du promeneur solitaire
1782

Les Rêveries du promeneur solitaire, *composées à Ermenonville, inaugurent une
forme de prose poétique inconnue jusqu'alors qui mêle, dans un lyrisme musical,
l'effort de l'analyse et la paix de la confession.*

Tout est fini pour moi sur la terre. On ne peut plus m'y faire ni bien ni mal. Il ne me
reste plus rien à espérer ni à craindre en ce monde, et m'y voilà tranquille au fond
de l'abîme, pauvre mortel infortuné, mais impassible comme Dieu même.
Tout ce qui m'est extérieur m'est étranger désormais. Je n'ai plus en ce monde ni
5 prochain, ni semblables, ni frères. Je suis sur la terre comme dans une planète
étrangère, où je serais tombé de celle que j'habitais. Si je reconnais autour de moi
quelque chose, ce ne sont que des objets affligeants et déchirants pour mon cœur, et
je ne peux jeter les yeux sur ce qui me touche et m'entoure sans y trouver toujours
quelque sujet de dédain qui m'indigne, ou de douleur qui m'afflige. Écartons donc
10 de mon esprit tous les pénibles objets dont je m'occuperais aussi douloureusement
qu'inutilement. Seul pour le reste de ma vie, puisque je ne trouve qu'en moi la consolation, l'espérance et la paix, je ne dois ni ne veux plus m'occuper que de moi. C'est
dans cet état que je reprends la suite de l'examen sévère et sincère que j'appelai
jadis mes *Confessions*. Je consacre mes derniers jours à m'étudier moi-même et à
15 préparer d'avance le compte que je ne tarderai pas à rendre de moi. Livrons-nous
tout entier à la douceur de converser avec mon âme puisqu'elle est la seule que les
hommes ne puissent m'ôter. Si à force de réfléchir sur mes dispositions intérieures
je parviens à les mettre en meilleur ordre et à corriger le mal qui peut y rester,
mes méditations ne seront pas entièrement inutiles, et quoique je ne sois plus bon à
20 rien sur la terre, je n'aurai pas tout à fait perdu mes derniers jours. Les loisirs de

Tombeau de J.-J. Rousseau dans l'île des Peupliers à Ermenonville. (Gravure de Moreau le Jeune, 1778.)

mes promenades journalières ont souvent été remplis de contemplations charmantes dont j'ai regret d'avoir perdu le souvenir. Je fixerai par l'écriture celles qui pourront me venir encore ; chaque fois que je les relirai m'en rendra la jouissance. J'oublie-rai mes malheurs, mes persécuteurs, mes opprobres, en songeant au prix qu'avait
25 mérité mon cœur. [...]
  Ces feuilles peuvent donc être regardées comme un appendice de mes *Confes-sions*, mais je ne leur en donne plus le titre, ne sentant plus rien à dire qui puisse le mériter. Mon cœur s'est purifié à la coupelle[1] de l'adversité, et j'y trouve à peine en le sondant avec soin quelque reste de penchant répréhensible. Qu'aurais-je encore
30 à confesser quand toutes les affections terrestres en sont arrachées ? Je n'ai pas plus à me louer qu'à me blâmer : je suis nul désormais parmi les hommes, et c'est tout ce que je puis être, n'ayant plus avec eux de relation réelle, de véritable société. Ne pouvant plus faire aucun bien qui ne tourne à mal, ne pouvant plus agir sans nuire à autrui ou à moi-même, m'abstenir est devenu mon unique devoir, et je le remplis
35 autant qu'il est en moi. Mais dans ce désœuvrement du corps mon âme est encore active, elle produit encore des sentiments, des pensées, et sa vie interne et morale semble encore s'être accrue par la mort de tout intérêt terrestre et temporel. Mon corps n'est plus pour moi qu'un embarras, qu'un obstacle, et je m'en dégage d'avance autant que je puis.

Rousseau, Rêveries du promeneur solitaire, Première promenade.

1. La coupelle est un petit vase fait avec des os calcinés, réduits en poudre puis délayés dans l'eau, dont on se sert pour la coupellation (opéra-tion par laquelle on séparait l'argent des autres métaux avec lesquels il est uni). Ici, le sens est figuré : c'est le cœur de Rousseau qui est purifié.

1 Quels sont les fondements de ce bonheur tardif de Jean-Jacques Rousseau ?

2 A l'aide de ce texte, dégagez les implications des deux titres : *Les Confessions* et *Rêveries*, et le sens de la substitution du second au premier.

LA LITTÉRATURE A L'ÉPOQUE DE LA RÉVOLUTION

Les écrivains de cette époque, souvent oubliés aujourd'hui, à l'exception de Beaumarchais (cf. p. 220), sont les fils spirituels des philosophes, et singulièrement de Rousseau : la préoccupation centrale de leur œuvre est en effet morale ; ils s'interrogent sur la place de l'homme, de sa liberté individuelle, de ses pulsions, dans la société. Sans être directement révolutionnaire, cette littérature témoigne de l'acuité de la réflexion politique menée à ce moment-là, une politique qui se mesure à ce seul critère : le bonheur de l'individu.

RESTIF DE LA BRETONNE (1734-1806)

Dans une œuvre romanesque abondante et injustement méconnue, Restif veut faire œuvre « pédagogique » : après avoir proposé dans ses *Idées singulières* des réformes visant à instituer une société plus juste, il entreprend de détourner ses lecteurs du mal en confessant les erreurs où l'a conduit une existence libertine ; il veut « se dévêtir devant nous » pour « nous instruire à ses dépens » : dans cette perspective, il rédige, entre 1794 et 1797 *Monsieur Nicolas ou le cœur humain dévoilé.* Très influencé par Rousseau, il voit dans la propriété la « source de tout vice, de tout crime, de toute corruption » et prône une vie simple et rustique.

SADE (1740-1814)

« L'esprit le plus libre, disait Apollinaire, que l'on ait encore vu » et à coup sûr, ajoutait Paulhan, « le corps le plus enfermé » (il passa trente ans de sa vie emprisonné) est un auteur dont l'influence reste grande.

Les écrivains du XVIIIe siècle se sont posé le problème suivant : si Dieu existe, ou, du moins, si les lumières de la philosophie et du progrès peuvent éclairer le monde, comment expliquer la permanence du Mal ? Rousseau, Voltaire, Diderot, ont répondu à cette question. Leurs réponses divergent, mais tous s'accordent sur un point : le mal est... un mal ; il faut l'extirper, alors seulement l'homme sera heureux. Selon Sade le problème est mal posé : ce qui est un mal en France est une vertu en Chine, et réciproquement ; et surtout de même que le violent tire jouissance de sa violence, de même le faible tire jouissance de sa faiblesse. La cruauté est donc dans la nature au même titre que la bonté.

Dans la symphonie des Lumières, Sade joue donc une partition dissonante, qui dévoile un monde absurde, sans Dieu et sans avenir, tout entier engouffré dans la jouissance de l'instant. Dans la *Nouvelle Justine ou les malheurs de la vertu,* il prouve en quelque sorte son système en racontant l'histoire de deux sœurs, l'une, Juliette, que son libertinage conduit au bonheur et à la prospérité, l'autre, Justine, que sa vertu mène à la déchéance.

Ainsi il n'y a pas de morale, pas de « bonne nature » ; il n'y a pas d'un côté les bons, de l'autre les méchants, d'un côté la douleur, de l'autre les plaisirs. En levant le voile sur l'absurdité du monde c'est, plus que le XIXe siècle, le XXe que Sade annonçait.

CHODERLOS DE LACLOS (1741-1803)

Il publie en 1772 *Les Liaisons dangereuses ;* près de cinquante éditions vont se succéder jusqu'en 1815. Ce roman est un recueil de lettres échangées entre deux libertins, le vicomte de Valmont et la marquise de Merteuil. Selon des règles parfaitement déterminées – qui sont les règles de la vie libertine – la marquise dirige à distance les aventures de Valmont, l'amenant ici à s'engager à l'égard de telle femme, là à rompre, et selon un cérémonial déterminé, en vue d'obtenir de la victime tel ou tel comportement. Le vicomte, quant à lui, fait à la marquise le récit de ses actions. Toutes les relations engagées ainsi par l'un ou l'autre sont des rapports de force : le libertin ne s'abandonne pas, ne s'émeut pas : il calcule, dirige, analyse. Il gère ses rapports avec autrui comme un chef de guerre mène une bataille. La seule « vertu » de ce monde immoral (au sens où il vise à saper les fondements de la morale) est l'intelligence, et celle-ci n'a qu'un but : montrer que tous les individus, y compris les personnes les plus vertueuses sont, au fond d'elles-mêmes, parfaitement immorales. Dans cette tentative de mettre à nu la nature humaine, Laclos rejoint Sade.

Les œuvres de ces trois auteurs sont ce qui subsiste d'une production aujourd'hui méconnue. Les répercussions de leurs œuvres, celle de Sade surtout, sont aujourd'hui encore importantes. C'est par rapport à Sade qu'écrivent de nombreux auteurs.

Beaumarchais peint vers 1760 par Nattier (1685-1766).

P.-A. Caron de Beaumarchais

1732-1799

De la Finance aux Lettres

Issu d'une modeste famille d'horlogers, Pierre-Augustin Caron de Beaumarchais est d'abord et avant tout homme d'argent : tour à tour horloger de génie, trafiquant d'esclaves et de sucre, espion royal, financier habile, fondateur de la Société des Auteurs Dramatiques, il vient de manière curieuse à la littérature. Impliqué en effet dans de nombreux procès, Beaumarchais écrit, pour en appeler à l'opinion, des « Mémoires à consulter », mais aussi des lettres, des commentaires, des pamphlets, des drames, un opéra, etc.

Il doit la célébrité à deux comédies : *Le Barbier de Séville* (1775) et *Le Mariage de Figaro*

(1784). Plusieurs personnages, le valet Figaro, le comte Almaviva, la Comtesse, sont communs aux deux pièces. Une troisième comédie, *La Mère Coupable* s'ajoutera tardivement (en 1788) à ces deux chefs-d'œuvre pour clore la trilogie du triomphe de Figaro.

Le théâtre comme arme offensive

« Le théâtre est un géant qui blesse à mort tout ce qu'il frappe. On doit réserver ses grands coups pour les abus et pour les maux publics », écrit Beaumarchais. Il ajoute encore, dans la Préface au *Mariage de Figaro,* que le but de l'auteur est d'amuser en instruisant. Comme ses amis philosophes, il défend le drame bourgeois et crée une nouvelle forme : la satire sociale. Il fait « la critique d'une foule d'abus qui désolent la société ».

On a longtemps vu en Beaumarchais, de façon abusive, un précurseur de la Révolution. En fait, Beaumarchais, enrichi, sera suspect pour les révolutionnaires et contraint à l'exil.

Mais il est vrai qu'il a formulé d'une manière percutante certaines idées neuves du siècle : Figaro fait l'éloge du mérite personnel, s'élève contre les privilèges dus à la seule naissance ; Marceline dénonce la dépendance féodale où sont maintenues les femmes ; et les nombreux abus de la justice sont ridiculisés.

Cependant, c'est par son style que Beaumarchais fait œuvre vraiment moderne, en renouvelant le comique à la scène. Il renoue en effet avec la tradition moliéresque et l'allie « avec le ton léger de notre plaisanterie actuelle ». Les répliques des personnages de Beaumarchais sont vives, percutantes, mais n'excluent pas des monologues passionnés, dont le plus célèbre reste celui de Figaro (*Le Mariage de Figaro,* Acte V, scène 3). Ces monologues font des personnages, souvent très typés, des êtres profonds, vivants et émouvants. Figaro est un des personnages de théâtre les plus réussis : héritier certes des valets de comédie, il ne se contente pas d'être une doublure plus ou moins brillante de son maître. Il vit d'une vie autonome, passionnée, qui fait de lui le héros de la pièce. Si Beaumarchais est moderne, c'est par la force émotive de son écriture théâtrale.

Le Mariage de Figaro ou *La Folle Journée*
1784

La pièce met en scène, selon le mot de Beaumarchais lui-même, « la plus badine des intrigues » : « Un grand seigneur espagnol (le Comte), amoureux d'une jeune fille (Suzanne) et les efforts que cette fiancée, celui qu'elle doit épouser (Figaro) et la femme du seigneur (l'ex-Rosine) réunissent, pour faire échouer dans son dessein un maître absolu que son rang, sa fortune et sa prodigalité rendent tout-puissant pour l'accomplir. Voilà tout, rien de plus ». Au-delà de cette banalité affichée, l'originalité du *Mariage de Figaro* tient à la fois à la multiplication des intrigues enchaînées tout au long des quatre-vingt-douze scènes et aux tirades, nombreuses, qui révèlent les multiples facettes des personnages et donnent à l'œuvre une puissante portée critique.

La scène suivante (Acte V, scène 3) est une des plus célèbres du théâtre de Beau-
marchais. Figaro croit que Suzanne, cédant aux avances du comte Almaviva, lui a
accordé un rendez-vous dans le jardin. En réalité, Suzanne et sa maîtresse la Com-
tesse ont comploté pour ridiculiser le Comte : c'est donc la comtesse en personne
qui, déguisée en Suzanne, attend le Comte au jardin. Figaro, ignorant la superche-
rie, attend à cet endroit pour confondre le comte et « Suzanne ».

FIGARO, *seul, se promenant dans l'obscurité, dit du ton le plus sombre :*

Non, Monsieur le Comte, vous ne l'aurez pas... vous ne l'aurez pas... Parce que vous
êtes un grand Seigneur, vous vous croyez un grand génie !... Noblesse, fortune, un
rang, des places : tout cela rend si fier ! Qu'avez-vous fait pour tant de biens ! Vous
vous êtes donné la peine de naître, et rien de plus ; du reste, homme assez ordi-
5 naire ! tandis que moi, morbleu ! perdu dans la foule obscure, il m'a fallu déployer
plus de science et de calculs pour subsister seulement, qu'on n'en a mis depuis cent
ans à gouverner toutes les Espagnes ; et vous voulez jouter[1]. On vient... c'est elle...
ce n'est personne. – La nuit est noire en diable, et me voilà faisant le sot métier de
mari, quoique je ne le sois qu'à moitié[2]. (*Il s'assied sur un banc*). Est-il rien de plus
10 bizarre que ma destinée ! Fils de je ne sais pas qui, volé par des bandits, élevé
dans leurs mœurs, je m'en dégoûte et veux courir une carrière honnête ; et partout
je suis repoussé ! J'apprends la chimie, la pharmacie, la chirurgie, et tout le crédit
d'un grand Seigneur peut à peine me mettre à la main une lancette vétérinaire ! –
Las d'attrister des bêtes malades et pour faire un métier contraire, je me jette à corps
15 perdu dans le théâtre ; me fussé-je mis une pierre au cou ! Je broche[3] une comédie
dans les mœurs du sérail ; auteur espagnol, je crois pouvoir y fronder Mahomet sans
scrupule ; à cet instant, un envoyé... de je ne sais où, se plaint de ce que j'offense
dans mes vers la Sublime-Porte[4], la Perse, une partie de la presqu'île de l'Inde,
toute l'Égypte, les royaumes de Barca[5], de Tripoli, de Tunis, d'Alger et de Maroc : et
20 voilà ma comédie flambée, pour plaire aux princes mahométans, dont pas un, je
crois, ne sait lire, et qui nous meurtrissent l'omoplate, en nous disant : *Chiens de*
chrétiens ! – Ne pouvant avilir l'esprit, on se venge en le maltraitant. – Mes joues
creusaient ; mon terme était échu ; je voyais de loin arriver l'affreux recors[6], la plume
fichée dans sa perruque ; en frémissant, je m'évertue. Il s'élève une question sur la
25 nature des richesses, et, comme il n'est pas nécessaire de tenir les choses pour en
raisonner, n'ayant pas un _sol_, j'écris sur la valeur de l'argent et sur son produit
net[7] ; sitôt je vois, du fond d'un fiacre, baisser pour moi le pont d'un château fort, à
l'entrée duquel je laissai l'espérance et la liberté. (*Il se lève*). Que je voudrais bien
tenir un de ces puissants de quatre jours, si légers sur le mal qu'ils ordonnent,
30 quand une bonne disgrâce a cuvé son orgueil ! je lui dirais... que les sottises impri-
mées n'ont d'importance qu'aux lieux où l'on en gêne le cours ; que, sans la liberté
de blâmer, il n'est point d'éloge flatteur, et qu'il n'y a que les petits hommes qui
redoutent les petits écrits. (*Il se rassied*). Las de nourrir un obscur pensionnaire, on
me met un jour dans la rue ; et comme il faut dîner quoiqu'on ne soit plus en pri-
35 son, je taille encore ma plume, et demande à chacun de quoi il est question ; on
me dit que pendant ma retraite économique il s'est établi dans Madrid un système
de liberté sur la vente des productions, qui s'étend même à celles de la presse ; et
que, pourvu que je ne parle en mes écrits ni de l'autorité, ni du culte, ni de la politique, ni de la morale, ni des gens en place, ni des corps en crédit, ni de l'Opéra, ni
40 des autres spectacles, ni de personne qui tienne à quelque chose, je puis tout
imprimer librement, sous l'inspection de deux ou trois censeurs. Pour profiter de

1. A l'origine, le mot signifiait combattre à cheval avec des lances l'un contre l'autre. Ici, au sens figuré, il signifie lutter contre, disputer.
2. Figaro est seulement fiancé à Suzanne.
3. Terme de librairie : un ouvrage broché est plus léger qu'un ouvrage relié. Ici au figuré : bâcler.
4. Gouvernement de l'Empire Ottoman.
5. La Cyrénaïque.
6. Assiste l'huissier lorsqu'il vient se saisir d'un prévenu pour le mener en prison.
7. « Revenu de la culture après que la classe productrice a prélevé sur la production qu'elle a obtenue, les fonds nécessaires pour se rembourser de ses avances annuelles et pour entretenir ses richesses d'exploitation » (Quesnay).

cette douce liberté, j'annonce un écrit périodique, et, croyant n'aller sur les brisées d'aucun autre, je le nomme *Journal inutile*. Pou-ou! je vois s'élever contre moi mille pauvres diables à la feuille; on me supprime, et me voilà derechef sans emploi! –
45 Le désespoir m'allait saisir; on pense à moi pour une place, mais par malheur j'y étais propre : il fallait un calculateur, ce fut un danseur qui l'obtint. Il ne me restait plus qu'à voler; je me fais banquier de pharaon[1] : alors, bonnes gens! je soupe en ville, et les personnes dites *comme il faut* m'ouvrent poliment leur maison en retenant pour elles les trois quarts du profit. J'aurais bien pu me remonter; je commen-
50 çais même à comprendre que, pour gagner du bien, le savoir-faire vaut mieux que le savoir. Mais comme chacun pillait autour de moi en exigeant que je fusse honnête, il fallut bien périr encore. Pour le coup je quittais le monde, et vingt brasses d'eau m'en allaient séparer, lorsqu'un Dieu bienfaisant m'appelle à mon premier état. je reprends ma trousse et mon cuir anglais; puis, laissant la fumée aux sots qui
55 s'en nourrissent, et la honte au milieu du chemin, comme trop lourde à un piéton, je vais rasant de ville en ville et je vis enfin sans souci. Un grand seigneur passe à Séville; il me reconnaît, je le marie, et pour prix d'avoir eu par mes soins son épouse, il veut intercepter la mienne[2]. Intrigue, orage à ce sujet. Prêt à tomber dans un abîme, au moment d'épouser ma mère, mes parents m'arrivent à la file. *(Il se*
60 *lève en s'échauffant).* On se débat : c'est vous, c'est lui, c'est moi, c'est toi; non, ce n'est pas nous : eh mais, qui donc? *(Il retombe assis).* O bizarre suite d'événements! Comment cela m'est-il arrivé? Pourquoi ces choses et non pas d'autres? Qui les a fixées sur ma tête? Forcé de parcourir la route où je suis entré sans le savoir, comme j'en sortirai sans le vouloir, je l'ai jonchée d'autant de fleurs que ma gaieté
65 me l'a permis; encore je dis ma gaieté, sans savoir si elle est à moi plus que le reste, ni même quel est ce moi dont je m'occupe; un assemblage informe de parties inconnues, puis un chétif être imbécile, un petit animal folâtre, un jeune homme ardent au plaisir, ayant tous les goûts pour jouir, faisant tous les métiers pour vivre; maître ici, valet là, selon qu'il plaît à la fortune! ambitieux par vanité, laborieux par
70 nécessité, mais paresseux... avec délices! orateur selon le danger, poète par délassement, musicien par occasion, amoureux par folles bouffées, j'ai tout vu, tout fait, tout usé. Puis l'illusion s'est détruite, et trop désabusé... Désabusé!... Suzon, Suzon, Suzon! que tu me donnes de tourments!

Beaumarchais, *Le Mariage de Figaro* ou *La Folle journée*, Acte V, scène 3.

1. Celui qui tient « la banque » et donc joue contre tous les autres à un jeu de cartes très prisé à l'époque.
2. Figaro fait ici le résumé de l'intrigue du *Barbier de Séville*.

1 Relevez les mots et les expressions qui désignent le Comte ou les grands seigneurs. Quel portrait en tracent-ils?

2 Quelles valeurs sont opposées ici aux valeurs en place dans la société du XVIIIe siècle?

3 Donnez le sens des expressions suivantes : « pour faire un métier contraire » (l. 14);
« ... je vois, du fond d'un fiacre, baisser pour moi le pont d'un château fort » (l. 27); « Las de nourrir un obscur pensionnaire » (l. 33); « pendant ma retraite économique » (l. 36)... Comment sont forgées ces expressions? Pourquoi Beaumarchais les a-t-il placées dans la bouche de Figaro?

LE XIXᵉ SIÈCLE

le siècle
de l'ordre moral
et des révolutions

LA SUCCESSION DES RÉGIMES

L'ancien régime est aboli par la Révolution de 1789 : il reste à en fonder un nouveau. Le XIXᵉ siècle, de ce fait, se caractérise par une véritable expérimentation en matière de formes de gouvernement. Les régimes se succèdent, et tentent de donner une réalité institutionnelle stable à la société nouvelle. Leur succession elle-même — consulat, empires, royautés, républiques — est scandée par les coups d'État et les révolutions.

1. La Révolution (1789-1799).
Toute l'Europe regarde vers la France de 1789. Mais dix ans plus tard, le pays aspire à un pouvoir fort.
18 brumaire 1799 : coup d'État de Napoléon Bonaparte.

2. Le Consulat et l'Empire (1799-1814).
Premier consul, puis consul à vie en 1802, Napoléon se fait couronner empereur en 1804. Les guerres de conquêtes amèneront sa chute, et le retour provisoire de la monarchie.

3. La Restauration (1814-1830).
La tentative de résurrection monarchique connaît un succès éphémère : le peuple se soulève et permet à la bourgeoisie de reprendre le pouvoir.
Les Trois Glorieuses (1830) : émeutes populaires, qui chassent le roi Charles X.

4. La Monarchie de Juillet (1830-1848).
Le règne de Louis-Philippe repose sur des compromis instables, contestés par l'opposition libérale.
Révolution de février 1848 : Louis-Philippe abandonne le trône.

5. La Seconde République (1848-1852).
Elle connaît des débuts euphoriques, mais dès décembre 1848, c'est Louis-Napoléon Bonaparte, neveu de Napoléon Iᵉʳ, qui est élu président de la République.
2 décembre 1851 : coup d'État de Louis-Napoléon Bonaparte, qui devient Napoléon III.

6. Le Second Empire (1852-1870).
La France, inquiète, se tourne de nouveau vers un régime autoritaire, qui tire sa force, non des guerres de conquête, mais de l'enrichissement intérieur et du développement bancaire et industriel.
2 septembre 1870 : L'empereur Napoléon III est battu à Sedan, et fait prisonnier par les Prussiens. Le régime s'effondre.

7. La Commune (mars à mai 1871).
La IIIᵉ République est proclamée à Paris, et les élections amènent une majorité conservatrice favorable à la paix. Mais les Prussiens assiègent Paris : le peuple se soulève et proclame la Commune, premier gouvernement populaire de l'Histoire. Le jeune régime sera réprimé par les troupes du gouvernement conservateur, installé à Versailles.

8. La IIIᵉ République (1870-1940).
A partir de 1870, le régime républicain fait ses preuves : les gouvernements se succèdent, il demeure.

David (1748-1825), *Le Sacre* (détail). ▶

1800-1830 :
L'EMPIRE ET
LA RESTAURATION

La consolidation du pouvoir de la bourgeoisie

De 1789 à 1799, la période révolutionnaire a opéré un bouleversement politique et social radical, qui constitue la véritable charnière entre le XVIIIe et le XIXe siècles : la féodalité est abolie, l'aristocratie d'Ancien Régime détruite dans son pouvoir et ses privilèges.

La France en sort toutefois affaiblie et divisée : le temps est venu des bilans, et de l'aspiration à l'ordre. La prise du pouvoir par Napoléon Bonaparte sanctionne ce désir d'un pouvoir fort et durable. Sous sa poigne, le régime qu'il a imposé évolue très vite vers une forme autoritaire et personnelle. Pendant quinze ans, l'héritier de la Révolution française s'emploiera à donner forme à son rêve : un Empire français qui, comme autrefois l'Empire romain, dominerait le monde.

Sur le plan intérieur, le Consulat, puis l'Empire, mènent à bien la réorganisation du pays — administrative, financière, juridique, religieuse et scolaire —, et assoient ainsi, progressivement, la paix intérieure, en assurant la continuité du pouvoir de la bourgeoisie, et l'expansion de ses activités. La tentative de mettre en place une noblesse d'Empire ne doit pas faire illusion. Les guerres de conquête elles-mêmes ont d'abord pour objectif la consolidation des acquis révolutionnaires : par la destruction des régimes absolutistes et féodaux en Europe.

Cette bourgeoisie change ainsi peu à peu de nature : les petits et moyens producteurs, paysans ou artisans le plus souvent, sont libérés par la ruine de la grande propriété féodale et du système d'Ancien Régime. Dans le domaine du commerce et de l'industrie, la grande bourgeoisie développe un capitalisme moderne, qui va s'affirmer progressivement grâce, en particulier, à la spéculation et à l'exploitation des pays conquis.

L'Empire... de la médiocrité littéraire

L'autoritarisme du régime porte gravement atteinte à la production littéraire. Napoléon prône la production d'œuvres à sa dévotion, et accordées à sa grandeur, comme le « Sacre de Napoléon » du peintre David ; les épreuves d'un livre aussi important que *De l'Allemagne* de Madame de Staël (cf. p. 232) sont en revanche détruites sur ordre personnel de l'Empereur.

La plupart des écrivains en viennent donc à le considérer comme un odieux tyran. A gauche, les libéraux dénoncent l'autoritarisme ; à droite, les royalistes, par attachement à l'Ancien Régime, s'opposent au « despote » : Chateaubriand (cf. p. 233), par exemple, compare Napoléon Ier au plus sanguinaire et débauché des empereurs romains, Néron. Beaucoup sont contraints à l'exil, où leur pensée prendra une dimension européenne : le romantisme français naît hors de France.

Dans ces conditions, la production littéraire nationale est condamnée à la médiocrité. La philosophie des Lumières est, depuis la fin du siècle précédent déjà, contestée. La littérature se cherche (les tentatives de retour au goût classique sont vouées à l'échec : le monde classique n'existe plus). L'art puise son inspiration aux sources de l'irrationnel, du religieux, de la tradition.

Échec de la Restauration et naissance du romantisme aristocratique

L'opposition entre la monarchie déchue et la bourgeoisie est vive. Louis XVIII tente, à la chute de Napoléon, un compromis entre ces deux forces en octroyant au pays la Charte, c'est-à-dire une Constitution, qui garantit certains acquis révolutionnaires et peut ainsi rassurer la bourgeoisie. Mais, dès 1820, la noblesse ultra-royaliste tente de rétablir l'Ancien Régime. Charles X est sacré roi de France dans la cathédrale de Reims et les émigrés, de retour en France, connaissent une influence sociale grandissante.

La bourgeoisie, relativement rassurée par la Charte, s'inquiète de voir Charles X la violer à plusieurs reprises au cours de l'année 1830. Aussi utilise-t-elle à son propre profit l'insurrection des «Trois Glorieuses» de juillet 1830, déclenchée par un petit peuple parisien extrêmement politisé, mais privé de ses droits politiques depuis la Charte. Elle installe un roi issu d'une autre branche de la famille royale, et tout acquis à ses vues parlementaires : Louis-Philippe. La noblesse, ralliée à la légitimité de ce nouveau régime, se cantonnera dès lors dans une opposition très symbolique.

Au cours de cette période, le relâchement de l'autoritarisme permet à la littérature d'affirmer une vigueur nouvelle. La liberté d'expression recouvrée, la paix aux frontières, la multiplication des contacts avec le reste de l'Europe, constituent des stimulants puissants pour l'imagination et la réflexion. On cherche à oublier la Révolution en renouant avec le passé national, en particulier le Moyen Age. C'est la vogue du pittoresque, de l'exotique et du roman historique, dont témoigne le succès d'*Ivanhoé,* de l'écrivain anglais Walter Scott. Les émigrés cristallisent leurs souvenirs de grandeur et leurs regrets autour du thème de la terre natale, devenue, du fait de la dépossession, valeur sentimentale.

C'est dans cette atmosphère que se constitue le romantisme «aristocratique». Il s'oppose d'abord, sur le plan politique, au semi-libéralisme de Louis XVIII, et se veut ultra-royaliste et religieux. Puis, déçu par les débuts du règne de Charles X, il se tourne vers une sorte de libéralisme sentimental, inspiré de Jean-Jacques Rousseau, dont Victor Hugo (cf. p. 244) se fera le porte-parole. Le romantisme jugera dès lors indissociables la liberté dans l'art et la liberté dans la société.

◄ Antoine Gros (1771-1835), *Louis XVIII.*
Le Faubourg Saint-Antoine à Paris pendant les émeutes de juillet 1830 (d'après une lithographie de V. Adam).▼

LES ROMANTISMES EN FRANCE

ROMANTISME ? UN VIEUX MOT

Au XVIIᵉ et au XVIIIᵉ siècles, on utilise le mot « romantique » pour qualifier tout ce qui rappelle les vieux « romans » de chevalerie du Moyen Age. Sont considérés comme romantiques des personnages (chevaliers en quête d'un trésor mystique, héros solitaires), des paysages (de ruines, de précipices, de cascades) ou des sentiments (la mélancolie, l'exaltation, le goût pour la nature).

TRAITS COMMUNS AUX DIFFÉRENTS ROMANTISMES

Le mouvement, qui débute en Allemagne et en Grande-Bretagne aux environs de 1750, met un siècle à gagner toute l'Europe et arrive très tard en France. Malgré leur diversité dans le temps et dans l'espace, les romantismes présentent des caractéristiques communes :

Ils expriment une insatisfaction de l'être, un désenchantement né soit du désespoir d'avoir été écarté du pouvoir (romantisme aristocratique du début du siècle) soit d'une désillusion face à la société que domine une bourgeoisie uniquement préoccupée d'argent. Ce désenchantement est commun aux romantiques de la seconde période (après 1830).

Tous les héros romantiques sont soulevés par une énergie, un vouloir-vivre hors du commun.

Le mouvement romantique a été pour ses créateurs l'épreuve de force entre leurs valeurs et celle des classiques. Il a été une bataille contre une conception trop étroite de l'art, tantôt réduit à l'imitation des anciens, tantôt rabaissé au rang de délassement.

Enfin, un retour aux traditions, non pas à celles des anciens, mais aux sources de la culture nationale, marque les romantismes. Selon Madame de Staël, une des grandes théoriciennes du premier romantisme, la poésie romantique est née « de la chevalerie et du christianisme ». Ce sont bien là en effet deux sources d'inspiration essentielles :

— La religion : après le XVIIIᵉ siècle, trop « rationaliste », on cherche refuge dans le sentiment d'une âme appelée par la divinité (cf. p. 203).

— Le passé : la contestation de l'héritage des philosophes conduit à un vif engouement pour le passé, non seulement l'antiquité gréco-romaine mais aussi le passé des légendes. D'autre part, l'insatisfaction de l'être qui caractérise l'âme romantique mène à une remise en cause de l'ordre établi, en politique et en littérature.

Dans tous les genres littéraires, la contestation porte principalement sur deux points :

— Le langage : tous les mots doivent avoir droit de cité. Hugo, s'attribuant par là-même la paternité de ce combat linguistique écrit : « Je mis un bonnet rouge au vieux dictionnaire », bonnet rouge qui symbolise le peuple révolutionnaire.

— Les sujets littéraires : contre la loi des genres qui séparait la tragédie de la comédie, les romantiques ont multiplié les sujets littéraires : tout devait pouvoir être écrit, peint, parlé.

Dans le domaine du théâtre, les règles classiques (cf. p. 106) sont remises en cause (cf. p. 259).

LE ROMANTISME ARISTOCRATIQUE (1815-1830)

On qualifie d'aristocratique la première génération romantique : Madame de Staël, Chateaubriand, Lamartine, Vigny... En dépossédant les classes nobles, la Révolution a jeté hors de la société et du pays des milliers d'hommes sensibles dont la culture, les valeurs, les souvenirs, les habitudes ne sont plus rien. C'est vrai non seulement pour la génération de 1789, mais aussi pour la suivante : Vigny, dans ses *Mémoires,* raconte son enfance de petit dépossédé jeté au beau milieu de la plèbe du lycée. Malgré la Restauration, ce sentiment de vide persiste. Lamartine écrit : « Nulle part le bonheur ne m'attend. »

Les thèmes fondamentaux de ce premier romantisme sont le regret, la douleur de l'exil, la douceur du passé, le refus de l'avilissement dans une société mercantile. Cette contestation de l'ordre bourgeois sert de fondement commun à un romantisme qui, insensiblement, aux alentours de 1830, d'aristocratique devient « plébéien », attentif à des préoccupations sociales.

LE ROMANTISME SOCIAL (1830-1850)

Cette transformation du romantisme, qu'on date commodément de 1830, en la faisant de la sorte coïncider avec les Trois Glorieuses, a en réalité commencé bien avant.

En 1823 est paru l'essai de Stendhal intitulé *Racine et Shakespeare,* acte de naissance du romantisme. Stendhal y réclame une littérature affranchie des règles classiques, la liberté d'inspiration, la liberté du langage et des formes, une littérature de progrès.

En 1830, le romantisme triomphe en tant que mouvement littéraire. C'est à ce moment qu'éclate une crise politique et sociale. Elle précipite la chute de la Restauration, et accompagne une grave inquiétude spirituelle : en témoignent la dérision affichée d'un dandy comme Musset, ou la révolte contre la condition humaine et l'aspiration à un autre ordre du monde, de Nerval. A l'occasion des Trois Glorieuses (les journées révolutionnaires de 1830), c'est le peuple qui fait irruption sur la scène politique. Du coup, la vocation « civilisatrice » du romantisme se précise : « mission nationale », écrit Hugo, « mission sociale, mission humaine ».

Les romantiques de cette seconde période, en même temps qu'ils affirment leur mission à l'égard du peuple, contestent l'ordre d'une société fondée sur le seul pouvoir de l'argent. Leurs héros (ceux de Balzac, de Stendhal en particulier) luttent énergiquement contre ce monde haï. Mais ils luttent aussi pour le conquérir. « A nous deux maintenant », s'écrie Rastignac en s'adressant à Paris, à la fin du *Père Goriot* (cf. p. 283).

LE ROMANTISME APRÈS 1845

Cette aspiration sociale du mouvement va provoquer au milieu du siècle une scission : s'opposant à Hugo, à Lamartine, et à tous les partisans d'un art « engagé », Théophile Gautier crée l'école dite de « l'art pour l'art », dont le *credo* est : « il n'y a de vraiment beau que ce qui ne peut servir à rien ».

Après 1845, à cause des désertions, des ruptures, de la lassitude du public, de la désillusion terrible qui suit les journées de 1848, le romantisme en tant que mouvement commence à se dissoudre.

Madame de Staël et le romantisme européen

Fille de Necker, ministre de Louis XVI, Madame de Staël est une héritière des Lumières par son cosmopolitisme et sa croyance dans le progrès. Sous le Directoire, la Restauration et l'Empire, elle est exilée pendant des années, ses œuvres condamnées par Napoléon en personne. Réfugiée au château de Coppet, au bord du lac de Genève, elle y tient, en ce début de siècle, un salon véritablement européen.

Le romantisme anglais

Ce souffle européen, que symbolise Madame de Staël, nous vient aussi d'Angleterre.

L'anglomanie sévit en effet en France depuis le XVIIIe siècle. Au XIXe siècle, on connaît de la littérature anglaise Shakespeare, Ossian (en 1763, Macpherson présente le « manuscrit retrouvé » des poésies d'un barde celte, Ossian : tout le monde y croit, l'œuvre connaît un succès fou. On ne s'aperçoit qu'ensuite de la mystification littéraire montée par Macpherson : Ossian n'a jamais existé). Enfin, un important « père spirituel » venu d'Outre-Manche, le très célèbre lord Byron (1788-1824), est connu par ses poésies, mais aussi par un art de vivre, tout d'insolence, de faste et de mélancolie, qui séduira jusqu'à la fin du siècle la jeunesse masculine.

De l'Allemagne

Madame de Staël contribue surtout à répandre en France le romantisme allemand. Dans De l'Allemagne (1813), elle veut cerner la culture et l'âme allemandes. C'est alors, en Allemagne, l'apogée du romantisme. Le mouvement a en effet débuté là-bas vers 1770 avec le Sturm und Drang (Tempête et Assaut) : ce premier romantisme affirme d'abord l'existence d'une langue et d'une culture nationales, et s'oppose à la francomanie de la Cour. Il revendique aussi le droit de s'exprimer selon d'autres formes littéraires que les formes classiques. Son principal chef de file est Goethe, dont le héros Werther devient le modèle de la jeunesse romantique. Grâce à l'analyse menée par Madame de Staël dans cet ouvrage, les éléments fondamentaux qui constitueront le romantisme se diffusent en France : sympathie entre l'homme et la nature, sentiment de l'infini, lyrisme poétique, libération des règles classiques.

Le nom de *romantique* a été introduit nouvellement en Allemagne, pour désigner la poésie dont les chants des troubadours[1] ont été l'origine, celle qui est née de la chevalerie et du christianisme. Si l'on n'admet pas que le paganisme et le christianisme, le Nord et le Midi, l'antiquité et le moyen âge, la chevalerie et les institutions grecques et romaines, se sont partagé l'empire de la littérature, l'on ne parviendra jamais à juger sous un point de vue philosophique le goût antique et le goût moderne.

On prend quelquefois le mot classique comme synonyme de perfection. Je m'en sers ici dans une autre acception, en considérant la poésie classique comme celle des anciens, et la poésie romantique comme celle qui tient de quelque manière aux traditions chevaleresques. Cette division se rapporte également aux deux ères du monde : celle qui a précédé l'établissement du christianisme, et celle qui l'a suivi...

1. Poètes occitans du Sud de la France.

Germaine de Staël, *De l'Allemagne*.

Chateaubriand

1768-1848

Un opportuniste rêvant de grandeur

François-René de Chateaubriand est le dernier-né d'une famille d'aristocrates bretons. Il mène une jeunesse indolente au château de Combourg, devient lieutenant, puis est présenté à la Cour en 1787. La fréquentation des milieux littéraires l'éloigne de la foi catholique, et le sang répandu par la Révolution le détourne du monde : « A quoi bon émigrer de France seulement ? J'émigre du monde. »

En 1791, il s'embarque pour le Nouveau Monde avec des ambitions d'explorateur : il se contente de visiter pendant quelques mois une partie des Etats-Unis, mais il en revient avec *Les Natchez* (publié en 1826). Un épisode de cette « épopée indienne », *Atala,* publié séparément en 1801, lui vaut la célébrité. A peine de retour en France, il quitte la femme qu'il vient d'épouser et rejoint à Londres les nobles chassés par la Révolution. Il y mène pendant sept ans une vie misérable et écrit *L'Essai sur les révolutions* (1797).

En 1800, il rentre en France et publie *Le Génie du Christianisme* (1802), qui s'accorde parfaitement aux vues religieuses de Napoléon Bonaparte. C'est le début d'une carrière diplomatique et politique qui lui vaudra bien des déboires. En effet, les relations se détériorent entre les deux grands hommes, et Chateaubriand fait le pari de la restauration monarchique. Il voyage, multiplie les aventures sentimentales, publie une épopée en prose, *Les Martyrs* (1809), qui narre les débuts du christianisme sous l'Empire romain, et une compilation de récits de voyages, l'*Itinéraire de Paris à Jérusalem* (1811). Il est élu à l'Académie, mais Napoléon, quoique ravi du discours d'entrée, qui le loue opportunément, exige qu'il en supprime une allusion à l'exécution de Louis XVI : Chateaubriand, déjà en butte

Girodet (1767-1824), *Chateaubriand.*

à l'hostilité d'une Académie passablement voltairienne et anticléricale, refuse ; il n'est pas admis à siéger.

Déçu par l'Empire, Chateaubriand l'est également par la Restauration. Il est un moment ministre des Affaires Étrangères de Louis XVIII ; mais, ce bref épisode mis à part, les déceptions s'accumulent. Louis XVIII s'exaspère des leçons qu'il lui fait ; en 1830, quoique devenu libéral, il offre ses services à Charles X pour régénérer la monarchie : mais

233

déjà Louis-Philippe l'emporte, et Chateaubriand peu à peu se résigne à se retirer des affaires.

Installé désormais dans son personnage désabusé de « martyr sans la foi », il rédige sur les conseils de son confesseur une *Vie de Rancé* (1844). Dans la Préface, il a ces mots :

« Jadis, je rêvais Atala, Bianca, Velléda. Maintenant, j'en suis réduit à l'histoire d'un moine ». Il poursuit également la rédaction des *Mémoires d'Outre-Tombe* qui seront publiés en feuilleton peu de temps après sa mort, de 1848 à 1850.

René
1805

Les souffrances du jeune René

René, qui paraît en 1805, est, après *Atala* (1801), le second épisode des *Natchez* à connaître une publication séparée. Initialement inséré dans *Le Génie du Christianisme,* il devait y illustrer le « vague des passions ».
Dans les forêts américaines, René rencontre le vieil Indien Chactas et lui raconte sa jeunesse, l'exaltation des sentiments qui l'unissaient à sa sœur Amélie, la retraite d'Amélie au couvent et son propre départ pour l'Amérique.
Le roman nous dépeint une âme inquiète, qui sait d'avance que la réalité ne répondra pas à ses aspirations. L'ennui de René, son « mal », où l'on peut voir celui du jeune Chateaubriand et de nombreux jeunes gens de cette époque, l'amène, comme le héros de Goethe, Werther dans *Les souffrances du jeune Werther* (1774), à l'idée de suicide. Cependant, Chateaubriand invite le lecteur à trouver à « l'abîme de l'existence » une autre réponse : en soi-même, à condition qu'on partage cette solitude avec Dieu.

Le mal du siècle

Le besoin d'infini exprimé par René se rencontrait déjà chez Rousseau ou Madame de Staël. Il prend chez Chateaubriand une forme orgueilleuse : « l'homme fatal » se drape dans sa douleur et porte avec lui le malheur. Les jeunes générations vont, pendant des décennies, s'identifier à ce héros romantique solitaire, blessé par un incurable mal de vivre. Peu à peu cependant, il ne restera plus de ce personnage que la pose orgueilleuse, les outrances. Mais il faudra attendre la fin du siècle pour qu'on l'ait renié totalement.

Ce vague des passions est le mal de l'homme moderne, et d'un siècle revenu de bien des illusions généreuses. Les lecteurs furent, pour leur part, davantage séduits par le charme poétique de ces conceptions, que par les conclusions édifiantes de Chateaubriand qui leur conseillait la vie chrétienne.

Le père de René vient de mourir. Celui-ci décide de voyager, mais les grands spectacles de la nature ne peuvent calmer sa mélancolie ni distraire son ennui. Il rentre à Paris, désespéré, puis se retire dans la solitude de la campagne.

Mais comment exprimer cette foule de sensations fugitives, que j'éprouvais dans mes promenades ? Les sons que rendent les passions dans le vide d'un cœur solitaire ressemblent au murmure que les vents et les eaux font entendre dans le silence d'un désert ; on en jouit[1], mais on ne peut les peindre.
5   L'automne[2] me surprit au milieu de ces incertitudes : j'entrai avec ravissement dans les mois des tempêtes. Tantôt j'aurais voulu être un de ces guerriers errant au milieu des vents, des nuages et des fantômes ; tantôt j'enviais jusqu'au sort du pâtre

que je voyais réchauffer ses mains à l'humble feu de broussailles qu'il avait allumé au coin d'un bois. J'écoutais ses chants mélancoliques, qui me rappelaient que dans
10 tout pays le chant naturel de l'homme est triste, lors même qu'il exprime le bonheur. Notre cœur est un instrument incomplet, une lyre où il manque des cordes, et où nous sommes forcés de rendre les accents de la joie sur le ton consacré aux soupirs.

Le jour, je m'égarais sur de grandes bruyères terminées par des forêts. Qu'il fallait peu de choses à ma rêverie ! une feuille séchée que le vent chassait devant moi,
15 une cabane dont la fumée s'élevait dans la cime dépouilllée des arbres, la mousse qui tremblait au souffle du Nord sur le tronc d'un chêne, une roche écartée, un étang désert où le jonc flétri murmurait ! Le clocher solitaire s'élevant au loin dans la vallée a souvent attiré mes regards ; souvent j'ai suivi des yeux les oiseaux de passage qui volaient au-dessus de ma tête. Je me figurais les bords ignorés, les climats
20 lointains où ils se rendent ; j'aurais voulu être sur leurs ailes. Un secret instinct me tourmentait : je sentais que je n'étais moi-même qu'un voyageur, mais une voix du ciel semblait me dire : « Homme, la saison de ta migration n'est pas encore venue ; attends que le vent de la mort se lève, alors tu déploieras ton vol vers ces régions inconnues que ton cœur demande. »
25 « Levez-vous vite, orages désirés qui devez emporter René dans les espaces d'une autre vie ! » Ainsi disant, je marchais à grands pas, le visage enflammé, le vent sifflant dans ma chevelure, ne sentant ni pluie, ni frimas, enchanté, tourmenté, et comme possédé par le démon de mon cœur.

La nuit, lorsque l'aquilon[3] ébranlait ma chaumière, que les pluies tombaient en
30 torrent sur mon toit, qu'à travers ma fenêtre je voyais la lune sillonner les nuages amoncelés, comme un pâle vaisseau qui laboure les vagues, il me semblait que la vie redoublait au fond de mon cœur, que j'aurais la puissance de créer des mondes.

Chateaubriand, *René*.

1. Chateaubriand écrit ailleurs : « Toutefois, cet état de calme, et de trouble, d'indigence èt de richesse, n'était pas sans quelques charmes ».
2. L'automne sera la saison romantique par excellence.
3. Le vent du Nord, violent et froid.

1 Relevez les détails, et les termes, qui mettent en évidence l'instabilité et la mélancolie de René.

2 Dites à quels moments de ce texte la rêverie passe du réel à l'indéfini, puis de l'indéfini à l'infini. A en juger par la dernière phrase, quelle est l'aspiration qui semble infinie chez René ?

3 Pouvez-vous, en dressant une double liste, préciser les termes de l'harmonie qui unit l'automne et la mélancolie de René ?

Mémoires d'outre-tombe
1848-1850

Le dessein de Chateaubriand dans ses *Mémoires* n'est, ni de témoigner de l'histoire de son siècle, ni d'écrire d'histoire de sa vie, mais de dresser un monument grandiose qui perpétuera sa mémoire : « Vous qui aimez la gloire, soignez votre tombeau » (IV, IV, 14). Son projet excède celui de Rousseau – se justifier – ou de Montaigne – chercher une règle de vie – : il mêle la peinture d'un *moi* à celle de son siècle en mouvement ; il fixe, d'une façon que remarquera Marcel Proust, les images d'un passé regretté.

Dans ce majestueux chant en prose que constituent les *Mémoires d'Outre-tombe*, Chateaubriand mêle souvenirs d'enfance et visions prophétiques, effusions lyriques et méditations religieuses, rêveries grandioses et description émue des paysages familiers. Aussi cette richesse, cette diversité, l'émotion constante qui les parcourt font-elles de ces pages son chef-d'œuvre.

Au cours d'une promenade dans le parc du château de Montboissier, Chateaubriand, âgé, retrouve par la grâce d'un chant d'oiseau, l'enfant qu'il fut.

Hier au soir je me promenais seul ; le ciel ressemblait à un ciel d'automne ; un vent froid soufflait par intervalles. A la percée d'un fourré, je m'arrêtai pour regarder le soleil : il s'enfonçait dans des nuages au-dessus de la tour d'Alluye, d'où Gabrielle[1], habitante de cette tour, avait vu comme moi le soleil se coucher il y a deux cents
5 ans. Que sont devenus Henri et Gabrielle ? Ce que je serai devenu quand ces *Mémoires* seront publiés.

Je fus tiré de mes réflexions par le gazouillement d'une grive perchée sur la plus haute branche d'un bouleau. A l'instant, ce son magique fit reparaître à mes yeux le domaine paternel ; j'oubliai les catastrophes dont je venais d'être le témoin, et,
10 transporté subitement dans le passé, je revis ces campagnes où j'entendis si souvent siffler la grive. Quand je l'écoutais alors, j'étais triste de même qu'aujourd'hui ; mais cette première tristesse était celle qui naît d'un désir vague de bonheur, lorsqu'on est sans expérience ; la tristesse que j'éprouve actuellement vient de la connaissance des choses appréciées et jugées. Le chant de l'oiseau dans les bois de
15 Combourg m'entretenait d'une félicité que je croyais atteindre ; le même chant dans le parc de Montboissier me rappelait des jours perdus à la poursuite de cette félicité insaisissable. Je n'ai plus rien à apprendre, j'ai marché plus vite qu'un autre, et j'ai fait le tour de la vie. Les heures fuient et m'entraînent ; je n'ai pas même la certitude de pouvoir achever ces *Mémoires*. Dans combien de lieux ai-je déjà commencé à les
20 écrire, et dans quel lieu les finirai-je ? Combien de temps me promènerai-je au bord des bois ? Mettons à profit le peu d'instants qui me restent ; hâtons-nous de peindre ma jeunesse, tandis que j'y touche encore : le navigateur, abandonnant pour jamais un rivage enchanté, écrit son journal à la vue de la terre qui s'éloigne et qui va bientôt disparaître.

Chateaubriand, *Mémoires d'outre-tombe*, 1841, Livre troisième, ch. I.

1. Gabrielle d'Estrées, maîtresse du roi Henri IV.

1 Quels sont les éléments concrets grâce auxquels le souvenir affleure de nouveau dans la conscience du narrateur ?

2 Plusieurs moments sont mêlés dans ce texte : la promenade dans le parc du château de Montboissier, l'enfance, le moment où l'auteur écrit. Quels sont les temps utilisés pour chacun d'eux ? Comment Chateaubriand se sert-il des différents temps ? Quel est l'effet produit ?

3 Comparez ce texte avec celui de Marcel Proust (cf. p. 364) dans lequel le narrateur évoque l'émergence du souvenir d'enfance grâce au goût d'une madeleine. Quels sont les points communs et les différences entre ces deux textes ?

Lamartine prononçant un discours à l'Hôtel de Ville au cours des journées d'émeute de 1848.

Lamartine

1790-1869

Une haute figure méprisée

Alphonse de Lamartine est né à Mâcon. Au cours de son enfance studieuse il lit beaucoup, des poètes en particulier, mais aussi Rousseau. Après un bref passage dans l'armée pendant la Restauration (1814-1830), il mène une vie assez dissipée et songe à publier un recueil de poèmes, dans le goût galant du XVIIIᵉ siècle. Il occupe jusqu'en 1830 diverses charges importantes de l'État, puis quitte Paris pour un grand voyage au Moyen-Orient.

A son retour, il se lance dans la politique. Chef de file de l'opposition libérale, brillant orateur – et surtout homme intègre – il va jouer un rôle politique important au cours des journées de février 1848. Grâce à son action, l'émeute ne se termine pas dans un bain de sang. Mais il doit lutter contre ceux qui – dans l'un et l'autre camp – croient qu'il a « manœuvré » les classes populaires pour éviter à la bourgeoisie un conflit dramatique. Il est donc amené à préciser ses critiques à l'égard du gouvernement. Il devient l'homme à abattre. Son échec aux élections de 1848 marque la fin de sa carrière politique.

Le lyrisme

Très influencé par ses lectures dans ses premiers poèmes, Lamartine s'en dégage lentement et découvre, à l'occasion de sa passion malheureuse pour Julie Charles - L'Elvire du « Lac » – la forme de poésie dont son époque avait besoin. En effet, bien qu'il ait été, comme ses contemporains, formé à l'école des classiques et des philosophes, Lamartine a un projet tout différent. Se détournant de la froide raison et de l'analyse, il s'intéresse « aux fibres même du cœur de l'homme ». Tout le travail de Lamartine va donc consister à transformer cette langue un peu raide dont il hérite pour qu'elle se plie à son objectif : dire les mouvements impalpables de l'âme, les soulèvements de l'être... Les mots alors comptent peu ; la musique seule fonde le vers, lui donne sa raison d'être.

Les visions

Lamartine a très tôt (en 1821) conçu le projet d'un immense « poème philosophique » dont il ne reste que *Jocelyn* et *La chute d'un ange.* Dans ces deux épisodes d'un long poème épique inachevé, il se révèle « voyant », qualité dont Rimbaud dira plus tard combien elle est vitale pour un poète (cf. p. 325). Tout ici, les rythmes, les images, l'émotion concourent à la puissance de l'évocation. Ce dessein essentiel fonde la plupart de ses œuvres : les *Harmonies poétiques et religieuses* (publiées en 1830) et surtout *l'Ode sur les révolutions* (1831).

Lamartine passe ainsi d'un lyrisme très personnel à une inspiration qui englobe le monde entier, suscite des évocations grandioses et, dans une sorte de bonheur cosmique, loue la Nature et Dieu.

Son dernier poème, écrit à soixante-six ans, « La vigne et la maison », noue ces deux sources d'inspiration dans une méditation sur la vieillesse où la puissance suggestive des images et la musicalité du vers, alliées à la délicatesse des notations psychologiques, annoncent le symbolisme.

Méditations poétiques
1820

Dans sa préface aux *Méditations poétiques,* Lamartine écrit : « Je suis le premier (...) qui ai donné à ce qu'on nommait la Muse, au lieu d'une lyre à sept cordes de convention, les fibres mêmes du cœur de l'homme, touchées et émues par les innombrables frissons de l'âme et de la nature ». En effet, son recueil produit l'effet d'une révolution poétique.

Les thèmes essentiels sont ceux d'une poésie inaugurée par Goethe et Byron : le regret, l'angoisse du temps, la nostalgie, le sentiment de la nature. Ces thèmes, repris par un homme toujours soucieux d'authenticité, entrent dans le patrimoine culturel français, et forment le terreau du premier romantisme.

Le Lac

La légende littéraire veut que « Le Lac » ait été composé par Lamartine à l'occasion de sa brève liaison avec Julie Charles. Il avait rencontré la jeune femme en octobre 1816 au lac du Bourget. Il devait la retrouver au cours de l'été suivant au même endroit. Mais, gravement malade, Julie ne revint pas. Le thème romantique de la fuite du temps trouve ici une expression si achevée que ce poème est devenu un symbole.

Ainsi, toujours poussés[1] vers de nouveaux rivages,
Dans la nuit éternelle emportés sans retour,
Ne pourrons-nous jamais sur l'océan des âges
    Jeter l'ancre un seul jour ?

5 O lac ! l'année à peine a fini sa carrière[2],
Et près des flots chéris qu'elle devait revoir,
Regarde ! Je viens seul m'asseoir sur cette pierre
    Où tu la vis s'asseoir !

Tu mugissais ainsi sous ces roches profondes ;
10 Ainsi tu te brisais sur leurs flancs déchirés ;
Ainsi le vent jetait l'écume de tes ondes
    Sur ses pieds adorés.

Un soir t'en souvient-il ? nous voguions en silence ;
On n'entendait au loin, sur l'onde et sous les cieux,
15 Que le bruit des rameurs qui frappaient en cadence
    Tes flots harmonieux.

Tout à coup des accents inconnus à la terre
Du rivage charmé[3] frappèrent les échos ;
Le flot fut attentif, et la voix qui m'est chère
20   Laissa tomber ces mots :

« O temps, suspends ton vol ! et vous, heures propices[4],
    Suspendez votre cours !
Laissez-nous savourer les rapides délices
    Des plus beaux de nos jours !

25 « Assez de malheureux ici-bas vous implorent :
    Coulez, coulez pour eux ;
Prenez avec leurs jours les soins[5] qui les dévorent ;
    Oubliez les heureux.

« Mais je demande en vain quelques moments encore,
30   Le temps m'échappe et fuit ;
Je dis à cette nuit : « Sois plus lente » ; et l'aurore
    Va dissiper la nuit.

« Aimons donc, aimons donc ! de l'heure fugitive,
    Hâtons-nous, jouissons !
35 L'homme n'a point de port, le temps n'a point de rive ;
    Il coule, et nous passons ! »

Temps jaloux[6], se peut-il que ces moments d'ivresse,
Où l'amour à long flots nous verse le bonheur,
S'envolent loin de nous de la même vitesse
    Que les jours de malheur ?

Hé quoi ! n'en pourrons-nous fixer au moins la trace ?
Quoi, passés pour jamais ? quoi ! tout entiers perdus ?
Ce temps qui les donna, ce temps qui les efface,
    Ne nous les rendra plus ?

1. Emportés.
2. C'est à ce même endroit que Lamartine a rencontré pour la première fois Julie Charles presqu'un an plus tôt.
3. Sens classique : soumis à un enchantement.
4. Favorables.
5. Soucis.
6. Au sens chrétien du Dieu jaloux : qui veut être seul adoré.

Éternité, néant, passé, sombres abîmes,
Que faites-vous des jours que vous engloutissez ?
Parlez : nous rendrez-vous ces extases sublimes
    Que vous nous ravissez ?

O lac ! rochers muets ! grottes ! forêt obscure !
Vous que le temps épargne ou qu'il peut rajeunir,
Gardez de cette nuit, gardez, belle nature,
    Au moins le souvenir !

Qu'il soit dans ton repos, qu'il soit dans tes orages,
Beau lac, et dans l'aspect de tes riants coteaux,
Et dans ces noirs sapins, et dans ces rocs sauvages
    Qui pendent sur tes eaux !

Qu'il soit dans le zéphyr qui frémit et qui passe,
Dans les bruits de tes bords par tes bords répétés
Dans l'astre au front d'argent qui blanchit ta surface
    De ses molles clartés !

Que le vent qui gémit, le roseau qui soupire,
Que les parfums légers de ton air embaumé,
Que tout ce qu'on entend, l'on voit ou l'on respire,
    Tout dise : « Ils ont aimé ! »

Lamartine, *Méditations poétiques*.

1 Étudiez, strophe après strophe, qui parle et à qui sont adressés ces vers. Que constatez-vous ? Pourriez-vous définir un mouvement général qui guide, du début à la fin, le poème ?

2 Relevez les mots qui évoquent ou expriment l'élément liquide. Quelles en sont ses caractéristiques essentielles ?

3 Étudiez le rythme du poème. Trouvez deux strophes qui s'opposent vivement par le rythme. Quel thème développent-elles l'une et l'autre ? Pouvez-vous suivre cette opposition, rythmique et thématique, tout au long du poème ?

Alfred de Vigny

1797-1863

Dans son *Journal* (1832), Vigny distingue trois temps de sa vie : « L'un fut le temps de mon éducation ; l'autre de ma vie militaire et poétique ; une troisième époque commence ; ce sera la plus philosophique de ma vie. »

L'éducation

Alfred de Vigny est né d'une famille aristocratique et militaire traumatisée par la Révolution. L'enfant est élevé dans le culte de la monarchie, le regret du passé, le goût des arts. Puis il entre au lycée. Il racontera dans ses *Mémoires* ces années douloureuses, entre des parents désorientés et ses souffrances au lycée, ses heurts avec les jeunes bourgeois qui lui reprochaient sa noblesse. Adolescent, il conçoit « un amour désordonné de la gloire des armes » ; et dès que Louis XVIII revient sur le trône en 1814, il entre à son service.

La vie militaire et poétique

Quelles déceptions lui procure le métier des armes ! D'abord, il accompagne à Gand ce roi sans courage qui fuit devant Napoléon ; puis il traîne, de garnison en garnison, des jours sans gloire. Sa rencontre avec les romantiques, liée à ce désenchantement, l'incline à la littérature. Il publie en 1820 *Le Bal,* recueil de poèmes assez bien accueilli, puis, en 1826, un roman historique, *Cinq-Mars.* L'auteur anglais, Walter Scott (1771-1832), avait mis le roman historique à la mode. Vigny renouvelle le genre en introduisant dans la fiction des personnages historiques réels (Cinq-Mars, Richelieu) et en intégrant le roman dans un projet idéologique : il s'agit en effet pour lui de produire « une suite de romans historiques qui seraient comme l'épopée de la noblesse ».

Mais Vigny ne peut pas, malgré ses convictions monarchistes, ne pas voir la médiocrité du gouvernement de la Restauration, ses

Lorentz, caricature de Vigny. Musée Carnavalet.

erreurs répétées, le roi déconsidéré. Dès 1830, il confesse sa désillusion dans un poème, « Paris ». Elle ne fait que croître, en particulier à l'aube du règne de Louis-Philippe (1830-1848), hissé sur le trône par une bourgeoisie qu'il méprisait. S'ajoutent à cela ses doutes religieux, son scepticisme quant à la qualité des relations humaines : ces années de désillusion sont des années de crise. *Chat-*

terton en sera l'expression littéraire : la pièce montre un poète en butte à une société qui l'ignore et l'accule au suicide. Ce sentiment d'isolement, qui est celui, général, des intellectuels de son temps dans une société exclusivement préoccupée d'argent, gouverne les trois récits de *Stello* (1832) : le pouvoir, quel qu'il soit, frappe le poète d'un «ostracisme perpétuel». Un même pessimisme anime *Servitude et Grandeur militaires* (1835), dernier volet de ce triptyque en prose que le poète concevait comme «les chants d'une sorte de poème épique sur la désillusion».

Le silence

A la mort de sa mère, il se retire au Maine Giraud, en Charente. Il a quarante ans. Cette solitude, pratiquement ininterrompue jusqu'à sa mort en 1863, est, non pas un renoncement, mais la condition de la réflexion philosophique de Vigny. *Les Destinées, Poèmes philosophiques,* publiées en 1864, sont la quintessence d'une réflexion et d'une ascèse poétiques de vingt-cinq années. Le *Journal* retrace son évolution depuis la mort de sa mère en 1837, jusqu'en mars 1863.

Les Destinées
1864

Les onze pièces du recueil ont été rédigées entre 1838 et la mort du poète. L'œuvre apparaît comme un trajet philosophique. Vigny cherche, dans un monde hostile, une voie qui lui rende l'espoir, qui l'arrache à la fatalité de la condition humaine et donne un sens à sa vie.

La Mort du loup

Les nuages couraient sur la lune enflammée
Comme sur l'incendie on voit fuir la fumée,
Et les bois étaient noirs jusques à l'horizon.
Nous marchions, sans parler, dans l'humide gazon,
5 Dans la bruyère épaisse, et dans les hautes brandes[1],
Lorsque, sous des sapins[2] pareils à ceux des Landes,
Nous avons aperçu les grands ongles marqués
Par les loups voyageurs que nous avions traqués[3].
Nous avons écouté, retenant notre haleine
10 Et le pas suspendu. – Ni le bois ni la plaine
Ne poussait un soupir dans les airs ; seulement
La girouette en deuil criait au firmament ;
Car le vent, élevé bien au-dessus des terres,
N'effleurait de ses pieds que les tours solitaires,
15 Et les chênes d'en bas, contre les rocs penchés,
Sur leurs coudes semblaient endormis et couchés.
Rien ne bruissait donc, lorsque, baissant la tête,
Le plus vieux des chasseurs qui s'étaient mis en quête
A regardé le sable en s'y couchant ; bientôt,
20 Lui que jamais ici l'on ne vit en défaut,
A déclaré tout bas que ces marques récentes
Annonçaient la démarche et les griffes puissantes
De deux grands loups-cerviers[4] et de deux louveteaux.
Nous avons tous alors préparé nos couteaux,
25 Et, cachant nos fusils et leurs lueurs trop blanches,
Nous allions pas à pas en écartant les branches.

1. Bruyères sèches.
2. Pins maritimes.

3. Encerclés.
4. Loups assez vigoureux pour s'attaquer à un cerf.

Trois s'arrêtent, et moi, cherchant ce qu'ils voyaient,
J'aperçois tout à coup deux yeux qui flamboyaient,
Et je vois au-delà quatre formes légères
30 Qui dansaient sous la lune au milieu des bruyères,
Comme font chaque jour, à grand bruit sous nos yeux,
Quand le maître revient, les lévriers joyeux.
Leur forme était semblable et semblable la danse ;
Mais les enfants du Loup se jouaient[1] en silence,
35 Sachant bien qu'à deux pas, ne dormant qu'à demi,
Se couche dans ses murs l'homme, leur ennemi.
Le père était debout, et plus loin, contre un arbre,
Sa louve reposait, comme celle de marbre
Qu'adoraient les Romains, et dont les flancs velus
40 Couvaient les demi-dieux Rémus et Romulus.
Le Loup vient et s'assied, les deux jambes dressées,
Par leurs ongles crochus dans le sable enfoncées.
Il s'est jugé perdu, puisqu'il était surpris,
Sa retraite coupée et tous ses chemins pris[2],
45 Alors il a saisi, dans sa gueule brûlante,
Du chien le plus hardi la gorge pantelante,
Et n'a pas desserré ses mâchoires de fer,
Malgré nos coups de feu, qui traversaient sa chair,
Et nos couteaux aigus qui, comme des tenailles,
50 Se croisaient en plongeant dans ses larges entrailles,
Jusqu'au dernier moment où le chien étranglé,
Mort longtemps avant lui, sous ses pieds a roulé.
Le Loup le quitte alors et puis il nous regarde.
Les couteaux lui restaient au flanc jusqu'à la garde,
55 Le clouaient au gazon tout baigné dans son sang ;
Nos fusils l'entouraient en sinistre croissant.
Il nous regarde encore, ensuite il se recouche,
Tout en léchant le sang répandu sur sa bouche,
Et, sans daigner savoir comment il a péri,
60 Refermant ses grands yeux, meurt sans jeter un cri.

Vigny, *Les Destinées.*

1. Jouaient.
2. Fermés.

1 Relevez tous les mots et images qui évoquent l'ombre. En trouvez-vous beaucoup ? Décrivez le paysage. Quelles sont ses teintes et ses formes dominantes ? Quelle impression le poète veut-il ainsi créer ?

2 Quels adjectifs qualifient les traces des loups ? Et les loups eux-mêmes ? Comment se détachent-ils sur le paysage ?

3 Si vous deviez rapprocher l'art de Vigny d'un autre art, lequel choisiriez-vous : peinture ? musique ? cinéma ? bande dessinée ?

4 De quel aspect de la condition humaine selon Vigny, ce loup, et sa mort, sont-ils symboliques ?

Victor Hugo

1802-1885

Caricature de Hugo.

Un talent précoce

Victor Hugo est le troisième fils du commandant Hugo, qui deviendra général et comte d'Empire. Sa mère était issue d'une famille d'armateurs nantais. Dès 1816, les premiers recueils de poèmes de Victor Hugo rencontrent le succès. Il se consacrera tout entier à la littérature. En 1822, lors de la publications des *Odes,* le roi lui accorde une pension. Hugo est alors monarchiste et catholique. Sur le plan littéraire, il prétend n'être ni romantique ni classique mais conciliateur.

Le chef de file du romantisme

Malgré ses prises de position antérieures, il apparaît vite comme le chef de file des romantiques. En 1827, il écrit un drame en vers réputé injouable, *Cromwell.* Dans la préface, il explique les principes qui l'ont amené à concevoir sa pièce sous cette forme. Ce faisant, il définit le drame romantique (cf. p. 259). En 1830, il reprend ces principes et donne un nouveau drame, *Hernani.* Les représentations se transforment en véritable bataille entre les partisans d'un théâtre classique et les amis de Hugo (cf. p. 248).

La gloire

Engagé dans une glorieuse carrière, que sanctionne son élection à l'Académie puis sa nomination comme pair de France, Hugo subit parallèlement de nombreuses épreuves : il perd l'amitié de Vigny ; il connaît le deuil cruel de sa fille Léopoldine, noyée dans la Seine avec son mari en 1843 ; son ménage se désunit. Il rencontre à la même époque Juliette Drouet, qui restera sa compagne jusqu'à sa mort.

Son inspiration s'élargit. Le poète se penche sur le sort du genre humain avec *Le dernier jour d'un condamné* et *Claude Gueux* (1834). Avec *Notre-Dame de Paris* (1831) il annexe, après le théâtre, le roman au romantisme. L'humilité des personnages de cette grande fresque (une bohémienne, un sonneur de cloches nain et bossu), sa compassion pour les pauvres, son refus de l'injustice, contribuent à façonner l'image d'un Hugo « protecteur du peuple », en bute à l'hostilité du monde, qu'incarne le personnage d'un nouveau drame, *Ruy Blas* (1838).

De l'ambition à l'exil

De 1843 à 1851, Hugo se consacre aux affaires publiques. Elu député en 1848 et 1849, il apporte d'abord son soutien à Louis-Napoléon Bonaparte, puis passe à l'opposition. Il tente même, en vain, d'organiser la résistance populaire au coup d'État du futur empereur, le 2 décembre 1851. Il s'enfuit à Bruxelles, à Jersey jusqu'en 1855, puis à Guernesey. Son exil va durer dix-neuf ans.

Stimulé par la solitude, il règle d'abord ses comptes avec l'empereur Napoléon III, surnommé « Napoléon le Petit » en publiant à Bruxelles les *Châtiments* (1853) qui circulent en France « sous le manteau », puis travaille à ses œuvres maîtresses. Le recueil poétique des *Contemplations* (1856) et l'épique *Légende des Siècles, Les Misérables* (1862) et *L'homme qui rit* (1869) flétrissent encore les puissants. L'écrivain, moins agressif à leur égard, se laisse gagner par le pardon dans *Les Travailleurs de la mer* (1866) et plus encore dans ses deux grands poèmes posthumes, *La Fin de Satan* et *Dieu*. Entre-temps, sa réputation a grandi en Europe, ses paroles prophétiques ont un rayonnement immense.

« Je suis un guide échoué »

Victor Hugo rentre à Paris en 1870 : l'accueil est triomphal. Placé au-dessus de la mêlée par son prestige, il se croit appelé à jouer un grand rôle. Le temps des illusions est bref : élu député, démissionnaire deux mois plus tard, il ne retrouvera jamais son siège. Il est élu sénateur en 1876, mais se mêle peu des affaires, se contentant de prendre la parole en tant qu'écrivain. « Je suis un guide échoué », écrivait-il dès 1870.

« L'immense vieux », comme disait Flaubert, est cependant l'idole du public, qui lui fait en 1885 de grandioses funérailles nationales.

Hugo dramaturge

Cromwell (1827)

Les jeunes romantiques rêvent dès 1825 de s'emparer de la scène française. Avec la préface de *Cromwell* (1827), Hugo leur ouvre la voie en donnant un manifeste de la liberté au théâtre.

Hernani (1830)

Le succès d'*Hernani,* après la bataille à laquelle la pièce donna lieu (cf. p. 248), permet à Hugo de défendre sa propre vision du personnage théâtral, être double, à la fois grotesque et sublime, cherchant dans les luttes de l'histoire et de l'amour la clé d'une réconciliation avec lui-même. La jeunesse fut enchantée par la vigueur du style, l'audace des situations, la mise en scène romantique de l'amour impossible et de la mort.

Le drame romantique trouve toutefois difficilement son public. *Le Roi s'amuse* (1832) subit un grave échec ; *Lucrèce Borgia,* « mélodrame romantique en prose », dont le dernier acte est un chef-d'œuvre de poésie et de violence hallucinatoire, connaît un succès réel, mais qui ne dure pas, et il en va de même pour *Marie Tudor* (1833), qui déroute par sa complexité. Mais *Ruy Blas* (1838), son chef-d'œuvre, connaît un succès durable.

La nouveauté du théâtre de Hugo fut de mettre l'accent sur les rapports entre l'individu et l'histoire, et d'introduire sur scène des lieux et des personnages populaires.

Hernani
1830

Hernani est la pièce romantique par excellence. D'une part, elle a donné lieu à une véritable empoignade entre les spectateurs, dont le texte de Théophile Gautier (cf. p. 248), témoigne. D'autre part, elle met en pratique, pour la première fois de manière convaincante, les principes théâtraux énoncés par les romantiques, en particulier Hugo lui-même (cf. p. 259).

Deux hommes veulent épouser Doña Sol : le roi d'Espagne Don Carlos et le vieux Don Ruy Gomez, oncle de la jeune fille. Mais elle aime Hernani, le Proscrit. Alors qu'il est traqué par les troupes royales, Hernani se réfugie au château de Don Ruy Gomez. Celui-ci se dispose à épouser sa nièce. Hernani félicite Doña Sol avec amertume, mais soudain la jeune fille sort un poignard du fond de sa corbeille de noces, et déclare qu'elle se tuera plutôt que de lui être infidèle. Hernani crie alors son désespoir :

> Monts d'Aragon! Galice! Estramadoure[1]!
> – Oh! je porte malheur à tout ce qui m'entoure! –
> J'ai pris vos meilleurs fils; pour mes droits, sans remords
> Je les ai fait combattre, et voilà qu'ils sont morts!
> 5 C'étaient les plus vaillants de la vaillante Espagne.
> Ils sont morts! ils sont tous tombés dans la montagne,
> Tous sur le dos[2] couchés, en braves, devant Dieu,
> Et, si leurs yeux s'ouvraient, ils verraient le ciel bleu!
> Voilà ce que je fais de tout ce qui m'épouse[3]!
> 10 Est-ce une destinée à te rendre jalouse?
> Doña Sol, prends le duc, prends l'enfer, prends le roi!
> C'est bien. Tout ce qui n'est pas moi vaut mieux que moi!
> Je n'ai plus un ami qui de moi se souvienne,
> Tout me quitte, il est temps qu'à la fin ton tour vienne,
> 15 Car je dois être seul. Fuis ma contagion.
> Ne te fais pas d'aimer une religion[4]!
> Oh! par pitié pour toi, fuis! – Tu me crois peut-être
> Un homme comme sont tous les autres, un être
> Intelligent, qui court droit au but qu'il rêva.
> 20 Détrompe-toi. Je suis une force qui va!
> Agent aveugle et sourd de mystères funèbres!
> Une âme de malheur faite avec des ténèbres!
> Où vais-je? je ne sais. Mais je me sens poussé
> D'un souffle impétueux, d'un destin insensé.
> 25 Je descends, je descends, et jamais ne m'arrête.
> Si parfois, haletant, j'ose tourner la tête,
> Une voix me dit : Marche! et l'abîme est profond,
> Et de flamme ou de sang je le vois rouge au fond!
> Cependant, à l'entour de ma course farouche,
> 30 Tout se brise, tout meurt. Malheur à qui me touche!
> Oh! fuis! détourne-toi de mon chemin fatal,
> Hélas! sans le vouloir, je te ferais du mal[5]!

Hugo, *Hernani*, Acte III, scène 4.

1. Régions d'Espagne.
2. Face à l'épée qui les tua : ils n'ont pas fui.
3. On dit épouser une cause.
4. Un scrupule de conscience.
5. Le dénouement confirmera cette crainte. Hernani, surpris par Don Carlos, lui a promis de mourir dès qu'il le voudra. Lorsque le roi réclame son dû, peu après le mariage d'Hernani et de Doña Sol, celle-ci arrache le poison à Hernani, et boit avant lui.

Classiques et romantiques s'affrontent lors de la première représentation d'*Hernani* (1830) : « Si le drame avait eu six actes, nous tombions tous asphyxiés ».

247

Un défenseur de Victor Hugo, le jour de la première, décrit l'histoire de cette représentation historique.

Oui, nous les regardâmes avec un sang-froid parfait, toutes ces larves du passé et de la routine, tous ces ennemis de l'art, de l'idéal, de la liberté et de la poésie, qui cherchaient de leurs débiles mains tremblotantes à tenir fermée la porte de l'avenir ; et nous sentions dans notre cœur un sauvage désir d'enle-
5 ver leur scalp avec notre tomahawk[1] pour en orner notre ceinture ; mais à cette lutte, nous eussions couru le risque de cueillir moins de chevelures que de perruques ; car si elle raillait l'école moderne sur ses cheveux, l'école classique, en revanche, étalait au balcon et à la galerie du Théâtre Français une collection de têtes chauves pareille au chapelet de crânes de la comtesse
10 Dourga. Cela sautait si fort aux yeux, qu'à l'aspect de ces moignons glabres[2] sortant de leurs cols triangulaires avec des tons couleur de chair et de beurre rance, malveillants malgré leur apparence paterne[3], un jeune sculpteur de beaucoup d'esprit et de talent, célèbre depuis, dont les mots valent les statues, s'écria au milieu d'un tumulte : «A la guillotine, les genoux ! ». (...)
15 L'orchestre et le balcon étaient pavés de crânes académiques et classiques. Une rumeur d'orage grondait sourdement dans la salle ; il était temps que la toile se levât ; on en serait peut-être venu aux mains avant la pièce, tant l'animosité était grande de part et d'autre. Enfin les trois coups retentirent. Le rideau se replia lentement sur lui-même, et l'on vit, dans une chambre à cou-
20 cher du seizième siècle, éclairée par une petite lampe, doña Josepha Duarte, vieille en noir, avec le corps de sa jupe cousu de jais, à la mode d'Isabelle la Catholique, écoutant les coups que doit frapper à la porte secrète un galant attendu par sa maîtresse :
– Serait-ce déjà lui ? C'est bien à l'escalier
25 Dérobé.
La querelle était déjà engagée. Ce mot rejeté sans façon à l'autre vers, cet enjambement audacieux, impertinent même, semblait un spadassin de profession, allant donner une pichenette sur le nez du classicisme pour le provoquer en duel[4].

Théophile Gautier

---

1. Hache de guerre dont se servaient les Indiens de l'Amérique du Nord.
2. Dépourvus de poils.
3. Terme péjoratif désignant celui qui affecte une indulgence paternelle.

4. L'enjambement, qui consiste à faire « enjamber » la phrase sur le vers sans qu'on puisse marquer un temps d'arrêt, était proscrit par les théoriciens du vers classique : cet « escalier dérobé » provoqua donc d'emblée un tollé dans la partie classique du public.

Hugo prosateur

Ses romans ont largement contribué à la gloire de Hugo : touchant un public plus vaste que sa poésie, ou même que ses drames, ils ont fait de lui un grand auteur populaire, et le grand romancier de l'époque romantique.

La première époque est marquée par l'influence du roman noir, mis à la mode en France par Charles Nodier, et des aventures romanesques à la manière de Walter Scott. *Notre-Dame de Paris* (1831) en est sans doute le meilleur exemple : Hugo ajoutait à l'intrigue mélodramatique l'exotisme d'un Paris du XVe siècle, qui flattait le goût du public pour le Moyen Age, avec sa Cour des Miracles peuplée de figures grotesques et inquiétantes.

Vers 1830, Hugo s'oriente, avec *Le Dernier jour d'un Condamné*, vers l'exaltation de la fraternité humaine et du progrès social. Cette conception généreuse du roman s'épanouit avec *Les Misérables* (en projet dès 1845 et publié en 1862). L'apologie de l'instruction, de la justice et de la charité, alterne avec de grandes fresques aux motifs variés (la bataille de Waterloo, l'émeute de juin 1832, les égouts de Paris, etc.).

Les derniers romans de Hugo – *L'Homme qui rit* (1869) et *Les Travailleurs de la mer* (1866) – empruntent à la poésie sa dimension épique : l'homme est représenté en lutte contre les éléments naturels, dans un combat inégal et pourtant toujours repris.

Le Dernier jour d'un condamné
1829

Ce récit, relativement bref, occupe une place originale dans l'œuvre de Hugo, où il annonce l'évolution humanitaire des préoccupations de l'auteur : c'est un réquisitoire contre la peine de mort. La forme est originale. On a voulu y voir le premier « monologue intérieur » de la littérature française. Du moins peut-on dire que ce « journal instantané », écrit à la première personne, est d'un ton nouveau : discours à la fois sans objet (le Condamné ressasse, dans le néant de sa propre voix, l'idée de décapitation physique), et sans fin, puisque la guillotine dérobe au narrateur le dernier chapitre.

Ils disent que ce n'est rien, qu'on ne souffre pas, que c'est une fin douce, que la mort de cette façon est bien simplifiée[1].

Eh! qu'est-ce donc que cette agonie de six semaines et ce râle de tout un jour? Qu'est ce que les angoisses de cette journée irréparable, qui s'écoule si lentement 5 et si vite? Qu'est-ce que cette échelle de tortures qui aboutit à l'échafaud?

Apparemment ce n'est pas là souffrir.

Ne sont-ce pas les mêmes convulsions, que le sang s'épuise goutte à goutte, ou que l'intelligence s'éteigne pensée à pensée?

Et puis, on ne souffre pas, en sont-ils sûrs? Qui le leur a dit? Conte-t-on que jamais 10 une tête coupée se soit dressée sanglante au bord du panier, et qu'elle ait crié au peuple : Cela ne fait pas de mal!

Y a-t-il des morts de leur façon qui soient venus les remercier et leur dire : C'est bien inventé. Tenez-vous en là. La mécanique est bonne.

Est-ce Robespierre? Est-ce Louis XVI[2]?...

15 Non, rien! moins qu'une minute, moins qu'une seconde, et la chose est faite. – Se sont-ils jamais mis, seulement en pensée, à la place de celui qui est là, au moment où le lourd tranchant qui tombe mord la chair, rompt les nerfs, brise les vertèbres... Mais quoi! une demi-seconde! la douleur est escamotée... Horreur! (...)

Eh bien donc! ayons courage avec la mort, prenons cette horrible idée à deux 20 mains, et considérons-la en face. Demandons-lui compte de ce qu'elle est, sachons ce qu'elle nous veut, retournons-la en tous sens, épelons l'énigme, et regardons d'avance dans le tombeau.

Il me semble que, dès que mes yeux seront fermés, je verrai une grande clarté et des abîmes de lumière où mon esprit roulera sans fin. Il me semble que le ciel sera 25 lumineux de sa propre essence, que les astres y feront des taches obscures, et qu'au lieu d'être comme pour les yeux vivants des paillettes d'or sur du velours gris, ils sembleront des points noirs sur du drap d'or.

Ou bien, misérable que je suis, ce sera peut-être un gouffre hideux, profond, dont les parois seront tapissées de ténèbres, et où je tomberai sans cesse en voyant des 30 formes remuer dans l'ombre.

Ou bien, en m'éveillant après le coup, je me trouverai peut-être sur quelque surface plane et humide, rampant dans l'obscurité et tournant sur moi-même comme une tête qui roule. Il me semble qu'il y aura un grand vent qui me poussera, et que je serai heurté çà et là par d'autres têtes roulantes. Il y aura par place des mares et 35 des ruisseaux d'un liquide inconnu et tiède : tout sera noir. Quand mes yeux, dans leur rotation, seront tournés en haut, ils ne verront qu'un ciel sombre, dont les couches épaisses pèseront sur eux, et au loin dans le fond de grandes arches de fumées plus noires que les ténèbres. Ils verront aussi voltiger dans la nuit de petites étincelles rouges, qui, en s'approchant, deviendront des oiseaux de feu. Et ce sera 40 ainsi toute l'éternité.

1. Le docteur Guillotin avait inventé la machine à décapiter qui porte son nom. La guillotine avait selon lui pour but d'abréger les souffrances des condamnés à mort de la Révolution.
2. L'un et l'autre sont morts guillotinés.

Il se peut bien aussi qu'à certaines dates les morts de la Grève[1] se rassemblent par de noires nuits d'hiver sur la place qui est à eux. Ce sera une foule pâle et sanglante, et je n'y manquerai pas. Il n'y aura pas de lune, et l'on parlera à voix basse. L'hôtel de ville sera là, avec sa façade vermoulue, son toit déchiqueté, et
45 son cadran qui aura été sans pitié pour tous. Il y aura sur la place une guillotine de l'enfer, où un démon exécutera un bourreau ; ce sera à quatre heures du matin. A notre tour nous ferons foule autour.

Il est probable que cela est ainsi. Mais si ces morts-là reviennent, sous quelle forme reviennent-ils ? Que gardent-ils de leur corps incomplet et mutilé ? Que choi-
50 sissent-ils ? Est-ce la tête ou le tronc qui est spectre ?

Hélas ! qu'est-ce que la mort fait avec notre âme ? quelle nature lui laisse-t-elle ? qu'a-t-elle à lui prendre ou à lui donner ? où la met-elle ? lui prête-t-elle quelquefois des yeux de chair pour regarder sur la terre, et pleurer ?

Ah ! un prêtre ! un prêtre qui sache cela ! Je veux un prêtre, et un crucifix à baiser !
55 Mon Dieu, toujours le même !

Hugo, Le Dernier jour d'un condamné.

---

1. Les exécutions avaient lieu place de Grève, près de l'actuel Hôtel de Ville parisien, au bord de la Seine. C'est là également que se rassemblaient les ouvriers qui attendaient du travail, d'où l'expression « faire grève ». Hugo superpose ici les deux foules, celle des morts, et celle des vivants.

1 Repérez dans le texte l'apparition des diverses formes de protestation du condamné devant l'horreur de sa fin prochaine : réfutation des avantages techniques de la guillotine, humour noir, considération philosophique (de quelle nature ?), horreur physique, courage viril, volonté d'apprivoiser le néant.

2 Analysez les représentations de la vie après la mort qui hantent le condamné : sont-elles conformes au dogme catholique de l'enfer et du paradis ?

3 La religion du Condamné : quel est le moteur de son retour à l'autorité du prêtre ? Quel point de vue de Hugo cela traduit-il ?

Les Misérables

1862

Ce roman pose « les trois problèmes du siècle : la dégradation de l'homme par le prolétariat, la déchéance de la femme par la faim, l'atrophie de l'enfant par la nuit ».

Victor Hugo croit qu'un autre avenir peut être réservé au peuple. L'histoire de Jean Valjean, le forçat évadé qui, dissimulé sous de fausses identités, passe sa vie à faire le bien autour de lui, symbolise cet espoir. Il en est de même de Gavroche, le « gamin de Paris », qui consent à mourir pour qu'un autre avenir se dessine.

La scène a lieu sur une barricade, le 5 juin 1832, après qu'une manifestation républicaine a tourné à l'émeute.

Il rampait à plat ventre, galopait à quatre pattes, prenait son panier aux dents, se tordait, glissait, ondulait, serpentait d'un mort à l'autre, et vidait la giberne[1] ou la cartouchière comme un singe ouvre une noix.

De la barricade, dont il était encore assez près, on n'osait lui crier de revenir, de
5 peur d'appeler l'attention sur lui.

Sur un cadavre, qui était un caporal, il trouva une poire à poudre.

– Pour la soif[2], dit-il, en la mettant dans sa poche.

A force d'aller en avant, il parvint au point où le brouillard de la fusillade devenait transparent.

10 Si bien que les tirailleurs de la ligne[3], rangés et à l'affût derrière leur levée de pavés, et les tirailleurs de la banlieue[4] massés à l'angle de la rue, se montrèrent soudainement quelque chose qui remuait dans la fumée.

Au moment où Gavroche débarrassait de ses cartouches un sergent gisant près d'une borne, une balle frappa le cadavre.

15 – Fichtre ! fit Gavroche. Voilà qu'on me tue mes morts.

Une deuxième balle fit étinceler le pavé à côté de lui. Une troisième renversa son panier. Gavroche regarda, et vit que cela venait de la banlieue.

Il se dressa tout droit, debout, les cheveux au vent, les mains sur les hanches, l'œil fixé sur les gardes nationaux qui tiraient, et il chanta :

20
> On est laid à Nanterre,
> C'est la faute à Voltaire,
> Et bête à Palaiseau,
> C'est la faute à Rousseau[5].

Puis il ramassa son panier, y remit, sans en perdre une seule, les cartouches qui
25 en étaient tombées, et, avançant vers la fusillade, alla dépouiller une autre giberne.
Là une quatrième balle le manqua encore. Gavroche chanta :

> Je ne suis pas notaire,
> C'est la faute à Voltaire,
> Je suis petit oiseau,
30
> C'est la faute à Rousseau.

Une cinquième balle ne réussit qu'à tirer de lui un troisième couplet :

---

1. Boîte en cuir, portée au côté, où les soldats plaçaient leurs munitions.
2. L'expression : « garder une poire pour la soif », signifie garder des réserves, se ménager des possibilités d'action en cas d'insuccès.
3. Soldats d'infanterie.
4. Gardes nationaux de la banlieue de Paris.
5. Nanterre et Palaiseau sont dans la banlieue parisienne. Ce refrain populaire se moquait des lamentations des ennemis de la Révolution.

35

Cela continua ainsi quelque temps.

Le spectacle était épouvantable et charmant. Gavroche, fusillé, taquinait la fusillade. Il avait l'air de s'amuser beaucoup. C'était le moineau becquetant les chasseurs. Il répondait à chaque décharge par un couplet. On le visait sans cesse, on
40 le manquait toujours. Les gardes nationaux et les soldats riaient en l'ajustant. Il se
couchait, puis se redressait, s'effaçait dans un coin de porte, puis bondissait, disparaissait, reparaissait, se sauvait, revenait, ripostait à la mitraille par des pieds de
nez, et cependant pillait les cartouches, vidait les gibernes et remplissait son panier.
Les insurgés, haletants d'anxiété, le suivaient des yeux. La barricade tremblait ; lui,
45 il chantait. Ce n'était pas un enfant, ce n'était pas un homme ; c'était un étrange
gamin fée[1]. On eût dit le nain invulnérable de la mêlée. Les balles couraient après
lui, il était plus leste qu'elles. Il jouait on ne sait quel effrayant jeu de cache-cache
avec la mort ; chaque fois que la face camarde[2] du spectre s'approchait, le gamin lui
donnait une pichenette.
50 Une balle pourtant, mieux ajustée ou plus traître que les autres, finit par atteindre
l'enfant feu follet. On vit Gavroche chanceler, puis il s'affaissa. Toute la barricade
poussa un cri ; mais il y avait de l'Antée[3] dans ce pygmée ; pour le gamin toucher le
pavé, c'est comme pour le géant toucher la terre ; Gavroche n'était tombé que pour
se redresser ; il resta assis sur son séant, un long filet de sang rayait son visage, il
55 éleva ses deux bras en l'air, regarda du côté d'où était venu le coup, et se mit
à chanter :

1. Hugo aime les expressions qui soulignent la dualité de ses personnages.
2. Au sens propre : qui a le nez plat et écrasé. On se figure ainsi la mort, avec le nez réduit à l'arête osseuse, aplati.
3. Géant vaincu par Hercule, qui reprenait des forces au contact de la terre sa mère.

Gavroche. Illustration du XIXe siècle pour le roman de Hugo.

Gavroche n'était tombé que pour se redresser (p. 666).

Je suis tombé par terre,
C'est la faute à Voltaire,
Le nez dans le ruisseau,
C'est la faute à...

Il n'acheva point. Une seconde balle du même tireur l'arrêta court. Cette fois il s'abattit la face contre le pavé, et ne remua plus. Cette petite grande âme venait de s'envoler.

Hugo, Les Misérables.

1 Que symbolise le personnage de Gavroche ?

2 Étudiez l'utilisation du pronom personnel « on » : qui représente-t-il ? Quelles conclusions pouvez-vous en tirer ?

3 Le rythme du récit : comment Hugo s'y prend-il pour rendre sensible l'affreux suspens de la scène ?

Hugo poète

L'inspiration lyrique

D'abord prisonnière de l'influence qu'exerce sur lui Lamartine, la poésie de Hugo, inspirée par de grandes idées, accorde la priorité à une forme un peu solennelle. Cette conception domine dans *Les Orientales* (1829), *Les Feuilles d'automne* (1831), *Les Chants du crépuscule* (1835).

Dès qu'Hugo, en revanche, en vient à des préoccupations plus personnelles, – en 1835 dans *Les Voix intérieures ;* dans *Les Rayons et les ombres* en 1840 –, son lyrisme se diversifie. Le poète exprime ses sentiments en même temps qu'il se fait « l'écho sonore » de son époque.

Les grands poèmes de la maturité contenus dans *Les Contemplations* ont pu être comparés à des symphonies : autour d'un thème central s'orchestrent des images variées, des notations émotives, des pensées.

L'inspiration épique

Le chef-d'œuvre de l'épopée – non seulement hugolienne, mais moderne – est *La légende des Siècles* (1859). Une série de tableaux, empruntés souvent à la mythologie antique, à la Bible, expriment symboliquement les conflits et les espoirs de l'époque : la lutte entre le Bien et le Mal, le refus de la misère, la croyance en un progrès matériel et moral.

Cependant, l'inspiration épique déborde largement le cadre strict de ce recueil. Elle est, chez Hugo, une tentation constante, aussi bien dans la poésie que dans le roman ou le théâtre.

Châtiments
1853 ———————————————————

Ce recueil constitue, avant *Les Contemplations,* la première grande œuvre poétique de la maturité. Une fureur vengeresse anime Victor Hugo, exilé, contre le régime autoritaire de Napoléon III, surnommé « le Petit », tant en raison de sa courte taille que par opposition à son oncle, le « grand » Napoléon Iᵉʳ. Epique dans son évocation de la Bible ou des grandes guerres napoléoniennes, prophétique et lyrique lorsqu'elle annonce un avenir lumineux, l'œuvre constitue un monument poétique sans équivalent dans la poésie française du siècle.

Ô soldats de l'an deux !

Le poème consacré aux soldats de l'an II, volontaires de la Révolution et combattants de la liberté, témoigne de la veine épique de Hugo et de son goût moins connu pour la gloire militaire.

O soldats de l'an deux ! ô guerres ! épopées !
Contre les rois tirant ensemble leurs épées,
      Prussiens, autrichiens,
Contre toutes les Tyrs et toutes les Sodomes[1],
5 Contre le czar du Nord[2], contre ce chasseur d'hommes,
      Suivi de tous ses chiens,
Contre toute l'Europe avec ses capitaines,
Avec ses fantassins couvrant au loin les plaines,
      Avec ses cavaliers,
10 Tout entière debout comme une hydre[3] vivante,
Ils chantaient, ils allaient[4], l'âme sans épouvante
      Et les pieds sans souliers !
Au levant, au couchant, partout, au sud, au pôle,
Avec de vieux fusils sonnant sur leur épaule,
15   Passant torrents et monts,
Sans repos, sans sommeil, coudes percés, sans vivres,
Ils allaient, fiers, joyeux, et soufflant dans des cuivres,
      Ainsi que des démons !
La liberté sublime emplissait leurs pensées.
20 Flottes prises d'assaut, frontières effacées
      Sous leur pas souverain,
O France, tous les jours c'était quelque prodige,
Chocs, rencontres, combats ; et Joubert[5] sur l'Adige,
      Et Marceau[5] sur le Rhin !
25 On battait l'avant-garde, on culbutait le centre ;
Dans la pluie et la neige et de l'eau jusqu'au ventre
      On allait ! en avant !

---

1. Tyr, célèbre par sa richesse, et Sodome, par sa corruption, sont des exemples antiques du vice opposé aux vertus austères de la République.
2. Le tsar de Russie.
3. L'hydre de Lerne est l'un des monstres vaincus par le héros mythologique Hercule.
4. Notez la cadence de marche guerrière, dont le poème offre de nombreux autres exemples.
5. Généraux français de la fin du XVIIIᵉ siècle, que leurs victoires rendirent célèbres.

Et l'un offrait la paix et l'autre ouvrait ses portes,
Et les trônes, roulant comme des feuilles mortes,
30   Se dispersaient au vent[1] !
Oh ! que vous étiez grands au milieu des mêlées,
Soldats ! L'œil plein d'éclairs, faces échevelées
      Dans le noir tourbillon,
Ils rayonnaient, debout, ardents, dressant la tête ;
35 Et comme les lions aspirent la tempête
      Quand souffle l'aquilon[2],
Eux, dans l'emportement de leurs luttes épiques,
Ivres, ils savouraient tous les bruits héroïques,
      Le fer heurtant le fer,
40 La Marseillaise ailée[3] et volant dans les balles,
Les tambours, les obus, les bombes, les cymbales,
      Et ton rire, ô Kléber !
La révolution leur criait : – Volontaires,
Mourez pour délivrer tous les peuples vos frères ! –
45   Contents, ils disaient oui.
– Allez, mes vieux soldats, mes généraux imberbes ! –
Et l'on voyait marcher ces va-nu-pieds superbes
      Sur le monde ébloui !
La tristesse et la peur leur étaient inconnues,
50 Ils eussent, sans nul doute, escaladé les nues[4],
      Si ces audacieux,
En retournant les yeux dans leur course olympique[5],
Avaient vu derrière eux la grande République
      Montrant du doigt les cieux.

Hugo, *Châtiments.*

1. La guerre révolutionnaire devait libérer l'Europe entière de la royauté.
2. Le vent du Nord.
3. Allusion à une scène du sculpteur Rude, gravée dans la pierre de l'Arc de Triomphe : le « Départ des Volontaires ».
4. Comme les Titans qui, selon la mythologie grecque, montèrent à l'assaut de la demeure céleste des Dieux, dans l'intention de détrôner Zeus, le roi des dieux.
5. Digne des vainqueurs des Jeux Olympiques.

1 Distinguez les trois temps successifs de cette évocation : à quoi tient l'unité de l'ensemble ?

2 De quelle façon l'idée républicaine est-elle ici exaltée : à quelles valeurs est-elle précisément associée ?

3 Quels sont les moyens utilisés par Victor Hugo pour rendre sensible le souffle épique (construction des phrases, modes, rythmes) ?

Les Contemplations
1856 —————————————————————————————————————

Comme les *Châtiments*, *Les Contemplations* sont le fruit de cette « seconde carrière » de Victor Hugo, postérieure à la mort de sa fille Léopoldine, et à l'exil. Après la tentation de la révolte et du blasphème, le poète trouve en lui de nouvelles ressources : *Les Contemplations* sont les « mémoires d'une âme », et la trace d'un rêve : celui d'une religion nouvelle qui donnerait à la démocratie et au progrès leur plein épanouissement. Le verbe poétique acquiert lui-même un caractère quasi-surnaturel, « Car le mot, c'est le Verbe, et le Verbe, c'est Dieu ». Ses métaphores poétiques prennent ainsi valeur de révélations.

C'est néanmoins l'évocation de la mort de Léopoldine qui donne au livre son sens, et en justifie l'organisation. Les poèmes inspirés par la douleur paternelle comptent parmi les plus sobres, et les plus émouvants de Victor Hugo.

Demain, dès l'aube...

Demain, dès l'aube, à l'heure où blanchit la campagne,
Je partirai. Vois-tu, je sais que tu m'attends.
J'irai par la forêt, j'irai par la montagne,
Je ne puis demeurer loin de toi plus longtemps[1].

5 Je marcherai les yeux fixés sur mes pensées,
Sans rien voir au dehors, sans entendre aucun bruit,
Seul, inconnu, le dos courbé, les mains croisées,
Triste, et le jour pour moi sera comme la nuit.

Je ne regarderai ni l'or du soir qui tombe,
10 Ni les voiles au loin descendant vers Harfleur[2],
Et quand j'arriverai, je mettrai sur ta tombe
Un bouquet de houx vert et de bruyère en fleur.

Hugo, *Les Contemplations*.

1. L'une des douleurs liées à l'exil, pour Victor Hugo, est de lui interdire de se rendre chaque année sur la tombe de sa fille.
2. Port situé entre Le Havre et Villequier, d'où part le poète.

1 Quel est l'effet du rejet au deuxième vers de « Je partirai » ?

2 Quelle est l'impression produite par le rythme des vers 7 et 8 ?

3 Quatre années ont passé depuis la disparition de Léopoldine. Comment le poète parvient-il à évoquer la présence de la disparue ? Étudiez notamment le ton de l'adresse à son enfant, et les éléments de ce rituel, qui est aussi un rendez-vous d'amour, et de douleur.

Dessin de Hugo, *Château éclairé* (Musée de Villequier).

Paroles sur la dune

*Inséré dans le V*e *livre des* Contemplations, *intitulé « En marche »*, ce poème exprime le découragement d'un homme abattu par l'exil.

Maintenant que mon temps décroît comme un flambeau,
    Que mes tâches sont terminées ;
Maintenant que voici que je touche au tombeau
    Par le deuil et par les années,

5 Et qu'au fond de ce ciel que mon essor rêva,
   Je vois fuir, vers l'ombre entraînées,
Comme le tourbillon du passé qui s'en va,
   Tant de belles heures sonnées ;

   Maintenant que je dis : – Un jour, nous triomphons,
10   Le lendemain tout est mensonge ! –
Je suis triste, et je marche au bord des flots profonds,
   Courbé comme celui qui songe.
      [...]

Où donc s'en sont allés mes jours évanouis ?
   Est-il quelqu'un qui me connaisse ?
15 Ai-je encor quelque chose en mes yeux éblouis,
   De la clarté de ma jeunesse ?

Tout s'est-il envolé ? Je suis seul, je suis las ;
   J'appelle sans qu'on me réponde ;
O vents ! ô flots ! ne suis-je aussi qu'un souffle, hélas !
20   Hélas ! ne suis-je aussi qu'une onde ?

Ne verrai-je plus rien de tout ce que j'aimais ?
   Au dedans de moi le soir tombe.
O terre, dont la brume efface les sommets,
   Suis-je le spectre, et toi la tombe ?

25 Ai-je donc vidé tout, vie, amour, joie, espoir ?
   J'attends, je demande, j'implore ;
Je penche tour à tour mes urnes pour avoir
   De chacune une goutte encore.

Comme le souvenir est voisin du remords !
30   Comme à pleurer tout nous ramène !
Et que je te sens froide en te touchant, ô mort,
   Noir verrou de la porte humaine !

Et je pense, écoutant gémir le vent amer,
   Et l'onde aux plis infranchissables ;
35 L'été rit, et l'on voit sur le bord de la mer
   Fleurir le chardon bleu des sables.

Hugo, *Les Contemplations*, V.

1 Comment les images poétiques, les rythmes, donnent-ils l'impression sensible de l'accablement du poète ?

2 Comment les éléments du paysage maritime sont-ils utilisés ? De quels moyens le poète use-t-il pour les transformer en symboles ?

LE DRAME ROMANTIQUE

Tout au long du XVIIIe siècle, le théâtre, vieilli, emprisonné dans les règles classiques, se cherche des voies nouvelles. Deux genres ont alors les faveurs du public : la tragédie historique, qui met en scène des sujets appartenant à l'histoire moderne en s'inspirant des modèles fournis par Shakespeare et Voltaire ; le mélodrame, qui cherche à provoquer chez les spectateurs des sensations fortes, attendrissement ou épouvante, sans s'embarrasser de vraisemblance.

LE PARTI PRIS

La rénovation entreprise par les romantiques est fortement marquée par ce contexte. Trois écrits fondent avec fracas le drame romantique :
En 1825, Stendhal, dans *Racine et Shakespeare,* soutient que, si un art comme le théâtre reste soumis à des règles nées dans une société maintenant disparue (la société d'Ancien Régime), il ne peut apporter au public ni plaisir, ni émotion. A Racine, donc, soumis à la poétique rigide et maintenant dépassée des classiques, il faut préférer Shakespeare, sincère, libre et passionné. En 1827, avec *Cromwell* et en 1830, avec *Hernani,* Hugo définit le nouvel art dramatique dont les maîtres-mots sont : vie et émotion.

LES CONSÉQUENCES

Le refus des unités de temps et de lieu

A l'image de l'action réelle, l'action théâtrale ne se réduira ni à un lieu ni à l'espace d'une journée. Ainsi, l'action d'Hernani, que le spectateur suit d'Espagne en Rhénanie, se déroule sur plusieurs mois.

La diversité des actions

Cependant, pour donner à l'intrigue l'épaisseur de la vie sans pour autant perdre le spectateur dans un labyrinthe d'actions différentes, les événements secondaires seront « savamment subordonnés au tout ».

Le mélange des genres

Le drame romantique refuse la séparation entre tragédie et comédie. De même, les personnages sont complexes, déchirés souvent (cf. Musset, p. 260), mêlant dans leur nature « grotesque et sublime » (Hugo). Grâce à ces passages constants de l'humour à la tristesse, le dramaturge veut provoquer avant tout l'émotion du spectateur : en cela, le drame romantique doit beaucoup au mélodrame.

L'émancipation du vocabulaire

Elle est la conséquence du mélange des genres. Le lexique n'est plus divisé en un registre noble, réservé à la tragédie, et un registre plus libre, réservé à la comédie. Les romantiques réclament l'égalité des mots.
Ils reprennent à leur compte l'héritage du drame historique. Il s'agit pour eux, en effet, de représenter l'homme dans sa complexité : aussi leur préférence va-t-elle aux sujets historiques, grâce auxquels l'intrigue prend une dimension philosophique et symbolique.

Laudelle, portrait de Musset.

Alfred de Musset

1810-1857

L'enfant du siècle

Musset écrit la plus grande partie de son œuvre avant d'avoir trente ans, et incarne, par son style de vie très recherché – son dandysme – et sa sensibilité, la jeunesse des années 1830.

Né d'une famille aisée, il rencontre à dix-huit ans Hugo, Lamartine, Vigny. Ses débuts sont faciles : ses premiers vers, qu'il publie à vingt ans, connaissent le succès. Mais Musset est affecté par de douloureux troubles de la personnalité. Il ne produit plus après 1851. Il livre, de ces insurmontables contradictions, une analyse à la fois historique et psychologique dans la *Confession d'un enfant du siècle* (1836). Des centaines de jeunes gens de l'époque s'identifient à lui.

Une poésie de la solitude et du déchirement

Entre 1830 et 1833, Musset, en s'éloignant des romantiques, affirme sa personnalité littéraire. Il veut renouer avec la règle classique tout en affirmant une conception romantique de la poésie. « Ce qu'il faut à l'artiste ou au poète, » écrit-il « c'est l'émotion ».

Les thèmes qui fondent cette conception se rapportent donc tous à la souffrance du cœur : la solitude (dans *La Nuit de Décembre,* 1835), la débauche (dans *Rolla,* 1833), le thème du double, qui le hante (*La Nuit de Décembre, Lorenzaccio, les Caprices de Marianne,* etc.), l'amour déçu.

Une œuvre théâtrale de génie

Si, du vivant de Musset, son œuvre théâtrale a été refusée par le public et son œuvre poétique très prisée, la tendance aujourd'hui s'est radicalement inversée. *Les Caprices de Marianne, On ne badine pas avec l'amour* et *Lorenzaccio,* qui paraissent entre mai 1833 et août 1834, ne quittent désormais plus le répertoire de la Comédie Française.

Des débuts difficiles

Les Marrons du feu, sa première pièce, portée à la scène en 1830, est un échec. De là l'idée d'*Un spectacle dans un fauteuil* (1832), c'est-à-dire d'un spectacle conçu pour être lu, et non pour être joué. C'est la chance de Musset : il s'affranchit ainsi des conventions de la scène. Grâce à quoi sans doute il écrira le seul drame romantique français qui puisse aujourd'hui être joué à l'égal des grandes pièces de Shakespeare, *Lorenzaccio.*

Les chefs-d'œuvre des années 1833-1834

On trouve encore, dans *Les Caprices de Marianne* et *On ne badine pas avec l'amour,* le ton de la comédie : des dialogues nerveux et gais, des personnages légers ou burlesques. Pourtant, le drame est présent, mêlé à l'intrigue de comédie : il éclate dans la catastrophe finale, la mort des innocents. On a souvent parlé de Marivaux à propos de Musset ; ils ont en commun cette attention aiguë à la souffrance, masquée sous le propos le plus désinvolte.

Dans *Lorenzaccio* au contraire, la comédie n'occupe plus qu'une place secondaire par rapport à la tragédie.

Lorenzaccio
1834

Par l'utilisation d'un cadre historique précis, par le foisonnement des tableaux et des scènes, le mélange des tons, du burlesque au tragique, des lieux, la puissante présence de la foule, on sent que Musset a voulu se mesurer à Shakespeare.

A Florence en 1537, le tyran Alexandre de Médicis est assassiné par son cousin Lorenzo (qu'on nomme par dérision Lorenzaccio). Musset mène à la grandeur tragique cet être double, déchiré entre la pureté de sa jeunesse et la débauche grâce à laquelle il a pu approcher Alexandre. Mais si la débauche a été le masque de Lorenzo, elle devient peu à peu partie intégrante de sa personnalité. Le dénouement est désespéré : devant les conflits et les manœuvres qui déchirent les républicains ennemis du Duc, Lorenzo comprend qu'il accomplira pour rien le meurtre du Duc. Il le fait cependant, puisqu'une longue habitude de la débauche lui a fait perdre sa pureté, et que ce crime est tout ce qui lui reste. Puis il se laisse assassiner. Rien, comme il l'avait prédit, ne change pour autant à Florence.

Dans la scène qui suit, Lorenzaccio apparaît pour la première fois « en pied ». Sire Maurice confie au Duc que la débauche de Lorenzaccio irrite le pape Clément VII. Le Cardinal Cibo, bras droit du Duc et jusque-là complaisant à son égard, ajoute qu'il craint sa « mauvaise influence » sur le Duc. Le Duc, quant à lui, reste convaincu que Renzo – diminutif méprisant de Lorenzo – est un lâche et un débauché. Lorsqu'il apparaît, chacun se demande donc qui il est : conspirateur ou rêveur impuissant ?

LE DUC   (...) Tenez! *(Lorenzo paraît au fond d'une galerie basse.)* Regardez-moi ce petit corps maigre, ce lendemain d'orgie ambulant. Regardez-moi ces yeux plombés, ces mains fluettes et maladives à peine assez fermes pour soutenir un éventail ; ce visage morne, qui sourit quelquefois, mais qui n'a pas la force de rire. C'est là
5 un homme à craindre? Allons, allons! vous vous moquez de lui. Hé! Renzo, viens donc ici ; voilà sire Maurice qui te cherche dispute.

LORENZO, *montant l'escalier de la terrasse.* Bonjour, messieurs les amis de mon cousin!

LE DUC   Lorenzo, écoute ici. Voilà une heure que nous parlons de toi. Sais-tu la
10 nouvelle? Mon ami, on t'excommunie en latin, et sire Maurice t'appelle un homme dangereux, le cardinal aussi ; quant au bon Valori, il est trop honnête pour prononcer ton nom.

LORENZO   Pour qui dangereux, Éminence?

LE CARDINAL   Les chiens de cour peuvent être pris de la rage comme les
15 autres chiens.

LORENZO   Une insulte de prêtre doit se faire en latin.

SIRE MAURICE   Il s'en fait en toscan, auxquelles on peut répondre.

LORENZO   Sire Maurice, je ne vous voyais pas : excusez-moi, j'avais le soleil dans les yeux ; mais vous avez bon visage et votre habit me paraît tout neuf.

20 SIRE MAURICE   Comme votre esprit ; je l'ai fait faire d'un vieux pourpoint de mon grand-père.

LORENZO   Cousin, quand vous aurez assez de quelque conquête des faubourgs, envoyez-la donc chez sire Maurice. Il est malsain de vivre sans femme, pour un homme qui a, comme lui, le cou court et les mains velues.

25 SIRE MAURICE   Celui qui se croit le droit de plaisanter doit savoir se défendre. A votre place, je prendrais une épée.

LORENZO   Si l'on vous a dit que j'étais un soldat, c'est une erreur ; je suis un pauvre amant de la science.

SIRE MAURICE   Votre esprit est une épée acérée, mais flexible. C'est une arme trop
30 vile ; chacun fait usage des siennes. *(Il tire son épée.)*

VALORI   Devant le duc, l'épée nue!

LE DUC, *riant.* Laissez faire, laissez faire. Allons, Renzo, je veux te servir de témoin ; qu'on lui donne une épée!

LORENZO   Monseigneur, que dites-vous là?

35 LE DUC   Eh bien! ta gaieté s'évanouit si vite? Tu trembles, cousin? Fi donc! tu fais honte au nom de Médicis. Je ne suis qu'un bâtard, et je le porterais mieux que toi, qui est légitime! Une épée, une épée! un Médicis ne se laisse point provoquer ainsi. Pages, montez ici ; toute la cour le verra, et je voudrais que Florence entière y fût.

40 LORENZO   Son Altesse se rit de moi.

LE DUC J'ai ri tout à l'heure, mais maintenant je rougis de honte. Une épée! *(Il prend l'épée d'un page et la présente à Lorenzo).*

VALORI Monseigneur, c'est pousser trop loin les choses. Une épée tirée en présence de Votre Altesse est un crime punissable dans l'intérieur du palais.

45 LE DUC Qui parle ici quand je parle?

VALORI Votre Altesse ne peut avoir eu d'autre dessein que celui de s'égayer un instant, et sire Maurice lui-même n'a point agi dans une autre pensée.

LE DUC Et vous ne voyez pas que je plaisante encore! Qui diable pense ici à une affaire sérieuse? Regardez Renzo, je vous en prie : ses genoux tremblent; il serait
50 devenu pâle, s'il pouvait le devenir. Quelle contenance, juste Dieu! Je crois qu'il va tomber. *(Lorenzo chancelle; il s'appuie sur la balustrade et glisse à terre tout d'un coup.)*

LE DUC, *riant aux éclats.* Quand je vous le disais! personne ne le sait mieux que moi; la seule vue d'une épée le fait trouver mal. Allons! chère Lorenzetta, fais-toi
55 emporter chez ta mère. *(Les pages relèvent Lorenzo.)*

SIRE MAURICE Double poltron! fils de catin!

LE DUC Silence! sire Maurice; pesez vos paroles, c'est moi qui vous le dis maintenant : pas de ces mots-là devant moi.

VALORI Pauvre jeune homme! *(Sire Maurice et Valori sortent.)*

60 LE CARDINAL, *resté seul avec le duc.* Vous croyez à cela, monseigneur?

LE DUC Je voudrais bien savoir comment je n'y croirais pas.

LE CARDINAL Hum! c'est bien fort.

LE DUC C'est justement pour cela que j'y crois. Vous figurez-vous qu'un Médicis se déshonore publiquement, par partie de plaisir? D'ailleurs ce n'est pas la première
65 fois que cela lui arrive; jamais il n'a pu voir une épée.

LE CARDINAL C'est bien fort! c'est bien fort! *(Ils sortent.)*

Musset, *Lorenzaccio*, Acte 1, scène 4.

1 Quels adjectifs ou surnom qualifient Lorenzo? Quelle traduction pourriez-vous donner, en conclusion de l'image ainsi posée du personnage, du sobriquet Lorenzaccio?

2 Étudiez le comportement de Lorenzo au début de la scène, lorsqu'il aperçoit les quatre hommes. Puis lorsqu'on lui présente une épée : comment évolue-t-il? Voyez-vous une gradation dans les injures qu'on lui adresse?

3 Qui, à votre avis, provoque le duel? Qui est, le premier, insultant?

4 Doutez-vous, comme le Cardinal, de l'évanouissement de Lorenzo? Et pourquoi?

Nerval photographié par Nadar (1820-1910).

Gérard de Nerval

1808-1855

Une enfance blessée

Né à Paris, Gérard Labrunie perd sa mère à l'âge de deux ans. Traumatisé par cet événement, il est élevé par un grand-oncle dans le Valois, près de Mortefontaine. Celui qui allait prendre le pseudonyme, emprunté à une terre familiale, de Nerval, s'imprègne ainsi de ces paysages brumeux et doux qui formeront le décor de *Sylvie.*

La bohème

Pendant plusieurs années, Nerval mène une existence bohème en compagnie de ses amis romantiques. Il publie une traduction du *Faust* de Goethe, et quelques poèmes qui déjà manifestent son originalité : *Fantaisie* (1832). Il évoque sa vie de bohème dans *Les Petis Châteaux de Bohème* (1853) et la *Bohème Galante* (1855). Son amour impossible pour une comédienne, suivi, à la mort de celle-ci, par un voyage en Orient, en 1843, marquent l'esprit du poète d'un mysticisme profond qui, évoluant vers l'ésotérisme, va constituer l'une des sources les plus fécondes de son inspiration. Cette quête mystique apparaît en 1851 dans la relation de son *Voyage en Orient.*

Un sens à son drame intérieur

Après une première atteinte en 1841, Nerval vit, entre 1851 et 1855, de douloureuses crises de troubles mentaux. Dans les périodes de répit, il transpose dans l'écriture la tragédie qui le mènera au suicide en janvier 1855, et qu'il nomme « l'épanchement du songe dans la vie réelle ». D'un roman à l'autre, des thèmes et des figures obsédantes reviennent ; celle, en particulier, d'une femme imaginaire, à la fois mère et amante, qui, au fil des pages, devient réalité, personnage vivant que poursuit le poète, dans une quête mortelle.

La première des œuvres de cette veine, *Sylvie* (1853) qui prendra par la suite place dans le recueil intitulé *Les Filles du feu,* retrace l'enfance dans le Valois et l'élaboration progressive du mythe de cette « Déesse universelle », qui, plus tard, traverse son œuvre sous les traits d'Isis, de Vénus, de la Vierge, d'Auré-lie et d'Adrienne dans *Sylvie,* d'Aurélia dans le roman du même nom.

La rigueur du style de Nerval élève son drame personnel au rang d'une expérience universelle : celle de l'éternelle souffrance humaine.

Une esthétique exigeante

Conçue non pas comme l'expression de sa souffrance, mais comme sa sublimation, l'œuvre de Nerval témoigne d'une profonde exigence et de constantes recherches formelles. La poésie manifeste une extrême purification du langage : souvent lisible à des niveaux multiples, elle est parfois dense au point de devenir hermétique. La prose s'est pliée avec souplesse aux méandres du rêve : Nerval évoque les magiques métamorphoses survenues dans un monde où le réel et l'irréel communiquent sans cesse.

Les Chimères
1854 _____

Cette œuvre, empreinte de mysticisme et de symbolisme, a paru pour la première fois dans la *Revue des Deux Mondes* en 1854. Le rêve, les souvenirs, un idéal de fusion de toutes les religions en une seule, une pratique elle-même religieuse de l'écriture comme clef d'un monde divin, font de ces poèmes des œuvres tout à fait à part dans la littérature française.

El Desdichado[1]

Je suis le ténébreux, – le veuf, – l'inconsolé
Le Prince d'Aquitaine à la tour abolie[2],
Ma seule étoile[3] est morte, – et mon luth constellé
Porte le Soleil Noir de la Mélancolie.

5 Dans la nuit du tombeau, toi qui m'as consolé,
Rends-moi le Pausilippe[4] et la mer d'Italie,
La fleur, qui plaisait tant à mon cœur désolé,
Et la treille où le pampre à la rose s'allie.

1. Le déshérité.
2. Nerval se disait descendant de chevaliers d'Othon dont les armes portaient trois tours d'argent.
3. Ce pourrait être le thème nervalien de l'inaccessible amour.
4. Promontoire de la baie de Naples.

Suis-je Amour ou Phébus[1]? Lusignan[2] ou Biron[3]?
10 Mon front est rouge encor du baiser de la reine[4];
J'ai rêvé dans la grotte où nage la sirène

Et j'ai deux fois vainqueur traversé l'Achéron[5].
Modulant tour à tour sur la lyre d'Orphée
Les soupirs de la sainte et les cris de la fée.

Nerval, *Les Chimères.*

1. Symbole du soleil dans la mythologie, représenté encore par Apollon.
2. Époux de la fée Mélusine : il la perdit pour l'avoir vue se transformer en serpent.
3. Biron, l'ami du roi Henri IV (1563-1610).
4. Adrienne, jeune fille en laquelle s'incarne la déesse dans *Sylvie*, appartient à la lignée royale des Valois.
5. Le fleuve que, selon la mythologie grecque, chacun traverse pour se rendre aux enfers.

1 Relevez tous les termes signifiant ou évoquant la perte. Quelles images dessinent-ils?

2 Ces images sont-elles plus abondantes au début ou à la fin du poème? Pourriez-vous déceler un mouvement, et lequel?

3 Nerval disait que les sonnets des *Chimères* « perdraient leur charme à être expliqués, si la chose était possible ». Pensez-vous que ce poème soit réductible à un sens?

Aurélia
1855

Ce récit en prose, rédigé pour la plus grande partie dans la clinique du Docteur Blanche à Paris où Nerval est soigné, recompose l'histoire de la vie intérieure du poète depuis sa rupture avec Jenny Colon, actrice rencontrée en 1836, et en laquelle il voit une réincarnation de la « déesse universelle ». Il évoque ce moment où rêve et réalité s'estompent pour former un autre monde :
« Cette idée m'est revenue bien des fois, que, dans certains moments graves de la vie, tel esprit du monde extérieur s'incarnait tout à coup en la forme d'une personne ordinaire, et agissait ou tentait d'agir sur nous, sans que cette personne en eût la connaissance ou en gardât le souvenir. »

Le texte qui suit relate une des nombreuses métamorphoses de ce monde étrange où il nous entraîne.

Chacun sait que, dans les rêves, on ne voit jamais le soleil, bien qu'on ait souvent la perception d'une clarté beaucoup plus vive. Les objets et les corps sont lumineux par eux-mêmes. Je me vis dans un petit parc où se prolongeaient des treilles en berceaux chargés de lourdes grappes de raisins blancs et noirs ; à mesure que la dame
5 qui me guidait s'avançait sous ces berceaux, l'ombre des treillis croisés variait pour mes yeux ses formes et ses vêtements. Elle en sortit enfin, et nous nous trouvâmes

dans un espace découvert. On y apercevait à peine la trace d'anciennes allées qui l'avaient jadis coupé en croix. La culture était négligée depuis de longues années, et des plants épars de clématites, de houblon, de chèvrefeuille, de jasmin, de lierre,
10 d'aristoloche, étendaient entre des arbres d'une croissance vigoureuse leurs longues traînées de lianes. Des branches pliaient jusqu'à terre chargées de fruits, et parmi des touffes d'herbes parasites s'épanouissaient quelques fleurs de jardin revenues à l'état sauvage.

De loin en loin s'élevaient des massifs de peupliers, d'acacias et de pins, au sein
15 desquels on entrevoyait des statues noircies par le temps. J'aperçus devant moi un entassement de rochers couverts de lierre d'où jaillissait une source d'eau vive, dont le clapotement harmonieux résonnait sur un bassin d'eau dormante à demi voilée des larges feuilles du nénuphar.

La dame que je suivais, développant sa taille élancée dans un mouvement qui
20 faisait miroiter les plis de sa robe en taffetas[1] changeant, entoura gracieusement de son bras nu une longue tige de rose trémière[2], puis elle se mit à grandir sous un clair rayon de lumière, de telle sorte que peu à peu le jardin prenait sa forme, et les parterres et les arbres devenaient les rosaces et les festons de ses vêtements; tandis que sa figure et ses bras imprimaient leurs contours aux nuages pourprés du
25 ciel. Je la perdais ainsi de vue à mesure qu'elle se transfigurait, car elle semblait s'évanouir dans sa propre grandeur. « Oh! ne fuis pas! m'écriai-je... car la nature meurt avec toi!»

Disant ces mots, je marchais péniblement à travers les ronces, comme pour saisir l'ombre agrandie qui m'échappait : mais je me heurtai à un pan de mur dégradé, au
30 pied duquel gisait un buste de femme. En le relevant, j'eus la persuasion que c'était *le sien*... Je reconnus des traits chéris, et, portant les yeux autour de moi, je vis que le jardin avait pris l'aspect d'un cimetière. Des voix disaient : «L'Univers est dans la nuit[3]!»

Nerval, *Aurélia*.

1. Tissu de soie dont la chaîne et la trame peuvent être de nuances différentes et donner ainsi des reflets changeants.
2. Fleur sacrée dans la poésie de Nerval.
3. Le rêve présage la mort d'Aurélia.

1 Relevez tous les noms de plantes que vous ne connaissez pas et cherchez leur reproduction dans une encyclopédie : ont-elles des caractéristiques communes ?

2 Que deviennent les fleurs et les arbres dans la métamorphose ? Comment cette correspondance a-t-elle été préparée ?

3 Relevez de cette manière tous les éléments du réel et suivez leur transformation dans le texte jusqu'à la métamorphose finale.

4 Relevez tous les mots et expressions qui indiquent ou évoquent un mouvement. Quelles sont, à votre avis, les caractéristiques de ce mouvement ? Quel effet produit-il sur l'imagination du lecteur ?

1830-1871 :
LE TEMPS DES RÉVOLUTIONS

1830-1848 : La Monarchie de Juillet

Essor économique et misère populaire

La monarchie parlementaire permet à la bourgeoisie d'exercer à partir de 1830 la réalité du pouvoir politique et économique. Malgré les pesanteurs — l'industrialisation par exemple reste timide, et on accepte mal le développement des chemins de fer —, elle devient plus puissante, plus riche, mieux instruite. Ses conditions de vie la distinguent de plus en plus nettement d'un peuple écrasé de misère, et sur le travail duquel repose l'essor économique.

Les milieux populaires, qui ont assuré en 1830 le triomphe de la bourgeoisie, n'en retirent donc aucun avantage. Ils souhaitent dans leur ensemble le retour à la République, déclenchent grèves et émeutes, dont la plus grave est la révolte des Canuts — les ouvriers de l'industrie de la soie à Lyon — en 1831. Cette situation est à l'origine de la naissance d'une pensée sociale nouvelle, encore utopique et embryonnaire, mais qui préfigure les courants modernes du socialisme, du communisme et de l'anarchisme.

Dans le domaine littéraire, le «romantisme social» (cf. p. 231) triomphe.

1848-1871 : Le Second Empire et l'instauration de la IIIe République

La révolution industrielle française

L'unité fraternelle du peuple et de la bourgeoisie dans l'élan de 1848 constitue un bien bref épisode. Le gouvernement provisoire prend certes des mesures qui entretiennent le rêve quelque temps : suffrage universel, abolition de la peine de mort politique. Mais dès juin 1848, une insurrection populaire suscitée par la misère, est réprimée sauvagement. Le pacte est dès lors rompu. Le romantisme politique disparaît : Hugo est effrayé par la révolte populaire et sa violence, Lamartine subit un lourd échec aux élections présidentielles. Il entraîne dans sa chute le romantisme littéraire. Et c'est Louis-Napoléon Bonaparte, neveu de Napoléon Ier, qui est élu président de la République.

Commence alors en France la véritable révolution industrielle. Le machinisme, la maîtrise de la vapeur puis de l'électricité, la concentration des entreprises, le renouvellement des méthodes bancaires, les métaux précieux venus des Amériques, assurent une croissance rapide de la production et des échanges.

Le développement de l'industrie se fait au détriment des ouvriers dont les conditions de vie et de travail se dégradent. L'insurrection de juin 1848 a révélé l'impossibilité d'une véritable alliance avec la bourgeoisie : les organisations prennent la relève des utopistes et des romantiques ; des syndicats (la CGT est créée en 1895) organisent des grèves.

Les journées révolutionnaires de février 1848 : un ouvrier partage son pain avec un étudiant porteur d'un drapeau rouge. D'après un dessin de Fischer.

La commune de Paris

Miné par les oppositions intérieures, le Second Empire va s'effondrer à la suite d'une défaite militaire, à Sedan (1870) : Napoléon III en personne y est fait prisonnier par les Prussiens. La IIIᵉ République est proclamée, un gouvernement de Défense Nationale constitué. La guerre cependant se poursuit : Paris est assiégé, une partie de la France occupée. Le gouvernement de Défense Nationale se réfugie à Bordeaux, et signe l'armistice, tandis que dans la capitale, les souffrances du siège et la mollesse du gouvernement provoquent des explosions de colère ; elles aboutissent à l'établissement, dans Paris principalement, d'un gouvernement révolutionnaire, la Commune, sursaut national et populaire contre la défaite, et tentative de révolution sociale.

La répression, menée par le gouvernement de la IIIᵉ République, fera plus de vingt mille morts, écrasant un pouvoir qui n'aura duré que quelques mois. Les leçons que tirera Karl Marx de cet échec lui donnent une importance décisive dans l'histoire de la pensée socialiste.

La liquidation du romantisme

Les Contemplations de Victor Hugo, sommet du lyrisme romantique, ne paraissent certes qu'en 1856 ; mais déjà Hugo, à l'écart de la fête impériale qui fait régner la gaîté dans Paris, apparaît comme un isolé. Et *Madame Bovary,* roman publié par Gustave Flaubert en 1857 (cf. p. 297) comme *Les Fleurs du Mal* de Charles Baudelaire (cf. p. 271), effectuent une remise en cause du romantisme. Il n'est plus question de concilier l'art et la vie, mais de prendre, grâce à l'art, une revanche sur une réalité cruelle. Les deux écrivains retrouvent ainsi le goût de la « belle forme » affichée par Théophile Gautier et les Parnassiens, tout en illustrant la scission de la seconde moitié du siècle entre deux grandes familles d'esprit : ceux qui s'attachent à la réalité du monde moderne : les réalistes et les naturalistes (cf. Flaubert, p. 296 et Zola, p. 310) et ceux qui se tournent vers l'idéal et le rêve : les symbolistes (cf. J.-K. Huysmans et B. d'Aurevilly, p. 333).

THÉOPHILE GAUTIER ET LE PARNASSE CONTEMPORAIN

A un certain romantisme, qui conçoit la littérature comme l'expression d'une philosophie sociale ou religieuse, s'opposent, dès 1850 les partisans de l'art pour l'art, puis, dans les années soixante, leurs continuateurs, les collaborateurs de la revue *Le Parnasse Contemporain*.

THÉOPHILE GAUTIER, THÉORICIEN DE L'ART POUR L'ART

La doctrine de l'art pour l'art

L'esthétique parnassienne est directement inspirée des théories développées par Théophile Gautier (1811-1872) dès 1836 dans sa préface à *Mademoiselle de Maupin* puis dans *L'Art* en 1857. Il y prône un art soumis à la contrainte. C'est la règle que s'impose le poète qui lui permet d'accéder à la forme artistique. Chez les Parnassiens, qui ont à leur tête le poète Leconte de Lisle (1818-1894), la théorie se précise :
– la poésie n'est pas le déversoir des souffrances humaines et par conséquent, la poésie ne transmet pas de « message ».
– L'art est dégagé de l'utile : « Il n'y a de vraiment beau que ce qui ne peut servir à rien ; tout ce qui est utile est laid », écrit Gautier.
– L'art ne doit tendre qu'à la pureté formelle.

En conséquence (et les deux procès retentissants de Baudelaire et de Flaubert montrent à quel point le problème était important), l'artiste est libre de peindre ce qu'il veut ; la seule critique admissible est celle qui porte sur la qualité artistique de l'œuvre.

Comme Gautier, Leconte de Lisle assigne à la poésie ce seul but : créer, selon des règles précises, des formes artistiques intemporelles.

L'écriture « artiste »

C'est ainsi que les Goncourt nomment cette écriture, faite de préciosité et de précision, qu'invente Gautier et que cultivent les Parnassiens. A une époque où l'on a le goût des grandes fresques, d'une nature proliférante et pullulante, Gautier accorde à chaque détail une importance insolite ; chaque objet, pris ainsi sous la loupe, s'individualise. Ce soin minutieux exige un enrichissement de la langue : aussi Gautier et les Parnassiens ont-ils recours aux mots rares, aux allégories recherchées et aux néologismes (mots inventés, le plus souvent à partir de racines grecques ou latines, pour les besoins particuliers de la science ou de la poésie).

LE DÉBAT

Les Parnassiens, en pleine période de remise en cause du romantisme, donnent au débat toute sa portée : l'écriture est-elle une pratique visant à « augmenter la conscience », à aller jusqu'au bout de l'être, sous la pression d'une nécessité intérieure ou bien doit-elle tendre au pur objet, à la beauté intemporelle du marbre poli ? Voilà les termes du problème qui occupe poètes et romanciers pendant toute la fin du siècle, qui sépare Flaubert, ce mystique de la forme, de Zola (et pourtant ils sont tous les deux rassemblés sous l'épithète de « réalistes » !) Voilà la question qui occupe le XXe siècle, et qui est au cœur de toute création.

Autoportrait
(dessin à l'encre).

Baudelaire

1821-1867

L'initiateur de la modernité

Baudelaire naît à Paris en 1821. Son père meurt lorsqu'il a six ans. Ses rapports avec son beau-père sont tendus ; la discipline du collège lui est intolérable. A dix-huit ans, Baudelaire écrit ses premiers poèmes et fréquente la bohème parisienne. Pour l'arracher à ces influences néfastes, on le fait voyager : il s'arrête à l'île Maurice, revient, dilapide l'héritage paternel, se drogue, tente de se suicider. Couvert de dettes, il se met à écrire par nécessité. Il fait alors les compte-rendus d'expositions de peinture rassemblés sous le titre *Salons* que l'on considère comme l'un des chefs-d'œuvre de la critique. Il traduit l'écrivain américain Edgar Poe (1809-1849). En 1857, il publie *Les Fleurs du mal,* provoquant un scandale. Le procureur Pinard, qui, la même année, s'en était pris à Flaubert pour *Madame Bovary,* n'a pas de mots assez terribles pour alerter les gens de bien contre le vice qui imprègne les poèmes. Six pièces au total sont censurées. C'est dire la violence que faisait l'œuvre aux lecteurs de cette époque.

271

Au cœur du drame esthétique

Héritier du conflit entre le romantisme et la réaction parnassienne, Baudelaire s'emploie à tracer sa voie. Le *Salon de 1845* amorce, alors que le poète n'a encore rien publié de son œuvre poétique, la réflexion esthétique et critique qu'il va poursuivre toute sa vie. Il commence par formuler des refus : d'abord d'une poésie fondée sur l'idée d'une solidarité entre l'art et la nature. Il est dandy : sa vie, la vie de l'homme, la culture et la civilisation sont des artifices ; refus d'un art utilitaire, au service d'une idéologie ensuite ; mais refus enfin de l'art, du culte de la forme, bien qu'il ait dédié *Les Fleurs du mal* à Gautier.

La troisième voie : l'imagination

Baudelaire bien sûr n'en reste pas aux refus. Deux formules, tardivement apparues, dessinent la voie qu'il invente.

L'art pur en premier lieu : la pratique de la poésie pure déclenche une libération des pouvoirs intérieurs, une « fête du cerveau », grâce au recours à l'imagination, « reine des facultés ». Le « matériel » esthétique, sentiments, images, pensées, formes, techniques, agencements de couleurs ou de paroles, nécessite l'intervention de l'imagination qui permet au poète de traverser du regard les objets de la réalité immédiate, pour sentir de l'intérieur leurs liens avec une autre vie, celle des idées.

La magie suggestive en second lieu : ainsi conçu, l'art possède une fonction magique : celle de révéler, en même temps que la réalité, le monde qui la transcende. Les mots et les choses sont transfigurés sans cesser d'être ce qu'ils paraissent. Ce qui fait le poète prêtre de cette magie, c'est une perception autre. Par l'imagination, il opère la jonction entre le monde réel et celui des idées : ainsi s'explique la théorie des *Correspondances*. Celles-ci unissent magiquement, dans un signe sensible, l'apparence symbolique et la réalité spirituelle.

Jeanne Duval peinte en 1862 par Édouard Manet (1832-1883).

272

Les Fleurs du mal
1857

Les Fleurs du mal – poésies dont le thème est le mal – s'affirment comme la forme achevée et raffinée de l'art qui transfigure et transcende la plus sordide réalité. Baudelaire explique dans sa Préface qu'il a voulu « extraire la beauté du mal ». *Les Fleurs du mal* rassemblent aussi, et opposent ces deux « postulations simultanées » qui, aux yeux de Baudelaire, déchirent chaque homme, l'une vers Dieu, l'autre vers le néant. Les termes paradis et enfer, Bien et Mal, azur et gouffre, qui structurent fondamentalement le recueil, apparaissent déjà ici en filigrane.

Structure du recueil

La première partie de l'œuvre, « Spleen et Idéal », oppose en effet deux tensions humaines, l'une vers le Bien, l'autre vers le Mal. Puis les « Tableaux parisiens » mettent à nu la réalité décevante, et font de la grande ville le symbole du mal. Les deux sections suivantes, « Le vin » et « Les Fleurs du mal » évoquent les artifices dans lesquels l'homme cherche l'oubli (la drogue, la volupté). Dans « Révolte », l'homme, las, se livre à Satan. Il ne lui reste plus que « La Mort » comme remède à l'Ennui (pris ici dans son sens fort d'angoisse de vivre).

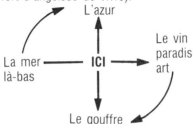

Les thèmes

Pierre Guiraud définit, en 1969, l'univers baudelairien par une circulation de l'homme entre quatre pôles qui se repoussent et s'appellent.

« (...) Les quatre mille mots environ qui constituent le lexique des *Fleurs du mal,* se répartissent le long de quatre grandes lignes de force qui délimitent l'univers baudelairien et en constituent le décor à la fois matériel et spirituel : le Ciel, l'Enfer, la Terre, – cette dernière étant double et opposant la vie, le destin quotidien du poète parmi la ville, ses maisons et ses rues, et le Rêve, qui est une fuite dans l'exotisme.

La Vie se déroule dans les rues boueuses d'une ville sale, bruyante, vulgaire, brumeuse, misérable ; son lot est l'impuissance, l'infirmité, la laideur, la pauvreté, la prostitution, le vice, la déchéance physique et morale. C'est le lieu de l'Ennui, du Spleen et de la Douleur ; c'est une terre d'exil. (Cf. « Le Cygne », « Les Petites Vieilles », etc.)

Le rêve permet de nous évader de ce séjour où l'amour est impossible ; fuite aux îles, parmi les parfums, les rythmes, l'harmonie, l'oisiveté, le luxe, la vigueur, la santé, la jeunesse, la volupté. (Cf. « La Chevelure », « Parfum exotique », etc.) (...)

A la rêverie exotique s'oppose une autre sorte d'évasion dans les paradis artificiels que constituent le vin et la débauche.

Ce monde horizontal a une dimension verticale : l'enfer et le ciel.

Dans l'Enfer rampent le crime, la luxure, la folie parmi une ténèbre glacée et les vertiges du cauchemar. A ce gouffre d'horreur s'oppose le Ciel, l'Azur, limpide, profond, brillant, chaud où planent la liberté, la pureté, la puissance ; c'est le siège de la Beauté et de la Sérénité. Il y a un analogue dans la mer, comme lui immense, profonde et éternelle ; la montée dans l'Azur, le bercement sur le bleu des flots, sont les deux grandes euphories baudelairiennes : vision dialectisée qui oppose le bonheur de l'ascension à la terreur de la chute. »

Pierre Guiraud, « Structure lexicale des *Fleurs du mal* », in *Essais de stylistique*, Éd. Klincksieck, 1969.

Correspondances

Le poème appartient à la première section « Spleen et Idéal » des *Fleurs du Mal*. Il fonde théoriquement et esthétiquement la voie poétique tracée par Baudelaire : « C'est cet admirable, cet immortel instinct du Beau qui nous fait considérer la Terre et ses spectacles comme un aperçu, comme une correspondance du ciel... C'est à la fois par la poésie et à travers la poésie, par et à travers la musique que l'âme entrevoit les splendeurs situées derrière le tombeau. » *(Notes nouvelles sur Edgar Poe).*

La Nature est un temple[1] où de vivants piliers
Laissent parfois sortir de confuses paroles ;
L'homme y passe à travers des forêts de symboles[2]
Qui l'observent avec des regards familiers.

5 Comme de longs échos qui de loin se confondent
Dans une ténébreuse et profonde unité,
Vaste comme la nuit et comme la clarté,
Les parfums, les couleurs et les sons se répondent.

Il est des parfums frais comme des chairs d'enfants,
10 Doux comme les hautbois, verts comme les prairies,
– Et d'autres, corrompus, riches et triomphants,

Ayant l'expansion des choses infinies,
Comme l'ambre, le musc, le benjoin et l'encens
Qui chantent les transports de l'esprit et des sens.

Baudelaire, *Les Fleurs du mal.*

1. Lieu de communication entre le terrestre et le divin, entre l'homme et le monde spirituel.
2. Élément concret du monde qui se rapporte à un élément spirituel, qui manifeste un au-delà.

1 Relevez tout ce qui, dans ce poème, se « correspond ».

2 Pouvez-vous distinguer plusieurs types de correspondances ? Comment les caractérisez-vous ?

3 Relevez tous les verbes, adjectifs, mots, qui évoquent cette correspondance, cette circulation entre les éléments du monde.

Harmonie du soir

La forme est inspirée de celle du pantoum, poème à forme fixe d'origine malaise, soumis à des règles complexes. Baudelaire ne conserve que l'obligation de répéter les second et quatrième vers en première et troisième position dans la strophe suivante :

Voici venir les temps[1] où vibrant sur sa tige
Chaque fleur s'évapore ainsi qu'un encensoir[2],
Les sons et les parfums tournent dans l'air du soir,
Valse mélancolique et langoureux vertige !

5 Chaque fleur s'évapore ainsi qu'un encensoir ;
Le violon frémit comme un cœur qu'on afflige ;
Valse mélancolique et langoureux vertige !
Le ciel est triste et beau comme un grand reposoir[3].

Le violon frémit comme un cœur qu'on afflige,
10 Un cœur tendre, qui hait le néant vaste et noir !
Le ciel est triste et beau comme un grand reposoir.
Le soleil s'est noyé dans son sang qui se fige.

Un cœur tendre, qui hait le néant vaste et noir,
Du passé lumineux recueille tout vestige !
15 Le soleil s'est noyé dans son sang qui se fige...
Ton souvenir en moi luit comme un ostensoir[4] !

Baudelaire, *Les Fleurs du mal.*

1. Tournure biblique.
2. Récipient où brûle l'encens.
3. Autel, en plein air, le plus souvent, où le prêtre dépose le Saint-Sacrement pendant une halte, au cours d'une procession.
4. Pièce d'orfèvrerie contenant l'hostie consacrée, exposée à l'adoration des fidèles.

1 Quelles impressions produit sur le lecteur la répétition des vers ?

2 Analysez la progression des sentiments jusqu'à l'extase.
Quel rapport pouvez-vous établir entre ces sentiments et la forme adoptée par Baudelaire ?

L'Invitation au voyage

Thème fondamental des Fleurs du Mal, *le voyage est ce qui doit permettre au poète d'échapper au Mal.*

Mon enfant, ma sœur[1],
Songe à la douceur
D'aller là-bas vivre ensemble !
Aimer à loisir,
5   Aimer et mourir
Au pays qui te ressemble !
Les soleils mouillés
De ces ciels[2] brouillés
Pour mon esprit ont les charmes
10   Si mystérieux
De tes traîtres yeux,
Brillant à travers leurs larmes.

Là, tout n'est qu'ordre et beauté,
Luxe, calme et volupté.

15   Des meubles luisants,
Polis par les ans,
Décoreraient notre chambre ;
Les plus rares fleurs
Mêlant leurs odeurs
20 Aux vagues senteurs de l'ambre[3],
Les riches plafonds,
Les miroirs profonds,
La splendeur orientale,
Tout y parlerait
25   A l'âme en secret
Sa douce langue natale.

Là, tout n'est qu'ordre et beauté,
Luxe, calme et volupté.

   Vois sur ces canaux
30   Dormir ces vaisseaux
Dont l'humeur est vagabonde ;
C'est pour assouvir
Ton moindre désir
Qu'ils viennent du bout du monde.
35   – Les soleils couchants
Revêtent les champs,
Les canaux, la ville entière,
D'hyacinthe[4] et d'or ;
Le monde s'endort
40 Dans une chaude lumière.

Là, tout n'est qu'ordre et beauté,
Luxe, calme et volupté.

Baudelaire, *Les Fleurs du mal*, « Spleen et Idéal ».

1. La femme aimée est « sœur » d'élection du poète.
2. Pluriel de ciel dans le vocabulaire des peintres.
3. Parfum exotique.
4. D'un jaune rougeâtre.

1 Relevez tous les mots qui évoquent le pays vers lequel veut s'embarquer Baudelaire. Qu'est-ce qui vous frappe dans cette évocation ? Pourquoi ?

2 Trouvez-vous, dans ce poème, des « correspondances » telles que les définit Baudelaire dans le sonnet du même nom ? Relevez-les : quels éléments mettent-elles en relation ?

3 Pourquoi le poète s'adresse-t-il à la femme en l'invitant au voyage ? Pourquoi n'a-t-il pas exprimé son propre désir de partir ? Cette invitation est-elle, à votre avis, un artifice littéraire ?

Le Spleen de Paris
1869

Ce recueil, composé entre 1864 et 1866 en Belgique, où Baudelaire s'est exilé, naît d'une sorte de gageure esthétique. Le poète la formule lui-même ainsi : « Quel est celui d'entre nous qui n'a pas, dans ses jours d'ambition, rêvé le miracle d'une prose poétique, musicale, sans rythme et sans rime, assez souple et assez heurtée pour s'adapter aux mouvements lyriques de l'âme, aux ondulations de la rêverie, aux soubresauts de la conscience ? »

Le Port

Un port est un séjour charmant pour une âme fatiguée des luttes de la vie. L'ampleur du ciel, l'architecture mobile des nuages, les colorations changeantes de la mer, le scintillement des phares, sont un prisme merveilleusement propre à amuser les yeux sans jamais les lasser. Les formes élancées des navires, au gréement compliqué,
5 auxquels la houle imprime des oscillations harmonieuses, servent à entretenir dans l'âme le goût du rythme et de la beauté. Et puis, surtout, il y a une sorte de plaisir mystérieux et aristocratique pour celui qui n'a plus ni curiosité ni ambition, à contempler, couché dans le belvédère ou accoudé sur le môle, tous les mouvements de ceux qui partent et de ceux qui reviennent, de ceux qui ont encore la force de vou-
10 loir, le désir de voyager ou de s'enrichir.

Baudelaire, *Le Spleen de Paris.*

1 Comment Baudelaire est-il parvenu à la musicalité dont il rêvait ? Relevez les mots, les échos qui tissent la mélodie.

2 Baudelaire oppose la prose à la poésie en présentant la prose comme « sans rythme ». Cette affirmation est-elle à votre avis fondée ? En lisant le poème à voix haute, pouvez-vous entendre son rythme ? Voyez-vous ce qui le crée ?

3 Relevez tous les mots qui évoquent les mouvements. Classez-les. Comment les caractériseriez-vous ? Quels effets contribuent-ils à créer ?

LE ROMAN AU XIXᵉ SIÈCLE

Idéaliste, aventureux ou merveilleux au XVIIᵉ siècle, raisonneur au XVIIIᵉ, puis chargé de tout le vague des passions guerrières et intimes des premiers romantiques, le roman, dans la première moitié du XIXᵉ siècle, ouvre un espace dont on ne cesse aujourd'hui encore d'explorer la fécondité : celui de la réalité contemporaine.

LA VOIE ROYALE DU RÉALISME : BALZAC ET STENDHAL

Balzac et Stendhal, en effet, en dépit de leurs différences, assignent au roman la tâche d'évoquer la réalité sociale de leur temps. Le roman est précisément le lieu où se réalise la confrontation d'un être, venu souvent du plus bas de l'échelle sociale, avec une société. Vivant au rythme des incertitudes de l'histoire, des déboires du personnage, lecteurs et romancier tâchent de comprendre ce monde où ils vivent. Ce réalisme-là n'exclut donc pas la subjectivité, mais les deux auteurs ne se situent pas de la même manière par rapport à elle. La subjectivité de Balzac est à la mesure de son énergie : il amasse les scènes, multiplie les tableaux, embrasse le réel par grandes masses, qu'il s'efforce de soumettre à une architecture rigoureuse.

Stendhal promène dans le monde ce « miroir » que doit être, à son avis, un roman ; mais selon les dimensions du miroir, l'inclinaison plus ou moins grande de sa surface, la plus ou moins grande mobilité de celui qui le tient, la réalité réfléchie sera différente. Stendhal, lui, s'intéresse à la psychologie de ses personnages, scrute leurs mouvements d'humeur, leurs mouvements du cœur, leurs mobiles. Et il évoque en quelques traits impitoyables la société où son héros évolue.

LES AVATARS DU HÉROS : FLAUBERT

« Après 1848 », écrit Michelet, le grand historien du siècle, « on a cherché le héros, on a trouvé le peuple ». C'est à ce moment qu'écrit Flaubert, au moment où s'estompe la notion de héros individuel. Du coup, ses personnages sont des êtres voués à l'échec. Rien à voir avec le héros balzacien ou stendhalien, qui attrapait le monde à bras-le-corps, ou s'y infiltrait par ruse. Perdus dans des rêves inconsistants, d'une passivité déconcertante, ou d'une bêtise monumentale, les héros de Flaubert n'ont pas sur le monde social ce regard au scalpel qui fait une « peinture », un « tableau » de la société.

Pourtant, Flaubert est fasciné par le réel au point de vouloir en peindre « le dessus et le dessous ». Mais ce qu'il décrit, ce ne sont ni des événements, ni des caractères : c'est la trame obscure qui tisse une existence ; c'est le « presque rien ». Et l'ambition de Flaubert – un « grand livre auquel le monde est fait pour aboutir », « un livre sur rien » – se réalise dans ces « descriptions immobiles », cette écriture du silence : alors, ce n'est pas le « message » lancé par l'auteur, le sens, qui propose une conception du monde ; c'est le style qui devient une manière de voir les choses. En ce sens, Flaubert est une précurseur de notre modernité.

Deux solutions se sont donc offertes à ceux qui cherchaient le héros. Flaubert a représenté un héros « non-héroïque » ; d'autres mettent en scène le peuple. A ceux-là, le roman est apparu aussi comme un outil, voire une arme. Les frères Goncourt en font, « la grande forme sérieuse, passionnée, vivante, de l'étude littéraire et de l'enquête sociale ». Car, pour eux comme pour Zola, le peuple, créateur de richesses, est la force du futur, du progrès : il convient d'analyser cette force, selon les procédés et les méthodes mis en œuvre par les sciences, et de l'éclairer. Zola déclare : « Nous montrons le mécanisme de l'utile et du nuisible, nous dégageons le déterminisme des phénomènes humains et sociaux, pour qu'on puisse un jour dominer et diriger ces phénomènes. En un mot, nous travaillons avec tout le siècle à la grande œuvre qui est la conquête de la nature, la puissance de l'homme décuplée. » L'enjeu du roman naturaliste est d'élaborer un savoir sur les hommes et la société de son temps. Le langage sera clair, limpide, puisque c'est un outil d'analyse. Le récit doit fournir au lecteur informations, démonstrations et descriptions exactes. Le didactisme modèle donc l'écriture. Mais, pour en dissimuler les lourdeurs, l'écrivain doit s'effacer devant ses personnages, multiplier les points de vue. Les objets, le monde inanimé, les machines, se chargent alors d'une signification subjective, capable cependant de toucher l'ensemble d'un groupe social : ainsi l'alambic, de simple distillateur, devient, par les ravages qu'il engendre dans le peuple, un monstre. Le savoir est alors dépassé par l'imaginaire et le mythe. Un important groupe d'écrivains « naturalistes », constitué entre 1877 et 1880, se rassemble autour d'une revue, expression de leur réflexion commune : *Les Soirées de Médan.* Leur influence sur les romanciers de cette époque est capitale.

Manet (1832-1883), *Portrait de Zola.* (Paris, Musée du Jeu de Paume.)

Honoré de Balzac

1799-1850

et connaît ses premiers succès avec *Les Chouans* (1829) et la *Physiologie du Mariage* (1829). Balzac signe désormais de son nom.

Sa vie dès lors est celle d'un « galérien de plume et d'encre ». Le succès l'enrichit, mais ses dépenses sont fastueuses : il côtoie le monde des affaires, fréquente écrivains et artistes, se fait recevoir dans la haute société. Il rencontre Madame Hanska, une comtesse polonaise à laquelle il voue bientôt un amour passionné. Il ne l'épousera qu'en 1850, quelques mois avant sa mort.

L'auteur de *La Comédie humaine*

Dans son royaume littéraire, Balzac s'attribue les pouvoirs d'un dieu, en composant, à l'exemple de *La Divine Comédie* de Dante, sa *Comédie Humaine* : en une vingtaine d'années, il produit un monument littéraire qui rassemble plusieurs milliers de personnages et s'étend sur quatre-vingt-onze volumes.

Ils se répartissent en trois groupes :
– Les *Études de Mœurs* en constituent les trois quarts, divisées en scènes (de la vie privée, de la vie de province, de la vie parisienne, de la vie de campagne, de la vie politique, de la vie militaire).
– Les *Études philosophiques* proposent un enseignement sur le sens de l'existence. Ainsi du conte intitulé *La Peau de Chagrin*.
– Les *Études analytiques* « creusent les principes », c'est-à-dire veulent donner une théorie de tel ou tel phénomène social. *La Physiologie du Mariage* est classée dans cette catégorie.

Monumentale par son ampleur, la *Comédie Humaine* peut se lire comme un ensemble en mouvement : d'un ouvrage à l'autre, les mêmes personnages reviennent, nouent des relations, si bien qu'il s'agit réellement d'un monde, reconstitué avec passion par Balzac.

Une vie vouée à l'argent et au travail

Né à Tours de Bernard-François Balssa, qui s'était approprié le nom de Balzac et une particule, Honoré de Balzac fut élevé chez les prêtres oratoriens de Vendôme : il y souffrit de la rudesse de leur discipline. Il finit des études de droit à Paris, puis convainquit sa famille de lui laisser deux ans pour faire ses preuves comme écrivain. Ses premiers romans sont un échec.

En 1825, il semble renoncer, et se lance dans les affaires. Ses tentatives, en tant qu'éditeur, imprimeur, fondeur de caractères, se soldent encore par l'échec, et un lourd endettement. Il se tourne de nouveau vers le roman

La Peau de chagrin
1831

Au classique thème du pacte avec le diable, Balzac imprime sa marque personnelle en le combinant, dans la peau de chagrin, avec un symbole de l'énergie vitale : son rétrécissement fatal amène la destruction de son propriétaire. Raphaël de Valentin, comme beaucoup de personnages de Balzac, est littéralement possédé par une passion qui le consume. En cela, il représente un type. Mais, pour autant, il n'apparaît pas dépourvu de caractéristiques individuelles et sociales : il marque la rencontre d'une passion et d'une espèce sociale, «comme il y a des espèces zoologiques».

Le héros de ce conte philosophique, Raphaël de Valentin, a conclu un pacte avec une puissance infernale : un vieil antiquaire lui a vendu une «peau de chagrin», qui réalise tous les désirs de son propriétaire. Mais ce talisman rétrécit à chaque souhait réalisé, et quand il sera réduit à néant, Raphaël mourra. Le héros tente de ne plus rien désirer, mais c'est bien difficile lorsqu'on est provoqué en duel...

Le lendemain, sur les huit heures du matin, l'adversaire de Raphaël, suivi de deux témoins et d'un chirurgien, arriva le premier sur le terrain.
– Nous serons très bien, ici !... s'écria-t-il gaîment. Il fait un temps superbe pour se battre...
5   Et il regarda la voûte bleue du ciel, les eaux du lac et les rochers sans la moindre arrière-pensée de doute et de deuil.
– En le touchant à l'épaule, dit-il en continuant, je le mettrai bien au lit pour un mois ?... N'est-ce pas, docteur ?...
– Au moins !... répondit le chirurgien. Mais laissez ce petit saule tranquille ; autre-
10 ment, vous feriez tressaillir les nerfs de votre main, et, ne pouvant viser avec justesse, vous ne seriez plus maître de votre coup. Vous tueriez votre homme, au lieu de le blesser.
– Le voici !... dirent les témoins en entendant le bruit d'une voiture.
Et bientôt, ils aperçurent une calèche de voyage, attelée de quatre chevaux et
15 menée par deux postillons.
– Quel singulier genre !... s'écria l'adversaire de Valentin. Il vient se faire tuer en poste[1] !...
À un duel comme au jeu, les plus légers incidents influent sur l'imagination des acteurs fortement intéressés au succès d'une partie. Aussi, le jeune homme attendit-
20 il avec une sorte d'inquiétude l'arrivée de cette voiture.
Le vieux Jonathas en descendit lentement. Ses mouvements étaient lourds et ses gestes pesants. Il aida Raphaël à sortir, et le soutint de ses bras débiles[2], en ayant pour lui les soins minutieux qu'un amant prodigue à sa maîtresse. Alors, les quatre spectateurs de cette scène singulière éprouvèrent une émotion profonde en voyant
25 Valentin accepter le bras de son serviteur pour se rendre au lieu du combat. Pâle et défait, il marchait en goutteux, baissait la tête et ne disait mot. C'étaient deux vieillards également détruits, l'un par le temps, l'autre par la pensée : le premier avait son âge écrit sur ses cheveux blancs, le jeune n'avait plus d'âge.
– Monsieur, je n'ai pas dormi !... dit Raphaël à son adversaire.
30   Cette parole glaciale, et le regard terrible dont elle fut accompagnée firent tressaillir le véritable provocateur. Il eut la conscience de son tort et une honte secrète de sa conduite. Il y avait dans l'attitude, dans le son de voix et le geste de Raphaël quelque chose d'étrange.
Le marquis fit une pause, et chacun imita son silence. L'inquiétude et l'attention
35 étaient au comble.
– Il est encore temps, reprit-il, de me donner une légère satisfaction ; mais donnez-la moi, Monsieur, ou sinon, vous allez mourir !... Vous comptez encore en ce moment sur votre habileté, sans reculer à l'idée d'un combat où vous croyez avoir tout

1. En chaise de poste, c'est-à-dire en voiture à cheval.
2. Faibles.

l'avantage... Eh bien! Monsieur, je suis généreux : je vous préviens de ma supério-
40 rité... Je possède une terrible puissance : pour anéantir votre adresse, pour voiler
vos regards, faire trembler vos mains et palpiter votre cœur, même pour vous tuer, il
me suffit de le désirer... Et je ne veux pas être obligé d'exercer deux fois mon pouvoir, il me coûte trop cher d'en user!... Si donc, vous refusez à me présenter des
excuses, votre balle ira dans le lac, malgré votre habitude de l'assassinat; et, la
45 mienne... droit à votre cœur sans que j'y vise...

En ce moment, des voix confuses interrompirent Raphaël. En prononçant ces
paroles, il avait constamment dirigé sur son adversaire l'insupportable clarté de
son regard fixe; puis, il s'était redressé, montrant un visage impassible, implacable,
semblable à celui d'un fou froidement méchant.
50 – Fais-le taire... avait dit le jeune homme à son témoin; sa voix me tord
les entrailles...

– Monsieur, cessez... Vos discours sont inutiles... crièrent à Raphaël le chirurgien
et les témoins.

– Messieurs, je remplis un devoir... Ce jeune homme a-t-il des dispositions à pren-
55 dre...

– Assez... assez...

Alors le marquis resta debout, immobile, sans perdre un instant de vue son
adversaire; et, celui-ci, dominé par une puissance presque magique, était, comme
un oiseau devant un serpent, contraint de subir ce regard homicide : il le fuyait et
60 y revenait sans cesse.

– Donne-moi de l'eau?... j'ai soif... dit-il à son témoin.

– As-tu peur?...

– Oui, répondit-il. L'œil de cet homme est brûlant et me fascine...

– Veux-tu lui faire des excuses!...
65 – Il n'est plus temps!...

Les deux adversaires furent placés à dix pas l'un de l'autre. Ils avaient chacun,
près d'eux, une paire de pistolets, et devaient tirer deux coups à volonté, mais après
le signal donné par les témoins. Tel était le programme de cette cérémonie. ·

– Que fais-tu, Charles!... cria le jeune homme qui servait de second à l'adversaire
70 de Raphaël; tu prends la balle avant la poudre...

– Je suis mort!... répondit-il en murmurant. Vous m'avez mis en face du soleil...

– Il est derrière vous!... lui dit Valentin d'une voix grave et solennelle.

Et il chargeait son pistolet lentement, ne s'inquiétant ni du signal déjà donné, ni
du soin avec lequel l'ajustait son adversaire. Il y avait dans cette sécurité surnatu-
75 relle quelque chose de terrible qui saisit même les deux postillons, amenés là par
une curiosité cruelle. Jouant avec son pouvoir, ou voulant l'éprouver, Raphaël parlait
à Jonathas et le regardait au moment où il essuya le feu de son ennemi. La balle de
Charles alla briser le petit saule, et ricocha sur l'eau, tandis qu'il fut atteint dans le
cœur par celle de Valentin qui tirait au hasard.
80 Sans faire attention au jeune homme qui tomba raide mort sans pousser un cri,
Raphaël chercha promptement sa peau de chagrin pour voir ce que lui coûtait une
vie humaine; et, la trouvant à peine grande comme une feuille de peuplier, une
espèce de râle sortit de sa poitrine.

Balzac, *La Peau de chagrin.*

1 Quels sont les signes de l'intervention d'une force surnaturelle, chez Raphaël,
chez les autres personnages, et dans le déroulement du duel?

2 Le plan du récit : quel découpage, au sens cinématographique du terme, est-il
celui de Balzac? Quels sont à votre avis les séquences, les plans, les prises
de vue, les mouvements de caméra?

3 Connaissez-vous d'autres récits fondés sur l'idée d'un pacte avec une puissance surnaturelle? Racontez-les. Étudiez les différences avec *La Peau
de chagrin.*

Le Père Goriot

1834

Le récit est centré sur la découverte progressive du secret du vieux pensionnaire de la Maison Vauquer, le père Goriot, par le jeune Rastignac : cet homme s'est ruiné pour ses filles, devenues comtesse et baronne, qui ne voient plus leur père que pour lui extorquer ses derniers sous.

La description de la pension Vauquer, où se trouvent tous les protagonistes de l'action, est particulièrement représentative de la technique narrative de Balzac : il passe du général (une rue de Paris) au particulier (la pension), jusqu'aux moindres détails qui deviennent révélateurs de la psychologie des personnages. Balzac croit en effet à l'existence d'une harmonie entre les lieux et leurs habitants, à l'influence du cadre sur ceux qui l'occupent.

Naturellement destiné à l'exploitation de la pension bourgeoise, le rez-de-chaussée se compose d'une première pièce éclairée par les deux croisées de la rue, et où l'on entre par une porte-fenêtre. Ce salon communique à une salle à manger qui est séparée de la cuisine par la cage d'un escalier dont les marches sont en bois et en
5 carreaux mis en couleur et frottés. Rien n'est plus triste à voir que ce salon meublé de fauteuils et de chaises en étoffe de crin à raies alternativement mates et luisantes. Au milieu se trouve une table ronde à dessus de marbre Sainte-Anne[1], décorée de ce cabaret[2] en porcelaine blanche ornée de filets d'or effacés à demi que l'on rencontre partout aujourd'hui. Cette pièce, assez mal planchéiée, est lambrissée[3] à
10 hauteur d'appui. Le surplus des parois est tendu d'un papier verni représentant les principales scènes de *Télémaque*, et dont les classiques personnages sont coloriés. Le panneau d'entre les croisées grillagées offre aux pensionnaires le tableau du festin donné au fils d'Ulysse par Calypso. Depuis quarante ans, cette peinture excite les plaisanteries des jeunes pensionnaires, qui se croient supérieurs à leur position en
15 se moquant du dîner auquel la misère les condamne. La cheminée en pierre, dont le foyer toujours propre atteste qu'il ne s'y fait de feu que dans les grandes occasions, est ornée de deux vases pleins de fleurs artificielles, vieilles et encagées[5], qui accompagnent une pendule en marbre bleuâtre du plus mauvais goût. Cette première pièce exhale une odeur sans nom dans la langue, et qu'il faudrait appeler
20 *l'odeur de pension*. Elle sent le renfermé, le moisi, le rance ; elle donne froid, elle est humide au nez, elle pénètre les vêtements ; elle a le goût d'une salle où l'on a dîné ; elle pue le service, l'office, l'hospice. Peut-être pourrait-elle se décrire si l'on inventait un procédé pour évaluer les quantités élémentaires et nauséabondes qu'y jettent les atmosphères catarrhales[6] et *sui generis*[7] de chaque pensionnaire, jeune ou
25 vieux. Eh bien, malgré ces plates horreurs, si vous le compariez à la salle à manger, qui lui est contiguë, vous trouveriez ce salon élégant et parfumé comme doit l'être un boudoir. Cette salle, entièrement boisée, fut jadis peinte en une couleur indistincte aujourd'hui, qui forme un fond sur lequel la crasse a imprimé ses couches de manière à y dessiner des figures bizarres. Elle est plaquée de buffets gluants sur
30 lesquels sont des carafes échancrées, ternies, des ronds de moiré[8] métallique, des

1. Marbre gris veiné de blanc.
2. Service à café ou à liqueurs.
3. Garnie de boiseries.
4 Ouvrage de Fénelon inspiré de l'*Odyssée* d'Homère. Télémaque est le fils du héros principal de l'*Odyssée*, Ulysse.
5. Sous globe.
6. Un catharre est une inflammation des muqueuses nasales produisant un écoulement.
7. Particulière, spéciale (mots latins signifiant « de son espèce »).
8. La moire est un tissu à reflets changeants.

◀ Illustrations pour le roman de Balzac : le Père Goriot par Daumier (1808-1879) et Madame Vauquer par Bertall (1820-1882).

piles d'assiettes en porcelaine épaisse, à bords bleus, fabriquées à Tournai[1]. Dans un angle est placée une boîte à cases numérotées qui sert à garder les serviettes, ou tachées ou vineuses, de chaque pensionnaire. Il s'y rencontre de ces meubles indestructibles proscrits partout, mais placés là comme le sont les débris de la civi-
35 lisation aux Incurables[2]. Vous y verriez un baromètre à capucin qui sort quand il pleut, des gravures exécrables qui ôtent l'appétit, toutes encadrées en bois noir verni à filets dorés ; un cartel[3] en écaille incrustée de cuivre ; un poêle vert, des quinquets[4] d'Argand où la poussière se combine avec l'huile, une longue table couverte en toile cirée assez grasse pour qu'un facétieux externe[5] y écrive son nom en se servant
40 de son doigt comme de style[6], des chaises estropiées, de petits paillassons piteux en sparterie[7] qui se déroule toujours sans se perdre jamais, puis des chaufferettes[8] misérables à trous cassés, à charnières défaites, dont le bois se carbonise. Pour expliquer combien ce mobilier est vieux, crevassé, pourri, tremblant, rongé, man-chot, borgne, invalide, expirant, il faudrait en faire une description qui retarderait

1. Ville de Belgique.
2. Les Incurables sont les hospices où l'on plaçait les personnes que la médecine n'espérait plus guérir.
3. Pendule murale.
4. Lampe à huile fabriquée par Quinquet, selon la technique inventée par le physicien Argand.
5. Prenant ses repas à la pension sans y loger.
6. Poinçon de métal dont on se servait dans l'Antiquité pour écrire sur des tablettes enduites de cire.
7. Tressé en alpha ou en crin végétal.
8. Sorte de boîte à couvercle percé de trous, où l'on mettait de la braise ou de l'eau chaude, et qui servait de chauffe-pieds.

45 trop l'intérêt de cette histoire, et que les gens pressés ne pardonneraient pas. Le carreau rouge est plein de vallées produites par le frottement ou par les mises en couleur. Enfin là règne la misère sans poésie ; une misère économe, concentrée, râpée. Si elle n'a pas de fange encore, elle a des taches ; si elle n'a ni trous ni haillons, elle va tomber en pourriture.

Balzac, *Le Père Goriot.*

1 Détaillez le mouvement de la description. L'ordre dans lequel sont donnés les différents éléments descriptifs est-il indifférent ? Sinon, quel sens lui donnez-vous ?

2 Quels pensionnaires peut-on s'attendre à trouver dans la Maison Vauquer ?

3 Pourquoi, à votre avis, Balzac commence-t-il par cette description du lieu plutôt que par la présentation des personnages ?
Peut-on dire ici que la description sert uniquement à planter le décor de l'action ? Sinon, comment qualifieriez-vous cette nouvelle utilisation de la description ?

Le Lys dans la vallée
1835

Ce roman occupe une place originale dans l'œuvre de Balzac. L'auteur y évoque, avec une grande poésie, des souvenirs de sa jeunesse, et l'amour qu'il porta à Madame de Berny.

Félix de Vandenesse est encore, au début du roman, un adolescent, malgré ses vingt-et-un ans. Il rencontre au bal une belle inconnue, Madame de Mortsauf, dont il s'éprend sur-le-champ, et qu'il tente ensuite de retrouver. Cette seconde rencontre aura lieu, grâce à un séjour dans la vallée de l'Indre.

Là se découvre une vallée qui commence à Montbazon, finit à la Loire, et semble bondir sous les châteaux posés sur ces doubles collines ; une magnifique coupe d'émeraude au fond de laquelle l'Indre se roule par des mouvements de serpent. A cet aspect je fus saisi d'un étonnement voluptueux que l'ennui des landes[1] ou la fati-
5 gue du chemin avait préparé. – Si cette femme, la fleur de son sexe, habite un lieu dans le monde, ce lieu, le voici.

1. Félix, venu de Tours à pied, vient de traverser les « landes de Charlemagne », région plate et sablonneuse.

285

A cette pensée, je m'appuyai contre un noyer sous lequel, depuis ce jour, je me repose toutes les fois que je reviens dans ma chère vallée. Sous cet arbre confident de mes pensées, je m'interroge sur les changements que j'ai subis pendant le
10 temps qui s'est écoulé depuis le dernier jour où j'en suis parti. Elle demeurait là, mon cœur ne me trompait point : le premier castel[1] que je vis au penchant d'une lande était son habitation. Quand je m'assis sous mon noyer, le soleil de midi faisait pétiller les ardoises de son toit et les vitres de ses fenêtres. Sa robe de percale[2] produisait le point blanc que je remarquai dans ses vignes sous un albergier[3]. Elle était,
15 comme vous le savez déjà, sans rien savoir encore, LE LYS DE CETTE VALLÉE, où elle croissait pour le ciel en la remplissant du parfum de ses vertus. L'amour infini, sans autre aliment qu'un objet à peine entrevu dont mon âme était remplie, je le trouvais exprimé par ce long ruban d'eau qui ruisselle au soleil entre deux rives vertes, par ces lignes de peupliers qui parent de leurs dentelles mobiles ce val d'amour, par
20 les bois de chênes qui s'avancent entre les vignobles sur des coteaux que la rivière arrondit toujours différemment, et par ces horizons estompés qui fuient en se contrariant. Si vous voulez voir la nature belle et vierge comme une fiancée, allez là par un jour de printemps ; si vous voulez calmer les plaies saignantes de votre cœur, revenez-y par les derniers jours de l'automne ; au printemps l'amour y bat des ailes
25 à plein ciel ; en automne, on y songe à ceux qui ne sont plus[4]. Le poumon malade y respire une bienfaisante fraîcheur, la vue s'y repose sur des touffes dorées qui communiquent à l'âme leurs paisibles douceurs. En ce moment, les moulins situés sur les chutes de l'Indre donnaient une voix à cette vallée frémissante, les peupliers se balançaient en riant, pas un nuage au ciel, les oiseaux chantaient, les cigales
30 criaient, tout y était mélodie. Ne me demandez plus pourquoi j'aime la Touraine ; je ne l'aime ni comme on aime son berceau, ni comme on aime une oasis dans le désert, je l'aime comme un artiste aime l'art ; ... sans la Touraine, peut-être ne vivrais-je plus. Sans savoir pourquoi, mes yeux revenaient au point blanc, à la femme qui brillait dans ce vaste jardin comme, au milieu des buissons verts, éclaterait la clo-
35 chette d'un convolvulus[5], flétrie si l'on y touche.

Balzac, *Le Lys dans la vallée.*

1. Petit château.
2. Tissu de coton fin et serré.
3. Espèce de pêcher.
4. Quand le héros fait ce récit, son « lys », c'est-à-dire Madame de Mortsauf, a quitté définitivement la vallée.
5. Liseron.

Madame de Mortsauf. Illustration de G. Staal pour le roman de Balzac. ▶

1 La nature présentée comme le cadre des émotions humaines est un thème typiquement romantique : comment le paysage est-il ici transfiguré par l'amour ? Pour répondre de façon précise, vous dresserez un tableau des correspondances entre la description de la nature, et l'expression de l'amour (par exemple, lys et robe de percale blanche).

2 Quel sens le titre choisi par Balzac donne-t-il au roman tout entier ?

G.STAAL

Illusions perdues
1837-43

On sait l'importance qu'eurent pour Balzac, tout au long de sa vie, l'argent et la dette (cf. p. 280). Ils jouent également un rôle considérable dans l'œuvre, et la vérité du monde que décrit *La Comédie Humaine* est celle d'une société où, en guise de sang, circule l'argent.

L'omniprésence de l'argent, et de sa quête, fonde la représentation du monde des hommes comme une jungle sociale, où riches et pauvres sont subdivisés en espèces quasi-zoologiques. *La Maison Nucingen* (1838) a pour unique sujet les escroqueries par lesquelles un banquier, le baron Nucingen, a édifié son immense fortune, sans jamais enfreindre tout à fait la stricte légalité. *Le Père Goriot* (1834) livre le portrait d'un jeune homme, Eugène de Rastignac, prêt à abandonner tout scrupule pour s'enrichir, puisque la société renonce désormais aux privilèges de la naissance pour ne s'incliner que devant la suprématie de l'argent. Il en ira de même pour Lucien de Rubempré, le héros des *Illusions Perdues* ; et c'est à travers la naïveté, puis les désillusions successives de son héros, que Balzac dépeint la férocité d'une société.

Lucien Chardon – qui a pris le nom de sa mère : de Rubempré – est un jeune poète d'Angoulême, en province. Son ambition littéraire le conduit à Paris, où un journaliste, Étienne Lousteau, l'initie aux procédés qui doivent lui permettre de faire fortune. Lucien s'indigne ; Lousteau répond...

« Comment ! vous qui me paraissez avoir de l'esprit, qui arriverez à l'indépendance d'idées que doivent avoir les aventuriers intellectuels dans le monde où nous sommes, vous barbotez dans des scrupules de religieuse qui s'accuse d'avoir mangé son œuf avec concupiscence ?... Si Florine[1] réussit, je deviens rédacteur en chef, je
5 gagne deux cent cinquante francs de fixe, je prends les grands théâtres, je laisse à Vernou[2] les théâtres de vaudeville, vous mettez le pied à l'étrier en me succédant dans tous les théâtres des boulevards. Vous aurez alors trois francs par colonne et vous en écrirez une par jour, trente par mois qui vous produiront quatre-vingt-dix francs ; vous aurez pour soixante francs de livres à vendre à Barbet[3], puis vous pou-
10 vez demander mensuellement à vos théâtres dix billets, en tout quarante billets, que vous vendrez quarante francs au Barbet des théâtres, un homme avec qui je vous mettrai en relation. Ainsi je vous vois deux cents francs par mois. Vous pourriez, en vous rendant utile à Finot[4], placer un article de cent francs dans son nouveau journal hebdomadaire, au cas où vous déploieriez un talent transcendant ; car là on
15 signe, et il ne faut plus rien *lâcher*[5] comme dans le petit journal. Vous auriez alors cent écus par mois. Mon cher, il y a des gens de talent, comme ce pauvre d'Arthez[6] qui dîne tous les jours chez Flicoteaux[7], ils sont dix ans avant de gagner cent écus. Vous vous ferez avec votre plume quatre mille francs par an, sans compter les revenus de la Librairie[8], si vous écrivez pour elle. Or, un sous-préfet n'a que mille écus
20 d'appointements et s'amuse comme un bâton de chaise dans son arrondissement. Je ne vous parle pas d'aller au spectacle sans payer, car ce plaisir deviendra bientôt une fatigue ; mais vous aurez vos entrées dans les coulisses de quatre théâtres.

1. Maîtresse de Lousteau, mêlée à ses douteuses entreprises.
2. Un critique de théâtre.
3. Libraire qui rachète les ouvrages offerts aux journalistes par les éditeurs.
4. Le directeur de Lousteau.
5. Écrire de façon approximative.
6. Écrivain honnête.
7. Une médiocre taverne.
8. Revenus tirés de la rédaction de publicités et de prospectus.

Soyez dur et spirituel pendant un ou deux mois, vous serez accablé d'invitations, de parties avec les actrices ; vous serez courtisé par leurs amants ; vous ne dînerez
25 chez Flicoteaux qu'aux jours où vous n'aurez pas trente sous dans votre poche, ni pas un dîner en ville. Vous ne saviez où donner de la tête à cinq heures dans le Luxembourg, vous êtes à la veille de devenir une des cent personnes privilégiées qui imposent des opinions à la France. Dans trois jours, si nous réussissons, vous pouvez, avec trente bons mots imprimés à raison de trois par jour, faire maudire la
30 vie à un homme ; vous pouvez vous créer des rentes de plaisir chez toutes les actrices de vos théâtres, vous pouvez faire tomber une bonne pièce et faire courir tout Paris à une mauvaise. Si Dauriat[1] refuse d'imprimer *les Marguerites*[2] sans vous en rien donner, vous pouvez le faire venir, humble et soumis, chez vous, vous les acheter deux mille francs. Ayez du talent, et flanquez dans trois journaux différents trois
35 articles qui menacent de tuer quelques-unes des spéculations de Dauriat ou un livre sur lequel il compte, vous le verrez grimpant à votre mansarde et y séjournant comme une clématite[3]. Enfin votre roman, les libraires qui dans ce moment vous mettraient tous à la porte plus ou moins poliment, feront queue chez vous, et le manuscrit, que le père Doguereau[4] vous estimerait quatre cents francs, sera suren-
40 chéri jusqu'à quatre mille francs ! Voilà les bénéfices du métier de journaliste. Aussi défendons-nous l'approche des journaux à tous les nouveaux venus ; non seulement il faut un immense talent, mais encore bien du bonheur !... Voyez ? si nous ne nous étions pas rencontrés aujourd'hui chez Flicoteaux, vous pouviez faire le pied de grue encore pendant trois ans ou mourir de faim comme d'Arthez, dans un gre-
45 nier. Quand d'Arthez sera devenu aussi instruit que Bayle[5] et aussi grand écrivain que Rousseau[6] nous aurons fait notre fortune, nous serons maîtres de la sienne et de sa gloire. Finot sera député, propriétaire d'un grand journal ; et nous serons, nous, ce que nous aurons voulu être ; pairs de France ou détenus à Sainte-Péla-gie[7] pour dettes. »

Balzac, *Illusions perdues*, IIe partie : « Un grand homme de province à Paris ».

1. Éditeur réputé pour son cynisme, et son mépris de la poésie.
2. Recueil de poèmes composé par Lucien de Rubempré.
3. Plante grimpante.
4. Éditeur.
5. Auteur d'un dictionnaire, au XVIIe siècle.
6. Jean-Jacques Rousseau (1712-1778).
7. Prison.

1 Quel est le ton général de la tirade de Lousteau ? Analysez ses variations, et dites ce qu'elles cherchent à susciter chez Lucien de Rubempré.

2 Relevez les passages où il est question de talent littéraire : à quoi sert-il ?

3 Quelle est la conception de la réussite développée par Lousteau ? Sur quelles valeurs repose-t-elle ?

Portrait de Stendhal par Södermark exécuté deux ans avant sa mort.

Stendhal
1783-1842

Des contradictions de l'être à la maîtrise de soi

Henri Beyle, qui prendra le pseudonyme de Stendhal, naît à Grenoble en 1783. Par réaction contre une éducation royaliste et catholique, il s'affirme athée et jacobin. Mais il n'est jamais en accord avec lui-même, entrant dans la carrière militaire, la tête pleine d'héroïsme, pour démissionner en 1802 ; détestant la monarchie, que pourtant il n'aurait pas, en 1814, dédaigné de servir.

Stendhal, initiateur de la modernité

Il s'en prend le premier, en 1825, à la forteresse classique, avec *Racine et Shakespeare* mais il reste à l'égard des romantiques dans une réserve teintée d'ironie, et n'adopte ni leur goût pour l'effusion lyrique, ni leurs hardiesses de langue, ni leurs opinions sociales. Aussi

le voit-on tiraillé entre son désir de placer les rapports sociaux sur le terrain de la vérité scientifique, et son « espagnolisme » (l'étourderie, l'emballement généreux, et la gratuité du geste). Trois œuvres « autobiographiques » témoignent du travail que Beyle a entrepris sur lui-même : son *Journal* (1804-1819), qu'il ne destinait pas à la publication, les *Souvenirs d'Égotisme* (1832), et *La Vie de Henry Brulard* (1835-1836).

Stendhal théoricien

Plus que les « grands romantiques », Stendhal appartient à la génération des « idéologues », dans la tradition du XVIIIe siècle. L'essai, le compte-rendu, les notes et observations sont des genres où il se plaît. Deux de ses œuvres majeures entrent dans cette catégorie : *De l'amour* (1822) retrace d'abord la naissance, la « cristallisation », et les péripéties de l'amour-passion, puis étudie la relativité à travers le monde des mœurs amoureuses. *Racine et Shakespeare* (1823-1825) se présente quant à lui comme un court essai apparu depuis comme un manifeste du romantisme, alors qu'il était plutôt l'affirmation d'un credo esthétique personnel : Stendhal, contre Racine et les règles classiques, qui ne correspondent plus à aucune réalité du XIXe siècle, vante les mérites d'un théâtre libre, naturel et passionné comme celui de Shakespeare.

Stendhal romancier

Stendhal écrit peu de romans, mais tous deviendront célèbres, parfois après sa mort seulement : *Armance* (1827), *Le Rouge et le Noir* (1830), *La Chartreuse de Parme* (1840), *Lamiel* et *Lucien Leuwen* publiés à titre posthume. Réalistes – au sens où ils reflètent non pas la réalité brute, mais des images choisies qui restituent fidèlement la couleur du temps –, ils mettent en scène le jeu des forces politiques et sociales dans la France de la Restauration (1814-1830) et de la Monarchie de Juillet (1830-1848). L'auteur représente une monarchie condamnée à l'impuissance ; il dénonce les trucages politiques (comme dans *Lucien Leuwen*), et religieux (dans *le Rouge et le Noir*) ; montre de jeunes plébéiens, intelligents, assoiffés de justice et de puissance, qui, au dernier moment, se laissent tuer plutôt que de pactiser avec cette société-là. Dans un cadre politique aussi contraignant, le héros stendhalien, après avoir éprouvé dans le monde sa volonté de puissance, son énergie, – que Stendhal nomme la *virtu* –, fait retour sur lui-même pour découvrir que seul l'amour donne son sens à un destin.

L'influence du beylisme

La renommée de Stendhal a été lente à se faire, éclipsée par celle de Balzac. Il avait dit très tôt qu'il ne serait compris « qu'en 1880 ». C'est à cette date précisément qu'éclate son talent : il est sacré « le plus grand psychologue du siècle ». Il apparaît comme un maître lucide pour la connaissance et la jouissance de soi, fondement d'une culture – la nôtre – centrée sur l'individu.

Le Rouge et le Noir
1830 ⎯⎯⎯⎯⎯⎯⎯⎯⎯⎯⎯⎯⎯⎯⎯⎯⎯⎯⎯⎯⎯⎯⎯

L'œuvre, qui deviendra par la suite l'une des plus célèbres de la littérature française, paraît en 1830. Il est à la fois « miroir d'une société » et roman de la formation d'un jeune homme.

Julien Sorel, fils d'un scieur de bois, mais ambitieux et passionné de culture, est devenu précepteur des enfants d'une noble famille de Verrières : les Rênal. Très vite, la passion pousse Julien et Madame de Rênal l'un vers l'autre. Il la quitte, ainsi que Verrières. Il cherche à faire carrière d'abord dans les armes (le rouge) ou la prêtrise (le noir), puis tout simplement par les femmes. Il doit son succès, en particulier, à Mathilde de la Mole. Mme de Rênal, jalouse, dénonce Julien comme un imposteur au père de Mathilde. Julien, pour se venger, revient à Verrières et tire un coup de pistolet sur Mme de Rênal. Accusé de meurtre, jugé et condamné, Julien meurt après un violent réquisitoire contre la société.

Pendant son absence[1], la vie n'avait été pour Mme de Rênal qu'une suite de supplices différents, mais intolérables ; elle était réellement malade.
– Surtout, lui dit Mme Derville[2], lorsqu'elle vit arriver Julien, indisposée comme tu l'es, tu n'iras pas ce soir au jardin, l'air humide redoublerait ton malaise.

1. L'absence de Julien.
2. Amie d'enfance de Madame de Rênal.

5 Mᵐᵉ Derville voyait avec étonnement que son amie, toujours grondée par M. de Rênal à cause de l'excessive simplicité de sa toilette, venait de prendre des bas à jour et de charmants petits souliers arrivés de Paris. Depuis trois jours la seule distraction de Mᵐᵉ de Rênal avait été de tailler et de faire faire en toute hâte par Élisa une robe d'été, d'une jolie petite étoffe fort à la mode. A peine cette robe put-elle 10 être terminée quelques instants après l'arrivée de Julien ; Mᵐᵉ de Rênal la mit aussitôt. Son amie n'eut plus de doutes. Elle aime, l'infortunée ! se dit Mᵐᵉ Derville. Elle comprit toutes les apparences singulières de sa maladie.

Elle la vit parler à Julien. La pâleur succédait à la rougeur la plus vive. L'anxiété se peignait dans ses yeux attachés sur ceux du jeune précepteur. Mᵐᵉ de Rênal 15 s'attendait à chaque moment qu'il allait s'expliquer, et annoncer qu'il quittait la maison ou y restait. Julien n'avait garde de rien dire sur ce sujet, auquel il ne songeait pas. Après des combats affreux, Mᵐᵉ de Rênal osa enfin lui dire, d'une voix tremblante, et où se peignait toute sa passion :

– Quitterez-vous vos élèves pour vous placer ailleurs ?

20 Julien fut frappé de la voix incertaine et du regard de Mᵐᵉ de Rênal. Cette femme-là m'aime, se dit-il ; mais après ce moment passager de faiblesse que se reproche son orgueil, et dès qu'elle ne craindra plus mon départ, elle reprendra sa fierté. Cette vue de la position respective fut, chez Julien, rapide comme l'éclair, il répondit en hésitant :

25 – J'aurais beaucoup de peine à quitter des enfants si aimables et *si bien nés*, mais peut-être le faudra-t-il. On a aussi des devoirs envers soi.

En prononçant la parole *si bien nés* (c'était un de ces mots aristocratiques que Julien avait appris depuis peu), il s'anima d'un profond sentiment d'anti-sympathie.

Aux yeux de cette femme, moi, se disait-il, je ne suis pas bien né.

30 Mᵐᵉ de Rênal, en l'écoutant, admirait son génie, sa beauté, elle avait le cœur percé de la possibilité de départ qu'il lui faisait entrevoir. Tous ses amis de Verrières, qui, pendant l'absence de Julien, étaient venus dîner à Vergy, lui avaient fait compliment comme à l'envi sur l'homme étonnant que son mari avait eu le bonheur de déterrer. Ce n'est pas que l'on comprît rien aux progrès des enfants. L'action de 35 savoir par cœur la Bible, et encore en latin, avait frappé les habitants de Verrières d'une admiration qui durera peut-être un siècle.

Julien, ne parlant à personne, ignorait tout cela. Si Mᵐᵉ de Rênal avait eu le moindre sang-froid, elle lui eût fait compliment de la réputation qu'il avait conquise, et l'orgueil de Julien rassuré, il eût été pour elle doux et aimable, d'autant plus que 40 la robe nouvelle lui semblait charmante. Mᵐᵉ de Rênal contente aussi de sa jolie robe, et de ce que lui en disait Julien, avait voulu faire un tour de jardin ; bientôt elle avoua qu'elle était hors d'état de marcher. Elle avait pris le bras du voyageur et, bien loin d'augmenter ses forces, le contact de ce bras les lui ôtait tout à fait.

Stendhal, *Le Rouge et le Noir*, I, 13.

1 Repérez dans le texte tout ce qui vous apparaît comme des paroles, des pensées, des fragments du monologue intérieur de Julien. Qu'est-ce qui occupe le jeune homme ?

2 Relevez tous les détails exprimant la passion de Madame de Rênal. Qui, à votre avis, pourrait, dans cette scène, voir la jeune femme avec ce regard-là ? Comment qualifieriez-vous le ton sur lequel sont relatés ces détails ?

3 Comment l'auteur utilise-t-il dans le récit la présence de Madame Derville ? A quoi cette présence lui sert-elle ?

Dans les dernières pages du roman Le Rouge et le Noir, *Julien lance à la foule rassemblée un violent réquisitoire contre la société qui prétend le juger. En même temps qu'il impose à la foule l'image de l'héroïsme, il se perd : il sera condamné.*

Comme le président faisait son résumé, minuit sonna. Le président fut obligé de s'interrompre ; au milieu de l'anxiété universelle, le retentissement de la cloche de l'horloge remplissait la salle.

Voilà le dernier de mes jours qui commence, pensa Julien. Bientôt il se sentît
5 enflammé par l'idée du devoir. Il avait dominé jusque-là son attendrissement, et gardé sa résolution de ne point parler ; mais quand le président des assises lui demanda s'il avait quelque chose à ajouter, il se leva. Il voyait devant lui les yeux de madame Derville qui, aux lumières, lui semblèrent bien brillants. Pleurerait-elle, par hasard ? pensa-t-il.

10 « Messieurs les jurés,

« L'horreur du mépris, que je croyais pouvoir braver au moment de la mort, me fait prendre la parole. Messieurs, je n'ai point l'honneur d'appartenir à votre classe, vous voyez en moi un paysan qui s'est révolté contre la bassesse de sa fortune.

« Je ne vous demande aucune grâce, continua Julien en affermissant sa voix. Je
15 ne me fais point d'illusion, la mort m'attend : elle sera juste. J'ai pu attenter aux jours de la femme la plus digne de tous les respects, de tous les hommages. Madame de Rênal avait été pour moi comme une mère. Mon crime est atroce, et il fut *prémédité*. J'ai donc mérité la mort, messieurs les jurés. Mais quand je serais moins coupable, je vois des hommes qui, sans s'arrêter à ce que ma jeunesse peut mériter de pitié,
20 voudront punir en moi et décourager à jamais cette classe de jeunes gens qui, nés dans une classe inférieure et en quelque sorte opprimés par la pauvreté, ont le bonheur de se procurer une bonne éducation, et l'audace de se mêler à ce que l'orgueil des gens riches appelle la société.

« Voilà mon crime, messieurs, et il sera puni avec d'autant plus de sévérité, que,
25 dans le fait, je ne suis point jugé par mes pairs. Je ne vois point sur les bancs des jurés quelque paysan enrichi, mais uniquement des bourgeois indignés... »

Pendant vingt minutes, Julien parla sur ce ton ; il dit tout ce qu'il avait sur le cœur ; l'avocat général, qui aspirait aux faveurs de l'aristocratie, bondissait sur son siège ; mais malgré le tour un peu abstrait que Julien avait donné à la discussion, toutes
30 les femmes fondaient en larmes. Madame Derville elle-même avait son mouchoir sur ses yeux. Avant de finir, Julien revint à la préméditation, à son repentir, au respect, à l'adoration filiale et sans bornes que, dans les temps plus heureux, il avait pour madame de Rênal... Madame Derville jeta un cri et s'évanouit.

Stendhal, *Le Rouge et le Noir*, II, 51.

1 Relevez tous les procédés par lesquels l'auteur oppose le héros solitaire à la société.

2 Résumez les arguments de Julien : qu'en pensez-vous ?

3 Pourquoi, à votre avis, Julien prend-il la parole alors que la pression publique est tellement en sa faveur qu'il pourrait croire son procès gagné ?

La Chartreuse de Parme
1839

Il s'agit d'un roman de formation : celle du jeune Fabrice del Dongo, admirateur passionné de Napoléon, que son enthousiasme et la chaleur de ses propos vont mettre, tout au long d'une vie assez
tragique, dans les situations les plus périlleuses.

*Fabrice, désertant la demeure paternelle, rejoint l'armée impériale aux confins de la
Belgique en 1815 : il va enfin pouvoir rencontrer son dieu, Napoléon... hélas, c'est
Waterloo, et le jeune homme, mi-enthousiaste, mi-effaré, assiste à la déroute.*

Nous avouerons que notre héros était fort peu héros en ce moment. Toutefois la peur
ne venait chez lui qu'en seconde ligne ; il était surtout scandalisé de ce bruit qui lui
faisait mal aux oreilles. L'escorte prit le galop ; on traversait une grande pièce de
terre labourée, située au-delà du canal, et ce champ était jonché de cadavres.

5 – Les habits rouges ! les habits rouges ! criaient avec joie les hussards de l'escorte,
et d'abord Fabrice ne comprenait pas ; enfin il remarqua qu'en effet presque tous
les cadavres étaient vêtus de rouge. Une circonstance lui donna un frisson d'horreur ; il remarqua que beaucoup de ces malheureux habits rouges vivaient encore ;

ils criaient évidemment pour demander du secours, et personne ne s'arrêtait pour
10 leur en donner. Notre héros, fort humain, se donnait toutes les peines du monde pour
que son cheval ne mît les pieds sur aucun habit rouge. L'escorte s'arrêta ; Fabrice,
qui ne faisait pas assez d'attention à son devoir de soldat, galopait toujours en
regardant un malheureux blessé.

– Veux-tu bien t'arrêter, blanc-bec ! lui cria le maréchal des logis. Fabrice s'aperçut
15 qu'il était à vingt pas sur la droite en avant des généraux, et précisément du côté où
ils regardaient avec leurs lorgnettes. En revenant se ranger à la queue des autres
hussards restés à quelques pas en arrière, il vit le plus gros de ces généraux qui
parlait à son voisin, général aussi, d'un air d'autorité et presque de réprimande ; il
jurait. Fabrice ne put retenir sa curiosité ; et, malgré le conseil de ne point parler, à
20 lui donné par son amie la geôlière, il arrangea une petite phrase bien française,
bien correcte, et dit à son voisin :

– Quel est-il ce général qui *gourmande* son voisin ?
– Pardi, c'est le maréchal !
– Quel maréchal ?
25 – Le maréchal Ney, bêta ! Ah çà ! où as-tu servi jusqu'ici ?

Fabrice, quoique fort susceptible, ne songea point à se fâcher de l'injure ; il contemplait, perdu dans une admiration enfantine, ce fameux prince de la Moskova, le
brave des braves.

Tout à coup on partit au grand galop. Quelques instants après, Fabrice vit, à
30 vingt pas en avant, une terre labourée qui était remuée d'une façon singulière. Le
fond des sillons était plein d'eau, et la terre fort humide, qui formait la crête de
ces sillons, volait en petits fragments noirs lancés à trois ou quatre pieds de haut.
Fabrice remarqua en passant cet effet singulier ; puis sa pensée se remit à songer à
la gloire du maréchal. Il entendit un cri sec auprès de lui : c'étaient deux hussards
35 qui tombaient atteints par des boulets ; et, lorsqu'il les regarda, ils étaient déjà à
vingt pas de l'escorte. Ce qui lui sembla horrible, ce fut un cheval tout sanglant qui
se débattait sur la terre labourée, en engageant ses pieds dans ses propres entrailles ; il voulait suivre les autres : le sang coulait dans la boue.

Ah ! m'y voilà donc enfin au feu ! se dit-il. J'ai vu le feu ! se répétait-il avec satisfac-
40 tion. Me voici un vrai militaire. A ce moment, l'escorte allait ventre à terre, et notre
héros comprit que c'étaient des boulets qui faisaient voler la terre de toutes parts. Il
avait beau regarder du côté d'où venaient les boulets, il voyait la fumée blanche de
la batterie à une distance énorme, et, au milieu du ronflement égal et continu produit par les coups de canon, il lui semblait entendre des décharges beaucoup plus
45 voisines ; il n'y comprenait rien du tout.

Stendhal, *La Chartreuse de Parme.*

1 Relevez toutes les interventions de l'auteur concernant son héros. Analysez-les.
Quelle est leur tonalité ? Quelle conclusion en tirez-vous quant au rapport entre
l'écrivain et son personnage ?

2 Quels sont les sentiments de Fabrice devant le spectacle de la bataille ? Détaillez leur enchaînement. Comment Stendhal rend-il sensible l'effarement
de Fabrice ?

3 Analysez précisément l'épisode des boulets, dans les deux derniers paragraphes : par qui les images sont-elles vues ? Quel effet Stendhal a-t-il
voulu produire ?

Flaubert photographié par Nadar vers la fin de sa vie.

Gustave Flaubert

1821-1880

En dépit de son amitié pour Zola (cf. p. 309) et Maupassant (cf. p. 305), Flaubert semble difficile à considérer comme un « naturaliste ». Malgré sa passion maniaque pour la réalité, il n'est pas aisé non plus de le ranger parmi les « réalistes » : son projet esthétique dépasse le désir de reproduire la réalité. Il n'est pas non plus romantique : deux de ses romans s'en prennent aux épanchements sentimentaux, comme à une certaine forme de « bêtise » romantique.

L'apprentissage

Né à Rouen au moment où le romantisme s'affirme, il grandit dans un milieu familial tout au contraire positiviste et scientifique (son père

fut un chirurgien célèbre). Cette double et contradictoire filiation, Flaubert l'exprime ainsi : « Il y a en moi, littérairement parlant, deux bonshommes distincts : un qui est épris de gueulades, de lyrisme, de grand vol d'aigle..., un autre qui creuse le vrai tant qu'il peut, qui aime à accuser le petit fait aussi puissamment que le grand, qui voudrait vous faire sentir presque matériellement les choses qu'il reproduit. »

Modernité de Flaubert

Après de longues années de tâtonnements, Flaubert entre, vers le milieu de sa vie, dans le temps de la production des chefs-d'œuvre. Le roman flaubertien peut se caractériser de la façon suivante :

Le goût du détail concret

Flaubert voue un grand respect à la réalité, affiche un goût marqué pour la description qui frappe ses contemporains dès son premier roman publié, *Madame Bovary* (1857). Pour *Salammbô* (1862), qui relate un épisode de la lutte entre Rome et Carthage, comme pour *Bouvard et Pécuchet,* le roman qu'il laisse inachevé à sa mort, Flaubert accumule une documentation vertigineuse.

Le roman de l'immobilité

Le goût du réel ne pousse pas Flaubert vers un romantisme d'action comme le pratiquaient Balzac ou Stendhal. Au contraire – et à rebours des conventions de l'époque – il écrit l'immobilité, le reflet de l'événement dans la conscience plutôt que l'événement lui-même. Il fait mine de s'en inquiéter : « Cinquante pages d'affilée où il n'y a pas un événement », écrit-il dans sa correspondance. En réalité, peu lui importe l'intrigue. L'important, pour lui, c'est le style : « Il faut chanter dans sa voix ; or la mienne ne sera jamais dramatique ni attachante. Je suis convaincu d'ailleurs que tout est affaire de style, ou plutôt de tournure, d'aspect ».

L'importance du style

Le génie de Flaubert est tout entier tendu vers la construction d'une œuvre architecturée, équilibrée dans ses « tableaux » et dans leur enchaînement. Il écrit : « Pour moi, tant qu'on ne m'aura pas, d'une phrase donnée, séparé la forme du fond, je soutiendrai que ce sont là deux mots vides de sens. Il n'y a pas de belles pensées sans belles formes, et réciproquement.... De même que tu ne peux extraire d'un corps physique les qualités qui le constituent, c'est-à-dire couleur, étendue, solidité, sans le réduire à une abstraction creuse, sans le détruire en un mot, de même tu n'ôteras pas la forme de l'Idée, car l'idée n'existe qu'en vertu de sa forme » (Lettre à Louise Colet du 18 septembre 1846).

Flaubert donne au roman, qui était encore un genre hésitant, ses lettres de noblesse : évocation du réel certes, mais surtout recherche sur la langue, invention d'une écriture rigoureuse, à l'égal de la poésie.

Madame Bovary
1857 _____

Premier chef-d'œuvre de Flaubert, le roman provoqua un scandale dès sa parution à cause de notables de province qui accusaient l'auteur « d'outrage à la morale publique et religieuse, et aux bonnes mœurs ». Par sa perfection technique, la rigueur de son art, Flaubert propose avec *Madame Bovary* une nouvelle conception du roman et l'arrache au feuilleton, au roman historique ou d'alcôve.

Emma Rouault, fille d'un gros fermier, devenue Emma Bovary après avoir épousé un médecin sans envergure de la campagne normande, s'ennuie. Elle s'est «gorgée », dès son adolescence, de mauvais romans : elle rêve d'une autre vie, plus facile, plus fastueuse, plus noble. Elle rencontre ainsi Rodolphe, gentilhomme campagnard dont la rusticité se dissimule sous des airs de nobliau : croyant s'arracher à la médiocrité grâce à lui, elle le prend pour amant.

Souriant d'un sourire étrange et la prunelle fixe, les dents serrées, il s'avança en écartant les bras. Elle se recula tremblante. Elle balbutiait :
– Oh! vous me faites peur! Vous me faites mal! Partons.
– Puisqu'il le faut, reprit-il en changeant de visage.
5 Et il redevint aussitôt respectueux, caressant, timide.

Elle lui donna son bras. Ils s'en retournèrent. Il disait :

– Qu'aviez vous donc? Pourquoi? Je n'ai pas compris. Vous vous méprenez, sans doute? Vous êtes dans mon âme comme une madone sur un piédestal, à une place haute, solide et immaculée. Mais j'ai besoin de vous pour vivre! J'ai besoin de vos
10 yeux, de votre voix, de votre pensée. Soyez mon amie, ma sœur, mon ange!

Et il allongeait son bras et lui en entourait la taille.

Elle tâchait de se dégager mollement. Il la soutenait ainsi, en marchant.

Mais ils entendirent les deux chevaux qui broutaient le feuillage.

– Oh! encore, dit Rodolphe. Ne partons pas! Restez!
15 Il l'entraîna plus loin, autour d'un petit étang, où des lentilles d'eau faisaient une verdure sur les ondes. Des nénufars flétris se tenaient immobiles entre les joncs. Au bruit de leurs pas dans l'herbe, des grenouilles sautaient pour se cacher.

– J'ai tort, j'ai tort, disait-elle. Je suis folle de vous entendre.

– Pourquoi?... Emma! Emma!
20 – Oh! Rodolphe!... fit lentement la jeune femme en se penchant sur son épaule.

Le drap de sa robe s'accrochait au velours de l'habit, elle renversa son cou blanc, qui se gonflait d'un soupir, et, défaillante, tout en pleurs, avec un long frémissement et se cachant la figure, elle s'abandonna.

Les ombres du soir descendaient; le soleil horizontal, passant entre les branches,
25 lui éblouissait les yeux. Çà et là, tout autour d'elle, dans les feuilles ou par terre, des taches lumineuses tremblaient, comme si des colibris, en volant, eussent éparpillé leurs plumes. Le silence était partout; quelque chose de doux semblait sortir des arbres; elle sentait son cœur, dont les battements recommençaient, et le sang circuler dans sa chair comme un fleuve de lait. Alors, elle entendit tout au loin, au
30 delà du bois, sur les autres collines, un cri vague et prolongé, une voix qui se traînait, et elle l'écoutait silencieusement, se mêlant comme une musique aux dernières vibrations de ses nerfs émus. Rodolphe, le cigare aux dents, raccommodait avec son canif une des deux brides cassée.

Ils s'en revinrent à Yonville, par le même chemin. Ils revirent sur la boue les tra-
35 ces de leurs chevaux, côte à côte, et les mêmes buissons, les mêmes cailloux dans l'herbe. Rien autour d'eux n'avait changé; et pour elle, cependant, quelque chose était survenu de plus considérable que si les montagnes se fussent déplacées: Rodolphe, de temps à autre, se penchait et lui prenait la main pour la baiser.

Elle était charmante, à cheval! Droite, avec sa taille mince, le genou plié sur la
40 crinière de sa bête et un peu colorée par le grand air, dans la rougeur du soir.

En entrant dans Yonville, elle caracola sur les pavés.

On la regardait des fenêtres.

Son mari, au dîner, lui trouva bonne mine; mais elle eut l'air de ne pas entendre lorsqu'il s'informa de sa promenade; et elle restait le coude au bord de son assiette,
45 entre les deux bougies qui brûlaient. (...)

Elle se répétait : « J'ai un amant! un amant! » se délectant à cette idée comme à celle d'une autre puberté qui lui serait survenue. Elle allait donc posséder enfin ces joies de l'amour, cette fièvre du bonheur dont elle avait désespéré. Elle entrait dans quelque chose de merveilleux où tout serait passion, extase, délire; une immensité
50 bleuâtre l'entourait, les sommets du sentiment étincelaient sous sa pensée, l'existence ordinaire n'apparaissait qu'au loin, tout en bas, dans l'ombre, entre les intervalles de ces hauteurs.

Alors elle se rappela les héroïnes des livres qu'elle avait lus, et la légion lyrique de ces femmes adultères se mit à chanter dans sa mémoire avec des voix de sœurs
55 qui la charmaient. Elle devenait elle-même comme une partie véritable de ces imaginations et réalisait la longue rêverie de sa jeunesse, en se considérant dans ce type d'amoureuse qu'elle avait tant envié. D'ailleurs, Emma éprouvait une satisfaction de vengeance. N'avait-elle pas assez souffert! Mais elle triomphait maintenant, et l'amour, si longtemps contenu, jaillissait tout entier avec des bouillonnements
60 joyeux. Elle le savourait sans remords, sans inquiétude, sans trouble.

Flaubert, *Madame Bovary*, deuxième partie, chap.IX.

298

1 Relevez les éléments du portrait de Rodolphe, au début du texte. Si vous deviez qualifier d'un adjectif l'effet que produit cet homme, lequel utiliseriez-vous ?

2 Comparez ce portrait au rêve de vie future qui emporte Emma à la fin du texte. Comment, après cette comparaison, imaginez-vous le développement du récit ?

3 Qui regarde Rodolphe ? Pouvez-vous distinguer plusieurs regards ? Qui regarde Rodolphe et Emma ?

4 Comment, de la ligne 20 à 29, l'auteur donne-t-il à entendre le silence ? Comment, par opposition, sonne la ligne 41 ? Voyez-vous là un trait caractéristique de l'écriture de Flaubert ?

Salammbô
1862

Cette œuvre a dérouté et déroute encore la critique : aucun roman de Flaubert n'a subi tant d'attaques, ni occasionné autant de malentendus. On lui reproche pêle-mêle la barbarie de certaines scènes, l'imprévu du sujet, la psychologie inexistante... C'est pourtant l'œuvre la plus aboutie de Flaubert, celle où il réalise au plus près ses théories esthétiques : composition rigoureuse en « tableaux », précision des détails historiques, « couleur » donnée par les mots rares et mystérieux, souffle puissant du rythme.

Le roman relate un épisode de la lutte entre Rome et Carthage au IIIe siècle avant Jésus-Christ. Salammbô, fille d'Hamilcar, général des Carthaginois, doit se sacrifier pour le salut de sa ville assiégée par les mercenaires révoltés ; elle doit reprendre le voile sacré de la déesse Lune, dont elle est la prêtresse, des mains de Matho, chef des mercenaires. Elle y réussit en se donnant à lui, et en devient amoureuse. Lors du triomphe de Carthage, elle meurt d'horreur en voyant Matho captif et torturé.

C'était à Mégara, faubourg de Carthage, dans les jardins d'Hamilcar.

Les soldats qu'il avait commandés en Sicile se donnaient un grand festin pour célébrer le jour anniversaire de la bataille d'Éryx, et comme le maître était absent et qu'ils se trouvaient nombreux, ils mangeaient et ils buvaient en pleine liberté.

5 Les capitaines, portant des cothurnes[1] de bronze, s'étaient placés dans le chemin du milieu, sous un voile de pourpre à franges d'or, qui s'étendait depuis le mur des écuries jusqu'à la première terrasse du palais ; le commun des soldats était répandu sous les arbres, où l'on distinguait quantité de bâtiments à toit plat, pressoirs, celliers, magasins, boulangeries et arsenaux, avec une cour pour les éléphants, des

10 fosses pour les bêtes féroces, une prison pour les esclaves.

Des figuiers entouraient les cuisines ; un bois de sycomores[2] se prolongeait jusqu'à des masses de verdure, où des grenades resplendissaient parmi les touffes blanches des cotonniers ; des vignes, chargées de grappes, montaient dans le branchage des pins ; un champ de roses s'épanouissait sous des platanes ; de place en

1. Chaussures montantes à semelles très épaisses.
2. Érables.

₁₅ place sur des gazons, se balançaient des lis; un sable noir, mêlé à de la poudre de corail, parsemait les sentiers, et, au milieu, l'avenue des cyprès faisait d'un bout à l'autre comme une double colonnade d'obélisques verts.

Le palais, bâti en marbre numidique[1] tacheté de jaune, superposait tout au fond, sur de larges assises, ses quatre étages en terrasses. Avec son grand escalier droit ₂₀ en bois d'ébène, portant aux angles de chaque marche la proue d'une galère vaincue, avec ses portes rouges écartelées d'une croix noire, ses grillages d'airain qui le défendaient en bas des scorpions, et ses treillis de baguettes dorées qui bouchaient en haut ses ouvertures, il semblait aux soldats, dans son opulence farouche, aussi solennel et impénétrable que le visage d'Hamilcar.

₂₅ Le Conseil leur avait désigné sa maison pour y tenir ce festin; les convalescents qui couchaient dans le temple d'Eschmoûn, se mettant en marche dès l'aurore, s'y étaient traînés sur leurs béquilles. A chaque minute, d'autres arrivaient. Par tous les sentiers, il en débouchait incessamment, comme des torrents qui se précipitent dans un lac. On voyait entre les arbres courir les esclaves des cuisines, effarés et à demi ₃₀ nus; les gazelles sur les pelouses s'enfuyaient en bêlant; le soleil se couchait, et le parfum des citronniers rendait encore plus lourde l'exhalaison de cette foule en sueur.

Il y avait là des hommes de toutes les nations, des Ligures, des Lusitaniens, des Baléares, des Nègres et des fugitifs de Rome. On entendait, à côté du lourd patois ₃₅ dorien, retentir les syllabes celtiques bruissantes comme des chars de bataille, et les terminaisons ioniennes se heurtaient aux consonnes du désert, âpres comme des cris de chacal. Le Grec se reconnaissait à sa taille mince, l'Égyptien à ses épaules remontées, le Cantabre à ses larges mollets. Des Cariens balançaient orgueilleusement les plumes de leur casque, des archers de Cappadoce s'étaient peints avec ₄₀ des jus d'herbes de larges fleurs sur le corps, et quelques Lydiens portant des robes de femmes dînaient en pantoufles et avec des boucles d'oreilles. D'autres, qui s'étaient par pompe barbouillés de vermillon, ressemblaient à des statues de corail.

Ils s'allongeaient sur les coussins, ils mangeaient accroupis autour de grands plateaux, ou bien, couchés sur le ventre, ils tiraient à eux les morceaux de viande, et ₄₅ se rassasiaient appuyés sur les coudes, dans la pose pacifique des lions lorsqu'ils dépècent leur proie. Les derniers venus, debout contre les arbres, regardaient les tables basses disparaissant à moitié sous des tapis d'écarlate, et attendaient leur tour.

Flaubert, *Salammbô*, I.

1. De Numidie, ancien nom d'une région du Nord de l'Afrique.

Illustration de Rochegrosse (1859-1938) pour *Salammbô*. ▶

1 Flaubert a travaillé plusieurs semaines sur la phrase d'ouverture du roman : « C'était à Mégara, faubourg de Carthage, dans les jardins d'Hamilcar. » Lisez cette phrase à voix haute, analysez son rythme, ses sonorités. En quoi vous semble-t-elle intéressante ? Quel effet a voulu produire Flaubert ?

2 Étude lexicale : relevez les noms propres. Cherchez leur sens dans une encyclopédie. Pourquoi Flaubert les a-t-il accumulés ? Quelle « couleur » donne-t-il de cette manière au texte ? Faites le plan du passage. Dans quel ordre Flaubert livre-t-il les détails de la description ? Pourquoi ?

3 Lisez à voix haute le septième paragraphe (lignes 33 à 42). Analysez les sonorités : que remarquez-vous ?

L'Éducation sentimentale
1869

Chronique de la jeunesse de 1848 à Paris, *L'Éducation sentimentale* raconte la « carrière d'un jeune provincial » qui, comme les héros balzaciens, voudrait conquérir la capitale. Mais l'ambition est au-delà des succès ou échecs du héros : Flaubert, grâce à une savante technique de ralentissement, d'accélérations, d'arrêts et d'ellipses, transforme l'histoire d'un individu en une histoire intemporelle, celle de tout individu passant de l'adolescence à l'âge adulte.

Frédéric Moreau, nouvellement bachelier, rencontre sur le pont d'un bateau Madame Arnoux, femme d'un marchand de tableaux parisien. Lorsqu'il vient dans la capitale «faire son droit», il retrouve la jeune femme. Près d'elle, il rencontre ambitieux et rêveurs, et s'initie aux rites sociaux : il n'en retirera qu'amertume et sentiment profond d'échec. Il connaîtra des femmes. Jamais il ne concrétisera ni l'amour absolu qu'il continue d'éprouver pour Madame Arnoux, ni ses rêves de gloire. Un soir de 1867, alors qu'il ne l'a pas vue depuis des années, elle vient lui rendre une dernière visite et lui laisse en souvenir une mèche de cheveux blancs.
La scène qui suit est celle de leur première rencontre.

Le pont était sali par des écales[1] de noix, des bouts de cigares, des pelures de poires, des détritus de charcuterie apportée dans du papier; trois ébénistes, en blouse, stationnaient devant la cantine[2]; un joueur de harpe en haillons se reposait, accoudé sur son instrument; on entendait par intervalles le bruit du charbon de
5 terre[3] dans le fourneau, un éclat de voix, un rire; et le capitaine, sur la passerelle, marchait d'un tambour[4] à l'autre, sans s'arrêter. Frédéric, pour rejoindre sa place, poussa la grille des Premières, dérangea deux chasseurs avec leurs chiens.

Ce fut comme une apparition :
Elle était assise, au milieu du banc, toute seule; ou du moins il ne distingua per-
10 sonne, dans l'éblouissement que lui envoyèrent ses yeux. En même temps qu'il passait, elle leva la tête; il fléchit involontairement les épaules; et, quand il se fut mis plus loin, du même côté, il la regarda.

Elle avait un large chapeau de paille, avec des rubans roses, qui palpitaient au vent, derrière elle. Ses bandeaux noirs, contournant la pointe de ses grands sourcils,
15 descendaient très bas et semblaient presser amoureusement l'ovale de sa figure. Sa robe de mousseline claire, tachetée de petits pois, se répandait à plis nombreux. Elle était en train de broder quelque chose; et son nez droit, son menton, toute sa personne se découpait sur le fond de l'air bleu.

Comme elle gardait la même attitude, il fit plusieurs tours de droite et de gauche
20 pour dissimuler sa manœuvre; puis il se planta tout près de son ombrelle, posée contre le banc, et il affectait d'observer une chaloupe sur la rivière.

Jamais il n'avait vu cette splendeur de sa peau brune, la séduction de sa taille, ni cette finesse des doigts que la lumière traversait. Il considérait son panier à ouvrage avec ébahissement, comme une chose extraordinaire. Quels étaient son nom, sa
25 demeure, sa vie, son passé? Il souhaitait connaître les meubles de sa chambre, toutes les robes qu'elle avait portées, les gens qu'elle fréquentait; et le désir de la possession physique même disparaissait sous une envie plus profonde, dans une curiosité douloureuse qui n'avait pas de limites.

---

1. Enveloppe extérieure qui renferme la coque des noix.
2. Pièce où l'on sert à manger sur le bateau.
3. Houille.
4. Caisse cylindrique en menuiserie protégeant les roues à aubes.

Une négresse, coiffée d'un foulard, se présenta, en tenant par la main une petite
30 fille, déjà grande. L'enfant, dont les yeux roulaient des larmes, venait de s'éveiller.
Elle la prit sur ses genoux : «Mademoiselle n'était pas sage, quoiqu'elle eût sept ans
bientôt; sa mère ne l'aimerait plus; on lui pardonnait trop ses caprices.» Et Frédéric
se réjouissait d'entendre ces choses, comme s'il eût fait une découverte, une acquisi-
tion.
35   Il la supposait d'origine andalouse, créole peut-être; elle avait ramené des îles
cette négresse avec elle.

Cependant, un long châle à bandes violettes était placé derrière son dos, sur le
bordage de cuivre. Elle avait dû, bien des fois, au milieu de la mer, durant les
soirs humides, en envelopper sa taille, s'en couvrir les pieds, dormir dedans! Mais,
40 entraîné par les franges, il glissait peu à peu, il allait tomber dans l'eau; Frédéric
fit un bond et le rattrapa. Elle lui dit :
– Je vous remercie, monsieur.
Leurs yeux se rencontrèrent.
– Ma femme, es-tu prête? cria le sieur Arnoux, apparaissant dans le capot[1]
45 de l'escalier.

Flaubert, L'Éducation sentimentale.

1. Dispositif destiné à protéger l'escalier.

1 Entre chaque paragraphe, la disposition du texte impose un silence de la voix.
Analysez ces silences : quel sens leur donnez-vous?

2 Analysez la phrase entre guillemets : «Mademoiselle n'était pas sage...
caprices». Est-ce une phrase au style direct? Alors comment expliquez-vous
cette anomalie grammaticale?

3 Quelles informations apporte à Frédéric l'interpellation du sieur Arnoux?

L'IDÉE DE NATURE AU XIXe SIÈCLE

Entre le XVIIIe et la fin du XIXe siècle, l'idée que les artistes et les intellectuels se font de la nature se transforme profondément.

Au XVIIIe siècle, la nature s'oppose à la convention. Rousseau place ainsi l'homme originel « bon sauvage », en face de l'homme corrompu des villes. L'idée centrale est que la nature est bonne : on se réfugie en son sein, on s'y console de la cruauté des hommes. On retrouve cette conception chez Vigny.

Dans la première moitié du XIXe siècle, la nature manifeste la puissance de Dieu. La splendeur de la nature, l'immensité des paysages (l'Amérique de Chateaubriand, le lac de Lamartine) sont à l'égal de Sa Splendeur. Hugo va plus loin encore : la nature n'est pas manifestation de Dieu, mais Dieu lui-même. Il rejoint par là une tendance ancienne des religions, le panthéisme.

Elle est aussi l'interlocutrice privilégiée du poète : le poète romantique prête ses états d'âme à la nature, s'épanche en elle, qui lui répond, se plie à ses sentiments, ou bien au contraire, qui lui reste indifférente, éternelle tandis qu'il passe, immobile et froide tandis qu'il pleure. Mais sans cesse, elle apparaît comme l'Autre du dialogue de l'homme.

Dans la seconde moitié du siècle, la perception de la nature se diversifie. Pourtant, toutes les conceptions s'accordent à présenter la nature comme une apparence : au-delà de celle-ci, il existe un principe premier à découvrir, et qui explique l'apparence.

Les écrivains réalistes considèrent la nature comme un milieu qui détermine ceux qui y vivent. De sorte que l'observation va porter sur telle ou telle caractéristique du paysage, du sol, de l'habitat, qui explique pour une part les personnages. On retrouve, avec des nuances, cette idée chez Flaubert, chez Balzac, chez Maupassant.

Les naturalistes vont radicaliser cette position. Y a-t-il là un secret à arracher à la nature ? Le romancier possède des outils : ceux des scientifiques. Et Zola théorise cet emprunt à la méthode expérimentale : « Le problème », écrit-il, « est de savoir ce que telle passion, agissant dans tel milieu et dans telles circonstances, produira au point de vue de l'individu et de la société : et un roman expérimental [...] est simplement le procès-verbal de l'expérience... »

Les symbolistes ne partent pas d'un autre postulat : sous la surface des choses, il y a des « correspondances », des échos, un langage à découvrir, une vérité. Du coup, la porte est ouverte à toutes les croyances dans le surnaturel, la magie, l'occultisme, etc. Très tôt dans le siècle, Nerval participe de cette tendance inaugurée par Baudelaire, bientôt suivi par Rimbaud, Huysmans, Villiers de l'Isle-Adam et Barbey d'Aurevilly.

Maupassant

1850-1893

Guy de Maupassant est né en Normandie. Il y a passé son enfance : c'est un aspect important de sa culture, qui explique pour une part son goût pour les contes et la réussite des *Contes Normands*. Il gagne sa vie, après le lycée et un bref engagement dans les gardes mobiles en 1870, comme commis au ministère. Il fait des débuts timides en poésie et subit « l'influence fondamentale de Flaubert », un ami de sa mère. Le succès de la première nouvelle que Maupassant publie en 1880, *Boule de Suif,* détermine sa vocation de conteur. De 1880 à 1891, il publie environ trois cents nouvelles et six romans, dont les plus célèbres restent *Une Vie* (1883), *Bel-Ami* (1885), *Pierre et Jean* (1888) et *Fort comme la Mort* (1889).

Transfigurer la réalité par l'émotion

Maupassant cherche à découvrir dans chaque chose « un aspect qui n'ait été vu et dit par personne », l'aventure dans le quotidien, le surnaturel dans le « normal ». Il ne s'agit pas d'écrire « toute la vérité », ce qui conduirait immanquablement à « énumérer les multitudes d'incidents insignifiants qui emplissent notre existence », à montrer « la photographie banale de la vie ».

Il cherche, par l'écriture, à cristalliser – c'est-à-dire rassembler et styliser – une émotion « saisissante ». Il veut une évocation de la vie « plus probante que la réalité même ».

Malade à partir de 1884, hanté par l'idée de la mort et par la sensation d'une présence hostile à ses côtés (dont on a une évocation saisissante dans *Le Horla*), Maupassant meurt en 1893.

Bel-Ami

1885

Dans l'œuvre de Maupassant, *Bel-Ami* fait pendant à *Une vie*. *Une vie* est le roman d'une femme résignée ; *Bel-Ami* celui d'un homme qui veut arriver.

Le héros, Georges Du Roy, dit Bel-Ami à cause de ses succès féminins, est un petit fonctionnaire honnête et médiocre. Il décide « d'arriver par les femmes » et s'élève peu à peu dans la haute société parisienne. Le roman se termine sur son mariage avec Suzanne, la fille d'une très riche bourgeoise, Madame Walter, qui fut sa maîtresse. Madame de Marelle, sa maîtresse du moment, assiste à la cérémonie...

[L'évêque] posa les questions d'usage, échangea les anneaux, prononça les paroles qui lient comme des chaînes, et il adressa aux nouveaux époux une allocution chrétienne. Il parla de la fidélité, longuement, en termes pompeux. C'était un gros homme de grande taille, un de ces beaux prélats[1] chez qui le ventre est une majesté.

---

1. Titre particulier des principaux supérieurs ecclésiastiques.

5 Un bruit de sanglots fit retourner quelques têtes. Mme Walter pleurait, la figure dans ses mains.

Elle avait dû céder. Qu'aurait-elle fait ? Mais depuis le jour où elle avait chassé de sa chambre sa fille revenue, en refusant de l'embrasser, depuis le jour où elle avait dit à voix très basse à Du Roy, qui la saluait avec cérémonie en reparaissant
10 devant elle : – Vous êtes l'être le plus vil que je connaisse, ne me parlez jamais plus, car je ne vous répondrai point ! – elle souffrait une intolérable et inapaisable torture. Elle haïssait Suzanne d'une haine aiguë, faite de passion exaspérée et de jalousie déchirante, étrange jalousie de mère et de maîtresse, inavouable, féroce, brûlante comme une plaie vive.
15 Et voilà qu'un évêque les mariait, sa fille et son amant, dans une église, en face de deux mille personnes, et devant elle ! Et elle ne pouvait rien dire ? Elle ne pouvait pas empêcher cela ? Elle ne pouvait pas crier : « Mais il est à moi, cet homme, c'est mon amant. Cette union que vous bénissez est infâme. »

Plusieurs femmes, attendries, murmurèrent : – Comme la pauvre mère est
20 émue. (...)

Les orgues recommencèrent à célébrer la gloire des nouveaux époux. (...)

Puis des voix humaines s'élevèrent, passèrent au-dessus des têtes inclinées. Vauri et Landeck, de l'Opéra, chantaient. L'encens répandait une odeur fine de benjoin[1] et sur l'autel le sacrifice divin[2] s'accomplissait ; l'Homme-Dieu, à l'appel de son prêtre,
25 descendait sur la terre pour consacrer le triomphe du baron Georges Du Roy.

Bel-Ami, à genoux à côté de Suzanne, avait baissé le front. Il se sentait en ce moment presque croyant, presque religieux, plein de reconnaissance pour la divinité qui l'avait ainsi favorisé, qui le traitait avec ces égards. Et sans savoir au juste à qui il s'adressait, il la remerciait de son succès. (...)
30 Soudain il aperçut Mme de Marelle ; et le souvenir de tous les baisers qu'il lui avait donnés, qu'elle lui avait rendus, le souvenir de toutes leurs caresses, de ses gentillesses, du son de sa voix, du goût de ses lèvres, lui fit passer dans le sang le désir brusque de la reprendre. Elle était jolie, élégante, avec son air gamin et ses yeux vifs. Georges pensait : « Quelle charmante maîtresse, tout de même. »
35 Elle s'approcha, un peu timide, un peu inquiète, et lui tendit la main. Il la reçut dans la sienne et la garda. Alors il sentit l'appel discret de ces doigts de femme, la douce pression qui pardonne et reprend. Et lui-même il la serrait, cette petite main, comme pour dire : « Je t'aime toujours, je suis à toi ! »

Leurs yeux se rencontrèrent, souriants, brillants, pleins d'amour. Elle murmura de
40 sa voix gracieuse : – A bientôt, monsieur.

Il répondit gaiement : – A bientôt, madame.

Et elle s'éloigna. (...)

Georges reprit le bras de Suzanne pour retraverser l'église.

Elle était pleine de monde, car chacun avait regagné sa place, afin de les voir
45 passer ensemble. Il allait lentement, d'un pas calme, la tête haute, les yeux fixés sur la grande baie ensoleillée de la porte. Il sentait sur sa peau courir de légers frissons, ces frissons froids que donnent les immenses bonheurs. Il ne voyait personne. Il ne pensait qu'à lui.

Lorsqu'il parvint sur le seuil, il aperçut la foule amassée, une foule noire, bruis-
50 sante, venue là pour lui, pour lui Georges Du Roy. Le peuple de Paris le contemplait et l'enviait.

Puis, relevant les yeux, il découvrit là-bas, derrière la place de la Concorde, la Chambre des députés. Et il lui sembla qu'il allait faire un bond du portique[3] de la Madeleine au portique du Palais-Bourbon.
55 Il descendit avec lenteur les marches du haut perron entre deux haies de spectateurs. Mais il ne les voyait point ; sa pensée maintenant revenait en arrière, et devant ses yeux éblouis par l'éclatant soleil flottait l'image de Mme de Marelle rajustant en face de la glace les petits cheveux frisés de ses tempes, toujours défaits au sortir du lit.

Maupassant, *Bel-Ami.*

1. Baume végétal parfumé.
2. Sacrement du corps et du sang du Christ sous les espèces du pain et du vin.
3. Décoration d'architecture, en colonne et en balustrade, pour servir d'entrée couverte à un lieu.

Le Horla
1887

Le Horla rapporte, sous la forme d'un journal intime, les hallucinations d'un homme obsédé par un être surnaturel, insaisissable, qui absorbe l'énergie vitale de la victime qu'il a choisie.

Le 6 août, le narrateur voit pour la première fois « l'être ».

19 août. – Je le tuerai. Je l'ai vu ! je me suis assis hier soir, à ma table ; et je fis semblant d'écrire avec une grande attention. Je savais bien qu'il viendrait rôder autour de moi, tout près, si près que je pourrais peut-être le toucher, le saisir ? Et alors, alors, j'aurais la force des désespérés ; j'aurais mes mains, mes genoux, ma poitrine,
5 mon front, mes dents pour l'étrangler, l'écraser, le mordre, le déchirer.

Et je le guettais avec tous mes organes surexcités.

J'avais allumé mes deux lampes et les huit bougies de ma cheminée, comme si j'eusse pu, dans cette clarté, le découvrir.

En face de moi, mon lit, un vieux lit de chêne à colonnes ; à droite, ma chemi-
10 née ; à gauche, ma porte fermée avec soin, après l'avoir laissée longtemps ouverte, afin de l'attirer ; derrière moi, une très haute armoire à glace, qui me servait chaque jour pour me raser, pour m'habiller, et où j'avais coutume de me regarder, de la tête aux pieds, chaque fois que je passais devant.

Donc, je faisais semblant d'écrire, pour le tromper, car il m'épiait lui aussi ; et sou-
15 dain, je sentis, je fus certain qu'il lisait par-dessus mon épaule, qu'il était là, frôlant mon oreille.

Je me dressai, les mains tendues, en me tournant si vite que je faillis tomber. Eh! bien ?... on y voyait comme en plein jour, et je ne me vis pas dans ma glace !... Elle était vide, claire, profonde, pleine de lumière ! Mon image n'était pas dedans... et
20 j'étais en face, moi ! Je voyais le grand verre limpide du haut en bas. Et je regardais cela avec des yeux affolés ; et je n'osais plus avancer, je n'osais plus faire un mouvement, sentant bien pourtant qu'il était là, mais qu'il m'échapperait encore, lui dont le corps imperceptible avait dévoré mon reflet.

Comme j'eus peur! Puis voilà que tout à coup je commençai à m'apercevoir dans
25 une brume, au fond du miroir, dans une brume comme à travers une nappe d'eau;
et il me semblait que cette eau glissait de gauche à droite, lentement, rendant plus
précise mon image, de seconde en seconde. C'était comme la fin d'une éclipse. Ce
qui me cachait ne paraissait point posséder de contours nettement arrêtés, mais une
sorte de transparence opaque s'obscurcissant peu à peu.

30 Je pus enfin me distinguer complètement, ainsi que je le fais chaque jour
en me regardant.

Je l'avais vu! L'épouvante m'en est
restée, qui me fait encore frissonner.

20 août. – Le tuer, comment? puis-
35 que je ne peux l'atteindre? Le poison? mais il me verrait le mêler à
l'eau; et nos poisons, d'ailleurs,
auraient-ils un effet sur son corps
imperceptible? Non... non... sans
40 doute... Alors?... alors?...

21 août. – J'ai fait venir un serrurier
de Rouen, et lui ai commandé pour
ma chambre des persiennes de fer,
comme en ont, à Paris, certains hôtels
45 particuliers, au rez-de-chaussée, par
crainte des voleurs. Il me fera, en
outre, une porte pareille. Je me suis
donné pour un poltron, mais je m'en
moque!...

Maupassant, *Le Horla*.

1 A quels temps sont les verbes? Que constatez-vous? Quelle impression
rythmique le narrateur communique-t-il ainsi?

2 Relevez les adjectifs, les signes de ponctuation, les tournures de phrases qui
expriment ou évoquent la peur.

3 Comment comprenez-vous la fin du texte? Plusieurs solutions vous semblent-
elles possibles? Pourquoi Maupassant ne tranche-t-il pas la question? Est-ce
un procédé que vous pouvez retrouver ailleurs, dans d'autres contes, des films
fantastiques, des films d'horreur?

Zola

1840-1902

Le théoricien du naturalisme

Né à Paris, Émile Zola passe son enfance et son adolescence à Aix-en-Provence où il est l'ami du peintre Paul Cézanne : ce sont, après la mort de son père, des années difficiles, dans une semi-misère. Luttant contre sa pente moralisante, il prend le parti, en 1867, de la « réalité » ; il va « tout dire », pousser jusqu'au bout son réalisme encore timide pour accéder à une forme « supérieure » de réalisme, le naturalisme. Le naturalisme c'est « le langage direct de la vérité » ainsi qu'il le pratique dans *Thérèse Raquin.* Deux ans plus tard, appliquant au roman la notion « d'expérimentation » empruntée au physiologiste Claude Bernard (1813-1878), il écrit une courte étude, *Le Roman expérimental,* qui pose les fondements théoriques du naturalisme et en particulier le parallélisme entre la méthode des scientifiques et celle des romanciers naturalistes (cf. p. 304).

Les Rougon-Macquart, chef-d'œuvre du naturalisme

Le modèle que Zola a en tête avant de mettre en œuvre le projet des Rougon, c'est Balzac et sa *Comédie Humaine.* Mais, alors que Balzac n'avait conçu le projet d'ensemble qu'après avoir écrit plusieurs romans, Zola, lui, programme d'avance la série des romans : *Les Rougon-Macquart* étudieront « les ambitions et les appétits d'une famille » déterminée par « les fatalités de la descendance » et les « fièvres de l'époque » (le Second Empire). Conçue pendant l'hiver 1868-1869, cette « histoire naturelle d'une famille sous le Second Empire » trouve son aboutissement après vingt volumes et vingt-cinq ans de labeur, en 1893.

Les cinq générations de cette famille racontent, « à l'aide de leurs drames individuels, une

étrange époque de folie et de honte ». Zola établit un parallélisme entre la fortune des Rougon et celle du Second Empire. L'histoire des « grands » (comme Louis-Napoléon) est métaphorisée par celle des « petits », puisque chacun participe d'un vaste ensemble, l'univers. On assiste ainsi à la marche en avant de la bourgeoisie, à sa conquête du pouvoir, et, en même temps, à la dégradation de la société, à la misère croissante du peuple. C'est au fond de cette déchéance que s'ouvre, selon Zola, une aurore : « l'on verrait un matin qu'il pousserait des hommes, une armée d'hommes qui rétabliraient la justice ».

L'engagement

En 1897, Zola est célèbre. Il a fini les *Rougon-Macquart.* C'est un homme respectable, respecté, qui s'apprête à entrer à l'Académie. Il a alors ce geste de courage qui fait de lui auprès des notables, non seulement un indésirable, mais un réprouvé.

Depuis trois ans, « l'affaire Dreyfus » suscite de violentes polémiques (cf. p. 316). Zola est convaincu de l'innocence de Dreyfus – il en a même la preuve matérielle – et il est scandalisé par la campagne antisémite qui se développe à cette occasion.

Lorsque, en janvier 1898, le conseil de guerre acquitte sciemment le vrai coupable, et du coup condamne Dreyfus, le scandale ébranle Zola au plus profond de lui-même. Il lance, le 13 janvier, dans une lettre ouverte au Président de la République, son célèbre « J'accuse ! ». Il sait très bien que, ce faisant, il s'expose à la condamnation (et il sera condamné), mais au moins les tribunaux seront contraints, pour le juger, d'exposer l'« affaire » : on ne pourra pas enterrer l'affaire Dreyfus. Il ne connaîtra pas l'issue heureuse de son entreprise puisqu'il meurt accidentellement, plusieurs années avant la réhabilitation de Dreyfus.

Le Roman expérimental
1880 ⸺⸺⸺⸺⸺⸺⸺⸺⸺⸺⸺⸺⸺⸺⸺⸺⸺⸺⸺⸺⸺

Le roman expérimental est une courte étude théorique qui donne son titre au recueil d'articles dans lequel il fut inséré en 1880.

Zola définit ici la méthode du romancier naturaliste en la comparant à celle du biologiste Claude Bernard.

Eh bien! en revenant au roman[1], nous voyons également que le romancier est fait d'un observateur et d'un expérimentateur. L'observateur chez lui donne les faits tels qu'il les a observés, pose le point de départ, établit le terrain solide sur lequel vont marcher les personnages et se développer les phénomènes. Puis, l'expérimenta-
5 teur paraît et institue l'expérience, je veux dire fait mouvoir les personnages dans une histoire particulière, pour y montrer que la succession des faits y sera telle que l'exige le déterminisme[2] des phénomènes mis à l'étude. C'est presque toujours ici une expérience « pour voir », comme l'appelle Claude Bernard. Le romancier part à la recherche d'une vérité. Je prendrai comme exemple la figure du baron Hulot, dans
10 *La Cousine Bette*[3], de Balzac : Le fait général observé par Balzac est le ravage que le tempérament amoureux d'un homme amène chez lui, dans sa famille et dans la société. Dès qu'il a eu choisi son sujet, il est parti des faits observés, puis il a institué son expérience en soumettant Hulot à une série d'épreuves, en le faisant passer par certains milieux, pour montrer le fonctionnement du mécanisme de sa passion.
15 Il est donc évident qu'il n'y a pas seulement là observation, mais qu'il y a aussi expérimentation, puisque Balzac ne s'en tient pas strictement en photographe aux faits recueillis par lui, puisqu'il intervient d'une façon directe pour placer son personnage dans des conditions dont il reste le maître. Le problème est de savoir ce que telle passion, agissant dans tel milieu et dans telles circonstances, produira au
20 point de vue de l'individu et de la société ; et un roman expérimental, *La Cousine Bette* par exemple, est simplement le procès-verbal de l'expérience, que le romancier répète sous les yeux du public. En somme, toute l'opération consiste à prendre les faits dans la nature, puis à étudier le mécanisme des faits, en agissant sur eux par les modifications des circonstances et des milieux, sans jamais s'écarter des lois
25 de la nature. Au bout, il y a la connaissance de l'homme, la connaissance scientifique, dans son action individuelle et sociale.
Sans doute, nous sommes loin ici des certitudes de la chimie et même de la physiologie. Nous ne connaissons point encore les réactifs qui décomposent les passions et qui permettent de les analyser. Souvent, dans cette étude, je rappellerai ainsi que le
30 roman expérimental est plus jeune que la médecine expérimentale, laquelle pourtant est à peine née. Mais je n'entends pas constater les résultats acquis, je désire simplement exposer clairement une méthode. Si le romancier expérimental marche encore à tâtons dans la plus obscure et la plus complexe des sciences, cela n'empêche pas cette science d'exister. Il est indéniable que le roman naturaliste, tel que
35 nous le comprenons à cette heure, est une expérience véritable que le romancier fait sur l'homme, en s'aidant de l'observation.

Zola, *Le Roman expérimental*, I.

1. Zola vient de citer Claude Bernard.
2. Enchaînement inéluctable des faits selon une loi précise.
3. Roman de Balzac. La cousine Bette, parente pauvre du baron Hulot, s'entremet pour qu'il rencontre Valérie Marneffe, courtisane, et provoque la ruine de la famille Hulot.

1 Deux qualificatifs du romancier, observateur et expérimentateur, deux attitudes de l'esprit, d'observation et d'expérimentation, apparaissent à plusieurs reprises dans le texte. Pouvez-vous, en vous appuyant sur le contexte, donner de chacun d'eux une définition précise?

2 Quels objectifs assigne Zola au romancier?

L'Assommoir
1877

Dans ce roman très contesté à cause de son sujet, Zola a voulu « peindre la déchéance fatale d'une famille ouvrière, dans le milieu empesté de nos faubourgs ». Et il ajoute, pour répondre à ceux qui en ont attaqué le style : « Mon crime est d'avoir eu la curiosité littéraire de ramasser et de couler dans un moule très travaillé la langue du peuple. (...) C'est une œuvre de vérité, le premier roman sur le peuple, qui ne mente pas et qui ait l'odeur du peuple. »

Dans le texte qui suit, Zola évoque la déchéance du couple Copeau. Lorsqu'ils se sont rencontrés, Copeau et Gervaise avaient en commun le projet de mener une vie simple et heureuse, en refusant ce qui habituellement permet à l'ouvrier d'oublier sa condition : l'alcool.

Deux années s'écoulèrent, pendant lesquelles ils s'enfoncèrent de plus en plus. Les hivers surtout les nettoyaient[1]. S'ils mangeaient du pain au beau temps, les fringales[2] arrivaient avec la pluie et le froid, les danses devant le buffet, les dîners par cœur[3], dans la petite Sibérie de leur cambuse[4]. Ce gredin de décembre entrait chez
5 eux par-dessous la porte, et il apportait tous les maux, le chômage des ateliers, les fainéantises engourdies des gelées, la misère noire des temps humides. Le premier hiver, ils firent encore du feu quelquefois, se pelotonnant autour du poêle, aimant mieux avoir chaud que de manger; le second hiver, le poêle ne se dérouilla seulement pas, il glaçait la pièce de sa mine lugubre de borne de fonte. Et ce qui leur cas-
10 sait les jambes, ce qui les exterminait, c'était par-dessus tout de payer leur terme. Oh! le terme de janvier, quand il n'y avait pas un radis[5] à la maison et que le père Boche présentait la quittance! Ça soufflait davantage de froid, une tempête du Nord. M. Marescot arrivait, le samedi suivant, couvert d'un bon paletot, ses grandes pattes fourrées dans des gants de laine; et il avait toujours le mot d'expulsion à la bouche,
15 pendant que la neige tombait dehors, comme si elle leur préparait un lit sur le trottoir, avec des draps blancs. Pour payer le terme, ils auraient vendu de leur chair. C'était le terme qui vidait le buffet et le poêle. Dans la maison entière, d'ailleurs, une lamentation montait. On pleurait à tous les étages, une musique de malheur ronflant le long de l'escalier et des corridors. Si chacun avait eu un mort chez lui, ça n'aurait

1. Ruinaient.
2. La faim.
3. « La danse devant le buffet » (vide) et « le dîner par cœur » sont des expressions populaires qui désignent la privation de nourriture.
4. Sur un bateau, réduit étroit où l'on range les vivres. Ici utilisé par référence à l'exiguïté du lieu.
5. Pas un centime.

20 pas produit un air d'orgues aussi abominable. Un vrai jour du jugement dernier, la fin des fins, la vie impossible, l'écrasement du pauvre monde... Un ouvrier, le maçon du cinquième, avait volé chez son patron...

Au milieu de cette existence enragée par la misère, Gervaise souffrait encore des faims qu'elle entendait râler autour d'elle. Ce coin de la maison était le coin des
25 pouilleux, où trois ou quatre ménages semblaient s'être donné le mot pour ne pas avoir du pain tous les jours. Les portes avaient beau s'ouvrir, elles ne lâchaient guère souvent des odeurs de cuisine. Le long du corridor, il y avait un silence de crevaison, et les murs sonnaient creux, comme des ventres vides. Par moments, des danses[1] s'élevaient, des larmes de femmes, des plaintes de mioches affamés, des
30 familles qui se mangeaient pour tromper leur estomac. On était là dans une crampe au gosier générale, bâillant par toutes ces bouches tendues; et les poitrines se creusaient, rien qu'à respirer cet air, où les moucherons eux-mêmes n'auraient pas pu vivre, faute de nourriture. Mais la grande pitié de Gervaise était surtout le père Bru, dans son trou, sous le petit escalier. Il s'y retirait comme une marmotte, s'y met-
35 tait en boule, pour avoir moins froid; il restait des journées sans bouger, sur un tas de paille. La faim ne le faisait même plus sortir, car c'était bien inutile d'aller gagner dehors de l'appétit, lorsque personne ne l'avait invité en ville. Quand il ne repa- raissait pas de trois ou quatre jours, les voisins poussaient sa porte, regardaient s'il n'était pas fini. Non, il vivait quand même, pas beaucoup, mais un peu, d'un œil seu-
40 lement; jusqu'à la mort qui l'oubliait! Gervaise, dès qu'elle avait du pain, lui jetait des croûtes. Si elle devenait mauvaise et détestait les hommes, à cause de son mari, elle plaignait toujours bien sincèrement les animaux; et le père Bru, ce pauvre vieux, qu'on laissait crever, parce qu'il ne pouvait plus tenir un outil, était comme un chien pour elle, une bête hors de service, dont les équarrisseurs[2] ne voulaient même pas
45 acheter la peau ni la graisse. Elle en gardait un poids sur le cœur, de le savoir con- tinuellement là, de l'autre côté du corridor, abandonné de Dieu et des hommes, se nourrissant uniquement de lui-même, retournant à la taille d'un enfant, ratatiné et desséché à la manière des oranges qui se racornissent sur les cheminées.

Zola, *L'Assommoir.*

1. Coups.
2. Ouvriers des abattoirs.

1 Relevez toutes les expressions que vous sentez empruntées à ce fameux « lan- gage du peuple » dont parle Zola. Comment les utilise-t-il ? Est-ce la « langue du peuple » ou la volonté de « faire peuple » ?

2 Analysez les différentes apparitions, dans ce texte, de l'acte de manger. Com- ment Zola utilise-t-il cette métaphore : la réserve-t-il à l'acte seulement ? Pour- quoi ?

3 Que nous apprend ce texte sur la condition ouvrière au Second Empire ?

Germinal
1885

Zola avait accumulé, alors qu'il se trouvait à Anzin, dans le Nord, des centaines de fiches sur une grève générale des mines.

Il les a utilisées pour écrire *Germinal,* qu'on considère comme son chef-d'œuvre.

Le fils de Gervaise Macquart (la Gervaise de *L'Assommoir*), Étienne Lantier, est engagé aux mines de Montsou. Comme ses camarades, il travaille pour un salaire de misère dans des conditions effroyables. La Compagnie, qui possède les mines, a décidé d'imposer des conditions plus draconiennes encore. Lantier décide ses camarades à résister par la grève. La Compagnie attend que les mineurs, affamés, cèdent. Un jour, poussés par la faim, ils se soulèvent, détruisent les installations en réclamant du pain. La police les réprime avec violence. Vaincus, les mineurs reprennent le travail.

Dans le texte qui suit, les mineurs, révoltés, déferlent sous les yeux de Mme Hennebeau, femme du directeur de la mine, et de ses invités. La masse des mineurs défilant les a surpris dans leur promenade et, réfugiés dans une grange, ils regardent le spectacle.

Les femmes avaient paru, près d'un millier de femmes, aux cheveux épars dépeignés par la course, aux guenilles montrant la peau nue, des nudités de femelles lasses d'enfanter des meurt-de-faim. Quelques-unes tenaient leur petit entre les bras, le soulevaient, l'agitaient, ainsi qu'un drapeau de deuil et de vengeance. D'autres,
5 plus jeunes, avec des gorges gonflées de guerrières, brandissaient des bâtons; tandis que les vieilles, affreuses, hurlaient si fort, que les cordes de leurs cous décharnés semblaient se rompre. Et les hommes déboulèrent ensuite, deux mille furieux, des galibots[1], des haveurs[2], des raccommodeurs[3], une masse compacte qui roulait d'un seul bloc, serrée, confondue, au point qu'on ne distinguait ni les culot-
10 tes déteintes ni les tricots de laine en loques, effacés dans la même uniformité terreuse. Les yeux brûlaient, on voyait seulement les trous des bouches noires, chantant *la Marseillaise,* dont les strophes se perdaient en un mugissement confus, accompagné par le claquement des sabots sur la terre dure. Au-dessus des têtes, parmi le hérissement des barres de fer, une hache passa, portée toute droite; et
15 cette hache unique, qui était comme l'étendard de la bande, avait, dans le ciel clair, le profil aigu d'un couperet de guillotine.

«Quels visages atroces!» balbutia Mme Hennebeau.

Négrel[4] dit entre ses dents : «Le diable m'emporte si j'en reconnais un seul! D'où sortent-ils donc, ces bandits-là?»
20 Et, en effet, la colère, la faim, ces deux mois de souffrances et cette débandade enragée au travers des fosses, avaient allongé en mâchoires de bêtes fauves les faces placides des houilleurs de Montsou. A ce moment, le soleil se couchait, les derniers rayons d'une pourpre sombre ensanglantaient la plaine. Alors, la route sembla charrier du sang, les femmes, les hommes continuaient à galoper, saignants comme
25 des bouchers en pleine tuerie.

1. Mineurs travaillant au boisage des mines.
2. Mineurs qui creusent les galeries.
3. Ouvriers chargés de l'entretien des voies et des boisages.
4. Ingénieur de la mine.

« Oh ! superbe ! » dirent à demi-voix Lucie et Jeanne[1], remuées dans leur goût d'artistes par cette belle horreur.

Elles s'effrayaient pourtant, elles reculèrent près de Mme Hennebeau, qui s'était appuyée sur une auge. L'idée qu'il suffisait d'un regard entre les planches de cette
30 porte disjointe, pour qu'on les massacrât, la glaçait. Négrel se sentait blêmir, lui aussi, très brave d'ordinaire, saisi là d'une épouvante supérieure à sa volonté, une de ces épouvantes qui soufflent de l'inconnu. Dans le foin, Cécile[2] ne bougeait plus. Et les autres, malgré leur désir de détourner les yeux, ne le pouvaient pas, regardaient quand même.

C'était la vision rouge de la révolution qui les emporterait tous, fatalement, par
35 une soirée sanglante de cette fin de siècle. Oui, un soir, le peuple lâché, débridé, galoperait ainsi sur les chemins ; et il ruissellerait du sang des bourgeois, il promènerait des têtes, il sèmerait l'or des coffres éventrés.

Les femmes hurleraient, les hommes auraient ces mâchoires de loups, ouvertes pour mordre. Oui, ce seraient les mêmes guenilles, le même tonnerre de gros sabots,
40 la même cohue effroyable, de peau sale, d'haleine empestée, balayant le vieux monde, sous leur poussée débordante de barbares. Des incendies flamberaient, on ne laisserait pas debout une pierre des villes, on retournerait à la vie sauvage dans les bois, après la grande ripaille, où les pauvres, en une nuit, videraient les caves des riches. Il n'y aurait plus rien, plus un sou des fortunes, plus un titre des situations
45 acquises, jusqu'au jour où une nouvelle terre repousserait peut-être. Oui, c'étaient ces choses qui passaient sur la route, comme une force de la nature, et ils en recevaient le vent terrible au visage.
Un grand cri s'éleva, domina *la Marseillaise :*
« Du pain ! du pain ! du pain ! »

Zola, *Germinal.*

1. Filles de Demeulin, petit propriétaire de mine, qui tente de résister à l'avidité des compagnies.
2. Fille d'actionnaires de la mine.

Affiche annonçant la parution de *Germinal* de Zola. ▶

1 Montrez comment Zola passe de la description d'un événement à celle d'un tableau. Étudiez les mouvements de foule : comment apparaissent-ils au début du texte ? Et à la fin ? Quel effet Zola a-t-il voulu produire ?

2 Relevez les mots par lesquels Zola introduit les paroles, directes ou indirectes, des bourgeois cachés dans la grange et des émeutiers.
Que constatez-vous ? Qui a la parole dans ce texte ?

3 Si vous comparez le premier paragraphe, où Zola décrit les mineurs, aux deux derniers, où il les voit avec les yeux des bourgeois, trouvez-vous des différences notables ? Quelles conclusions en tirez-vous ?

1873-1900 : LA TROISIÈME RÉPUBLIQUE

L'ordre moral

Les années 1873-1879 sont des années d'ordre moral : le gouvernement assure le maintien de l'ordre social, épure administration et magistrature, s'appuie sur l'Église. Il faudra deux défaites électorales successives, traduisant une poussée républicaine, pour amener la démission du président conservateur et monarchiste Mac-Mahon. De 1879 à 1899, la République évolue au détriment du pouvoir exécutif : les partis s'affirment, leur influence rend davantage compte des oppositions entre des couches sociales mieux diversifiées. Le choix électoral lui-même change de nature avec la diffusion de l'enseignement «laïque, obligatoire et gratuit», l'apparition de grands syndicats ouvriers et de partis de type socialiste. Des réformes d'inspiration libérale (liberté de réunion, libertés municipales) sont réalisées. La République semble solidement installée.

Elle subit pourtant deux crises particulièrement graves :

— le boulangisme (1886-1889) d'une part : le général Boulanger cristallise sur sa personne une opposition des milieux monarchistes à la Constitution républicaine et aux éléments libéraux du gouvernement ainsi que des élans nationalistes, revanchards et cocardiers. Si l'aventure se solde par un échec, elle oriente durablement une partie de la droite française vers le nationalisme et l'anti-parlementarisme.

▼ Dessin de Caran d'Ache (1859-1909) : l'Affaire Dreyfus. ▶
« Surtout ! Ne parlons pas de l'Affaire !... »

— l'affaire Dreyfus (1894-1906) d'autre part : le capitaine Dreyfus, membre d'une riche famille juive, est soupçonné d'espionnage et condamné, puis déporté en Guyane pour haute trahison. La gauche lance une campagne pour sa défense, Émile Zola (cf. p. 309) écrit une diatribe où il accuse le Conseil de guerre d'antisémitisme, et de défendre exclusivement les intérêts de l'État-major. La France est coupée en deux, on crée la Ligue des Droits de l'Homme. Dreyfus sera finalement réhabilité bien des années plus tard, en 1906 : la pièce maîtresse de l'accusation était un faux. L'affaire annonce cette évolution plus marquée de la majorité vers la gauche qui caractérisera la République radicale de 1899 à 1914 : celle de la « belle époque ».

Le divorce du réel et de l'idéal

Littérairement, les courants apparus dès 1850 avec Baudelaire ou Flaubert s'affirment et dominent la fin du siècle. L'un, qui s'épanouit dans la poésie symboliste, est tourné vers le monde spirituel ; l'autre, avec le roman naturaliste, vers la réalité.

La double obsession du réel et de l'idéal est ainsi le centre autour duquel s'organisent des tendances qui coexistent et bien souvent s'imbriquent : naturalisme et symbolisme sont présents dans l'œuvre d'un écrivain comme Joris-Karl Huysmans (cf. pp. 318 et 333). C'est une sorte de fascination mêlée de répulsion pour le réel qui conduit aussi bien à l'engagement indigné d'un Zola — le maître du naturalisme — dans l'affaire Dreyfus, qu'à la réaction « décadentiste » de la fin du siècle. Les décadents constatent surtout la « banqueroute » du naturalisme, qui tentait de lier la littérature à la science, et en poésie la domination absolue de Baudelaire (cf. p. 271), Rimbaud (cf. p. 324) et Mallarmé (cf. p. 330). Ils cherchent donc les moyens d'un dépassement, d'un renouveau de la poésie, et se tournent à cette fin vers des directions opposées : la nature ou la culture, le retour au classicisme ou au romantisme.

Les vraies promesses néanmoins sont encore dans l'ombre, chez de jeunes écrivains dont l'œuvre appartient au siècle suivant : Marcel Proust, André Gide ou Paul Claudel.

« ... Ils en ont parlé... »

LE SYMBOLISME

On a rassemblé sous cette appellation un ensemble d'écrivains pourtant bien différents. Sans doute ont-ils pour point commun « l'idéalisme », c'est-à-dire la volonté d'accéder, au-delà du réel, au monde de l'idée. Mais, même sous ce simple mot « d'Idée », combien de méprises et de malentendus !

LE CONTEXTE : LE « MOUVEMENT DÉCADENT »

Au lendemain de la Commune, alors que, dans le roman, Flaubert et Zola dominent, et que, en poésie, Baudelaire apparaît comme un maître difficilement égalable, de jeunes gens « zutistes », « hydropathes », « hirsutes », attestent le trouble des consciences. *Le Décadent,* revue fondée en 1886, de tendance anarchiste, anti-boulangiste, donne à certains d'entre eux sinon une bannière, du moins un nom. Le refus du réel, une religiosité vague, ou la conversion au christianisme (Huysmans, Claudel), le goût de l'artifice et des paradis artificiels les rassemblent. Le meilleur représentant de cet esprit est Jules Laforgue, dans les *Complaintes,* l'*Imitation de Notre-Dame la Lune* et *Derniers Vers.*

Cependant, le mot de décadent, associé à un goût pour l'excentricité, à une complaisance maladive pour toutes les situations morbides, prend peu à peu une consonance péjorative. Ceux qui désirent de construire un mouvement littéraire choisissent donc l'adjectif symboliste, utilisé souvent comme synonyme de décadent, mais chargé de connotations positives.

MALLARMÉ, CHEF DE FILE MALGRÉ LUI DU SYMBOLISME

Par son refus du monde, par ses propres recherches poétiques sur le symbole, Mallarmé pouvait sembler proche des symbolistes. En outre, sa présence, sa réputation de rigueur dans l'écriture, son refus de toute concession à la mode, rendaient crédible un mouvement constitué tant bien que mal d'individualités éparses. Moréas, qui publie en 1886 *Le Symbolisme,* un « manifeste », analyse cette révolution poétique effectuée par Baudelaire, puis confirmée par Verlaine et Mallarmé.

COMMENT SE DÉFINIT LE SYMBOLE SYMBOLISTE

A la différence du symbole traditionnel, où le concret, une colombe par exemple, évoque l'abstrait – la paix –, le symbole symboliste n'est pas nommé, ni présent, mais suggéré.

L'Idée évoquée par le symbole n'est pas un concept. Aucune traduction du symbole en idée philosophique n'est possible.

Le symbole n'est pas, comme l'exprimait méchamment Mallarmé, une comparaison dont on aurait supprimé l'un des termes ; ce n'est pas un artifice rhétorique : c'est un moyen de connaissance des « affinités ésotériques » du monde avec les « Idées primordiales ».

Le langage à inventer retient aussi les symbolistes : néologismes, figures de rhétorique contournées, artifices en sont les principaux traits.

« L'ÉCOLE SYMBOLISTE ?...

... Il faudrait d'abord qu'il y en eût une. Pour ma part, je n'en connais pas. » Cette réponse d'un symboliste à une enquête sur la littérature de son temps témoigne de la difficulté qu'ont éprouvé les symbolistes eux-mêmes à se sentir engagés dans un mouvement unique et précisément défini. Et cela pour plusieurs raisons :
D'une part, souvent Mallarmé n'a pas été compris par ceux-là mêmes qui s'en récla-maient et qui n'ont vu – comme Henri de Régnier (1864-1936) – dans son symbole que la représentation concrète d'une idée abstraite.
D'autre part, de nombreux poètes ont été assimilés aux symbolistes en raison seule-ment d'une parenté vague de leur œuvre avec celle de Mallarmé. Cette imprécision a contribué à « dissoudre » le mouvement. Ainsi Verlaine, parce qu'il mettait l'accent sur la musicalité du vers, alors que Mallarmé mettait en avant la matière sonore du mot, a été assimilé aux symbolistes.
Enfin, en réalité, les œuvres produites au nom du symbolisme apparaissent aujourd'hui plus « décadentes » que symbolistes.
Un poète cependant va reprendre, bien plus tard, la conception mallarméenne du travail poétique dans ce qu'elle a de plus exigeant : Paul Valéry.

Odilon Redon (1840-1916), *Les yeux clos.*

Paul Verlaine

1844-1896

La vie et l'œuvre de Verlaine sont placées sous le signe de la dissidence : dissidence sociale (par son alcoolisme et sa vie bohême), dissidence morale (son aventure avec Rimbaud le place au banc des réprouvés), dissidence vis-à-vis de sa propre dissidence (sa conversion finale, laborieusement élaborée, le range aux côtés de tous ceux qui, en cette fin de siècle, comme Huysmans (cf. p. 318), n'ont pu assumer jusqu'au bout leurs aspirations à un monde autre).

Les dissidences littéraires

Modelé dans son adolescence par la poésie romantique, il en adopte la sensibilité et même le goût, un peu dépassé à son époque, des paysages grandioses (soleils couchants, forêts d'automne, clairs de lune), mais il leur donne une tonalité nouvelle.

Profondément influencé par Baudelaire, marqué par la lecture des *Fleurs du Mal,* il reconnaît chez son aîné un « frère en génie ». Cette influence imprègne son premier recueil des *Poèmes Saturniens* (1866). Mais son interprétation des « correspondances » est toute personnelle : elles s'établissent en effet non pas entre les objets du monde et l'au-delà, mais entre les sensations, dans un monde de rêve. Influencé également par le Parnasse, il utilise la rigueur de la forme au service d'une sorte de poésie-masque, grâce à laquelle il bride sa sensibilité et la nervosité de son émotion.

Le monde qu'il peint dans ses *Fêtes Galantes* (1869), fruit de cette interprétation paradoxale du culte de la forme, est un paysage enchanté, fait de rêves et d'amour. Dans *La Bonne Chanson* (1870), c'est au contraire la réalité, mais transfigurée par ses recherches sur la forme poétique, qu'il peint.

◄ Fantin-Latour (1836-1904), *Le Coin de table* (1872) [détail].

Arraché à l'ornière d'une vie bourgeoise, où son art étouffe, par sa rencontre avec Rimbaud, Verlaine là encore se pique, sans aliéner sa personnalité, au jeu des influences. Avec Rimbaud, il part au fond de l'inconnu, à la recherche de l'ineffable, de l'inouï ; il tente avec désespoir d'unir dans cette vie agitée le bien et le mal. En 1873, Verlaine est condamné à deux ans de prison pour avoir blessé Rimbaud d'un coup de revolver. En prison, il compose son chef-d'œuvre, *Romances sans paroles* (1874). Il se convertit au catholicisme et compose *Sagesse,* des « sonnets au Christ », des « litanies à la Vierge », qui font de ce recueil un sommet de la poésie catholique. La fin de la carrière poétique de Verlaine est beaucoup plus trouble. De *Cellulairement* en 1880 à *Parallèlement* en 1889, Verlaine ne retrouve que par instants cette voix personnelle qui en a fait l'un des poètes adulés du siècle.

La voix personnelle

Verlaine, par une sensibilité particulière au monde, une sorte de porosité passive, laisse se dessiner, s'ordonner en lui ces paysages intérieurs qui forment le décor si étrange de sa poésie. Paysages automnaux ou lunaires, entre le rêve et la réalité, disent sa nostalgie, son regret des êtres, esquissent un monde mouvant et comme dématérialisé.

Deux traits formels originaux sont liés à ces paysages : l'impressionnisme et la musicalité. Malgré leur classicisme apparent, ses vers sont portés par un rythme tout à fait moderne, coulé, « volatil », impair. De même, l'impressionnisme inventé par les peintres pour traduire l'instantané et le fugitif, est ici redécouvert, réinventé, pour traduire le flou, les ombres, le clair-obscur, les brumes.

Poèmes saturniens
1866 _____

Mon rêve familier

Je fais souvent ce rêve étrange et pénétrant
D'une femme inconnue, et que j'aime, et qui m'aime,
Et qui n'est, chaque fois, ni tout à fait la même
Ni tout à fait une autre, et m'aime et me comprend.

5 Car elle me comprend, et mon cœur, transparent
Pour elle seule, hélas! cesse d'être un problème
Pour elle seule, et les moiteurs de mon front blême,
Elle seule les sait rafraîchir, en pleurant.

Est-elle brune, blonde ou rousse? – Je l'ignore.
10 Son nom? Je me souviens qu'il est doux et sonore
Comme ceux des aimés que la Vie exila.

Son regard est pareil au regard des statues,
Et pour sa voix, lointaine, et calme, et grave, elle a
L'inflexion des voix chères qui se sont tues.

Verlaine, *Poèmes saturniens.*

1 Classiquement, l'alexandrin (vers de 12 pieds) comporte quatre accents. Comptez-les ici, vers par vers. Que constatez-vous? Analysez le premier vers : quelles sont ici les syllabes accentuées et pourquoi? Étudiez les coupes, les enjambements : en quoi l'utilisation qu'en fait ici Verlaine s'éloigne-t-elle des usages classiques?

2 Relevez les expressions, les mots, qui rendent irréels les êtres.

3 Dans la troisième strophe, Verlaine exprime une curieuse opinion à propos du nom. Comment la comprenez-vous?

Romances sans paroles
1874

Le titre du recueil, *Romances sans paroles*, reprend une perfidie adressée à Lamartine, dont un critique avait trouvé la poésie musicale mais insignifiante. Verlaine affirme de cette manière ses préoccupations musicales en matière de poésie. Cependant, il utilise aussi la peinture, pour évoquer par exemple un paysage intérieur.

Le piano...

> Son joyeux, importun, d'un clavecin sonore.
> (Pétrus Borel)

Le piano que baise une main frêle
Luit dans le soir rose et gris vaguement,
Tandis qu'avec un très léger bruit d'aile
Un air bien vieux, bien faible et bien charmant
5 Rôde discret, épeuré quasiment,
Par le boudoir longtemps parfumé d'Elle.

Qu'est que c'est que ce berceau soudain
Qui lentement dorlote mon pauvre être ?
Que voudrais-tu de moi, doux Chant badin ?
10 Qu'as-tu voulu, fin refrain incertain
Qui vas tantôt mourir vers la fenêtre
Ouverte un peu sur le petit jardin ?

Verlaine, *Romances sans paroles*, « Ariettes oubliées », V.

1 La première strophe comprend plusieurs inversions. Lesquelles ? Quel effet le poète a-t-il voulu produire ?

2 Étudiez les sonorités de la seconde strophe. Voyez-vous un contraste par rapport à la première ? Lequel et pourquoi ?

3 Relevez les adjectifs de couleur : quelle tonalité donnent-ils à l'ensemble ? Quels mots expriment ou évoquent un mouvement ? Qu'ont-ils de commun ? Comment caractériseriez-vous ce mouvement ?

Arthur Rimbaud

1854-1891

Arthur
Rimbaud,
juin 1872
P. V.

L'insaisissable vérité

« Poète maudit », révolutionnaire en politique, en art et dans sa vie, symbole jusqu'à nos jours de la révolte de la jeunesse contre la médiocrité bourgeoise... voilà l'image qu'on se complaît à donner de Rimbaud. Cependant, certains critiques, dont Etiemble, refusent de se laisser prendre à l'illusion collective et font remarquer à quel point sa vie, et notamment l'aventure qui l'a mené, avec Verlaine, à travers la Belgique et l'Angleterre, ont été romancées. Reste que l'on ne peut manquer d'être frappé par la fulgurance de cette œuvre, que Rimbaud écrit entre quinze et vingt ans. Il abandonne en effet toute activité poétique en 1875 et part à travers le monde pour devenir un « homme puissant et riche ».

Il meurt en 1891 des suites d'une tumeur au genou, alors que ses affaires africaines devenaient prospères.

L'œuvre

Délaissant le mythe, c'est l'œuvre qu'il s'agit de comprendre. D'autant que pour beaucoup d'auteurs modernes, elle apparaît comme l'acte de naissance de toute poésie véritable.

Les premières *Poésies,* écrites à partir de 1869 et publiées en 1891, s'élaborent en termes de refus : refus de l'hypocrisie religieuse, bourgeoise (« Les Sœurs de Charité », « Les Pauvres à l'église », « l'Orgie parisienne ») ; refus aussi, progressivement, de la réalité que Rimbaud délaisse pour se tourner vers l'ineffable (« Le Bateau ivre », « Larmes », « Fêtes de la patience », « Mémoire »). Dans les années 1870-71, prend forme sa conception de la poésie fondée essentiellement sur la vision. Dans une lettre à son ami Paul Demeny dite la « lettre du voyant », Rimbaud en explique les aspects essentiels. Il réaffirme son admiration pour les Parnassiens, la recherche d'une forme pure et travaillée, mais pose une nouvelle exigence : le poète doit se faire voyant, c'est-

◀ Rimbaud dessiné par Verlaine.

324

de Mémoire.

à-dire aller chercher l'inconnu de la conscience humaine. Cet inconnu affleure dans les moments où le poète assiste à « l'éclosion de sa pensée », c'est-à-dire à l'apparition en lui d'une voix qu'il ne contrôle pas, comme si elle appartenait à un autre que lui : « car *Je* est un autre », écrit-il, « si le cuivre s'éveille clairon, il n'y a rien de sa faute ».

Comment se faire voyant ? « Le poète se fait voyant par un long, immense et raisonné dérèglement de tous les sens. » Il pose donc là une double exigence contradictoire : dérèglement certes, mais raisonné. C'est que Rimbaud ne cesse de chercher, en même temps que des sources d'inspiration nouvelles, un langage nouveau. Dans cette double quête, humaine et esthétique, il rejoint Baudelaire dont il écrit : « Baudelaire est le premier voyant, roi des poètes, un vrai Dieu ».

Deux œuvres inaugurent cette poétique : le poème du « Bateau Ivre » et *Les Illuminations* (recueil mis au point en 1875 et publié par Verlaine en 1886) dont le titre évoque à la fois les enluminures peintes sur les manus-crits anciens et les hallucinations. Elles mènent Rimbaud au bord de ce que les surréalistes appelleront « écriture automati-que », c'est-à-dire une écriture gouvernée aussi peu que possible par la raison, afin de lais-ser affleurer l'inconscient. En même temps, il renouvelle radicalement l'image poétique, grâce à ce qu'il nomme « l'Alchimie du verbe » : la fusion en un tout harmonieux, en une expression fulgurante, d'éléments disparates (impressions olfactives, visuelles, sonori-tés, couleurs, rythmes...). *Une Saison en Enfer* (1873) tire de ce voyage hors du réel un amer bilan : « l'histoire d'une de mes folies ». Rim-baud raconte ses chimères, ce en quoi il a cru, le dérèglement, la voyance, l'inconnu ; ce à quoi il a prétendu : « l'alchimie du verbe », les « pouvoirs surnaturels » ; et le quotidien intolérable, la misère. Enfin, il laisse ce pathé-tique adieu à la poésie pourrir chez l'impri-meur. Même si, pendant dix-huit mois encore, Rimbaud se consacre aux *Illuminations, Une saison en Enfer* constitue son testament litté-raire.

Poésies
1869

Le Bateau ivre

Comme je descendais des Fleuves impassibles,
Je ne me sentis plus guidé par les haleurs :
Des Peaux-Rouges criards les avaient pris pour cibles
Les ayant cloués nus aux poteaux de couleurs.

5 J'étais insoucieux de tous les équipages,
Porteur de blés flamands ou de cotons anglais.
Quand avec mes haleurs ont fini ces tapages,
Les Fleuves m'ont laissé descendre où je voulais.

Dans les clapotements furieux des marées,
10 Moi, l'autre hiver, plus sourd que les cerveaux d'enfants,
Je courus ! Et les Péninsules démarrées[1]
N'ont pas subi tohu-bohus plus triomphants.

La tempête a béni[2] mes éveils maritimes.
Plus léger qu'un bouchon j'ai dansé sur les flots
15 Qu'on appelle rouleurs éternels de victimes,
Dix nuits, sans regretter l'œil niais des falots[3] !

Plus douce qu'aux enfants la chair des pommes sures[4],
L'eau verte pénétra ma coque de sapin
Et des taches de vins bleus et des vomissures
20 Me lava, dispersant gouvernail et grappin.

1. Qui ont rompu leurs amarres. – 2. Comblé. – 3. Lanternes sourdes des ports. – 4. Au goût acidulé.

Et dès lors, je me suis baigné dans le Poème
De la Mer, infusé d'astres, et lactescent[1],
Dévorant les azurs verts; où, flottaison blême
Et ravie, un noyé pensif parfois descend;

25 Où, teignant tout à coup les bleuités, délires
Et rythmes lents sous les rutilements du jour,
Plus fortes que l'alcool, plus vastes que nos lyres,
Fermentent les rousseurs amères de l'amour!

Je sais les cieux crevant en éclairs, et les trombes
30 Et les ressacs et les courants; je sais le soir,
L'aube exaltée[2] ainsi qu'un peuple de colombes,
Et j'ai vu quelquefois ce que l'homme a cru voir!

J'ai vu le soleil bas, taché d'horreurs mystiques,
Illuminant de longs figements violets,
35 Pareils à des acteurs de drames très antiques
Les flots roulant au loin leurs frissons de volets!

J'ai rêvé la nuit verte aux neiges éblouies,
Baiser montant aux yeux des mers avec lenteurs,
La circulation des sèves inouïes,
40 Et l'éveil jaune et bleu des phosphores chanteurs!

J'ai suivi, des mois pleins, pareille aux vacheries
Hystériques, la houle à l'assaut des récifs,
Sans songer que les pieds lumineux des Maries
Pussent forcer le mufle aux Océans poussifs!

45 J'ai heurté, savez-vous, d'incroyables Florides
Mêlant aux fleurs des yeux de panthères à peaux
D'hommes, des arcs-en-ciel tendus comme des brides
Sous l'horizon des mers, à de glauques troupeaux!

J'ai vu fermenter les marais énormes, nasses
50 Où pourrit dans les joncs tout un Léviathan[3]!
Des écroulements d'eaux au milieu des bonaces[4],
Et les lointains vers les gouffres cataractant!

Glaciers, soleils d'argent, flots nacreux, cieux de braises!
Échouages hideux au fond des golfes bruns
55 Où les serpents géants dévorés des punaises
Choient, des arbres tordus, avec de noirs parfums!

J'aurais voulu montrer aux enfants ces dorades
Du flot bleu, ces poissons d'or, ces poissons chantants.
– Des écumes de fleurs ont bercé mes dérades[5]
60 Et d'ineffables vents m'ont ailé par instants.

Parfois, martyr lassé des pôles et des zones,
La mer dont le sanglot faisait mon roulis doux
Montait vers moi ses fleurs d'ombre aux ventouses jaunes
Et je restais, ainsi qu'une femme à genoux...

65 Presque île, ballottant sur mes bords les querelles
Et les fientes d'oiseaux clabaudeurs[6] aux yeux blonds.
Et je voguais, lorsqu'à travers mes liens frêles
Des noyés descendaient dormir, à reculons!...

1. D'un blanc laiteux.
2. Sens premier : qui s'élève vers le ciel.
3. Monstre biblique.
4. Accalmies.
5. Formé sur dérader : quitter la rade du port.
6. Qui criaillent.

Or moi, bateau perdu sous les cheveux des anses,
70 Jeté par l'ouragan dans l'éther sans oiseau,
Moi dont les Monitors[1] et les voiliers des Hanses[2]
N'auraient pas repêché la carcasse ivre d'eau ;

Libre, fumant, monté de brumes violettes,
Moi qui trouais le ciel rougeoyant comme un mur
75 Qui porte, confiture exquise aux bons poëtes,
Des lichens de soleil et des morves d'azur,

Qui courais, taché de lunules électriques,
Planche folle, escorté des hippocampes noirs,
Quand les juillets faisaient crouler à coups de triques
80 Les cieux ultramarins[3] aux ardents entonnoirs ;

Moi qui tremblais, sentant geindre à cinquante lieues
Le rut des Béhémots et les Maelstroms[4] épais,
Fileur éternel des immobilités bleues,
Je regrette l'Europe aux anciens parapets !

85 J'ai vu des archipels sidéraux ! et des îles
Dont les cieux délirants sont ouverts au vogueur :
– Est-ce en ces nuits sans fonds que tu dors et t'exiles,
Million d'oiseaux d'or, ô future Vigueur ? –

Mais, vrai, j'ai trop pleuré ! Les Aubes sont navrantes.
90 Toute lune est atroce et tout soleil amer :
L'âcre amour m'a gonflé de torpeurs enivrantes.
O que ma quille éclate ! O que j'aille à la mer !

Si je désire une eau d'Europe, c'est la flache[5]
Noire et froide où vers le crépuscule embaumé
95 Un enfant accroupi plein de tristesses, lâche
Un bateau frêle comme un papillon de mai.

Je ne puis plus, baigné de vos langueurs, ô lames,
Enlever leur sillage[6] aux porteurs de cotons,
Ni traverser l'orgueil des drapeaux et des flammes[7],
100 Ni nager sous les yeux horribles des pontons.

Rimbaud, *Poésies.*

1. Vaisseaux des garde-côtes.
2. Ligues des villes maritimes au Moyen Age.
3. Bleu outremer.
4. Tourbillons.
5. Flaque.
6. Prendre le sillage.
7. Drapeaux de forme allongée.

1 Qui parle ? Voyez-vous des ressemblances entre le narrateur (celui qui parle) et le poète ? A quel endroit ? Relevez les mots précis.

2 Commentez « je me suis baigné dans le Poème/de la Mer » (v. 21-22). En trouvez-vous d'autres qui vont dans le même sens ?

3 Étudiez les couleurs. Quelle est leur tonalité générale ? Quel effet est-il ainsi produit ? Relevez les images. Vous semblent-elles plus ou moins nombreuses que dans la plupart des poèmes ? Quel effet le poète a-t-il voulu produire ?

Une saison en enfer
1873

Rédigée en 1873, *Une Saison en Enfer* relate et conclut deux années d'errances et d'expériences poétiques. Deux axes apparaissent : le premier, de l'ordre du récit, évoque les événements – son voyage avec Verlaine – dans leur ordre chronologique ; le second, de l'ordre de la critique littéraire, analyse les fondements de la poétique rimbaldienne et propose des poèmes, à titre d'exemple ou, au contraire, de contrepoint.

Dans le texte suivant, nous avons pour des raisons de place, enlevé les poèmes. Leur titre est cité en note.

Alchimie du verbe

A moi. L'histoire d'une de mes folies.

Depuis longtemps je me vantais de posséder tous les paysages possibles, et trouvais dérisoires les célébrités de la peinture et de la poésie moderne.

J'aimais les peintures idiotes[1], dessus de portes, décors, toiles de saltimbanques[2],
5 enseignes, enluminures populaires ; la littérature démodée, latin d'église, livres érotiques sans orthographe, romans de nos aïeules, contes de fées, petits livres de l'enfance, opéras vieux, refrains niais, rythmes naïfs.

Je rêvais croisades, voyages de découvertes dont on n'a pas de relations, républiques sans histoires, guerres de religion étouffées, révolution de mœurs, déplace-
10 ments de races et de continents : je croyais à tous les enchantements.

J'inventai la couleur des voyelles ! – *A* noir, *E* blanc, *I* rouge, *O* bleu, *U* vert. – Je réglai la forme et le mouvement de chaque consonne, et, avec des rythmes instinctifs, je me flattai d'inventer un verbe poétique accessible, un jour ou l'autre, à tous les sens. Je réservais la traduction.

15 Ce fut d'abord une étude. J'écrivais des silences, des nuits, je notais l'inexprimable. Je fixais des vertiges. Pleurant, je voyais de l'or – et ne pus boire (...)[3]

La vieillerie poétique avait une bonne part dans mon alchimie du verbe.

Je m'habituai à l'hallucination simple : je voyais très franchement une mosquée à la place d'une usine, une école de tambours faite par des anges, des calèches sur
20 les routes du ciel, un salon au fond d'un lac ; les monstres, les mystères ; un titre de vaudeville dressait des épouvantes devant moi.

Puis j'expliquai mes sophismes magiques avec l'hallucination des mots !

Je finis par trouver sacré le désordre de mon esprit. J'étais oisif, en proie à une lourde fièvre : j'enviais la félicité des bêtes, – les chenilles, qui représentent l'inno-
25 cence des limbes, les taupes, le sommeil de la virginité !

Mon caractère s'aigrissait. je disais adieu au monde dans d'espèces de romances[4]. (...)

J'aimai le désert, les vergers brûlés, les boutiques fanées, les boissons tièdes. Je me traînais dans les ruelles puantes et, les yeux fermés, je m'offrais au soleil, dieu
30 de feu[5]. (...)

Je devins un opéra fabuleux : je vis que tous les êtres ont une fatalité de bonheur : l'action n'est pas la vie, mais une façon de gâcher quelque force, un énervement. La morale est la faiblesse de la cervelle.

1. Sans intérêt.
2. Gens du voyage et du cirque.
3. Les deux coupures correspondent aux poèmes « Larme » et « Bonne pensée du matin ».
4. Suit « La Chanson de la plus haute tour ».
5. Suivent « Faim » et « Éternité ».

A chaque être, plusieurs *autres* vies me semblaient dues. Ce monsieur ne sait ce
35 qu'il fait : il est un ange. Cette famille est une nichée de chiens. Devant plusieurs
hommes, je causai tout haut avec un moment d'une de leurs autres vies. – Ainsi, j'ai
aimé un porc.

Aucun des sophismes de la folie, – la folie qu'on enferme, – n'a été oublié par
moi : je pourrais les redire tous, je tiens le système.
40 Ma santé fut menacée. La terreur venait. Je tombais dans des sommeils de plusieurs jours, et, levé, je continuais les rêves les plus tristes. J'étais mûr pour le trépas, et par une route de dangers ma faiblesse me menait aux confins du monde et
de la Cimmérie, patrie de l'ombre et des tourbillons.

Je dus voyager, distraire les enchantements assemblés sur mon cerveau. Sur la
45 mer, que j'aimais comme si elle eût dû me laver d'une souillure, je voyais se lever
la croix consolatrice. J'avais été damné par l'arc-en-ciel. Le Bonheur était ma fatalité, mon remords, mon ver : ma vie serait toujours trop immense pour être dévouée à
la force et à la beauté. (...)

Cela s'est passé. Je sais aujourd'hui saluer la beauté.

O saisons, ô châteaux !
Quelle âme est sans défauts ?

J'ai fait la magique étude
Du bonheur, qu'aucun n'élude.

5 Salut à lui, chaque fois
Que chante le coq gaulois.

Ah ! Je n'aurai plus d'envie :
Il s'est chargé de ma vie.

Ce charme a pris âme et corps
10 Et dispersé les efforts.

O saisons, ô châteaux !

L'heure de sa fuite, hélas !
Sera l'heure du trépas.

O saisons, ô châteaux !

Rimbaud, *Une saison en enfer.*

1 Quelles sont les trouvailles techniques sur lesquelles Rimbaud fonde son
« alchimie du verbe » ? Commentez l'expression « rythmes instinctifs ».

2 Relevez le mot « hallucination », avec les différents contextes dans lesquels il
apparaît : quel sens pouvez-vous, après cette étude, lui donner ?

3 Quel est le bilan que tire Rimbaud de ces deux années ?

Stéphane Mallarmé

1842-1898

L'initiateur de la modernité

Raillée, incomprise, l'œuvre relativement mince de Mallarmé trace dans notre histoire littéraire une incontournable ligne de démarcation : il y a l'avant et l'après Mallarmé. Longtemps cantonné dans un hermétisme considéré comme un peu pervers, il commence enfin à trouver sa place lorsque la critique des années 1960 met en avant la notion de texte, et étudie le Mallarmé théoricien.

En effet, Mallarmé, sous la double influence de Baudelaire et des Parnassiens, est allé toujours plus avant dans l'exigence en matière de pureté formelle et de rigueur du texte.

Le texte comme drame

Le texte est un drame, en ce sens qu'il s'agit de l'arracher au silence, et sous les dehors tranquilles du professeur d'anglais qu'il fut, Mallarmé connaîtra des crises graves, entre 1865 et 1867, dues à l'effroyable difficulté d'écrire.

Cependant, il ne s'agit pas du tout pour lui d'épancher son *spleen* ou sa difficulté à être dans l'écriture. Si Mallarmé conçoit le texte comme un drame, c'est dans son sens théâtral qu'il convient de l'entendre : un espace et un temps chargés d'événements. Il ne s'agit pas d'actions, de duels ou d'enlèvements : ce sont les apparitions, les disparitions, les retours et les échos des mots. Dès le début, même lorsqu'il subit encore l'influence de Baudelaire, Mallarmé est marqué par l'exigence de donner à chaque mot sa raison d'être. Chaque mot doit être justifié : il doit arriver à tel endroit parce que sa sonorité, son rythme, sa matière l'y imposent à l'exclusion de tout autre.

Après ses premiers poèmes (« Les fenêtres », « l'Azur », « Brise marine »), dans lesquels l'influence de Baudelaire et du Parnasse est sensible, Mallarmé compose *Hérodiade,* une tragédie, en 1864 et, entre 1865 et 1876, *L'Après-midi d'un faune.*

Ces deux textes mettent en œuvre les fondements théoriques d'une poésie radicalement nouvelle. Ce sont d'abord des textes de théâtre, calculés pour que le jeu de leurs rythmes scande le temps d'une représentation. Le rythme est une construction faite de mots et de silences, de pauses qui, soit s'accordent à la syntaxe de la phrase, soit la distendent, l'étirent, la ramassent en cris brefs. Bien qu'ils soient prévus pour la scène, les événements présentés par ces deux textes sont réduits au minimum. Ainsi, *l'Après-midi d'un faune* montre le réveil d'un faune (personnage mythologique représenté avec des cornes et des pieds de chèvre) qui se demande s'il a vu en rêve ou dans la réalité une nymphe dont l'image le hante. Puis il se rendort.

Le sens

« Le sens, s'il en a un (mais je me consolerais du contraire grâce à la dose de poésie qu'il renferme, ce me semble) est évoqué par un mirage interne des mots eux-mêmes », répond Mallarmé. Le mot de mirage est à prendre ici en trois sens différents. Il désigne d'abord un phénomène optique : les rayons lumineux inégalement réfractés dessinent, à l'horizon, des paysages. D'une façon analogue, l'ensemble des relations sonores et sémantiques établies entre les mots crée le sens, dessine le contour, à la fois musical, rythmique et sémantique du symbole.

Mais on utilise aussi le mot mirage au sens d'illusion. Mallarmé croit peu à ce qu'il est convenu d'appeler le sens : c'est-à-dire l'ensemble des préceptes moraux, philosophiques, politiques, qu'il est possible de tirer d'une œuvre.

Le mot de mirage est à prendre enfin dans son sens concret selon lequel on mire les œufs (on regarde, grâce à une ampoule, à travers la coquille, pour voir s'ils sont sains et en état d'être consommés) : car aucun mot ne sort intact de cette épreuve ; ils sont retournés en tous sens, traversés par la lumière, vus.

Vu : ce dernier mot nous mène à l'un des aspects les plus méconnus de Mallarmé : dissimulé derrière le poète réputé symboliste ou hermétique, se tient le poète des objets concrets. Il chante en Théophile Gautier « le voyant qui, placé dans ce monde, l'a regardé, ce qu'on ne fait pas ». De fait, les objets, d'art ou du monde, fleurs, oiseaux, paysages, existent avec force dans la poésie de Mallarmé.

Poésies
1887

Le premier recueil rassemble des poèmes de Stéphane Mallarmé publiés auparavant par diverses revues.

Le sonnet suivant avait été imprimé en 1885. Il reprend le thème du poète désireux de quitter ce monde médiocre pour un monde de beauté idéal, thème évoqué vingt ans plus tôt dans « Brise Marine » :

« Fuir ! Là-bas fuir ! Je sens que des oiseaux sont ivres
D'être parmi l'écume inconnue et les cieux ! ».

Ici cependant, l'envol est irrémédiablement retenu. On a cru voir dans ce sonnet une réminiscence de ces vers de Gautier dans « Émaux et Camées » :

« Un cygne s'est pris en nageant
Dans le bassin des Tuileries. »

Le vierge, le vivace et le bel aujourd'hui
Va-t-il nous déchirer avec un coup d'aile ivre
Ce lac dur oublié que hante sous le givre
Le transparent glacier des vols qui n'ont pas fui !

5 Un cygne d'autrefois se souvient que c'est lui
Magnifique mais qui sans espoir se délivre
Pour n'avoir pas chanté la région où vivre
Quand du stérile hiver a resplendi l'ennui.

Tout son col secouera cette blanche agonie
10 Par l'espace infligé à l'oiseau qui le nie,
Mais non l'horreur du sol où le plumage est pris.

Fantôme qu'à ce lieu son pur éclat assigne,
Il s'immobilise au songe froid de mépris
Que vêt parmi l'exil inutile le Cygne.

Mallarmé, *Poésies.*

1 Analysez les rimes de ce poème. Constatez-vous des dominantes ? Lesquelles ? Entendez-vous des effets d'échos ? Lesquels ? Quel effet produit cette musicalité particulière ?

2 Le mot cygne apparaît deux fois dans le poème. Une fois sans, et une fois avec majuscule. Analysez les sonorités qui dominent dans le contexte de ces deux mots. Expliquez leur sens dans ces deux occurrences.

Autre éventail
de Mademoiselle Mallarmé

Ce poème, formé de cinq stances (groupe de vers offrant un sens complet et suivi d'un repos) témoigne de la précision extrême de l'art de Mallarmé. A son propos, Albert Thibaudet, un critique du début du XXᵉ siècle, écrira : « Chacune de ces cinq stances, comme les cinq plumes aériennes de l'éventail même, tient en ses termes contournés et précieux une signification indéfinie, non indéfinie parce qu'elle est vague, mais indéfinie parce qu'elle disperse loin les ondes d'un sens souple et vivant. »

O rêveuse, pour que je plonge
Au pur délice sans chemin,
Sache, par un subtil mensonge,
Garder mon aile dans ta main.

5 Une fraîcheur de crépuscule
Te vient à chaque battement
Dont le coup prisonnier recule
L'horizon délicatement.

Vertige ! voici que frissonne
10 L'espace comme un grand baiser
Qui, fou de naître pour personne,
Ne peut jaillir ni s'apaiser.

Sens-tu le paradis farouche
Ainsi qu'un rire enseveli
15 Se couler du coin de ta bouche
Au fond de l'unanime pli !

Le sceptre des rivages roses
Stagnants sur les soirs d'or, ce l'est,
Ce blanc vol fermé que tu poses
20 Contre le feu d'un bracelet.

Mallarmé, *Poésies.*

---

1 Qui parle ?

2 Pourquoi Mallarmé emploie-t-il des stances ? Comment cette utilisation particulière de la strophe transforme-t-elle le poème ?

3 Imaginez la description classique qu'on pourrait faire d'un éventail. Comparez-la avec cette évocation de l'objet. Que constatez-vous ? Quel effet produisent sur le lecteur les techniques utilisées par Mallarmé ?

LE ROMAN « FIN DE SIÈCLE »

Le roman, au contraire de la poésie, apparaissait comme une chasse gardée du réalisme. Pourtant quelques romanciers ont voulu briser le consensus et faire œuvre symboliste en prose. Prenant l'exact contre-pied du naturalisme, ils ont rétabli le mythe du héros, le culte de l'individu dans sa singularité (grâce à quoi ils ont rendu possible *A la recherche du temps perdu,* de M. Proust – cf. p. 360 – œuvre majeure du XXe siècle). Au modernisme et à la poésie de la machine, ils opposent le retour aux sources campagnardes ; à la science, le mysticisme, au positivisme, l'idéalisme.

BARBEY D'AUREVILLY (1808-1889)

Principal pourfendeur du progrès industriel et du conformisme social, Barbey d'Aurevilly cultive l'archaïsme : dans le choix des décors, dans la récurrence des thèmes du mal, de l'homme aux prises avec le diable ; dans son goût de la surcharge et de l'excès, dans son style qu'on a appelé « baroque » (caractérisé par l'accumulation des effets). Ses œuvres principales sont *L'Ensorcelée, Le Chevalier des Touches* et surtout *Les Diaboliques,* recueil de nouvelles paru en 1874.

VILLIERS DE L'ISLE-ADAM (1838-1889)

L'humour et la cruauté sont les armes principales du Comte Villiers de l'Isle-Adam dans sa lutte contre la science, le positivisme et, d'une manière générale, tout ce qui apparaît alors comme « moderne ». *Axël,* drame fantastique, met en scène un couple d'amants que leur exigence de pureté ne peut que mener à la mort. Ils entrent alors dans l'éternité d'un monde spirituel. Les *Contes cruels* sont aussi une quête du monde spirituel : monde au-delà du monde auquel seul le retranchement dans la solitude permet d'accéder.

JORIS-KARL HUYSMANS

L'itinéraire de Huysmans, demi-hollandais né au quartier latin à Paris, atteste le trouble des écrivains de cette fin de siècle. D'abord naturaliste, mais trop désenchanté pour animer, comme le fait Zola, sa peinture sordide des milieux ouvriers du souffle de l'histoire ; trop désespéré pour croire à un futur, fasciné par la déliquescence, la mort, Huysmans déclare bientôt le naturalisme condamné à la répétition. Il se tourne alors vers le symbolisme, fait l'éloge de l'artifice et du raffinement et surtout crée ce héros auquel vont s'identifier bon nombre de jeunes gens de l'époque : Des Esseintes, personnage principal de son livre, *A rebours,* publié en 1884. Il cherche alors au-delà du réel une vérité à révéler dans un mouvement qu'il nomme le « surnaturalisme » *(En route).* Puis il verse dans le satanisme *(Là-bas)* et au bout du chemin retrouve l'Église *(La Cathédrale).* Il termine sa vie dans un cloître.

LE XXᵉ SIÈCLE

guerres et ruptures

Fromaire 1925

LA « BELLE ÉPOQUE » : 1899-1918

Le XXe siècle est, pour l'Europe, un siècle de guerres : guerres de 1914-1918 et de 1939-1945, guerres coloniales. Elles diffèrent de celles des siècles précédents par leur ampleur (3 millions de morts, pour la seule France, lors de la première guerre mondiale, presque 1,5 million lors de la seconde et Indochine comme Algérie paieront d'un nombre élevé de victimes leurs guerres d'indépendance. Elles diffèrent aussi par la gravité de leurs répercussions, économiques, stratégiques, et psychologiques : l'homme du XXe siècle en Europe vit dans l'angoisse de la guerre et du déclin européen. Les deux conflits ont provoqué une telle rupture dans les mentalités que l'histoire de la littérature suit très exactement l'histoire politique.

La «Belle Époque» commence après l'affaire Dreyfus, dernière des crises retentissantes qui, de 1885 à 1899, secouent la République (cf. p. 317). Elle coïncide avec un durcissement de la vie politique. Le déplacement vers la gauche devient plus net, et se précipite à l'approche de la guerre. Les nouveaux parlementaires de gauche, issus des classes moyennes, sans fortune, volontiers anticléricaux, s'opposent sans concession aux membres de la noblesse et de la haute bourgeoisie, et soutiennent la lutte du président du Conseil, Combes, contre les congrégations religieuses, qui aboutit en 1905 à la séparation de l'Église et de l'État.

Ces événements se déroulent dans un climat de bel optimisme, que viennent peu à peu contrarier de sérieuses difficultés :
— à l'intérieur, l'agitation sociale se développe, liée à la création d'un syndicat et d'un Parti socialiste ;
— à l'extérieur, le conflit avec l'Allemagne s'annonce. L'Angleterre, inquiète de la politique de domination européenne de l'Allemagne, règle ses différends avec la France et la Russie ; les Allemands, qui se sentent «encerclés», s'opposent à l'annexion du Maroc par la France ; parallèlement, les tensions frontalières se multiplient dans les Balkans.

La guerre qui éclate en août 1914 dure quatre ans. Elle fait plus de 8 millions de morts, et rend possible la Révolution soviétique de 1917. L'entrée en guerre des Américains, la même année, aux côtés de la France et de la Grande-Bretagne, permet la victoire des «Alliés». Mais l'Europe de 1914 s'est effondrée. Le déclin européen commence.

La littérature de la Belle Époque

Henri Lemaître, dans *Les Métamorphoses du XXe siècle*, la qualifie de «littérature de survivance». Il faut dire que les tendances manifestées au théâtre sont confuses ; que la poésie se dégage difficilement de l'héritage symboliste : Valéry reste sur les traces de Mallarmé, et si Apollinaire ouvre la voie à un esprit nouveau, la mort l'emporte trop vite. Le problème du roman enfin se pose différemment : l'opposition entre naturalisme et symbolisme, violente depuis plus de vingt ans, n'a apporté aucun renouvellement. Pourtant, c'est de cette apparente impasse que naissent deux œuvres également porteuses d'avenir : celle de Gide, et celle de Proust.

Clairin, *Sarah Bernhardt* (Paris, Musée du Petit Palais). ▶

POÉSIE :
L'HÉRITAGE SYMBOLISTE

LES INDÉPENDANTS

Plusieurs poètes, en particulier Paul Fort (1872-1960) et Saint-Pol Roux (1861-1940), comptent parmi les figures importantes de ce début de siècle.

Paul Fort, l'auteur des *Ballades françaises,* est aujourd'hui bien peu lu. Saint-Pol Roux cherche à restituer l'éclat d'une beauté idéale dissimulée sous les apparences, et dont chaque image poétique doit susciter l'apparition miraculeuse. Cette conception de l'image, par le rapprochement qu'elle suppose de deux réalités éloignées, annonce celle des surréalistes (cf. p. 370).

L'INSPIRATION NATURISTE, RELIGIEUSE ET MATHÉMATICIENNE

Par réaction contre le goût du factice prôné par les symbolistes, les naturistes, comme Anna de Noailles (1876-1933), exaltent la nature et la vie simple. D'autres subiront son influence : ainsi Paul Claudel (cf. p. 339) évoque les grands espaces, les éléments, d'une façon qui rappelle la poésie naturiste.

L'influence symboliste avait amené un certain nombre de poètes « au pied de la croix » : ainsi Joris-Karl Huysmans (1848-1907) (cf. p. 333). Au début du XXᵉ siècle, de grands poètes puisent leur inspiration dans la Bible et le sentiment religieux ; c'est le cas notamment de Paul Claudel et de Charles Péguy (1873-1914), que le mysticisme conduira à défendre d'un même mouvement les valeurs nationales et chrétiennes.

Le courant symboliste prêtait une attention extrême aux rythmes, aux rimes, aux sonorités et aux formes fixes. Cette tendance, illustrée par Mallarmé (cf. p. 330), trouve un continuateur en la personne de Paul Valéry (cf. p. 344). Elle influence également des auteurs éloignés d'une conception formelle de la poésie : Paul Claudel, comme Charles Péguy, calculent avec soin les rythmes, et réinventent celui, si particulier, du verset biblique.

A LA CROISÉE DES CHEMINS : APOLLINAIRE

Apollinaire (cf. p. 348) semble avoir subi pour sa part de multiples influences, celle des poètes de son temps, mais aussi de peintres dont il était l'ami : Chagall, Delaunay, le Douanier Rousseau. Sa poésie propose une vision du monde moderne, en particulier dans *Zone,* et une sorte de transposition des procédés cubistes dans le vers : ruptures de ton, images syncopées ont souvent été mises en relation avec l'art du plus célèbre des cubistes, Braque.

Paul Claudel

1868-1955

Fils de fonctionnaire, Paul Claudel choisit en 1890 la carrière diplomatique. Il est en poste successivement aux États-Unis et en Chine, ce qui l'amène à donner à son œuvre une dimension « planétaire » : il veut, dit-il, « faire marcher plusieurs temps à la fois dans toutes les directions ». Mais ce n'est pas le seul visage d'un poète qui suscite encore fureur ou admiration, dans un égal excès.

Les années de formation

Contre le pessimisme et le désenchantement du « stupide XIXᵉ siècle », Claudel réagit avec vigueur. L'un de ses maîtres en littérature est, entre 1887 et 1897 en particulier, Mallarmé, pour lequel « le théâtre est d'essence supérieure, nul poète ne peut à une telle objectivité des jeux de l'âme se croire étranger ». C'est de lui que Claudel tient son goût du théâtre.

D'autre part, les années 1880 sont celles de l'affrontement entre symbolisme et naturalisme : c'est une symbiose entre ces deux tendances que réussit Claudel, en particulier dans *Connaissance de l'Est,* véritable reportage poétique sur la Chine organisé autour de symboles majeurs.

Claudel subit, en outre, l'influence du catholicisme. Converti dans la passion et le déchirement, il quête toute sa vie une vérité conflictuelle, propre à l'homme religieux. Il ne cherche pas, d'ailleurs, à résorber cette contradiction qu'il juge vivifiante.

L'œuvre

Claudel présentait lui-même son œuvre théâtrale, dans une lettre datée de 1905, de la manière suivante : «Après la série de l'Arbre, j'ai vaguement l'intention de faire une nouvelle série de drames qui s'appellerait le Fruit et qui serait consacrée aux rapports de l'homme et de la femme et à la génération de l'enfant... Après le Fruit, j'écrirais le Feu qui serait, si Dieu le permet, mon bûcher funèbre ».

L'Arbre

Ce sont les pièces de jeunesse, que Claudel reprendra par la suite dans des versions plus stylisées : *Tête d'Or* (1889) et *La Ville* (1890), *L'Échange* (1894), *La jeune fille Violaine* (1893, modifiée en 1898 puis en 1910 sous le nom de *L'Annonce faite à Marie*). Nourries de symbolisme, ces pièces se présentent souvent comme des monologues à plusieurs voix, voire comme la mise en scène des multiples visages et déchirements du poète. Dans *L'Échange,* Claudel a prétendu être lui-même les quatre personnages : l'adolescent fuyant et avide, la servante-épouse, l'homme d'affaires et l'actrice hystérique. Le déchirement entre résignation et révolte se retrouve dans *La Ville,* dans *Connaissance de l'Est* et dans *Tête d'Or,* où s'affrontent les images du jeune mâle révolté qui part à la conquête du monde et de l'adolescent qui meurt brisé avant la lutte. La première partie de l'œuvre de Claudel est tout entière dans cette balance entre patience et impatience.

Le Fruit

Les œuvres de la maturité mettent en scène des personnages moins stylisés. La conception du théâtre se modifie : le temps, l'Histoire, la dimension sociologique produisent ses personnages. Les situations commandent l'action.

Après un texte autobiographique, *Le Partage de midi* (1906), il met en scène une trilogie à caractère historique : *L'Otage* (1911), *Le Pain dur* (1918) et *Le Père humilié* (1920).

Le Feu

Avec *Le Soulier de Satin* (1929) vient l'apaisement. Claudel rassemble dans cette œuvre immense les thèmes majeurs de son théâtre : celui du conquérant, du révolté, de l'amour impossible et fatal, de la séparation, de la présence-absence. Puis il se retire et se consacre, dans la solitude, à la méditation religieuse et à l'exégèse de la Bible.

Cinq grandes odes
1908

Œuvre poétique majeure de Paul Claudel, les *Cinq grandes odes* ont été écrites entre 1904 et 1908. Le poète y met définitivement au point la forme du verset inspiré de la Bible : composé de quelques lignes présentant un sens complet, il crée un espace original, au souffle majestueux. L'inspiration des *Odes* puise à des sources diverses, la Bible, ou les auteurs grecs de l'Antiquité.

Le poète entreprend ici de nommer le monde, répondant ainsi à sa vocation de continuer, à son tour et en cette place que lui accorde Dieu, la création.

Inventaire poétique du monde

Salut donc, ô monde nouveau à mes yeux, ô monde maintenant total !
O credo[1] entier des choses visibles et invisibles, je vous accepte avec un cœur catholique[2] !
J'envisage l'immense octave[3] de la Création !
5 Le monde s'ouvre et, si large qu'en soit l'empan[4], mon regard le traverse d'un bout à l'autre.
J'ai pesé le soleil ainsi qu'un gros mouton que deux hommes forts suspendent à une perche entre leurs épaules.
J'ai recensé l'armée des Cieux et j'en ai dressé état,
10 Depuis les grandes Figures[5] qui se penchent sur le vieillard Océan
Jusqu'au feu le plus rare englouti dans le plus profond abîme,
Ainsi que le Pacifique bleu-sombre où le baleinier épie l'évent[6] d'un souffleur[7] comme un duvet blanc.
Vous êtes pris et d'un bout du monde jusqu'à l'autre autour de Vous
15 J'ai tendu l'immense rets[8] de ma connaissance.
Comme la phrase qui prend aux cuivres
Gagne les bois[9] et progressivement envahit les profondeurs de l'orchestre,
Et comme les éruptions du soleil
Se répercutent sur la terre en crises d'eau et en raz-de-marée,
20 Ainsi du plus grand Ange qui vous voit jusqu'au caillou de la route et d'un bout de votre création jusqu'à l'autre,
Il ne cesse point continuité, non plus que de l'âme au corps ;
Le mouvement ineffable des Séraphins[10] se propage aux Neuf ordres des Esprits,
Et voici le vent qui se lève à son tour sur la terre, le Semeur, le Moissonneur !
25 Ainsi l'eau continue l'esprit, et le supporte, et l'alimente,
Et entre
Toutes vos créatures jusqu'à vous il y a comme un lien liquide.

Claudel, *Cinq grandes odes*, II, Éd. Gallimard.

1. Selon le Credo (texte renfermant les principaux points de la foi chrétienne), Dieu est créateur du ciel et de la terre, du visible et de l'invisible.
2. Étymologiquement, catholique est synonyme d'universel.
3. En musique, espace de cinq tons et deux demi-tons sur lequel se fonde la gamme.
4. Écartement de la main ouverte entre les pouce et les extrémités du petit doigt.
5. Constellations.
6. Narines des baleines et autres cétacés.
7. Cétacé qui émet de la vapeur (duvet blanc) par ses évents.
8. Filet.
9. Instrument de musique à vent, et en bois.
10. Anges appartenant au premier degré de la hiérarchie qui mène les esprits vers Dieu.

1 Relevez tous les mots et expressions qui désignent ou évoquent l'espace. Que constatez-vous ?

2 Que pensez-vous de la comparaison du soleil à un gros mouton ?

3 Quels sont les personnages qui peuplent le monde évoqué par Claudel ? Quelles raisons voyez-vous à cela ?

4 Montrez comment, de proche en proche, la métaphore musicale organise l'ensemble du texte.

Le Soulier de satin
1924

C'est l'œuvre la plus célèbre et la plus achevée de Claudel. Quatre « journées » y scandent le drame de Dona Prouhèze et de Rodrigue : celle-ci aime Rodrigue d'un amour coupable ; elle tente d'abord d'échapper à la surveillance de son mari, donnant son soulier de satin à la Vierge Marie afin de ne s'élancer que d'un « pied boiteux... vers le mal », puis constate l'impossibilité de cet amour. Les deux amants créent alors eux-mêmes les entraves qui s'opposeront à cet amour terrestre corrompu, unissant leurs âmes dans un renoncement réciproque.

Les personnages sont souvent accompagnés de leur double contradictoire. Ici, Dona Musique incarne la face aérienne et heureuse de la femme, dont Dona Prouhèze est la face tragique et souffrante. La scène a lieu dans les jardins de l'auberge où Dona Prouhèze est retenue sous la garde de Don Balthazar, homme de confiance de son mari.

DONA MUSIQUE   Aimez-vous tellement votre prison que vous vous plaisiez ainsi à la rendre plus sûre ?

DONA PROUHEZE   Il y faut des barreaux bien forts.

DONA MUSIQUE   Que peut le monde contre vous ?

5 DONA PROUHEZE   C'est moi sans doute qui peux beaucoup contre lui.

DONA MUSIQUE   Je ne veux d'aucune prison !

DONA PROUHEZE   La prison pour quelqu'un, il dit qu'elle est là où je ne suis pas.

DONA MUSIQUE   Il y a une prison pour moi et nul ne pourra m'en arracher.

DONA PROUHEZE   Quelle, Musique ?

10 DONA MUSIQUE   Les bras de celui que j'aime, elle est prise, la folle Musique !

DONA PROUHEZE   Elle échappe !
Elle n'est là que pour un moment ; qui pourrait la retenir pour toujours avec son cœur ?

DONA MUSIQUE   Déjà je suis avec lui sans qu'il le sache. C'est à cause de moi
15 avant qu'il m'ait connue
Qu'il affronte à la tête de ses soldats tant de fatigues, c'est pour moi qu'il nourrit les pauvres et pardonne à ses ennemis.
Ah ! ce ne sera pas long à comprendre que je suis la joie, et que c'est la joie seule et non point l'acceptation de la tristesse qui apporte la paix.
20 Oui, je veux me mêler à chacun de ses sentiments comme un sel étincelant et délectable qui les transforme et les rince ! Je veux savoir comment il s'y prendra désormais pour être triste et pour faire le mal quand il le voudrait.
Je veux être rare et commune pour lui comme l'eau, comme le soleil, l'eau pour la bouche altérée qui n'est jamais la même quand on y fait attention. Je veux le remplir
25 tout à coup et le quitter instantanément, et je veux qu'il n'ait alors aucun moyen de me retrouver, et pas les yeux ni les mains, mais le centre seul et ce sens en nous de l'ouïe qui s'ouvre,
Rare et commune pour lui comme la rose qu'on respire tous les jours tant que dure l'été et une fois seulement !

30 Ce cœur qui m'attendait, ah! quelle joie pour moi de le remplir!
Et si parfois le matin le chant d'un seul oiseau suffit à éteindre en nous les feux de la vengeance et de la jalousie,
Que sera-ce de mon âme dans mon corps, mon âme à ces cordes ineffables unie en un concert que nul autre que lui n'a respiré? Il lui suffit de se taire pour
35 que je chante!
Où il est je ne cesse d'être avec lui. C'est moi pendant qu'il travaille, le murmure de cette pieuse fontaine!
C'est moi le paisible tumulte du grand port dans la lumière de midi,
C'est moi mille villages de toutes parts dans les fruits qui n'ont plus rien à redouter
40 du brigand et de l'exacteur,
C'est moi, petite, oui, cette joie stupide sur son vilain visage,
La justice dans son cœur, ce réjouissement sur sa face!

DONA PROUHEZE   Il n'y a rien pour quoi l'homme soit moins fait que le bonheur et dont il se lasse aussi vite.

45 DONA MUSIQUE   Est-il fait pour la souffrance?

DONA PROUHEZE   S'il la demande, pourquoi la lui refuser? [...]

DONA MUSIQUE   L'aimez-vous à ce point?

DONA PROUHEZE   Qu'oses-tu dire? non, je ne l'aime aucunement.

DONA MUSIQUE   Regrettez-vous ce temps où vous ne le connaissiez point?

50 DONA PROUHEZE   Maintenant je vis pour lui!

DONA MUSIQUE   Comment, quand votre visage lui est pour toujours interdit?

DONA PROUHEZE   Ma souffrance ne l'est pas.

DONA MUSIQUE   Ne voulez-vous pas son bonheur?

DONA PROUHEZE   Je veux qu'il souffre aussi.

55 DONA MUSIQUE   Il souffre en effet.

DONA PROUHEZE   Jamais assez.

DONA MUSIQUE   Il appelle, ne lui répondrez-vous pas?

DONA PROUHEZE   Je ne suis pas une voix pour lui.

DONA MUSIQUE   Qu'êtes-vous donc?

60 DONA PROUHEZE   Une Épée au travers de son cœur.

Claudel, *Le Soulier de satin*, Éd. Gallimard.

1 Relevez tous les mots qui évoquent ou qualifient la liberté et la prison. Quelle définition donneriez-vous de la liberté selon Claudel?

2 Quelle idée de l'amour développe Dona Musique?

3 Sur quels points précis Dona Prouhèze et Dona Musique s'opposent-elles?

4 Pourquoi le mot Épée est-il écrit avec une majuscule? Quelle conception de la souffrance est-elle ici sous-jacente?

Paul Valéry

1871-1945

en particulier celle de Pierre Louÿs, de Huysmans et surtout de Mallarmé, pour lequel il éprouve une fascination et un respect tels qu'on peut y voir une des causes de son retrait, en 1892, de la scène littéraire : il lui était nécessaire de s'éloigner pour inventer sa propre voix.

Valéry prosateur : la passion de l'intelligence

D'autres figures hantent le jeune Valéry, notamment celle de Rimbaud qui avait osé faire sombrer les catégories traditionnelles de la pensée au profit d'une « inconscience » dont *Une saison en enfer* fait l'éloge ; et celle de Léonard de Vinci : écrivant *L'Introduction à la méthode de Léonard de Vinci* (1895), il analyse l'alliance de la conception et de la technique ou, en d'autres termes, les rapports entre la conscience qu'un artiste a de son œuvre, et sa virtuosité. *La Soirée avec Monsieur Teste* (entrepris dès 1894) radicalise cette dualité fondamentale : Valéry invente un être, Monsieur Teste, qui sait tout, non pas qu'il ait accumulé une grande quantité de connaissances, mais parce qu'il a compris comment on sait et comment on invente. *Eupalinos ou l'Architecte* (1921) développe des thèmes similaires : Eupalinos est un esprit universel ; il pense comme Teste, agit comme Léonard de Vinci.

Valéry poète

Sous la pression d'André Gide et de son éditeur, Valéry se décide en 1912 à classer et à retoucher ses poèmes de jeunesse. Il y ajoute un « exercice » qui, après un travail de quatre ans, devient *La Jeune Parque*. De 1918 à 1922, il compose *Le Cimetière marin* et d'autres poèmes publiés dans diverses revues. *Charmes,* édité en 1922, confirme sa gloire.

Valéry en habit d'Académicien (1925).

Valéry, enfant du symbolisme

Né à Sète, Valéry écrit ses premiers poèmes dès 1888, alors qu'il se destine à des études de droit. Il subit l'influence des symbolistes,

Album de vers anciens
1900 _____

Ce titre rassemble vingt et un poèmes de jeunesse parus dans des revues entre 1890 et 1893. L'influence de Mallarmé s'y fait déjà sentir.

Vue

Si la plage penche, si
L'ombre sur l'œil s'use et pleure
Si l'azur est larme, ainsi
Au sel des dents pure affleure
5 La vierge fumée ou l'air
Que berce en soi puis expire
Vers l'eau debout d'une mer
Assoupie en son empire

Celle qui sans les ouïr
10 Si la lèvre au vent remue
Se joue à évanouir
Mille mots vains où se mue
Sous l'humide éclair de dents
Le très doux feu du dedans.

Valéry, Album de vers anciens.

1 Quelle est l'ambiguïté du titre ?

2 Comparez ce poème avec « Autre éventail » de Stéphane Mallarmé (p. 332). Quelles ressemblances pouvez-vous établir ?

Charmes
1922 _____

Le recueil rassemble vingt et un poèmes qui en font un chef-d'œuvre de virtuosité poétique. Ils retracent le drame de l'intelligence et les difficultés de la création, selon une progression dont l'idée était venue à l'écrivain américain Edgar Poe : « J'ai souvent pensé combien serait intéressant un article écrit par un auteur qui voudrait, c'est-à-dire qui pourrait, raconter pas à pas la marche progressive qu'a suivie une quelconque de ses compositions pour arriver au terme définitif de son accomplissement ». Les poèmes de *Charmes* évitent toutefois le double écueil de l'abstraction et de la sécheresse, par leur sensualité, leur magie musicale.

L'émotion qui précède le retour de l'être aimé est ici subtilement évoquée. Pourtant le poème offre un sens second, allégorique : cette attente fervente, c'est aussi celle de l'inspiration, cet émoi, c'est celui du poète qui sent venir l'heure inspirée.

Les pas

Tes pas, enfants de mon silence,
Saintement, lentement placés,
Vers le lit de ma viligance
Procèdent muets et glacés.

5 Personne pure, ombre divine,
Qu'ils sont doux, tes pas retenus !
Dieux !... tous les dons que je devine
Viennent à moi sur ces pieds nus !

Si, de tes lèvres avancées,
10 Tu prépares pour l'apaiser,
A l'habitant de mes pensées
La nourriture d'un baiser,

Ne hâte pas cet acte tendre,
Douceur d'être et de n'être pas,
15 Car j'ai vécu de vous attendre,
Et mon cœur n'était que vos pas.

Valéry, *Charmes*, Éd. Gallimard.

> Reprenez chaque vers du poème, et tentez de dire de quelle façon ils traduisent, musicalement et allégoriquement, ce moment qui précède le passage à l'écriture.

Le cimetière marin

Le cimetière marin est sans doute l'œuvre la plus connue de Valéry. Le poème comprend seize strophes, et constitue une méditation sur la vie et la mort ; Valéry écrit à son propos : «Le cimetière marin a commencé en moi par un certain rythme, qui est celui du vers français de dix syllabes, coupé en 4 et 6. Je n'avais encore aucune idée qui dût remplir cette forme. Peu à peu des mots flottants s'y fixèrent, déterminèrent de proche en proche le sujet, et le travail (un très long travail) s'imposa.»

Ce toit tranquille, où marchent des colombes
Entre les pins palpite, entre les tombes ;
Midi le juste[1] y compose de feux
La mer, la mer, toujours recommencée !
5 O récompense après une pensée
Qu'un long regard sur le calme des dieux !

Quel pur travail de fins éclairs consume
Maint diamant d'imperceptible écume,
Et quelle paix semble se concevoir !
10 Quand sur l'abîme un soleil se repose,
Ouvrages purs[2] d'une éternelle cause,
Le Temps scintille et le Songe est savoir.

Stable trésor, temple simple à Minerve[3],
Masse de calme, et visible réserve,
15 Eau sourcilleuse, Œil qui gardes en toi
Tant de sommeil sous un voile de flamme,
O mon silence !... Édifice dans l'âme,
Mais comble d'or aux mille tuiles, Toit !

Temple du Temps, qu'un seul soupir résume,
20 A ce point pur je monte et m'accoutume,
Tout entouré de mon regard marin ;
Et comme aux dieux mon offrande suprême,
La scintillation sereine sème
Sur l'altitude[4] un dédain souverain.
25 Comme le fruit se fond en jouissance,
Comme en délice il change son absence
Dans une bouche où sa forme se meurt,
Je hume ici[5] ma future fumée[6],
Et le ciel chante à l'âme consumée
30 Le changement des rives en rumeur (...)

Valéry, *Charmes*, Éd. Gallimard.

1. Le soleil à midi, à son point le plus haut, divise le jour en parties égales.
2. Mis en opposition à Temps et Songe, au vers suivant.
3. Déesse de la sagesse.
4. Sens latin de profondeur (de la mer).
5. Dans le cimetière.
6. Ce qui restera de lui quand son corps aura brûlé.

1 Quel est l'état d'âme qui domine dans ces premières strophes du *Cimetière marin* ?

2 Relevez toutes les occurrences de la métaphore du « toit » : quel mot finit par l'accomplir, en livrant son sens ?

3 A quelle conception traditionnelle de la création poétique Paul Valéry s'oppose-t-il lorsqu'il expose ci-dessous la genèse du « Cimetière marin » ?

Si donc l'on m'interroge ; si l'on s'inquiète (comme il arrive, et parfois assez vivement) de ce que j'ai « voulu dire » dans tel poème, je réponds que je n'ai pas *voulu dire*, mais *voulu faire*, et que ce fut l'intention de *faire*, qui a *voulu* ce que j'ai *dit*...
5 Quant au *Cimetière marin*, cette intention ne fut d'abord qu'une figure rythmique vide, ou remplie de syllabes vaines, qui me vint obséder quelque temps. J'observai que cette figure était décasyllabique, et je me fis quelques réflexions sur ce type fort peu employé dans la poésie moderne ; il me semblait pauvre et monotone. Il était peu de chose auprès de l'alexandrin, que trois ou
10 quatre générations de grands artistes ont prodigieusement élaboré. Le démon de la généralisation suggérait de tenter de porter ce *Dix* à la puissance du *Douze*. Il me proposa une certaine strophe de six vers et l'idée d'une *composition* fondée sur le nombre de ces strophes, et assurée par une diversité de tons et de fonctions à leur assigner. Entre les strophes, des contrastes ou des
15 correspondances devaient être institués. Cette dernière condition exigea bientôt que le poème possible fût un monologue de « moi », dans lequel les thèmes les plus simples et les plus constants de ma vie affective et intellectuelle, tels qu'ils s'étaient imposés à mon adolescence et associés à la mer et à la lumière d'un certain lieu des bords de la Méditerranée, fussent appelés,
20 tramés, opposés...

Au sujet du Cimetière marin, N. R. F., 1er mars 1933, repris en tête de
L'Essai d'explication du Cimetière marin, de Gustave Cohen, Éd. Gallimard.

Guillaume Apollinaire

1880-1918

Une formation éclectique

Guillaume Apollinaris de Kostrowitzky naît à Rome en août 1880 d'une mère polonaise de 22 ans et d'un père inconnu. Au terme de son enfance et de son adolescence italienne et provençale, en août 1901, il part pour la Rhénanie où il a trouvé une place de répétiteur. Plusieurs poèmes d'*Alcools* sont écrits lors de ce séjour. Il rencontre une jeune femme, Annie Pleyden, dont il tombe amoureux mais qui l'éconduit. Il rentre en France en août 1902, assez désemparé.

La vie littéraire

En mars 1902 paraît son premier conte, l'*Hérésiarque,* signé du pseudonyme Guillaume Apollinaire. Par nécessité économique, il collabore en tant que chroniqueur et critique d'art à différentes revues. Son activité littéraire se trouve donc orientée dans deux directions.

La poésie

Entre 1902 et 1912, Apollinaire compose un certain nombre de pièces, comme la célèbre « Chanson du mal-aimé », qui viendront augmenter les *Rhénanes* et constituer peu à peu le recueil d'*Alcools.* Cette publication, qui renouvelle profondément la poésie française, détermine la réputation de poète d'Apollinaire. L'originalité la plus remarquée est la suppression de la ponctuation afin de laisser au vers son rythme et sa souplesse. En 1914, paraît *Le Bestiaire,* recueil de poèmes à forme fixe (quatrains et quintils) mêlant fantaisie et confidence ; *Vitam impendere amori,* en 1917, est un adieu mélancolique à la jeunesse et à l'amour.

Picasso, *Guillaume Apollinaire blessé* (dessin, 1916).

Autocritique, *Les Mamelles de Tirésias,* pièce de théâtre poétique, fondent ce qu'il appelle le *surréalisme,* qui consiste en une transposition-transformation du réel. Il définit ainsi sa pensée : « Quand l'homme a voulu imiter la marche, il a créé la roue qui ne ressemble pas à une jambe. »

Les recueils posthumes, *Le Guetteur mélancolique, Il y a* témoignent eux aussi de la modernité d'Apollinaire, de même que Les *Poèmes à Lou,* remarquables par leur liberté d'allure : Apollinaire y invente un autre rythme, proche de celui du verset, pour déployer ses images.

La critique d'art

Favorisée par la fréquentation de ses amis peintres (Picasso, Derain, Vlaminck, Le Douanier Rousseau) ou poètes (Jarry, Max Jacob, André Salmon), la critique d'art tient une grande place dans la production d'Apollinaire. Le poète assiste avec eux à la naissance du cubisme, il écrit sur Picasso, Braque, Matisse. A partir de 1910, cette activité s'intègre à son travail de création. Il entre cette année-là au journal *L'Intransigeant* et y tient la chronique des expositions jusqu'en 1914.

Alcools
1913

Le recueil rassemble des pièces écrites entre 1898 et 1912 : il est donc placé tout entier sous le signe de la diversité. Au cours de la correction des épreuves, Apollinaire prit le parti de supprimer la ponctuation pour laisser s'épanouir « le rythme même et la coupe des vers ».

A côté de pièces absolument modernes comme « Zone », on trouve des pièces très classiques comme « Le pont Mirabeau », qui reprend le thème romantique de l'amour et du temps qui s'enfuient.

Le pont Mirabeau

Sous le pont Mirabeau coule la Seine
        Et nos amours
        Faut-il qu'il m'en souvienne
La joie venait toujours après la peine

5   Vienne la nuit sonne l'heure
        Les jours s'en vont je demeure

Les mains dans les mains restons face à face
        Tandis que sous
        Le pont de nos bras passe
10 Des éternels regards l'onde si lasse

        Vienne la nuit sonne l'heure
        Les jours s'en vont je demeure

L'amour s'en va comme cette eau courante
          L'amour s'en va
15   Comme la vie est lente
Et comme l'Espérance est violente

          Vienne la nuit sonne l'heure
          Les jours s'en vont je demeure

Passent les jours et passent les semaines
20   Ni temps passé
          Ni les amours reviennent
Sous le pont Mirabeau coule la Seine

          Vienne la nuit sonne l'heure
          Les jours s'en vont je demeure

Apollinaire, *Alcools*, Éd. Gallimard.

1 Quel effet produisent l'absence de ponctuation et, en même temps, le retour régulier du refrain ?

2 Étudiez l'alternance des rimes masculines et des rimes féminines. Que constatez-vous ? Comment l'expliquez-vous ?

3 Relevez les mots et les expressions qui établissent la confusion entre la présence humaine et le décor. Quel est le but recherché ?

4 Comparez ce poème à celui de Lamartine, *le Lac* (cf. p. 238).

La chanson du mal aimé

La légende littéraire veut que le poème La chanson du mal aimé, *ait été composé pour sa part à la suite d'un voyage à Londres qu'effectua Apollinaire pour retrouver Annie Pleyden. L'anecdote permettrait d'expliquer le vers 1 et le vers 59. La chanson du mal aimé est surtout, au-delà de l'anecdote, une quête de l'amour d'une portée universelle et d'une intensité émotionnelle, rythmique et imaginaire rares.*

A Paul Léautaud.

Un soir de demi-brume à Londres
Un voyou qui ressemblait à
Mon amour vint à ma rencontre
Et le regard qu'il me jeta
5 Me fit baisser les yeux de honte

Je suivis ce mauvais garçon
Qui sifflotait mains dans les poches
Nous semblions entre les maisons
Onde ouverte de la mer Rouge
10 Lui les Hébreux moi Pharaon[1]

Et je chantais cette romance
En 1903 sans savoir
Que mon amour à la semblance
Du beau Phénix s'il meurt un soir
Le matin voit sa renaissance.

---

1. Allusion à l'épisode biblique de l'Exode où le Seigneur, pour sauver le peuple hébreu poursuivi par les Égyptiens, avec à leur tête Pharaon, ouvre les eaux de la Mer Rouge.

350

Que tombent ces vagues de briques
Si tu ne fus pas bien aimée
Je suis le souverain d'Égypte
Sa sœur-épouse son armée
15 Si tu n'es pas l'amour unique

Au tournant d'une rue brûlant
De tous les feux de ses façades
Plaies du brouillard sanguinolent
Où se lamentaient les façades
20 Une femme lui ressemblant

C'était son regard d'inhumaine
La cicatrice à son cou nu
Sortit saoule d'une taverne
Au moment où je reconnus
25 La fausseté de l'amour même

Lorsqu'il fut de retour enfin
Dans sa patrie le sage Ulysse
Son vieux chien de lui se souvint
Près d'un tapis de haute lisse
30 Sa femme attendait qu'il revînt

L'époux royal de Sacontale[1]
Las de vaincre se réjouit
Quand il la retrouva plus pâle
D'attente et d'amour yeux pâlis
35 Caressant sa gazelle mâle

J'ai pensé à ces rois heureux
Lorsque le faux amour et celle
Dont je suis encore amoureux
Heurtant leurs ombres infidèles
40 Me rendirent si malheureux

Regrets sur quoi l'enfer se fonde
Qu'un ciel d'oubli s'ouvre à mes vœux
Pour son baiser les rois du monde
Seraient morts les pauvres fameux
45 Pour elle eussent vendu leur ombre

J'ai hiverné dans mon passé
Revienne le soleil de Pâques[2]
Pour chauffer un cœur plus glacé
Que les quarante de Sébaste[3]
50 Moins que ma vie martyrisés

Mon beau navire ô ma mémoire
Avons-nous assez navigué
Dans une onde mauvaise à boire
Avons-nous assez divagué
55 De la belle aube au triste soir

Adieu faux amour confondu
Avec la femme qui s'éloigne
Avec celle que j'ai perdue
L'année dernière en Allemagne
60 Et que je ne reverrai plus

Voie lactée ô sœur lumineuse
Des blancs ruisseaux de Chanaan[4]
Et des corps blancs des amoureuses
Nageurs morts suivrons-nous d'ahan
65 Ton cours vers d'autres nébuleuses

Je me souviens d'une autre année
C'était l'aube d'un jour d'avril
J'ai chanté ma joie bien-aimée
Chanté l'amour à voix virile
70 Au moment d'amour de l'année

Apollinaire, *Alcools*, Éd. Gallimard.

1. Sakountatlâ, personnage féminin de la littérature indoue.
2. Pâques est la « nuit de veille » du Seigneur s'apprêtant à faire sortir les Hébreux d'Égypte.
3. Allusion aux soldats romains martyrisés par le froid à Sébaste, en Turquie, à cause de leur foi chrétienne.
4. Terre promise par le Seigneur au peuple juif et présentée comme une contrée « qui ruisselle de lait et de miel ».

1 Relevez tous les mots qui évoquent le trajet, la course, la poursuite. Comment la légende de l'Exode est-elle utilisée ici ?

2 Relevez tous les adjectifs, images, expressions qui dessinent l'image de cet amour que poursuit le poète. Comment caractériseriez-vous cette image ?

3 Étudiez dans chaque strophe l'évocation des ombres et des disparitions. Quelle tonalité générale cela donne-t-il au poème ?

LA COLOMBE POIGNARDÉE
ET LE JET D'EAU

Douces figures poi gnardée **Chè**res lèvres fleuries
MIA   MAREYE
    YETTE   LORIE
        ANNIE   et toi   MARIE
            où   êtes
                vous   ô
                    jeunes   filles
                        M A I S
                    près d'un
                    jet d'eau qui
                    pleure et qui prie
                cette colombe s'extasie

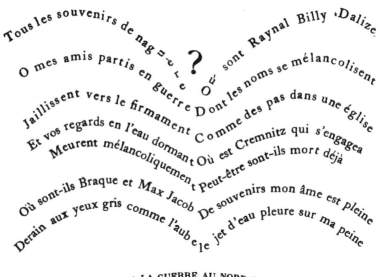

Tous les souvenirs de naguère

O mes amis partis en guerre

Où sont Raynal Billy Dalize

Jaillissent vers le firmament   Dont les noms se mélancolisent

Et vos regards en l'eau dormant   Comme des pas dans une église

Meurent mélancoliquement   Où est Cremnitz qui s'engagea

Où sont-ils Braque et Max Jacob   Peut-être sont-ils mort déjà

Derain aux yeux gris comme l'aube   De souvenirs mon âme est pleine

le jet d'eau pleure sur ma peine

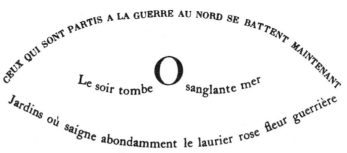

CEUX QUI SONT PARTIS A LA GUERRE AU NORD SE BATTENT MAINTENANT

Le soir tombe **O** sanglante mer

Jardins où saigne abondamment le laurier rose fleur guerrière

Calligrammes d'Appolinaire extrait de poèmes à LOU, © Éd. Gallimard.
La Colombe poignardée et le jet d'eau.

Les innovations formelles d'Apollinaire sont nombreuses : avec ses « Calligrammes », il reprend, en partie par jeu, une tradition ancienne qui utilise les possibilités figuratives de l'écriture.

LES TRANSFORMATIONS
DU ROMAN

———————— LE POIDS D'UNE TRADITION ————————

Depuis les années 1890, le roman cherche à rompre avec le naturalisme. Alain Fournier avait esquissé avec *Le Grand Meaulnes* (1913) la voie nouvelle d'un roman poétique qui reste peu explorée. La production romanesque du début de siècle, considérable par la masse et par l'abondance des commentaires qu'elle suscite, n'innove guère. Valéry explique qu'il ne se résoudra jamais à écrire une phrase aussi stupide que « La marquise sortit à cinq heures » ; et Gide évoque dès 1895 la « crise du roman français ».

Cette crise semble aggravée par l'immobilisme auquel condamnent les maîtres de cette époque : Paul Bourget est passé du roman d'idées au roman à thèse, au moralisme insistant. Anatole France, plus conservateur encore en matière d'art, défend le classicisme, et se montre un adversaire résolu de la nouveauté, qu'elle vienne du naturalisme ou du symbolisme.

———————— LA « NOUVELLE REVUE FRANÇAISE » ————————

Fondée en 1909 par Jacques Copeau, André Ruyters et Jean Schlumberger, la N. R. F., « Revue de Littérature et de Critique », compte André Gide (cf. p. 355) parmi ses premiers animateurs. Elle se propose une double mission : réagir contre le conformisme du public et des « mandarins », Barrès et Anatole France en tête ; contribuer à la découverte d'auteurs inconnus.

Considérée soit comme un objet d'érudition soit comme matière à propagande, la critique du début du siècle semblait acculée à l'impasse : elle n'était que l'expression du goût particulier du critique. La N. R. F., à travers Jean Paulhan, Marcel Arland, Jacques Rivière et Albert Thibaudet, répond en multipliant les chroniques, les notes de lecture, et en s'attachant à la valeur artistique plus qu'au contenu moral des œuvres.

La N. R. F. révèle au grand public la plupart des écrivains majeurs de ce début de siècle ; elle ouvre aussi largement ses colonnes aux auteurs étrangers.

———————— MARCEL PROUST ————————

Une exception importante à ce rôle de révélateur dévolu à la N. R. F., est le refus opposé jusqu'en 1917 au manuscrit du premier tome d'*A la Recherche du temps perdu*, de Marcel Proust. L'auteur, adversaire du roman d'idées (« une œuvre où il y a des théories est comme un objet sur lequel on laisse la marque du prix »), comme du roman réaliste, (ce « misérable relevé de lignes et de surface »), annonce le roman moderne, en soumettant la fiction et la réalité à la vision poétique d'une conscience.

André Gide

1869-1951

Révolte et narcissisme

Gide reçoit une éducation morale et religieuse rigoriste, qui rend suffocantes ses années d'enfance et d'adolescence. Dans sa quinzième année, sa cousine, Madeleine Rondeaux, lui inspire un amour empreint d'exaltation et de mysticisme : malgré son homosexualité, revendiquée au nom de la liberté morale et de la révolte contre la famille, il contracte avec elle un mariage blanc.

Dans ses premiers écrits se manifestent une tendance au narcissisme et à la pose, le goût pour la morale, et l'influence d'un symbolisme hermétique. Il s'écarte très vite de ces sentiers battus pour affirmer son originalité. Il exprime son refus des mondanités littéraires (dans *Paludes,* en 1895), et des conventions sociales et familiales : *Les Nourritures terrestres* (1897) sont un hymne à la beauté, à l'affirmation de soi, à la volupté, à l'évasion hors de tous les carcans.

Gide et le gidisme

Ses détracteurs ont appelé « gidisme » l'affirmation de soi empreint parfois de cynisme qui peut apparaître dans certains textes. Cependant, l'œuvre et le personnage de Gide imposent surtout des valeurs positives.

L'individualiste

L'apologie de la liberté de l'individu constitue le thème principal de *L'Immoraliste* (1902) et des *Caves du Vatican* (1914), où la liberté absolue s'exprime par « l'acte gratuit » : ainsi Lafcadio jette-t-il par la portière du train son voisin de compartiment.

Le moraliste

Cet « immoraliste » n'a cessé d'être tourmenté par les questions morales, qui naissent de la contradiction entre sa manière de vivre et la loi de la société. C'est dans cette perspective

Gide pendant son séjour à Vence (1949), peint par Mac Avoy.

qu'il affirme une homosexualité débarrassée de toute notion d'anomalie, dans *Si le grain ne meurt* (1919) et *Corydon* (1924).

Il réfléchit également aux rapports mystiques et douloureux entretenus avec sa cousine (*La Porte étroite,* 1909) et à la contradiction pathétique entre son mariage et son homosexualité (*Et nunc manet in te,* 1938). Cette interrogation fondamentale est consignée jour après jour dans son *Journal, 1889-1939* qui paraît en 1939.

L'inquiéteur

Gide, lorsqu'il prend brusquement conscience de la réalité sociale qui l'entoure, dérange les bien-pensants de la littérature et de la politique. Le récit de son *Voyage au Congo* (1927) trouble quelque peu la bonne conscience des pays riches. Son adhésion au Parti Communiste et sa présence au Congrès mondial de la paix (1931) sèment la consternation. Son extrême droiture intellectuelle n'épargnera pas ses camarades : dans *Retour d'U. R. S. S.* (1936), il livre ses craintes et ses répugnances à l'égard du stalinisme.

Les Nourritures terrestres
1897

Les Nourritures terrestres chantent les possibilités qu'offre la vie à qui veut bien se défaire du conformisme. La nouveauté de leur ton en fit un livre déterminant pour des générations d'adolescents.

Un « maître » enseigne à un jeune pâtre, Nathanaël, à exploiter toutes les possibilités qu'il porte en lui et que son éducation, la religion et la morale ont étouffées. Au début du livre II, deux mouvements lyriques célèbrent l'un les nourritures qu'offre la vie, l'autre la faim, l'attente de nouveaux plaisirs, dont la puissance détermine la ferveur de l'homme.

NOURRITURES.
Je m'attends à vous[1], nourritures !
Ma faim ne se posera pas à mi-route ;
Elle ne se taira que satisfaite ;
5 Des morales n'en sauraient venir à bout
Et de privations[2] je n'ai jamais pu nourrir que mon âme.

Satisfactions ! je vous cherche.
Vous êtes belles comme les aurores d'été.
Sources plus délicates au soir, délicieuses à midi ; eaux du petit matin glacées ;
10 souffles au bord des flots ; golfes encombrés de mâtures ; tiédeur des rives cadencées..
Oh ! s'il est encore des routes vers la plaine ; les touffeurs de midi ; les breuvages des champs, et pour la nuit le creux des meules ;
S'il est des routes vers l'Orient ; des sillages sur les mers aimées ; des jardins à
15 Mossoul ; des danses à Touggourt ; des chants de pâtre en Helvétie ;
S'il est des routes vers le Nord ; des foires à Nijni ; des traîneaux soulevant la neige ; des lacs gelés ; certes, Nathanaël, ne s'ennuieront pas nos désirs.
Des bateaux sont venus dans nos ports apporter les fruits mûrs de plages ignorées.
20 Déchargez-les de leur faix un peu vite, que nous puissions enfin y goûter.
Nourritures !
Je m'attends à vous, nourritures !
Satisfactions, je vous cherche ;
Vous êtes belles comme les rires de l'été.
25 Je sais que je n'ai pas un désir
Qui n'ait déjà sa réponse apprêtée.
Chacune de mes faims attend sa récompense.
Nourritures !
Je m'attends à vous, nourritures !
30 Par tout l'espace je vous cherche,
Satisfactions de tous mes désirs.

Ce que j'ai connu de plus beau sur la terre,
Ah ! Nathanaël, c'est ma faim.
Elle a toujours été fidèle
35 A tout ce qui toujours l'attendait.
Est-ce de vin que se grise le rossignol ?
L'aigle, de lait ? ou non point de genièvre les grives ?
L'aigle se grise de son vol. Le rossignol s'enivre des nuits d'été. La plaine tremble de chaleur. Nathanaël, que toute émotion sache te devenir une ivresse. Si ce que tu
40 manges ne te grise pas, c'est que tu n'avais pas assez faim.

1. Je compte sur vous.
2. Référence à l'enrichissement que procurent certains interdits librement imposés à soi-même.

Chaque action parfaite s'accompagne de volupté! A cela tu reconnais que tu devais la faire. Je n'aime point ceux qui se font un mérite d'avoir péniblement œuvré. Car si c'était pénible, ils auraient mieux fait de faire autre chose. La joie que l'on y trouve est le signe de l'appropriation du travail et la sincérité de mon plaisir, 40 Nathanaël, m'est le plus important des guides.

Je sais ce que mon corps peut désirer de volupté chaque jour et ce que ma tête en supporte. Et puis commencera mon sommeil. Terre et ciel ne me valent plus rien au-delà.

Gide, Les Nourritures terrestres, Éd. Gallimard.

Premier mouvement

1 Étudiez les images associées au mot de « nourritures ». Classez-les. De quel ordre sont les plaisirs qu'elles évoquent?

2 Analysez l'alternance des vers courts et des versets. Expliquez pourquoi Gide a eu recours à ce rythme.

Deuxième mouvement

3 Quel est le sens des questions que pose le maître, aux vers 36 et 37? Pourquoi procède-t-il par questions plutôt que par affirmations?

4 Cherchez dans un dictionnaire le sens des mots *volupté, joie, et plaisir.* Gide les utilise-t-il dans leur sens ordinaire?

Les Faux-monnayeurs
1925 ───────────────────────────────

Sous le titre *Les Faux-monnayeurs* (1925), Gide ajoute, pour la première fois, la mention : roman. Pourtant, ce roman-là a de quoi dérouter : il s'agit en réalité d'un « roman du roman ». Le journal d'Édouard, personnage des *Faux-monnayeurs*, mais aussi écrivain d'un roman intitulé *Les Faux-monnayeurs*, dédouble l'intrigue et met en lumière le jeu d'échos entre le roman en train de s'écrire (celui d'Édouard), la fiction (l'histoire de Bernard Profitendieu), et le roman terminé (celui de Gide). Le récit se trouve désaxé, contesté. L'interrogation de Gide ouvre ainsi la voie à toutes celles des nouveaux romanciers.

Au début de la troisième partie du roman, la doctoresse Sophroniska, invitée à prendre le thé, et encouragée par Bernard comme par Laura, presse Édouard de leur parler de son futur roman.

Édouard s'était levé, et, par grande crainte de paraître faire un cours, tout en parlant il versait le thé, puis allait et venait, puis pressait un citron dans sa tasse, mais tout de même continuait :
   – Parce que Balzac était un génie, et parce que tout génie semble apporter à son
5 art une solution définitive et exclusive, l'on a décrété que le propre du roman était

de faire «concurrence à l'état civil». Balzac avait édifié son œuvre ; mais il n'avait jamais prétendu codifier le roman ; son article sur Stendhal le montre bien. Concurrence à l'état civil ! Comme s'il n'y avait pas déjà suffisamment de magots[1] et de paltoquets[2] sur la terre ! Qu'ai-je affaire à l'état civil ! L'état c'est moi, l'artiste ! civile
10 ou pas, mon œuvre prétend ne concurrencer rien.

Édouard qui se chauffait, un peu facticement peut-être, se rassit. Il affectait de ne regarder point Bernard ; mais c'était pour lui qu'il parlait. Seul avec lui, il n'aurait rien su dire ; il était reconnaissant à ces deux femmes de le pousser.

– Parfois il me paraît que je n'admire en littérature rien tant que, par exemple,
15 dans Racine, la discussion entre Mithridate et ses fils ; où l'on sait parfaitement bien que jamais un père et des fils n'ont pu parler de la sorte, et où néanmoins (et je devrais dire : d'autant plus) tous les pères et tous les fils peuvent se reconnaître. En localisant et en spécifiant, l'on restreint. Il n'y a de vérité psychologique que particulière, il est vrai ; mais il n'y a d'art que général. Tout le problème est là, préci-
20 sément ; exprimer le général par le particulier ; faire exprimer par le particulier le général. Vous permettez que j'allume ma pipe ?

– Faites donc, faites donc, dit Sophroniska.

– Eh bien, je voudrais un roman qui serait à la fois aussi vrai, et aussi éloigné de la réalité, aussi particulier et aussi général à la fois, aussi humain et aussi fictif
25 qu'*Athalie*[3], que *Tartuffe*[4] ou que *Cinna*[5].

– Et... le sujet de ce roman ?

– Il n'en a pas, repartit Édouard brusquement ; et c'est là ce qu'il a de plus éton-nant peut-être. Mon roman n'a pas de sujet. Oui, je sais bien ; ça a l'air stupide ce que je dis là. Mettons si vous préférez qu'il n'y aura pas *un* sujet... «Une tranche
30 de vie», disait l'école naturaliste. Le grand défaut de cette école, c'est de couper sa tranche toujours dans le même sens ; dans le sens du temps, en longueur. Pourquoi pas en largeur ? ou en profondeur ? Pour moi, je voudrais ne pas couper du tout. Comprenez-moi : je voudrais tout y faire entrer, dans ce roman. Pas de coup de ciseaux pour arrêter, ici plutôt que là, sa substance. Depuis plus d'un an que j'y tra-
35 vaille il ne m'arrive rien que je n'y verse, et que je n'y veuille faire entrer : ce que je vois, ce que je sais, tout ce que m'apprend la vie des autres et la mienne...

– Et tout cela stylisé ? dit Sophroniska, feignant l'attention la plus vive, mais sans doute avec un peu d'ironie. Laura ne put réprimer un sourire. Édouard haussa légè-rement les épaules et reprit :

40 – Et ce n'est même pas cela que je veux faire. Ce que je veux, c'est présenter d'une part la réalité, présenter d'autre part cet effort pour la styliser, dont je vous parlais tout à l'heure.

– Mon pauvre ami, vous ferez mourir d'ennui vos lecteurs, dit Laura ; ne pouvant plus cacher son sourire, elle avait pris le parti de rire vraiment.

45 – Pas du tout. Pour obtenir cet effet, suivez-moi, j'invente un personnage de romancier, que je pose en figure centrale ; et le sujet du livre, si vous voulez, c'est précisément la lutte entre ce que lui offre la réalité et ce que, lui, prétend en faire.

– Si, si ; j'entrevois, dit poliment Sophroniska, que le rire de Laura était bien près de gagner. – Ce pourrait être assez curieux. Mais, vous savez, dans les romans
50 c'est toujours dangereux de présenter des intellectuels. Ils assomment le public ; on ne parvient à leur faire dire que des âneries, et, à tout ce qui les touche, ils commu-niquent un air abstrait.

– Et puis je vois très bien ce qui va arriver, s'écria Laura : dans ce romancier, vous ne pourrez faire autrement que de vous peindre.

55 Elle avait pris, depuis quelque temps, en parlant à Édouard, un ton persifleur qui l'étonnait elle-même, et qui désarçonnait Édouard d'autant plus qu'il en surprenait un reflet dans les regards malicieux de Bernard. Édouard protesta :

– Mais non ; j'aurai besoin de le faire très désagréable.

Laura était lancée. :

60 – C'est cela : tout le monde vous y reconnaîtra, dit-elle en éclatant d'un rire si franc qu'il entraîna celui des trois autres.

– Et le plan de ce livre est fait? demanda Sophroniska, en tâchant de reprendre son sérieux.

– Naturellement pas.

65 – Comment! naturellement pas?

– Vous devriez comprendre qu'un plan, pour un livre de ce genre, est essentiellement inadmissible. Tout y serait faussé si j'y décidais rien par avance. J'attends que la réalité me le dicte.

– Mais je croyais que vous vouliez vous écarter de la réalité.

70 – Mon romancier voudra s'en écarter; mais moi je l'y ramènerai sans cesse. A vrai dire, ce sera là le sujet : la lutte entre les faits proposés par la réalité, et la réalité idéale.

L'illogisme de son propos était flagrant, sautait aux yeux d'une manière pénible. Il apparaissait clairement que, sous son crâne, Édouard abritait deux exigences 75 inconciliables, et qu'il s'usait à les vouloir accorder.

– Et c'est très avancé? demanda poliment Sophroniska.

– Cela dépend de ce que vous entendez par là. A vrai dire, du livre même, je n'ai pas encore écrit une ligne. Mais j'y ai déjà beaucoup travaillé. J'y pense chaque jour et sans cesse. J'y travaille d'une façon très curieuse, que je m'en vais vous 80 dire : sur un carnet, je note au jour le jour l'état de ce roman dans mon esprit; oui, c'est une sorte de journal que je tiens, comme on ferait celui d'un enfant... C'est-à-dire qu'au lieu de me contenter de résoudre, à mesure qu'elle se propose, chaque difficulté (et toute œuvre d'art n'est que la somme ou le produit des solutions d'une quantité de menues difficultés successives), chacune de ces difficultés, je l'expose, 85 je l'étudie. Si vous voulez, ce carnet contient la critique continue de mon roman; ou mieux : du roman en général. Songez à l'intérêt qu'aurait pour nous un semblable carnet tenu par Dickens, ou Balzac; si nous avions le journal de *L'Éducation senti-mentale*[1], ou des *Frères Karamazof*[2] ! l'histoire de l'œuvre, de sa gestation! Mais ce serait passionnant... plus intéressant que l'œuvre elle-même...

90 Édouard espérait confusément qu'on lui demanderait de lire ces notes. Mais aucun des trois autres ne manifesta la moindre curiosité. Au lieu de cela :

– Mon pauvre ami, dit Laura avec un accent de tristesse; ce roman, je vois bien que jamais vous ne l'écrirez.

Gide, *Les Faux-monnayeurs*, Éd. Gallimard.

1. Hommes particulièrement laids. Au XVIIIe siècle, le mot, très péjoratif, désignait des figures s'éloignant beaucoup de l'idéal antique.
2. Individus insignifiants et prétentieux, ou insolents.
3. Pièce de Racine.
4. Pièce de Molière.
5. Pièce de Corneille.
6. Roman de Gustave Flaubert.
7. Roman de Dostoïevski.

1 Au nom de quelle préoccupation esthétique Édouard remet-il en cause la convention qui fait, de l'objet de tout roman, la représentation de la réalité?

2 Quelles sont les autres conventions et idées reçues mises en doute par Édouard? En quoi sont-elles liées à la première?

3 On appelle « composition en abîme » le procédé par lequel un peintre, depuis Jean Van Eyck, fait se réfléchir sur la surface d'un miroir la scène entière peinte sur la toile. Quelles analogies ce procédé présente-t-il avec le dispositif romanesque exposé ici par Édouard, et réalisé par le roman?

4 De quelle façon l'auteur évite-t-il de « faire un cours » au lecteur, ou du moins le rend-il plus vivant?

Marcel Proust

1871-1922

Une vie, deux « moi »

Fragile, asthmatique, Marcel Proust passe une enfance protégée. Son père est un médecin réputé, sa mère issue d'une riche famille bourgeoise. Il fait ses études de littérature, de droit, de philosophie, et mène une vie mondaine. Il publie quelques articles, un recueil poétique, *Les Plaisirs et les Jours,* en 1896, que préface Anatole France.

Mais il perd son père en 1903, sa mère en 1905. Ce second deuil le brise, et peut-être le libère : il sera, sans craindre d'offusquer sa famille, homosexuel et écrivain. Cependant, sa maladie s'aggrave ; il s'isole du monde et travaille. Il écrit en 1908-1909 un projet d'essai et de récit, *Contre Sainte-Beuve,* et entreprend la rédaction de son chef-d'œuvre, *A la recherche du temps perdu.* Dès lors, la vie de Proust est vouée au travail : seul importe l'autre moi, créateur et profond, « qui individualise les œuvres et les fait durer ».

A la « **Recherche du temps perdu** »

Le roman d'une vocation

Les écrits de Marcel Proust antérieurs à la *Recherche* sont déjà centrés sur l'expression d'une expérience intérieure. Le récit de la *Recherche* est, d'abord, celui de la découverte de son sujet : la vocation invisible du narrateur. Le récit superficiel, tel qu'en rend compte le découpage de l'œuvre, n'est qu'une apparence anecdotique. Les sept volumes, publiés entre 1913 et 1927, évoquent l'enfance à Combray, les premières amours, la société mondaine sur laquelle règne la duchesse de Guermantes, le salon bourgeois de Madame Verdurin qui l'imite, etc. Mais l'important réside dans la manière dont tout converge vers les trois découvertes finales : le temps change les êtres ; le passé peut être reconquis ; et l'œuvre d'art est l'instrument nécessaire de cette reconquête.

Un roman impossible

Proust, très vite, a senti que le déroulement linéaire de l'autobiographie ne convenait pas à son propos. Il découvre en 1908-1909 la possibilité d'organiser son écriture romanesque autour de la réminiscence : ce retour, à l'esprit du narrateur, d'images dont l'origine n'est pas immédiatement reconnue, lui permet d'évoquer, par associations d'idées, l'enfance à Combray, les salons, le bord de mer, Venise, l'homosexualité. Le souvenir, d'abord involontaire, disloque et recompose tour à tour le récit, pose des questions qui ne trouvent leur réponse, et l'entreprise tout son sens, qu'à la fin de l'œuvre.

Un roman sans frontières

L'immense discours du narrateur exprime la solitude de chaque conscience, la subjectivité de toute réalité soumise aux aléas de notre imagination et de notre mémoire.

Les « personnages » surgissent et disparaissent de façon fragmentaire, réapparaissant sous un nouveau jour, qui déjà se modifie. Seul leur langage, spécifique, leurs mots, leur confèrent une relative stabilité. L'univers matériel lui-même en devient illimité, variant en fonction du regard que porte sur lui le narrateur.

Les paysages se transforment en métaphores de l'expérience vécue, et les cinq villes du roman – Combray, Paris, Balbec, Doncières et Venise – sont liées, par l'un de leurs édifices, à une découverte, un drame, ou une perversion. La géographie l'emporte ainsi totalement sur l'histoire, car elle est devenue géographie intérieure.

Un roman classique et moderne

Classique, la *Recherche* semble l'aboutissement du roman européen du XIXe siècle ; c'est à ce titre qu'elle a connu ses premiers succès.

Mais elle doit son immense rayonnement actuel à l'écho qu'elle a trouvé chez les romanciers de la modernité. Proust a réussi la confusion des genres (essai, roman, pastiche, critique d'art, correspondance) en les enracinant dans l'expérience concrète d'un individu. Il a tiré tout le genre romanesque vers l'expression poétique d'une subjectivité, comme l'ont fait Joyce et Musil pour les littératures anglo-saxonnes.

Du côté de chez Swann
1913

Toute la Recherche *est « encadrée » par le célèbre épisode dit de la madeleine :
c'est l'approfondissement de cette première expérience qui aboutira, avec d'autres,
similaires dans leur principe, au miracle du « temps retrouvé ».*

Il y avait déjà bien des années que, de Combray, tout ce qui n'était pas le théâtre et
le drame de mon coucher[1] n'existait plus pour moi, quand un jour d'hiver, comme je
rentrais à la maison, ma mère, voyant que j'avais froid, me proposa de me faire
prendre, contre mon habitude, un peu de thé. Je refusai d'abord et, je ne sais pour-
5 quoi, me ravisai. Elle envoya chercher un de ces gâteaux courts et dodus appelés
Petites Madeleines qui semblent avoir été moulés dans la valve rainurée d'une
coquille de Saint-Jacques. Et bientôt, machinalement, accablé par la morne journée
et la perspective d'un triste lendemain, je portai à mes lèvres une cuillerée du thé
où j'avais laissé s'amollir un morceau de madeleine. Mais à l'instant même où la
10 gorgée mêlée de miettes de gâteau toucha mon palais, je tressaillis, attentif à ce qui
se passait d'extraordinaire en moi. Un plaisir délicieux m'avait envahi, isolé, sans la
notion de sa cause. Il m'avait aussitôt rendu les vicissitudes[2] de la vie indifférentes,
ses désastres inoffensifs, sa brièveté illusoire, de la même façon qu'opère l'amour,
en me remplissant d'une essence précieuse : ou plutôt cette essence n'était pas en
15 moi, elle était moi. J'avais cessé de me sentir médiocre, contingent[3], mortel. D'où
avait pu me venir cette puissante joie ? Je sentais qu'elle était liée au goût du thé et
du gâteau, mais qu'elle le dépassait infiniment, ne devait pas être de même nature.
D'où venait-elle ? Que signifiait-elle ? Où l'appréhender ? Je bois une seconde gorgée
où je ne trouve rien de plus que dans la première, une troisième qui m'apporte un
20 peu moins que la seconde. Il est temps que je m'arrête, la vertu du breuvage[4] semble
diminuer. Il est clair que la vérité que je cherche n'est pas en lui, mais en moi. Il
l'y a éveillée, mais ne la connaît pas, et ne peut que répéter indéfiniment, avec de
moins en moins de force, ce même témoignage que je ne sais pas interpréter et que
je veux au moins pouvoir lui redemander et retrouver intact, à ma disposition, tout
25 à l'heure, pour un éclaircissement décisif. Je pose la tasse et me tourne vers mon
esprit. C'est à lui de trouver la vérité. Mais comment ? Grave incertitude, toutes
les fois que l'esprit se sent dépassé par lui-même ; quand lui, le chercheur, est tout
ensemble le pays obscur où il doit chercher où il doit son bagage ne lui sera de
rien. Chercher ? pas seulement : créer. Il est en face de quelque chose qui n'est pas
30 encore et que seul il peut réaliser, puis faire entrer dans sa lumière[5].

Et je recommence à me demander quel pouvait être cet état inconnu, qui n'apportait aucune preuve logique, mais l'évidence, de sa félicité, de sa réalité devant
laquelle les autres s'évanouissaient. Je veux essayer de le faire réapparaître. Je
rétrograde par la pensée au moment où je pris la première cuillerée de thé. Je
35 retrouve le même état, sans une clarté nouvelle. Je demande à mon esprit un effort
de plus, de ramener encore une fois la sensation qui s'enfuit. Et, pour que rien ne

---

1. Quand ses parents recevaient des invités à dîner, l'enfant, qu'on avait couché de bonne heure, mettait tout en œuvre pour voir encore sa mère.
2. Les petits événements de la vie quotidienne, et plus particulièrement les désagréables.
3. Ici, dont la vie ne peut être tout entière modelée par la seule volonté.
4. Mot vieilli, dont le sens particulier souligne qu'il s'agit d'une boisson préparée pour un usage particulier ; on parle par exemple d'un breuvage magique.
5. Ceci fait apparaître la parenté qui existe entre cette opération de la mémoire et la création.

brise l'élan dont il va tâcher de la ressaisir, j'écarte tout obstacle, toute idée étrangère, j'abrite mes oreilles et mon attention contre les bruits de la chambre voisine. Mais sentant mon esprit qui se fatigue sans réussir, je le force au contraire à prendre
40 cette distraction que je lui refusais, à penser à autre chose, à se refaire avant une tentative suprême. Puis une deuxième fois, je fais le vide devant lui, je remets en face de lui la saveur encore récente de cette première gorgée et je sens tressaillir en moi quelque chose qui se déplace, voudrait s'élever, quelque chose qu'on aurait désancré, à une grande profondeur ; je ne sais ce que c'est, mais cela monte lente-
45 ment ; j'éprouve la résistance et j'entends la rumeur des distances traversées.

Certes, ce qui palpite ainsi au fond de moi, ce doit être l'image, le souvenir visuel, qui, lié à cette saveur, tente de la suivre jusqu'à moi. Mais il se débat trop loin, trop confusément ; à peine si je perçois le reflet neutre où se confond l'insaisissable tourbillon des couleurs remuées ; mais je ne peux distinguer la forme, lui demander,
50 comme au seul interprète possible, de me traduire le témoignage de sa contemporaine, de son inséparable compagne, la saveur, lui demander de m'apprendre de quelle circonstance particulière, de quelle époque du passé il s'agit.

Arrivera-t-il jusqu'à la surface de ma claire conscience, ce souvenir, l'instant ancien que l'attraction d'un instant identique est venue de si loin solliciter, émou-
55 voir, soulever tout au fond de moi ? Je ne sais. Maintenant je ne sens plus rien, il est arrêté, redescendu peut-être ; qui sait s'il remontera jamais de sa nuit ? Dix fois il me faut recommencer, me pencher vers lui. Et chaque fois la lâcheté qui nous détourne de toute tâche difficile, de toute œuvre importante, m'a conseillé de laisser cela, de boire mon thé en pensant simplement à mes ennuis d'aujourd'hui, à mes
60 désirs de demain qui se laissent remâcher sans peine.

Et tout d'un coup le souvenir m'est apparu. Ce goût, c'était celui du petit morceau de madeleine que le dimanche matin à Combray (parce que ce jour-là je ne sortais pas avant l'heure de la messe), quand j'allais lui dire bonjour dans sa chambre, ma tante Léonie m'offrait après l'avoir trempé dans son infusion de thé ou de til-
65 leul. La vue de la petite madeleine ne m'avait rien rappelé avant que je n'y eusse goûté ; peut-être parce que, en ayant souvent aperçu depuis, sans en manger, sur les tablettes des pâtissiers, leur image avait quitté ces jours de Combray pour se lier à d'autres plus récents ; peut-être parce que, de ces souvenirs abandonnés si longtemps hors de la mémoire, rien ne survivait, tout s'était désagrégé, les formes – et
70 celle aussi du petit coquillage de pâtisserie, si grassement sensuel sous son plissage sévère et dévot – s'étaient abolies, ou, ensommeillées, avaient perdu la force d'expansion qui leur eût permis de rejoindre la conscience. Mais, quand d'un passé ancien rien ne subsiste, après la mort des êtres, après la destruction des choses, seules, plus frêles mais plus vivaces, plus immatérielles, plus persistantes, plus fidè-
75 les, l'odeur et la saveur restent encore longtemps, comme des âmes, à se rappeler, à attendre, à espérer, sur la ruine de tout le reste, à porter sans fléchir, sur leur gouttelette presque impalpable, l'édifice immense du souvenir[1].

Et dès que j'eus reconnu le goût du morceau de madeleine trempé dans le tilleul que me donnait ma tante (quoique je ne susse pas encore et dusse remettre à
80 bien plus tard de découvrir pourquoi ce souvenir me rendait si heureux), aussitôt la vieille maison grise sur la rue, où était sa chambre, vint comme un décor de théâtre, s'appliquer au petit pavillon donnant sur le jardin, qu'on avait construit pour mes parents sur ses derrières (ce pan tronqué que seul j'avais revu jusque-là) ; et avec la maison, la ville, depuis le matin jusqu'au soir et par tous les temps, la Place où on
85 m'envoyait avant déjeuner, les rues où j'allais faire des courses, les chemins qu'on prenait si le temps était beau. Et comme dans ce jeu où les Japonais s'amusent à

---

1. Cf. *Le Flacon*, poème de Charles Baudelaire : « Parfois on trouve un vieux flacon qui se souvient, D'où jaillit toute vive une âme qui revient ». Mais le symbole chez Proust est toujours lié à une expérience concrète et personnelle : ce en quoi il n'est pas « symboliste ».

tremper dans un bol de porcelaine rempli d'eau, de petits morceaux de papier jusque-là indistincts qui, à peine y sont-ils plongés, s'étirent, se contournent, se colorent,
se différencient, deviennent des fleurs, des maisons, des personnages consistants et
90 reconnaissables, de même maintenant toutes les fleurs de notre jardin et celles du
parc de M. Swann, et les nymphéas[1] de la Vivonne, et les bonnes gens du village
et leurs petits logis et l'église et tout Combray et ses environs, tout cela qui prend
forme et solidité, est sorti, ville et jardins, de ma tasse de thé.

Proust, Du côté de chez Swann, Éd. Gallimard.

1. Les nymphéas, ou plus communément nénuphars, sont des plantes aquatiques.

1 Relevez les passages composés de phrases interrogatives. Quel est, chaque
fois, l'objet différent sur lequel porte l'interrogation ?

2 Situez les différentes étapes de l'analyse menée par le narrateur, en proposant
un plan du texte, et un titre pour chacune des parties.

3 Montrez comment la madeleine fait « remonter » à la « surface » du souvenir, un
monde de plus en plus étendu et complexe. Quelle comparaison caractérise la
forme aboutie de cette succession de métamorphoses ?

Le Temps retrouvé
1927

*Le narrateur, de retour à Paris après quelques années d'absence, est convié à une
matinée chez le prince de Guermantes. Il est découragé, et songe avec tristesse à
ses anciennes ambitions littéraires.*

Mais c'est quelquefois au moment où tout nous semble perdu que l'avertissement
arrive qui peut nous sauver ; on a frappé à toutes les portes qui ne donnent sur rien,
et la seule par où on peut entrer et qu'on aurait cherchée en vain pendant cent
ans, on y heurte sans le savoir, et elle s'ouvre. En roulant les tristes pensées que je
5 disais il y a un instant, j'étais entré dans la cour de l'hôtel de Guermantes, et dans
ma distraction je n'avais pas vu une voiture qui s'avançait ; au cri du wattman[1] je
n'eus que le temps de me ranger vivement de côté, et je reculai assez pour buter
malgré moi contre les pavés assez mal équarris[2] derrière lesquels était une remise.
Mais au moment où, me remettant d'aplomb, je posai mon pied sur un pavé qui était

1. Conducteur de tramway électrique.
2. Taillés, rendus carrés.

un peu moins élevé que le précédent, tout mon découragement s'évanouit devant
la même félicité qu'à diverses époques de ma vie m'avaient donnée la vue d'arbres
que j'avais cru reconnaître dans une promenade en voiture autour de Balbec, la
vue des clochers de Martinville, la saveur d'une madeleine trempée dans une infusion, tant d'autres sensations dont j'ai parlé et que les dernières œuvres de Vinteuil[1]
m'avaient paru synthétiser. Comme au moment où je goûtais la madeleine, toute
inquiétude sur l'avenir, tout doute intellectuel étaient dissipés. Ceux qui m'assail-
laient tout à l'heure au sujet de la réalité de mes dons littéraires, et même de
la réalité de la littérature, se trouvaient levés comme par enchantement. Sans que
j'eusse fait aucun raisonnement nouveau, trouvé aucun argument décisif, les difficultés, insolubles tout à l'heure, avaient perdu toute importance. Mais, cette fois,
j'étais bien décidé à ne pas me résigner à ignorer pourquoi, comme je l'avais fait
le jour où j'avais goûté d'une madeleine trempée dans une infusion. La félicité que
je venais d'éprouver était bien en effet la même que celle que j'avais éprouvée en
mangeant la madeleine et dont j'avais alors ajourné de rechercher les causes profondes. La différence, purement matérielle, était dans les images évoquées ; un azur
profond enivrait mes yeux, des impressions de fraîcheur, d'éblouissante lumière
tournoyaient près de moi et, dans mon désir de les saisir, sans oser plus bouger
que quand je goûtais la saveur de la madeleine en tâchant de faire parvenir jusqu'à moi ce qu'elle me rappelait, je restais, quitte à faire rire la foule innombrable
des wattmen, à tituber comme j'avais fait tout à l'heure, un pied sur le pavé plus
élevé, l'autre pied sur le pavé plus bas. Chaque fois que je refaisais rien que matériellement ce même pas, il me restait inutile ; mais si je réussissais, oubliant la matinée Guermantes, à retrouver ce que j'avais senti en posant ainsi mes pieds, de nouveau la vision éblouissante et indistincte me frôlait comme si elle m'avait dit : « Sai-
sis-moi au passage si tu en as la force, et tâche à résoudre l'énigme de bonheur
que je te propose. » Et presque tout de suite, je la reconnus, c'était Venise, dont
mes efforts pour la décrire et les prétendus instantanés pris par ma mémoire ne
m'avaient jamais rien dit, et que la sensation que j'avais ressentie jadis sur deux
dalles inégales du baptistère de Saint-Marc m'avait rendue avec toutes les autres
sensations jointes ce jour-là à cette sensation-là et qui étaient restées dans l'attente,
à leur rang, d'où un brusque hasard les avait impérieusement fait sortir, dans la
série des jours oubliés. De même le goût de la petite madeleine m'avait rappelé
Combray. Mais pourquoi les images de Combray et de Venise m'avaient-elles, à
l'un et à l'autre moment, donné une joie pareille à une certitude, et suffisante, sans
autres preuves, à me rendre la mort indifférente ? (...)

*Le narrateur entre dans l'hôtel de Guermantes ; il lui faut attendre, avant de passer
au salon, la fin de l'exécution d'un morceau de musique. Une cuiller qui tinte sur une
assiette fait renaître un bruit jadis entendu en voyage ; un maître d'hôtel lui apporte
une serviette empesée qui en évoque d'autres, à Balbec. L'écrivain analyse alors
« les causes profondes » de la félicité qu'il éprouve.*

Rien qu'un moment du passé ? Beaucoup plus, peut-être ; quelque chose qui, commun à la fois au passé et au présent, est beaucoup plus essentiel qu'eux deux. Tant
de fois, au cours de ma vie, la réalité m'avait déçu parce qu'au moment où je la
percevais, mon imagination, qui était mon seul organe pour jouir de la beauté, ne
pouvait s'appliquer à elle, en vertu de la loi inévitable qui veut qu'on ne puisse imaginer que ce qui est absent. Et voici que soudain l'effet de cette dure loi s'était trouvé
neutralisé, suspendu, par un expédient merveilleux de la nature, qui avait fait miroi-

---

1. Compositeur qui fait partie des personnages de la *Recherche.*

ter une sensation – bruit de la fourchette et du marteau, même titre de livre, etc. – à la fois dans le passé, ce qui permettait à mon imagination de la goûter, et dans le
10 présent où l'ébranlement effectif de mes sens par le bruit, le contact du linge, etc., avait ajouté aux rêves de l'imagination ce dont ils sont habituellement dépourvus, l'idée d'existence, et, grâce à ce subterfuge[1], avait permis à mon être d'obtenir, d'isoler, d'immobilier – la durée d'un éclair – ce qu'il n'appréhende jamais : un peu de temps à l'état pur. L'être qui était rené en moi quand, avec un tel frémissement de
15 bonheur, j'avais entendu le bruit commun à la fois à la cuiller qui touche l'assiette et au marteau qui frappe sur la route, à l'inégalité pour les pas des pavés de la cour Guermantes et du baptistère de Saint-Marc, etc., cet être-là ne se nourrit que de l'essence des choses, en elle seulement il trouve sa subsistance, ses délices. Il languit dans l'observation du présent où les sens ne peuvent la lui apporter, dans la
20 considération d'un passé que l'intelligence lui dessèche, dans l'attente d'un avenir que la volonté construit avec des fragments du présent et du passé auxquels elle retire encore de leur réalité en ne conservant d'eux que ce qui convient à la fin utilitaire, étroitement humaine, qu'elle leur assigne. Mais qu'un bruit, qu'une odeur, déjà entendu ou respirée jadis, le soient de nouveau, à la fois dans le présent et
25 dans le passé, réels sans être actuels, idéaux sans être abstraits, aussitôt l'essence permanente et habituellement cachée des choses se trouve libérée, et notre vrai moi qui, parfois depuis longtemps, semblait mort, mais ne l'était pas entièrement, s'éveille, s'anime en recevant la céleste nourriture qui lui est apportée. Une minute affranchie de l'ordre du temps a recréé en nous, pour la sentir, l'homme affranchi
30 de l'ordre du temps. Et celui-là, on comprend qu'il soit confiant dans sa joie, même si le simple goût d'une madeleine ne semble pas contenir logiquement les raisons de cette joie, on comprend que le mot de « mort » n'ait pas de sens pour lui ; situé hors du temps, que pourrait-il craindre de l'avenir ?

Proust, Le Temps retrouvé, Éd. Gallimard.

1. Moyen, ruse.

1 Recensez les différentes expériences qui mettent en jeu dans ce texte la notion de « souvenir involontaire », à l'exemple de celle de la madeleine. Qu'ont de commun les différents déclencheurs de ces expériences, en eux-mêmes, et pour le narrateur ?

2 Relevez les termes qu'utilise Proust pour spécifier la nature de ces expériences. Montrez par quelle logique ils fondent la théorie chère à Marcel Proust, selon laquelle le moi créateur est un autre moi, qui ne se confond pas avec le moi quotidien, trivial : quelles sont les caractéristiques de ce moi créateur ?

Beyraud (1849-1936), La Soirée (Musée Carnavalet). ▶

1918-1939 :
L'ENTRE-DEUX-GUERRES

La reconstruction

La première période de l'Entre-deux-guerres, de 1919 à 1929, est vouée à la reconstruction. Le pays est traumatisé par la guerre de 1914-1918, l'économie affaiblie. La production industrielle n'atteint en 1921 que les deux tiers de son volume d'avant-guerre. En 1926, tous les projets de restauration financière ont échoué, et le Trésor s'avère incapable de payer ses fonctionnaires. Le président de la République doit faire appel, pour restaurer la confiance, à l'homme providentiel du moment, Raymond Poincaré.

La situation générale s'améliore cependant de façon progressive, en dépit de disparités sociales criantes. On baptise les années 1920 les «années folles» : c'est un débordement de vie, d'appétits intellectuels, une révolution des mœurs et une libération timide, mais réelle, de la femme. Le music-hall remplace le café-concert, et les dancings le bal-musette. Le cinéma devient parlant. Le jazz triomphe.

La crise de 1929 et la tension internationale

Cette euphorie cesse brutalement avec la crise économique de 1929. C'est une crise mondiale, dont les effets en France se font sentir d'abord dans l'agriculture, puis dans l'industrie.

Entre 1932 et 1934, le pays connaît une crise politique durable. Les partis de gauche forment le Front Populaire, qui gagne les élections de 1936. Mais les difficultés économiques pèsent sur le pays, pourtant revigoré par les importantes mesures sociales du gouvernement de Léon Blum. A l'extérieur, la tension avec l'Allemagne ne cesse de croître depuis 1933, au rythme des événements qui scandent l'histoire allemande : assassinat du Chancelier Dolfuss, montée du nazisme, réarmement, aide à Franco contre les Républicains espagnols, annexion de l'Autriche et d'une partie de la Tchécoslovaquie en 1938, invasion de la Pologne... La «peur des rouges» agitée par la bourgeoisie amène la démission de Blum le 8 avril 1938; le ministère de centre-droit qui lui succède ne parvient pas, face au raz-de-marée nazi qui s'apprête à déferler sur l'Europe, à imposer la paix. La guerre est déclarée le 3 septembre 1939.

La littérature de l'entre-deux-guerres

Pendant les années folles, la littérature évolue au rythme de la douce euphorie qui a gagné les esprits : Radiguet, jeune et brillant romancier, joue au cynique et au frivole. Valéry écrit *Charmes,* Claudel *Le Soulier de Satin,* Gide *Les Faux-Monnayeurs* (autant d'aspects de cette impression de «grandes vacances» qu'a donné l'après-guerre).

Écrivains et artistes ressentent cependant avec une acuité croissante le besoin de se situer socialement et d'apporter une réponse aux problèmes de leur temps. Les surréalistes posent la question des rapports entre leur mouvement littéraire et la Révolution. Les écrivains des années 30, comme Roger Martin du Gard, Céline, Aragon, Malraux, sont attentifs à l'événement, donnent à leurs écrits la saveur et l'épaisseur du vécu. Ils s'engagent politiquement, s'ouvrent à la littérature américaine (Faulkner et Hemingway notamment). D'autres, comme Giraudoux, ou Valéry s'écriant : «Nous autres civilisations, nous savons désormais que nous sommes mortelles», alertent leurs contemporains. C'est le début de la littérature engagée, à laquelle l'existentialisme, courant philosophique animé par Sartre et Camus, donnera, avec le marxisme, ses fondements théoriques.

◀ Jacques-Émile Blanche (1861-1942),
Scène de manifestation populaire (1936).

Manteau du couturier Poiret (1879-1944)
paru dans *La Gazette du Bon Ton* (1921).
▼

369

LE MOUVEMENT SURRÉALISTE

Le surréalisme est le mouvement esthétique le plus important de la première moitié du siècle. Son influence déborde celle du groupe surréaliste proprement dit, tel qu'il a existé en France, de 1924 à 1939, autour d'André Breton : elle s'étend au-delà de la Seconde Guerre mondiale et des frontières de la France, transforme de façon durable non seulement la littérature, mais aussi la peinture et le cinéma.

AUX ORIGINES : LE REFUS

Pour la jeunesse de 1920, la « Grande Guerre » de 1914-1918 révèle la faillite d'une civilisation. L'attitude surréaliste procèdera donc d'abord de la négation d'une vie et de valeurs que la réalité de la guerre a remises en cause : c'est l'homme, tout entier, qu'il s'agit de changer. De jeunes artistes exilés, regroupés à Zurich autour du Roumain Tristan Tzara baptisent par dérision leur entreprise du premier mot qu'ils rencontrent dans le dictionnaire : « Dada ». Ils refusent en bloc l'engagement politique, les conventions sociales et les préjugés esthétiques.

André Breton découvre Dada en 1917. L'arrivée de Tzara à Paris en 1919 infléchit nettement les tendances initiales de sa revue « Littérature ».

La négation s'accompagne d'un désir de renouvellement, nourri par les révolutions du temps (la révolution soviétique de 1917, les découvertes scientifiques d'Einstein, et les travaux de Sigmund Freud). Des découvertes du docteur viennois, les surréalistes retiennent l'importance de l'inconscient, la possibilité d'aborder franchement la question sexuelle, la puissance des rêves et des désirs.

Une préoccupation commune se dégage des premiers écrits surréalistes : celle d'assurer à l'esprit une totale liberté. On se découvre des précurseurs chez Sade, Nerval, les romantiques allemands, Rimbaud, Jarry – pour son humour –, et surtout Lautréamont. On refuse la guerre, pour affirmer de nouvelles valeurs : la poésie, l'humour, l'amour et la beauté, capables de faire avancer chacun dans sa quête de la « vraie vie ».

L'affirmation de cette volonté créatrice du surréalisme conduit dès 1922 à condamner le dadaïsme, considéré comme un « conformisme de l'anticonformisme ». Aragon, Eluard, et bien d'autres, se joignent à André Breton pour engager *Littérature* dans l'invention d'une vie nouvelle.

« CHANGER LA VIE » OU « TRANSFORMER LE MONDE » ?

Breton et ses amis tentent d'élaborer une démarche qui apporte à l'homme la connaissance et la jouissance de domaines nouveaux : l'inconscient, le rêve, le merveilleux, l'imaginaire, tout ce que l'univers logique en somme refoule. Récits de rêves, sommeils hypnotiques, libres associations, permettent une série de découvertes, dont le *Manifeste du Surréalisme* fait le bilan en 1924. Le réalisme, et le roman en général, y sont mis à mal.

L'ambition est de donner à chaque homme les moyens de se révéler à lui-même dans son authenticité. Mais cette révolution totale est difficile à revendiquer à l'écart du monde réel, en se désolidarisant de toute action de transformation politique. Les surréalistes se rapprochent alors des groupes marxistes. Cependant les adhésions aux mouvements communistes provoquent des difficultés au sein du groupe.

En 1928, Breton publie *Nadja,* Aragon son *Traité du style,* deux œuvres maîtresses. De nouveaux membres s'imposent : peintres (Salvador Dali), cinéastes (Buñuel), poètes (René Char). La volonté de concilier engagement politique et libre exploration des consciences individuelles constitue la cause des ultimes déchirements. Aragon adhère définitivement au Parti Communiste en 1930 ; Breton et Eluard en sont exclus en 1933.

Ces vicissitudes semblent le signe d'une tension irréductible : « Transformer le monde, a dit Marx, changer la vie, a dit Rimbaud, ces deux mots d'ordre pour nous n'en sont qu'un », écrivait Breton. Mais, de fait, dans les conditions de l'époque, les individus donnent le pas à l'un ou à l'autre.

SITUATION DU SURRÉALISME

Le mouvement surréaliste a d'évidence modifié les esprits, orienté les arts vers de nouvelles voies :
– l'affirmation du merveilleux et de l'inconscient, en tant que richesses pour une vie plus vraie, ont modifié notre vision de cette aventure individuelle : vivre.
– Les surréalistes ont confirmé l'intuition romantique de l'existence de liens forts entre la poésie et la vie ; comme ils voulaient libérer la vie, ils ont libéré la poésie des anciennes contraintes formelles, mis en évidence la charge d'inconnu des images et des métaphores qui rapprochent des réalités que la conscience ne songe pas à unir : « ... car chaque image à chaque coup vous force à réviser tout l'Univers » (Aragon).

SURRÉALISME, n. m. Automatisme psychique pur par lequel on se propose d'exprimer, soit verbalement, soit par écrit, soit de toute autre manière, le fonctionnement réel de la pensée. Dictée de la pensée, en l'absence de tout contrôle exercé par la raison, en dehors de toute préoccupation esthétique ou morale.
ENCYCL. *Philos.* Le surréalisme repose sur la croyance à la réalité supérieure de certaines formes d'associations négligées jusqu'à lui, à la toute-puissance du rêve, au jeu désintéressé de la pensée. Il tend à ruiner définitivement tous les autres mécanismes psychiques et à se substituer à eux dans la résolution des principaux problèmes de la vie.

Breton, *Manifeste du surréalisme,*
Société Nouvelle des Éditions Pauvert.

Magritte (1898-1967),
Le monde invisible (1953). ▶

371

André Breton

1896-1966

L'âme du mouvement surréaliste

André Breton grandit à Pantin, dans la banlieue parisienne. Les études de médecine ne le détournent pas de sa passion initiale pour la poésie. Les années de guerre sont pour lui des années de formation morale et intellectuelle : interne dans un centre neuropsychiatrique militaire, Breton s'initie aux théories de Freud, et s'interroge sur la nature de la poésie à la lumière des œuvres de Rimbaud, Apollinaire, et Reverdy.

Avec la rencontre en 1919 de Louis Aragon et Philippe Soupault, avec lesquels il fonde la revue *Littérature,* la vie et l'œuvre de Breton tendent à se confondre avec celles du mouvement surréaliste. La méthode freudienne des associations spontanées lui permet de découvrir et de faire la théorie de l'écriture automatique, transcription fidèle, sans souci de logique ni de censure – grammaticale, morale ou esthétique – du feu verbal qui se presse dans l'esprit du poète : *Les Champs magnétiques* (1920), écrits avec Philippe Soupault, deviennent la première affirmation littéraire du surréalisme.

Breton se transforme peu à peu en inspirateur et en garant théorique du surréalisme. La fascination qu'il exerce sur tous ceux qui l'approchent lui permet d'affirmer l'irréductible indépendance du mouvement, et la nouveauté des conceptions surréalistes en matière de poésie. Il rompt avec Dada, et refuse de se contenter des expériences liées à l'exploration de l'inconscient : son recueil *Clair de terre,* publié en 1923, et celui intitulé *Les Pas perdus* (1924) qui rassemble des articles, ouvrent la voie à de nouvelles entreprises : publication du *Manifeste du Surréalisme* et des poèmes

◀ Breton en 1960 par Cartier-Bresson. La découverte de l'art nègre entraîne une profonde modification du regard porté sur l'art européen.

en prose de *Poisson soluble,* lancement de la revue *La Révolution surréaliste,* qui annonce : « Il faut aboutir à une nouvelle déclaration des droits de l'homme ».

La « défense et illustration » des valeurs surréalistes

Le « non-conformisme absolu » du mouvement conduit Breton à se rapprocher de ces autres anti-conformistes que sont les intellectuels communistes. Il est transporté par la lecture du *Lénine* de Trotski, avec qui il écrira en 1938 le manifeste *Pour un art révolutionnaire indépendant,* et dénonce la politique coloniale de la France. Ses liens avec le Parti Communiste sont cependant conflictuels : il finit par les rompre en 1935, et continue d'affirmer le principe de la liberté dans l'art, contre tout réalisme socialiste. Ses amitiés avec Aragon, puis Eluard, ralliés au Parti Communiste, se brisent, mais il se battra désormais toute sa vie sur deux fronts : contre le colonialisme et la montée du fascisme, contre le stalinisme et les procès de Moscou.

L'avancée de l'œuvre est indissociable de cette expérience. La prose d'André Breton est enflammée, superbe, démonstrative, des *Manifestes* (en 1924, 1929, et 1942) à ces textes qui ressortissent à la fois du récit, de l'essai, et du poème : *Nadja* (1928), *Les Vases Communicants* (1932), *l'Amour fou* (1937), *Arcane 17* (1947). Tous élaborent les thèmes chers à Breton : la fusion du réel et de l'imaginaire, de la poésie et de la vie, les révélations du désir et de l'amour.

L'œuvre poétique hésite en revanche entre le pur automatisme, et la composition oratoire d'un discours où s'entrechoquent, accumulées, de superbes images.

Clair de terre
1923

L'Union libre

Ma femme à la chevelure de feu de bois
Aux pensées d'éclairs de chaleur
A la taille de sablier
Ma femme à la taille de loutre entre les dents du tigre
5 Ma femme à la bouche de cocarde et de bouquet
  d'étoiles de dernière grandeur
Aux dents d'empreintes de souris blanche sur la terre
  blanche
A la langue d'ambre et de verre frottés
10 Ma femme à la langue d'hostie poignardée
A la langue de poupée qui ouvre et ferme les yeux
A la langue de pierre incroyable
Ma femme aux cils de bâtons d'écriture d'enfant
Aux sourcils de bord de nid d'hirondelle
15 Ma femme aux tempes d'ardoise de toit de serre
Et de buée aux vitres
Ma femme aux épaules de champagne
Et de fontaine à têtes de dauphins sous la glace
Ma femme aux poignets d'allumettes
20 Ma femme aux doigts de hasard et d'as de cœur
Aux doigts de foin coupé
Ma femme aux aisselles de martre et de fênes[1]
De nuit de la Saint-Jean
De troène[2] et de nid de scalares[3]
25 Aux bras d'écume de mer et d'écluse
Et de mélange du blé et du moulin
Ma femme aux jambes de fusée
Aux mouvements d'horlogerie et de désespoir
Ma femme aux mollets de moelle de sureau
30 Ma femme aux pieds d'initiales
Aux pieds de trousseaux de clés aux pieds de calfats[4]
  qui boivent
Ma femme au cou d'orge imperlé
Ma femme à la gorge de Val d'or
35 De rendez-vous dans le lit même du torrent
Aux seins de nuit
Ma femme aux seins de taupinière marine
Aux seins de spectre de la rose sous la rosée
40 Ma femme au ventre de dépliement d'éventail des jours

1. Ou faîne : le fruit du hêtre.
2. Arbrisseau à feuilles blanches odorantes, utilisé pour constituer des haies.
3. Ou scalaire : mollusque dont la coquille porte des côtes espacées comme les degrés d'une échelle.
4. Ouvrier qui calfate les coques des bateaux.

Au ventre de griffe géante
Ma femme au dos d'oiseau qui fuit vertical
Au dos de vif-argent
Au dos de lumière
45 A la nuque de pierre roulée et de craie mouillée
Et de chute d'un verre dans lequel on vient de boire
Ma femme aux hanches de nacelle
Aux hanches de lustre et de pennes[1] de flèche
Et de tiges de plumes de paon blanc
50 De balance insensible
Ma femme aux fesses de grès et d'amiante
Ma femme aux fesses de dos de cygne
Ma femme aux fesses de printemps
Au sexe de glaïeul
55 Ma femme au sexe de placer[2] et d'ornithorynque[3]
Ma femme au sexe d'algue et de bonbons anciens
Ma femme au sexe de miroir
Ma femme aux yeux pleins de larmes
Aux yeux de panoplie violette et d'aiguille aimantée
60 Ma femme aux yeux de savane
Ma femme aux yeux d'eau pour boire en prison
Ma femme aux yeux de bois toujours sous la hache
Aux yeux de niveau d'eau de niveau d'air de terre et
de feu

Breton, *Clair de terre*, Éd. Gallimard.

1. Aileron d'une flèche qui peut être fait d'une plume (au sens premier la penne est la grande plume de l'aile).
2. Banc de sable contenant des paillettes d'or.
3. Mammifère d'Australie à bec plat et corné, qui creuse des terriers sous les berges des cours d'eau et des lacs.

1 Quel est le mouvement général du poème?

2 Après lecture à haute voix de ce poème, choisissez une image qui vous plaît, et dites ce que vous y voyez. Comment expliquez-vous la relation qui s'établit entre la partie du corps féminin nommée par Breton, et l'image qui lui est associée?

3 Le poète Pierre Reverdy définissait ainsi l'image poétique :
« L'image est une création pure de l'esprit.
Elle ne peut naître d'une comparaison mais du rapprochement de deux réalités plus ou moins éloignées.
Plus les rapports des deux réalités rapprochées seront lointains et justes, plus l'image sera forte – plus elle aura de puissance émotive et de réalité poétique... »
    Pouvez-vous justifier votre plaisir – ou son absence – à la lecture de telle ou telle image de « L'Union libre », en vous aidant de cette définition?

Nadja
1928 ⎯⎯⎯⎯⎯⎯⎯⎯⎯⎯⎯⎯⎯⎯⎯⎯⎯⎯⎯⎯⎯⎯⎯⎯⎯⎯⎯⎯⎯

André Breton se refusait au roman. *Nadja* est donc un récit, où les éléments autobiographiques cautionnent la vérité poétique. La rencontre du poète et de la jeune femme qui le guide sur la voie du merveilleux, s'effectue sous le signe d'une surréalité qui doit permettre de réinventer la vie. L'amour est une fulgurante révélation. Mais la folie guette Nadja.

Le poète a rencontré Nadja «par hasard», rue Lafayette, à Paris. La jeune femme, pauvrement vêtue, s'était elle-même définie comme «l'âme errante». Ils se retrouvent le lendemain.

5 octobre. – Nadja, arrivée la première, en avance, n'est plus la même. Assez élégante, en noir et rouge, un très seyant chapeau qu'elle enlève, découvrant ses cheveux d'avoine qui ont renoncé à leur incroyable désordre, elle porte des bas de soie et est parfaitement chaussée. La conversation est pourtant devenue plus difficile et
5 commence par ne pas aller, de sa part, sans hésitations. Cela jusqu'à ce qu'elle s'empare des livres que j'ai apportés *(Les Pas perdus, Manifeste du surréalisme)*[1]. «Les Pas perdus? Mais il n'y en a pas.» Elle feuillette l'ouvrage avec grande curiosité. Son attention se fixe sur un poème de Jarry[2] qui y est cité :

Parmi les bruyères, pénil[3] *des menhirs*[4]...

10 Loin de la rebuter, ce poème, qu'elle lit une première fois assez vite, puis qu'elle examine de très près, semble vivement l'émouvoir. A la fin du second quatrain, ses yeux se mouillent et se remplissent de la vision d'une forêt. Elle voit le poète qui passe près de cette forêt, on dirait que de loin elle peut le suivre : «Non, il tourne autour de la forêt. Il ne peut pas entrer, il n'entre pas.» Puis elle le perd et revient au
15 poème, un peu plus haut que le point où elle l'a laissé, interrogeant les mots qui la surprennent le plus, donnant à chacun le signe d'intelligence, d'assentiment exact qu'il réclame.

Chasse de leur acier la martre et l'hermine.

«De leur acier? La martre... et l'hermine. Oui, je vois : les gîtes coupants, les riviè-
20 res froides : *De leur acier.*» Un peu plus bas :

En mangeant le bruit des hannetons, C'havann

(Avec effroi, fermant le livre :) «Oh! ceci, c'est la mort!»

Le rapport de couleurs entre les couvertures des deux volumes l'étonne et la séduit. Il paraît qu'il me «va». Je l'ai sûrement fait exprès (quelque peu). Puis elle
25 me parle de deux amis qu'elle a eus (...).

1. Livres d'André Breton.
2. Poète et homme de théâtre, auteur d'une pièce à scandale, qui tournait en ridicule un professeur de lycée : *Ubu-roi* (1894). Jarry est l'un des auteurs vantés par Breton et le mouvement surréaliste à sa suite.
3. Pubis féminin, ou mont-de-vénus.
4. Pierres dressées verticalement par les hommes de la préhistoire.

Nous sortons. Elle me dit encore : « Je vois chez vous. Votre femme. Brune, naturellement. Petite. Jolie. Tiens, il y a près d'elle un chien. Peut-être aussi, mais ailleurs,
un chat (exact). Pour l'instant je ne vois rien d'autre. » Je me dispose à rentrer chez
moi, Nadja m'accompagne en taxi. Nous demeurons quelque temps silencieux, puis
30 elle me tutoie brusquement : « Un jeu : Dis quelque chose. Ferme les yeux et dis
quelque chose. N'importe, un chiffre, un prénom. Comme ceci (elle ferme les yeux) :
Deux, deux quoi ? Deux femmes. Comment sont ces femmes ? En noir. Où se trou-
vent-elles ? Dans un parc... Et puis, que font-elles ? Allons, c'est si facile, pourquoi
ne veux-tu pas jouer ? Eh bien, moi, c'est ainsi que je me parle quand je suis seule,
35 que je me raconte toutes sortes d'histoires. Et pas seulement de vaines histoires :
c'est même entièrement de cette façon que je vis. » Je la quitte à ma porte : « Et
moi, maintenant ? Où aller ? Mais il est si simple de descendre lentement vers la rue
Lafayette, le faubourg Poissonnière, de commencer par revenir à l'endroit même
où nous étions. »

Breton, *Nadja*, Éd. Gallimard.

1 Le personnage de Nadja : relevez tous les éléments qui font d'elle, au sens propre, une voyante. Que peut-on en déduire de la place de l'amour, et de la
femme, selon André Breton ?

2 La « lecture » des deux livres de Breton : qu'est-ce que lire selon Nadja ? Sur
quels éléments de la réalité s'appuie-t-elle pour voir ? Trouvez-vous cette façon
de procéder étonnante, pertinente, ou absurde ? Justifiez votre point de vue.

3 Quel est selon vous le sens du « jeu » inventé par Nadja ? Précisez à partir de
cette anecdote, l'aspiration surréaliste à « changer la vie ».

Paul Eluard

1895-1952

Le poète de l'amour

Paul-Eugène Grindel, qui deviendra Paul Eluard, est né dans la banlieue parisienne. La tuberculose l'amène à interrompre ses études en 1912. Mais, davantage que la mélancolie de ses jeunes années, c'est le refus de la guerre, après la terrible expérience du front, qui nourrira toute sa vie son inspiration.

Dès son adhésion au surréalisme, il impose un ton neuf et personnel, qui est celui de l'évidence poétique opposée à la violence du monde. *Mourir de ne pas mourir* (1924), *Capitale de la douleur* (1926), *L'amour la poésie* (1929) et *La vie immédiate* (1932) chantent avec émotion un monde réconcilié par la force de l'amour. C'est l'amour, et sa souveraine innocence, qui brisent la solitude de l'homme,

◄ Éluard en 1945 par Cartier-Bresson.

éclairent l'univers imposé par la guerre.

De là vient sans doute que l'œuvre d'Eluard semble moins traversée que d'autres par la difficulté d'être à la fois poète et militant communiste. Il n'existe pour lui aucune rupture, aucune discontinuité, entre le chant amoureux et la célébration des fraternités : il passe simplement « de l'horizon d'un homme à l'horizon de tous ». Ses poèmes de guerre, simples, limpides, en prennent d'autant plus de force. Le recueil *Les yeux fertiles* (1936), puis *Donner à voir* (1940), *Poésie et Vérité* (1942), et *Au Rendez-vous allemand* (1944), illustrent, comme son engagement politique, une même et profonde conviction : « Le temps est venu », écrit-il dès 1936, « où tous les poètes ont le droit et le devoir de soutenir qu'ils sont profondément enfoncés dans la vie des autres hommes, dans la vie commune ».

Les textes plus tardifs, notamment *Poésie ininterrompue* (1946), *Corps mémorable* (1947), ou *Le Phénix* (1951), prolongent une recherche de perfection formelle et d'intégration de tous les éléments du monde sensible dans le poème. La même voix s'y fait entendre, immédiatement familière, échappant à la mièvrerie comme à la naïveté. Elle chante l'amour, à travers les « Muses » successives du poète, et s'épanouit en une science des images en liberté, qui fait d'Eluard l'un des grands poètes du siècle, et à coup sûr l'un des plus lus.

379

Les Yeux fertiles

1936

Ce livre reproduit une suite de poèmes publiée avec des photographies de Man Ray, et consacrée à Nusch, la nouvelle inspiratrice du poète. La jubilation s'y épanouit en émotion poétique, avec assurance et simplicité.

Facile

Tu te lèves l'eau se déplie
Tu te couches l'eau s'épanouit
Tu es l'eau détournée de ses abîmes
Tu es la terre qui prend racine
5 Et sur laquelle tout s'établit
Tu fais des bulles de silence dans le désert des bruits
Tu chantes des hymnes nocturnes sur les cordes de l'arc-en-ciel

Tu es partout tu abolis toutes les routes
10 Tu sacrifies le temps
A l'éternelle jeunesse de la flamme exacte
Qui voile la nature en la reproduisant
Femme tu mets au monde un corps toujours pareil
Le tien
15 Tu es la ressemblance

Eluard, *Les Yeux fertiles*, Éd. Gallimard.

1 Choisissez un vers du poème, et tentez de décrire ce que vous y voyez.

2 Comparez le poème à « L'Union libre » d'André Breton (cf. p. 374). Ils sont construits l'un et l'autre sur un mode répétitif : la femme cependant s'y trouve-t-elle située de la même façon par rapport au poète ?

Au Rendez-vous allemand

1944

Le recueil rassemble des textes écrits pendant la Résistance, qui sont le chant funèbre des fusillés, des otages, des martyrs. Le combat politique est affirmé, mais Eluard évite la déclamation, l'explication : il donne à voir et à sentir, quitte à préciser, si nécessaire, le contexte qui a donné naissance au poème.

« Comprenne qui voudra » est né des châtiments dégradants que certains, à la Libération de 1944, jugèrent bon de faire subir aux Françaises qui avaient entretenu des relations avec l'occupant allemand.

Comprenne qui voudra

Comprenne qui voudra
Moi mon remords ce fut
La malheureuse qui resta
Sur le pavé
5 La victime raisonnable
A la robe déchirée
Au regard d'enfant perdue
Découronnée défigurée
Celle qui ressemble aux morts
10 Qui sont morts pour être aimés.

Une fille faite pour un bouquet
Et couverte
Du noir crachat des ténèbres

Une fille galante
15 Comme une aurore de premier mai
La plus aimable bête

Souillée et qui n'a pas compris
Qu'elle est souillée
Une bête prise au piège
20 Des amateurs de beauté

Et ma mère la femme
Voudrait bien dorloter
Cette image idéale
De son malheur sur terre.

En ce temps-là, pour ne pas châtier les coupables, on maltraitait des filles. On allait même jusqu'à les tondre.

Eluard, *Au Rendez-vous allemand,* Éd. de Minuit.

1 Quelle est l'expression transformée par le titre du poème ? Pourquoi l'est-elle ?

2 Relevez les adjectifs utilisés par le poète pour qualifier la « tondue », et expliquez ce qui fonde sa révolte, sa douleur.

3 Quel est, d'après ce poème, le rôle « politique » du poète ?

LE ROMAN DES ANNÉES TRENTE

Les années trente sont apparues à la critique comme un tournant : on laissait en effet derrière soi une littérature attentive à l'individu et portée à l'introspection, pour un nouveau courant de pensée, attentif au monde et tenté par l'engagement politique.

DES MONDES A DÉCOUVRIR

La littérature d'aventures connaît à cette époque un très vif succès. Rosny Aîné emmène ses lecteurs dans la préhistoire, et Giraudoux lui-même (cf. p. 403) écrit *Suzanne et le Pacifique* (1920).

Beaucoup d'auteurs se consacrent à l'étude des années de guerre, comme s'il s'agissait d'exorciser un cauchemar : Roger Martin du Gard, avec *Les Thibault* (1936) (cf. p. 389), Georges Duhamel, avec *La Chronique des Pasquier* et Jules Romains, avec *Les Hommes de bonne volonté*. Les jeunes écrivains se préoccupent davantage du présent. Malraux décrit la montée du fascisme (*Le Temps du Mépris,* 1935) et la guerre d'Espagne (*L'Espoir,* 1937). L'inquiétude face aux événements, à la violence politique latente, trouve son expression paroxystique dans l'œuvre de Céline, notamment dans le *Voyage au bout de la nuit* (1932) et *Mort à crédit* (1936) (cf. p. 395).

L'angoisse toutefois n'est pas le thème unique de ces temps troublés. Le succès d'un Saint-Exupéry, dont l'œuvre est nourrie de son expérience d'aviateur, tient sans doute à la façon dont il exalte le courage, l'amitié, la beauté de l'homme en action.

S'ENGAGER

Au cours de ces années trente, l'engagement politique tente de nombreux écrivains. Les espoirs suscités par la Révolution russe incitent Aragon et Eluard à s'inscrire au Parti Communiste ; Gide et Malraux sont pendant quelque temps les « compagnons de route ». Même lorsqu'ils n'adhèrent à aucun parti, la plupart des écrivains éprouvent le besoin de se situer sur l'échiquier politique.

La période en revanche semble peu propice au renouvellement des formes. Le « roman-fleuve », que pratiquent Roger Martin du Gard, Georges Duhamel ou Jules Romains, doit beaucoup à la *Comédie Humaine* de Balzac, et au cycle des *Rougon-Macquart* de Zola. Aragon, avec le cycle du « monde réel », poursuit de même l'expérience réaliste entamée au siècle dernier. Pourtant, des recherches se font jour, celle de Gide concernant le statut du narrateur, celle de Malraux qui s'intéresse au rythme, à l'ellipse, au « style cinéma » : les romanciers à venir ne les oublieront pas.

Le Congrès des Écrivains à Paris en 1936.
De gauche à droite : Aragon, Gide, Malraux.
(Photo David Seymour).

Louis Aragon

1897-1982

Aragon surréaliste

Aragon naît à Paris d'un père qui refusa de le reconnaître et d'une mère qui jusqu'en 1917 se fit passer pour sa sœur : on peut trouver, ça et là dans l'œuvre, l'expression douloureuse ou ironique de ce roman familial compliqué. Après des études de médecine, il fait la connaissance pendant la première guerre mondiale, d'André Breton : cette rencontre, décisive, inaugure sa « première période ».

En 1919, il fonde avec Breton et Soupault la revue *Littérature,* puis en 1924 *La Révolution surréaliste* (cf. p. 370). La position d'Aragon au sein du groupe est assez ambiguë : violent dans ses prises de positions verbales, voire physiques, il est seul, face à Breton notamment, à défendre le roman.

Dès les années 1924-1925, il entreprend d'écrire *Le Paysan de Paris,* qui sera considéré, plus tard, comme l'un des chefs-d'œuvre du surréalisme. La volonté de décrire le monde réel le tire déjà du côté du réalisme. Aragon, dans cette période, tente tout : l'écriture d'une mythologie moderne, l'utilisation des textes anciens. En 1927, il adhère définitivement au Parti Communiste, et rencontre Elsa Triolet après une tentative de suicide. Une nouvelle période s'ouvre.

Aragon réaliste

La double rencontre d'Elsa et du Parti précipite la rupture avec le surréalisme. Commence alors le cycle du *Monde réel,* avec *Les Clo-* ches de Bâle (1933). Aragon s'attache à restituer minutieusement, dans le contexte d'une période historique donnée, les mécanismes de pensée de ses personnages, en fonction de leur appartenance de classe. Viennent ensuite *Les Beaux Quartiers* en 1936, *Les Voyageurs de l'Impériale* en 1939, *Aurélien* en 1945, et le long roman des *Communistes* dont la publication commence en 1949.

Parallèment, Aragon mène une intense activité poétique. Les recueils qu'il publie, *Le Crève-cœur* (1941), *Les yeux d'Elsa* (1942), *La Diane Française* (1944), connaissent un succès immense, amplifié dans les décennies suivantes par leur mise en musique.

La mort de Staline en 1953, le rapport Khrouchtev sur le stalinisme et l'insurrection écrasée de Budapest, engendrent bien des désillusions, dont on trouve l'écho dans *Le Roman inachevé* (1956). Une période encore se ferme : Aragon a presque soixante ans.

L'homme masqué

En 1958, paraît *La Semaine Sainte,* auquel la critique fait un triomphe. Le sujet est historique, comme celui des romans du « monde réel ». Mais la voix de l'auteur, qui dit aussi sa situation personnelle, son drame politique, à l'heure où pour lui l'avenir se ferme, annonce, par son insistance, les romans à venir. En 1965, *La Mise à Mort,* « roman du réalisme », fait le récit des débats de l'auteur contre lui-même, contre ses nombreux masques. Aragon y traque sa propre écriture, sa propre activité

d'écrivain. Et cette traque recouvre la fiction, la fuite des masques et leurs heurts, dans *Blanche ou l'Oubli* (1967) et *Théâtre-Roman* (1974). Aragon s'explique, se justifie. Il se définit lui-même comme l'homme du « mentir-vrai », celui des contradictions et des volte-face : « A chaque instant je me trahis, je me démens, je me contredis. Je ne suis pas celui en qui je placerais ma confiance. » Il utilise les autres arts pour éclairer sa propre activité, comme dans *Henri Matisse, roman*. Il entreprend d'enrichir et de republier son *Œuvre*

poétique. Il confie même les brouillons de ses romans au Centre National de Recherche Scientifique, tant est grande pour lui l'urgence de savoir « comment une littérature se crée », et ce qu'il en est au juste de ce ballet, de ce chassé-croisé entre l'auteur, le narrateur, les personnages et les temps...

Peut-être moins connu que les précédents, cet Aragon masqué, déchiré, acharné à trouver une vérité qui sans cesse dérive et se retourne en son contraire, est un des plus grands écrivains modernes.

◄ Elsa Triolet et Aragon dans leur appartement en 1946, par Cartier-Bresson.

Les Beaux quartiers

1936 _____

Le ménage désuni des Barbentane – lui docteur et voltairien, radical ; elle pieuse et désespérée – élève deux enfants à son image : Edmond, l'aîné, « tout son père », devra sa fortune à sa maîtresse. Armand, enfiévré d'imagination, abandonnera les siens pour devenir ouvrier dans une usine de Levallois-Péret.

Le jeune Armand découvre un jour, tout en haut de la colline, une grande maison...

Il y avait une grande maison tout en haut de la colline, là où déjà les rues se décomposaient, les toitures tombaient, l'herbe envahissait les pièces des anciennes demeures nobles. La grande porte de bois vermoulu tenait encore, tout ouvrée

385

de guirlandes qu'avaient rongées les vents, dans le porche de pierre rose. Mais, à
5 côté d'elle, il y avait un trou dans le mur, et vous pouviez entrer là-dedans sans
rien demander à personne. C'était probablement très facile de savoir qui avait jadis
habité cet hôtel majestueux, dont il ne restait plus que les contours et une espèce de
grande pièce souterraine du côté rue, qui affleurait au coteau par-derrière en plein
soleil, au bout d'une ruelle encombrée d'ordures et de linge séchant. Mais Armand
10 ne voulait pas attirer l'attention sur ce palais clandestin qu'il s'était découvert, et il
imaginait sa retraite pleine et bruyante aux jours anciens, suivant sa tête et ses lectures. La salle souterraine était la salle des gardes. De grands garçons robustes,
habillés comme sur les tableaux, avec une jambe rouge et une verte, et toujours à
chanter et à rire, et des lévriers près de la porte qu'on avait amenés d'Afrique, lors
15 de la récente campagne contre les infidèles des pays barbaresques. Une chanson
venait d'en haut dont on ne pouvait que deviner les paroles... la voix d'une jeune
femme qui chantait en provençal une histoire des Iles d'Or, et d'un troubadour qui
y rêvait, seulement rêvait d'une belle :

Et tou lou jour
20 *Ploura d'amour*
Margarita do Prouvenco...

Il restait là, silencieux, Armand, des heures à écouter la chanson et à s'imaginer
non point tant la chanteuse, qui s'accompagnait sur la harpe, mais cette Marguerite de Provence dont elle parlait, qui se consumait d'amour pour un poète qu'elle
25 n'avait jamais vu, dont la voix seule un soir était parvenue jusqu'à elle, comme des
chevaux piaffaient dans la cour, et que le roi de France était annoncé par des trompettes au loin des fermes, dans la campagne. Pourquoi Raimbaud d'Orange n'avait-
il jamais cherché à la voir, lui qui perdait sa jeunesse dans les îles pleines de per-
ruches, de fruits d'or et d'esclaves noirs?

30 Quand il sortait de son antre, Armand, les yeux vagues de la cour comtale, en
redescendant par les rues étroites, s'arrêtait à un spectacle assez archaïque à son
cœur. C'était où le forgeron Avril exerçait encore, dans une échoppe séculaire, le
métier primitif qu'il avait hérité de générations de maréchaux-ferrants. Avril n'avait
pas trente ans, c'était un immense gaillard blond et musclé, avec une longue mous-
35 tache tombante, et le nez court. Chez lui, on avait toujours été trop pauvre pour
moderniser la technique. Il ferrait les chevaux comme au XVIe siècle. Le marteau
sonnait sur l'enclume. Les étincelles jaillissaient du fer. La forge, éventée à la main,
par un petit garçon qui était le neveu d'Avril complétait un décor où rien n'était en
désharmonie avec l'histoire de Marguerite de Provence qui fut mariée à Louis IX,
40 et ne pécha que par la pensée. Peu à peu, pour Armand, Avril devint un personnage du monde imaginaire. Il lui parlait chaque jour, et comme Avril travaillait en
répondant, et qu'il avait un langage à lui, fait de toutes sortes de choses ignorées
d'Armand, Armand pouvait continuer à voix haute sa fable, avec tout juste assez de
ruse pour qu'Avril ne s'en étonnât pas trop.
45 – Avril, lui disait-il, est-ce que tu connais les Iles d'Or?

Avril faisait marcher la soufflerie de sa forge :
– Non, à vrai dire. Je n'ai point été jusque-là. J'ai seulement vu Nice et Cannes,
quand j'étais militaire...

Évidemment, Avril avait accompagné Raimbaud d'Orange jusqu'à la nef qui
50 l'avait emporté sur la mer.
– Personne, Avril, ne t'a jamais parlé des Iles d'Or?

Le cheval attendait, l'œil stupide. Avril passa le grand soufflet à Armand :
– Soufflez-y sur les couilles qu'il se tienne tranquille... Petit, tiens-y la jambe...

Le marteau se leva, le sabot grésilla. Armand, fier d'aider, envoyait l'air frais entre
55 les cuisses du cheval; Avril leva la tête, et dit avec une voix qui revenait de loin, du
travail, de l'effort accompli, de la sueur, sa voix chantante de Provençal :

– En fait d'Iles d'Or, il y a le Mexique... Un jour, je partirai là-bas... J'y ai des cousins... Et dans la montagne, il y en a qui ont déjà fait leur baluchon et qui sont revenus millionnaires... Ils achètent des villas, là-haut, sur le Verdon.

60 Le Mexique. C'était revenir de Raimbaud d'Orange à Gustave Aymard. Mais le Mexique d'Avril n'était pas celui de Curumilla. Un Mexique de petit commerce, de bazars, avec de l'alcool et des femmes. Avril l'imaginait avec ce qu'il avait vu de Nice, et des récits de marins qui en avaient rapporté des calebasses décorées.

– Ils disent, monsieur Armand, que, là-bas, c'est la nuit qu'on vit, et pas comme 65 chez nous. La nuit tout entière. Et des danses, et on a des pièces d'or cousues à sa veste, et des quartiers de bordels, des vraies villes que c'est pour rien...

Les rêves d'Armand et d'Avril s'en allaient un peu l'un de l'autre à la dérive. Il y avait tout de même entre eux l'appel de ce quelque chose qui ne fût plus la médiocrité de tous les jours.

Aragon, *Les Beaux quartiers*, Éd. Denoel.

1 Étudiez la manière dont le jeune Armand se raconte des histoires : qu'est-ce qui nourrit son imagination ?

2 Relevez les adjectifs caractérisant la forge d'Avril. Qu'ont-ils de commun ? Pourquoi ?

3 Étudiez les deux rêves parallèles d'Avril et d'Armand. En quels points s'accordent-ils ? Sur quoi divergent-ils ?

Les Yeux d'Elsa
1942

Son amour pour l'écrivain Elsa Triolet, rencontrée en 1928, inspire à Aragon de nombreux poèmes. Le lyrisme amoureux se mêle à l'évocation passionnée de la France, qui vit une période difficile. L'un et l'autre se déploient de 1941 à 1963 dans une série de recueils, où l'auteur tente de réconcilier des thèmes populaires, et un goût marqué pour la complexité des rythmes.

Cantique à Elsa

Ouverture

Je te touche et je vois ton corps et tu respires
Ce ne sont plus les jours du vivre séparés
C'est toi tu vas tu viens et je suis ton empire
    Pour le meilleur et pour le pire
5 Et jamais tu ne fus si lointaine à mon gré[1]

1. La relation du poète et de la femme est définie selon les règles de la tradition médiévale et courtoise, qui fait de l'inspiratrice la « suzeraine » du poète, qu'il doit mériter.

Ensemble nous trouvons au pays des merveilles
Le plaisir sérieux couleur de l'absolu
Mais lorsque je reviens à nous que je m'éveille
    Si je soupire à ton oreille
10 Comme des mots d'adieu tu ne les entends plus.

Elle dort Longuement je l'écoute se taire
C'est elle dans mes bras présente et cependant
Plus absente d'y être et moi plus solitaire
    D'être plus près de son mystère
15 Comme un joueur qui lit aux dés le point perdant

Le jour qui semblera l'arracher à l'absence
Me la rend plus touchante et plus belle que lui
De l'ombre elle a gardé les parfums et l'essence
    Elle est comme un songe des sens
20 Le jour qui la ramène est encore une nuit

Buissons quotidiens à quoi nous nous griffâmes
La vie aura passé comme un air entêtant
Jamais rassasié de ces yeux qui m'affament
    Mon ciel mon désespoir ma femme
25 Treize ans j'aurai guetté ton silence chantant

Comme le coquillage enregistre la mer
Grisant mon cœur treize ans treize hivers treize étés
J'aurai tremblé treize ans sur le seuil des chimères
    Treize ans d'une peur douce-amère
30 Et treize ans conjuré des périls inventés

O mon enfant le temps n'est pas à notre taille
Que mille et une nuits sont peu pour des amants
Treize ans c'est comme un jour et c'est un feu de paille
    Qui brûle à nos pieds maille à maille
35 Le magique tapis de notre isolement.

Aragon, *Les Yeux d'Elsa*, Éd. Seghers.

1 Que pensez-vous du titre du poème ?

2 Relevez les comparaisons par lesquelles le poète nous donne à sentir ce qu'il est face à la femme aimée. Quel est le statut d'Elsa ?

3 Précisez, à partir d'une lecture attentive du texte, les éléments de la dualité qui fait d'Elsa, pour le poète, un « ciel » et un « désespoir » mêlés.

4 Relevez les ruptures de rythme et de construction : que traduisent-elles ?

Roger Martin du Gard

1881-1958

Un romancier soucieux d'exactitude historique

Roger Martin du Gard se sent dès l'adolescence une vocation d'écrivain. Après des études à l'École des Chartes et des tentatives littéraires qui ne le satisfont pas, il conçoit le plan de son énorme roman, *Les Thibault*. Le projet de cette grande œuvre cyclique est très influencé par Tolstoï, en particulier par *Guerre et Paix*.

Son amitié avec André Gide, que nourrit un échange régulier sur le plan littéraire, l'aide à préciser sa conception de la littérature, à affirmer son écriture et son projet. La *Correspondance* entre les deux hommes, différents, mais unis par une fidèle amitié, constitue un témoignage fondamental sur les termes du débat autour du roman dans les années 1920-1930.

Les Thibault

1922-1940

Roger Martin du Gard a voué son écriture à la recherche de l'authentique : la famille Thibault, les multiples événements qui jalonnent les huit tomes du roman ont été conçus à partir de faits et de traits réels. L'auteur utilise l'Histoire d'une manière nouvelle, à l'opposé de l'anecdote : elle est employée pour mieux traquer les personnages, accroître leurs fatalités intérieures du poids d'un destin cosmique. Jacques, le personnage le plus attachant, paye ainsi de sa vie son action pacifiste : la volonté individuelle échoue face à la tragédie collective.

Dans la scène qui suit, Jacques, accompagné de Jenny, qu'il connaît et aime depuis l'enfance, dîne au café du Croissant, le soir du 31 juillet 1914.

Il était plus de neuf heures et demie. La plupart des habitués avaient quitté le restaurant. Jacques et Jenny s'installèrent sur la droite, où il y avait peu de monde.
Jaurès[1] et ses amis formaient, à gauche de l'entrée, parallèlement à la rue Montmartre, une longue tablée, faite de plusieurs tables mises bout à bout.
5 – «Le voyez-vous!» dit Jacques. «Sur la banquette, là, au milieu, le dos à la fenêtre. Tenez, il se tourne pour parler à Albert, le gérant.»
– «Il n'a pas l'air tellement inquiet», murmura Jenny, sur un ton de surprise qui ravit Jacques; il lui prit le coude, et le serra doucement.

---

1. Jean Jaurès, orateur brillant, socialiste convaincu, fut l'un des hommes politiques les plus populaires du temps. Il mena une action pacifiste importante à la veille de la guerre de 1914-1918, avant d'être assassiné, le 31 juillet 1914.

– « Les autres aussi, vous les connaissez ? »

10 – « Oui. Celui qui est à droite de Jaurès, c'est Philippe Landrieu. A sa gauche, le gros, c'est Renaudel. En face de Renaudel, c'est Dubreuilh. Et, à côté de Dubreuilh, c'est Jean Longuet. »

– « Et la femme ? »

– « Je crois que c'est Mme Poisson, la femme du type qui est en face de Landrieu. Et, à

15 côté d'elle, c'est Amédée Dubois. Et en face d'elle, ce sont les deux frères Renoult. Et celui qui vient d'arriver, celui qui est debout près de la table, c'est un ami de Miguel Almereyda, un collaborateur du *Bonnet rouge*... J'ai oublié son... ».

Un claquement bref, un éclatement de pneu, l'interrompit net ; suivi, presque aussitôt, d'une deuxième détonation, et d'un fracas de vitres. Au mur du fond, une glace

20 avait volé en éclats.

Une seconde de stupeur, puis un brouhaha assourdissant. Toute la salle, debout, s'était tournée vers la glace brisée : « On a tiré dans la glace ! » – « Qui ? » – « Où ! » – « De la rue ! » Deux garçons se ruèrent vers la porte et s'élancèrent dehors, d'où partaient des cris.

25 Instinctivement, Jacques s'était dressé, et, le bras tendu pour protéger Jenny, il cherchait Jaurès des yeux. Il l'aperçut une seconde : autour du Patron, ses amis s'étaient levés ; lui seul, très calme, était resté à sa place, assis. Jacques le vit s'incliner lentement pour chercher quelque chose à terre. Puis il cessa de le voir.

A ce moment, Mme Albert, la gérante, passa devant la table de Jacques, en cou-

30 rant. Elle criait :

– « On a tiré sur M. Jaurès ! »

– « Restez-là », souffla Jacques, en appuyant sa main sur l'épaule de Jenny, et la forçant à se rasseoir.

Il se précipita vers la table du Patron, d'où s'élevaient des voix haletantes : « Un

35 médecin, vite ! » – « La police ! » Un cercle de gens, debout, gesticulant, entourait les amis de Jaurès, et empêchait d'approcher. Il joua des coudes, fit le tour de la table, parvint à se glisser jusqu'à l'angle de la salle. A demi caché par le dos de Renaudel, qui se penchait, un corps était allongé sur la banquette de moleskine. Renaudel se releva pour jeter sur la table une serviette rouge de sang. Jacques aperçut alors le

40 visage de Jaurès, le front, la barbe, la bouche entrouverte. Il devait s'être évanoui. Il était pâle, les yeux clos.

Un homme, un dîneur, – un médecin sans doute, – fendit le cercle. Avec autorité, il arracha la cravate, ouvrit le col, saisit la main qui pendait, et chercha le pouls.

Plusieurs voix dominèrent le vacarme : « Silence !... Chut !... » Les regards de tous

45 étaient rivés à cet inconnu, qui tenait le poignet de Jaurès. Il ne disait rien. Il était courbé en deux, mais il levait vers la corniche un visage de voyant, dont les paupières battaient. Sans changer de pose, sans regarder personne, il hocha lentement la tête.

De la rue, des curieux, à flots, envahissaient le café.

50 La voix de M. Albert retentit :

– « Fermez la porte ! Fermez les fenêtres ! Mettez les volets ! »

Un refoulement contraignit Jacques à reculer jusqu'au milieu de la salle. Des amis avaient soulevé le corps, l'emportaient avec précaution, pour le coucher sur deux tables, rapprochées en hâte. Jacques cherchait à voir. Mais autour du blessé,

55 l'attroupement devenait de plus en plus compact. Il ne distingua qu'un coin de marbre blanc, et deux semelles dressées, poussiéreuses, énormes.

– « Laissez passer le docteur ! »

André Renoult avait réussi à ramener un médecin. Les deux hommes foncèrent dans le rassemblement, dont la masse élastique se referma derrière eux. On

60 chuchotait : « Le docteur... Le docteur... » Une longue minute s'écoula. Un silence angoissé s'était fait. Puis un frémissement parut courir sur toutes ces nuques ployées ; et Jacques vit ceux qui avaient conservé leur chapeau se découvrir. Trois mots, sourdement répétés, passèrent de bouche en bouche :

– « Il est mort... Il est mort... »

⁶⁵ Les yeux pleins de larmes, Jacques se retourna pour chercher Jenny du regard. Elle était debout, prête à bondir, n'attendant qu'un signal. Elle se faufila jusqu'à lui, s'accrocha à son bras, sans un mot.

Martin du Gard, Les Thibault, T. IV, L'Été 1914, Éd. Gallimard.

1 Étudiez la manière dont sont traités les personnages de cette scène. Existe-t-il une différence dans la manière dont Roger Martin du Gard donne à voir les personnages de l'Histoire et ceux de son histoire ? Quel effet produit ce traitement ?

2 Comment l'attentat est-il décrit ? Comment les réactions des clients et des patrons du café le sont-elles ? Quelle impression ces descriptions produisent-elles ? Comment la mort de Jaurès est-elle annoncée ?

3 Recherchez, dans un livre d'Histoire, quelles ont été les conséquences de cet assassinat sur le développement des événements pendant l'été 1914.

La foule devant le café du Croissant, après l'assassinat de Jaurès (juillet 1914).

François Mauriac

1885-1970

François Mauriac à Malagar en 1964,
par Cartier-Bresson.

Le monde clos

François Mauriac appartient à la riche bourgeoisie bordelaise. Élevé par une mère très
pieuse, il vit une jeunesse tourmentée qui fixe
à jamais le cadre de son œuvre romanesque.

– Le terroir : la campagne d'Aquitaine est partout présente, avec ses pinèdes, ses étangs,
ses mystères ;

– le milieu : Bordeaux est selon Mauriac la
ville « où la bourgeoisie est la plus vaniteuse et
la plus gourmée de France ». Il en dénoncera
les vices dans *Thérèse Desqueyroux* ;

– l'éducation : les collèges religieux, la piété
de sa mère, l'amènent à la certitude qu'il existe
un rapport personnel entre lui et Dieu.

Sa carrière littéraire est brillante, aisée. Le
succès lui est promis dès son premier recueil
de vers, *les Mains jointes* (1909). Sa maîtrise
toutefois s'affirme plutôt dans le genre romanesque, avec *Le Baiser au Lépreux* (1922) et
les quatre romans suivants : *le Fleuve de feu,
Génitrix, le Désert de l'Amour* et *Thérèse Desqueyroux,* parus de 1923 à 1927. Dès 1933, il
est élu à l'Académie Française.

L'œuvre ensuite s'infléchit : les romans présentent toujours, dans une perspective catholique, le monde des passions et du péché, mais
le combat sans fin de la chair et de l'esprit
se relâche ; la paix et l'espérance éclairent
plus souvent les textes, qui jusque-là restaient
d'une tonalité très sombre. *Le Mystère Fronte-
nac* (1933) et *La Pharisienne* (1941) illustrent
cette évolution.

En 1952, le Prix Nobel de littérature vient
consacrer le rayonnement de l'œuvre romanesque de Mauriac, qui fait de lui, à côté de
Bernanos et de Julien Green, le grand romancier catholique de son époque.

Un catholique engagé dans son temps

Les personnages des romans de Mauriac semblent perpétuellement se débattre dans un cadre limité ; il n'en va pas de même de l'auteur, qui s'engage de plus en plus activement dans le monde. La guerre d'Espagne (1936-1939) l'incite à sortir de la seule littérature, et à protester contre les tyrannies, en homme politique et en journaliste. Ses *Mémoires intérieurs,* parus en 1959, comme auparavant *Le Cahier noir* (1943), ou le premier *Bloc-notes* (1952-1957), témoignent d'une évolution qui le conduira, après avoir défendu l'indépendance du Maghreb, à soutenir le socialiste Pierre Mendès-France, puis, à partir de 1958, la politique du général de Gaulle.

Thérèse Desqueyroux
1927 _____

Les personnages mauriaciens sont passifs : ils se laissent entraîner à leur insu dans la voie du péché. La façon dont Thérèse Desqueyroux s'abandonne peu à peu à la tentation du crime en constitue une parfaite illustration. Intelligente et sensible, elle a épousé très tôt un voisin de campagne, Bernard Desqueyroux. Mais Thérèse a très vite pris son mari en horreur, à cause de sa médiocrité, et elle tente de l'empoisonner. Par égard pour les familles, et grâce au témoignage de Bernard lui-même, peu soucieux de passion comme de scandale, elle est acquittée.

Thérèse, démasquée, est seule à Paris. Bernard la rejoint, et l'interroge : il voudrait comprendre.

Elle regardait dans le vide : sur ce trottoir, au bord d'un fleuve de boue et de corps pressés, au moment de s'y jeter, de s'y débattre, ou de consentir à l'enlisement, elle percevait une lueur, une aube : elle imaginait un retour au pays secret et triste, – toute une vie de méditation, de perfectionnement, dans le silence d'Argelouse[1] :
5 l'aventure intérieure, la recherche de Dieu... Un Marocain qui vendait des tapis et des colliers de verre crut qu'elle lui souriait, s'approcha d'eux. Elle dit, avec le même air de se moquer :
« J'allais vous répondre : « Je ne sais pas pourquoi j'ai fait cela » ; mais maintenant, peut-être le sais-je, figurez-vous ! Il se pourrait que ce fût pour voir dans vos yeux
10 une inquiétude, une curiosité, – du trouble enfin : tout ce que, depuis une seconde, j'y découvre... »
Il gronda, d'un ton qui rappelait à Thérèse leur voyage de noces :
« Vous aurez donc de l'esprit jusqu'à la fin... Sérieusement : pourquoi ? »
Elle ne riait plus ; elle demanda à son tour :
15 « Un homme comme vous, Bernard, connaît toujours toutes les raisons de ses actes, n'est-ce pas ?
– Sûrement... sans doute... Du moins il me semble.
– Moi, j'aurais tant voulu que rien ne vous demeurât caché. Si vous saviez à quelle torture je me suis soumise pour voir clair... Mais toutes les raisons que j'aurais pu
20 vous donner, comprenez-vous, à peine les eussé-je énoncées, elles m'auraient paru menteuses... »

1. Dans la campagne bordelaise.

Bernard s'impatienta :

« Enfin, il y a eu tout de même un jour où vous vous êtes décidée... où vous avez fait le geste ?

25 – Oui, le jour du grand incendie de Mano ».

Ils s'étaient rapprochés, parlaient à mi-voix. A ce carrefour de Paris, sous ce soleil léger, dans ce vent un peu trop frais qui sentait le tabac d'outre-mer et agitait les stores jaunes et rouges, Thérèse trouvait étrange d'évoquer l'après-midi accablant, le ciel gorgé de fumée, le fuligineux[1] azur, cette pénétrante odeur de torche qu'épan-
30 dent les pignadas[2] consumées, – et son propre cœur ensommeillé où prenait forme lentement le crime.

« Voici comment cela est venu : c'était dans la salle à manger, obscure comme toujours à midi ; vous parliez, la tête un peu tournée vers Balion, oubliant de compter les gouttes qui tombaient dans votre verre. »

35 Thérèse ne regardait pas Bernard, toute au soin de ne pas omettre la plus menue circonstance ; mais elle l'entendit rire et alors le dévisagea : oui, il riait de son stupide rire ; il disait : « Non ! mais pour qui me prenez-vous ! » Il ne la croyait pas (mais au vrai, ce qu'elle disait, était-ce croyable ?). Il ricanait et elle reconnaissait le Bernard sûr de soi et qui ne s'en laisse pas conter. Il avait reconquis son assiette ; elle
40 se sentait de nouveau perdue ; il gouaillait[3] :

« Alors, l'idée vous est venue, comme cela, tout d'un coup, par l'opération du Saint-Esprit ? »

Qu'il se haïssait d'avoir interrogé Thérèse ! C'était perdre tout le bénéfice du mépris dont il avait accablé cette folle : elle relevait la tête, parbleu ! Pourquoi
45 avait-il cédé à ce brusque désir de comprendre ? Comme s'il y avait quoi que ce fût à comprendre, avec ces détraquées ! Mais cela lui avait échappé ; il n'avait pas réfléchi...

« Écoutez, Bernard, ce que je vous en dis, ce n'est pas pour vous persuader de mon innocence, bien loin de là ! »

50 Elle mit une passion étrange à se charger : pour avoir agi ainsi en somnambule, il fallait, à l'entendre, que, depuis des mois, elle eût accueilli dans son cœur, qu'elle eût nourri des pensées criminelles. D'ailleurs, le premier geste accompli, avec quelle fureur lucide elle avait poursuivi son dessein ! avec quelle ténacité !

« Je ne me sentais cruelle que lorsque ma main hésitait. Je m'en voulais de prolonger
55 vos souffrances. Il fallait aller jusqu'au bout, et vite ! Je cédais à un affreux devoir. Oui, c'était comme un devoir. »

Mauriac, *Thérèse Desqueyroux*, Éd. Grasset.

1. Couleur de suie.
2. Mot régional qui désigne les pinèdes de pins maritimes.
3. Se moquer de façon vulgaire, grossière.

1 Relevez les mots et expressions qui caractérisent le comportement de Bernard : quel portrait pouvez-vous dégager ?

2 Comment Bernard perçoit-il Thérèse ? Quelle est à votre avis la « passion étrange » qui pousse Thérèse à se conformer à cette image ? Quel bénéfice en tire-t-elle ?

3 Mauriac est un catholique influencé par le jansénisme ; il pense que la grâce dépend de l'authenticité, même si celle-ci a les apparences du Mal. Montrez comment cette conception amène Mauriac à nous faire partager le point de vue de Thérèse.

Louis-Ferdinand Céline

1894-1961

Un voyage au bout de la haine

De Céline, on n'a voulu voir longtemps, parce que le souvenir des atrocités nazies était si proche, que le pamphlétaire développant avec violence un discours haineux, raciste, cautionnant tous les génocides et l'occupation de la France par l'Allemagne. Et certes, il fut sans contestation possible cet homme-là, appelant à la purge de l'humanité, à la lutte contre la dégénérescence par l'extermination des Noirs, des Juifs, des Jaunes, des communistes... Il a tenu de surcroît ce discours au moment où les camps de concentration donnaient une réalité atroce à son délire. Mais les prises de position idéologiques de l'homme, qui ont un temps disqualifié l'œuvre, n'en effacent pas l'importance littéraire.

La révélation d'un écrivain

Né à Courbevoie, d'une mère dentellière et d'un père employé, Louis-Ferdinand Destouches arrête ses études au certificat primaire, puis passe seul son baccalauréat à vingt-trois ans et embrasse, par vocation, la carrière de médecin. Il ne vient que tard à la littérature, à trente-huit ans et prend pour nom d'écrivain le prénom de sa mère, Céline. Son premier roman, *Voyage au bout de la Nuit* (1932), révélant un monde à la fois terrible et burlesque, est écrit comme le suivant, *Mort à crédit* (1936), dans un style d'une violence explosive.
   Céline livre ensuite ses pamphlets xénophobes et racistes, *Bagatelles pour un massacre* (1937), *L'École des cadavres* (1939), *Les Beaux Draps* (1940). Si rien ne prouve que Céline collabora avec les Allemands pendant l'Occupation, il est cependant contraint, à

Céline à Meudon vers 1955.

395

l'annonce du débarquement américain, de prendre la route de l'exil, vers l'Allemagne, puis le Danemark. Emprisonné à Copenhague pendant deux ans, il revient finalement s'installer à Meudon en 1951. C'est alors un homme épuisé par la maladie et la souffrance, qui écrit encore *Guignol's band, Féérie pour une autre fois, D'un château l'autre* (1957), *Nord* (1960), et *Rigodon,* achevé la veille de sa mort en juillet 1961.

La grande découverte de Céline est stylistique. Il cherche la vérité du ton, la pureté du cri : vocabulaire vrai, souvent ordurier, argotique, charriant des mots inventés, des mots amputés, accouplés (comme « vociféroce »), étrangers. Il condense ce que la langue porte en elle de plus lourd, de plus violent, de plus direct. C'est un style « coup de poing » d'une sidérante virtuosité, d'une richesse, d'une invention et d'une délicatesse extrêmes.

Voyage au bout de la nuit
1932 _____

Ce premier roman fut salué par la critique comme un chef-d'œuvre. *Voyage au bout de la nuit* est, comme l'indique son titre, un trajet, au travers d'expériences de tous ordres, dans un univers où règnent en maîtres la solitude, le désespoir, la révolte. Un trajet simple, quotidien, de la vie à la mort : celui d'un homme, Bardamu, qui raconte la guerre 1914-1918, l'Afrique, l'Amérique et la misère des hommes qu'il soigne – puisqu'il est, comme l'auteur lui-même, médecin.

Quand on arrive, vers ces heures-là, en haut du Pont Caulaincourt, on aperçoit, au-delà du grand lac de nuit qui est sur le cimetière, les premières lueurs de Rancy. C'est sur l'autre bord, Rancy. Faut faire tout le tour pour y arriver. C'est si loin ! Alors on dirait qu'on fait le tour de la nuit même, tellement il faut marcher de temps et
5 des pas autour du cimetière pour arriver aux fortifications.
    Et puis, ayant atteint la porte, à l'octroi[1], on passe encore devant le bureau moisi où végète le petit employé vert. C'est tout près alors. Les chiens de la zone sont à leur poste d'aboi. Sous un bec de gaz, il y a des fleurs quand même, celles de la marchande qui attend toujours là les morts qui passent d'un jour à l'autre, d'une
10 heure à l'autre. Le cimetière, un autre encore, à côté, et puis le boulevard de la Révolte. Il monte avec toutes ses lampes, droit et large en plein dans la nuit. Y a qu'à suivre, à gauche. C'était ma rue. Il n'y avait vraiment personne à rencontrer. Tout de même, j'aurais bien voulu être ailleurs et loin. J'aurais aussi voulu avoir des chaussons pour qu'on m'entende pas du tout rentrer chez moi. J'y étais cependant
15 pour rien, moi, si Bébert[2] n'allait pas mieux du tout. J'avais fait mon possible. Rien à me reprocher. C'était pas de ma faute si on ne pouvait rien dans des cas comme ceux-là. Je suis parvenu jusque devant sa porte et, je le croyais, sans avoir été remarqué. Et puis, une fois monté, sans ouvrir les persiennes, j'ai regardé par les fentes pour voir s'il y avait toujours des gens à parler devant chez Bébert. Il en sor-
20 tait encore quelques-uns des visiteurs, de la maison, mais ils n'avaient pas le même air qu'hier, les visiteurs. Une femme de ménage des environs, que je connaissais

1. Lieu où était perçue une taxe municipale sur les marchandises, l'octroi.
2. Jeune garçon que soigne Bardamu.

bien, pleurnichait en sortant. « On dirait décidément que ça va encore plus mal, que je me disais. En tout cas, ça va sûrement pas mieux... Peut-être qu'il est déjà passé, que je me disais. Puisqu'il y en a une qui pleure déjà ! » La journée était finie.

25 Je cherchais quand même si j'y étais pour rien dans tout ça. C'était froid et silencieux chez moi. Comme une petite nuit dans un coin de la grande, exprès pour moi tout seul.

De temps en temps montaient des bruits de pas et l'écho entrait de plus en plus fort dans ma chambre, bourdonnait, s'estompait... Silence. Je regardais encore s'il
30 se passait quelque chose dehors, en face. Rien qu'en moi que ça se passait, à me poser toujours la même question.

J'ai fini par m'endormir sur la question, dans ma nuit à moi, ce cercueil, tellement j'étais fatigué de marcher et de ne trouver rien.

Céline, *Voyage au bout de la nuit*, Éd. Gallimard.

1 Relevez les éléments qui vous semblent concourir à une description réaliste de la banlieue.

2 Relevez les éléments – noms propres, détails descriptifs – qui vous semblent posséder une portée symbolique.

3 Le mot « nuit » est répété à plusieurs reprises : en analysant ses différents contextes, étudiez de quels sens se charge ce mot.

Guignol's band
1945 ⎯⎯⎯⎯⎯⎯⎯⎯⎯⎯⎯⎯⎯⎯⎯⎯⎯⎯⎯⎯⎯⎯

L'ouvrage témoigne de l'évolution de Céline vers une destruction de la syntaxe traditionnelle. En germe dans le *Voyage au bout de la Nuit*, elle se radicalise : la phrase explose, simples groupes de mots que séparent et unissent des points de suspension.

L'essentiel du roman a pour cadre l'année 1914. Mais l'apocalypse sur laquelle il s'ouvre, écrite par Céline à la fin de la Seconde Guerre mondiale, est lourde de toutes les images de bombardement des années 1939-1945.

Qui c'est qu'est mort au caniveau ? On cogne dedans, on bute, c'est mou !... Y a un ventre là ! grand ouvert et le pied, la jambe retournée, repliée à l'intérieur. C'est un acrobate de la Mort !... foudroyé là !

Vloumb ! Vloumb ! On n'a pas le temps de réfléchir !... deux énormes coups
5 sourds... C'est le grand fleuve qu'écope en aval !... L'eau lisse boit deux torpilles géantes !... Ça lui fait deux furieuses corolles !... Deux fleurs prodiges de volcan

d'eau!... Tout rechute... cascade sur le pont... On est écrasés sous la trombe, trempés, roulés, raplatis par le cyclone... revomis... la cohue nous happe, nous rattrape... et puis c'est le feu qui redonne... C'est du canon qui nous arrange... C'est des éclats plein le parapet... Ça doit venir des coins des petits nuages juste au-dessus de l'église!... ça doit être une reconnaissance... D'autres aériens qui cherchent notre perte!... Ils s'en foutent hommes bétail ou choses!... C'est des Français ou des Allemands!... La situation devient critique... Je sens mes hardes trempées qui bouillent... La confusion est suprême!... Une mère en larmes sur le parapet veut tout de suite se jeter aux abîmes avec ses trois petits enfants!... Sept ouvriers T.C.R.P.[1] la retiennent, s'interposent... des courageux sang-froid dévoués... Ils finissent d'abord leur jambon et le fromage de tête!... Qu'ils la touchent! elle pousse de ces cris! des clameurs si stridentes, si effroyables que ça éteint tous les autres bruits!... On est forcés de la regarder!... Un obus!... Vrang!... qui rentre dans le pont! la maîtresse arche saute, éclate!... Creuse un gouffre dans la chaussée, une béance énorme... un cratère où tout s'engouffre!... Les personnes fondent, tassent les crevasses!... dégringolent sous les vapeurs âcres... dans un ouragan de poussière!... L'on aperçoit un colonel, des Zouaves je crois, qui se débat dans la cataracte... Il succombe sous le poids des morts!... bascule tout au fond... « Vive la France! » qu'il crie finalement... vaincu sous le tas des cadavres!... Y a d'autres vivants qui se rattrapent aux parois du gouffre, ils sont en loques par l'explosion, ils font des efforts intenses, ils retombent, ils dégueulent, ils sont cuits... Ils ont été brûlés de partout. Surgit un bébé tout nu sur l'avant d'un camion en flammes. Il est rôti, tout cuit à point... « Bon Dieu!... Bon Dieu!... Merde! C'est pas juste!... » C'est le père en sueur qu'est à côté... Il dit ça... Puis il cherche à boire!... Il m'interpelle si j'en ai pas... Bidon? Bidon?

C'est pas terminé la musique, un autre archange nous assaisonne, fonçant du ciel de toutes ses bielles... De son ravage il nous fatigue... On est si tassés qu'on ne bouge plus... Le pont gronde... flageole sur ses arches!... Et puis tic-tac!... Rraou!... Rraou!... C'est la musique du grand carnage!... Le ciel râle de rage contre nous!... L'eau par dessous... Et c'est l'abîme!... Tout explosionne!...

C'est exact, tout ce que je vous raconte... Y en a encore bien davantage... Mais j'ai plus de souffle au souvenir! Trop de monde a passé dessus... comme sur le pont... sur les souvenirs... comme sur les jours!... Trop de monde gueulant la bataille! Et puis la fumée encore... Et j'ai replongé sous la voiture... Je vous raconte comme je pense...

Céline, Guignol's band, Éd. Gallimard.

1. Ouvriers travaillant aux Transports en Commun de la Région Parisienne, « ancêtres » de la R.A.T.P.

---

1 Observez, dans le premier paragraphe, les groupes de mots qui forment la phrase. Récrivez-la selon la syntaxe traditionnelle. Quels mots Céline a-t-il omis? Pourquoi?

2 Quels signes de ponctuation sont-ils privilégiés dans ce texte? A quel effet ce choix concourt-il?

3 Choisissez dans ce texte quelques images qui vous frappent particulièrement. Comment sont-elles faites? Analysez plus précisément l'utilisation que fait Céline des adjectifs.

4 Expliquez la formation et le choix des mots suivants : explosionne, gaudriolait.

André Malraux

1901-1976

Une figure mythique

La biographie d'André Malraux, qui fut écrivain, combattant, tribun, ministre, est difficile à établir : il s'est efforcé lui-même de brouiller les pistes en mêlant sa vie réelle à la fiction.

Après des études à l'École des Langues Orientales, il décide de participer, intellectuellement et physiquement, aux débats et combats de son temps. Deux voyages en Indochine le marquent profondément. A son retour, en 1927, il s'intègre à la N.R.F., dont il est l'un des plus brillants animateurs : il s'occupe des éditions d'art, de la littérature anglo-saxonne, et de l'histoire littéraire. C'est dans ces années trente que s'ouvre sa première carrière, celle de romancier, tandis qu'il délaisse, pour mieux y revenir ultérieurement, la critique d'art.

Malraux romancier : le temps des héros

Son premier roman, *Les Conquérants* (1928), est nourri de son expérience indochinoise, et de sa connaissance des mouvements révolutionnaires. Il retrace à Canton, en 1925, l'action du Kuomintang, parti nationaliste chinois comprenant à l'époque de nombreux communistes. *La Voie Royale* (1930) exalte l'aventure d'un archéologue en marche dans la jungle indochinoise. Le grand thème de Malraux est déjà en place : l'homme ne peut dépasser sa condition mortelle que par la révolution ou l'art, c'est-à-dire en accomplissant un acte dont la portée excède celle de son existence particulière.

La veine révolutionnaire resurgit dans *La Condition Humaine* (1933) : Malraux est alors un « compagnon de route » actif du Parti Communiste. En 1936, il part pendant sept mois organiser l'escadrille « España », pour soutenir les Républicains espagnols assiégés par Franco. Le style « reportage » de ses précédents romans, son habileté à mêler éléments

Malraux, par Inge Morath.

historiques et fiction, donnent de lui l'image d'un militant révolutionnaire résolu : ses actes entendent prouver qu'il est à la hauteur de cette image flatteuse.

L'expérience espagnole, militaire et politique, est celle de la fraternité ; *L'Espoir*, qui paraît en 1937, fait de son auteur l'écrivain de gauche par excellence.

Malraux ministre, essayiste et mémorialiste

On sait peu de choses de l'action de Malraux pendant la guerre. En 1945, la rencontre du Général de Gaulle change le cours de sa vie : il sera ministre de la Culture de 1959 à 1969 ; au romancier succède l'auteur d'écrits sur l'art : la *Psychologie de l'art* (1947-1949), *Saturne, essai sur Goya* (1950), *Les Voix du Silence* (1951), *Le Musée imaginaire de la Sculpture mondiale* (1952), et *La Métamorphose des Dieux*, dont le premier volume paraît en 1957. Après avoir renouvelé les voies du récit,

il réinvente la critique d'art ; dans *Les Voix du Silence,* il écrit : « La victoire de chaque artiste sur sa servitude rejoint, dans un immense déploiement, celle de l'art sur le destin de l'humanité. L'art est un anti-destin. » Cette formule célèbre résume ses conceptions : interroger l'art, c'est dépasser le triste destin individuel, et rendre à l'homme sa dignité. Elle permet aussi d'entrevoir la continuité parfaite entre le Malraux révolutionnaire et le Malraux gaulliste.

Malraux quitte les affaires en 1969, en même temps que De Gaulle. En hommage au Général, il publie *Ces Chênes qu'on abat* (1971). Il complète ses *Antimémoires* de 1967 avec *La Corde et les Souris* (1976), et réunit les deux ouvrages sous un seul titre : *Le Miroir des Limbes.*

La Condition humaine
1933 _____

Ce roman illustre la ferveur révolutionnaire et littéraire des années trente. Malraux y retrace l'insurrection de Shangaï, à la fois réussie et vouée à l'échec : les insurgés ont reçu l'ordre de leur Comité Central de se laisser désarmer par Tchang Kaï-chek, qui veut se débarrasser des communistes qui lui sont alliés au sein du Kuomintang. Les multiples personnages de cette fresque incarnent différentes attitudes par rapport à la révolution. Le métis Kyo-Gisors vit la révolution comme un destin terrible ; Tchen au contraire, comme un destin à assumer jusqu'à la mort ; Katow est un révolutionnaire résolu, lourd de tout son passé politique ; May, la femme de Kyo, est engagée absolument, autant dans son amour que dans l'action révolutionnaire ; Clappique, opiomane et velléitaire, est un être balloté par la réalité. Au-dessus d'eux rayonne la figure du vieux Gisors, communiste, sage oriental, qui choisira le suicide.

A la fin de la quatrième partie, Tchen, celui qui « ne pouvait vivre d'une idéologie qui ne se transformât pas en acte », décide d'éliminer, seul, le général nationaliste Tchang Kaï-chek, responsable de l'échec de l'insurrection.

10 heures et demie.

« Pourvu que l'auto ne tarde plus », pensa Tchen. Dans l'obscurité complète, il n'eût pas été aussi sûr de son coup, et les derniers réverbères allaient bientôt s'éteindre. La nuit désolée de la Chine des rizières et des marais avait gagné l'avenue presque abandonnée. Les lumières troubles des villes de brume qui passaient par les
5 fentes des volets entrouverts, à travers les vitres bouchées, s'éteignaient une à une ; les derniers reflets s'accrochaient aux rails mouillés, aux isolateurs du télégraphe ; ils s'affaiblissaient de minute en minute ; bientôt Tchen ne les vit plus que sur les pancartes verticales couvertes de caractères dorés. Cette nuit de brume était sa dernière nuit, et il en était satisfait. Il allait sauter avec la voiture, dans un éclair en

10 boule qui illuminerait une seconde cette avenue hideuse et couvrirait un mur d'une gerbe de sang. La plus vieille légende chinoise s'imposa à lui ; les hommes sont la vermine de la terre. Il fallait que le terrorisme devînt une mystique. Solitude, d'abord ; que le terroriste décidât seul : exécutât seul : toute la force de la police est dans la délation ; le meurtrier qui agit seul ne risque pas de se dénoncer lui-même.
15 Solitude dernière, car il est difficile à celui qui vit hors du monde de ne pas rechercher les siens. Tchen connaissait les objections opposées au terrorisme : répression policière contre les ouvriers, appel au fascisme. La répression ne pourrait être plus violente, le fascisme plus évident. Et peut-être Kyo et lui ne pensaient-ils pas pour les mêmes hommes. Il ne s'agissait pas de maintenir dans leur classe, pour la déli-
20 vrer, les meilleurs des hommes écrasés, mais de donner un sens à leur écrasement même : que chacun s'instituât responsable et juge de la vie d'un maître. Donner un sens immédiat à l'individu sans espoir et multiplier les attentats, non par une organisation, mais par une idée : faire renaître des martyrs. Peï, écrivant, serait écouté parce que lui, Tchen, allait mourir : il savait de quel poids pèse sur toute pensée le
25 sang versé pour elle. Tout ce qui n'était pas son geste résolu se décomposait dans la nuit derrière laquelle restait embusquée cette automobile qui arriverait bientôt. La brume, nourrie par la fumée des navires, détruisait peu à peu au fond de l'avenue les trottoirs pas encore vides : des passants affairés y marchaient l'un derrière l'autre, se dépassant rarement, comme si la guerre eût imposé à la ville un ordre
30 tout-puissant. Le silence général de leur marche rendait leur agitation presque fantastique. Ils ne portaient pas de paquets, d'éventaires, ne poussaient pas de petites voitures ; cette nuit, il semblait que leur activité n'eût aucun but. Tchen regardait toutes ces ombres qui coulaient sans bruit vers le fleuve, d'un mouvement inexplicable et constant ; n'était-ce pas le Destin même, cette force qui les poussait vers le fond de
35 l'avenue où l'arc allumé d'enseignes à peine visibles devant les ténèbres du fleuve semblait les portes mêmes de la mort ? Enfoncés en perspectives troubles, les énormes caractères se perdaient dans ce monde tragique et flou comme dans les siècles ; et, de même que si elle fût venue, elle aussi, non de l'état-major mais des temps bouddhiques, la trompe militaire de l'auto de Tchang Kaï-chek commença à
40 retentir sourdement au fond de la chaussée presque déserte. Tchen serra la bombe sous son bras avec reconnaissance. Les phares seuls sortaient de la brume. Presque aussitôt, précédée de la Ford de garde, la voiture entière en jaillit ; une fois de plus il sembla à Tchen qu'elle avançait extraordinairement vite. Trois pousses obstruèrent soudain la rue, et les deux autos ralentirent. Il essaya de retrouver le con-
45 trôle de sa respiration. Déjà l'embarras était dispersé. La Ford passa, l'auto arrivait : une grosse voiture américaine, flanquée des deux policiers accrochés à ses marchepieds ; elle donnait une telle impression de force que Tchen sentit que, s'il n'avançait pas, s'il attendait, il s'en écarterait malgré lui. Il prit sa bombe par l'anse comme une bouteille de lait. L'auto du général était à cinq mètres, énorme. Il courut vers
50 elle avec une joie d'extatique, se jeta dessus, les yeux fermés.

Malraux, *la Condition humaine*, Éd. Gallimard.

1 Quelle atmosphère est-elle créée dans la description qui précède l'attentat ? Pourquoi ?

2 Quelle est la conception de l'homme développée ici par Tchen ?

3 Relevez les mots du registre religieux. Comment expliquer leur présence ici ?

LE THÉÂTRE
DE L'ENTRE-DEUX-GUERRES

Lorsque les salles de théâtre ouvrent de nouveau, après la guerre de 1914-1918, s'instaure un débat entre invention et tradition qui concerne les écrivains, mais aussi les metteurs en scène : une révolution scénique se prépare.

LA MISE EN SCÈNE

Jacques Copeau, responsable du Théâtre du Vieux Colombier, veut pour sa part construire un « théâtre nouveau » : la scène ne doit plus être un lieu où l'on récite un texte, mais l'espace où se manifeste, stylisée, travaillée, une vérité théâtrale. Il engage ainsi, et ses disciples à sa suite, un travail de « dépoussiérage » du théâtre classique.

Parallèlement, des metteurs en scène comme Georges Pitoëff, Charles Dullin ou Louis Jouvet, élaborent une nouvelle technique du jeu, du décor, des éclairages, et favorisent la découverte du répertoire étranger : les Scandinaves Ibsen et Strindberg, l'Allemand Bertolt Brecht, le Russe Tchekhov. Ils rénovent le théâtre de la Comédie Française, suscitent des vocations théâtrales : l'amitié de Louis Jouvet contribue ainsi à l'affirmation du talent dramatique de Jean Giraudoux.

LA TRADITION

La plupart des auteurs de l'époque suivent des directions traditionnelles. Le comique boulevardier, la farce, la comédie satirique avec *Knock* de Romains, ou les pièces de Marcel Pagnol et d'Armand Salacrou, connaissent une vogue certaine. Le théâtre psychologique, intimiste ou violent, et la tragédie, produisent également des œuvres respectueuses des formes établies. Elles s'inspirent volontiers de l'Antique : le meilleur exemple en est sans doute le théâtre de Cocteau, avec *Antigone* (1922) ou *Œdipe-Roi* (1937).

L'INVENTION

Les germes de renouvellement sont déjà présents, mais leur caractère provocateur ou violent rend parfois difficile l'évaluation de leur apport : le mouvement dada (cf. p. 370) a le goût du spectacle, mais à condition de le transformer en provocation ou en chahut ; les surréalistes condamnent le théâtre avec la même vigueur que le roman : pourtant l'œuvre de Vitrac (1899-1952), avant qu'il ne cède à la tentation du théâtre de boulevard, est authentiquement surréaliste.

Antonin Artaud, qui eut lui aussi des rapports difficiles avec le mouvement surréaliste, apparaît aujourd'hui comme un théoricien essentiel du théâtre moderne. Il fut à la fois acteur, auteur et metteur en scène : un « homme-théâtre » ; son « théâtre de la cruauté » met en évidence la manière dont l'homme se débat contre le destin qui l'écrase. Le théâtre de la cruauté ne doit pas nous divertir, mais nous réveiller, « nerfs et cœur » ; être conçu, au-delà des mots qu'il véhicule, comme « une véritable opération de magie ».

Jean Giraudoux

1882-1944

Un romancier précieux?

Né à Bellac, non loin de Limoges, Jean Giraudoux fait de brillantes études (École Normale Supérieure, préparation de l'agrégation d'allemand). En 1910, il entre dans la carrière diplomatique. Il est blessé pendant la guerre et, à partir de 1918, mène une double carrière de haut fonctionnaire et d'écrivain.

Romancier, il connaît un grand succès, dès 1922, avec *Siegfried et le Limousin,* d'où naîtra sa première pièce, *Siegfried :* sa connaissance de l'Allemagne, de la littérature et de l'âme allemandes, lui permettent d'y exprimer le déchirement qu'il éprouve devant les dommages causés par la guerre à deux nations qu'il estime sœurs. Ce premier roman est suivi de deux autres, *Bella* (1926) et *Églantine* (1927) avec lesquels il constitue une trilogie politique. Une seconde veine, plus légère, comprend *Juliette au pays des hommes* (1924) et surtout *Suzanne et le Pacifique* (1921), qui crée une sorte de Robinsonne imaginative et rêveuse.

Tragique ou anti-tragique?

Giraudoux continuera d'écrire des romans, mais l'adaptation théâtrale de *Siegfried et le Limousin,* ainsi que la rencontre avec le grand acteur et metteur en scène Louis Jouvet, l'aident à découvrir sa véritable vocation : le théâtre. Désormais, chaque année ou presque, Jouvet va monter une nouvelle pièce de Giraudoux ; les plus fameuses sont *Amphitrion 38* (1929), *Judith* (1931), *Intermezzo* (1933), *La Guerre de Troie n'aura pas lieu* (1935) et *Électre* (1937).

La diversité, la fantaisie, l'esprit, s'y imposent, liés à une réflexion profonde sur le tragique moderne : il s'agit de délivrer l'homme de la fatalité de la guerre.

La Guerre de Troie n'aura pas lieu

1935

Les pièces de Jean Giraudoux, quoique tirées du théâtre grec de l'Antiquité, posent des problèmes modernes : au XXe siècle, en l'absence de dieux responsables, l'homme est-il responsable de son destin, capable de le maîtriser, ou bien voué au pire, c'est-à-dire à la fatalité de la guerre?

La Guerre de Troie n'aura pas lieu représente pour Jean Giraudoux l'espoir fou qu'un second choc franco-germanique sera évité, malgré l'arrivée d'Hitler au pouvoir. Il sait cependant que la première guerre, celle... de Troie, a déjà eu lieu, définitivement.

Dans le passage suivant, le Troyen Hector accueille le Grec Ulysse. Celui-ci dirige la flotte grecque qui s'est présentée devant Troie, et réclame Hélène, Grecque enlevée par Pâris, le propre frère d'Hector. Hector est décidé à rendre Hélène pour éviter la guerre. Ulysse énumère en revanche les raisons qui la rendent inévitable.

HECTOR   Et vous voulez la guerre?

ULYSSE   Je ne la veux pas. Mais je suis moins sûr de ses intentions à elle.

HECTOR   Nos peuples nous ont délégués tous deux ici pour la conjurer. Notre seule réunion signifie que rien n'est perdu...

5   ULYSSE   Vous êtes jeune, Hector!... A la veille de toute guerre, il est courant que deux chefs des peuples en conflit se rencontrent seuls dans quelque innocent village, sur la terrasse au bord d'un lac, dans l'angle d'un jardin. Et ils conviennent que la guerre est le pire fléau du monde, et tous deux, à suivre du regard ces reflets et ces rides sur les eaux, à recevoir sur l'épaule ces pétales de magnolias, ils sont pacifi-
10 ques, modestes, loyaux. Et ils s'étudient. Ils se regardent. Et, tiédis par le soleil, attendris par un vin clairet, ils ne trouvent dans le visage d'en face aucun trait qui justifie la haine, aucun trait qui n'appelle l'amour humain, et rien d'incompatible non plus dans leurs langages, dans leur façon de se gratter le nez ou de boire. Et ils sont vraiment comblés de paix, de désirs de paix. Et ils se quittent en se serrant
15 les mains, en se sentant des frères. Et ils se retournent de leur calèche pour se sourire... Et le lendemain pourtant éclate la guerre. Ainsi nous sommes tous deux maintenant... Nos peuples autour de l'entretien se taisent et s'écartent, mais ce n'est pas qu'ils attendent de nous une victoire sur l'inéluctable. C'est seulement qu'ils nous ont donné pleins pouvoirs, qu'ils nous ont isolés, pour que nous goûtions mieux, au-des-
20 sus de la catastrophe, notre fraternité d'ennemis. Goûtons-la. C'est un plat de riches. Savourons-la... Mais c'est tout. Le privilège des grands, c'est de voir les catastrophes d'une terrasse.

HECTOR   C'est une conversation d'ennemis que nous avons là?

ULYSSE   C'est un duo avant l'orchestre. C'est le duo des récitants avant la guerre.
25 Parce que nous avons été créés sensés, justes et courtois, nous nous parlons, une heure avant la guerre, comme nous nous parlerons longtemps après, en anciens combattants. Nous nous réconcilions avant la lutte même, c'est toujours cela. Peut-être d'ailleurs avons-nous tort. Si l'un de nous doit un jour tuer l'autre et arracher pour reconnaître sa victime la visière de son casque, il vaudrait peut-être mieux
30 qu'il ne lui donnât pas un visage de frère... Mais l'univers le sait, nous allons nous battre.

HECTOR   L'univers peut se tromper. C'est à cela qu'on reconnaît l'erreur, elle est universelle.

ULYSSE   Espérons-le. Mais quand le destin, depuis des années, a surélevé deux
35 peuples, quand il leur a ouvert le même avenir d'invention et d'omnipotence, quand il a fait de chacun, comme nous l'étions tout à l'heure sur la bascule, un poids précieux et différent pour peser le plaisir, la conscience et jusqu'à la nature, quand par leurs architectes, leurs poètes, leurs teinturiers, il leur a donné à chacun un royaume opposé de volumes, de sons et de nuances, quand il leur a fait inventer le toit en
40 charpente troyen et la voûte thébaine, le rouge phrygien et l'indigo grec[1], l'univers sait bien qu'il n'entend pas préparer ainsi aux hommes deux chemins de couleur et d'épanouissement, mais se ménager son festival, le déchaînement de cette brutalité et de cette folie humaines qui seules rassurent les dieux. C'est de la petite politique, j'en conviens. Mais nous sommes chefs d'État, nous pouvons bien entre nous
45 deux le dire : c'est couramment celle du Destin.

HECTOR   Et c'est Troie, et c'est la Grèce qu'il a choisies cette fois[2]?

1. Deux toits, deux rouges, mais différents.
2. Il faut bien sûr entendre : « Et c'est la France, et c'est l'Allemagne qu'il a choisies cette fois ? »

ULYSSE   Ce matin j'en doutais encore. J'ai posé le pied sur votre estacade[1], et j'en suis sûr.

HECTOR   Vous vous êtes senti sur un sol ennemi ?

50   ULYSSE   Pourquoi toujours revenir à ce mot « ennemi » ! Faut-il vous le redire ? Ce ne sont pas les ennemis naturels qui se battent. Il est des peuples que tout désigne pour une guerre, leur peau, leur langue et leur odeur, ils se jalousent, ils se haïssent, ils ne peuvent pas se sentir... Ceux-là ne se battent jamais. Ceux qui se battent, ce sont ceux que le sort a lustrés et préparés pour une même guerre : ce sont 55   les adversaires.

HECTOR   Et nous sommes prêts pour la guerre grecque ?

ULYSSE   A un point incroyable. Comme la nature munit les insectes dont elle prévoit la lutte, de faiblesses et d'armes qui se correspondent, à distance, sans que nous nous connaissions, sans que nous nous en doutions, nous nous sommes élevés tous 60   deux au niveau de notre guerre.. Tout correspond de nos armes et de nos habitudes comme des roues à pignon. Et le regard de vos femmes, et le teint de vos filles sont les seuls qui ne suscitent en nous ni la brutalité, ni le désir, mais cette angoisse du cœur et de la joie qui est l'horizon de la guerre. Frontons et leurs soutaches[2] d'ombre et de feu, hennissements de chevaux, peplums[3] disparaissant à l'angle 65   d'une colonnade, le sort a tout passé chez vous à cette couleur d'orage qui m'impose pour la première fois le relief de l'avenir. Il n'y a rien à faire. Vous êtes dans la lumière de la guerre grecque.

HECTOR   Et c'est ce que pensent aussi les autres Grecs ?

ULYSSE   Ce qu'ils pensent n'est pas plus rassurant. Les autres Grecs pensent que 70   Troie est riche, ses entrepôts magnifiques, sa banlieue fertile. Ils pensent qu'ils sont à l'étroit sur du roc. L'or de vos temples, celui de vos blés et de votre colza, ont fait à chacun de nos navires, de vos promontoires, un signe qu'il n'oublie pas. Il n'est pas très prudent d'avoir des dieux et des légumes trop dorés.

HECTOR   Voilà enfin une parole franche... La Grèce en nous s'est choisi une proie. 75   Pourquoi alors une déclaration de guerre ? Il était plus simple de profiter de mon absence pour bondir sur Troie. Vous l'auriez eue sans coup férir.

ULYSSE   Il est une espèce de consentement à la guerre que donnent seulement l'atmosphère, l'acoustique et l'humeur du monde. Il serait dément d'entreprendre une guerre sans l'avoir. Nous ne l'avions pas.

80   HECTOR   Vous l'avez maintenant !

ULYSSE   Je crois que nous l'avons.

Giraudoux, *La Guerre de Troie n'aura pas lieu*, Éd. Grasset.

1. Barrage flottant, qui sert à empêcher les navires ennemis d'entrer dans une rade ou un port.
2. Tresse décorative.
3. Forme latine du *peplos* de la Grèce antique, vêtement en laine, agrafé sur l'épaule, serré sous la poitrine par une ceinture.

1   Par la bouche des deux chefs en présence, s'exprime, malgré eux, une réalité qui les dépasse, et les constitue en devins ou en prophètes. Relevez les phrases et expressions qui désignent cette réalité : pouvez-vous la nommer, et la caractériser ?

2   Quelles sont les différentes figures du destin qui apparaissent à partir de la ligne 57 ? Pensez-vous qu'elles renvoient chaque fois à une réalité strictement inévitable ?

1939-1958 :
LES ANNÉES DE GUERRE
ET D'APRÈS-GUERRE

La mobilisation de 1939 s'effectue, contrairement à celle de 1914, dans la résignation. La présence sur la scène française de grands courants internationalistes, et notamment d'un parti communiste, favorise le pacifisme.

Mais en 1940, l'avancée allemande, foudroyante, amène la France à ce seul choix : la capitulation (acte militaire qui laisse le gouvernement libre de résister), ou l'armistice (acte militaire et civil engageant le gouvernement et l'administration à la collaboration avec l'ennemi). Sous l'influence de Pétain, la France signe un armistice, afin que le poids de la défaite ne pèse pas sur les seuls militaires. La promptitude de la défaite, la coupure de la France en deux zones, l'une, occupée, au Nord, l'autre, « libre », au Sud, les bombardements, laissent la population française dans un état de prostration complète. La Résistance ne commence à s'organiser qu'en 1941. Elle favorise l'avancée des troupes alliées (anglaises, canadiennes et américaines), à partir du débarquement en Normandie le 6 juin 1944. Paris est libéré en août.

La libération par des armées étrangères, essentiellement américaines, et l'explosion l'année suivante des bombes nucléaires lancées sur Hiroshima et Nagasaki, sont des événements qui troublent profondément les consciences. La France émerge, traumatisée, du cauchemar. Le choc que représente, pour la conscience humaine, les milliers d'hommes, de femmes, et d'enfants, torturés, gazés ou réduits à l'état de cobayes pour des « expériences scientifiques » dans les camps de concentration nazis, est terrible. Après cette guerre, l'humanisme ne peut que changer de visage.

Entre 1945 et 1952, la IVe République entreprend le relèvement du pays.

Mais les difficultés économiques, l'instabilité ministérielle, les problèmes outre-mer (en Indochine, en Tunisie, en Algérie, en Afrique noire), mettent la République en difficulté de façon permanente. Le général De Gaulle, présenté comme l'homme providentiel, prend le pouvoir le 13 mai 1958. Avec la Ve République, s'ouvre une nouvelle période.

Léger (1881-1955), étude pour *Les constructeurs* (1950). ▶

Paul Colin, affiche pour la Libération (1944). ▶

Une période de renouvellement littéraire

Contrairement à ce qui s'était produit pendant la première guerre mondiale, la vie littéraire ne s'est pas interrompue pendant le conflit. Au contraire, un certain nombre d'écrivains se sont engagés personnellement (Aragon, Éluard, Char), en appelant à la résistance et à la création contre la barbarie fasciste.

Les écrivains existentialistes, comme Sartre et Camus, qui ont commencé à publier pendant la guerre, donnent dans cette période des œuvres majeures : *L'Être et le Néant* de J.-P. Sartre en 1943, *L'Étranger* d'Albert Camus en 1942. Au cours des années 50, de nouvelles tendances émergent, qui annoncent la littérature contemporaine. Au théâtre, Ionesco, Beckett, Genet, mettent en scène les angoisses et les obsessions d'êtres humains aliénés et solitaires, l'impuissance de la parole, le vide de l'existence. Des œuvres poétiques fondamentales viennent à maturité : celles de Prévert, de Michaux, de René Char, de Francis Ponge. A côté d'elles, un foisonnement de tendances explorent le vaste champ de la rhétorique et du lyrisme. C'est aussi le moment où Bataille, Michel Leiris, Maurice Blanchot, et Samuel Beckett préparent le renouvellement du roman qui sera la grande aventure de la décennie suivante.

EXISTENTIALISME ET ABSURDE

———————————— LE CAUCHEMAR DE L'HISTOIRE ————————

La guerre finie, un mouvement nouveau, l'existentialisme, prend une importance comparable à celle du surréalisme après le premier conflit mondial.

Il est surtout représenté par Jean-Paul Sartre, Simone de Beauvoir et Albert Camus.

L'angoisse des années de guerre appelle un questionnement fondamental. Les enjeux – bombe atomique, guerre froide entre les États-Unis et l'Union soviétique, « péril jaune », univers concentrationnaire, génocide des Juifs... – rendent presque dérisoires les formulations étroitement littéraires ou nationales. La fidélité à la France combattante, exaltée par des écrivains comme François Mauriac, André Malraux, ou Louis Aragon, ne répond pas à l'essentiel. Des philosophes, comme Sartre et Camus, prennent en compte le sentiment de l'absurde de l'existence humaine individuelle confrontée à une réalité monstrueuse. Ils partent, non d'une essence abstraite de l'homme, mais de sa réalité existentielle, de sa solitude, de sa difficulté à communiquer avec autrui, de son impuissance en l'absence d'un Dieu providentiel.

Les romans et les pièces de théâtre qu'ils produisent popularisent cette philosophie. De nombreux auteurs s'engouffrent à leur suite dans cette brèche, qui devient vite une mode : on vit dans un monde de « salauds », on porte son désespoir et sa « mauvaise foi » en écharpe ; on écrit des romans sombres, en forme de confession ou de document, au nom de la nécessaire « lucidité ». La littérature américaine, Kafka, le jazz dans les « boîtes » de Saint-Germain, le marquis de Sade, se retrouvent pêle-mêle sur l'autel de ce culte de « l'absurde ».

———————————— L'EXIGENCE DE LIBERTÉ ————————

Ces effets de mode, avec leurs outrances, témoignent d'un certain dégoût de l'homme d'après-guerre pour lui-même, et pour l'humanité en général. Mais ils sont aussi la preuve de l'extraordinaire succès d'un système philosophique : celui-ci fournissait à la génération de la Libération une vision du monde, ainsi qu'une exigence politique et morale, attachées l'une et l'autre à la notion de liberté.

Jean-Paul Sartre

1905-1980

De l'être à l'existence

Jean-Paul Sartre est élevé à Paris dans la maison de son grand-père Schweitzer, parmi les livres et l'attention tendre qu'on porte à cet enfant unique. Élève de l'École Normale Supérieure, il enseigne ensuite la philosophie dans divers lycées jusqu'en 1944, où il devient directeur de la revue *Les Temps Modernes.*

Dès avant la guerre, il anime un groupe de philosophes. Ses premiers travaux dans ce domaine, *L'Imagination* (1936) et *L'Imaginaire* (1940) tentent de décrire les actes et la vie de la conscience, afin de saisir des significations pures : les « essences » des choses. Ils montrent que l'homme est « fatalement libre ».

Cette philosophie de la liberté se développe tout au long de l'œuvre de Sartre, à travers romans, théâtre, biographies d'auteurs, et bien sûr livres proprement philosophiques, dont le plus célèbre est *L'Être et le Néant* (1943). C'est la philosophie qui donne son unité, et son sens, à l'œuvre considérée dans son ensemble.

Le « pape » de l'existentialisme

Mobilisé en 1939, prisonnier en 1940, libéré l'année suivante, Sartre, philosophe apolitique, se transforme en intellectuel résistant. Ce trajet est évoqué dans la suite romanesque des *Chemins de la Liberté* (1945-1949), et surtout dans sa première pièce de théâtre, *Les Mouches* (1943), qui suggère de façon codée le passage à la violence insurrectionnelle contre l'occupant nazi. Le sentiment de l'absurde, qui imprégnait les premiers essais romanesques (*La Nausée* en 1938, *Le Mur* en 1939), est dépassé, au profit de l'engagement actif dans le monde. Sartre fonde *Les Temps Modernes,* donne des conférences, publie le manifeste *Qu'est-ce que la littérature ?* – qui restera au

Sartre sur la Passerelle des Arts à Paris, en 1946. Au fond, la coupole de l'Institut qui abrite l'Académie française. (Photo Cartier-Bresson).

centre des débats littéraires jusque dans les années soixante – et participe à l'action politique.

Il dénonce le colonialisme comme les camps de travail en U. R. S. S. et publie de nouvelles pièces, qui proposent aussi une morale : *La P... respectueuse* (1946), *Les Mains sales* (1948) et *Le Diable et le Bon Dieu* (1951). Il abandonne alors le roman pour inaugurer un genre qui lui appartient en propre, la biographie d'écrivain (Baudelaire, Mallarmé, Jean Genet, Flaubert), avec le *Saint-Genet, comédien et martyr* (1951).

Le « compagnon de route »

En 1952, Sartre rejoint pour l'essentiel les positions du Parti Communiste, dénonce le colonialisme et la guerre américaine au Vietnam, tout en se démarquant du stalinisme, notamment après l'insurrection de Budapest en 1956.

Ces expériences nourrissent plusieurs volumes d'articles et d'essais de la série des *Situations,* et une seconde somme philosophique, *La Critique de la Raison dialectique* (1960), qui fait du marxisme la « philosophie indépassable » de notre temps.

Cette adhésion au marxisme l'amène à abjurer son ancienne mystique de l'écriture dans une autobiographie en forme d'autocritique : *Les Mots* (1963), qui constituent la partie avouée, circonstancielle, d'une vaste entreprise autobiographique, dont quelques cahiers, les *Carnets de la drôle de guerre,* seront publiés en 1983. Il publie cependant de nouvelles pièces, dont *Les Séquestrés d'Altona* (1959), qui pose la question de la responsabilité historique.

En 1968, Sartre rompt avec le Parti Communiste, et lance le journal *Libération.* Il publie *L'Idiot de la Famille* (1971-72) – que la cécité seule l'oblige à interrompre ; il entend y répondre à cette question : « Que peut-on savoir d'un homme aujourd'hui ? ». Flaubert est le « prétexte » de cette quête, où se lisent, comme dans *Les Mots,* le rejet de la littérature comme « idole », et la haine de la domination bourgeoise.

La Nausée
1938 —————————————————————————————————

Dans les années trente, Sartre et sa compagne Simone de Beauvoir sont deux jeunes agrégés de philosophie, vivant pour écrire, au milieu des livres. Sartre élabore le concept de contingence, d'où sortira *La Nausée.* Notre propre image dans le miroir, le corps d'autrui, la réalité sont « contingentes » : ils existent, mais d'une façon accidentelle, non nécessaire, qui fait éprouver une fadeur étonnée, ou une fascination écœurée.

Antoine Roquentin vit seul à Bouville, près du Havre, où il fait une thèse sur un aventurier du XVIIIᵉ siècle, le marquis de Rollebon. Ses soirées se passent au café ; il écoute toujours le même disque : « Some of these days ». Sa vie lui semble se décomposer doucement, perdre tout sens. Il décide de tenir un journal, où il s'interroge :

est-ce lui, ou bien le monde, qui change ? Il se sent « injustifiable », et la nausée par-
fois le « saisit par derrière », face à un mur, la racine d'un arbre, un verre de bière,
ou même sa propre main.

J'existe. C'est doux, si doux, si lent. Et léger : on dirait que ça tient en l'air tout
seul. Ça remue. Ce sont des effleurements partout qui fondent et s'évanouissent.
Tout doux, tout doux. Il y a de l'eau mousseuse dans ma bouche. Je l'avale, elle
glisse dans ma gorge, elle me caresse – et la voilà qui renaît dans ma bouche, j'ai
5 dans la bouche à perpétuité une petite mare d'eau blanchâtre – discrète – qui frôle
ma langue. Et cette mare, c'est encore moi. Et la langue. Et la gorge, c'est moi.
Je vois ma main, qui s'épanouit sur la table. Elle vit – c'est moi. Elle s'ouvre, les
doigts se déploient et pointent. Elle est sur le dos. Elle me montre son ventre gras.
Elle a l'air d'une bête à la renverse. Les doigts, ce sont les pattes. Je m'amuse à
10 les faire remuer, très vite, comme les pattes d'un crabe qui est tombé sur le dos. Le
crabe est mort : les pattes se recroquevillent, se ramènent sur le ventre de ma
main. Je vois les ongles – la seule chose de moi qui ne vit pas. Et encore. Ma main
se retourne, s'étale à plat ventre, elle m'offre à présent son dos. Un dos argenté, un
peu brillant – on dirait un poisson, s'il n'y avait pas les poils roux à la naissance des
15 phalanges. Je sens ma main. C'est moi, ces deux bêtes qui s'agitent au bout de mes
bras. Ma main gratte une de ses pattes, avec l'ongle d'une autre patte ; je sens son
poids sur la table qui n'est pas moi. C'est long, long, cette impression de poids, ça
ne passe pas. Il n'y a pas de raison pour que ça passe. A la longue, c'est intolérable... Je retire ma main, je la mets dans ma poche. Mais je sens tout de suite, à tra-
20 vers l'étoffe, la chaleur de ma cuisse. Aussitôt, je fais sauter ma main de ma poche ;
je la laisse pendre contre le dossier de la chaise. Maintenant, je sens son poids au
bout de mon bras. Elle tire un peu, à peine, mollement, moelleusement, elle existe. Je
n'insiste pas : où que je la mette, elle continuera d'exister et je continuerai de sentir
qu'elle existe ; je ne peux pas la supprimer, ni supprimer le reste de mon corps, la
25 chaleur humide qui salit ma chemise, ni toute cette graisse chaude qui tourne pares-
seusement, comme si on la remuait à la cuiller, ni toutes les sensations qui se pro-
mènent là-dedans, qui vont et viennent, remontent de mon flanc à mon aisselle ou
bien qui végètent doucement, du matin jusqu'au soir, dans leur coin habituel.
Je me lève en sursaut : si seulement je pouvais m'arrêter de penser, ça irait déjà
30 mieux. Les pensées, c'est ce qu'il y a de plus fade. Plus fade encore que de la chair.
Ça s'étire à n'en plus finir et ça laisse un drôle de goût. [...] Le corps, ça vit tout
seul, une fois que ça a commencé. Mais la pensée, c'est *moi* qui la continue, qui la
déroule. J'existe. Je pense que j'existe. Oh ! le long serpentin, ce sentiment d'exister
– et je le déroule, tout doucement... Si je pouvais m'empêcher de penser ! J'essaie, je
35 réussis : il me semble que ma tête s'emplit de fumée... et voilà que ça recommence :
« Fumée... ne pas penser... Je ne veux pas penser... Je pense que je ne veux pas penser. Il ne faut pas que je pense que je ne veux pas penser. Parce que c'est encore
une pensée. » On n'en finira donc jamais ?
Ma pensée, c'est *moi* : voilà pourquoi je ne peux pas m'arrêter. J'existe par ce que
40 je pense... et je ne peux pas m'empêcher de penser. En ce moment même – c'est
affreux – si j'existe, *c'est parce que* j'ai horreur d'exister. C'est moi, *c'est moi* qui me
tire du néant auquel j'aspire : la haine, le dégoût d'exister, ce sont autant de
manières de *me faire* exister, de m'enfoncer dans l'existence. Les pensées naissent
par-derrière moi comme un vertige, je les sens naître derrière ma tête... si je cède,
45 elles vont venir là devant, entre mes yeux – et je cède toujours, la pensée grossit,
grossit et la voilà, l'immense, qui me remplit tout entier et renouvelle mon existence.
Ma salive est sucrée, mon corps est tiède ; je me sens fade. Mon canif est sur la
table. Je l'ouvre. Pourquoi pas ? De toute façon, ça changerait un peu. Je pose ma
main gauche sur le bloc-notes et je m'envoie un bon coup de couteau dans la
50 paume. Le geste était trop nerveux ; la lame a glissé, la blessure est superficielle.
Ça saigne. Et puis après ? Qu'est-ce qu'il y a de changé ? Tout de même, je regarde
avec satisfaction, sur la feuille blanche, en travers des lignes que j'ai tracées tout
à l'heure, cette petite mare de sang qui a cessé enfin d'être moi. Quatre lignes sur

une feuille blanche, une tache de sang, c'est ça qui fait un beau souvenir. Il faudra
55 que j'écrive au-dessous : «Ce jour-là, j'ai renoncé à faire mon livre sur le marquis de Rollebon.»
　Est-ce que je vais soigner ma main? J'hésite. Je regarde la petite coulée monotone
du sang. Le voilà justement qui coagule. C'est fini. Ma peau a l'air rouillée, autour
de la coupure. Sous la peau, il ne reste qu'une petite sensation pareille aux autres,
60 peut-être encore plus fade.

Sartre, La Nausée, Éd. Gallimard.

1 Quelles sont les différentes phases de l'expérience vécue par Roquentin?

2 Que ressent-il à l'égard de son propre corps?

3 Relevez les images qui désignent la salive, la main ou le sang de Roquentin comme des «corps étrangers» : quelle est leur cohérence?

4 Quelle définition de l'absurde les considérations du narrateur permettent-elles de donner?

Les Mains sales
1948

Les communistes d'un pays «imaginaire», l'Illyrie, veulent se débarrasser d'un de leurs chefs, Hoederer, dont ils réprouvent la ligne politique d'alliance avec la bourgeoisie nationale contre l'occupant.
Le jeune militant Hugo reçoit l'ordre de le tuer, mais il hésite longtemps, et le tue finalement pour
un vulgaire motif de jalousie amoureuse.
　La pièce est encadrée par deux tableaux qui se déroulent plus tard : la ligne politique a changé,
le Parti réhabilite Hoederer. Hugo doit donc être éliminé, malgré l'opposition d'Olga qui tente de le
rendre «récupérable» en lui faisant admettre le caractère passionnel de son geste. Mais, dégoûté,
Hugo se déclarera au bout du compte lui-même «non-récupérable».

Dans la chambre d'Olga.

SCÈNE UNIQUE

On entend d'abord leurs voix dans la nuit et puis la lumière se fait peu à peu.

　OLGA　Est-ce que c'était vrai? Est-ce que tu l'as vraiment tué à cause de Jessica[1]?

　HUGO　Je... je l'ai tué parce que j'avais ouvert la porte. C'est tout ce que je sais. Si
je n'avais pas ouvert cette porte... Il était là, il tenait Jessica dans ses bras, il avait du
5 rouge à lèvres sur le menton. C'était trivial[2]. Moi, je vivais depuis longtemps dans la
tragédie. C'est pour sauver la tragédie que j'ai tiré.

1. La femme de Hugo.
2. Vulgaire.

OLGA   Est-ce que tu n'étais pas jaloux?

HUGO   Jaloux? Peut-être. Mais pas de Jessica.

OLGA   Regarde-moi et réponds-moi sincèrement, car ce que je vais te demander
10 a beaucoup d'importance. As-tu l'orgueil de ton acte? Est-ce que tu le revendiques?
Le referais-tu, s'il était à refaire?

HUGO   Est-ce que je l'ai seulement fait? Ce n'est pas moi qui ai tué, c'est le
hasard. Si j'avais ouvert la porte deux minutes plus tôt ou deux minutes plus tard,
je ne les aurais pas surpris dans les bras l'un de l'autre, je n'aurais pas tiré. *(Un*
15 *temps.)* Je venais pour lui dire que j'acceptais son aide.

OLGA   Oui.

HUGO   Le hasard a tiré trois coups de feu, comme dans les mauvais romans policiers. Avec le hasard tu peux commencer les « si » : « *si* j'étais resté un peu plus longtemps devant les châtaigniers, *si* j'avais poussé jusqu'au bout du jardin, *si* j'étais
20 rentré dans le pavillon... » Mais moi. *Moi*, là-dedans, qu'est-ce que je deviens? C'est
un assassinat sans assassin. *(Un temps.)* Souvent, dans la prison, je me demandais : qu'est-ce qu'Olga me dirait, si elle était ici? Qu'est-ce qu'elle voudrait
que je pense?

OLGA, *sèchement.*   Et alors?

25 HUGO   Oh! Je sais très bien ce que tu m'aurais dit. Tu m'aurais dit : «Sois modeste,
Hugo. Tes raisons, tes motifs, on s'en moque. Nous t'avions demandé de tuer cet
homme et tu l'as tué. C'est le résultat qui compte.» Je... je ne suis pas modeste,
Olga. Je n'arrivais pas à séparer le meurtre de ses motifs.

OLGA   J'aime mieux ça.

30 HUGO   Comment, tu aimes mieux ça? C'est toi qui parles, Olga? Toi qui
m'as toujours dit...

OLGA   Je t'expliquerai. Quelle heure est-il?

HUGO, *regardant son bracelet-montre*   Minuit moins vingt.

OLGA   Bien. Nous avons le temps. Qu'est-ce que tu me disais? Que tu ne compre-
35 nais pas ton acte.

HUGO   Je crois plutôt que je le comprends trop. C'est une boîte qu'ouvrent toutes
les clefs. Tiens, je peux me dire tout aussi bien, si ça me chante, que j'ai tué par
passion politique et que la fureur qui m'a pris, quand j'ai ouvert la porte, n'était que
la petite secousse qui m'a facilité l'exécution.

40 OLGA, *le dévisageant avec inquiétude*   Tu crois, Hugo? Tu crois *vraiment* que tu
as tiré pour de *bons* motifs?

HUGO   Olga, je crois tout. J'en suis à me demander si je l'ai tué pour de vrai.

OLGA   Pour de vrai?

HUGO   Si tout était une comédie?

45 OLGA   Tu as vraiment appuyé sur la gâchette?

HUGO   Oui. J'ai vraiment remué le doigt. Les acteurs aussi remuent les doigts,
sur les planches. Tiens, regarde : je remue l'index, je te vise. *(Il la vise de la main
droite, l'index replié.)* C'est le même geste. Peut-être que ce n'est pas moi qui étais
vrai. Peut-être c'était seulement la balle. Pourquoi souris-tu?

50 OLGA   Parce que tu me facilites beaucoup les choses.

413

HUGO Je me trouvais trop jeune; j'ai voulu m'attacher un crime au cou, comme une pierre. Et j'avais peur qu'il ne soit lourd à supporter. Quelle erreur : il est léger, horriblement léger. Il ne pèse pas. Regarde-moi : j'ai vieilli, j'ai passé deux ans en taule, je me suis séparé de Jessica et je mènerai cette drôle de vie perplexe, jusqu'à
55 ce que les copains se chargent de me libérer. Tout ça vient de mon crime, non? Et pourtant il ne pèse pas, je ne le sens pas. Ni à mon cou, ni sur mes épaules, ni dans mon cœur. Il est devenu mon destin, comprends-tu, il gouverne ma vie du dehors mais je ne peux ni le voir ni le toucher, il n'est pas à moi, c'est une maladie mortelle qui tue sans faire souffrir. Où est-il? Existe-t-il? J'ai tiré pourtant. La porte
60 s'est ouverte... J'aimais Hoederer, Olga. Je l'aimais plus que je n'ai aimé personne au monde. J'aimais le voir et l'entendre, j'aimais ses mains et son visage et, quand j'étais avec lui, tous mes orages s'apaisaient. Ce n'est pas mon crime qui me tue, c'est sa mort. *(Un temps.)* Enfin voilà. Rien n'est arrivé. Rien. J'ai passé dix jours à la campagne et deux ans en prison; je n'ai pas changé; je suis toujours aussi
65 bavard. Les assassins devraient porter un signe distinctif. Un coquelicot à la boutonnière. *(Un temps.)* Bon. Alors? Conclusion?

OLGA Tu vas rentrer au Parti.

HUGO Bon.

OLGA A minuit. Louis et Charles doivent revenir pour t'abattre. Je ne leur ouvrirai
70 pas. Je leur dirai que tu es récupérable.

HUGO, *il rit* Récupérable! Quel drôle de mot. Ça se dit des ordures, n'est-ce pas?

OLGA Tu es d'accord?

HUGO Pourquoi pas?

OLGA Demain tu recevras de nouvelles consignes.

75 HUGO Bien.

OLGA Ouf!

Sartre, *Les Mains sales*, septième tableau, Éd. Gallimard.

1 Quelle forme prend ici le sentiment de l'absurde?

2 Pourquoi, à votre avis, Hugo refusera-t-il d'admettre le caractère exclusivement passionnel de son geste?

On n'écrit pas pour des esclaves. L'art de la prose est solidaire du seul régime où la prose garde un sens : la démocratie. Quand l'une est menacée, l'autre l'est aussi. Et ce n'est pas assez que de les défendre par la plume. Un jour vient où la plume est contrainte de s'arrêter et il faut alors que l'écrivain prenne les armes. Ainsi de quelque façon que vous y soyez venu, quelles que soient les opinions que vous ayez professées, la littérature vous jette dans la bataille; écrire c'est une certaine façon de vouloir la liberté; si vous avez commencé, de gré ou de force vous êtes engagé.

Sartre, *Qu'est-ce que la littérature?*, chap. II, «Pourquoi écrire?» Éd. Gallimard.

Camus en 1944, par Cartier-Bresson.

Albert Camus

1913-1960

L'absurde et la révolte

Albert Camus est né en Algérie d'une famille pauvre dont le père était mort pendant la guerre de 1914-1918. Amoureux de la vie et du sport, il survit à une grave tuberculose puis étudie la philosophie tout en exerçant divers métiers, notamment ceux d'acteur et de journaliste.

Ses premiers textes expriment à la fois l'émerveillement sensuel d'être au monde et l'angoisse de la condition humaine. « Il n'y a pas », écrit-il, « d'amour de vivre sans désespoir de vivre ». Camus, à partir de là, procède à un renversement des valeurs chrétiennes, privilégiant le présent, l'instant et la terre au détriment de l'avenir et de l'éternité céleste. La mort est cette réalité qui fait découvrir le sentiment de l'absurde : celui-ci naît « de la confrontation de l'appel humain et du silence déraisonnable du monde ».

Un roman, L'Étranger, et un essai, Le Mythe de Sisyphe (1942), explicitent ces thèses et les rendent célèbres à la Libération. Camus, qui est pendant la Résistance rédacteur au journal Combat, légitime dans les deux ouvrages la révolte. Initialement adressée à la mort, celle-ci se fait révolte devant la réalité de la condition humaine.

En 1947, Camus abandonne la direction de Combat pour se consacrer à son œuvre littéraire. Des polémiques accompagnent la publi-cation de *La Peste* (1947) et surtout de *L'Homme révolté* (1951), où il soutient que l'homme a le droit de se révolter même contre la révolution, si celle-ci devient tyrannie. Il écrit également quatre pièces : *Le Malentendu* (1944), *Caligula* (1944), *L'État de siège* (1948) et *Les Justes* (1950).

La misère humaine

Camus est critiqué par les existentialistes et par les communistes, qui lui reprochent son « moralisme ». La rupture avec Sartre et Simone de Beauvoir est consommée en 1952.

Camus s'en montre affecté : il n'a pas cessé de poser le problème de la misère humaine, liée à la solitude et à l'incompréhension. *L'Étranger, Le Malentendu*, montraient l'impos-sibilité d'exprimer par la parole le caractère intime de l'expérience individuelle. Meursault, le héros de *l'Étranger*, est condamné parce qu'il n'a pas pu pleurer à l'enterrement de sa mère ; il existe pour Camus un au-delà des mots ; mais la société exige qu'on parle ; il faut donc continuer de parler, en dépit des malen-tendus qui en découlent inévitablement.

Peut-être faut-il comprendre dans la pers-pective de cette rupture *La Chute* (1956) : s'y confesse un personnage étrangement « sar-trien », qui prophétise obstinément dans le désert.

Les dernières années de Camus sont assombries par la guerre d'Algérie. Le Prix Nobel de Littérature, qu'il reçoit en 1957, n'y change rien. Camus se tait, et son silence de nouveau lui est reproché : il s'en expliquera dans les *Chroniques algériennes* (1958). Il est tué dans un accident de voiture en 1960, alors qu'après *L'Exil et le Royaume*, publié en 1957, il semblait à la recherche d'un humanisme lucide.

L'Étranger
1942 ⎯⎯⎯⎯⎯⎯⎯⎯⎯⎯⎯⎯⎯⎯⎯⎯⎯⎯⎯⎯⎯⎯⎯⎯

Meursault est employé de banque à Alger. Son existence est médiocre, tout lui semble « égal ».

Après le déjeuner, un dimanche, il participe à une bagarre : son ami Raymond était poursuivi par deux Arabes pour une histoire de femme. Raymond a le bras tailladé d'un coup de couteau, et Meursault doit lui prendre son revolver pour l'empêcher de tirer. Un peu plus tard dans l'après-midi, seul, Meursault rencontre de nouveau l'un des deux Arabes...

C'était le même éclatement rouge. Sur le sable, la mer haletait de toute la respira-tion rapide et étouffée de ses petites vagues. Je marchais lentement vers les rochers et je sentais mon front se gonfler sous le soleil. Toute cette chaleur s'appuyait sur moi et s'opposait à mon avance. Et chaque fois que je sentais son grand souffle chaud
5 sur mon visage, je serrais les dents, je fermais les poings dans les poches de mon pantalon, je me tendais tout entier pour triompher du soleil et de cette ivresse opa-que qu'il me déversait. A chaque épée de lumière jaillie du sable, d'un coquillage blanchi ou d'un débris de verre, mes mâchoires se crispaient. J'ai marché longtemps.
Je voyais de loin la petite masse sombre du rocher entourée d'un halo aveu-
10 glant par la lumière et la poussière de mer. Je pensais à la source fraîche derrière le rocher. J'avais envie de retrouver le murmure de son eau, envie de fuir le soleil,

l'effort et les pleurs de femmes, envie enfin de retrouver l'ombre et son repos. Mais quand j'ai été plus près, j'ai vu que le type de Raymond était revenu.

Il était seul. Il reposait sur le dos, les mains sous la nuque, le front dans les
15 ombres du rocher, tout le corps au soleil. Son bleu de chauffe fumait dans la chaleur. J'ai été un peu surpris. Pour moi, c'était une histoire finie et j'étais venu là sans y penser.

Dès qu'il m'a vu, il s'est soulevé un peu et a mis la main dans sa poche. Moi, naturellement, j'ai serré le revolver de Raymond dans mon veston. Alors de nouveau, il
20 s'est laissé aller en arrière, mais sans retirer la main de sa poche. J'étais assez loin de lui, à une dizaine de mètres. Je devinais son regard par instants, entre ses paupières mi-closes. Mais le plus souvent, son image dansait devant mes yeux, dans l'air enflammé. Le bruit des vagues était encore plus paresseux, plus étale qu'à midi. C'était le même soleil, la même lumière sur le même sable qui se prolongeait ici. Il
25 y avait déjà deux heures que la journée n'avançait plus, deux heures qu'elle avait jeté l'ancre dans un océan de métal bouillant. A l'horizon, un petit vapeur est passé et j'en ai deviné la tache noire au bord de mon regard, parce que je n'avais pas cessé de regarder l'Arabe.

J'ai pensé que je n'avais qu'un demi-tour à faire et ce serait fini. Mais toute une
30 plage vibrante de soleil se pressait derrière moi. J'ai fait quelques pas vers la source. L'Arabe n'a pas bougé. Malgré tout, il était encore assez loin. Peut-être à cause des ombres sur son visage, il avait l'air de rire. J'ai attendu. La brûlure du soleil gagnait mes joues et j'ai senti des gouttes de sueur s'amasser dans mes sourcils. C'était le même soleil que le jour où j'avais enterré maman et, comme alors, le front surtout
35 me faisait mal et toutes ses veines battaient ensemble sous la peau. A cause de cette brûlure que je ne pouvais plus supporter, j'ai fait un mouvement en avant. Je savais que c'était stupide, que je ne me débarrasserais pas du soleil en me déplaçant d'un pas. Mais j'ai fait un pas, un seul pas en avant. Et cette fois, sans se soulever, l'Arabe a tiré son couteau qu'il m'a présenté dans le soleil. La lumière a giclé
40 sur l'acier et c'était comme une longue lame étincelante qui m'atteignait au front. Au même instant, la sueur amassé dans mes sourcils a coulé d'un coup sur les paupières et les a recouvertes d'un voile tiède et épais. Mes yeux étaient aveuglés derrière ce rideau de larmes et de sel. Je ne sentais plus que les cymbales du soleil sur mon front et, indistinctement, le glaive éclatant jailli du couteau toujours en face de moi.
45 Cette épée brûlante rongeait mes cils et fouillait mes yeux douloureux. C'est alors que tout a vacillé. Le mer a charrié un souffle épais et ardent. Il m'a semblé que le ciel s'ouvrait sur toute son étendue pour laisser pleuvoir du feu. Tout mon être s'est tendu et j'ai crispé ma main sur le revolver. La gâchette a cédé, j'ai touché le ventre poli de la crosse et c'est là, dans le bruit à la fois sec et assourdissant, que tout a
50 commencé. J'ai secoué la sueur et le soleil. J'ai compris que j'avais détruit l'équilibre du jour, le silence exceptionnel d'une plage où j'avais été heureux. Alors, j'ai tiré encore quatre fois sur un corps inerte où les balles s'enfonçaient sans qu'il y parût. Et c'était comme quatre coups brefs que je frappais sur la porte du malheur.

Camus, L'Étranger, Éd. Gallimard.

1 Relevez dans ce texte tous les éléments qui tiennent lieu d'explication au geste de Meursault : à quoi peuvent-ils se résumer ?

2 Camus écrit que « tout ce qui exalte la vie accroît en même temps son absurdité ». Le texte vous semble-t-il en accord avec cette affirmation ? Partagez-vous le point de vue de Camus ?

La Peste
1947

Camus imagine, dans un récit à la fois réaliste et mythique, qu'une épidémie de peste s'est abattue sur la ville d'Oran; la peste symbolise le mal, physique et moral, et plus particulièrement les maux du temps, tels que l'occupation allemande, la bombe atomique, la crainte d'une troisième guerre mondiale.

Dans le passage qui suit, l'intellectuel Tarrou vient de se porter volontaire pour combattre le fléau, auprès du docteur Rieux, inlassable adversaire de la peste; les deux hommes, qu'unit un lien fraternel, tentent de préciser leur idéal, opposé à celui du Père Paneloux qui, au cours d'un prêche, a présenté la peste comme un châtiment divin.

Tarrou se carra un peu dans son fauteuil et avança la tête dans la lumière.
– Croyez-vous en Dieu, docteur?
La question était encore posée naturellement. Mais cette fois, Rieux hésita.
– Non, mais qu'est-ce que cela veut dire? Je suis dans la nuit et j'essaie d'y voir
5 clair. Il y a longtemps que j'ai cessé de trouver ça original.
– N'est-ce pas ce qui vous sépare de Paneloux?
– Je ne crois pas. Paneloux est un homme d'études. Il n'a pas vu assez mourir et c'est pourquoi il parle au nom d'une vérité. Mais le moindre prêtre de campagne qui administre ses paroissiens et qui a entendu la respiration d'un mourant pense
10 comme moi. Il soignerait la misère avant de vouloir en démontrer l'excellence.
Rieux se leva, son visage était maintenant dans l'ombre.
– Laissons cela, dit-il, puisque vous ne voulez pas répondre.
Tarrou sourit sans bouger de son fauteuil. – Puis-je répondre par une question? A son tour le docteur sourit: – Vous aimez le mystère, dit-il. Allons-y.
15 – Voilà, dit Tarrou. Pourquoi vous-même montrez-vous tant de dévouement puisque vous ne croyez pas en Dieu? Votre réponse m'aidera peut-être à répondre moi-même.
Sans sortir de l'ombre, le docteur dit qu'il avait déjà répondu, que s'il croyait en un Dieu tout-puissant, il cesserait de guérir les hommes, lui laissant alors ce soin. Mais
20 que personne au monde, non, pas même Paneloux qui croyait y croire, ne croyait en un Dieu de cette sorte, puisque personne ne s'abandonnait totalement[1] et qu'en cela, du moins, lui, Rieux, croyait être sur le chemin de la vérité, en luttant contre la création telle qu'elle était.
– Ah? dit Tarrou, c'est donc l'idée que vous vous faites de votre métier?
25 – A peu près, répondit le docteur en revenant dans la lumière.
Tarrou siffla doucement et le docteur le regarda.
– Oui, dit-il, vous vous dites qu'il y faut de l'orgueil. Mais je n'ai que l'orgueil qu'il faut, croyez-moi. Je ne sais pas ce qui m'attend ni ce qui viendra après tout ceci. Pour le moment il y a des malades et il faut les guérir. Ensuite, ils réfléchiront et
30 moi aussi. Mais le plus pressé est de les guérir. Je les défends comme je peux, voilà tout.
– Contre qui?
Rieux se tourna vers la fenêtre. Il devinait au loin la mer à une condensation plus obscure de l'horizon. Il éprouvait seulement sa fatigue et luttait en même temps

---

1. C'est cependant ce que fera le Père Paneloux. Atteint par la peste, il refusera d'appeler un médecin et attendra la mort, les yeux fixés sur un crucifix.

³⁵contre un désir soudain et déraisonnable de se livrer un peu plus à cet homme singulier, mais qu'il sentait fraternel.

– Je n'en sais rien, Tarrou, je vous jure que je n'en sais rien. Quand je suis entré dans ce métier, je l'ai fait abstraitement, en quelque sorte, parce que j'en avais besoin, parce que c'était une situation comme les autres, une de celles que les jeu-⁴⁰nes gens se proposent. Peut-être aussi parce que c'était particulièrement difficile pour un fils d'ouvrier comme moi. Et puis il a fallu voir mourir. Savez-vous qu'il y a des gens qui refusent de mourir ? Avez-vous jamais entendu une femme crier : « Jamais ! » au moment de mourir ? Moi, oui. Et je me suis aperçu alors que je ne pouvais pas m'y habituer. J'étais jeune alors et mon dégoût croyait s'adresser à l'ordre ⁴⁵même du monde. Depuis, je suis devenu plus modeste. Simplement, je ne suis toujours pas habitué à voir mourir. Je ne sais rien de plus. Mais après tout...

Rieux se tut et se rassit. Il se sentait la bouche sèche.

– Après tout ? dit doucement Tarrou.

– Après tout..., reprit le docteur, et il hésita encore, regardant Tarrou avec attention, ⁵⁰c'est une chose qu'un homme comme vous peut comprendre, n'est-ce pas, mais puisque l'ordre du monde est réglé par la mort, peut-être vaut-il mieux pour Dieu qu'on ne croie pas en lui et qu'on lutte de toutes ses forces contre la mort, sans lever les yeux vers le ciel où il se tait.

– Oui, approuva Tarrou, je peux comprendre. Mais vos victoires seront toujours ⁵⁵provisoires, voilà tout.

Rieux parut s'assombrir.

– Toujours, je le sais. Ce n'est pas une raison pour cesser de lutter.

– Non, ce n'est pas une raison. Mais j'imagine alors ce que doit être cette peste pour vous.

⁶⁰– Oui, dit Rieux. Une interminable défaite.

Tarrou fixa un moment le docteur, puis se leva et marcha lourdement vers la porte. Et Rieux le suivit. Il le rejoignait déjà quand Tarrou qui semblait regarder ses pieds lui dit : – Qui vous a appris tout cela, docteur ?

La réponse vint immédiatement : – La misère. [...]

⁶⁵Rieux eut soudain un rire d'amitié : – Allons Tarrou, dit-il, qu'est-ce qui vous pousse à vous occuper de cela ?

– Je ne sais pas. Ma morale peut-être.

– Et laquelle ?

– La compréhension.

Camus, La Peste, Éd. Gallimard.

1 Caractérisez l'idéal de chacun des deux hommes, tel qu'il s'oppose à celui du Père Paneloux : sur quelles valeurs s'appuie-t-il ?

2 En quoi le point de vue de Tarrou excède-t-il, dans la pensée de Camus, celui de Rieux ?

3 Des trois attitudes en présence, quelle est celle qui vous semble la plus convaincante, et pourquoi ?

LE RENOUVEAU POÉTIQUE

La poésie de l'après-guerre n'est marquée du sceau d'aucune école. Après l'éclosion d'une poésie engagée dans la lutte contre l'occupant nazi, on a plutôt affaire à des individus qui poursuivent, solitairement, le mûrissement de leur œuvre.

Les dates importantes du renouveau poétique de l'après-guerre sont donc liées à des auteurs qui publiaient déjà avant le conflit : c'est exemplairement le cas de René Char (cf. p. 420), mais également d'Henri Michaux (cf. p. 428) de Saint-John-Perse et Pierre-Jean Jouve. Seuls Jacques Prévert (cf. p. 424), le plus lu et le plus diffusé sans doute, grâce à l'évidence et à la lisibilité de sa parole poétique, et Francis Ponge (cf. p. 431) sont révélés après guerre.

Ces œuvres, diverses dans leurs moyens comme leurs voies, manifestent la même foi dans les pouvoirs de la poésie et du langage. Il s'agit, dans le droit fil du surréalisme, de travailler à l'élaboration d'une parole essentielle et personnelle.

René Char

Né en 1907

Un surréalisme exigeant

René Char grandit dans la vaste maison familiale des « Névons » avant d'être mis en pension au lycée d'Avignon. Il fait ensuite des études commerciales tout en lisant assidûment les poètes français et allemands, notamment les romantiques. Il publie en 1928 un premier recueil, *Cloches sur le cœur.*

Son adhésion en 1929 au mouvement surréaliste, son amitié avec Breton et Éluard, coïncident avec ses véritables débuts littéraires. Il travaille à la fondation de la revue *Le Surréalisme au service de la révolution,* publie *Artine* (1930) et *Le Marteau sans maître* (1934), où il témoigne déjà de ses qualités exceptionnelles de poète, et d'une certaine distance à l'égard des écrits surréalistes.

Une poétique personnelle

Char s'éloigne ensuite franchement du mouvement surréaliste. Il lui reproche ses « enfantillages » : les « découvertes » qui ne sont que des canulars d'étudiants, la crédulité de Breton à l'égard de la magie... « La vérité », écrit-il, « est personnelle, stupéfiante et personnelle ».

Seuls demeurent (1945) et *Les Feuillets d'Hypnos* (1946), « notes » qui consignent l'expérience de résistant de René Char révèlent l'entreprise nouvelle du poète. Il conserve du surréalisme l'essentiel : l'union de la poésie et de la vie annoncée par Rimbaud, ainsi qu'une grande confiance dans les pouvoirs de l'esprit humain. Mais il se tient à l'écart du monde littéraire, et toute son œuvre désormais sera marquée par ce sens de la distance tenue et de l'exigence poétique et morale. Dans *Le poème pulvérisé* (1947), *Les Matinaux* (1950), *La parole en archipel* (1962), le *Nu perdu* (1970) et *Les Chants de la Balandrane* (1977), la poésie est à la fois une manière de vivre, la source de la beauté, et la saisie d'une « neuve innocence ». La forme témoigne d'une efficace brièveté, toute de concentration des images et de choc des contraires. Le lyrisme s'y veut éthique, affirmant sans trêve la souveraine liberté de l'homme.

Seuls demeurent
1945

Le livre rassemble des poèmes écrits entre 1938 et 1945. Il connaît un grand retentissement et vaut à René Char de nouvelles affections, de Braque et Albert Camus notamment.

Congé au vent

A flancs de coteau du village bivouaquent des champs fournis de mimosas. A l'époque de la cueillette, il arrive que, loin de leur endroit, on fasse la rencontre extrêmement odorante d'une fille dont les bras se sont occupés durant la journée aux fragiles branches. Pareille à une lampe dont l'auréole de clarté serait de parfum, elle
5 s'en va, le dos tourné au soleil couchant.

Il serait sacrilège de lui adresser la parole.

L'espadrille foulant l'herbe, cédez-lui le pas du chemin. Peut-être aurez-vous la chance de distinguer sur ses lèvres la chimère de l'humidité de la Nuit ?

> Ce poème est une allégorie – à la façon du « Printemps » de Botticelli – du monde méditerranéen. Quels sont les éléments qui évoquent ce monde ? Quels sont ceux qui mettent en évidence la dimension allégorique ?

Vivre avec de tels hommes

Tellement j'ai faim, je dors sous la canicule des preuves[1]. J'ai voyagé jusqu'à l'épuisement, le front sur le séchoir noueux. Afin que le mal demeure sans relève, j'ai étouffé ses engagements[2]. J'ai effacé son chiffre de la gaucherie de mon étrave. J'ai répliqué aux coups. On tuait de si près que le monde s'est voulu meilleur. Brumaire[3]
5 de mon âme jamais escaladé, qui fait feu dans la bergerie déserte ? Ce n'est plus la volonté elliptique de la scrupuleuse solitude[4]. Aile double des cris d'un million de crimes se levant soudain dans des yeux jadis négligents, montrez-nous vos desseins de cette large abdication du remords !

. . . .

1. C'est-à-dire : je dors, mieux que l'empereur Alexandre après la bataille perdue, en niant la retraite et la défaite là où elle semble évidente (en plein été 40, après la débâcle de l'armée française).
2. Les engagements de ceux qui ont traité avec l'occupant.
3. Coup d'État qui donna le pouvoir à Napoléon Bonaparte. Puisqu'on ne peut vivre avec de tels hommes, il faut monter jusqu'au droit au coup d'État contre le faux État.
4. Ce n'est plus le temps des recherches surréalistes, sur lequel revient pourtant la seconde partie du poème.

Montre-toi ; nous n'en avions jamais fini avec le sublime bien-être des très maigres
10 hirondelles. Avides de s'approcher de l'ample allégement. Incertains dans le temps
que l'amour grandissait. Incertains, eux seuls, au sommet du cœur.
Tellement j'ai faim.

> Les poèmes de *Seuls demeurent* font partie des plus beaux de ceux que susci-
> tèrent la guerre, et la Résistance à l'occupant. Chacune des phrases de « Vivre
> avec de tels hommes » constitue une unité pour la sensibilité, détachant l'une
> après l'autre des émotions nettes : sang-froid, ferveur, espoir, dénégation
> sereine. Pouvez-vous en reconstituer le mouvement ?

Le Poème pulvérisé
1947

Le recueil rassemble des textes écrits de 1945 à 1947, et fera ultérieurement partie d'un ensemble plus vaste, intitulé *Fureur et Mystère.*

Argument

Comment vivre sans inconnu devant soi ?
Les hommes d'aujourd'hui veulent que le poème soit à l'image de leur vie, faite de si peu d'égards, de si peu d'espace et brûlée d'intolérance.
Parce qu'il ne leur est plus loisible d'agir suprêmement, dans cette préoccupation fatale de se détruire par son semblable, parce que leur inerte richesse les freine et les enchaîne, les hommes d'aujourd'hui, l'instinct affaibli, perdent, tout en se gardant vivants, jusqu'à la poussière de leur nom.
Né de l'appel du devenir et de l'angoisse de la rétention, le poème, s'élevant de son puits de boue et d'étoiles, témoignera presque silencieusement, qu'il n'était rien en lui qui n'existât vraiment ailleurs, dans ce rebelle et solitaire monde des contra-dictions.

Jacquemard et Julia

Jadis l'herbe, à l'heure où les routes de la terre s'accordaient dans leur déclin, éle-vait tendrement ses tiges et allumait ses clartés. Les cavaliers du jour naissaient au regard de leur amour et les châteaux de leurs bien-aimées comptaient autant de fenêtres que l'abîme porte d'orages légers.

Jadis l'herbe connaissait mille devises qui ne se contrariaient pas. Elle était la providence des visages baignés de larmes. Elle incantait les animaux, donnait asile à l'erreur. Son étendue était comparable au ciel qui a vaincu la peur du temps et allégé la douleur.

Jadis l'herbe était bonne aux fous et hostile au bourreau. Elle convolait avec le seuil de toujours. Les jeux qu'elle inventait avaient des ailes à leur sourire (jeux absous et également fugitifs). Elle n'était dure pour aucun de ceux qui perdant leur chemin souhaitent le perdre à jamais.

Jadis l'herbe avait établi que la nuit vaut moins que son pouvoir, que les sources ne compliquent pas à plaisir leur parcours, que la graine qui s'agenouille est déjà à demi dans le bec de l'oiseau. Jadis, terre et ciel se haïssaient mais terre et ciel vivaient.

L'inextinguible sécheresse s'écoule. L'homme est un étranger pour l'aurore. Cependant à la poursuite de la vie qui ne peut être encore imaginée, il y a des volontés qui frémissent, des murmures qui vont s'affronter et des enfants sains et saufs qui *découvrent*.

René Char, Fureur et Mystère, Éd. Gallimard.

Le poète doit tenir la balance égale entre le monde physique de la veille et l'aisance redoutable du sommeil, les lignes de la connaissance dans lesquelles il couche le corps subtil du poème, allant indistinctement de l'un à l'autre de ces états différents de la vie.

✳

Je suis le poète, meneur de puits tari que les lointains, ô mon amour, approvisionnent.

✳

Le poète ne s'irrite pas de l'extinction hideuse de la mort, mais confiant en son toucher particulier transforme toute chose en laines prolongées.

✳

Le poète recommande : « Penchez-vous, penchez-vous davantage. » Il ne sort pas toujours indemne de sa page, mais comme le pauvre il sait tirer parti de l'éternité d'une olive.

✳

À chaque effondrement des preuves le poète répond par une salve d'avenir.

René Char, Fureur et Mystère, extraits de « Partage formel », Éd. Gallimard.

1 Pour René Char, l'image est « matière-émotion » : quelle est l'émotion liée à l'image de l'herbe ?

2 A lire la dernière strophe du poème, quelle est la valeur de cette évocation de la nature ?

3 Le titre : cherchez dans un dictionnaire le sens des mots qui le composent : quel sens – ou quels sens – lui donnez-vous, en regard du corps du poème ?

Prévert chez lui en 1974, par Cartier-Bresson.

Jacques Prévert
1900-1977

Le plus populaire des poètes

Jacques Prévert est né à Neuilly-sur-Seine dans un milieu modeste. Le théâtre, où son père l'emmène souvent, et la rue, lui ouvrent les portes du langage.

Lié quelque temps aux surréalistes, il en garde une sensibilité extrême à tout ce qui, dans la vie quotidienne, recèle un ferment de liberté. Ses poèmes en témoignent sur un mode très proche de la parole : à l'aide d'images simples et tendres, ils disent la générosité, la solidarité envers les faibles et les exclus. Le langage « de tout le monde » fait entrer dans un univers merveilleux, mais issu du réel : celui de *Paroles* (1946), d'*Histoires* (1946) et de *Spectacles* (1951).

Scénariste et parolier

La savante simplicité de l'écriture donne aux chansons de Prévert le charme qui fera leur succès. La France entière connaît « Barbara », « Les enfants qui s'aiment » ou « Les feuilles mortes », chantées par Juliette Gréco ou Yves Montand.

Parallèlement, Prévert effectue un travail militant au théâtre, avec le groupe Octobre, fondé en 1932. Il écrit également pour le cinéma. Ses scénarios les plus fameux, réalisés par Marcel Carné, ont fait le tour du monde : *Drôle de Drame* (1937), *Quai des brumes* (1938), *Le Jour se lève* (1939), *Les Visiteurs du soir* (1942), *Les Enfants du Paradis* (1945), ou *Les Portes de la nuit* (1946), pour ne citer que les plus célèbres.

Paroles
1946

Paroles, édité clandestinement pendant la guerre, est le recueil poétique le plus célèbre de Jacques Prévert. Aux charmes du jeu de mots et de l'hétéroclite, il joint l'espoir d'un monde plus libre et plus juste.

Barbara

Rappelle-toi Barbara
Il pleuvait sans cesse sur Brest ce
[jour-là
Et tu marchais souriante
Épanouie ravie ruisselante
5 Sous la pluie
Rappelle-toi Barbara
Il pleuvait sans cesse sur Brest
Et je t'ai croisée rue de Siam
Tu souriais
10 Et moi je souriais de même
Rappelle-toi Barbara
Toi que je ne connaissais pas
Toi qui ne me connaissais pas
Rappelle-toi
15 Rappelle-toi quand même ce jour-là
N'oublie pas
Un homme sous un porche s'abritait
Et il a crié ton nom
Barbara
20 Et tu as couru vers lui sous la pluie
Ruisselante ravie épanouie
Et tu t'es jetée dans ses bras
Rappelle-toi cela Barbara
Et ne m'en veux pas si je te tutoie
25 Je dis tu à tous ceux que j'aime
Même si je ne les ai vus qu'une seule
[fois
Je dis tu à tous ceux qui s'aiment
Même si je ne les connais pas
Rappelle-toi Barbara
30 N'oublie pas

Cette pluie sage et heureuse
Sur ton visage heureux
Sur cette ville heureuse
Cette pluie sur la mer
35 Sur l'arsenal
Sur le bateau d'Ouessant
Oh Barbara
Quelle connerie la guerre
Qu'es-tu devenue maintenant
40 Sous cette pluie de fer
De feu d'acier de sang
Et celui qui te serrait dans ses bras
Amoureusement
Est-il mort disparu ou bien encore
[vivant
45 Oh Barbara
Il pleut sans cesse sur Brest
Comme il pleuvait avant
Mais ce n'est plus pareil et tout est
[abîmé
C'est une pluie de deuil terrible et
[désolée
50 Ce n'est même plus l'orage
De fer d'acier de sang
Tout simplement des nuages
Qui crèvent comme des chiens
Des chiens qui disparaissent
55 Au fil de l'eau sur Brest
Et vont pourrir au loin
Au loin très loin de Brest
Dont il ne reste rien.

Prévert, « Barbara », *Paroles*, Éd. Gallimard.

Le temps perdu

Devant la porte de l'usine
le travailleur soudain s'arrête
le beau temps l'a tiré par la veste
et comme il se retourne
5 et regarde le soleil
tout rouge tout rond
souriant dans son ciel de plomb
il cligne de l'œil
familièrement
10 Dis donc camarade Soleil
tu ne trouves pas
que c'est plutôt con
de donner une journée pareille
à un patron ?

Prévert, *Paroles*, « Le temps perdu », Éd. Gallimard.

Déjeuner du matin

Il a mis le café
Dans la tasse
Il a mis le lait
Dans la tasse de café
5 Il a mis le sucre
Dans le café au lait
Avec la petite cuiller
Il a tourné
Il a bu le café au lait
10 Et il a reposé la tasse
Sans me parler
Il a allumé
Une cigarette
Il a fait des ronds
15 Avec la fumée
Il a mis les cendres
Dans le cendrier
Sans me parler
Sans me regarder
20 Il s'est levé
Il a mis
Son chapeau sur sa tête
Il a mis
Son manteau de pluie
25 Parce qu'il pleuvait
Et il est parti
Sous la pluie
Sans une parole
Sans me regarder
30 Et moi j'ai pris
Ma tête dans ma main
Et j'ai pleuré.

Prévert, *Paroles*, Éd. Gallimard.

1 Relevez, dans ces textes, les éléments dialogués : à qui s'adressent-ils ? Leur valeur est-elle chaque fois la même ? Quel est l'effet de l'absence de dialogue dans « Déjeuner du matin » ?

2 Relevez les éléments qui font de chacun de ces poèmes un bref récit. Qu'apporte la dimension narrative ?

3 La redondance, ou répétition d'informations déjà données sous une autre forme, est l'une des marques grammaticales du langage parlé. Analysez, dans « Barbara » et « Déjeuner du matin », la façon dont répétition et variation contribuent à l'émotion.

Spectacles

1951

Le succès du recueil, après celui de *Paroles* et d'*Histoires,* confirme la popularité d'un poète à l'écriture accessible, qui exprime des émotions et des sentiments universels, en rompant avec les raffinements d'une science poétique éloignée du grand public.

Les enfants qui s'aiment

Les enfants qui s'aiment s'embrassent debout
Contre les portes de la nuit
Et les passants qui passent les désignent du doigt
Mais les enfants qui s'aiment
Ne sont là pour personne
Et c'est seulement leur ombre
Qui tremble dans la nuit
Excitant la rage des passants
Leur rage leur mépris leurs rires et leur envie
Les enfants qui s'aiment ne sont là pour personne
Ils sont ailleurs bien plus loin que la nuit
Bien plus haut que le jour
Dans l'éblouissante clarté de leur premier amour.

Prévert, *Spectacles,* Éd. Gallimard, Coll. « Folio ».

1 Quelle est la scène, précise, apparemment banale, autour de laquelle s'organise le récit ?

2 Comment Prévert la généralise-t-il pour en faire un symbole éternel ?

Henri Michaux

1899-1984

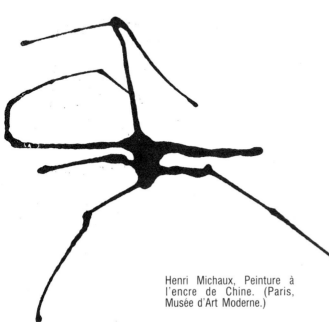

Henri Michaux, Peinture à l'encre de Chine. (Paris, Musée d'Art Moderne.)

Peintre et poète d'origine belge, Henri Michaux découvre sa vocation littéraire à la lecture de Lautréamont. Si ses premiers écrits, *Ecuador* (1929) et *Un Barbare en Asie* (1932), sont inspirés par des voyages, son intérêt se porte très vite vers l'exploration d'un autre espace, celui qu'il nomme lui-même « l'espace du dedans ».

Les paysages du dedans

Ils sont d'abord dessinés par le langage : un langage réinventé, transformé, miné, nourri de jeux de mots, dans *Mes propriétés* (1929). Son second livre, *Plume* (1938), présente un personnage léger et résigné, Plume, en butte aux événements et aux hommes. C'est avec *Lointain intérieur* (1938) que Michaux commence d'explorer plus à fond les paysages imaginaires qui peuplent son inconscient.

L'expérience des gouffres

A partir de 1955, Michaux, pour aller plus loin, utilise la drogue. Il montre alors dans *Misérable miracle* (1956), *L'Infini turbulent* (1957), et *Connaissance par les gouffres* (1961) comment le drogué, comme le fou, délogé de son propre corps, communique avec l'infini. L'homme est poreux à l'infini, et « ça lui rappelle quelque chose », précisément parce qu'il en vient.

Dans le même temps, ses peintures, taches, traces, hiéroglyphes, le plus souvent noirs sur fond blanc, mettent violemment en contact le spectateur avec cet abîme turbulent qui hante Michaux.

Cependant, jamais l'humour n'est absent de ses œuvres, même les plus terribles ; comme si, pris par le vertige, il se servait du rire comme d'un bouclier, un rempart, d'autant plus nécessaire qu'est plus profondément vécue l'expérience.

La sagesse

La sagesse est peut-être, paradoxalement, ce que cherche Michaux au fond de cette terrible dépossession de soi. La littérature apparaît comme un outil de conquête de l'inconnu et comme un exorcisme : c'est une manière d'aller chercher l'enfer pour l'arracher de soi en le posant sur le papier. Très influencé par la pensée orientale, Michaux cherche à l'homme une nouvelle mesure. Ses dernières œuvres sont consacrées à cette tâche : *Poteaux d'angle* (1981), un recueil de préceptes que le poète s'adresse à lui-même, *Face à ce qui se dérobe* (1975), *Chemins cherchés, chemins perdus, transgressions* (1981), qui chantent la contemplation et la ferveur mystiques.

Henri Michaux, Peinture à l'encre de Chine et huile (1974). (Paris, collection particulière.)

La Nuit remue
1935 _____

La Nuit remue est l'un des « épisodes » de l'épopée intérieure que constitue l'œuvre poétique de Michaux. L'esprit en est le héros ; il nous présente ses travaux, ses voyages et ses peurs.

Sous le plafond bas de ma petite chambre, est ma nuit, gouffre profond.
Précipité constamment à des milliers de mètres de profondeur, avec un abîme plusieurs fois aussi immense sous moi, je me retiens avec la plus grande difficulté aux aspérités, fourbu, machinal, sans contrôle, hésitant entre le dégoût et l'opiniâ-
5 treté ; l'ascension-fourmi se poursuit avec une lenteur interminable. Les aspérités de plus en plus infimes, se lisent à peine sur la paroi perpendiculaire. Le gouffre, la nuit, la terreur s'unissent de plus en plus indissolublement.

Michaux, La Nuit remue, 2, Éd. Gallimard.

Icebergs

Icebergs, sans garde-fou, sans ceinture, où de vieux cormorans abattus et les âmes des matelots morts récemment viennent s'accouder aux nuits enchanteresses de l'hyperboréal[1].

Icebergs, Icebergs, cathédrales sans religion de l'hiver éternel, enrobés dans la
5 calotte glaciaire de la planète Terre.
Combien hauts, combien purs sont vos bords enfantés par le froid.

Icebergs, Icebergs, dos du Nord-Atlantique, augustes Bouddhas gelés sur des mers incontemplées, Phares scintillants de la Mort sans issue, le cri éperdu du silence dure des siècles.

10 Icebergs, Icebergs, Solitaires sans besoin, des pays bouchés, distants, et libres de vermine. Parents des îles, parents des sources, comme je vous vois, comme vous m'êtes familiers...

Michaux, La Nuit remue in L'espace du dedans, Éd. Gallimard.

1. Situé à l'extrême Nord.

1 Relevez, dans le premier extrait, tous les éléments qui contribuent à faire de l'imaginaire du poète un monde invisible que l'écriture explore.

2 Que représentent les icebergs ? De quelle façon la tentation qu'ils incarnent est-elle exorcisée ?

Francis Ponge

Né en 1899

Francis Ponge affirme très rapidement sa défiance à l'égard de la parole. Il publie son premier recueil de poèmes en prose, sous le titre *Le parti pris des choses,* en 1942. On a voulu voir dans ce titre un parti pris des choses contre l'homme, ou bien l'affirmation d'un matérialiste convaincu. L'auteur fut donc amené à préciser la nature de son projet ; il le fait de la manière suivante dans *Le Grand Recueil* (1961) : « Je tends à des définitions-descriptions rendant compte du contenu actuel des notions... Il faut que mon livre remplace : 1) le dictionnaire encyclopédique ; 2) le dictionnaire étymologique ; 3) le dictionnaire analogique (il n'existe pas) ; 4) le dictionnaire des rimes (de rimes intérieures aussi bien) ; 5) le dictionnaire des synonymes, etc. ; 6) toute poésie lyrique à partir de la Nature, des objets, etc.

Du fait seul de vouloir rendre compte du contenu entier de leurs notions, je me fais tirer, par les objets, hors du vieil humanisme, hors de l'homme actuel et en avant de lui. J'ajoute à l'homme de nouvelles qualités que je nomme.

Voilà le *parti pris des choses* ».
Autant dire que ce parti pris est, au moins à part égale, celui des mots.

Ponge et la rhétorique

Ponge exige une rhétorique, c'est-à-dire une conception singulière des moyens d'expression, pour chaque poème. L'essentiel de son travail porte en effet sur le langage, le mot, ses sonorités, son histoire, son allure, le nombre de ses voyelles, de ses consonnes... Tout lui est bon ; c'est là sa pâte (à modeler), son marbre et sa peinture. Ponge, dans des textes

Ponge en 1986, par Cartier-Bresson.

comme *La Seine* (1950) ou *Le Savon* (1967), tend à confondre l'objet et le texte. Son texte sur le savon doit absolument mousser : « Peau flétrie, quoique très propre. Nous avons, du savon, obtenu ce que nous voulions. Et encore un peu plus, peut-être.

Paragraphe d'eau fraîche. Rinçage a) du corps ; b) du savon... »

La rhétorique englobe l'objet, l'absorbe dans le corps du texte au point que l'objet passe au second plan.

Le Momon

La rhétorique, et l'écriture, sont pour le poète le moyen d'englober l'objet pour l'absorber dans le corps du texte, qui en intègre les propriétés. Cette *abolition* de l'objet, sur quoi débouche sa louange initiale, implique ensuite la disparition du texte lui-même, qu'il n'est pas question de transformer en « bibelot » dérisoire, substitut de l'objet.

Ponge invente à cette fin le « momon », anti-texte qui donne du congé au poème, sur un mode humoristique. Le momon, défini par le dictionnaire Littré comme une danse exécutée par un masque, est ici le moyen par lequel le poète en vient, pour s'en déprendre, à ridiculiser son propre mode d'expression.

La Seine
1950 _____

Mille fois depuis qu'à propos de la Seine j'ai tenté de donner à mon esprit libre cours, mille fois, tu l'as constaté, cher lecteur, j'ai rencontré sur ma route des obstacles précipitamment dressés, par mon esprit lui-même, pour se barrer la route. Mille fois, il m'a semblé que mon esprit lui-même courait le long du bord pour gagner de
5 vitesse son propre flot, lui opposer des plis de terrain, des digues ou des barrages... Effrayé peut-être de le voir courir à ce qu'il croyait être sa perte. Ou désireux, qui sait, de vérifier la force et la persévérance de son désir, et de le voir se manifester de façon plus spectaculaire ou expressive, en l'obligeant à s'enfler ou se renforcer bellement. Mille fois il m'a paru qu'auprès de chacun de ces obstacles dressés par
10 lui-même, mon esprit s'attendait (sous une autre espèce) pour se provoquer à les prendre longuement en considération, à y buter quasi indéfiniment.

Mais, chaque fois, j'ai su me comporter de façon à continuer ma course. Chaque fois, après avoir reconnu l'obstacle, j'ai trouvé presque aussitôt la pente qui m'a permis de le contourner. Et sans doute n'étais-je d'abord tellement fixé sur mon dessein
15 ni sur le point de la côte que j'échancrerais pour me jeter à l'Océan, que certains obstacles n'aient pu faire dévier mon cours, mais qu'importe, puisque j'ai trouvé décidément mon passage, et su creuser un lit qui ne comporte désormais plus guère d'hésitations ni variantes. Qu'importe, puisque étant donné les obstacles qui me furent opposés, j'ai quand même trouvé le plus court chemin. Oui, chaque fois
20 qu'un obstacle m'apparut, il me sembla insensé d'y buter indéfiniment et je l'ai

laissé de côté, ou submergé, lentement enrobé, érodé[1], selon la pente naturelle de l'esprit et sans trop inonder pour autant les plaines environnantes. Oui, chaque fois j'ai trouvé mon issue, puisque je n'eus jamais d'autre intention que de continuer à écouler ma ressource. Qu'importe donc. Qu'importe que le soleil et l'air prélèvent sur
25 moi un tribut[2] puisque ma ressource est infinie. Et que j'ai eu la satisfaction d'attirer à moi, et de drainer tout au long de mon cours mille adhésions, mille affluents et désirs et intentions adventices[3]. Puisque enfin j'ai formé mon école et que tout m'apporte de l'eau, tout me justifie. Je vois bien maintenant que depuis que j'ai choisi ce livre et que malgré son auteur j'y ai pris ma course, je vois bien que je ne
30 puis tarir. Qu'importe, puisqu'on a renoncé à m'endiguer, qu'on ne songe plus qu'à m'enjamber, à me ménager des arches. Qu'importe, puisque pour me traverser il faut des ponts. Qu'importe enfin, puisque loin de me jeter dans un autre désir, dans un autre fleuve, je me jette directement à l'Océan. Qu'importe, puisque j'interprète maintenant toute ma région, et que non seulement on ne se passera plus de moi sur
35 les cartes, mais n'y inscrira-t-on qu'une ligne, ce sera moi.

Et je sais bien que je ne suis ni l'Amazone, ni le Nil, ni l'Amour. Mais je sais bien aussi que je parle au nom de tout le liquide, et donc qui m'a conçu peut tous les concevoir.

Parvenu à ce point, pourquoi coulerais-je encore, puisque je suis assuré de ne cesser
40 de couler en toi, cher ami ? Ou plutôt, pourquoi coulerais-je encore, sinon pour m'étendre et me relâcher enfin ?

Comme en la mer...

Mais là commence un autre livre, où se perd le sens et la prétention de celui-ci...

Francis Ponge, *La Seine*, séquence finale, in Tome premier, Éd. Gallimard.

1. Usé.
2. Impôt.
3. Qui s'ajoutent au cours principal.

1 Examinez dans ce texte les répétitions. A quoi servent-elles ? Quelle impression donnent-elles ?

2 Étudiez le rythme des phrases : quel sens a-t-il ?

3 Relevez les mots qui se rapportent à l'idée de fleuve : dans quel contexte apparaissent-ils ? Qu'apportent ces déracinements de mots hors de leur contexte usuel ?

4 Qui dit « Je » dans le texte ? Étudiez-en les variations. Pourquoi, à votre avis, ces fluctuations ?

LE THÉÂTRE APRÈS-GUERRE : ABSURDE, DÉRISION, ENGAGEMENT

Le théâtre dans la France de l'après-guerre évolue rapidement grâce à une série d'initiatives qui lui permettent de se développer :
– on crée des centres dramatiques en province, qui s'appuient sur des troupes permanentes ; c'est l'essor du « théâtre populaire » ;
– Jean Vilar crée le festival d'Avignon ; son exemple est rapidement suivi dans d'autres villes. Nommé en 1951 directeur du Théâtre National Populaire, il impose un théâtre rénové, qui ne néglige ni la dimension politique – on y joue l'Allemand Bertolt Brecht – ni celle de la fête.

Ces initiatives amènent un important renouvellement du répertoire. Celui-ci n'implique pas forcément une révolution dans le langage théâtral lui-même. Le théâtre de Sartre ou de Camus respecte les formes traditionnelles, autant que celui d'auteurs qui s'inscrivent plus évidemment dans la tradition, comme Montherlant, qui impose la pureté toute classique de sa prose, ou Jean Anouilh.

LE THÉÂTRE DE LA DÉRISION

Le renouvellement du langage vient d'écrivains dont le travail présente suffisamment de caractéristiques communes pour qu'on ait pu parler de « nouveau théâtre » comme on parlera un peu plus tard de « nouveau roman ». Ils se manifestent d'abord discrètement, dans de petites salles parisiennes ; leur théâtre se veut pauvre, rejetant le « clinquant » du décor et des personnages, et avant-gardiste. Ils font de la scène le lieu par excellence où peuvent être montrées les angoisses et les obsessions de personnages absurdes ou solitaires, qui semblent porteurs d'un nouveau type de tragique. Beckett (cf. p. 442) en est sans doute le représentant le plus illustre. Jean Genet quant à lui met en scène des micro-sociétés peu habituées aux feux de la rampe : homosexuels, prostituées, exploités, prisonniers de droit commun, ou dénonce avec une remarquable efficacité le colonialisme et le militarisme français. Ionesco (cf. p. 435) devient dans le même temps le dramaturge réputé de la bêtise et de la décomposition du langage ; Adamov met en scène l'irréalité du monde comme du langage ; d'autres se lancent à leur suite dans l'écriture théâtrale, et participent au renouvellement du théâtre, jusqu'à la fracture de mai 1968.

Ionesco en 1963, par Marc Riboud.

Eugène Ionesco

Né en 1912

Le dérèglement du langage

Engène Ionesco, né de père roumain et de mère française, vit en Roumanie de 1925 à 1938. De retour à Paris, il gagne sa vie dans une maison d'édition.

L'achat d'une méthode Assimil, avec laquelle il compte apprendre l'anglais, change le cours de sa vie : les lieux communs du manuel lui semblent se vider peu à peu de tout contenu ; le sérieux supposé des répliques devient une inépuisable source de comique. Il inaugure alors, avec *La Cantatrice chauve* (1950), une œuvre théâtrale placée sous le signe de l'absurde. La pièce scandalise – point de cantatrice parmi les personnages, ni chauve ni chevelue –, ou fait rire.

Avec les pièces suivantes, le burlesque prend une dimension tragique : privés de l'irrigation d'une pensée vivante, les dialogues de *La Leçon* (1951) ou de *Jacques ou la Soumission* (écrite en 1950) se mécanisent, se disloquent. La cible de Ionesco apparaît clairement : le langage.

La prolifération des mots-objets, puis, à partir des *Chaises* (1952), des objets eux-mêmes, est la hantise la plus profonde de Ionesco : elle manifeste l'absurde de l'existence, l'absence de Dieu, l'irréalité du monde. Le professeur de *La Leçon* finit par tuer son élève ; les vieillards des *Chaises* sont progressivement empri-sonnés par les chaises vides préparées pour leurs invités. Dans *Amédée ou Comment s'en débarrasser ?* (1954), des champignons poussent dans le salon d'Amédée et de Madeleine, et un cadavre, qui représente leur amour mort, n'en finit plus de croître, jusqu'à ce que sa masse inerte devienne impossible à nier.

La dénonciation métaphysique et sociale

La vision onirique prend désormais le pas sur la décomposition du langage. Ionesco, avant d'écrire ses pièces, les rédige sous forme de brèves nouvelles en prose qui en concentrent la matière poétique. Il formule ses conceptions théâtrales, et les élargit à la faveur d'une polémique avec les partisans du théâtre de l'auteur allemand Bertolt Brecht (1898-1956). C'est ainsi que *Rhinocéros* (1959) s'ouvre à la dénonciation sociale ; *Le Roi se meurt* (1962) a pour thème le vieillissement et la mort ; *La Soif et la faim* (1966) la quête de soi dans un monde où tout système est synonyme d'échec.

Les *Notes et Contre-notes* (1962) consignent, non sans humour, les étapes diverses et parfois contradictoires de la vie et de l'art de l'auteur.

Rhinocéros
1959

La pièce renouvelle le thème kafkaïen de la métamorphose monstrueuse : une maladie, la rhinocé-rite, gagne peu à peu une ville entière, dont les habitants sont transformés en rhinocéros. L'interprétation « politique » de l'œuvre lui assura une large audience internationale, au point que l'auteur craignit d'avoir sombré dans l'esprit de sérieux.

La dénonciation de la montée du fascisme y repose sur une expérience vécue : en 1937-1938, en Roumanie, Ionesco avait vu un nombre croissant de ses amis adhérer au mouvement fasciste de la Garde de fer. Adoptant soudain point de vue, allure, style et projets en accord avec leur nouvelle idéologie, ils rendaient impossible toute communication avec eux – pour qui était épargné par le virus.

Bérenger, employé d'une maison d'édition, voit avec inquiétude son ami Jean touché par la rhinocérite. Il s'en ouvre à son collègue Dudard.

BÉRENGER Vous trouvez, vous, que c'est naturel ?

DUDARD Quoi de plus naturel qu'un rhinocéros ?

BÉRENGER Oui, mais un homme qui devient rhinocéros, c'est indiscutablement anormal.

5 DUDARD Oh, indiscutablement !... vous savez... [...].

BÉRENGER, *affolé* Vous croyez que je suis hors de moi ? On dirait que je suis Jean. Ah, non, non, je ne veux pas devenir comme Jean. Ah non, je ne veux pas lui res-sembler. *(Il se calme.)* Je ne suis pas calé en philosophie. Je n'ai pas fait d'études ; vous, vous avez des diplômes. Voilà pourquoi vous êtes plus à l'aise dans la dis-
10 cussion, moi, je ne sais quoi vous répondre, je suis maladroit. *(Bruits plus forts des rhinocéros, passant sous la fenêtre du fond, puis sous la fenêtre d'en face.)* Mais je sens, moi, que vous êtes dans votre tort... je le sens instinctivement, ou plutôt non, c'est le rhinocéros qui a de l'instinct, je le sens intuitivement, voilà le mot, intuitive-ment.

15 DUDARD Qu'entendez-vous par intuitivement ?

BÉRENGER Intuitivement, ça veut dire : ... comme ça, na ! Je sens comme ça, que votre tolérance excessive, votre généreuse indulgence... en réalité, croyez-moi, c'est de la faiblesse... de l'aveuglement...

DUDARD C'est vous qui le prétendez, naïvement.

20 BÉRENGER Avec moi, vous aurez toujours beau jeu. Mais écoutez, je vais tâcher de retrouver le Logicien...

DUDARD Quel logicien ?

BÉRENGER Le Logicien, le philosophe, un logicien quoi... vous savez mieux que 'moi ce que c'est qu'un logicien. Un logicien que j'ai connu, qui m'a expliqué...

25 DUDARD Que vous a-t-il expliqué ?

BÉRENGER Qui a expliqué que les rhinocéros asiatiques étaient africains, et que les rhinocéros africains étaient asiatiques.

DUDARD Je saisis difficilement.

BÉRENGER Non... non... Il nous a démontré le contraire, c'est-à-dire que les afri-
30 cains étaient asiatiques et que les asiatiques... je m'entends. Ce n'est pas ce que je voulais dire. Enfin vous vous débrouillerez avec lui. C'est quelqu'un dans votre genre, quelqu'un de bien, un intellectuel subtil, érudit. *(Bruits grandissants des rhi-nocéros. Les paroles des deux personnages sont couvertes par les bruits des fau-ves qui passent sous les deux fenêtres ; pendant un court instant, on voit bouger les*
35 *lèvres de Dudard et Bérenger, sans qu'on puisse les entendre.)* Encore eux ! Ah, ça n'en finira pas ! *(Il court à la fenêtre du fond.)* Assez, Assez ! Salauds !

Les rhinocéros s'éloignent, Bérenger montre le poing dans leur direction.

DUDARD, *assis* Je veux bien le connaître, votre Logicien. S'il veut m'éclairer sur ces points délicats, délicats et obscurs... je ne demande pas mieux, ma foi.

40 BÉRENGER, *tout en courant à la fenêtre face à la scène* Oui, je vous l'amènerai, il vous parlera. Vous verrez, c'est une personnalité distinguée.

(En direction des rhinocéros, à la fenêtre.) Salauds !
Même jeu que tout à l'heure.

DUDARD Laissez-les courir. Et soyez plus poli. On ne parle pas de la sorte
45 à des créatures...

BÉRENGER, *toujours à la fenêtre* En revoilà ! *(De la fosse d'orchestre, sous la fenêtre, on voit émerger un canotier transpercé par une corne de rhinocéros, qui, de gauche, disparaît très vite vers la droite.)* Un canotier empalé sur la corne du rhinocéros ! Ah, c'est le canotier du Logicien ! le canotier du Logicien ! Mille fois merde, le
50 Logicien est devenu rhinocéros !

DUDARD Ce n'est pas une raison pour être grossier !

BÉRENGER À qui se fier, mon Dieu, à qui se fier ! Le Logicien est rhinocéros.

DUDARD, *allant vers la fenêtre* Où est-il ?

BÉRENGER, *montrant du doigt* Là, celui-là, vous voyez !

55 DUDARD C'est le seul rhinocéros à canotier. Cela vous laisse rêveur. C'est bien votre Logicien !...

BÉRENGER Le Logicien... rhinocéros !

DUDARD Il a tout de même conservé un vestige de son ancienne individualité !

BÉRENGER, *montrant de nouveau le poing en direction du rhinocéros à canotier*
60 *qui a disparu* Je ne vous suivrai pas ! je ne vous suivrai pas !

DUDARD Si vous dites que c'était un penseur authentique, il n'a pas dû se laisser emporter. Il a dû bien peser le pour et le contre, avant de choisir.

BÉRENGER, *toujours criant à la fenêtre en direction de l'ex-Logicien et des autres rhinocéros qui se sont éloignés* Je ne vous suivrai pas !

65 DUDARD, *s'installant dans son fauteuil* Oui, cela donne à réfléchir !

Bérenger ferme la fenêtre en face, se dirige vers la fenêtre du fond par où passent d'autres rhinocéros qui, vraisemblablement, font le tour de la maison. Il ouvre la fenêtre, crie.

BÉRENGER Non, je ne vous suivrai pas !

Ionesco, *Rhinocéros*, Éd. Gallimard.

1 Quels types de comportement représentent Dudard et le Logicien ? Quelles valeurs affirme celui de Bérenger, face à l'épidémie de rhinocérite ?

2 Quels sont ici les procédés du comique ? Précisez-en la nature.

LE ROMAN EN QUÊTE DE LUI-MÊME

───────── UNE NOUVELLE CRISE DE CROISSANCE ─────────

Le roman du XXe siècle semble vivre en état de crise permanente ; mais chaque accès, loin de l'affaiblir, le régénère et lui permet d'étendre son empire. Des auteurs aussi divers que Proust, Gide ou Sartre, n'ont condamné le roman de leur temps que pour mieux en renouveler les formes. Breton l'a catégoriquement condamné comme genre, mais il considérera, un peu plus tard, les romans de Julien Gracq comme « l'aboutissement du surréalisme ». L'irruption du cinéma le conduit à se débarrasser de ses prérogatives les plus traditionnelles pour s'épurer. Avant les succès du Nouveau Roman (cf. p. 450), des œuvres, diverses dans leur trajectoire, cherchent des voies nouvelles ; toutes font de l'acte créateur une entreprise de déchiffrement :
– de soi-même : la notion d'homme cesse d'aller de soi ; l'identité de chacun semble devenue un territoire à reconquérir, menacé de désagrégation par les recherches de la psychanalyse ou de la philosophie existentialiste ;
– de la chaotique réalité du monde ;
– du langage, dont les déterminations, mises en évidence par la linguistique et la psychanalyse, pèsent sur toute entreprise littéraire.

───────── LE ROMAN COMME RECHERCHE ─────────

Certains écrivains décident donc de rejeter les conventions et les complaisances du roman traditionnel. Boris Vian met sa fantaisie au service de l'invention de formes nouvelles et d'un monde poétique qui témoigne, en creux, du caractère insatisfaisant de la réalité. Julien Gracq déploie toutes les fééries d'un style savamment ouvragé, et privilégie l'irrationnel au détriment de toute intrigue. Et surtout Raymond Queneau (cf. p. 439) mène l'aventure surréaliste à son terme en invitant à une nécessaire réforme de la littérature : il pratique librement, dans ses romans, le français tel qu'il se parle. Puis il crée avec l'OULIPO (cf. p. 439) une machine à renouveler les formes littéraires en usage. Ces auteurs ont en commun de faire porter leur réflexion sur le travail et le jeu du langage.

───────── LES LITTÉRATURES DE LA NÉCESSITÉ ─────────

D'autres, dont l'œuvre ne cesse d'être réévaluée depuis les succès du Nouveau Roman qu'ils ont nourris, refusent pour des raisons différentes, les limites que le roman traditionnel leur impose : ils vivent la création littéraire comme une exploration de « l'expérience intérieure », et en viennent à pratiquer une écriture qui déborde la notion même de genre, mêlant indifféremment essai philosophique, théâtre et récit. Samuel Beckett (cf. p. 442) est le type même de ces auteurs originaux et puissants qui déplacent le sens et les enjeux de toute la littérature moderne.

L'œuvre de Georges Bataille semble avoir également exercé une influence profonde sur les intellectuels de son époque. Son œuvre témoigne d'une tendance des écrivains modernes : ne s'attacher qu'à l'essentiel, au « nécessaire ». « Comment nous attarder », écrit-il par exemple dans l'avant-propos de son roman *Le Bleu du ciel*, « à des livres auxquels, sensiblement, leur auteur n'a pas été contraint ? » De même, Michel Leiris affirme la vanité de toute œuvre écrite sans conséquence véritable pour soi et pour les autres.

Ces œuvres livrent le lecteur aux inquiétudes qui sont celles de l'homme moderne : la mort sans Dieu, l'érotisme, la violence, l'inconscient. Mais la rigueur de leur démarche, la liberté d'écriture et de pensée à laquelle elles invitent, expliquent leur audience croissante.

Raymond Queneau

1903-1976

Du surréalisme au roman

Raymond Queneau passe sa jeunesse au Havre, où ses parents possèdent une boutique de confection. En 1920, il se rend à Paris et subit, tout en conservant une grande indépendance, l'influence surréaliste. Son premier roman, *Le Chiendent* (1933), affirme une double préoccupation : la recherche de la construction romanesque, et une attention scientifique au langage, qui n'exclut pas le sens de l'humour. Le premier recueil de vers, *Chêne et Chien* (1937), retrouve pour sa part la tradition d'une poésie du quotidien. En 1938, l'auteur entre aux Éditions Gallimard, où il dirigera pendant trente ans l'Encyclopédie de la Pléiade.

Sa vie dès lors s'efface derrière son œuvre. La célébrité survient vers 1950, lorsque la scène (avec *Exercices de style,* publié en 1947), la chanson et le cinéma, s'emparent de ses textes ou lui passent commande. En 1959, c'est le succès de *Zazie dans le métro :* les trouvailles phonétiques, l'alliage du français parlé et d'une langue châtiée, la rigueur corrosive de l'humour qui traque tous les lieux communs, en sont les artisans les plus remarqués par la critique. Les personnages sont sympathiques, et placés dans des situations insolites que l'intrigue traite avec une virtuosité qui ne laisse rien au hasard. Ces caractéristiques se retrouvent dans les autres romans, comme *Odile* (1937), *Un Rude hiver* (1939), *Le Dimanche de la vie* (1952), *Les Fleurs bleues* (1963), ou *Le Vol d'Icare* (1968).

L'OULIPO

L'unité du travail de Queneau tient à l'attention qu'il porte au langage. Le romancier à succès est resté un poète soucieux de proposer de nouvelles formes d'écriture. C'est dans cette perspective qu'il fonde en 1960 avec son ami mathématicien Le Lionnais, l'Ouvroir de Littérature Potentielle (l'OULIPO) : ce « laboratoire » rassemble des écrivains, comme Georges Pérec, le poète Jacques Roubaud, le romancier italien Italo Calvino, ou certains scientifiques ; on y cherche de nouvelles « structures », formes fixes comme le furent l'alexandrin ou le sonnet, ou « contraintes » comme le fut la règle des trois unités dans le théâtre du XVIIe siècle : elles permettent, potentiellement, de créer des œuvres nouvelles, y compris à partir de textes anciens. L'OULIPO apparaît ainsi comme l'une des plus authentiques créations de Queneau.

Exercices de style
1947

Les *Exercices de style* assurèrent la célébrité de Raymond Queneau, tout autant que *Zazie dans le métro,* en rendant sensible au grand public la part de virtuosité technique et de jeu dans la création littéraire. Ils présentent en effet 99 versions différentes du même événement dérisoire : variations sur un thème mince, elles affirment la toute-puissance de la règle, du style, et de l'humour.

Notations

Dans l'S, à une heure d'affluence. Un type dans les vingt-six ans, chapeau mou avec cordon remplaçant le ruban, cou trop long comme si on lui avait tiré dessus. Les gens descendent. Le type en question s'irrite contre un voisin. Il lui reproche de le bousculer chaque fois qu'il passe quelqu'un. Ton pleurnichard qui se veut
5 méchant. Comme il voit une place libre, se précipite dessus.

Deux heures plus tard, je le rencontre Cour de Rome, devant la gare Saint-Lazare. Il est avec un camarade qui lui dit : « Tu devrais faire mettre un bouton supplémentaire à ton pardessus ». Il lui montre où (à l'échancrure) et pourquoi.

Queneau, *Exercices de style*, « Notations », Éd. Gallimard.

Lipogramme

Voici.

Au stop, l'autobus stoppa. Y monta un zazou au cou trop long, qui avait sur son caillou un galurin au ruban mou. Il s'attaqua aux panards d'un quidam dont arpions, cors, durillons sont avachis du coup ; puis il bondit sur un banc, s'assoit sur un stra-
5 pontin où nul n'y figurait.

Plus tard, vis-à-vis la station saint-Machin ou saint-Truc, un copain lui disait : « Tu as à ton raglan un bouton qu'on a mis trop haut. »

Voilà.

Queneau, *Exercices de style*, « Lipogramme », Éd. Gallimard.

---

1 Un lipogramme est un texte écrit en n'utilisant pas toutes les lettres de l'alphabet. Les lettres les plus fréquentes en français, par ordre décroissant, sont ESARTINULO : quelle est ici la lettre manquante ?

2 Définissez les caractéristiques de chaque style : comment contribuent-elles au comique ?

3 Écrivez à partir de la même anecdote, un centième « exercice de style ».

Les Fleurs bleues
1963 _____

Un apologue chinois pose la question suivante : Tchouang-tseu rêve qu'il est un papillon, mais n'est-ce point le papillon qui rêve qu'il est Tchouang-tseu ?

De même, dans *Les Fleurs bleues*, est-il difficile de savoir si le duc d'Auge rêve qu'il est Cidrolin, ou bien si le même Cidrolin, qui semble surtout occupé à repeindre la clôture de son jardin, rêve qu'il est le duc d'Auge, caracolant à travers l'histoire de France... Comme dans beaucoup de romans de Queneau, l'insolite le dispute ici à l'humour.

Au début du roman, le lecteur fait connaissance avec le duc d'Auge.

Le vingt-cinq septembre douze cent soixante-quatre, au petit jour, le duc d'Auge se pointa sur le sommet du donjon de son château pour y considérer, un tantinet soit peu, la situation historique. Elle était plutôt floue. Des restes du passé traînaient

encore çà et là, en vrac. Sur les bords du ru voisin, campaient deux Huns[1] ; non loin
5 d'eux un Gaulois, Eduen[2] peut-être, trempait audacieusement ses pieds dans l'eau
courante et fraîche. Sur l'horizon se dessinaient les silhouettes molles de Romains
fatigués, de Sarrasins[3] de Corinthe, de Francs[4] anciens, d'Alains[5] seuls. Quelques
Normands[6] buvaient du calva[7].

Le duc d'Auge soupira mais n'en continua pas moins d'examiner attentivement
10 ces phénomènes usés.

Les Huns préparaient des stèques tartares, le Gaulois fumait une gitane, les
Romains dessinaient des grecques, les Sarrasins[8] fauchaient de l'avoine, les
Francs cherchaient des sols[9] et les Alains regardaient cinq Ossètes[10]. Les Normands
buvaient du calva.

15 — Tant d'histoire, dit le duc d'Auge au duc d'Auge, tant d'histoire pour quelques
calembours, pour quelques anachronismes. Je trouve cela misérable. On n'en sortira donc jamais ?

Fasciné, il ne cessa pendant quelques heures de surveiller ces déchets se refusant
à l'émiettage ; puis, sans cause extérieure décelable, il quitta son poste de guet pour
20 les étages inférieurs du château en se livrant au passage à son humeur qui
était de battre.

Il ne battit point sa femme parce que défunte, mais il battit ses filles au nombre de
trois ; il battit des serviteurs, des servantes, des tapis, quelques fers encore chauds,
la campagne, monnaie et, en fin de compte, ses flancs[11]. Tout de suite après, il
25 décida de faire un court voyage et de se rendre dans la ville capitale en petit arroi[12],
accompagné seulement de son page Mouscaillot.

Parmi ses palefrois[13], il choisit son percheron[14] favori nommé Démosthène[15] parce
qu'il parlait, même avec le mors entre les dents.

— Ah ! mon brave Démo, dit le duc d'Auge d'une voix plaintive, me voici bien triste
30 et bien mérancolieux[16].

— Toujours l'histoire ? demanda Sthène.

— Elle flétrit en moi tout ébaudissement[17], répondit le duc.

— Courage, messire ! Courage ! Mettez-vous donc en selle que nous allions promener.

Queneau, *Les Fleurs Bleues*, Éd. Gallimard.

1. Population nomade de haute Asie, qui déferla sur l'Europe à la fin du IVe siècle.
2. Les Eduens, peuple gaulois, demandèrent à César d'entrer en Gaule avant de se rallier au chef Gaulois Vercingétorix, finale- ment battu à Alésia en 52 av. J.-C.
3. Nom donné au Moyen Age par les Occidentaux aux Musulmans. Mais Corinthe est une ville grecque célèbre... pour ses raisins.
4. Peuplades germaniques qui conquièrent sous Clovis (481-511) la plus grande partie de la Gaule. Le Franc – de la devise *Franco- rum rex*, rois des Francs, qui figurait sur les pièces – fut créé au XIVe siècle pour payer la rançon du roi Jean Le Bon, prison- nier des Anglais. Le Général De Gaulle créa en 1960 le « nou- veau franc » qui valait cent anciens francs.
5. Peuple barbare qui pénétra en Gaule à partir de 406.
6. Étymologiquement « hommes du Nord ». Pillards scandinaves qui s'appelaient eux-mêmes « vikings ». En 911, le roi de

France Charles III Le Simple leur permit d'occuper la Norman- die, à condition qu'ils le reconnussent comme suzerain.
7. Calvados : alcool fabriqué en Normandie.
8. Le sarrasin est aussi une plante cultivée – comme l'avoine – sous le nom de « blé noir ».
9. Ancien nom du « sou », pièce de monnaie.
10. Peuple du Caucase, habitant deux républiques autonomes d'U. R. S. S. (et non pas sept).
11. « Se battre les flancs », au sens figuré, signifie faire beaucoup d'efforts infructueux.
12. Mot du français littéraire signifiant équipage.
13. Cheval de parade.
14. Cheval de labour.
15. Célèbre orateur de l'antiquité grecque.
16. Mot inventé.
17. Mot archaïque signifiant réjouissance, plaisir.

1 Relevez tout ce qui concerne les peuples « considérés » par le duc d'Auge. Quels sont les mots et expressions du français parlé contemporain avec les- quels joue Queneau ? Quels autres procédés humoristiques utilise-t-il ?

2 Comment expliquez-vous la réflexion que fait le duc d'Auge au duc d'Auge ? En quoi est-elle significative de l'attitude de l'auteur à l'égard de l'histoire de France ?

Beckett en 1964, par Cartier-Bresson.

Samuel Beckett

Né en 1906

Le poète du désespoir

Samuel Beckett est né en Irlande. Élevé dans une atmosphère de foi inquiète par une famille de confession protestante, il vient à Paris en 1928 comme lecteur d'anglais à l'École Normale Supérieure. Il étudie alors Joyce, les surréalistes, Marcel Proust.

Une crise morale le conduit à abandonner sa charge d'assistant d'anglais au Trinity College de Dublin et à s'installer définitivement à Paris en 1936 : il s'y sent plus libre. Ses premiers récits, écrits en anglais, comme *Murphy* (1938), témoignent d'un rare humour et d'une extrême audace d'écriture. Les suivants, *Mol-* *loy* (1951) et *Malone meurt* (1952), sont écrits en français ; ils illustrent les thèmes de l'abandon, de la solitude, de l'égarement. L'humour est d'une dureté quasi-inhumaine, lié à la révolte et au désespoir.

Le réalisme ensuite se dépouille ; l'écriture esquisse ce qui deviendra plus tard, avec *Comment c'est* (1964), le strict monologue d'une larve humaine vouée à la boue et aux larmes. *L'Innommable* développe dès 1953 une parole vaine, aux limites du néant : « ce sont des mots, il n'y a que ça, il faut continuer ». C'est l'agonie murmurée d'une voix et d'une vie dérisoires qui n'ont d'autre perspective que la mort.

Une certaine vision du monde

La mise en scène d'un sujet, l'homme, au bord de la dissolution, et l'efficacité de l'humour, expliquent l'immense succès de la première pièce de théâtre de Beckett, *En attendant Godot* (1952), à Paris, puis à Londres et New-York. Les personnages y sont voués à l'impuissance, comme la plupart des créatures de Beckett : enterrées dans *Oh! les beaux jours* (1975), coincées dans des fauteuils de paralytiques *(Fragment de théâtre I* ou *Fin de partie),* reléguées dans des jarres ou des poubelles.

A ce stade, les œuvres de Beckett annulent la différence entre prose et théâtre. L'écriture entrecroise deux monologues, soliloque théâtral ou monologue narratif, qui n'en font bientôt plus qu'un seul : celui que chaque conscience, chaque « îlot humain » produit indéfiniment entre sa naissance et sa mort.

L'Innommable
1953

Ce roman – ou antiroman – constitue le sommet de l'ascèse romanesque de Beckett : nulle fiction, mais un monologue, sans descriptions ni dialogues, une prose qui semble devoir se dissoudre peu à peu en redites, en verbosités entrecoupées de cris et de rires atroces. Beckett en effet se sent pris dans une contradiction profonde : il éprouve l'obscure nécessité d'écrire, et résiste en même temps à ce qu'il éprouve comme une contrainte à laquelle il a été soumis.

Au terme d'un long « préambule », le narrateur décide de se débarrasser une bonne fois de ses personnages, et de ne plus parler que de lui-même, de son iné-luctable solitude.

Ces Murphy, Molloy et autres Malone[1], je n'en suis pas dupe. Ils m'ont fait perdre mon temps, rater ma peine, en me permettant de parler d'eux, quand il fallait parler seulement de moi, afin de pouvoir me taire. Mais je viens de dire que j'ai parlé de moi, que je suis en train de parler de moi. Je m'en fous de ce que je viens de dire.
5 C'est maintenant que je vais parler de moi, pour la première fois. J'ai cru bien faire, en m'adjoignant ces souffre-douleur. Je me suis trompé. Ils n'ont pas souffert mes douleurs, leurs douleurs ne sont rien, à côté des miennes, rien qu'une petite partie des miennes, celle dont je croyais pouvoir me détacher, pour la contempler. Que maintenant ils s'en aillent, eux et les autres, ceux qui m'ont servi, ceux qui attendent,
10 qu'ils me rendent ce que je leur ai infligé et disparaissent, de ma vie, de mon souvenir, de mes hontes, de mes craintes. Voilà, il n'y a plus que moi ici, personne ne tourne autour de moi, personne ne vient vers moi, devant moi personne n'a jamais rencontré personne. Ces gens n'ont jamais été. N'ont jamais été que moi et ce vide opaque. Et les bruits ? Non plus, tout est silencieux. Et les lumières, sur lesquelles je
15 comptais tant, faut-il les éteindre ? Oui, il le faut, il n'y a pas de lumières ici. Le gris non plus n'est pas, c'est noir qu'il fallait dire. Ne sont que moi, dont je ne sais rien, sinon que je n'en ai jamais parlé, et ce noir, dont je ne sais rien non plus, sinon qu'il est noir, et vide. Voilà donc ce dont, devant parler, je parlerai, jusqu'à ce que je n'aie plus à parler. Ça donnera ce que ça donnera. Et Basile et consorts ? Inexis-

1. Personnages des romans de Beckett.

443

²⁰tants, inventés pour expliquer je ne sais plus quoi. Ah oui. Mensonges que tout ça. Dieu et les hommes, le jour et la nature, les élans du cœur et le moyen de comprendre, lâchement je les ai inventés, sans l'aide de personne, puisqu'il n'y a personne, pour retarder l'heure de parler de moi. Il n'en sera plus question.

Beckett, L'Innommable, Éd. de Minuit.

1 Quels reproches le narrateur adresse-t-il aux personnages qu'il a précédemment créés?

2 Relevez les termes qui désignent la situation à laquelle aspire le narrateur : quelle est-elle? Qu'en pensez-vous?

En attendant Godot

1952

La pièce met à nu la solitude de l'homme confronté à l'absence de Dieu. Vladimir et Estragon, les deux chemineaux de la pièce, vivent dans l'attente dérisoire d'un Être qui ne vient jamais. Le seul remède possible semble le néant, ou du moins un total et lucide détachement.

Durant tout le début du Ier acte, Vladimir et Estragon devisent, sans rien faire. Le décor est simple : « Route à la campagne, avec arbre. Soir ».

Estragon revient au centre de la scène, regarde vers le fond.

ESTRAGON   Endroit délicieux. *(Il se retourne, avance jusqu'à la rampe, regarde vers le public.)* Aspects riants. *(Il se tourne vers Vladimir.)* Allons-nous en.

VLADIMIR   On ne peut pas.

5 ESTRAGON   Pourquoi ?

VLADIMIR   On attend Godot.

ESTRAGON   C'est vrai. *(Un temps.)* Tu es sûr que c'est ici ?

VLADIMIR   Quoi ?

ESTRAGON   Qu'il faut attendre.

10 VLADIMIR   Il a dit devant l'arbre. *(Ils regardent l'arbre.)* Tu en vois d'autres ?

ESTRAGON   Qu'est-ce que c'est ?

VLADIMIR   On dirait un saule.

ESTRAGON   Où sont les feuilles ?

15 VLADIMIR   Il doit être mort.

ESTRAGON   Finis les pleurs[1].

VLADIMIR   A moins que ce ne soit pas la saison.

ESTRAGON   Ce ne serait pas plutôt un arbrisseau ?

VLADIMIR   Un arbuste.

20 ESTRAGON   Un arbrisseau.

VLADIMIR   Un – *(Il se reprend.)* Qu'est-ce que tu veux insinuer ? Qu'on s'est trompé d'endroit ?

ESTRAGON   Il devrait être là.

1. Par allusion à une variété de saule dite Saule pleureur.

En attendant Godot, mise en scène de Roger Blin à la Comédie Française (1978). De droite à gauche : F. Chaumette, G. Riquier, J.-P. Roussillon, M. Aumont.

VLADIMIR Il n'a pas dit ferme qu'il viendrait.

30 ESTRAGON Et s'il ne vient pas?

VLADIMIR Nous reviendrons demain.

ESTRAGON Et puis après-demain.

VLADIMIR Peut-être.

ESTRAGON Et ainsi de suite.

35 VLADIMIR C'est-à-dire...

ESTRAGON Jusqu'à ce qu'il vienne.

VLADIMIR Tu es impitoyable.

ESTRAGON Nous sommes déjà venus hier.

VLADIMIR Ah non, là tu te goures.

40 ESTRAGON Qu'est-ce que nous avons fait hier?

VLADIMIR Ce que nous avons fait hier?

ESTRAGON Oui.

VLADIMIR Ma foi... *(Se fâchant.)* Pour jeter le doute, à toi le pompon.

ESTRAGON Pour moi, nous étions ici.

45 VLADIMIR *(regard circulaire)* L'endroit te semble familier?

ESTRAGON Je ne dis pas ça.

VLADIMIR Alors?

ESTRAGON Ça n'empêche pas.

VLADIMIR Tout de même... cet arbre... *(se tournant vers le public)* ...cette tourbière.

50 ESTRAGON Tu es sûr que c'était ce soir?

VLADIMIR Quoi?

ESTRAGON Qu'il fallait attendre?

VLADIMIR Il a dit samedi. *(Un temps.)* Il me semble.

ESTRAGON Après le turbin.

55 VLADIMIR J'ai dû le noter. *(Il fouille dans ses poches, archibondées de saletés de toutes sortes.)*

ESTRAGON Mais quel samedi? Et sommes-nous samedi? Ne serait-on pas plutôt dimanche? Ou lundi? Ou vendredi?

VLADIMIR *(regardant avec affolement autour de lui, comme si la date était inscrite 60 dans le paysage)* Ce n'est pas possible.

ESTRAGON Ou jeudi.

VLADIMIR Comment faire?

ESTRAGON S'il s'est dérangé pour rien hier soir, tu penses bien qu'il ne viendra pas aujourd'hui.

65 VLADIMIR Mais tu dis que nous sommes venus hier soir.

ESTRAGON Je peux me tromper. *(Un temps.)* Taisons-nous un peu, tu veux?

*

446

VLADIMIR *(faiblement)* Je veux bien. *(Estragon se rassied. Vladimir arpente la scène avec agitation, s'arrête de temps en temps pour scruter l'horizon. Estragon s'endort. Vladimir s'arrête devant Estragon.)* Gogo... *(Silence.)* Gogo... *(Silence.)*
70 GOGO!

Estragon se réveille en sursaut.

ESTRAGON *(rendu à toute l'horreur de sa situation)* Je dormais. *(Avec reproche.)* Pourquoi tu ne me laisses jamais dormir?

VLADIMIR Je me sentais seul.

75 ESTRAGON J'ai fait un rêve.

VLADIMIR Ne le raconte pas!

ESTRAGON Je rêvais que...

VLADIMIR NE LE RACONTE PAS!

ESTRAGON *(geste vers l'univers).* Celui-ci te suffit? *(Silence.)* Tu n'es pas gentil,
80 Didi. A qui veux-tu que je raconte mes cauchemars privés, sinon à toi?

VLADIMIR Qu'ils restent privés. Tu sais bien que je ne supporte pas ça.

ESTRAGON *(froidement)* Il y a des moments où je me demande si on ne ferait pas mieux de se quitter.

VLADIMIR Tu n'irais pas loin.

85 ESTRAGON Ce serait là, en effet, un grave inconvénient. *(Un temps.)* N'est-ce pas, Didi, que ce serait là un grave inconvénient? *(Un temps.)* Étant donné la beauté du chemin. *(Un temps.)* Et la bonté des voyageurs. *(Un temps. Câlin.)* N'est-ce pas, Didi?

VLADIMIR Du calme.

90 ESTRAGON *(avec volupté)* Calme... Calme... *(Rêveusement.)* Les Anglais disent câââm. Ce sont des gens câââms.

Beckett, *En attendant Godot*, Éd. de Minuit.

1 Comment s'organisent les « discussions » de Vladimir et d'Estragon à propos de l'arbre, de Godot, du jour du rendez-vous?

2 Quelle représentation du destin humain cette scène livre-t-elle?

3 Comment Estragon et Vladimir qualifient-ils, tour à tour, le public? Pourquoi?

À PARTIR DE 1958 : LA CINQUIÈME RÉPUBLIQUE

Trois tâches urgentes attendent en 1958 le nouveau gouvernement : d'abord, élaborer une nouvelle Constitution ; ensuite, assainir l'économie ; enfin, résoudre la « question algérienne ».

Le nouveau régime, de type présidentiel, est ratifié par référendum le 28 septembre 1958, à une large majorité. De Gaulle est élu Président de la République le 21 décembre de la même année. En 1960, il reconnaît aux Algériens le droit à l'autodétermination. Une fraction de l'armée prétend conserver l'Algérie à la France et tente un coup d'État qui échoue. Après des années d'une guerre sanglante, l'indépendance algérienne sera ratifiée en France à une énorme majorité (avril 1962).

De Gaulle en 1960. Photo Henri Cartier-Bresson.

Cependant, les difficultés économiques et sociales, les abus d'un pouvoir personnel dénoncé par l'opposition de gauche, le désir de renouveau et de liberté affirmé par la jeunesse issue de l'après-guerre, amènent la crise de mai 1968. Au-delà de la crise politique, les « événements » attestent d'une remise en cause profonde des valeurs morales, religieuses, familiales, esthétiques de la société « gaulliste ». Après plusieurs semaines de grève générale, de manifestations et d'affrontements avec les forces de l'ordre et un pouvoir chancelant, partis et syndicats acceptent de jouer le jeu parlementaire pour dénouer la crise : l'Assemblée Nationale est dissoute, les électeurs se prononcent massivement en faveur d'une majorité d'ordre.

En 1969, après l'échec d'un référendum où il avait engagé son autorité personnelle, le Général de Gaulle démissionne. Il est remplacé par Georges Pompidou puis, en 1974, par Valéry Giscard d'Estaing. Le septennat giscardien connaît une fin difficile : au terme d'une décennie de développement industriel et de croissance, l'évidence de la crise économique mondiale s'impose à tous.

Le pouvoir en place est rendu responsable des difficultés, et notamment du chômage. Les partis de gauche, qui ont rédigé un Programme commun de gouvernement, réussissent alors à faire élire leur candidat, François Mitterrand (mai 1981). Le retour au pouvoir de la gauche, après plus de vingt ans d'opposition exige très vite de sa part une adaptation difficile qui permet en 1986 l'élection d'une nouvelle majorité parlementaire de droite.

Littérature : la domination de l'esprit critique

Les années 60 voient se développer un important mouvement de réflexion théorique, souvent rassemblé derrière la bannière du « structuralisme ». S'appuyant sur les travaux de la linguistique (qui, depuis Saussure, distingue l'évolution historique des langues de l'analyse de leurs rapports internes à un moment donné), les structuralistes considèrent la « structure interne » de l'objet qu'ils étudient, indépendamment de l'auteur et du contexte.

Cette analyse s'applique à des domaines variés : ethnologie et vie quotidienne (avec Lévi-Strauss), mythes, cinéma et publicité, récits littéraires (avec Roland Barthes et Gérard Genette), voire psychanalyse, puisque le Dr Lacan affirme que « l'inconscient est structuré comme un langage ».

D'autres courants utilisent à des fins de critique littéraire les apports divers de la sociologie, du marxisme et de la psychanalyse (freudienne, jungienne ou existentielle). L'époque est donc au « formalisme » technique, à l'esprit critique, aux analyses « objectives ».

Ces remises en cause favorisent un important renouvellement littéraire. L'événement est particulièrement lisible dans le domaine du roman, avec l'apparition d'auteurs que l'on appelle très vite les « nouveaux romanciers » : Alain Robbe-Grillet, Nathalie Sarraute, ou Jean Ricardou, leurs porte-parole, contestent les catégories « humanistes » du récit traditionnel et la « toute-puissance » de l'auteur sur ses créatures.

La mise en cause de la subjectivité s'exprime également sur le plan poétique : la réputation de Francis Ponge (cf. p. 431) grandit à la mesure de l'anti-lyrisme qu'il représente ; au théâtre, où la rupture amorcée dans l'immédiat après-guerre se confirme : Beckett (cf. p. 442), avec *Fin de Partie* (1967), va jusqu'aux limites de la grisaille, de l'enlisement de l'être dans la boue et la cruauté.

Il faudra attendre le printemps de mai 1968 pour que s'amorce un rééquilibrage. Il nous fait assister, contradictoirement, à un retour du spontané, de l'expression lyrique, et à la recherche, pour l'écriture, de voies en accord avec les recherches théoriques contemporaines, et une grande exigence de rigueur formelle (cf. p. 457).

LE « NOUVEAU ROMAN »

UNE REVENDICATION DE LIBERTÉ

La parution quasi-simultanée des *Gommes* d'Alain Robbe-Grillet et des premières fictions importantes de Claude Simon (cf. p. 454), Robert Pinget et Michel Butor, toutes publiées de surcroît aux Éditions de Minuit, scinde, dans les années cinquante, le monde littéraire en fractions opposées : Ionesco parle de « bricolage », Simone de Beauvoir déplore « l'ennui » que lui procurent ces romans expérimentaux ; tandis que des critiques réputés, tels Maurice Blanchot ou Roland Barthes, prennent la défense de la démarche.

Il apparaît très vite que la notion de « Nouveau Roman » ne recouvre aucune école, aucun système ; l'appellation, commode, regroupe une constellation de romanciers qui revendiquent la liberté dans l'art littéraire. Ils ont été rassemblés par les critiques en raison de convergences générales :
– le « message », le discours « engagé », lassent ; les nouveaux romanciers veulent réfléchir sur les formes ;
– ils refusent le roman traditionnel français dans son ensemble : intrigues artificielles, psychologie surannée, significations usées, résument selon eux le genre. On s'inspire plutôt des maîtres de la littérature mondiale : Joyce, Faulkner, Kafka, Virginia Woolf, Proust, Borgès...
– ils recherchent un nouveau langage narratif ;
– le lecteur est invité à réinventer, comme l'auteur avant lui, ses rapports avec le monde.

Deux essais majeurs donnent corps à ces idées : *L'Ère du soupçon* (1956) de Nathalie Sarraute, et *Pour un Nouveau roman* (1963) d'Alain Robbe-Grillet. Ils mettent l'un et l'autre en cause le statut traditionnel de l'auteur, mais leurs points de vue sont différents : dès son premier roman, *Tropismes,* paru en 1939, Nathalie Sarraute explorait les forces obscures qui, dans le « sous-monde » de l'instinct et du désir, régissent nos actions les plus banales ; Alain Robbe-Grillet, poussé par « la passion de décrire », part en guerre contre la subjectivité de notre regard sur les choses.

DES RECHERCHES FÉCONDES

Michel Butor, né en 1925, s'emploie à dérégler notre perception de l'espace-temps, telle que la respecte le récit traditionnel. Claude Simon (cf. p. 454) déstructure et réorganise inlassablement le chaos de la mémoire. Ils amènent d'autres écrivains, comme Marguerite Duras (cf. p. 451), à s'interroger.

Les œuvres des uns et des autres divergent au fil des publications dans des directions singulières. Les recherches les plus techniques s'avèrent fécondes et construisent des champs d'investigation personnels : chaque roman devient une sorte d'étape dans l'exploration, par chaque auteur, de ses propres questions.

Marguerite Duras

Née en 1914

Le silence, et l'amour

La vie et l'œuvre de Marguerite Duras constituent peut-être la meilleure illustration de « l'étoilement » du Nouveau roman dans des directions rigoureusement personnelles et originales.

Née en 1914 en Indochine, elle perd son père à l'âge de cinq ans, et assiste au drame de sa mère, qui s'acharne à cultiver une concession pour faire vivre ses enfants, alors que, chaque année, l'océan ravage les terres semées. Elle tirera de cette enfance l'un de ses premiers romans, *Un Barrage contre le Pacifique* (1950). Elle quitte l'Indochine à dix-huit ans, mais toute son œuvre rouvrira, indéfiniment, ce passé colonial, jusqu'à l'extraordinaire succès d'édition de *L'Amant* (1984), couronné par le prix Goncourt.

Les premiers récits de Duras sont marqués par l'influence du roman américain, et de l'existentialisme. Mais avec *Moderato Cantabile,* publié en 1958, elle prend place parmi les auteurs du Nouveau Roman. Elle semble trouver véritablement la voie qui lui est propre avec *Le Ravissement de Lol V. Stein* (1964). Le livre s'inscrit dans les recherches contemporaines sur l'inconscient et l'écriture est conçue comme le lieu d'une « expérience intérieure ». D'autres récits de Marguerite Duras, comme *Le Vice-Consul* (1965), ou *India song*, reviennent sur cette expérience fondatrice.

L'œuvre dès lors se développe comme « texte, théâtre, film », ainsi que l'annonce le sous-titre d'*India Song* (1974). L'écriture doit accueillir à la fois la parole, et l'image, qui sont la plupart du temps interdites, inaccessibles, impossibles à représenter. Le texte reste l'essentiel : le film (avec le scénario du célèbre *Hiroshima mon amour,* et les fims réalisés par Marguerite Duras elle-même depuis 1959, comme *India Song* ou *Le Camion*) ou la pièce de théâtre (*Le Square* en 1955, ou *L'Amante anglaise* en 1968) en sont les possibles manifestations.

Le Ravissement de Lol V. Stein

1964

On a parfois résumé le personnage de Lol V. Stein à un cri : celui qu'elle pousse, à la fin du bal pendant lequel son fiancé Michael Richardson rejoint une autre femme, alors qu'elle commence seulement à souffrir.

La femme était seule, un peu à l'écart du buffet, sa fille avait rejoint un groupe de connaissances vers la porte du bal. Michael Richardson se dirigea vers elle dans une émotion si intense qu'on prenait peur à l'idée qu'il aurait pu être éconduit. Lol, suspendue, attendit, elle aussi. La femme ne refusa pas.

Ils étaient partis sur la piste de danse. Lol les avait regardés, une femme dont le cœur est libre de tout engagement, très âgée, regarde ainsi ses enfants s'éloigner, elle parut les aimer.

– Il faut que j'invite cette femme à danser.

Tatiana l'avait bien vu agir avec sa nouvelle façon, avancer, comme au supplice, s'incliner, attendre. Elle, avait eu un léger froncement de sourcils. L'avait-elle reconnu elle aussi pour l'avoir vu ce matin sur la plage et seulement pour cela?

Tatiana était restée auprès de Lol.

Lol avait instinctivement fait quelques pas en direction d'Anne-Marie Stretter en même temps que Michael Richardson. Tatiana l'avait suivie. Alors elle virent : la femme entrouvrit les lèvres pour ne rien prononcer, dans la surprise émerveillée de voir le nouveau visage de cet homme aperçu le matin. Dès qu'elle fut dans ses bras, à sa gaucherie soudaine, à son expression abêtie, figée par la rapidité du coup, Tatiana avait compris que le désarroi qui l'avait envahi, lui, venait à son tour de la gagner.

Lol était retournée derrière le bar et les plantes vertes, Tatiana, avec elle.

Ils avaient dansé. Dansé encore. Lui, les yeux baissés sur l'endroit nu de son épaule. Elle, plus petite, ne regardait que le lointain du bal. Ils ne s'étaient pas parlé.

La première danse terminée, Michael Richardson s'était rapproché de Lol comme il avait toujours fait jusque-là. Il y eut dans ses yeux l'imploration d'une aide, d'un acquiescement. Lol lui avait souri.

Puis, à la fin de la danse qui avait suivi, il n'était pas allé retrouver Lol.

Anne-Marie Stretter et Michael Richardson ne s'étaient plus quittés.

La nuit avançant, il paraissait que les chances qu'aurait eues Lol de souffrir s'étaient encore raréfiées, que la souffrance n'avait pas trouvé en elle où se glisser, qu'elle avait oublié la vieille algèbre des peines d'amour.

Aux toutes premières clartés de l'aube, la nuit finie, Tatiana avait vu comme ils avaient vieilli. Bien que Michael Richardson fût plus jeune que cette femme, il l'avait rejointe et ensemble – avec Lol –, tous les trois, ils avaient pris de l'âge à foison, des centaines d'années, de cet âge, dans les fous, endormi.

Vers cette même heure, tout en dansant, ils se parlèrent, quelques mots. Pendant les pauses, ils continuèrent à se taire complètement, debout l'un près de l'autre, à distance de tous, toujours la même. Exception faite de leurs mains jointes pendant la danse, ils ne s'étaient pas plus rapprochés que la première fois lorsqu'ils s'étaient regardés.

Lol resta toujours là où l'événement l'avait trouvée lorsque Anne-Marie Stretter était entrée, derrière les plantes vertes du bar.

Tatiana, sa meilleure amie, toujours aussi, caressait sa main posée sur une petite table sous les fleurs. Oui, c'était Tatiana qui avait eu pour elle ce geste d'amitié tout au long de la nuit.

Avec l'aurore, Michael Richardson avait cherché quelqu'un des yeux vers le fond de la salle. Il n'avait pas découvert Lol.

Il y avait longtemps déjà que la fille de Anne-Marie Stretter avait fui. Sa mère n'avait remarqué ni son départ ni son absence, semblait-il.

Sans doute Lol, comme Tatiana, comme eux, n'avait pas encore pris garde à cet autre aspect des choses : leur fin avec le jour.

L'orchestre cessa de jouer. Le bal apparut presque vide. Il ne resta que quelques couples, dont le leur et, derrière les plantes vertes, Lol et cette autre jeune fille, Tatiana Karl. Ils ne s'étaient pas aperçus que l'orchestre avait cessé de jouer : au moment où il aurait dû reprendre, comme des automates, ils s'étaient rejoints, n'entendant pas qu'il n'y avait plus de musique. C'est alors que les musiciens étaient passés devant eux, en file indienne, leurs violons, enfermés dans des boîtes funèbres. Ils avaient eu un geste pour les arrêter, leur parler peut-être, en vain.

Michael Richardson se passa la main sur le front, chercha dans la salle quelque signe d'éternité. Le sourire de Lol V. Stein, alors, en était un, mais il ne le vit pas.

Ils s'étaient silencieusement contemplés, longuement, ne sachant que faire, comment sortir de la nuit.

A ce moment-là une femme d'un certain âge, la mère de Lol, était entrée dans le bal. En les injuriant, elle leur avait demandé ce qu'ils avaient fait de son enfant.

Qui avait pu prévenir la mère de Lol de ce qui se passait au bal du casino de
65 T. Beach cette nuit-là ? Ça n'avait pas été Tatiana Karl, Tatiana Karl n'avait pas quitté Lol V. Stein. Était-elle venue d'elle-même ?

Ils cherchèrent autour d'eux qui méritait ces insultes. Ils ne répondirent pas.

Quand la mère découvrit son enfant derrière les plantes vertes, une modulation plaintive et tendre envahit la salle vide.
70 Lorsque sa mère était arrivée sur Lol et qu'elle l'avait touchée, Lol avait enfin lâché la table. Elle avait compris seulement à cet instant-là qu'une fin se dessinait mais confusément, sans distinguer encore au juste laquelle elle serait. L'écran de sa mère entre eux et elle en était le signe avant-coureur. De la main, très fort, elle le renversa par terre. La plainte sentimentale, boueuse, cessa.
75 Lol cria pour la première fois. Alors des mains, de nouveau, furent autour de ses épaules. Elle ne les reconnut certainement pas. Elle évita que son visage soit touché par quiconque.

Il commencèrent à bouger, à marcher vers les murs, cherchant des portes imaginaires. La pénombre de l'aurore était la même au-dehors et au-dedans de la salle.
80 Ils avaient finalement trouvé la direction de la véritable porte et ils avaient commencé à se diriger très lentement dans ce sens.

Lol avait crié sans discontinuer des choses sensées : il n'était pas tard, l'heure d'été trompait. Elle avait supplié Michael Richardson de la croire. Mais comme ils continuaient à marcher – on avait essayé de l'en empêcher mais elle s'était déga-
85 gée – elle avait couru vers la porte, s'était jetée sur ses battants. La porte, enclenchée dans le sol, avait résisté.

Les yeux baissés, ils passèrent devant elle. Anne-Marie Stretter commença à descendre, et puis, lui, Michael Richardson. Lol les suivit des yeux à travers les jardins. Quand elle ne les vit plus, elle tomba par terre, évanouie.

Marguerite Duras, *Le Ravissement de Lol V. Stein*, Éd. Gallimard.

1 Relevez les éléments qui signalent que la dimension de l'événement ne fait que commencer à être perçue par Lol V. Stein.

2 En quoi ce texte rompt-il avec les représentations conventionnelles de la douleur amoureuse ?

Claude Simon

Né en 1913

Claude Simon en 1961, par Cartier-Bresson.

Fils de militaire, né à Tananarive (Madagascar), Claude Simon publie son premier roman, *Le Tricheur,* en 1945. Il ne connaît son premier, et relatif, succès, qu'en 1957 avec *Le Vent.* Malgré les difficultés que présente son œuvre pour un lecteur habitué au récit classique, l'importance et l'influence de Simon ne cessent depuis de grandir : le prix Nobel, décerné en 1985, atteste qu'il est l'un des grands romanciers de notre temps.

La mémoire refusée

Dès ses premiers romans, la recherche d'un passé qui sans cesse se refuse apparaît comme un thème central : les personnages de Simon sont obsédés par cette quête, dont ils ne retirent que des bribes, des lambeaux de souvenirs épars, ou bien des fragments, transformés en mythe par une mémoire déformante, comme dans *Gulliver* (1952) ou *Le Vent, tentative de restitution d'un retable baroque.* Pendant plusieurs années, Claude Simon explore ainsi son propre passé : le séjour dans l'Espagne républicaine de 1936 apparaît dans *La Corde raide* (1947), *Le Palace* (1962) et *Les Géorgiques* (1981) ; la guerre, la débâcle française et la Résistance, resurgissent par bribes dans *La Route des Flandres* (1960) et *Histoire* (1967).

Écrire au présent

Un tournant s'amorce dans l'œuvre avec *La Bataille de Pharsale* (1969) : le passé est définitivement perdu. Simon explique, en prenant pour exemple Stendhal, ce qui advient à ce moment-là : « Stendhal est en train de rédiger sa *Vie de Henry Brulard* et entreprend de raconter avec le plus d'exactitude possible son passage du col du Saint-Bernard. Et il arrive ceci : il se rend compte tout à coup qu'il décrit non pas ce qu'il a lui-même vécu, mais une gravure de cet événement qu'il a vu depuis et qui, dit-il, a pris la place de la réalité. Voilà : nous écrivons toujours quelque chose qui a pris la place de la réalité et qui l'occupe dans notre cerveau. »

La Bataille de Pharsale, Les Corps conducteurs (1971), *Tryptique* (1973), *Leçons de choses*(1975), s'appliquent à décrire cette chose qui prend la place de la réalité dans l'instant de l'écriture : elle a de multiples visages ; plusieurs « imaginations » peuvent naître d'une même « réalité », plusieurs fictions d'une même description.

Dans cet ensemble, *Les Géorgiques* (1981) occupent une place un peu à part : celle d'un livre-somme de tous les thèmes simoniens, et d'un accomplissement de toutes ses recherches antérieures d'écriture.

Histoire
1967

Le narrateur de ce roman n'est pas seulement quelqu'un qui se souvient. Il parle, s'invente et, de cette façon, existe. Au-delà des « images » suscitées par la mémoire, ce sont les mots qui en engendrent d'autres, par associations de toutes sortes.

Dès les premières lignes du roman, ce mouvement du récit est déclaré : c'est par le seul glissement du sens que nous passons du caquetage des oiseaux au bavardage des vieilles femmes en visite chez la mère du narrateur.

l'une d'elles touchait presque la maison et l'été quand je travaillais tard dans la nuit assis devant la fenêtre ouverte je pouvais la voir ou du moins ses derniers rameaux éclairés par la lampe avec leurs feuilles semblables à des plumes palpitant faiblement sur le fond de ténèbres, les folioles ovales teintées d'un vert cru irréel par la
5 lumière électrique remuant par moment comme des aigrettes comme animées soudain d'un mouvement propre (et derrière on pouvait percevoir se communiquant de proche en proche une mystérieuse et délicate rumeur invisible se propageant dans l'obscur fouillis des branches), comme si l'arbre tout entier se réveillait s'ébrouait, se secouait, puis tout s'apaisait et elles reprenaient leur immobilité, les premières
10 que frappaient directement les rayons de l'ampoule se détachant avec précision en avant des rameaux plus lointains de plus en plus faiblement éclairés de moins en moins distincts entrevus puis seulement devinés puis complètement invisibles quoiqu'on pût les sentir nombreux s'entrecroisant, se succédant se superposant dans les épaisseurs d'obscurité d'ou parvenaient de faibles froissements de faibles cris
15 d'oiseaux endormis tressaillant s'agitant gémissant dans leur sommeil.

comme si elles se tenaient toujours là, mystérieuses et geignardes, quelque part dans la vaste maison délabrée, avec ses pièces maintenant à demi vides où flottaient non plus les senteurs des eaux de toilette des vieilles dames en visite mais cette violente odeur de moisi de cave ou plutôt de caveau comme si quelque
20 cadavre de quelque bête morte quelque rat coincé sous une lame de parquet ou derrière une plinthe n'en finissait plus de pourrir exhalant ces âcres relents de plâtre effrité de tristesse et de chair momifiée

comme si ces invisibles frémissements ces invisibles soupirs cette invisible palpitation qui peuplait l'obscurité n'étaient pas simplement les bruits d'ailes, de gorges
25 d'oiseaux, mais les plaintives et véhémentes protestations que persistaient à émettre les débiles fantômes bâillonnés par le temps la mort mais invincibles invaincus con-

tinuant de chuchoter, se tenant là, les yeux ouverts dans le noir, jacassant autour
de grand-mère dans ce seul registre qui leur était maintenant permis, c'est-à-dire
au-dessous du silence que quelques éclats quelques faibles rires quelques sursauts
30 d'indignation ou de frayeur crevaient parfois

les imaginant, sombres et lugubres, perchées dans le réseau des branches,
comme sur cette caricature orléaniste reproduite dans le manuel d'Histoire et qui
représentait l'arbre généalogique de la famille royale dont les membres sautillaient
parmi les branches sous la forme d'oiseaux à têtes humaines coiffés de couronnes
35 endiamantées et pourvus de nez (ou plutôt de becs) bourboniens et monstrueux :
elles, leurs yeux vides, ronds, perpétuellement larmoyants derrière les voilettes entre
les rapides battements de paupières bleuies ou plutôt noircies non par les fards mais
par l'âge, semblables à ces membranes plissées glissant sur les pupilles immobiles
des reptiles, leurs sombres et luisantes toques de plumes traversées par ces lon-
40 gues aiguilles aux pointes aiguës, déchirantes comme les becs, les serres des aigles
héraldiques, et jusqu'à ces ténébreux bijoux aux ténébreux éclats dont le nom (jais)
évoquait phonétiquement celui d'un oiseau, ces rubans, ces colliers de chien dissimulant leurs cous ridés, ces rigides titres de noblesse qui, dans mon esprit d'enfant,
semblaient inséparables des vieilles chairs jaunies, des voix dolentes, de même
45 que leurs noms de places fortes, de fleurs, de vieilles murailles, barbares, dérisoires, comme si quelque divinité facétieuse et macabre avait condamné les lointains
conquérants wisigoths aux lourdes épées, aux armures de fer, à se survivre sans fin
sous les espèces d'ombres séniles et outragées appuyées sur des cannes d'ébène
et enveloppées de crêpe Georgette

50 pouvant entendre dans le silence le pas claudiquant de la vieille bonne traver-
sant la maison vide frappant ouvrant la porte du salon avançant sa tête de Méduse
lançant une voix brusque furieuse et comme outragée elle aussi les noms aux conso-
nances rêches médiévales – Amalrik, Willum, Gouarbia – assortis de titres de générales ou de marquises

Claude Simon, *Histoire*, Éd. de Minuit.

1 Les deux premiers paragraphes s'ouvrent avec le pronom personnel *elles*. A
quoi, ou à qui, se réfère ce pronom ? Désigne-t-il la même chose dans les
deux cas ?

2 Relevez tous les mots qui, dans les paragraphes consacrés aux oiseaux, peuvent aussi bien, par analogie, évoquer les vieilles dames, et réciproquement
les mots qui, dans les paragraphes consacrés aux vieilles dames, évoquent
les oiseaux.

3 Étudiez systématiquement les passages d'un paragraphe à l'autre, c'est-à-dire
tout ce qui dans le premier, annonce le suivant, et tout ce qui, dans le suivant,
évoque le précédent.

4 Observez la ponctuation adoptée par l'auteur. En quoi est-elle différente de celle
du récit conventionnel, notamment dans le passage d'un paragraphe à un autre.
Comment interprétez-vous ces particularités ?

L'ÉCRITURE

Le rééquilibrage consécutif aux événements de mai 1968 entre rigueur « scientifique » et spontanéité, expression lyrique et exigence formelle, produit un « brouillage » momentané des genres littéraires. Au roman, au poème, on semble préférer la notion de « texte », où se manifestent les pouvoirs d'une « écriture ».

L'EXPÉRIENCE DU GROUPE *TEL QUEL*

Le groupe *Tel Quel,* fondé en 1960, est constitué de jeunes écrivains qui dirigent une revue théorique. Déterminés à mettre « la poésie à la plus haute place de l'esprit », ils tentent par la suite d'annexer les apports de la linguistique, de la philosophie, de la sociologie, de la psychanalyse comme de l'économie politique, au nom d'une réflexion sur l'écriture. Celle-ci est définie comme une science naissante, et comme l'acte fondamental de tout écrivain : elle a pour rôle de subvertir de façon « révolutionnaire » la réalité ordinaire, et se moque des distinctions traditionnelles entre création et critique, roman et poésie, théorie et pratique.

Philippe Sollers, né en 1936, est leur chef de file. Il cherche dans ses textes et romans à élaborer un langage libéré de tous les sens préfabriqués. Le groupe bénéficie de l'apport théorique et de la complicité de Roland Barthes, critique éminent et fondateur d'une nouvelle branche de la linguistique, la sémiologie, ou « science des signes de la vie sociale ».

Lorsque la revue *Tel Quel* disparaît, fin 1982, elle est remplacée par *L'Infini.* Le titre ne fait plus référence à Valéry et à son recueil *Tel Quel,* mais aux aspirations spirituelles de l'individu contre tout esprit de système.

L'AVENTURE D'ÊTRE VIVANT

L'évolution de *Tel Quel* est symptomatique. Au « théoricisme » suscité par la vogue des essais inspirés par les « structuralismes » (cf. p. 449) de toute nature, les auteurs réagissent en affirmant des préoccupations nouvelles. L'écriture ne se pose plus en science à naître, mais en moyen d'exprimer des interrogations singulières.

Le théâtre cherche ainsi sa voie en tentant de retrouver les grands rêves enracinés au fond de l'homme : le paradis, l'érotisme, la fête. Dans le domaine de la poésie, le retour au lyrisme et à l'innocence, sensible chez Philippe Jaccottet (né en 1925), s'effectue en accord avec la pensée contemporaine et la rigueur formelle. Les romanciers, depuis le Nouveau Roman et l'aventure de *Tel Quel,* ne peuvent ignorer les forces qu'ils mettent en jeu en écrivant : Georges Pérec (1936-1982), bien loin de nier les déterminations culturelles, économiques, politiques, que l'usage du langage lui impose, les dénonce en les accentuant, dès *Les Choses,* publiées en 1965.

D'autres, en revanche, réaffirment le droit absolu d'écrire des histoires, « à l'état brut » : « Avant toute spéculation formelle », écrit par exemple Le Clézio (né en 1940), « c'est l'aventure d'être vivant qu'on veut exprimer ».

Index

Auteurs, genres et mouvements[1]

---

1 Les entrées en capitales indiquent les genres et les mouvements traités de façon spécifique. Les chiffres en gras indiquent les pages où sont particulièrement analysés l'auteur ou le thème.

Table des illustrations

Aubin Imprimeur
LIGUGÉ. POITIERS

Achevé d'imprimer en avril 1987
No d'édition 7879 / No d'impression L 23011
Dépôt légal avril 1987 / Imprimé en France